La Edad del Hierro en el Alto Duero (Siglos VII a.n.e. – I n.e.)

Paisajes, identidades y poder

RAQUEL LICERAS-GARRIDO

BAR INTERNATIONAL SERIES 3075 | 2022

BAR PUBLISHING

Published in 2022 by
BAR Publishing, Oxford

BAR International Series 3075

La Edad del Hierro en el Alto Duero (Siglos VII a.n.e. – I n.e.)

ISBN 978 1 4073 5933 5 paperback
ISBN 978 1 4073 5934 2 e-format

DOI https://doi.org/10.30861/9781407359335

A catalogue record for this book is available from the British Library

COVER IMAGE *Landscape from Numantia (Soria, Spain). Image by the author.*

BAR
PUBLISHING

BAR titles are available from:

BAR Publishing
122 Banbury Rd, Oxford, OX2 7BP, UK
EMAIL info@barpublishing.com
PHONE +44 (0)1865 310431
FAX +44 (0)1865 316916
www.barpublishing.com

Otros textos de interés

Poteri e strategie familiari di Volterra
Il caso di una comunità etrusca nel mondo romano
Valentina Limina

Oxford, BAR Publishing, 2021 BAR International Series **3041**

El proceso de urbanización de la Meseta Norte en la Protohistoria y la Antigüedad: la ciudad celtibérica y romana de Termes (s. VI a.C.–193 p.C.)
Santiago Martínez Caballero

Oxford, BAR Publishing, 2017 BAR International Series **2850**

Arquitectura, urbanismo y espacios domésticos en "El Castro", Pendia (Asturias, España). Siglos IV a. C.-II d. C.
Fernando Rodríguez del Cueto

Oxford, BAR Publishing, 2017 BAR International Series **2847**

Cuando el paisaje se convierte en territorio: Aproximación al proceso de territorialización íbero en La Plana d'Utiel, València (ss. VI-II ane)
Andrea Moreno Martín

Oxford, BAR Publishing, 2011 BAR International Series **2298**

A Sergio

Agradecimientos

La mayor parte de este libro corresponde a mi tesis doctoral defendida en mayo de 2017 en la Universidad Complutense de Madrid y financiada por el programa de Formación de Profesorado Universitario (FPU2012) del Ministerio de Educación, Cultura y Deportes. Dos fueron los grandes investigadores que guiaron mis pasos a lo largo de este trabajo, Alfredo Jimeno Martínez y Enrique Cerrillo Cuenca. Dos hombres imprescindibles en mi formación y a los que admiro profundamente. A ellos quiero agradecerles su ayuda, tiempo y valiosos consejos, vitales para este trabajo.

Mis compañeros del Equipo Arqueológico de Numancia siempre han sido un apoyo e inspiración. Con todos ellos, he aprendido y compartido conocimientos y vivencias maravillosas a lo largo de los años. Quiero destacar y agradecer especialmente la gran generosidad del Director y el Equipo al permitirme incluir datos inéditos de nuestros últimos trabajos en Numancia en esta publicación.

El profesor Javier Gutiérrez Puebla fue codirector de mi Trabajo de Fin de Máster, en el que se sentaron los fundamentos de lo que posteriormente se convirtió en mi tesis doctoral. Quiero destacar su apoyo y amabilidad a lo largo de los años, y agradecerle abrirme un mundo de posibilidades a través de los Sistemas de Información Geográfica. Así mismo, quiero agradecer a los profesores que fueron tutores en mis estancias de investigación, Manuel Fernández Götz, Tom Moore e Ian Armit, su paciencia, tiempo y valiosas reuniones que me enseñaron a ver la Edad del Hierro desde otras perspectivas.

En los profesionales del Museo Numantino, solo he encontrado facilidades a la hora de consultar los materiales arqueológicos, entre ellos quiero mencionar a Marisa Revilla, Marian Arlegui, Blanca Martínez y Octavio Hernández. También, a Elena Heras de la Junta de Castilla y León, por la disponibilidad en el acceso a los datos arqueológicos.

A mi buena amiga Alba Comino quiero agradecerle su apoyo constante y las inspiradoras discusiones sobre Edad del Hierro, género y arqueología. A mi madre, padre y hermana quiero agradecerles que siempre me hayan apoyado, acompañado y empujado a ir más allá. Por último, quiero darle las gracias a Sergio Quintero, mi maravilloso compañero inseparable en esta aventura al que agradezco sus consejos, amor y apoyo, siempre imprescindibles.

Contenido

Listado de Figuras

Listado de Tablas

1

Introducción

Los arqueólogos estudiamos personas. Durante mis años de formación como arqueóloga, escuché esa afirmación en innumerables ocasiones, marcando profundamente la perspectiva desde la que se abordan las comunidades que aquí se estudian. Sin embargo, y en cierta manera, creo que al llevar a la práctica dicha aseveración, en algunas ocasiones la arqueología ha fracasado, perdiéndose en un mar de datos, estructuras, artefactos, decoraciones o hechos históricos, y olvidando así las personas que hay detrás de esos objetos y hechos. La vocación de este trabajo surge de la querencia de poner el foco sobre la gente, quizá, porque me formé en el Equipo Arqueológico de Numancia que dirigía Alfredo Jimeno, en el que durante los trabajos de campo y laboratorio o las actividades de difusión, siempre eramos capaces de *ver* a las personas, mientras que cuando me enfrentaba a las publicaciones científicas, no las encontraba.

Esta búsqueda no ha estado exenta de dificultades. En primer lugar, las inherentes a nuestra disciplina y relacionadas con el registro material, desde sus alteraciones y estados de conservación, al modo de obtención y documentación, ya que gran parte de las intervenciones de la zona del Alto Duero, salvo magníficas excepciones, se realizaron en el primer tercio del siglo XX y carecen de contextos claros, cartografías, descripciones o inventarios. En ocasiones, ni tan siquiera conservamos los objetos, que se encuentran en colecciones privadas, fueron entregados como regalos o simplemente han desaparecido. Otro problema es la perspectiva desde la que se han abordado. Existen algunos estudios diacrónicos de algunas formas de cultura material, como son los tipos de asentamiento, las fortificaciones, las fíbulas o el armamento, cuyo fin último son los propios objetos estudiados, olvidando la intencionalidad con la que éstos fueron creados y cómo influyeron en las vidas de aquellos que los hicieron, los exhibieron o, simplemente, los vieron.

En algunos casos, las cronologías y las secuencias materiales se han difuminado en pro del discurso, utilizando objetos de fechas concretas para explicar costumbres o tradiciones descritas en los textos grecorromanos o procesos sociales con varios siglos de diferencia, como ocurre con las "diademas" del marqués de Cerralbo, las acuñaciones de monedas en cecas indígenas o las téseras de hospitalidad, a las que más adelante aludiremos. Este hecho, junto a los problemas propios del registro material, ha dado lugar a que ciertas etapas sean muy difíciles de caracterizar, como son los cambios entre la Edad del Bronce y el Hierro, el surgimiento de las ciudades o los siglos en torno al cambio de era. Además, a esto se ha de añadir la práctica de estudiar determinados conjuntos materiales de forma aislada, perdiendo en ocasiones la conexión entre conjuntos tan inseparables como el ámbito funerario y el mundo de los vivos, lo que ha provocado visiones sesgadas del conjunto. Por ello, este estudio aboga por una visión holística del registro, conciliando testimonios de diversa procedencia articulados en un mismo discurso, en el que combinaremos datos espaciales y de la morfología del terreno, con elementos materiales desde las fortificaciones a los objetos documentados en el interior de una casa o una tumba, así como ejemplos procedentes de la antropología, la etnoarqueología, la etnología u otros momentos históricos que nos ayuden a entender, profundizar e ilustrar determinados contextos sociales, aunque sin pretender en ningún momento realizar analogías directas con los grupos humanos de otras regiones o tiempos.

Para finalizar, es preciso señalar que la Historia en general, y la Arqueología de la Edad del Hierro y el mundo celtibérico en particular, son cosa de hombres. Existe un acusado androcentrismo en todos los ámbitos, desde lo estudiado a los que lo estudian. Son pocas las investigadoras que se dedican a estas cuestiones y están en la primera línea de referencia y, aún, son menos las mujeres visibles en los relatos arqueológicos o históricos. Por ello, me parece de vital importancia visibilizar el papel de las mujeres a través de estas páginas, primero como reivindicación de su papel como sujetos sociales activos, y segundo, como medio para entender a estas comunidades de forma integral, donde los mecanismos y estrategias influyen y son influidos por los devenires y agendas de mujeres y hombres, jóvenes o viejos. Sin embargo, y como dice el dicho popular, "Para correr, antes hay que aprender a caminar" y todas estas aproximaciones, con sus virtudes y sus defectos, son las que nos marcan el privilegiado punto de partida en el que nos encontramos. Sin esos estudios previos no podríamos hacer frente al principal objetivo de esta monografía: entender a las personas que poblaron el Alto Duero durante el primer milenio a.n.e.

Este trabajo fundamenta sus bases de una arqueología con vocación simétrica. Desde una perspectiva diacrónica, las comunidades de la Edad del Hierro se analizarán en términos de identidades y poder, de modo que nos permitan profundizar en cómo las personas construyen las diferentes facetas de sus identidades y cómo éstas funcionan, así como los mecanismos y relaciones del poder dentro del entramado social. Para ello, voy a utilizar una aproximación con diferentes escalas, dependiendo de las necesidades del discurso, descendiendo de lo más general a lo más concreto, del paisaje a la persona, de lo material a lo social.

Comenzaremos con un primer capítulo que, tras esta declaración de intenciones, repasa los principales hitos en la arqueología del Alto Duero como un punto de partida. Posteriormente, se definen los límites cronológicos y espaciales a los que se ciñe este trabajo y se caracterizan brevemente. A continuación, se concreta y define el marco teórico y las herramientas utilizadas, reflexionando sobre una serie de conceptos clave para la interpretación.

Una vez sentadas las bases teóricas y metodológicas, pasamos al estudio propiamente dicho, estructurado en tres capítulos que se corresponden con las tres etapas cronológicas definidas para este periodo y región. El volumen de datos disponibles para cada periodo ha condicionado enormemente la extensión y el tratamiento de los mismos. Cada uno parte de un análisis físico a escala de paisaje que nos permita aproximarnos a las características propias y las construcciones que del mismo se han realizado en los diferentes periodos y regiones. Tras ello, nos adentraremos en los asentamientos y las casas, los espacios funerarios y los enterramientos, para entender las diferentes construcciones sociales e identidades de las personas. Posteriormente, ampliaremos nuevamente el *zoom* para estudiar los mecanismos de poder y sus profundas relaciones con las identidades a partir de sus medios, mecanismos y resultados en el gobierno de las comunidades y las relaciones de autoidentificación que derivan de la colectividad. A modo de conclusión, el capítulo final compila y resume las claves principales de este trabajo.

2

Límites y puntos de partida

"...situada entre medio de diferentes cordilleras que derramando hacia el centro la llena de asperezas y cortaduras, dejando muy pocos valles y cañadas entre sus declives y compuestos de pocas tierras hábiles para el cultivo, aunque surcadas todas ellas por multitud de ríos, si bien rica como la primera de España en pastos de la mejor calidad, con los cuales se sostienen infinitas cabezas de lanar fino y ordinario..."

Pascual Madoz (1845-1850)

Desde la arqueología y la historia hemos tratado el tiempo y el espacio como algo fragmentado y dividido. Así, hemos creado una serie de compartimentos estancos en los que almacenar desde trascendentales hechos históricos y nombres de personas eminentes -mayoritariamente masculinos- hasta diversas formas de cultura material que abarcan tanto las construcciones más grandiosas y las más modestas, los más singulares objetos y los más cotidianos, estableciendo así una suerte de secuencias cronológicas, sociales, materiales y regionales actualistas.

Durante ciertas etapas, dicha fragmentación era necesaria para poder adentrarnos en la complejidad del pasado. En los últimos años, han proliferado narrativas que consideran el tiempo como un *continuum*, lleno de fluctuaciones, de épocas cargadas de sucesos, acciones y cambios, en las que parece que la historia se acelera, y tiempos de calma. Por ello, Ch. Witmore (2007: 310), en el manifiesto de la Arqueología Simétrica, señalaba que debemos evitar considerar el tiempo como una unidad de medida externa a lo humano y lo material, sino que hemos de entenderlo como un proceso de larga duración que carece de sentido sin lo previo y lo posterior. Algo similar ocurre con el espacio, para el que tradicionalmente hemos utilizado las demarcaciones administrativas actuales como delimitación en los estudios sobre las sociedades del pasado, creando así fronteras artificiales que nada tienen que ver con lo estudiado.

2.1. Marco cronológico

Este trabajo se centra en el proceso histórico que abarca desde el momento en que los grupos humanos por primera vez en la historia de la región establecen su residencia de un modo permanente en un mismo enclave a lo largo de generaciones, hasta su integración en un modelo social estatal romano. La zona de estudio es la cuenca alta del río Duero. Esta región se encuentra bien delimitada por sus características geográficas y morfológicas como veremos más adelante.

Dicho proceso social comprende la mayor parte del primer milenio a.n.e., desde el siglo VII al cambio de era. Las diferentes formas de cultura material que observamos a lo largo de estos casi ocho siglos han dado lugar a varias divisiones dentro de este periodo, cuyas denominaciones han variado dependiendo de los propios contextos de los investigadores. Así, autores como B. Taracena o P. Bosch Gimpera, influidos por los hallazgos de Centroeuropa a inicios del siglo XX, utilizaron términos como "hallstáttico", "post-hallstáttico" o "La Tène". Mientras tanto, J. Cabré optó por "primera" y "segunda Edad del Hierro", al tiempo que otros autores utilizaron una periodización más regional, equiparando los materiales a determinados niveles estratigráficos del yacimiento vallisoletano del Soto de Medinilla y del abulense de Las Cogotas. Finalmente, en la década de los 90, proliferaron una serie de denominaciones de carácter étnico y evolucionista como: "Celtibérico Antiguo, Celtibérico Pleno y Celtibérico Tardío" (Arenas 1999a; Lorrio 2001, 2005).

Cuando comencé este trabajo, me planteé la posibilidad de utilizar una periodización nueva y más aséptica, con términos como "Fases 1, 2 y 3", tal y como se han utilizado en otras regiones de la Península. Sin embargo, el peso bibliográfico de las anteriores denominaciones es muy grande y añadir nuevos términos para designar lo mismo puede emarañar más que aclarar a qué nos referimos. Por ello, he optado por la tradicional división de "primera" y "segunda Edad del Hierro". En primer lugar porque considero que los números ordinales no hacen referencia nada más que a una cuestión de orden cronológico: qué va antes en el tiempo y qué después. En segundo, por la trascendencia del término "Edad del Hierro" frente a otras denominaciones más particulares que permite a lectores de cualquier parte del mundo situarse cronológicamente y culturalmente sin necesidad de conocer las dinámicas regionales.

Bajo estos términos, vamos a explorar los cambios y construcciones sociales e históricas que tuvieron lugar a lo largo de esta Edad del Hierro, estableciendo como puntos de ruptura los principales eventos que dieron lugar a grandes cambios en la vida de las personas y cuyo reflejo material nos permite percibirlos de un modo claro desde el presente. Así, la primera Edad del Hierro abarca del siglo VII al V a.n.e. Comienza con el paulatino desarrollo de un poblamiento estable, donde las comunidades residen todo el año en los mismos enclaves, lo que provocó numerosos cambios en la conceptualización y modificación de los paisajes, las identidades y la organización de los grupos. Posteriormente, a finales del siglo V a.n.e., tuvo lugar el proceso de sinecismo que dio lugar al urbanismo, inaugurando así la segunda Edad del Hierro, cuyo final tendrá lugar tras la conquista romana a finales del siglo II e inicios del I a.n.e. Finalmente, el cambio de era estuvo caracterizado por la negociación social y de las identidades debido a la integración de estos pueblos en el régimen estatal romano.

2.2. El Alto Duero en la Edad del Hierro

El Alto Duero es una región natural montañosa y ondulada, marcada por el inicio del río Duero en los Picos de Urbión hasta su paso por Aranda de Duero, lugar a partir del cual recibe abundantes e importantes aportes hídricos de sus afluentes (Fernández Moreno 2013: 25), cambiando su régimen de alimentación de nival a pluvionival. Si nos referimos a los límites administrativos actuales, la mayor parte de la zona de estudio se engloba dentro de la actual provincia de Soria, aunque también se extiende por parte de las provincias de Segovia, Burgos y la comunidad autónoma de La Rioja (Fig. 2.1).

Tradicionalmente, la zona se ha dividido en tres áreas según sus características y la morfología del relieve (Silván 1990, 1991; Calavia 1990). De norte a sur, en primera instancia nos encontramos las estribaciones del Sistema Ibérico, que definen un área fracturada y montañosa separando las cuencas del Duero y el Ebro. Su altitud oscila de los 2.168 m de la Mesa de la Sierra Cebollera a los 1.000 m s. n. m. del inicio de la depresión central, lo que provoca que el río Duero fluya fuertemente encajado entre sierras, creando acusadas pendientes y produciendo una gran erosión fruto del descenso pronunciado que realiza en poca distancia. En la actualidad, esto ha propiciado la construcción de numerosos embalses que regulan su caudal. Los afluentes que el Duero recibe en esta área están caracterizados por ser muy numerosos, cortos y estacionales. La segunda de las zonas es la depresión central, formada por los sedimentos arrastrados por el río y sus afluentes desde la zona montañosa, cuyo resultado es un paisaje ondulado surcado por serrezuelas de poca altitud. Por último, los páramos en la zona meridional están caracterizados por zonas yermas, sierras de poca altitud y cerros testigo, que preceden al Sistema Central que se alza como límite en el sur, separando las cuencas del Duero y el Tajo.

Actualmente, esta región cuenta con numerosos embalses y canales de riego que han alterado el régimen hídrico, el paisaje de ribera y la vegetación de la zona, especialmente en el último siglo. Estudios de paleo-caudal realizados en la cuenca media del Duero nos ilustran sobre esa modificación, ya que estiman que en la antigüedad, el caudal contaría con entre 5 y 10 metros más que en la actualidad, lo que habría propiciado dos cosas: en primer

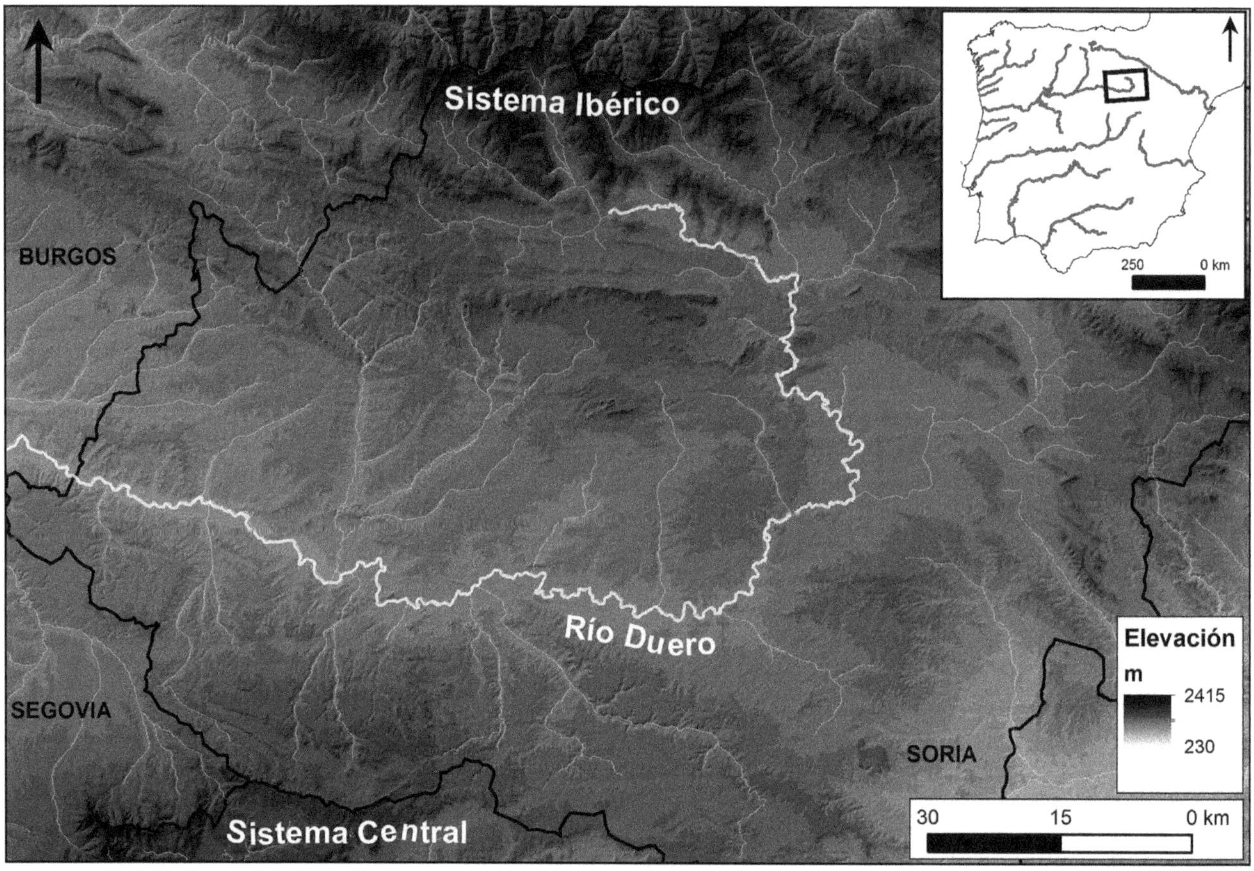

Fig. 2.1: Delimitación del área de estudio.

lugar, y como narran los autores clásicos, permitiría la navegación de pequeños esquifes con velas o remos (Apiano *Iber.* 91); y segundo, ocasionaría una subida del nivel freático y la consecuente proliferación de acuíferos, surgencias, humedales y lagunas, susceptibles de sufrir inundaciones en momentos puntuales del año. Estas zonas encharcables y lagunares aparecen recogidas por autores como Apiano cuando detalla la construcción del cerco de Escipión Emiliano en torno a Numancia (Garray) y cómo este consul hubo de modificar el modelo constructivo para salvar las acumulaciones de agua.

> "Como no le fue posible prolongar el muro de circunvalación alrededor de la laguna adyacente, la rodeó de un terraplén de igual anchura y altura que las de la muralla para que sirviera a manera de muralla" (Apiano *Iber.* 90).

También, el historiador Nicolás Rabal (1889: IX) señalaba la existencia de una zona lagunar en el entorno inmediato de Numancia que fue desecada a finales del siglo XIX para aumentar la extensión de tierras de cultivo de la zona, aunque documentos gráficos posteriores, como los fotogramas del Vuelo Americano del año 1957, permiten reconstruir su localización y observar su huella en el paisaje.

Con el fin de aproximarnos de un modo más detallado al paisaje antiguo y entender así el patrón de poblamiento y las realidades sociales e históricas que transmitieron los autores clásicos, en trabajos previos (Liceras Garrido 2011: 23, 2014: 184-185), se realizó una aproximación a la distribución de las zonas encharcables del entorno de Numancia, mediante la toponimia recogida en los Mapas Topográficos Nacionales del Instituto Geográfico Nacional a escala 1:25.000 y un análisis de la pendiente del terreno, seleccionando aquellas zonas con pendientes inferiores al 2%, donde el agua no fluiría y permitiese su acumulación (Fig. 2.2).

Los autores grecorromanos también advierten el duro clima de la región. Apiano (*Iber.* 47, 78) hace varias referencias al frío intenso y las nevadas que azotaban la comarca. Mientras Marcial (1,49) y Plutarco (*Sert.* VIII, XVII) mencionan el "cierzo", viento del norte que puede llegar a provocar una sensación térmica inferior a 10-15 ºC. A lo largo del primer milenio a.n.e., el clima sufrió varias oscilaciones, tanto a gran escala como de forma regional.

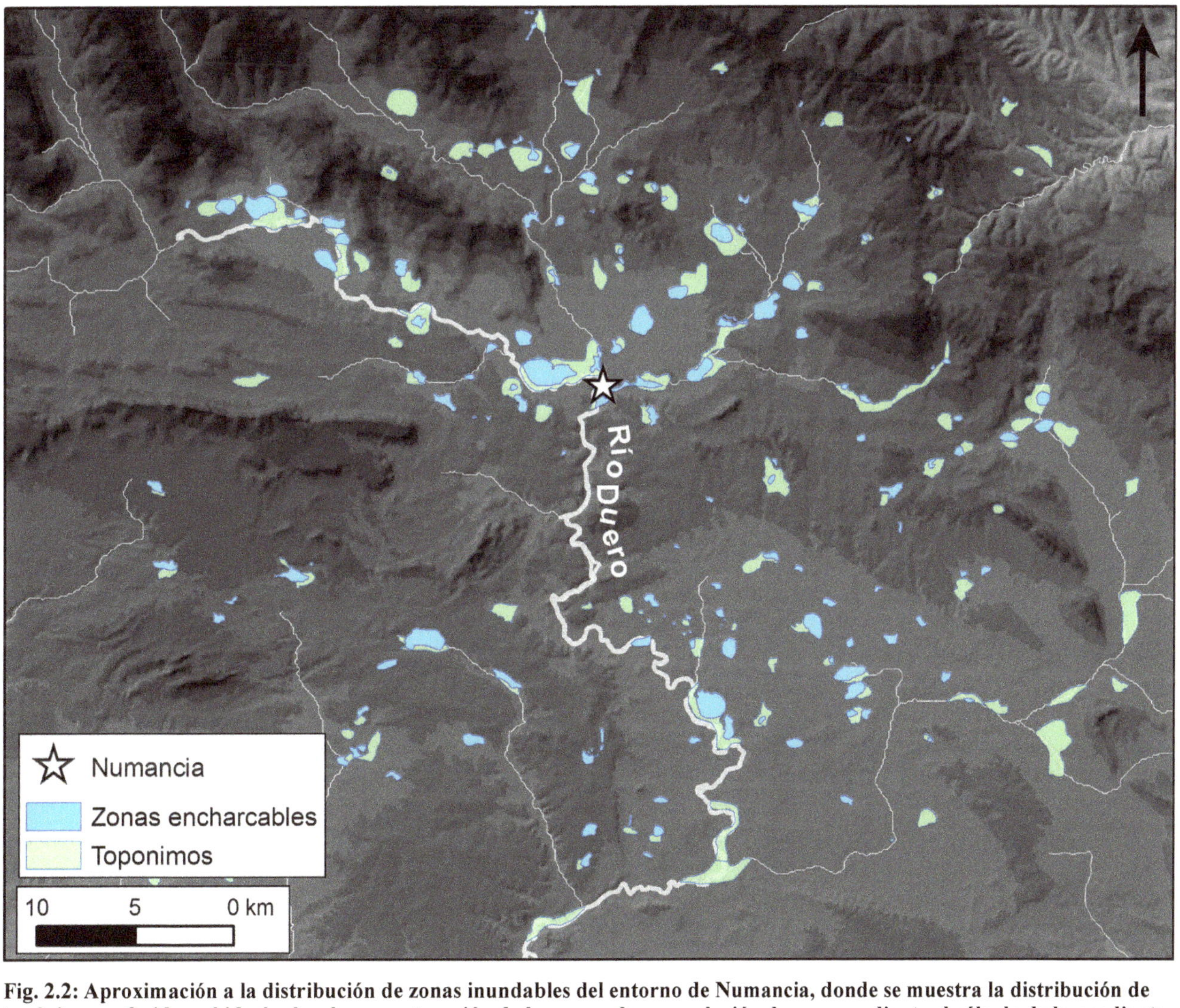

Fig. 2.2: Aproximación a la distribución de zonas inundables del entorno de Numancia, donde se muestra la distribución de topónimos referidos a hidrología y la reconstrucción de las zonas de acumulación de agua mediante el cálculo de la pendiente.

En los últimos años, se han desarrollado numerosos trabajos en los que se pueden apreciar variaciones en las temperaturas y los regímenes de humedad que habrían afectado a las comunidades de la Edad del Hierro, ocasionando modificaciones en la ubicación y los tipos de hábitat, así como de las formas de aprovechamiento de la tierra o almacenamiento de las provisiones y los excedentes, entre otros.

Uno de los cambios más destacados que tuvo lugar durante el primer milenio a.n.e. es el paso del periodo climático Subboreal al Subatlántico, es decir, de un clima muy seco y árido a uno más húmedo y frío. Esta transición se vio marcada por el evento climático global 0,85 k de aproximadamente un siglo de duración, entre el 850 y el 760 a.n.e. (López Sáez *et al.* 2009: 91). Desde el 1.400 a.n.e. había tenido lugar una intensificación de la aridez y las sequías, de modo que cuando se produjo este evento, las condiciones climáticas se modificaron drásticamente, provocando un aumento brusco del régimen de humedad y una caída de las temperaturas. Su repercusión se evidencia por todo el mundo, con un avance de las masas glaciares, un descenso de altitud del límite forestal y una transgresión en lagos (van Geel *et al.* 1996: 455-456; Magny 1992, 1995).

Su impacto en las comunidades humanas se observa a través de la arqueología. Numerosos estudios a nivel global relacionan un cambio en los patrones de asentamiento con dicho evento climático. En la costa holandesa, se ha asociado con el abandono de los hábitat del Bronce Final y la colonización de las áreas costeras (van Geel *et al.* 1996). En Siberia, tuvo lugar un aumento de población nómada escita (van Geel *et al.* 2004). En Reino Unido, este tránsito afecta de manera desigual, las tierras altas de Gales se abandonan y se produce una regeneración de la masa arbórea, mientras en otras zonas se mantiene el mismo uso de la tierra, incluso se produce una intensificación (Dark 2006). En la Península Ibérica, estudios como los del valle del Amblés (Ávila) relacionan el aumento de la humedad y el nivel freático con el cambio en los patrones de asentamiento de la cultura de Cogotas I (López Sáez y Blanco González 2005: 244; Blanco González 2008: 166) y en el valle del Tajo se distingue un desplazamiento del hábitat desde las riberas de los principales cursos de agua a la colonización de tierras marginales en los cauces secundarios, ahora más fértiles y fáciles de trabajar (de Torres 2013: 151-162).

Siguiendo la misma línea, J. Ibáñez González (1999) realizó una caracterización agroclimática de la Celtiberia a partir de los datos del C14 residual. En ella, relacionaba los tipos de cultivos posibles según las temperaturas y la altitud, permitiéndo observar las fluctuaciones climáticas que tuvieron lugar a lo largo de ochocientos años. Su estudio se iniciaba en el siglo VIII a.n.e., coincidiendo con el evento climático que hemos expuesto anteriormente. Así, en el Alto Duero, no había restricciones para el cultivo de cereales como el trigo, la cebada, el centeno o la avena, pero sí para el mijo, algunas leguminosas, la vid y el olivo hasta los 1.000 m s. n. m. A partir de esta cota, las restricciones en los cereales y las leguminosas se hacen más marcadas. Finalmente, desde los 1.400 m s. n. m., los cultivos se tornan prácticamente inviables. En este punto, es importante señalar que gran parte de la zona de estudio se encuentra en torno a los 1.000 m de altitud, especialmente los asentamientos de las zonas del Sistema Ibérico que se sitúan en cotas entre los 1.000 y los 1.400 m.

El paulatino ascenso de temperaturas que tuvo lugar durante el siglo VII a.n.e. culmina un siglo más tarde con valores similares a los actuales, aunque ligeramente inferiores. A partir de este momento, la variedad de cultivos aumenta. La Fig. 2.3 refleja las potencialidades para especies actuales como el mijo, el lino, el apio, la zanahoria o la vid, sin posibilidad de cultivar el olivo debido a la altitud y las bajas temperaturas.

El momento más cálido de la Edad del Hierro coincide con el inicio del urbanismo en la región y tendrá lugar a inicios del siglo IV a.n.e., cuando las potencialidades de cultivo fueron muy similares a las que se han descrito, permitiendo una intensificación agrícola y la colonización de tierras que anteriormente se habían desechado. Sin embargo, un segundo empeoramiento del clima tendrá lugar en el 380 a.n.e. de un modo menos global (López Sáez *et al.* 2009: 91; van Geel y Renssen 1998) y el nuevo enfriamiento de las temperaturas redujo los tipos de cultivos potenciales (Ibáñez González 1999: 33). Finalmente, entre los siglos III y I a.n.e., se produjo una relativa estabilidad con pequeñas fluctuaciones hacia un clima más cálido y seco, tendencia que se hizo más evidente a partir del siglo II a.n.e. (Ibáñez González 1999: 34).

La vegetación derivada de estas condiciones climáticas ha podido reconstruirse en lugares concretos como es el entorno de Numancia, cuyos análisis señalan una vegetación propia del piso supra-mediterráneo, con predominio de los bosques abiertos de pinos de la variedad silvestre y laricio (*Pinus sp.*) acompañados de muérdago, rebollos (*Quercus pyrenaica*) y sabinas (*Juniperus sp.*), así como abundante vegetación de ribera, por la confluencia de tres ríos a los pies de la ciudad, donde se ha documentado la presencia de olmos, fresnos, sauces y nogales (Jimeno *et al.* 2004: 18-20; Martínez Naranjo *et al.* 1999). Análisis antracológicos en la necrópolis evidencian especies arbóreas similares, *Pinus sylvestris* y *nigra, Quercus pyrenaica* y *faginea*, y *Juniperus sp.* (Uzquiano en Jimeno *et al.* 2004: 456) (Fig. 2.4), mientras que referencias de las memorias de excavación de la Comisión de Excavaciones de Numancia mencionan el hallazgo de vigas carbonizadas de pino y roble cuando se describen los elementos constructivos de las casas celtibéricas (Mélida *et al.* 1924: 13).

Por otro lado, los análisis polínicos de la necrópolis de Carratiermes apuntaban a un paisaje abierto en torno al sitio, compuesto de plantas herbáceas y matorral, con un

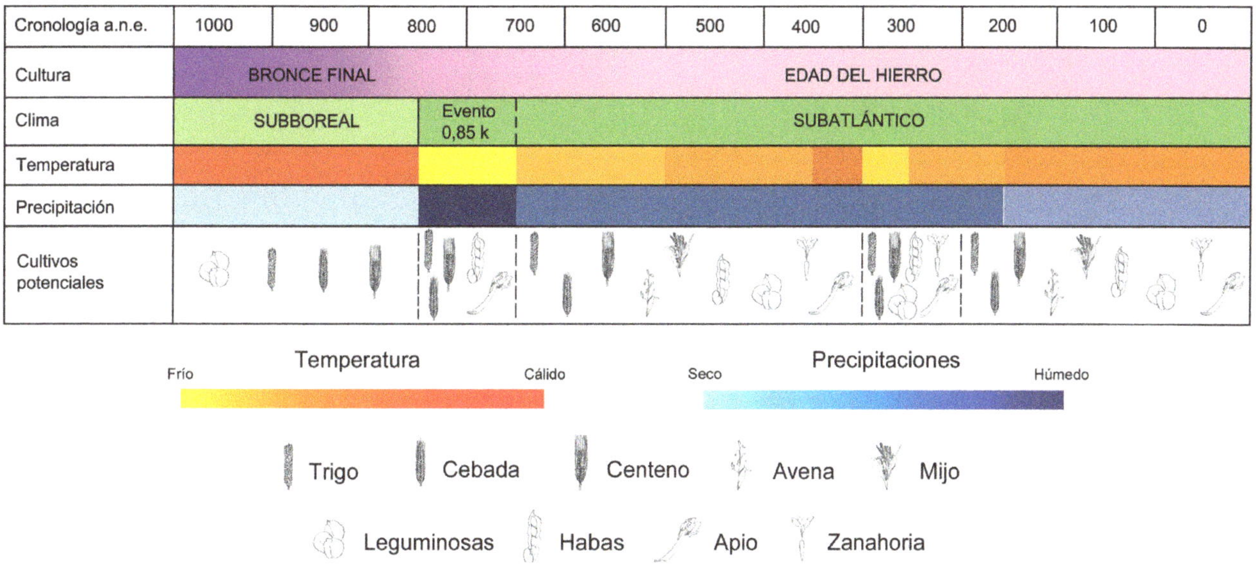

Fig. 2.3: Evolución del clima y los cultivos potenciales durante el primer milenio a.n.e. (a partir de los datos de Ibáñez González 1999).

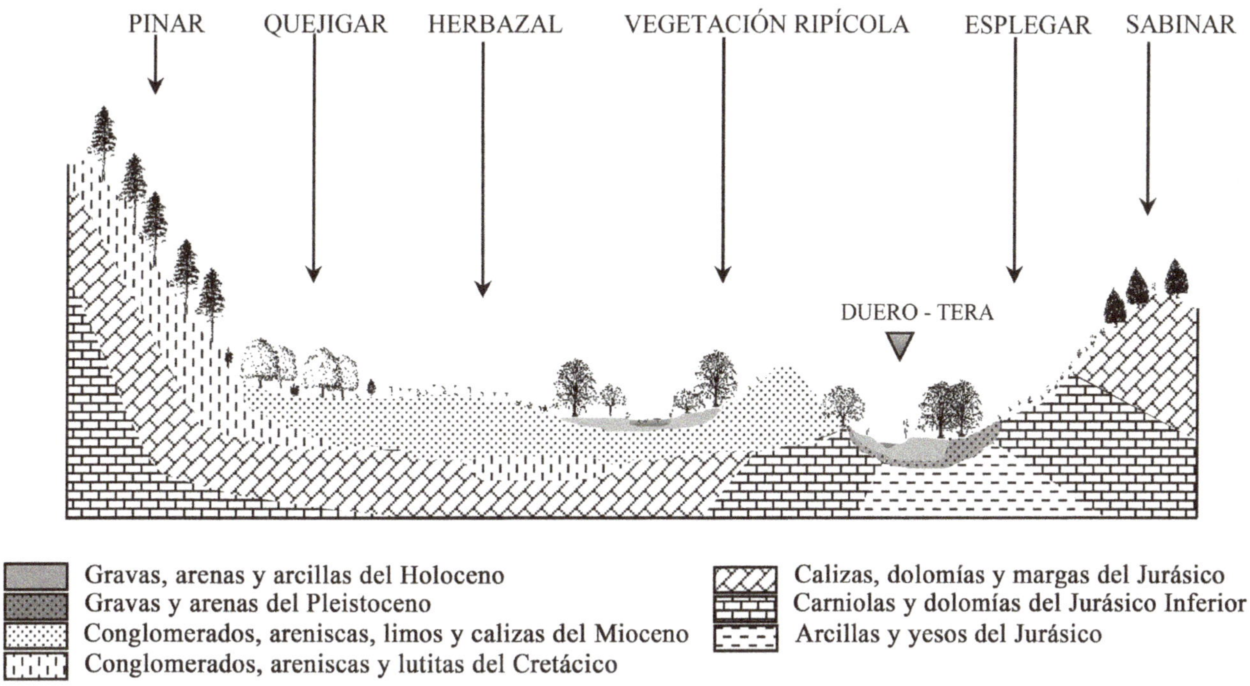

Fig. 2.4: Reconstrucción paleoambiental del entorno de Numancia (a partir de Jimeno *et al.* 2004: Fig. 1).

alto contenido de gramíneas compuestas y leguminosas, con ausencia de cereales, de lo que se dedujo un aprovechamiento ganadero del entorno de este cementerio antes de la llegada de Roma (Argente *et al.* 2001: 305-309; Martínez Caballero 2017). Sin embargo, los análisis de paleodieta en los difuntos de la necrópolis de Numancia señalaban el consumo habitual de vegetales verdes, cereales, legumbres, tubérculos y frutos secos (Trancho *et al.* en Jimeno *et al.* 2004), mientras que los análisis de sílicofitolitos y almidones, realizados a los molinos circulares de la Numancia romana, advierten evidencias de descascarillado y molienda de cereales y frutos secos, como la bellota (Checa *et al.* 1999).

Todos estos datos apuntan a un paisaje profundamente alterado en la actualidad debido esencialmente a la acción antrópica. El Alto Duero durante la Edad del Hierro habría presentado unas condiciones climáticas más duras que las actuales, con un río Duero más caudaloso y cambiante que habría permitido la navegación en momentos determinados del año, cuyos alrededores y afluentes se encontraban salpicados por lagunas y zonas encharcables, campos de cultivo, dehesas y frondosos bosques de pinos, robles y encinas.

2.3. Antecedentes en la investigación

La arqueología en el Alto Duero y el mundo celtibérico cuentan con una larga trayectoria investigadora y numerosas publicaciones (Fig. 2.5). Varias son las monografías, libros y artículos sobre los principales hitos de la investigación en la región, su influencia y utilización histórica. Destacan síntesis generales del estudio del mundo celtibérico como la realizada por A. Lorrio en su monográfico sobre los Celtíberos (2005: 15-31) y publicaciones específicas de la historia de la arqueología soriana. Entre estas últimas, sobresale la monografía de J.A. Gómez Barrera (2014) que recoge el papel de figuras tan relevantes como Blas Taracena, Eduardo Saavedra, el marqués de Cerralbo o Juan Cabré, y eventos fundamentales como la construcción del Museo Numantino, el papel jugado por la Comisión de Excavaciones de Numancia o el proceso de recogida de datos que dio lugar al Catálogo Monumental de la Provincia de Soria.

Del mismo modo, se han publicado las biografías de dos de los investigadores más relevantes en la arqueología del Alto Duero, Blas Taracena (Gómez Barrera 2016) y Adolf Schulten (Gómez Gonzalo 2017). Asimismo, con motivo del centenario del Museo Numantino, se editó un monográfico de dos volúmenes coordinados por M. Arlegui (2014a) con la historia y piezas más relevantes del Museo Numantino. Finalmente, y centrados en la construcción del mito y la utilización política del sitio de Numancia a lo largo de la historia, destacan el libro de *Numancia: Símbolo e Historia* de A. Jimeno y J.I. de la Torre (2005) y el artículo de este último autor sobre los usos y abusos en la historiografía de este sitio arqueológico (de la Torre 1998). Así pues, observamos como simplemente las publicaciones sobre los trabajos llevados a cabo en la zona de estudio han dado pie a varios libros. Por ello, en este apartado, tan solo voy a realizar un breve repaso por aquellos trabajos de campo y publicaciones que han sido más relevantes para esta investigación.

Si nos remontamos al inicio de la arqueología celtibérica, A. Lorrio (2005: 15) señala dos hitos fundamentales en su origen: la excavación de la necrópolis de Hijes (Guadalajara) por Francisco de Padua Nicolau Bofarull y el inicio de los trabajos de Eduardo Saavedra y la Real Academia de la Historia en Numancia en 1853. A partir de ese momento, las intervenciones en Numancia van a marcar la agenda investigadora del Alto Duero y el mundo celtibérico en general, ya que es el sitio que cuenta con el mayor número de excavaciones arqueológicas y publicaciones, desde las primeras intervenciones dirigidas por J.B. Erro en 1803.

Como la historia, la investigación es cíclica. Existen momentos de gran auge sobre determinadas zonas, temáticas o enfoques y épocas menos prolíficas. El Alto Duero y la Edad del Hierro han tenido dos periodos de gran desarrollo y dinamismo, por la diversidad de trabajos de campo, las ideas y las publicaciones científicas. Éstas se corresponden con las primeras décadas del siglo XX y la década de los 80 e inicios de los años 90 también del siglo XX. Ambas épocas fueron de la mano de dos hombres fundamentales, sin los que no se puede entender la investigación en esta región: Blas Taracena, en sus puestos como Director del Museo Numantino (1915-1936) y del Museo Arqueológico Nacional (1939-1951), siendo miembro de la Comisión de Excavaciones de Numancia; y Alfredo Jimeno, primero desde el Colegio Universitario de Soria y posteriormente desde la Universidad Complutense de Madrid, especialmente a partir de su nombramiento como Director del Plan Director del yacimiento arqueológico de Numancia.

A inicios del siglo XX, se registraron las primeras intervenciones. *Termes* ya contaba con un primer informe de sus ruinas realizado por N. Rabal (1888) y en ella intervinieron el conde de Romanones (1910), N. Sentenach (1911a, 1911b) e I. Calvo (1913). I. Calvo (1916) también excavó en *Clunia*, R. Morenas de Tejada (1914) lo hizo en *Uxama* y J.R. Mélida (1926) en *Ocilis*. Sin embargo, el sitio que aglutinó un mayor número de trabajos fue Numancia (Fig. 2.6). En Numancia, destacan las excavaciones de A. Schulten y C. Koenen en la Manzana IV de la ciudad, financiadas por el káiser de Alemania, Guillermo II, en 1905. Del mismo modo, entre los años 1906 y 1912, Schulten también excavó en los campamentos del cerco romano de Escipión, cuyos resultados fueron publicados en cuatro volúmenes entre 1914 y 1931 (Baquedano y Arlegui 2017). Entre 1906 y 1923, la Comisión de Excavaciones, presidida inicialmente por E. Saavedra y posteriormente por J.R. Mélida, sacó a la luz gran parte de la extensión del yacimiento de Numancia, cuyos resultados fueron publicados en varias memorias de excavación (VV. AA. 1912; Mélida 1916, 1918; Mélida y Taracena 1920, 1921, 1923; Mélida *et al.* 1924) por la Junta Superior de Excavaciones y Antigüedades, que recogen descripciones de las excavaciones, las estructuras y los materiales encontrados. A partir de 1913, se hizo cargo M. González Simancas que centró su labor en las defensas de la ciudad (González Simancas 1914, 1926).

Sin embargo, a mi parecer, las grandes protagonistas por su trascendencia en la investigación, y con perdón de Numancia, son las necrópolis. En el Alto Duero, el primer cementerio excavado fue La Requijada (Gormaz) en 1913-1914 por Ricardo Morenas de Tejada (Sentenach 1914; Zapatero 1968; García Soto Mateos 1990: 13), quien posteriormente también excavó las necrópolis de Osma y Las Quintanas (Gormaz) (Morenas de Tejada 1916a, 1916b), cuyos datos fueron retomados por J.M. Zapatero (1968). Estas primeras intervenciones han generado gran controversia por la metodología con la que se realizaron y la escasez de información con la que contamos actualmente, lo que ha llegado a provocado cierta confusión en el caso de los dos cementerios de Gormaz, llegando a plantearse la posibilidad de que los dos topónimos registrados en el término municipal pudiesen referirse a la necrópolis

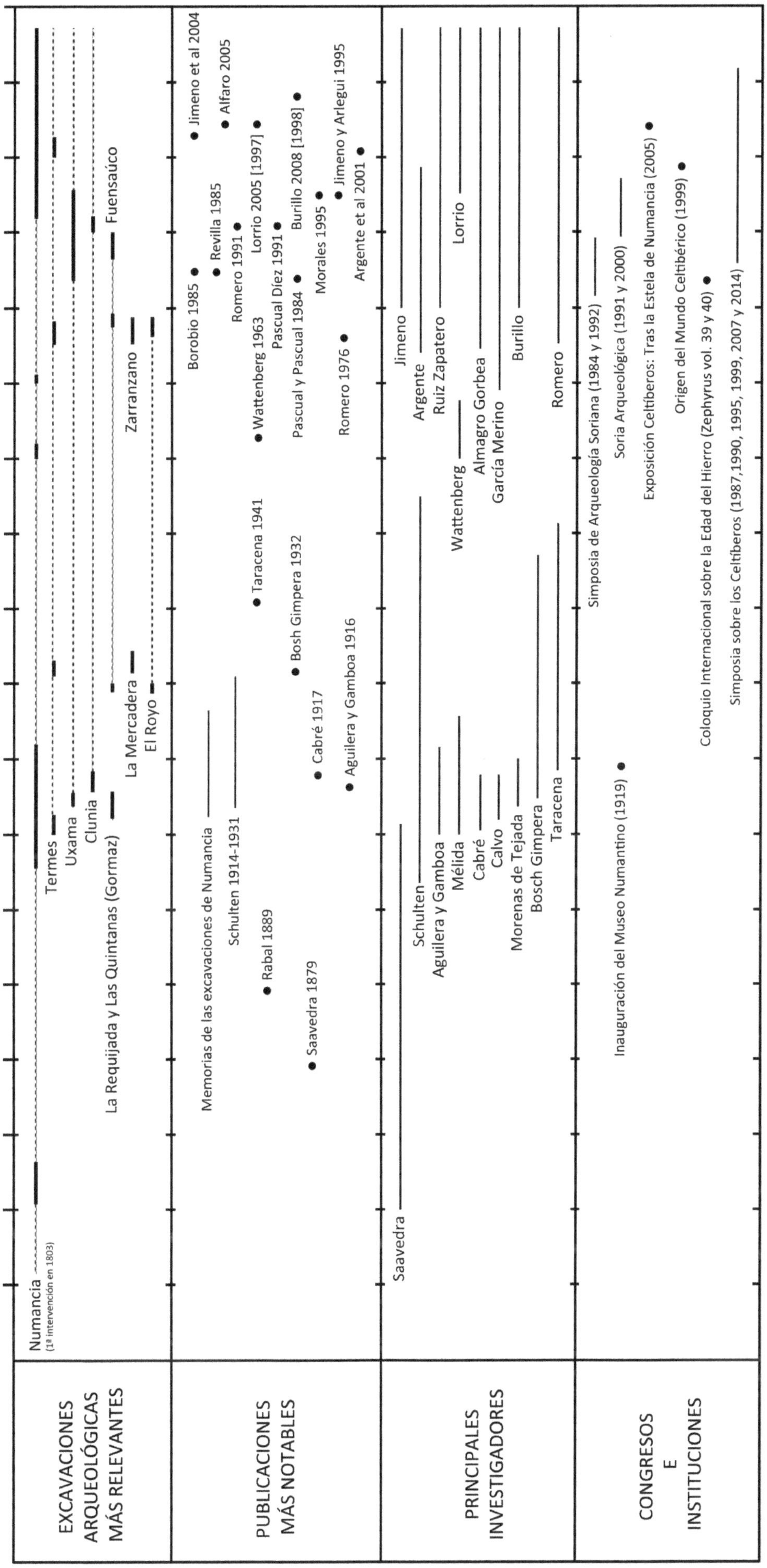

Fig. 2.5: **Excavaciones arqueológicas, publicaciones, investigadores, congresos e instituciones más relevantes para la investigación de la Edad del Hierro en el Alto Duero.**

a

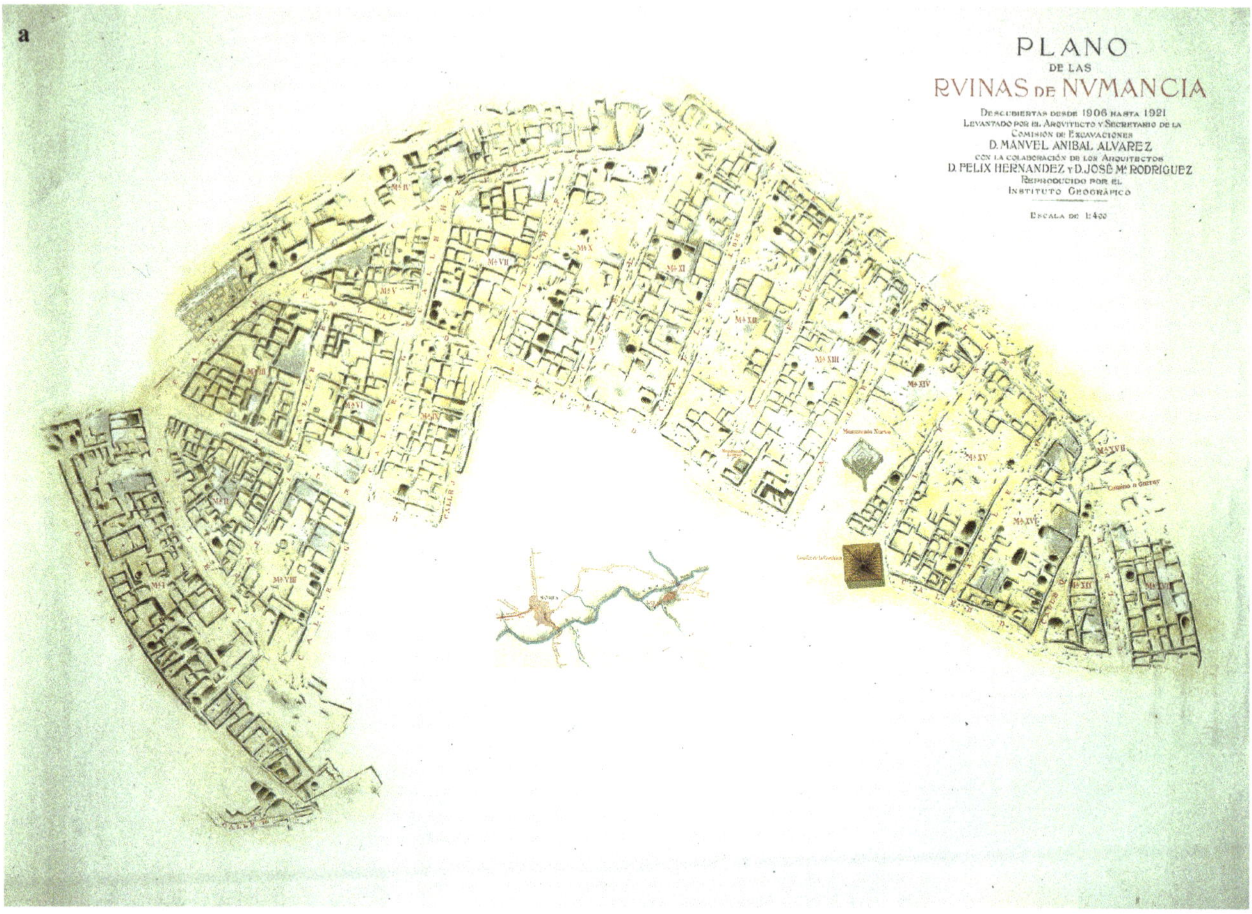

b

Fig. 2.6: Numancia: a. cartografía de las excavaciones de realizada por M. Aníbal Álvarez (1925) (41-A-6 2022 CC-BY 4.0 http://www.ign.es); b. imagen aérea (fotografía de Alfredo Jimeno).

de La Requijada (García Merino 1973: 43-48). Aunque, A. Lorrio (2005: 143), tras un estudio tipológico de las espadas y puñales hallados en ambas, advierte diferencias, pudiendo plantearse la existencia de varias necrópolis como ocurre en Osma. Así, la investigación en estos primeros espacios funerarios se centró en el establecimiento de unas seriaciones cronológicas de los materiales que permitiesen caracterizar su evolución y sus tipos. Entre los trabajos de este momento destaca el de P. Bosch Gimpera (1921: 25), sintetizando el conocimiento obtenido hasta la fecha y relacionándolo con los hallazgos de Centroeuropa.

A partir de la década de los 20 y durante las próximas tres décadas, la arqueología de esta región estará dominada por la figura de Blas Taracena como Director del Museo Numantino entre 1919 y 1936. Este desarrolló una labor exhaustiva de documentación y definición de asentamientos y cultura material de la provincia de Soria, mediante prospecciones y excavaciones en sitios como Los Villares (Ventosa de la Sierra), El Castellar (Arévalo de la Sierra), El Castellar (Taniñe), Los Castejones (Calatañazor) y Los Castellares (Suellacabras) (Taracena 1926), Castilterreño (Izana) (Taracena 1927), Langa de Duero (Taracena 1929a) o El Castillo (Ocenilla) (Taracena 1932). Se preocupó por los antecedentes del mundo celtibérico y definió el poblamiento previo, al que denominó como "la Cultura de los Castros Sorianos" (Taracena 1929a), relacionándolo con cuestiones de etnicidad entre arévacos y pelendones (Taracena 1933, 1954). También, participó activamente en las excavaciones de Numancia como miembro de la Comisión de Excavaciones (Mélida y Taracena 1920, 1921, 1923; Mélida *et al.* 1924; Taracena 1929b) y, por cuenta propia, en el lugar en el que posteriormente se levantó la Casa de la Comisión y la esquina noroeste de la Manzana XXIII (Taracena 1943). Además, realizó intervenciones en *Termes* (Taracena 1934); *Contrebia Leukade* (Taracena 1942) o *Clunia* (Taracena 1946) y excavó la necrópolis de La Mercadera (Taracena 1932), donde profundizó sobre la periodización de los dos momentos de la Edad del Hierro en la provincia de Soria. Su amplio conocimiento y sus investigaciones del ámbito provincial quedaron recogidas en la primera carta arqueológica realizada en España (Taracena 1941).

Durante la Guerra Civil y la primera mitad de la dictadura franquista, la investigación en esta zona sufrió una desaceleración. No será hasta los años 60 cuando se vuelva a poner el foco en el área con la publicación de F. Wattenberg (1960) sobre la problemática de la cultura celtibérica en el *I Symposium de Prehistoria de la Península Ibérica*. Sin embargo, su obra clave fue "*Las cerámicas indígenas de Numancia*" en 1963, en la que cuestiona la ordenación tipológica y estratigráfica de B. Taracena (1924) y propuso una clasificación y una nueva seriación a partir de sus intervenciones en la ciudad (Wattenberg 1965). Posteriormente, el tema de las cerámicas de Numancia fue retomado por F. Romero (1976) y A. Jimeno (Jimeno *et al.* 2012; Liceras Garrido *et al.* 2014). A punto de finalizar la década de los 60, W. Schüle (1969) publicó una síntesis de los objetos de metal de las necrópolis celtibéricas, incorporando los materiales de la colección Cerralbo y las fíbulas de Numancia.

Tras este tímido inicio en los 60, tendrá lugar el siguiente *boom* de la arqueología en el Alto Duero con numerosos trabajos de campo, tanto excavaciones como prospecciones, revisiones de materiales y reuniones científicas en las que reflexionar. Las excavaciones en *Termes* se reanudan en 1975 (Argente 1990), tras una década de intervenciones menores dirigidas por T. Ortego y J. Zozaya, quien también intervino en Numancia buscando los restos del poblamiento medieval. También en *Uxama* (García Merino 1984, 1989, 1995; García Merino y Sánchez Simón 1998), *Ocilis* (Borobio *et al.* 1992), *Clunia* (VV. AA. 1991) y *Contrebia Leukade* (Hernández Vera 1982; Hernández Vera y Nuñez 1988) se retomaron los trabajos y se iniciaron en nuevos enclaves como El Castillejo (Fuensaúco) (Romero y Misiego 1992, 1995), Zarranzano (Cubo de la Sierra) (Romero 1984) o El Castillo de la Virgen (El Royo) (Eiroa 1979a, 1979b, 1981; Romero 1989), con sistemas de registro material más detallados que en fechas anteriores y dataciones radiocarbónicas. En lo que a las necrópolis se refiere, en 1977 comenzaron las excavaciones en Carratiermes (Argente *et al.* 2001) y durante la década se realizaron intervenciones en Ucero (García Soto 1982). Además, un maestro de la localidad de Ayllón excavó la necrópolis de La Dehesa (Barrio Martín 2006). En 1983, T. Ortego publicó los materiales de una excavación de urgencia en La Revilla de Calatañazor.

Durante los 80 y desde el Colegio Universitario de Soria, Alfredo Jimeno dirigió las prospecciones para actualizar la carta arqueológica de la región, cuyos resultados fueron publicados en cuatro volúmenes (Borobio 1985; Revilla 1985; Pascual Díez 1991; Morales 1995), así como los trabajos de catalogación de los sitios de la cuenca del Cidacos (Pascual y Pascual 1984; García Heras y López Corral 1995). Durante este periodo e influidos por los postulados de la arqueología espacial, se realizaron los primeros estudios del panorama general de poblamiento de los diferentes periodos y regiones del Alto Duero (Bachiller 1987; Romero 1991; Revilla y Jimeno 1986-1987; Jimeno y Arlegui 1995; García Soto y De La Rosa 1995).

La abundante información de la que se disponía fue objeto de discusión en numerosos simposios y congresos que se organizaron en las décadas de los 80 y los 90. Entre ellos, destacan los *Simposia de Arqueología Soriana* en 1982 y 1989 (1984, 1992) y los de *Soria Arqueológica* (1991 y 2000), así como el *Coloquio Internacional sobre la Edad del Hierro en la Meseta norte*, cuya sede fue Salamanca en el 1984 y sus actas se recogen en los números 39 y 40 de la revista *Zephyrus*. En el año 1986, se pusieron en marcha los *Simposia sobre los Celtíberos*, reuniones organizadas por F. Burillo y centradas en las diferentes facetas del registro, cuyo resultado fueron siete publicaciones monográficas sobre el origen del mundo celtibérico (Burillo 1987), las necrópolis (Burillo 1990), el poblamiento (Burillo 1995), la economía (Burillo 1999), los proyectos de gestión de

Fig. 2.7: Excavación de la Manzana XXIII desarrollada en el marco del Plan Director (campaña de 2006).

los sitios arqueológicos (Burillo 2007a), la ritualidad y los mitos del imaginario celtibérico (Burillo 2010) y una visión general actualizada (Burillo y Chordá 2014).

En la década de los 90, aparecieron las grandes obras de síntesis del mundo celtibérico de la mano de A. Lorrio en 1997 y F. Burillo en 1998, con sendas reediciones y actualizaciones (Lorrio 2005; Burillo 2007b), así como debates sobre el origen del mundo celtibérico en 1998 (Arenas y Palacios 1999). También, se retomaron las excavaciones en la ciudad de Numancia, ahora bajo el marco del Plan Director y con Alfredo Jimeno al frente, explorando temas como el mundo funerario (Jimeno *et al.* 2004), el urbanismo y la estratigrafía de la ciudad en relación con la ordenación de los conjuntos cerámicos (Jimeno y Martín 1995; Jimeno y Tabernero 1996; Jimeno *et al.* 2012, 2014, 2015, 2017a, 2017b, 2018) y los campamentos romanos (Jimeno 2002, 2006) (Fig. 2.7).

Pero fue el sitio de *Termes* con el *Proyecto LIFE Tiermes 2003-2006,* financiado por la Comisión Europea, el que contó con la dotación monetaria más importante de la región. Así, a lo largo de los primeros años del siglo XXI, bajo la dirección de S. Martínez Caballero (2017), se excavó el foro imperial y los edificios colindantes al mismo. También, hay que destacar el trabajo de E. Alfaro (2005) sobre el poblamiento de la Edad del Hierro y época romana del Sistema Ibérico, quien posteriormente inició las excavaciones de Los Casares (San Pedro Manrique), así como el trabajo de J. Bermejo (2014a y 2014b) sobre los espacios domésticos de la región en época romana.

3

Persiguiendo la simetría

"La arqueología simétrica es una actitud"

Michael Shanks (2007: 293)

Una reflexión colectiva que siempre me ha llamado la atención y que se ha ido perfilando a lo largo de mi vida, ha sido la que nos enseña que "todo es cuestión de perspectiva". El lingüista suizo F. de Saussure afirmaba que "el punto de vista crea el objeto" (Bourdieu *et al.* 2002 [1973]: 205) y es que la subjetividad es parte de nuestra percepción y, como tal, afecta a todos los ámbitos de nuestras vidas.

Los seres humanos somos individuos complejos que nos encontramos inmersos en una estructura socio-cultural y poseemos nuestra propia agenda, por lo que desenmarañar nuestro modo de actuar, la forma de pensar o de entender lo que nos rodea, se convierte en todo un reto. Más aún, si las personas que estudiamos, vivieron y murieron en el primer milenio a.n.e., ya que no solo el tiempo y el espacio son elementos problemáticos, sino también el marco conceptual desde el que los abordamos.

Muchos autores han llamado la atención sobre este hecho, advirtiendo la importancia de tener en cuenta conceptos como la otredad y la alteridad a la hora de enfrentarse al pasado (*e.g.* González Ruibal 2003, 2006-2007; Hernando 2012; Fernández Götz 2014a). Además, la reflexión de M. Shanks (2007: 293) sobre la relación que establecemos los arqueólogos y el pasado siempre me ha parecido esclarecedora: "el trabajar con el pasado nos hace lo que somos". Los investigadores establecemos una relación dinámica con el pasado que estudiamos, que es tanto un recurso como una fuente, y con él, iniciamos una mediación de lo que por él entendemos desde el presente, construyendo y siendo construidos mientras elaboramos las narrativas arqueológicas.

3.1. Fundamentos, conceptos y herramientas para la interpretación

En mi aproximación a las gentes de la Edad del Hierro, quiero participar de la actitud simétrica que se ha propuesto en las últimas décadas. La arqueología simétrica se ha presentado como un modo de razonar y actuar en la disciplina, donde se critican los paradigmas anteriores, pero no se destruyen, recopilando los aspectos que nos sean útiles y positivos de cada uno de ellos (González Ruibal 2007a: 284). Es una nueva forma de articular la disciplina que según B. Latour (1992) tan solo es "*One more turn after the social turn*", o "Un giro teórico sin revolución del paradigma" en palabras de A. González Ruibal (2007a), un giro de noventa grados en las prioridades y herramientas de la investigación que busca el justo medio entre posiciones enfrentadas.

El mundo de la investigación occidental ha construido sus bases sobre una serie de dualidades cartesianas sobre las que articular el conocimiento y los discursos, produciendo oposiciones de "contrarios" como pasado-presente, naturaleza-cultura, humanos-cosas, pensamiento-acción, ideas-materiales o ciencias-letras que han estado y están presentes en nuestra realidad cotidiana. Esta arqueología nació para romper con ellos, explorar la multidisciplinariedad y tratar de superarlos, entendiendo que el mundo es mucho más complejo que una simple oposición de conceptos.

Esta forma de entender la arqueología proponía tratar a los objetos y a las personas de un modo simétrico (Hernando 2007b: 315), entendiendo que las personas y las cosas son construidas simultáneamente (Latour 1994; Olsen 2003; Witmore 2006, 2007, 2020; González Ruibal 2006). T. Webmoor (2007: 299) consideraba que la escisión entre personas y cosas es la principal causante del pluralismo de aproximaciones que la arqueología ha tenido en las últimas décadas. Por ello, planteaba equiparar de un modo analítico las diversas entidades, dando lugar a conjuntos indisociables como, lo natural y lo humano, que en lugar de encontrarse en sitios opuestos de la balanza estaban equilibrados. Observa así que binomios tradicionalmente enfrentados como: personas-cosas o naturaleza-cultura, son realidades que se encuentran entremezcladas, entrelazadas en una compleja maraña imposible de separar y de entender los unos sin los otros (Webmoor 2007: 300; Witmore 2007: 305-308).

Las personas-cosas son entendidas, por tanto, como un conjunto o un colectivo (Webmoor 2007: 301) que a través de la práctica y la capacidad de acción se redistribuye de un modo más paritario, siendo ambos los protagonistas de la acción. Nos separamos así del pensamiento dominante, en el que los seres humanos se posicionan en el centro de acción por ser los únicos con una intencionalidad y consciencia manifiesta (Webmoor 2007: 300-302). Estos binomios son inseparables, irrompibles, hasta el punto de no poder existir el uno sin el otro, porque si no, serían otra cosa distinta. La interdependencia es absoluta.

Un maravilloso ejemplo de esto lo planteaba Ch. Witmore (2007: 307-308) (Fig. 3.1) con un colectivo socio-técnico entre un arqueólogo y un pico. La dualidad entre la persona y la herramienta hace que sea lo que son y que obren del modo que lo hacen. Si esa asociación se rompiese, la acción sería otra o no existiría. Recordar ejemplos como éste cuando nos enfrentamos a la relación entre una fíbula y su propietaria o propietario, de una muralla con la comunidad que guarda o un territorio con sus delimitaciones, permitirá una visión muy distinta de las relaciones que se establecen entre las personas y las cosas que estudiamos.

M. Shanks (2007: 293) nos recordaba que los arqueólogos no trabajábamos con el pasado de un modo directo, sino con una parte de lo que queda de él, la cultura material. Sobre este término, comparto la reflexión que hizo A. González Ruibal (2007b: 259), en la que consideraba toda la cultura como material. Es una visión holística de lo material, que abarca desde lo más evidente, como una vasija cerámica, la morfología de una casa o una muralla, a un paisaje, una canción, una historia o una creencia que mediante la práctica se materializa.

Las personas manifiestan su ser en la cultura material y la cultura material hace a las personas, lo que Ch. Tilley (2004: 217) resumía como "*Persons make things and things make persons*". La plasmación de esta relación entre personas-cosas dota de un profundo significado a la cultura material. Las cosas son generadoras de pensamiento, de opinión y de acción, constituidas y constituyentes de las personas, y la materialidad es la cualidad física que refleja esta relación, que explorada desde la arqueología, nos lleva a adentrarnos en las diferentes facetas y construcciones sociales de los sujetos, del modo en el que crean sus identidades, las manifiestan o las manipulan. Esta forma de aproximanos al registro material nos permite adentrarnos en los aspectos y matices que quedan fuera del terreno de lo evidente, ahondando en lo no verbalizado, las ocultaciones, asimilaciones o resistencias. Socialmente, las identidades son actuadas, no pensadas (Hernando 2012: 31), por lo que dichas acciones, además de un modo de obrar y una forma de afrontar el mundo, tienen un reflejo material.

Un concepto clave cuando abordamos las relaciones entre las personas y las cosas, es el de interseccionalidad. Este permite adoptar una perspectiva analítica para explorar las distintas realidades desde una visión holista. El término fue originalmente acuñado en el ámbito feminista por K. Crenshaw (1989) y definido por K. Davis (2008: 68): "*Intersectionality refers to the interaction between gender, race, and other categories of difference in individual lives, social practices, institutional arrangements, and cultural ideologies and the outcomes of these interactions in terms of power*". Así, reconoce y recoge la complejidad del modo

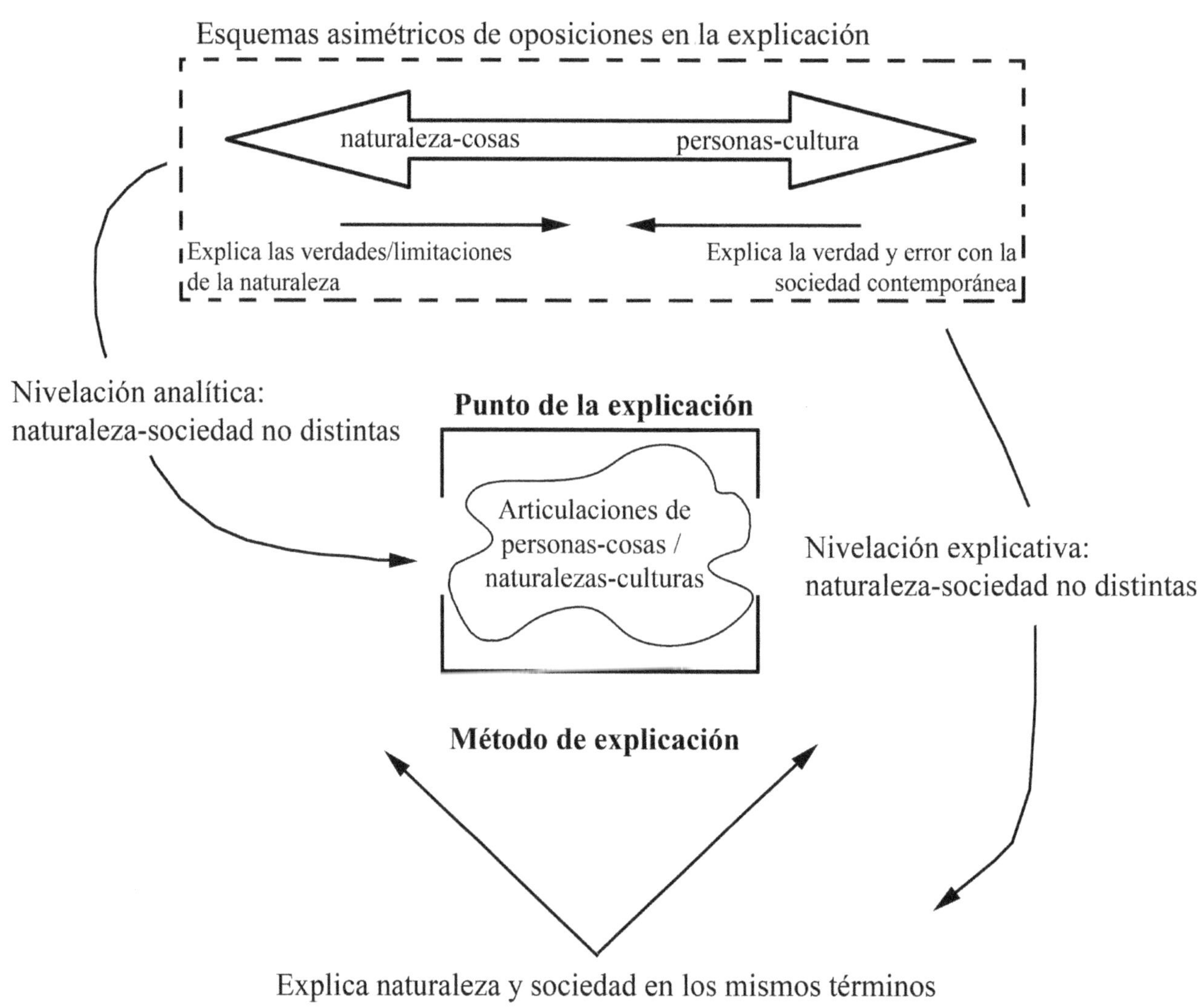

Fig. 3.1: Relación entre las personas y las cosas en la arqueología simétrica (redibujado a partir de Webmoor 2007: Fig. 3).

en el que los ejes que conforman la identidad del individuo se encuentran entretejidos, son mutuamente construidos y están en constante interacción e interrelación (Fig. 3.2). La continua modificación y reelaboración de las diferentes facetas de las identidades da lugar a que las relaciones entre personas y cosas sean dinámicas y estén en constante construcción, reconstrucción y destrucción, donde los significantes y significados son transformados a tenor de las fluctuaciones en las relaciones y el desarrollo de las biografías de las personas y las cosas.

Para explorar las relaciones entre personas-cosas, en los próximos apartados voy a profundizar en los conceptos de identidad y poder que me ayuden a entenderlas. Haciendo un especial hincapié en aquellas facetas de la identidad que considero relevantes para la construcción del sujeto y sus consecuentes relaciones de poder que constituyen y fluyen en las comunidades, modeladas y modeladoras de las sociedades.

3.2. Identidades

Sobre el concepto identidad no existe una definición ortodoxa ni unívoca. Para A. Hernando (2002: 16, 2012: 31) representa el núcleo del sentido de la orientación humana, de quién somos, el punto de partida desde el que mirar al mundo y tomar decisiones. Para M. Diaz Andreu y S. Lucy (2005: 1) es la identificación de los individuos con grupos más amplios sobre aquellas diferencias que son socialmente sancionadas como significativas. En la misma línea, el sociólogo R. Jenkins (2008) la define como la capacidad de saber "quién es quién" y "qué es qué". A través de estas definiciones, se observa la amplia flexibilidad del término, siempre referido a la identificación del sujeto con un grupo más amplio, a las diferentes construcciones del "yo".

La identidad se modela y es cambiante. No existe un prototipo establecido desde el nacimiento, sino que a partir de ese momento se conforma, fruto de los marcos sociales, culturales, las experiencias grupales e individuales de cada uno e íntimamente ligado al sentido de pertenencia (Díaz Andreu y Lucy 2005: 1). Del mismo modo, está en un continuo proceso de formación, interacción y negociación, modelándose y modificándose a lo largo de la vida de cada persona.

Las identidades son múltiples y se superponen. Existen diferentes niveles que se activan dependiendo de las necesidades del individuo, mientras otros quedan latentes, en potencia hasta que sean necesarios. Estos estratos conectados están en continua interacción, tanto los que favorecen a la construcción del "yo", como las categorías necesarias para enfrentarse al mundo, aportando al sujeto una sensación de seguridad por medio de la colectividad. En palabras de A. Hernando (2012: 116), "el ser humano es una especie tan inteligente que comprende, aunque niega, su elemental insuficiencia frente al universo en el que vive". Por ese miedo, nos identificamos con diversas agrupaciones que, dependiendo del individuo, de sus

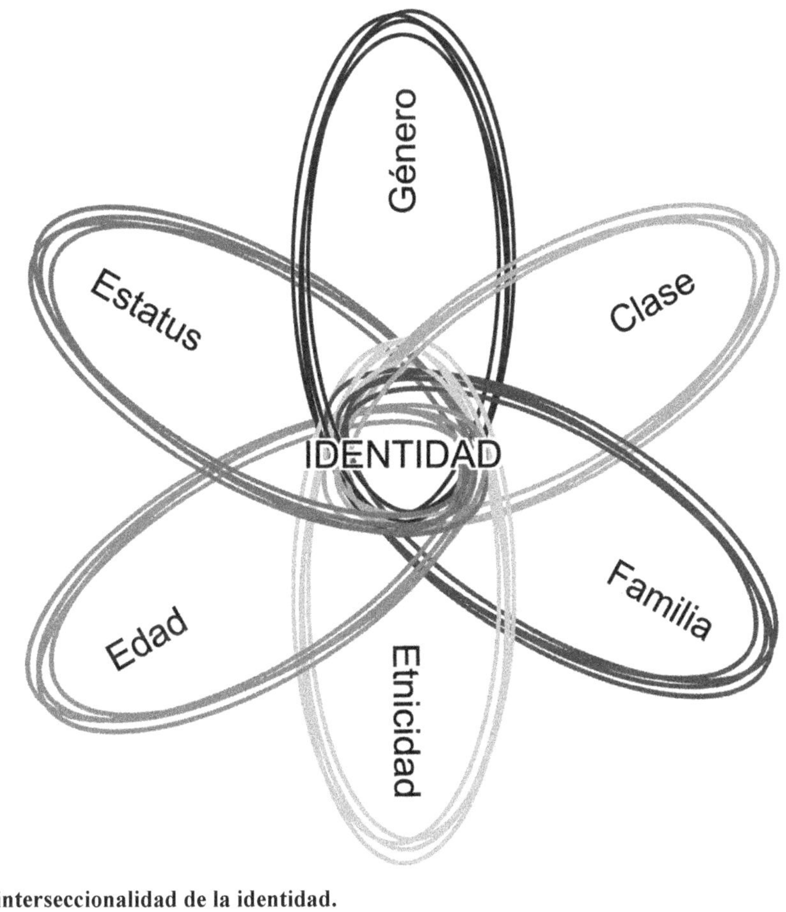

Fig. 3.2: Concepto de interseccionalidad de la identidad.

características y de sus circunstancias, creará tantas identidades como sean necesarias para sentirse respaldado.

Numerosos autores han hecho referencias a algunos de los ejes de la identidad, como son el género, la sexualidad, la etnicidad, el estatus, la edad, el parentesco o la religiosidad (*e.g.* Meskel 2002: 281; Díaz Andreu *et al.* 2005; Fernández Götz 2014a: 34). Existen también identidades asociadas a una práctica común (una profesión, un deporte), a unos intereses determinados (inclinación por los libros, el cine, un tipo de música) o a una determinada afición (cocinar, manualidades), aunque se han explorado menos que las anteriores. Cada uno de estos tipos se materializa de modo inconsciente mediante el cuerpo de los individuos que participan de ella, a través de su gestualidad, la exhibición de una apariencia concreta y la participación en determinadas prácticas.

En los siguientes apartados, vamos a tratar varios niveles de identidad que mediante su relación con la cultura material nos ayudarán a entender las diferentes construcciones sociales de la Edad del Hierro y su reflejo e influencia en las relaciones de poder. Se han ordenado en cuatro apartados, aunque ha sido imposible tratarlos de modo individual por la enorme interdependencia que hay entre ellos.

3.2.1. Género

> "La cultura material es un terreno privilegiado para observar la forma en que la mujer ha sido considerada un ser humano de segunda categoría a lo largo de la historia"
>
> Alfredo González Ruibal (2003: 130)

Cuando se abordan cuestiones de género hemos de ser especialmente cuidadosos con la terminología utilizada. De modo general, el género puede ser definido como una construcción social, bien diferenciada de sexo que hace referencia a la característica biológica. El género como constructo social ha sido bien definido por A. Hernando (2012: 163-165) como "identidades complementarias y desiguales" entre hombres y mujeres. Esta identificación está íntimamente ligada al orden patriarcal, en el que la identidad femenina ha sido asimilada a los rasgos de la identidad relacional y la masculina a una individualidad dependiente. Por ello, al tratarse de un producto socio-cultural, no tiene por qué estar necesariamente asociado a un sexo concreto, como numerosas autoras y algunos autores han señalado (Sørensen 2000: 85; Díaz Andreu 2005: 14; Hollimon 2006, 2011; Hernando 2007a; Prados Torreira 2010: 206; González Ruibal 2003: 128-130).

Los debates sobre el concepto de género, los estereotipos sobre las mujeres y los desequilibrios tanto en la interpretación como en la producción arqueológica han sido dominantes en la arqueología de Género desde sus inicios. Esta corriente arqueológica surgió en Escandinavia a finales de la década de 1970 como reacción a las desigualdades culturales e institucionalizadas, cuyas causas y formas de contrarrestarlas se convirtieron en las preocupaciones fundamentales. Sin embargo, fue el trabajo de M. Conkey y J. Spector (1984), el que ha sido a menudo considerado el artículo fundacional de esta corriente en arqueología, ya que planteó una crítica al androcentrismo, introdujo la distinción entre sexo y género, así como la consideración del género como construcción cultural. En una primera etapa, esta arqueología trató de paliar la ausencia de la mujer tanto en la profesión como en la interpretación, en un contexto donde las principales preocupaciones eran dar acceso a las mujeres a la producción arqueológica, visibilizar a las mujeres en el pasado y repensar cómo se había caracterizado a las mujeres hasta ese momento (Dahlberg 1983; Bertelson *et al.* 1987; Sanahuja 2002; Gero y Conkey 1991; Díaz Andreu y Sørensen 1998). Sin embargo, fue a partir de finales de la década de 1980 cuando tuvo lugar un florecimiento de los estudios de género, se abrieron foros de discusión y se publicaron monografías y ediciones especializadas para abordar estos temas (Nelson 2004, 2007; Sánchez Romero 2005; Delgado y Picazo 2016; Muñoz y Moral 2020; Coltofean Arizancu *et al.* 2021).

Tras cuatro décadas de pensamiento crítico, trabajo de campo y debate, la Arqueología de Género ha avanzado enormemente. Cinco temas principales han estado en el centro de la discusión en la Prehistoria española: (1) crítica a las narrativas del pasado dominadas por los hombres (Querol y Triviño 2004; Cruz-Berrocal 2009; Montón Subías 2018); (2) la identificación del género en contextos funerarios (Rafel Fontanals 2007; Prados Torreira 2010); (3) las actividades de mantenimiento que engloban prácticas y experiencias relacionadas con el sustento, el bienestar y la reproducción social a largo plazo del grupo (Montón Subías y Sánchez Romero 2008; Sánchez Romero y Cid López 2018); (4) la conceptualización de género e identidades queer (Hernando 2012; Moral de Eusebio 2016); y (5) las representaciones de mujeres en el arte y la iconografía (Díaz Andreu 1998; Izquierdo 2007). A pesar de las importantes mejoras para identificar el género en la cultura material y la valiosa literatura que visibiliza algunos roles de las mujeres del pasado, estas interpretaciones en ocasiones carecen de una perspectiva holística e integradora que permita reconocer los aportes de las mujeres a asuntos esenciales, como la política, la economía o las transformaciones culturales, entre otros.

La división de tareas a partir del sexo ha tenido lugar en todas las sociedades desde el origen de la humanidad, lo que no tiene por qué ser sinónimo de una valoración positiva o negativa de uno de ellos (Hernando 2012: 65; Bolger 2006). Cuando esas valoraciones tienen lugar, es el momento en el que se comienza a percibir una relación desigual entre géneros y la existencia de unos estereotipos normativos que los definen.

La historia ha centrado su interés en los grandes acontecimientos, los descubrimientos o los avances técnicos. Los hombres han sido los grandes protagonistas, especialmente aquellos que se individualizaron y destacaron, al menos en cierta medida, del resto de su comunidad. Sus ámbitos de especialización y poder giraron en torno a la razón y la tecnología, siendo valorados positivamente. Frente a estos individuos singulares, encontramos la invisibilidad histórica de la totalidad de las mujeres y el resto del conjunto de los hombres (Hernando 2005: 122), no especializados y dedicados a actividades recurrentes, carentes del prestigio que detenta el poder y el conocimiento sobre algunos ámbitos singulares del mundo. Por otro lado, la especialización de las mujeres se centró en el mantenimiento, los cuidados y el sostenimiento de vínculos emocionales, quedando en un segundo plano y permitiendo así a los hombres adquirir un mayor grado de individualidad (Hernando 2012: 121).

Las actividades derivadas de la forma de actuar en el mundo de las mujeres han sido denominadas actividades de mantenimiento. A. Hernando (2005: 125-126) las definió como "... los rasgos estructurales de las actividades ligadas a la identidad relacional [...] son actividades [...] que no se asocian al cambio, sino a la recurrencia; que no exigen el desplazamiento a espacios desconocidos, [...] se asocian al sostenimiento de los vínculos y la cohesión del grupo, [...]. A través de ellas no se expresa la vocación personal, ni las especiales facultades de cada cual, ni la creatividad o la particularidad de un autor". Son actividades que estructuran la sociedad, a través de las cuales se crean, regulan, sostienen, perpetúan y reproducen las formas de vida propias de cada comunidad, relacionadas con el día a día y el bienestar de sus miembros, centradas en mantener las conexiones sociales y vínculos del grupo (Montón Subías y Hernando 2018). S. Montón Subías (2000: 52-53) concretó estas actividades relacionándolas con la alimentación, la gestación, la crianza de niñas y niños, los cuidados, la higiene o la salud pública. Sin embargo, aunque todas ellas no tuvieron que ser llevadas a cabo exclusivamente por mujeres, sí debieron ser ejecutadas por éstas en la mayoría de los casos.

La cultura material juega un papel clave a la hora de construir la identidad de género (Díaz Andreu 2005: 22-23; González Ruibal 2003: 129) y su plasmación física. Los objetos están dotados de numerosos significados, transmitiendo una serie de códigos, mensajes y reglas que influyen en el modo en el que percibimos y somos percibidos, así como en las formas con las que debemos relacionarlos con los demás individuos. El mundo del primer milenio a.n.e. fue un mundo de hombres, y si no lo fue de un modo estricto en su momento, lo hemos convertido desde el ámbito de la investigación. Los estudios, y la visión de estos casi mil años, ha sido monopolizada casi de modo exclusivo por la faceta guerrera de los hombres, construida a partir de las evidencias materiales de los enterramientos y el cariz de los estudios desde el inicio de la disciplina arqueológica.

En el Alto Duero (y la Celtiberia), las mujeres son prácticamente invisibles como han remarcado recientemente I. Baquedano y M. Arlegui (2020). Tan solo aparecen relacionadas con ciertos elementos materiales, a los que nos referiremos en los próximos capítulos, y las citas de autores grecorromanos que se refieren a ellas han sido prácticamente ignoradas en la interpretación global de estas comunidades. Únicamente, se las ha mencionado de forma excepcional en algunos estudios generales centrados en otras cuestiones o problemáticas concretas (Jimeno *et al.* 2014, 2004; Prados Torreira 2011-2012; Bermejo 2014; Ramírez Sánchez 2004; Salinas 2010) o algunas publicaciones específicas que tan solo presentan el ajuar funerario de algunos entierros femeninos en la necrópolis de Las Ruedas (Padilla de Duero, Valladolid) (Sanz Mínguez y Diezhandino 2007; Sanz Mínguez y Romero 2010; Sanz Mínguez 2015; Sanz Mínguez y Coria 2018). Aunque recientemente se han publicado algunos trabajos que abordan específicamente el género y la historia de las mujeres durante la Edad del Hierro meseteña (Baquedano y Arlegui 2020; Liceras Garrido 2021), aun son necesarios más estudios que pongan el foco sobre las mujeres y su papel como agentes sociales (Liceras Garrido 2022a). A lo largo de estas páginas, se tratará de paliar esta falta de conocimiento.

3.2.2. Edad

En torno al concepto de edad giran toda una serie de identidades directamente relacionadas con los periodos vitales por los que pasa el ser humano. Como seres biológicos, a lo largo de nuestras vidas experimentamos un desarrollo físico y metal, lo que ha dado lugar a diversas construcciones sociales para cada una de las fases. P. Bourdieu (1990 [1984]: 120) señalaba que las relaciones entre edad social y edad biológica son complejas. Eso se debe a que los diferentes estados del sujeto han sido modelados por cada cultura según sus características y necesidades. Elementos como la esperanza de vida, la mortalidad infantil, el medio físico habitado, la complejidad social o las principales actividades económicas juegan un papel fundamental en la configuración de estas identidades. Este concepto ha sido ampliamente explorado desde disciplinas como la sociología y la antropología, siendo definido como una construcción social, basada en el crecimiento y deterioro biológico que lleva asociada una apariencia y un modo de actuar (Arber y Attias-Donfut 2000; Shahar 1992, 1997; Pilcher 1995).

Los grupos de edad no son, por tanto, innatos. Cada sociedad los configura dependiendo del grado de desarrollo del individuo -su etapa biológica- y los preceptos sociales y culturales, por lo que no existen unos criterios fijos, significados o roles en su modelado (Lucy 2005a: 66). Son interdependientes entre sí y una clave fundamental para la organización y ordenación social, donde las fronteras entre grupos de edad son difusas y pueden ser manipuladas por los individuos dependiendo de sus voluntades, ya que siempre se es joven o viejo para alguien, dependiendo del observador (Bourdieu 1990 [1984]: 119-120).

Estudios sobre sociedades preindustriales o la sociedad medieval afirman que la infancia no existe tal y como la conocemos hoy desde el mundo occidental (González

Ruibal 2003: 137; Ariès 1987). Sin necesidad de buscar ejemplos lejanos, en la España de la Posguerra, los niños dependiendo de su clase social eran empleados como fuerza de trabajo para garantizar la supervivencia del grupo familiar (Amich 2011), participando de las actividades económicas propias de los adultos a una edad biológica muy temprana.

Es por ello que la edad es una identidad relacional cambiante, en la que los sujetos se van autoidentificando con un grupo diferente de individuos con el paso de los años. Este sentido de pertenencia viene dado por haber compartido unos desarrollos vitales semejantes, unas experiencias, los mismos hechos sociales, culturales o conflictos, es decir, han sido partícipes de unas biografías históricas compartidas. Esto recuerda al concepto de generación de J. Ortega y Gasset, en la que priman los elementos compartidos y no los relatos cronológicos. El estudio de este sentimiento ha propiciado que desde otras disciplinas se haya puesto el foco sobre el enfrentamiento generacional. En antropología, destacan obras tan tempranas como *The Golden Bough: A study in magic and religion* de J.G. Frazer (1890) que desde la perspectiva de las religiones atisba una oposición y enfrentamiento mítico entre jóvenes y viejos. En sociología, hay numerosos estudios que relacionan la vejez con la pérdida de poder social por la decadencia biológica frente a la juventud (Bourdieu 1990 [1984]: 125-127; Arber y Attias-Donfut 2000).

De este modo, cada grupo de edad tiene asociados una serie de privilegios, derechos y deberes, así como una forma de actuar determinada, una apariencia y unas funciones como miembro de la comunidad (Lucy 2005a: 66). Fruto de la participación de esa identidad será su materialidad, dando lugar a una apariencia determinada, una serie de objetos y prácticas que reflejen de que grupo participa cada individuo. Nuevamente, esta construcción depende de las otras facetas del individuo como su género, su estatus o su etnicidad, que van a influir en su construcción.

El paso de un grupo de edad a otro viene marcado por los ritos de paso, término acuñado por A. van Gennep en 1909 en su obra *Les rites de passage*. Estos participan de la idea de que crecer no es solo algo biológico, sino también algo social y cultural, por ello, cada sujeto ha de superar diversos ritos a lo largo de su vida. Suponen transiciones en el estatus de edad del individuo, marcando el punto de inflexión en el paso de una categoría o agrupación a otra. Son ritos individuales y, por lo general, entrañan algún peligro potencial para el sujeto. Toda la comunidad participa del ritual y de la ritualidad con la que se viste, desarrollándolos en tiempos y espacios concretos, sacralizando así lo cotidiano.

Parte de la problemática asociada a esta categoría identitaria en el estudio de las sociedades del pasado es que los adultos parecen haber sido los principales y casi únicos actores sociales. La mayor parte de las referencias sociales, textuales o materiales se asocian a ellos, obviando a los más jóvenes y los más mayores que como apuntaba S. Lucy (2005a: 43) debían formar parte necesariamente de la comunidad.

Desde mediados de la década de los 90, y especialmente en los últimos años, se ha puesto el foco en la infancia con la publicación de varios estudios monográficos y recopilaciones sobre el tema (*e.g.* Moore y Scott 1997; Politis 1998; Chapa 2003; Baxter 2005; Crawford y Shepherd 2007; Sánchez Romero 2010; Sánchez Romero *et al.* 2015; Coşkunsu 2015). Los seres humanos cuando nacemos somos seres indefensos que necesitan de los adultos para sobrevivir, ya que carecemos de una serie de habilidades que se irán desarrollando durante el crecimiento, como son el andar, el hablar, la fuerza, la abstracción, etc.

Podríamos afirmar que la infancia es el periodo en el que se asimila la esencia del "yo" mediante los procesos de enculturación, a través de los que el individuo aprende como desenvolverse según sus otras identidades, dependiendo de su género, etnicidad, familia, clase, religión... Aprende los mecanismos de su sociedad y a actuar acorde a ellos. Aprende una serie de códigos materiales y de comportamiento, y aprende las habilidades, las labores y los saberes de su grupo. En otras palabras, se convierte en un ser social, en un miembro más de la comunidad. Esta enculturación se hace de un modo inocente, mediante actividades lúdicas y aparentemente ociosas por las que se asimilan el conocimiento y las formas de actuar (González Ruibal 2003: 141-142; Prout y James 1990: 8).

Sobre la vejez, S. Lucy (2005a: 48) achaca la falta de interés a la creencia generalizada de que en el pasado la gente moría joven. En nuestro estudio veremos cómo esa creencia no es acertada, ya que a partir de los estudios antropológicos de los restos óseos de los cementerios podemos encontrar ocasionalmente individuos de hasta 80 años de edad. La vejez, como categoría, ha sido estudiada desde el ámbito de la sociología, la antropología o la psicología, donde destaca la temprana obra de G. Stanley Hall "*Senescence*" publicada en 1922.

Varios antropólogos han señalado problemas en la identificación de las personas que pertenecen a este grupo de edad (*e.g.* Keith 1980; Feixa 1996), así como el desprecio por este periodo vital por parte de la sociedad actual, donde los ideales se hallan situados en la fuerza, el vigor y la juventud. Sin embargo, no siempre ha sido así. Los ancianos cuentan con un mayor conocimiento del mundo, de sus mecanismos, causas y consecuencias, saberes adquiridos a través de sus biografías. Se han enfrentado a situaciones diversas, han conocido mundo, experimentado vivencias que les han dado una amplia perspectiva de las cosas. Son los garantes de la memoria, los transmisores de las enseñanzas y los mitos de la comunidad. Poseedores de un prestigio social asociado a su edad, por su conocimiento y sus habilidades, y desde un punto de vista economicista, serían partícipes en la vida de la comunidad mediante el cuidado de los niños, la recolección de ciertos elementos, las tareas domésticas o el procesado de los alimentos.

De este modo, observamos como lo biológico y lo cultural se encuentra profundamente interconectado, pero aún nos queda un largo camino por recorrer para visualizar las construcciones sociales referentes a la edad y entender a los individuos que participan de ellas como actores sociales, todos necesarios y todos imprescindibles en la sociedad.

3.2.3. Estatus

El ser humano es un ser social. Tanto en el pasado como en el presente, ha sido imprescindible para el sujeto participar de una comunidad como mecanismo para enfrentar al mundo. Para ello, necesita establecer una serie de identidades de tipo relacional mediante las que se vincula emocionalmente y sobre las que asienta su sentido de pertenencia (Hernando 2015a). El estatus es otra de estas identidades. Es la construcción social que refleja el lugar que ocupa un individuo en el conjunto de la comunidad. Esta posición presenta diversos niveles superpuestos e interdependientes que están estrechamente relacionados con elementos como edad, género, familia, posición dentro de la misma o las habilidades y méritos del sujeto (Fernández Götz 2014a: 55).

El estatus ha de ser censurado por el colectivo, ya que las aspiraciones de un individuo no son suficientes para que se le reconozca la posición deseada, por lo que es el conjunto social el que acepta, reconoce y actúa según la situación de cada uno de sus miembros mediante una serie de prácticas, gestos y materialidades que condicionan el modo de relación a partir de los comportamientos reglados aprobados por el común.

No existen sociedades igualitarias en el sentido estricto, independientemente de su tamaño o grado de complejidad. Siempre existen diferencias, por sutiles que sean, en el modo en el que se percibe a sus miembros. Estas percepciones se traducen en una valoración más o menos positiva de los mismos, es decir, en una buena estima o reputación social que denominaremos como prestigio. Esta actitud o situación social se acompaña de una serie de signos y símbolos que lo censuran, lo exhiben y lo materializan.

En este sentido, una cuestión relevante cuando nos enfrentamos al estudio de las sociedades es, si el estatus y el prestigio se traducen en relaciones de poder. Esto se debe a que los individuos dotados de este capital simbólico, según la noción de P. Bourdieu (2007 [1980]: 179 ss.), se hacen cargo de la agenda social y política de sus comunidades. S. Babić (2005: 67) relacionaba el estatus con un reparto desigual de la riqueza y el poder, y se planteaba cómo los individuos accedían a las posiciones socialmente más apreciadas. Así, uno de los debates más recurrentes es, si el estatus es: adscrito/asignado -heredado, ajeno a la persona y derivado del contexto en el que haya nacido-; o adquirido -mediante méritos o acciones, logros o acciones que haya realizado durante su vida- (Eriksen 2001: 160-161).

El estatus adscrito o asignado deriva de las relaciones familiares. La posición del sujeto en el sistema de parentesco y las líneas de descendencia son cruciales para construir esta forma de estatus social (Babić 2005: 80). Por medio de las parentelas, se transmiten toda una serie de derechos, privilegios, poderes y riqueza que contribuyen a afianzar sus posiciones de poder y a legitimar los linajes (Hernando 2012: 113). El parentesco es un principio de organización social que alcanza todos los aspectos de la vida y de la disposición comunal. Es un ámbito de relación íntimo con aquellas personas con las que se establece relación desde el mismo momento del nacimiento y es determinante tanto la familia a la que perteneces como la posición que ocupas dentro de ella.

M. Sahlins (1983 [1974]: 215) observaba que "el parentesco es lo más importante en la sociedad primitiva, ya que es el principio organizador o la expresión organizadora de la mayor parte de los grupos y de las relaciones". Por su parte, M. Godelier (2004: 511 ss.) añadía que en el parentesco presentaba dos niveles esenciales e íntimamente ligados. El primero, lo definía como un medio para ordenar, para la procreación, la integración y la asimilación de la descendencia en la familia, ya que situaba a cada individuo en relación con los demás, a partir de sus características de sexo y edad. Por otro, como un medio organizador del conjunto de la sociedad. No obstante, como se apunta en otros trabajos (*e.g.* Sastre *et al.* 2010: 173), el estatus es tan solo uno de los muchos referentes de la organización social con los que un sujeto conoce y actúa su posición dentro de la comunidad.

Si el linaje es una identidad relacional de tipo de vertical, donde todos los miembros se encuentran ordenados dentro de la jerarquía, la familia nuclear reflejada en la casa (*household*) es una identidad relacional de tipo horizontal que puede reunir a varios grupos de parentelas. E. Wolf (2004 [1966]) definía la familia como grupo natural que opera dentro de los círculos de parentesco y otros círculos afines, es decir, es una estructura transversal entre los diferentes linajes que puede reunir en su seno miembros de distintas parentelas, unidos por vínculos matrimoniales, económicos o simbólicos. La diferencia entre estos grupos tiene su reflejo en las relaciones de poder, dependiendo de la capacidad que tengan para combinar y movilizar los recursos necesarios para obedecer a sus propias agendas, pero su situación en el poder no es estable, está en constante negociación y las fluctuaciones tendrán un reflejo en la cultura material.

En los últimos años y relacionado con el estudio de la familia nuclear, ha sido de especial relevancia el estudio de la materialidad de casa como medio clave para entender las relaciones entre la sociedad, sus miembros y su materialización. La vivienda es la unidad material del núcleo familiar, entendida como una entidad social y económica dentro de una comunidad (González Ruibal 2006-2007: 413), en la que conviven diariamente una serie de grupos más o menos amplios que no tienen por qué formar parte de la familia nuclear (Bermejo 2014a: 49). Familia, espacio y objetos están estrechamente relacionados, por lo que este entorno favorece la reproducción de las prácticas y la perpetuación de los ideales que rigen la comunidad. P. Bourdieu (1977 [1972]: 96 ss., 1990 [1980]: 271-283) caracterizaba la casa como conformadora de *habitus* a través de la práctica, donde tienen lugar una serie de costumbres, formas y prácticas actuadas por los mayores y aprendidas por los más pequeños (Politis 1998; González Ruibal 2003: 141 ss.; Alarcón 2015; Padilla y Chapon 2015; Calvo Trías *et al.* 2015).

La casa puede ser entendida como punto de unión, lugar donde se materializan las alianzas y la unión de linajes, pero también como un lugar de división de los grupos, sociales o parentales (González Ruibal 2006-2007: 413). Las familias con mayor poder buscarían diferenciarse del común, tanto en la vida como en la muerte, utilizando una serie de prácticas y gestos que permitan al resto de la sociedad identificarlos como tales. Niños, mujeres y hombres actúan según el estatus social al que han sido asociados por nacimiento. Tampoco las familias son estáticas, sino que están sometidas a fusiones y fisiones, se dividen y alían por medio de matrimonios, enfrentamientos, intercambios o deudas, en las que destacan especialmente las relaciones matrimoniales, cuya finalidad era la de incrementar el tamaño, la riqueza y el poder del grupo familiar (Ruiz Gálvez Priego 1992: 219, 1994: 50, 2007).

La muerte siempre ha sido un espacio de negociación social con un gran significado simbólico, en lo que a exhibir riqueza y posición social se refiere. En este sentido, la evidencia material más clara de la existencia de un prestigio asociado al estatus familiar han sido los ajuares infantiles, ya que los niños y niñas al haber fallecido al inicio de su vida no habrían podido adquirir riquezas por sí mismos, ni adueñarse de los significados que representan algunos de los materiales que les acompañan. Sin embargo, todos ellos contribuyen a la consolidación y exhibición del poder de la casa y favorecen a la consolidación de las narrativas de sus linajes.

En el caso de las mujeres, A. Hernando (2012: 125-126) apunta que aquellas nacidas en el seno de familias con poder serían socializadas de un modo diferente ante el resto de la comunidad. Estas mujeres, quienes se hallan insertas en un sistema patriarcal, gozan de cierto grado de individualidad debido al estatus privilegiado de sus familias, de modo que el conjunto social las percibe como partícipes de esta posición elevada, marcando una distancia con el resto de mujeres e incluso con los hombres de niveles sociales inferiores. Materialmente, ellas exhiben una serie de rasgos de individualización, que en muchos casos, pasan por la atribución de características u objetos propios de los hombres.

Todo esto nos permite observar cómo la posición de un sujeto dentro de su unidad familiar y grupo de parentesco van a condicionar su situación dentro de la sociedad, aunque también las acciones, méritos y logros que consiga durante su vida van a contribuir a las narrativas familiares, aumentando o disminuyendo su estatus dentro de la comunidad.

Cuando tratamos las identidades asociadas al estatus, no podemos olvidar el concepto de **clase**. Este quizá parezca propio del materialismo histórico, pero no es mi intención entenderlo en términos de control de los medios de producción y relaciones antagónicas entre clases sociales, sino como un tipo de identidad relacional que agrupa a varios individuos a partir de un determinado estatus. La clase reúne diversas construcciones sociales, como "los poderosos", "los guerreros", "los campesinos", "los artesanos", "los esclavos",... cada uno con sus propias motivaciones y su autoidentificación pertinente, diferenciada de los demás tanto por sus funciones o actividades como por su relación con el poder. La pertenencia a estos grupos viene dada por la familia a la que se pertenece, los méritos propios o los devenires de la vida del sujeto, cuyo reflejo material más evidente es la apariencia.

El cuerpo siempre juega un papel fundamental en la construcción de la persona, ya que a través de nuestra vestimenta, complementos, corte de pelo, maquillaje, tatuajes o lenguaje corporal transmitimos una imagen cuidadosamente construida de nosotros mismos que proyectamos al mundo, manipulando el modo en el que somos percibidos por los demás. Ser conscientes de este hecho, ha dado lugar a que entre los investigadores de las ciencias humanas y sociales, el cuerpo sea considerado como una categoría analítica más en la negociación social, donde nombres tan relevantes como E. Durkheim, M. Mauss, M. Merleau-Ponty, E. Husserl, P. Bourdieu, M. Foucault o Ph. Descola son fundamentales para entender los diferentes puntos de vista desde los que ha sido abordada (Moragón 2013, 2012). De nuevo, nos enfrentamos a una materialidad en la que las diferentes identidades se encuentran interconectadas y en interacción, y que mediante la denominada como "tecnología del cuerpo" se manifiestan toda una serie de sentimientos de pertenencia a un grupo, se transmiten las construcciones de género o edad, y se exhibe posición social (González Ruibal 2006-2007: 419).

Si este concepto lo enmarcamos dentro de una perspectiva histórica, A. Hernando (2015a, 2015b, 2012: 133, 139) señalaba como a lo largo de la Prehistoria tuvo lugar un progresivo proceso de individualización por parte de una serie de individuos, fundamentalmente hombres, que se encontraban en posiciones de poder dentro de sus comunidades. Esta paulatina y relativa individualización se realizó mediante la adscripción de éstos a un grupo de pares, de iguales, con los que forjaron una serie de lazos emocionales que diesen consistencia y solidez al nuevo grupo alejándolo de la colectividad, pero con los mecanismos afectivos necesarios que les proporcionasen una sensación de seguridad para enfrentarse a un mundo alejado del común. Hasta la aparición de la escritura, las diferencias entre los miembros de una comunidad no estaban marcadas por la mente, sino por el cuerpo. Así, estos grupos desarrollan una identidad de tipo relacional, en la que pusieron en marcha la estrategia de uniformar su aspecto, eliminando las diferencias entre sus miembros como mecanismo para enfatizar la pertenencia a determinado colectivo, descartando la posibilidad de existir al margen del grupo como individuos.

3.2.4. Etnicidad

El estudio de las etnias no es fruto de la Modernidad, ya autores griegos y romanos como Tucídides o Tácito identifican grupos étnicos a partir de sus elementos materiales (Fernández Götz 2014a: 36, 2013-2014: 20).

> "... cuando durante la guerra del Peloponeso. Delos fue purificada por los atenienses y fueron abiertas las tumbas de los muertos que había enterrados en la isla, más de la mitad resultaron ser Carios, reconocidos por el tipo de armas enterradas con ellos y por la manera que aún tienen de enterrar" (Tucídides I, 8).

Los planteamientos de G. Kossina (1911), el concepto de "cultura arqueológica" de G. Childe (1929) y los trabajos de P. Bosh Gimpera (1932) han influenciado nuestro modo de entender las identidades étnicas (Fernández Götz y Ruiz Zapatero 2011: 221; Fernández Götz 2013a: 116, 2013-2014: 116). Tradicionalmente, los grupos étnicos se asociaban a la distribución de ciertos elementos materiales por unos espacios geográficos concretos, entendiendo que esos grupos humanos compartían unos vínculos raciales, una lengua determinada, un conjunto material (Lucy 2005b: 86) y un territorio. La manipulación del pasado desde el presente ha ocasionado que los estudios de etnicidad estén rodeados de cierta carga negativa por la instrumentalización de la que fueron objeto especialmente por parte de los totalitarismos europeos del siglo XX, como la Alemania nazi (Arnold 1990, 2006; Fernández Götz 2008: 41-45; Fernández Götz y Ruiz Zapatero 2011) o los fascismos italiano y español.

En el marco del estado español, han sido frecuentes este tipo de estudios desde muy variadas perspectivas desde que P. Bosch Gimpera publicase su "Etnología de la Península Ibérica" en 1932. Algunos ejemplos recientes, o que afectan directamente al discurso de esta tesis, son los trabajos de M. Almagro Gorbea y A. Dávila (1995) que relacionaban el tamaño de los *oppida* con construcciones etnoculturales, los de F. Burillo (2007b) y A. Lorrio (2005) sobre los celtíberos, G. Ruiz Zapatero y J. Álvarez Sanchís (2002, 2008) sobre los vettones, A. González Ruibal (2006-2007) sobre los galaicos, I. Grau (2005) en el área ibérica, M. Fernández Götz (2014a, 2014b) sobre los tréveros de Centroeuropa.

La etnicidad es una identidad relacional vinculada al sentido de pertenencia de un sujeto a un determinado grupo, a un pueblo. Es una construcción social y cultural (Fernández Götz 2014a: 42), que ha de ser entendida como un fenómeno multiforme y voluble en continua reelaboración, interacción e intersección con las otras facetas de la identidad y características de la sociedad, como pueden ser el género, la edad, el estatus, la economía, las jerarquías o el poder, más que como una simple relación entre una adscripción territorial y cultural (Jones 1997: 85-86; González Ruibal 2003: 115, 2012: 247). S. Lucy (2005b: 86, 97) señalaba que en los últimos años los sociólogos y antropólogos entendían la identidad étnica como una idea más que como una cosa, ya que ésta no es inherente al nacimiento de la persona, sino es un modo de comportamiento con el que se establece una constante reiteración mediante la práctica diaria. Del mismo modo, N. Roymans (2004: 2) enfatizaba que esta identidad es fruto del proceso colectivo donde las imágenes de uno mismo, sus actitudes y conductas tienen lugar en un contexto de interacción entre los que son integrantes del grupo y los "otros".

La identidad étnica se conforma a partir de múltiples niveles (Eriksen 2001: 268-269; Fernández Götz 2013a: 119; Díaz Andreu 2015) que interactúan e intersectan para vincular al sujeto con un determinado grupo social. Son utilizados y manifestados por los individuos a placer, dependiendo de las circunstancias y según el contexto en el que se encuentren. El sociólogo A. D. Smith (2008: 30-31) dividió la etnicidad en tres categorías, que fueron traducidas arqueológicamente por M. Fernández Götz (2014a, 2014b). Estas son:

- las categorías étnicas (*ethnic categories*) son agrupaciones construidas principalmente desde el exterior. Estas reúnen a una serie de comunidades con elementos comunes, ya sean culturales o de localización. Pueden no compartir un nombre común, ni un mito de descendencia, ni un sentido de la solidaridad.
- las redes étnicas (*ethnic networks*) son aquellas que presentan ciento grado de actividades en común y de relación, aunque no es común la unidad política, generalmente se identifican con un nombre compartido, un mito de origen y cierto grado de solidaridad, al menos entre sus dirigentes.
- las comunidades étnicas (*ethnic communities*) son poblaciones con un nombre propio y autodefinidas con mitos de origen y memorias compartidas, elementos de cultura comunes y cierta solidaridad étnica.

Posiblemente, identidades étnicas de menor escala fueron más influyentes en la vida diaria de las personas, como por ejemplo los territorios, el grupo familiar, la ciudad, la aldea, la granja o el valle (González Ruibal 2012: 254; Ruiz Zapatero y Álvarez Sanchís 2013: 346; Fernández Götz 2014a: 41). Algunas referencias antropológicas pueden ayudarnos a entender mejor estas formas de filiación, como es el caso de los kalinga de Filipinas (Stark 1998) o los anga de Papua Nueva-Guinea (Lemmonier 1986, 2012), quienes se asentaban en zonas de montaña y prestaban un mayor reconocimiento a la aldea o al valle que al grupo étnico que se extendía por unidad de montaña para la organización social y las relaciones entre los grupos.

Estas formas de identidad tienen su reflejo tan solo en algunos aspectos de la vida de las personas y se enfatizan en momentos cruciales (Ramírez Goicoechea 2007: 173). Esto se debe a que no todos los miembros de un grupo viven la identidad del mismo modo, para algunos puede ser más importante o más necesaria que para otros (Jones 1997: 76-77). Por ello, deducimos que manifestar una identidad en lugar de otra, depende del momento y las circunstancias en las que se encuentre la persona o el grupo.

Numerosos autores, independientemente de sus posiciones *etic* o *emic*, están de acuerdo en que el conflicto las resalta y enfatiza, ya sea porque emergen frente a una amenaza (Moore 2011; Bradley 1997) o porque aunque durmientes o aletargadas se perfilan y se manifiestan de un modo más patente (Fernández Götz 2013a; Ruiz Zapatero 2009). G. Bradley (1997: 63) ofreció un buen ejemplo sobre cómo funcionaban los diferentes niveles, la activación de nuevas escalas y la construcción a partir de la confrontación con el otro en su estudio de la identidad étnica en Umbría antes de la llegada de Roma. En ese contexto, las identidades étnicas se aglutinaban en torno a las pequeñas comunidades que poblaban la región hasta la llegada de una amenaza externa, lo que provocó la eclosión de una identidad a una escala mayor que abarcaba toda la región. Es, por ello, que observar los mecanismos de la etnicidad, nos permite entender el constante flujo bidireccional entre las formas de autoidentificación del grupo y las estructuras políticas y sociales, y cómo los hechos históricos afectan a la configuración y ordenación de ambos, siendo modificados y actuados dependiendo de las necesidades.

3.2.4.1. La materialización de la identidad étnica: los marcadores

Hasta la década de 1960, las variaciones en el estilo de la cultura material habían sido estudiadas desde la perspectiva de la etnicidad (González Ruibal 2012: 245), los procesos de migración, colonización, conquista y asimilación eran los principales causantes de las variaciones materiales (Olsen y Kobylínsky 1991: 9) y se manifestaban en una serie de elementos estables como son la lengua, los artefactos o formas arquitectónicas (Lucy 2005b: 91).

En los últimos años, ha tenido lugar la ruptura del binomio: cultura material-grupo étnico. Numerosos autores han rechazado la existencia de unos "marcadores étnicos" *per se*, cuyo testimonio material evidencia la pertenencia a una entidad étnica particular (*e.g.* Fernández Götz 2014a: 42; Jones 1997). M. Fernández Götz (2013: 120) apuntaba que solo existen una serie de indicios o pistas que nos permiten hablar de estas identidades (Fig. 3.3).

Estos indicios dependen del contexto histórico y social, lo que en un momento es considerado un elemento étnico, en otro momento puede no serlo. La necesidad de vinculación de un sujeto con un grupo y su reacción frente a una amenaza directa o sutil del otro es fundamental para la materialización de dicho sentimiento. Del mismo modo, es importante la forma en la que se materializa para nuestro estudio sobre el pasado, ya que hay ciertas formas difíciles o imposibles de registrar arqueológicamente.

Marcadores de identidad étnica pudieron ser la lengua, las leyes, las costumbres, danzas, música, vestimenta, los colores o los adornos, incluyendo los peinados, las pinturas corporales, las escarificaciones o los tatuajes (Renfrew 1990; Eriksen 2001; Fernández Götz 2014a: 42). Elementos o simbologías como las que recogen los huipiles de las mujeres guatemaltecas (Martin 2003) o los trajes regionales de los yugoslavos (Wobst 1977) permiten reconocer la filiación de sujeto en una sociedad multiétnica. Esta amplia diversidad de posibles marcadores nos lleva a afirmar que no hay ningún aspecto que *a priori* pueda ser considerado objetivamente como tal, ya que cada grupo humano manifiesta este fenómeno de formas muy diversas.

S. Jones (1997: 120) afirmaba que la identidad étnica expresada a través de la cultura material estaba ligada al *habitus*. A. González Ruibal (2003: 116-123), en su libro sobre los principios de la etnoarqueología, apuntaba que los marcadores étnicos podrían estar relacionados con modos de hacer los objetos de una determinada forma, más que con el resultado final que era como tradicionalmente habían sido considerados. Su argumentación se basa en tres estudios de diferentes formas cerámicas de grupos humanos actuales: los kalinga (Filipinas), los luo (Kenya) y los berta (Etiopía). En el caso de los kalinga (Graves 1994), los motivos de las decoraciones sobre las cerámicas eran un indicador de la región de origen de la alfarera, aunque posteriormente ésta residiese en una zona diferente seguía elaborando los mismos motivos. El caso de los luo es el contrario (Dietler y Herbich 1989), la cerámica no parece presentar ningún significado étnico y las alfareras las venden en los mercados regionales, donde las compran miembros de diferentes etnias. En los mercados de la ciudad multiétnica de Asosa (Etiopia), en la que residen principalmente gentes amhara, oromo y berta, se venden dos tipos de cerámicas la amhara/oromo y la berta. Los amhara y los oromo no consumen ningún tipo de la vajilla berta, mientras que los berta utilizan algunos tipos de la cerámica amhara/oromo cuando no existe un equivalente entre sus formas propias, sin embargo, nunca las utilizan en contextos de relevancia social.

De este modo, observamos como los marcadores no solo tienen lugar en contraposición con el otro, sino también como modo de autoidentificación de uno mismo (Wiessner 1983; Lemmonier 1986; González Ruibal 2003: 116). Wiessner apuntaba que las soluciones técnicas de las flechas de los san no estaba pensada como la codificación de un determinado mensaje. Sterner (1989) sobre los montañeses de las Tierras Altas Mandara de Camerún, observaba como la cerámica decorada y, por lo tanto, la que transmitiría un mensaje más complejo, era utilizada

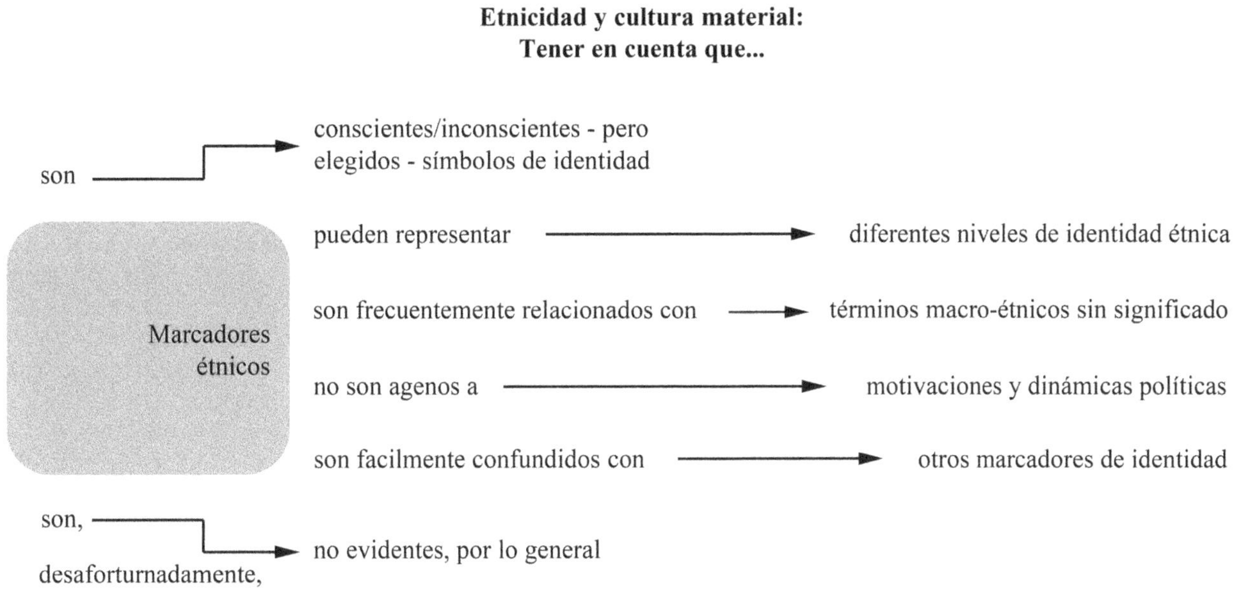

Fig. 3.3: Consideraciones básicas sobre los marcadores étnicos (traducido y redibujado a partir de Reher y Fernández Götz 2015: Fig. 2).

en el ámbito privado y consecuentemente, la menos influyente en la vida pública.

Desde la arqueología, M. Fernández Götz (2013: 120, 2014a: 30, 42) sugería la posibilidad de aproximarnos a este tipo de identidades desde el estudio diacrónico de los contextos culturales, comparando diversas fuentes de información y tipos de datos que nos permitan conocer qué tipo de identidad o identidades se están expresando en la cultura material. Un buen ejemplo para ilustrar esta reflexión es el caso de los brazaletes de vidrio documentados en enterramientos del delta del Rhin a finales de la Edad del Hierro (Roymans y Verniers 2010). Estos objetos eran utilizados exclusivamente entre el grupo étnico de los eburones y acompañaban a mujeres adultas, lo que se relacionó con la superación de algún tipo de rito de paso. Esto permitió interpretarlos como indicativos de sexo y como la materialización de diversas identidades personales y colectivas: identidades de género, edad y etnicidad.

3.2.4.2. Los textos clásicos: los false friends *de la interpretación arqueológica e histórica*

Al igual que en el aprendizaje de un idioma, M. Fernández Götz (2014a: 18) denominaba a las fuentes clásicas como *false friends* por los peligros que supone realizar una lectura demasiado literal de los escritos. Al inicio de este apartado, apuntábamos que las identidades étnicas se crean como fruto de un proceso histórico y en oposición al otro, donde el uso de estereotipos juega un papel fundamental. Estos estereotipos están bien recogidos en los textos por los autores grecorromanos, quienes aportan la visión que tenían del otro, de los pueblos protohistóricos.

El uso de las fuentes es necesario para aproximarnos a algunos de los aspectos de las sociedades prerromanas que de otro modo seríamos incapaces de percibir a través del registro material. Es el caso de algunas descripciones de los paisajes, costumbres o prácticas sociales. Sin embargo, debemos tener muy presente que esas narrativas están cubiertas por un velo de otredad y alteridad que obedece a una intencionalidad social y política como señalaba Clarke (2001: 102).

Según palabras de M.H. Fried (1975: 114), el poder de las palabras es crucial en el discurso colonial. Una de las finalidades más claras era la justificación de la guerra. Por ello, los autores grecorromanos enfatizaban la ferocidad y el barbarismo de los oponentes y denigraban la cultura indígena a favor de la extensión de una cultura superior, más civilizada como la romana (Webster 1995: 4). En realidad, la guerra de Roma no fue una guerra de conquista, sino un conjunto de guerras más o menos dependientes, que se denominaron como una sola por un criterio práctico locacional (Laurence 2001: 68). De ese modo, más que una guerra entre Roma y los celtíberos, galos o britanos, fue una guerra entre Roma y varias comunidades locales, de la que los autores, mediante sus narrativas, trataban de comunicar una impresión de control tanto a los conquistadores como a los conquistados, enfatizando sus éxitos y elevando el rango del enemigo. Esta realidad queda bien recogida en las palabras de Estrabón (III, 4,13) sobre la campaña de Tiberio Graco en la Celtiberia:

> "Pero cuando Polibio dice que Tiberio Graco destruyo trescientas de sus ciudades, Posidonio, burlándose, responde que con esto el hombre trata de halagar a Graco, denominando ciudades a los baluartes, como se hace en los desfiles triunfales. Y no deja quizá de ser cierto lo que dice, pues tanto los generales como los historiadores se dejan arrastrar fácilmente a este tipo de embuste por embellecer los hechos".

Debemos añadir que la información que transmiten los autores es incompleta y fragmentaria y puede estar distorsionada por el desconocimiento de los mismos (Wells 2001: 74-83, 103-118). Especialmente, si tenemos en cuenta que un gran número de autores beben de otras fuentes en sus relatos, y además lo hacen desde la distancia y el tiempo. Los nombres indígenas que han sobrevivido suponen un conjunto sesgado y manipulado que representa una realidad parcial de los grupos de la Edad del Hierro (Moore 2011: 352). Por ello, una de las cuestiones claves se torna en si las denominaciones que recogen las fuentes responden de alguna manera a las realidades étnicas de las gentes prerromanas, es decir, si esos nombres recogen identidades sentidas y expresadas, o si por el contrario se trata tan solo de referencias creadas desde la perspectiva exoétnica de los conquistadores (Ruiz Zapatero y Álvarez Sanchís 2013: 346).

Los relatos no muestran una visión completa de los territorios conquistados, sino parcial, destacando ciertas localizaciones (Laurence 2001: 68). Para el caso de la Guerra de las Galias, M. Fernández Götz (2013: 125) apuntaba la posibilidad de que solo existiesen referencias del nombre de algunos grupos por su importancia política o de grupos que se encontraban en el sitio adecuado en el momento oportuno, por lo que no sabemos si existían otros grupos paralelamente y, por circunstancias, nunca fueron mencionados. En realidad, nunca sabremos si no los conocieron o si los conocieron y no les prestaron atención en las narrativas, como bien muestra Estrabón sobre el norte de la Península Ibérica; o sencillamente, fue una mezcla de ambas.

> "Así viven estos montañeses, que, como dije, son los que habitan en el lado septentrional de Iberia; es decir, los kallaikoí, ástoures y kántabroi, hasta los ouáskones y el Pyréne, todos los cuales tienen el mismo modo de vivir. Podría hacer la lista de estos pueblos más larga; pero renuncio a una descripción aburrida, pues a nadie le agradaría oír hablar de los pleútauroi, bardyétai, allótriges, y otros nombres menos bellos y más ignorados" (Estrabón III, 3, 7).

Por ello, hemos de tener en cuenta que quizá no todos los términos étnicos tengan su correlación social, o al menos, desde el presente seamos incapaces de relacionarla. Principalmente, si entendemos los marcadores étnicos, no solo como los objetos, sino también como la forma de construir la cultura material. Así, en algunos casos, parece que los autores percibieron un marco común, como observa A. González Ruibal (2012: 254, 264) en su estudio sobre los galaicos y que éste propició la identificación del grupo con un nombre determinado. En otras ocasiones, parece que detrás de las denominaciones romanas, se esconde algún tipo de identidad étnica con un reflejo material más evidente, como los ya citados eburones (Roymans y Verniers 2010), los tréveros (Fernández Götz 2014a, 2014c; Reher y Fernández Götz 2015), o los vettones (Ruiz Zapatero y Álvarez Sanchís 2002, 2008).

Las diferentes respuestas que se han dado y se dan al problema de conceptualizar la etnicidad y observar su reflejo material son todo piezas de un mismo puzle perdido. Con el largo camino recorrido, el estudio de las identidades étnicas nos enseña que son algo sutil, tenue y difuso. No se encuentran solo en el qué sino en el cómo. No son solo el resultado sino el camino. Por ello, las huellas de la etnicidad pueden atisbarse tanto en un artefacto como en una casa, en el método para fabricarlos, el modo de decorarlo o de lucirlo. Aún, son necesarios un mayor número de estudios pormenorizados que pongan el foco en estas identidades, tal y como las concebimos actualmente, que nos ayuden a ver la diversidad dentro de lo homogéneo, y la homogeneidad en lo diverso.

En nuestra búsqueda de las relaciones entre las cosas y las personas, en algunos casos podremos percibir la correlación entre materiales y realidades sociales, en otros, tan solo atisbaremos leves coincidencias o, simplemente, no seremos capaces de concluir nada desde nuestro marco cultural y teórico o la evidencia material con la que contamos desde el presente. A lo largo de este apartado, hemos perfilado algunas identidades: el género, la edad, el estatus y la etnicidad, entendiéndolas como las diferentes construcciones sociales del "yo" que presentan los individuos respecto a un colectivo para enfrentarse al mundo. En el próximo apartado vamos a profundizar en la relación entre estas construcciones sociales y su relación con el poder.

3.3. El poder y sus relaciones

Las identidades y el poder se encuentran íntimamente entrelazados y en constante negociación, por lo que han de ser abordados desde una perspectiva holística. Las construcciones de una, condicionan el modo en el que se fundamenta otra, y viceversa, dando lugar a un diálogo y una fluida relación entre ambas. Dicha relación es dinámica, flexible, dependiente, en permanente interacción y modificable con el paso del tiempo. Para profundizar en ella, hemos de alejarnos de la simpleza y los apriorismos, ya que los mecanismos de exhibición y de ocultación están presentes en todos los ámbitos sociales.

En todas las sociedades se pueden distinguir diferencias de poder entre sus miembros, incluso entre aquellas más igualitarias se han detectado asimetrías en lo referente al poder social y a la consideración de la que gozan sus miembros (Hayden 1995: 20; Feinman 1995: 261; Barker 2008: 515). Así, no todos poseen la misma capacidad de influencia, disfrutan de las mismas competencias en las decisiones o tienen las mismas obligaciones (Fernández Götz 2014a: 33). Sin embargo, esta diferenciación no tiene por qué conllevar una estratificación social, una coerción sobre los individuos o una explotación, ya que no todos los tipos de desigualdad implican un acceso desigual al rango o los recursos (González Ruibal 2003: 90-97; Díaz Andreu 2005: 36).

M. Foucault (1998 [1976]: 113-115, 2002 [1975]: 33) propuso entender el poder como algo omnipresente que se encuentra en todos los ámbitos de la sociedad, formado y ejercido desde numerosos puntos y perspectivas. No es una institución o estructura monolítica y no se adquiere, conserva o pierde, sino que se modela a través de una compleja red de relaciones dinámicas, fundamentales para profundizar en el entendimiento de cómo funciona el poder en la sociedad. El poder es polifacético, aunque en la mayor parte de los estudios se enfatizan sus vertientes públicas y políticas, no debemos olvidar que presenta numerosas fisonomías y naturalezas, susceptibles de ser dominadas y manipuladas para lograr el control de determinadas parcelas sociales. Por ello, M. Foucault (1980: 89, 142) concebía su funcionamiento en su forma "capilar", es decir, desde innumerables puntos, ligado a lo profundo del ser y abarcando todos los aspectos y opciones de los individuos y las sociedades.

M. Fernández Götz (2014a: 33) entendía las relaciones de poder como mecanismos operativos que regulan el funcionamiento y supervivencia de las sociedades. Estas se encuentran profundamente interconectadas e interrelacionadas con las económicas, las intrafamiliares, las sexuales, de género, de edad o con el conocimiento (Foucault 1998 [1976]: 115). El poder participa, por lo tanto, de la interseccionalidad de las identidades como resultado de las interacciones y negociaciones entre las diferentes categorías, sobre lo que C. Crumley (1995: 4) consideraba como el aspecto más complicado e importante del gobierno de las sociedades humanas.

Además de la intersección de las diversas facetas sociales, el poder presenta diversas escalas. E. R. Wolf (1990: 586-587, 1999: 5) clasificó el poder en cuatro niveles:

1. como una atributo o capacidad que caracteriza al individuo.
2. como la habilidad de un individuo para imponer su voluntad sobre los demás.
3. el poder organizativo o táctico, medio por el que regir el escenario en el que tienen lugar las interacciones entre individuos.
4. el poder estructural que controla tanto el modo como la dirección en la que fluyen las relaciones y los contextos en los que se producen las interacciones.

De este modo, los sujetos pueden ostentar cierto grado de poder en una escala social determinada, pero no tienen por qué tenerlo en otras. Un buen ejemplo son los trabajos de A. Hernando (2007a: 170-171) quien se adentra en el poder sobre las relaciones y los vínculos emocionales manipulados por las mujeres como mecanismos para influenciar a otros miembros de la sociedad; o H. Arendt (1970: 44) quien recordaba que el poder no es propiedad de un individuo, sino pertenece a un grupo y en él permanecerá a lo largo de su existencia. El grupo puede ceder el poder a un individuo, pero en el momento en el que el grupo desaparece o las condiciones cambian, la autoridad y su poder se desvanecen.

M. Foucault (1998 [1976]: 117) afirmaba que "donde hay poder hay resistencia". Poco después e influido por este autor, M. De Certeau (2000 [1979]) exploraba los conceptos de estrategia y táctica desde la relación dialéctica que se establece entre el poder y la resistencia al mismo, donde se produce una constante oposición de fuerzas entre los elementos reglados y hegemónicos y su oposición. Pone el foco en la práctica social como fruto de pequeños actos cotidianos producidos a un nivel inconsciente. De este modo, la estrategia es el conjunto de relaciones a través de las cuales se intenta obtener poder frente al otro e institucionalizarlo (De Certeau 2000 [1979]: XLIX), mientras que la táctica es la resistencia a la norma oficial, medio para cuestionarla y reformularla (De Certeau 2000 [1979]: L). Esta negociación se encuentra protagonizada por dos tipos de agentes, los productores situados en una posición de poder, frente a los consumidores que son mucho más que simples sujetos pasivos. Estos últimos son los verdaderos protagonistas a la hora de construir las realidades sociales.

3.3.1. La materialidad de las relaciones de poder

La capacidad del poder de infiltrarse en todos los ámbitos de la práctica social tiene su reflejo e influencia en la cultura material, y por lo tanto, en las personas como "productoras de" y "producidas por" esos materiales. P. Bourdieu (2007 [1980]) hacía hincapié en lo cotidiano para desentrañar a las sociedades a partir de la práctica y lo material. El mundo práctico construido por el *habitus*, entendido como "estructuras estructuradas que funcionan como estructuras estructurantes", es decir, esquemas de percepción y apreciación que guían los procedimientos y pautas a seguir por los sujetos. Estas estructuras son percibidas como necesarias y naturales en la vida cotidiana. Es, precisamente, en la construcción del *habitus* donde la cultura material desempeña un papel fundamental, mediante la materialización de las prácticas en el mundo de los objetos. La cultura material es, por lo tanto, generadora y perpetuadora del *habitus,* donde elementos cotidianos como la vajilla, la vestimenta, el peinado, la casa donde vives o el barrio, pueblo o ciudad al que perteneces son reflejos de la práctica social, construidas por las personas según los esquemas culturales y al mismo tiempo conformadoras de la identidad de los sujetos (Fig. 3.4).

Especialmente significativo es el concepto *doxa* cuando estudiamos procesos de larga duración, ya que las sociedades no son inmutables, los cambios en el discurso y prácticas sociales son constantes. P. Bourdieu definió la *doxa* como las formas de proceder socialmente válidas. Son un conjunto de normas, creencias y prácticas sociales que se consideran normales en un determinado contexto, se aceptan sin ser cuestionadas y cuyos orígenes se desconocen. Cuando se producen cambios en el modelo social, como ocurrirá con la llegada de Roma a la Península Ibérica, la *doxa* se altera y se crean nuevas formas de actuación y práctica.

La retórica del poder se encuentra, por lo tanto, inmersa en la práctica social cotidiana y tiene por consecuencia, una

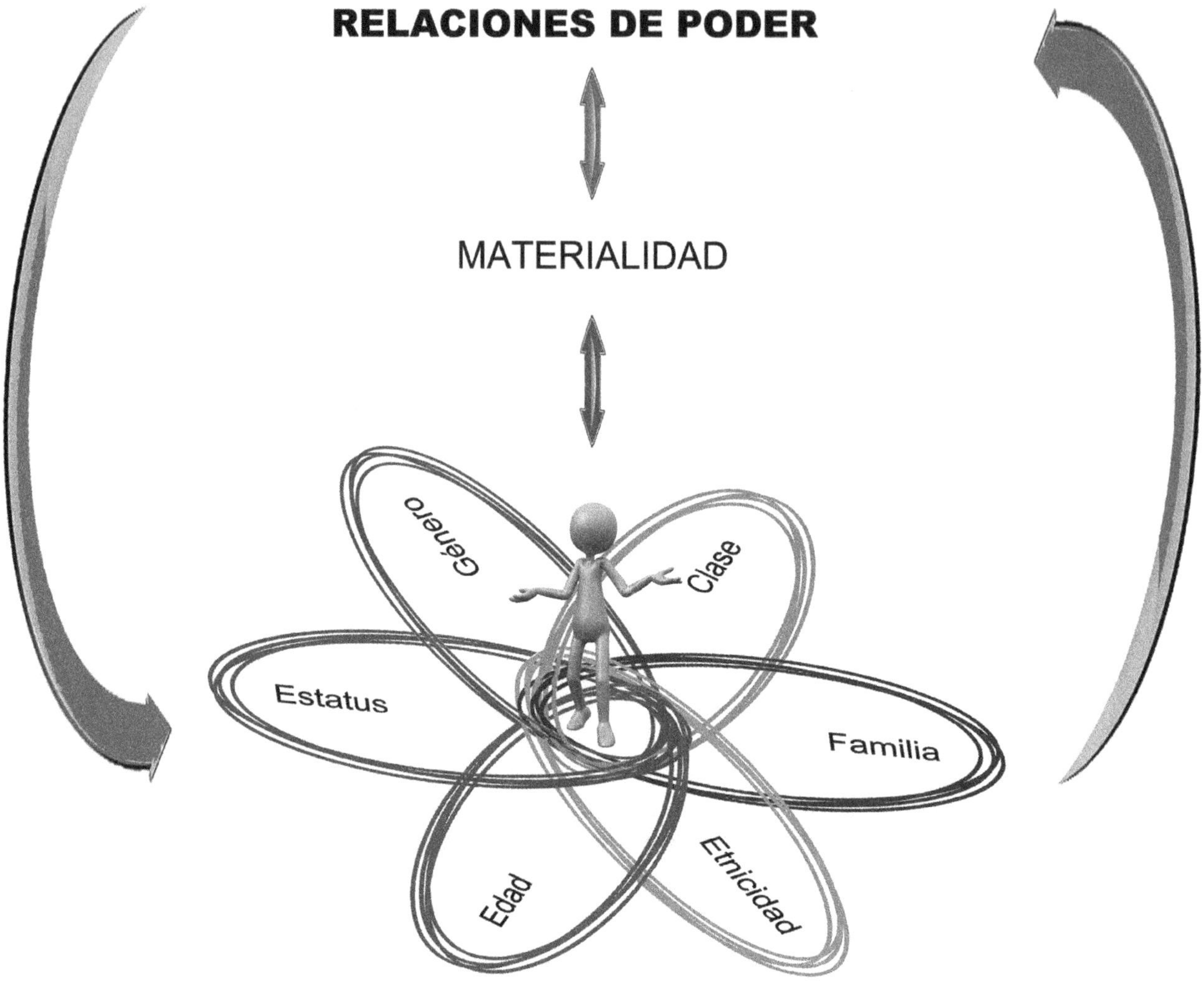

Fig. 3.4: Relación entre los diversos ejes de la identidad en la materialidad y en las relaciones de poder.

relación dialéctica entre personas y cultura material. La materialización de esta relación nos abre a los arqueólogos un marco de posibilidades para aproximarnos a las sociedades pasadas, entendiendo que las identidades se construyen en relación con el poder y, paralelamente, las relaciones de poder intersectan con los diferentes niveles de la identidad que permiten el control a diferentes escalas dependiendo de las diferentes categorías del sujeto. Bien es cierto que las identidades tienen la potencialidad de traducirse en relaciones de poder, aunque no siempre lo hagan, por la interdependencia entre niveles, categorías, características sociales y las agendas de los individuos. Por ejemplo, un individuo identificado dentro del género masculino tiene la potencialidad de acumular cierto grado de poder social en sus manos, pero éste no depende solo de esa faceta sino también de su edad, sexualidad, el estatus de su familia, la clase a la que pertenezca, los vínculos que establezca con otros miembros, su etnicidad o el sistema social en el que se encuentre inmerso (*e.g.* patriarcado).

3.3.2. El poder y los poderosos

Los individuos mediante acciones o relaciones buscan influenciar a la sociedad con un fin concreto. N. Elias (1990: 72) definió el poder como "la expresión de una posibilidad particularmente grande de influir sobre la autodirección de otras personas y de participar en la determinación de su destino". Así, las relaciones de poder siempre tienen una intencionalidad y no se ejercen sin intención u objetivos (Foucault 1998 [1976]: 116). Por ello, el ejercicio del poder significa tener una agenda clara sobre lo que se quiere conseguir, al mismo tiempo que se favorecen los deseos propios sobre los colectivos (Hernando 2012: 85).

T. Thurston (2010: 193) señalaba que cuando los arqueólogos reflexionamos sobre el poder, nos centramos en los líderes o gobernantes, sin embargo, no existe ninguna sociedad donde el poder resida exclusivamente en manos de las élites. Esto se ha debido al interés que desde la Modernidad han suscitado los líderes frente al conjunto de la comunidad (Hernando 2015a). Según P. Bourdieu (1977 [1972]), un líder debía poseer cierto capital simbólico reconocido por el conjunto social, entendiendo ciertas actitudes como el carisma, la inteligencia, destreza, fuerza, capacidad de persuasión y liderazgo como elementos deseables. Todos ellos eran atributos personales que enfatizan la aptitud o capacidad de dotarse de una autoridad, derivada de las habilidades y sabiduría adquirida por la edad y las vivencias.

M. Ramírez Sánchez (2005: 284) apuntaba que los líderes guerreros además de conducir a sus guerreros en el campo de batalla, debían ser justos y redistribuir de modo razonable las ganancias a partir de los vínculos y relaciones que tuviese establecidas con ellos, teniendo en cuenta los méritos y habilidades personales de cada individuo que habrían permitido la obtención de ese botín. Los conocimientos adquiridos durante los viajes y sus correrías proporcionarían un mérito añadido, especialmente los viajes iniciáticos (Helms 1988). Hemos de tener presente que el conocimiento siempre ha sido sinónimo de poder, principalmente los saberes esotéricos que abarcarían desde los mitos de la comunidad o los rituales, a conocimientos astronómicos y medicinales que permitirían a ciertos sujetos tener un mayor control sobre el mundo y, por lo tanto, sobre sus comunidades. M. Fernández Götz (2014a: 36) aportaba un interesante ejemplo sobre la formación de los druidas de la Galia a partir de los escritos de Julio César:

> "Se piensa que sus enseñanzas fueron adquiridas en Britania y desde aquí llevadas a la Galia. En la actualidad, quienes desean conocerlas más a fondo por lo general marchan allá para instruirse" (*BG* VI, 13, 11-12). [...] "más de uno pasa veinte años instruyéndose [...] disertan y enseñan a sus jóvenes sobre numerosas cuestiones, referidas a los astros y a sus movimientos, el tamaño del orbe y de las tierras, la naturaleza, la esencia y el poder de los dioses inmortales" (*BG* VI, 14).

J. Collis (1994: 33-34) señalaba que cuando nos aproximamos al poder debemos tener en cuenta dos cosas: para qué quieren los individuos el poder y cómo lo consiguen. Mucho se ha escrito sobre el poder y sus estrategias, tanto para la obtención como para la consolidación una vez se ha conseguido. Especialmente relevantes me parecen las clasificaciones de las formas de poder que han evolucionado junto con la sociedad actual desde la que se estudian las sociedades pasadas. Los tipos de poder más relevantes en la bibliografía son: *power over* (Lukes 1974: 23; Cobb 1993: 50) que hace referencia a un individuo o grupo social con capacidad de coerción, cuyos deseos son aceptados por el común de la sociedad, cuyos valores y modo de ver el mundo son censurados por la comunidad. En segundo lugar, *power to* (Benton 1981; Miller y Tilley 1984; Bender 1990; Cobb 1993: 51; Saitta 1994; Giddens 1995) relacionado con la práctica, la estructura o la capacidad de acción de los individuos (*agency*). Es la aptitud para alcanzar determinados objetivos, basándose en el apoyo voluntario de otros miembros, pero que puede convertirse en una obligación en un tiempo corto. Frecuentemente, se ha resaltado la posibilidad de que el *power to* se convierta en *power over*, pero nunca al revés. Por último, *power with* (Townsend 1999: 31) que es la capacidad de participación para lograr con los demás lo que no puede lograr un solo individuo.

De este modo, observamos como existen múltiples caminos para alcanzar poder, por ello y basándome en el concepto de estrategia de M. De Certeau (2000 [1979]: XLIX), vamos a explorar dos marcos de relaciones susceptibles de ser manipulados por los individuos para obtener y mantener el poder: la comensalidad y la redistribución, y el conflicto y la violencia.

3.3.2.1. Comensalidad y redistribución

En aquellos contextos en los que el ejercicio del poder no está regulado por instituciones y los roles políticos no están definidos, el consumo colectivo de comida y bebida permite manipular las relaciones como un mecanismo en el que el prestigio y el capital social son fundamentales para que a determinados miembros de la comunidad se les permita influenciar las decisiones y las acciones del grupo. Son, por ello, prácticas eficaces para la negociación de las relaciones políticas (Dietler 1990: 370-371, 2001: 75, 2006: 237). M. Dietler (2001: 65) lo definía como "*'Feast' is an analytical rubric used to describe forms of ritual activity that involve the communal consumption of food and drink. Rituals of this kind play many important social, economic, and political roles in the lives of peoples around the world*". Elementos como el trabajo, el esfuerzo o los excedentes acumulados son traducidos en capitales sociales y simbólicos, y mediante la exhibición y el consumo en poder.

Los banquetes o eventos de comensalidad son contextos de negociación de la posición pública de un individuo o colectivo. Existen diferentes niveles, dependiendo del marco en el que se celebre, los asistentes y el contexto, desde eventos relacionados con matrimonios, ferias o festividades religiosas realizados a nivel comunitario, hasta acontecimientos de menor trascendencia social relacionados con la familia o la casa. Es sabido que el buen líder es aquel que es justo en la redistribución y su generosidad no solo es una cualidad esperada, sino una obligación (Arnold 1999: 78). Por ello, celebraciones como los repartos del botín procedente de las razias habrían sido el contexto perfecto para la negociación de determinadas prebendas sociales en favor de algunos individuos, en los que la manipulación de las relaciones creadas y reproducidas por la interacción social, darían lugar a múltiples obligaciones recíprocas y temporales entre el o los que hospedan y los huéspedes.

Autoras como B. Arnold (1999: 78-79) han hecho hincapié en la asimetría resultante de determinados eventos de comensalidad, donde los banquetes no solo sirven para reforzar o fortalecer vínculos, sino también para nivelar o recordar a cada uno de los participantes en qué posición social se encuentran. M. Dietler (2001: 88) sugería, a partir de sus estudios de algunos grupos humanos actuales, que todas las formas de festín servían para definir las fronteras sociales y, al mismo tiempo, creaban un sentimiento de pertenencia al grupo. Todos marcan, reifican e inculcan las distinciones entre los grupos, las categorías o las diferencias de estatus. Este autor destacaba el caso de los luo (Kenia), donde en los banquetes se manifiestan diferencias de género y edad mediante la posición que ocupan los comensales, el orden en el que se sirven los alimentos y la bebida, las diferencias entre los tipos de vasos utilizados, las prácticas y gestos que se asocia a cada identidad o los diferentes tipos de comida y bebida que puede consumir cada uno de ellos.

La comida y la bebida requieren todo un conjunto de formas materiales para su procesado, distribución y consumo, artefactos de madera, cerámica o metales que diferirían de las prácticas diarias. Los banquetes se revisten de un velo ritual, donde se establecen complejas relaciones semióticas entre los alimentos, las bebidas, los objetos y los gestos, donde se consumen determinados alimentos y recetas exclusivas para estos contextos, así como una serie de tabúes. El ejemplo de los luo nos enseña que tan solo consumen cerveza y ternera en este tipo de eventos sociales, en los que se utiliza un servicio especial de vasos para tomar la cerveza (*thago* y *dakong'o)* y determinados objetos se lucen en los ropajes y adornos corporales para la ocasión (Dietler y Herbich 1989; Dietler 2001). Sin embargo y aunque a partir del regitro arqueológico no podamos documentar la diversidad de recetas, los gestos o las formas de actuación de los participantes, sí podemos tener en cuenta la complejidad y los significados simbólicos de estos eventos para otras sociedades.

3.3.2.2. El conflicto y la violencia

> *"Elsewhere, warfare was endemic, purposeful and often successful"*
>
> Ian Armit (2011a: 504)

En los últimos treinta años, han proliferado estudios sobre la violencia y el conflicto desde perspectivas arqueológicas y antropológicas, especialmente en el mundo anglosajón, con numerosos artículos, capítulos y monografías sobre el tema (*e.g.* Sharples 1991; Parker Pearson y Thorpe 2005; Armit *et al.* 2006; Armit 2011a; Otto *et al.* 2006; James 2007). La publicación de L. Keeley, "*War before civilization: The myth of the peaceful savage*" (1996) marcó un antes y un después en este tipo de estudios tras su crítica a los investigadores quienes desde la arqueología habían pacificado el pasado. Esto, en parte, se debe a que desde nuestro pensamiento occidental, la guerra y los actos violentos nos repugnan.

En sociedades de tipo estatal, como la nuestra, los actos violentos están sancionados y son censurados, independientemente de su escala y alcance, desde el nivel individual a agrupaciones de mayor tamaño. Pero, numerosos ejemplos antropológicos han demostrado que esto no es sino una pieza más de nuestras construcciones culturales. Así, la práctica y la percepción de dichos actos pueden ser alabados y fomentados en otros contextos y funcionar como poderosos vehículos para influir en la vida social de la comunidad.

El conflicto y los enfrentamientos son algo endémico en las sociedades humanas y la violencia interpersonal está institucionalizada alrededor del mundo como demuestran numerosos referentes antropológicos, incluso entre aquellas sociedades que *a priori* pueden parecer pacíficas o al menos así han sido catalogadas por los investigadores. L. Keeley (1996: 29-30) examinaba el papel de la violencia en sociedades como las de los !Kung del desierto del Kalahari, quienes habían sido considerados un referente paradigmático de sociedades pacíficas. Sin embargo, entre 1920 y 1955, la ratio de homicidios fue cuatro veces la de Estados Unidos en ese momento, y entre 20 y 18 veces mayor que la de los estados industriales entre 1950 y 1960. Para los grupos nómadas de los Yaganes de Tierra de Fuego, a finales del XIX, la ratio de homicidios era 10 veces mayor que la de Estados Unidos. Otro dato interesante hace referencia a los copper eskimo, un grupo de inuit de Canadá, los cuales en un campamento de quince familias todos los hombres adultos se habían visto involucrados en un homicidio en los primeros contactos en torno a inicios del siglo XX. Estos eventos violentos se debían principalmente a conflictos a pequeña escala y sangrientas refriegas, cuya principal motivación era la venganza.

La violencia es, por tanto, una construcción cultural y forma parte de la práctica social como una pieza más de las interacciones. Las sociedades no estatales carecen de un aparato regulador que controle y monopolice la violencia, donde no existen organismos como la policía, el ejército o leyes que regulen el enfrentamiento y su alcance (Armit 2011a, Nivette 2011, Armit *et al.* 2006). Por ello, las actitudes referentes a lo que está bien o mal, en lo que al comportamiento violento se refiere, son más fluidas y negociables, y aproximarnos a estas cuestiones desde nuestro marco cultural no añade sino complejidad a nuestra empresa, ya que nos es muy difícil diferenciar aquellos actos que son consentidos y premiados de los criminales o castigables (Armit 2011a).

Nos encontramos, por tanto, ante sociedades en las que conflictos y actos violentos son poderosos vehículos del cambio, y como tales, ejercen como fuerza negociadora, haciendo que dichos episodios sean una decisión social intencionada y no resultado de lo inevitable (King 2010a). Así, determinadas actuaciones violentas son valoradas positivamente dentro del conjunto social y transforman, destruyen, crean o redefinen construcciones sociales como las etnias, las entidades políticas, el género u otras identidades (James 2007: 169). Estudios etnográficos han demostrado cómo en determinados contextos se promueve la socialización mediante la agresión entre los niños (Ember y Ember 1994), como es el caso de los yanomami del Amazonas, entre los que se documenta el refuerzo positivo que juega el comportamiento violento en las relaciones entre los jóvenes (Chagnon 1968) o su papel en los ritos de paso asociados a los hombres.

Pero la violencia no es unívoca, Ian Armit (2011a) distinguió dos actitudes: la violencia moral y la agresión moralista. La primera de ellas es la moralmente aceptada por el conjunto social. En las comunidades que carecen de instituciones estatales, las acciones violentas pueden ser fomentadas, especialmente contra los otros. Actuaciones contra los vecinos se convierten prácticamente en una necesidad como medio para que cualquier individuo o unidad corporativa -como la unidad doméstica, el grupo familiar o la aldea- sean capaces de defender sus intereses y disuadir a los potenciales agresores. Los elementos disuasorios se fomentan como estrategia para transmitir una visión de fortaleza, impenetrabilidad y la posibilidad de una respuesta desproporcionada a cualquier ofensa, creando la impresión de que cualquier tipo de vulneración, por pequeña que sea, tendrá una respuesta rápida y contundente.

L. Keeley (1996) planteaba que la principal razón para el conflicto en estas sociedades era la venganza. En esta línea, I. Armit (2011a: 501) señalaba que los conceptos de honor personal y familiar ocuparían el lugar de las leyes y la justicia de las sociedades estatales, por lo que la respuesta a las afrentas individuales o colectivas a personas o recursos había de ser categórica y lo más visible que fuese posible. Así, hemos de situar al honor, la vergüenza y la venganza como principios estructuradores de las relaciones sociales.

Esto provocaría un enorme sentimiento de inseguridad en la vida diaria y para salvarla, M. Parker-Pearson (2005: 21) proponía una protección que consistía en otorgarles el control y la dirección de la violencia a los hombres jóvenes de los diferentes grupos de parentesco que ejercerían la intimidación, por el hecho de portar armas, a aquellos que supusiesen una amenaza, de dentro o de fuera de la comunidad, lo que para nuestro caso podría estar personificado no solo en los hombres jóvenes, sino en la creación de una identidad de clase por parte de un grupo de los hombres de la comunidad, cuyo reflejo material nos ha llegado a través de sus ajuares funerarios.

La segunda vertiente de la violencia que propone Ian Armit (2011a: 502) era la agresión moralista, refiriéndose a un tipo de violencia ejercida en la que el individuo queda eximido de la responsabilidad moral de sus acciones (Bandura *et al.* 1996). Para ello, existen varios mecanismos con los que lograr la exención ética de la actividad, como la deshumanización y la transformación de los enemigos en meros objetos, en la que son considerados como inferiores o conceptualizados como seres menores.

Las evidencias del conflicto impregnan la cultura material de la Edad del Hierro, ya que en cualquiera de sus fases encontramos materializaciones de una ideología marcial. La construcción de sus espacios de hábitat presenta potentes estructuras defensivas, las personas se entierran acompañadas de armas independientemente de su género y edad, la iconografía se centra en la figura del guerrero, las referencias literarias están repletas de conflictos acompañados de una filosofía del honor, e incluso, los escasos restos óseos con los que contamos, evidencian traumas causados por el enfrentamiento. Por todo ello, la realidad es de todo menos simple y los objetos nos pueden decir mucho sobre quienes los hicieron, el modo en el que los hicieron y la repercusión que tuvieron en sus vidas cotidianas. Este apartado ha sido una somera muestra de los mimbres sobre los que construir el discurso para la interpretación de las sociedades a lo largo del primer milenio a.n.e. Todos ellos relacionados, conectados, en constante interacción y modificación, que no nos va a permitir entender a los unos sin los otros.

3.4. Los paisajes entre la percepción y la práctica

> *"Archaeologists in general, and landscape archaeologists in particular, had to deal with the charge that the people in their landscapes were non-existent, or ciphers at best"*
>
> Andrew Fleming (2006: 276-277)

Hemos comenzado este capítulo con una declaración de intenciones en lo referente al modo de aproximarnos al registro material, persiguiendo la simetría, tratando de encontrar ese justo medio entre los diferentes enfoques. En nuestra aproximación a las personas que vivieron en el Alto Duero durante el primer milenio a.n.e., vamos a utilizar la materialidad de los paisajes como excusa para adentrarnos en el estudio de las identidades y su reflejo en las relaciones de poder. Desenredar la complejidad de estas construcciones es un proceso complicado, por ello, viajaremos a través de diversas escalas, desde el amplio zoom del paisaje hasta lo concreto de los artefactos.

Los paisajes han de ser abordados desde una perspectiva holística y siempre plural, ya que el paisaje no es algo unívoco. No es fruto de un solo proceso, práctica o razón, sino de lo múltiple, fruto de un conjunto de imágenes anidadas. Debido a los múltiples enfoques desde los que se trabaja en arqueología y especialmente ligado a la proliferación de los estudios en el marco de la llamada "Arqueología del Paisaje", el término paisaje ha sido vaciado de significado (Ingold 1992: 39; Thomas 2012 [2001]: 168-169; Johnson 2012b: 514; Meier 2012). Bajo su paraguas se amparan aproximaciones tanto prácticas como teóricas, físicas o simbólicas, positivistas o postmodernas. Su bagaje teórico y metodológico ha sido amplio desde mediados de los años 70, cuando M. Aston y T. Rowley publicaron *Landscape Archaeology: an introduction to fieldwork techniques on Post-Roman landscapes* (1974), poniendo el foco en una materialidad que puede ser entendida desde muy diversas perspectivas.

El amplio desarrollo teórico ha ido de la mano de los cambios en las preguntas de los investigadores y las necesidades sociales que desde el presente precisaban ser explicadas con el pasado, mientras que el avance metodológico ha ido ligado a la explosión tecnológica que se ha producido en nuestra sociedad desde el inicio de la disciplina. En arqueología, la introducción y la práctica generalización de los Sistemas de Posicionamiento Global (GPS) y las Tecnologías de la Información Geográfica (TIG) han permitido que herramientas y análisis procedentes de campos como la teledetección, la fotogrametría, la fotointerpretación o los Sistemas de Información Geográfica sean hoy comunes y frecuentes en nuestro trabajo. Todo esto unido a la liberalización de fuentes de datos que ha tenido lugar en los últimos quince años, como los modelos digitales de elevaciones, vuelos fotogramétricos o datos LiDAR entre otros muchos, ha permitido un amplio desarrollo en este campo.

El gran volumen de recursos programáticos, de capacidades de almacenamiento, velocidad de computación, desarrollo de metodologías específicas, datos y más datos, producido por el maremágnum tecnológico ha ocasionado que no siempre hayamos sido fieles a nuestra disciplina y en ocasiones se nos ha olvidado lo que estábamos estudiando, obnubilados por las posibilidades que nos ofrecían estas herramientas. Esto ha dado lugar a numerosas publicaciones en las que se empleaban este tipo de análisis sin apenas justificación de por qué se elegía un determinado tipo de análisis y qué aportaban sus resultados a la interpretación. Por ello, el gran reto que se nos presenta hoy en día es poner las Tecnologías de la Información Geográfica (TIG) al servicio de la arqueología, continuar con su desarrollo, pero unido a una fuerte argumentación teórica que sea capaz de justificar e interpretar los parámetros utilizados, los análisis elegidos y los resultados obtenidos. Debemos ver las TIG como una herramienta más para el trabajo arqueológico, como lo pueden ser el dibujo de plantas y materiales o la asignación de tipologías a los artefactos para su catalogación. Todo son pasos en el camino de la interpretación histórica.

3.4.1. Conceptualizando el paisaje

La etnóloga H. Thode-Arora (2014) a partir de sus estudios con los niue de Auckland (Nueva Zelanda) distinguía entre dos las formas de entender el espacio: una primera acepción como experiencia o práctica, donde se engloban elementos como la estructura del asentamiento o la forma física del espacio; y una segunda como percepción, a partir de los cosmos cognitivo y simbólico. A esta dualidad del espacio podemos añadir la propuesta por S. Kluiving y E. Guttmann-Bond (2012) a partir de los trabajos de K.R. Olwig (1996) y J. Renes (2011), donde se recogían dos acepciones: un primer modo de entender el paisaje que desde época medieval abarcaba las referencias al territorio y las instituciones que lo gobiernan; y otra conceptualización procedente de artistas y escritores románticos, en la que el paisaje es una composición creada en la mente de los individuos que no existiría sin un observador.

No obstante, nuestro intento de romper los dualismos cartesianos propios de nuestra mentalidad occidental supone superar esa dicotomía entre lo físico y simbólico y entender sus múltiples facetas como un todo. Esta necesidad en interpretación de los paisajes no es algo nuevo, M. Parker Pearson y C. Richards (1994) señalaban la importancia de relacionar los aspectos físicos y simbólicos a la hora de realizar una lectura del paisaje y el territorio de una comunidad. J. Thomas (2012 [2001]: 178) entendía los paisajes como múltiples y fragmentados, y T. Ingold (1993: 171) apuntaba que no debemos entender el paisaje como algo que puede ser observado por cualquiera, sino que cada individuo lo va a hacer desde su propio punto de vista. Así, los paisajes son creados y percibidos de un modo diferente por cada persona que se enfrenta a ellos, incluso entre los miembros de una misma comunidad, quienes van a experimentar y sentir los paisajes de modo diferente, en los que sus experiencias e identidades de género, edad, clase, religión o etnia van a influir en el modo de observarlos y entenderlos.

B. Knapp y W. Ashmore (1999: 21) apuntaban que el modelado de los paisajes se realiza a partir las características de la comunidad que lo habita, por ello, se erigen como referentes de las identidades, ya que son la plasmación espacial de los valores del grupo. Sin embargo, esto no quiere decir que "Los paisajes y las cosas [...] se sientan simplemente en silencio esperando a materializar (*embody*) significados socialmente construidos, sino que poseen sus materialidades y competencias, propias y únicas, y que llevan consigo en su convivencia con nosotros" (Olsen 2007: 291). La construcción entre personas y paisajes es, por lo tanto, bidireccional. Las personas crean los paisajes a partir de las diferentes facetas identitarias y las relaciones de poder que tengan lugar en el seno de la comunidad que los habite, paralelamente, la materialidad de los paisajes, sus formas, colores, potencialidades, crean a las personas.

Esta materialidad es anidada y dinámica, J. Thomas (2012 [2001]: 176-178) lo observaba a partir de varios ejemplos etnográficos como son los yolngu australianos (Morphy 1995: 187), los baktama de Papua Nueva Guinea (Tilley 1994: 58) y los saami del norte de Escandinavia (Mulk 1994: 125), donde el paisaje es algo vivo que establece una serie de relaciones recíprocas con el ser humano. Uno de los principales mecanismos que observa es el parentesco, con el que se estable una interconexión física y simbólica entre las personas y la tierra. También entre los niue de Nueva Zelanda, H. Thode-Arora (2014: 98) observaba que las historias relatadas por los miembros más mayores de la comunidad a los más jóvenes estaban cargadas de referencias al parentesco y a los sitios. En ellos, se especificaban derechos sobre la tierra y la familia, creando un mapa que condicionaba dónde uno puede ir y qué puede uno hacer en esas localizaciones en particular, donde se está potencialmente seguro o en peligro (Morphy 1995: 199). Este saber era transmitido entre generaciones mediante las líneas de descendencia y la herencia.

Del mismo modo, los mitos de origen jugaban un papel fundamental a la hora de establecer estas relaciones. Ch. Toren (1995: 178) señalaba que la conexión entre los antepasados y la tierra podía establecerse de dos maneras. La primera opción era que los antepasados hubiesen formado parte de la tierra y emergido de ella, y la segunda que los ancestros hubiesen habitado la tierra y transformado creando jardines y campos de cultivo. La transmisión de este conocimiento, de la memoria del grupo, daba lugar a que los paisajes fuesen negociados en los términos de las identidades y de las relaciones de poder, donde la legitimidad y la herencia eran elementos clave.

3.4.2. La materialidad de los paisajes

La materialidad de los paisajes está influida por los mecanismos de las relaciones de poder, ya que son escenario de la negociación de las identidades y las agendas de las comunidades y los individuos. En ellos, las prácticas diarias, las creencias y los valores desempeñaban un papel fundamental en la formación, ordenación, transformación e identificación de los espacios (Knapp y Ashmore 1999: 21; Anschuetz *et al.* 2001: 161). Las identidades sociales eran experimentadas y representadas de un modo determinado, por lo que eran necesarios unos referentes materiales concretos en forma de paisajes, lugares, artefactos y otras personas. Los contextos donde fueron experimentadas, reproducidas y transformadas quedaban normalizados y eran más o menos familiares a sus participantes, dependiendo del grado de implicación que la práctica requiriese (Tilley 2004: 217).

Uno de los reflejos manifiestos de la práctica política de una comunidad y de las relaciones de poder en el paisaje fueron los territorios, que han sido definidos como la apropiación del espacio que hace una comunidad, donde se implantan toda una serie de relaciones políticas, sociales e ideológicas (Orejas *et al.* 2002: 287; Orejas 1998: 15). Los límites del espacio dominado y la intensidad con la que se plasman estos límites fueron el resultado de lo que la comunidad era capaz de controlar y hacer patente ese control en el paisaje (Knapp y Ashmore 1999: 21). Los paisajes fueron elementos dinámicos que se encontraban en constante modificación según las necesidades de las comunidades que se apropiaron de ellos. Cuyas transformaciones se produjeron al ritmo y en el grado de sus comunidades, dependiendo del conocimiento y entendimiento que tuviesen sobre el espacio y sus fenómenos.

M. C. Cardete (2015: 40) reflexionaba sobre las necesidades políticas a las que respondían los paisajes, ya que en diferentes contextos, el ser humano ha manipulado tiempo y espacio construyendo tanto paisajes como identidades. Se han formado paisajes simbólicos propios de comunidades que habitaban un determinado espacio en un tiempo concreto. Por ello, los territorios son solo una pieza más de los paisajes y los paisajes son los discursos de una comunidad sobre el espacio construido, es decir, la percepción colectiva de los elementos simbólicos a partir de un ideario colectivo (Orejas *et al.* 2002: 287).

El registro arqueológico nos muestra, por lo tanto, un conjunto discontinuo y heterogéneo formado por multitud de procesos sociales que han dejado su huella material en el paisaje, dando forma a numerosas realidades entre las que no siempre es fácil distinguir los matices de cada una de ellas (Sevillano 2013). Así, debemos entender los sitios como materializaciones relacionales, en las que se establece una doble dependencia entre localizaciones y personas. Los objetos y los lugares son agentes activos de las identidades, son más que simples reflejos de ideas preexistentes o relaciones sociopolíticas, y como tales, producen un efecto real en las personas y las relaciones sociales, tanto en el campo de lo material como en lo ideológico (Tilley 2004: 222).

3.5. Lo social a partir de lo físico

En nuestro estudio de las personas, la materialidad del paisaje va a ser el hilo conductor del discurso, desde su vertiente más física, con las metodologías y herramientas de los Sistemas de Información Geográfica, a las construcciones y significados sociales y simbólicos, que dichas personas otorgaron a ese paisaje. Por ello, a lo largo de este estudio, utilizaremos diversas escalas de análisis que nos permitan realizar una aproximación más detallada del modo en el que los sujetos del primer milenio a.n.e. construyeron sus identidades y cómo esto influyó en sus formas de relación social. Partiremos desde la vertiente física de los paisajes y profundizaremos en las construcciones que hacen del mismo. Por un lado, trataremos el mundo de los vivos donde exploraremos los patrones de poblamiento y nos adentraremos en los asentamientos, tanto en los modelos urbanos como en las casas. Por otro, exploraremos el paisaje funerario, desde su disposición, ordenación y señalización, hasta los objetos escogidos para formar parte de los ajuares y ofrendas.

Algunas de las herramientas de las que disponemos para explorar esta relación multidireccional entre personas y paisajes provienen de las ya mencionadas Tecnologías de la Información Geográfica, que ofrecen numerosas y variadas opciones para identificar, catalogar y analizar las evidencias arqueológicas. Mediante ellas, se profundizará en las características y formas físicas de los paisajes que influyeron a las comunidades de la Edad del Hierro. Así, en primer lugar y con el fin de abordar el estudio de una amplia región como es el Alto Duero, vamos a realizar un análisis de las formas del relieve sobre las que se construyeron los sitios, que va a permitir aproximarnos a la elección de los enclaves en los diferentes periodos e identificar la diversidad regional. En segundo lugar, para entender las construcciones políticas que se hicieron del paisaje en la segunda Edad del Hierro, exploraremos las distribuciones del poblamiento en sus diferentes formas y la formalización de los límites, para lo que utilizaremos un análisis Xtent que evidencie las construcciones del poder en el espacio de las diferentes comunidades de esta época.

3.5.1. Los paisajes de la edad del hierro en nuestro ordenador

Uno de los primeros pasos a la hora de abordar este estudio ha sido realizar una profunda revisión bibliográfica de los sitios arqueológicos y los materiales documentados en el Alto Duero hasta la fecha, integrando los datos de las diferentes circunscripciones administrativas actuales que comprenden las provincias de Soria, La Rioja, Burgos y Segovia (Taracena 1926, 1927, 1929a, 1932, 1941; Abásolo y García Rozas 1980; Pascual y Pascual 1984; Borobio 1985; Revilla 1985; Barrio Martín 1989; Pascual

Díez 1991; Romero 1991; Morales 1995; Jimeno y Arlegui 1995; Heras 2000; Gallego 2002; Alfaro 2005; López Ambite 2006-2007, 2008, 2009; Sacristán 2007; Martínez Caballero *et al.* 2014; Liceras Garrido y Quintero 2017; Jimeno 2017; Jimeno *et al.* 2017a, 2018) para estudiar la región como un todo. En algunos casos, se han excedido ligeramente los límites de lo que hemos considerado Alto Duero, de modo que nos permita comparar a grupos culturales diferentes y así enriquecer el discurso interpretativo.

Todos los sitios arqueológicos fueron integrados en una base de datos espacial diseñada específicamente para recoger las características, rasgos y particularidades de cada uno de ellos, independientemente de su tipo, ya fuesen espacios de hábitat, enterramiento, hitos simbólicos o hallazgos aislados. Además del estudio de cada uno de ellos a través de las publicaciones recogidas en la bibliografía, han sido sometidos a dos tipos de análisis. En primer lugar, se revisaron los materiales conservados en el Museo Numantino de Soria para establecer unas cronologías adecuadas a la periodización de este estudio. En segundo, una evaluación visual a partir de imágenes aéreas del Vuelo Americano de 1957 y el Plan Nacional de Ortofotografía Aérea. Estas imágenes fueron sometidas a diversos tratamientos visuales como la construcción de anáglifos, composiciones de falso color, análisis de componentes principales (PCA) o NDVI (*Normalized Difference Vegetation Index*) con el fin de revisar la ubicación exacta de los sitios, ya que en algunos casos los datos de localización previos eran erróneos. Este análisis visual también permitió establecer los límites y extensión de los sitios, así como evaluar los sistemas defensivos.

Esta metodología para la documentación de sitios arqueológicos, a partir de la combinación de múltiples imágenes aéreas, ha permitido detectar enclaves que fueron registrados por B. Taracena en su carta arqueológica, pero posteriormente en las prospecciones de la década de 1980 no pudieron ser revisitados por las condiciones de la vegetación. Este es el caso de Los Casares (Monasterio), en el que Taracena (1941: 100) registra muros de mampostería y cerámica roja celtibérica, clasificándolo como un poblado anterior a la conquista romana, y del que A.C. Pascual Díez (1991: 123) afirma que no han podido confirmar en las campañas de prospección.

Finalmente, para llevar a cabo los análisis espaciales, se creó un Modelo Digital del Terreno con la información relativa a la elevación, construyendo un Modelo Digital de Elevaciones (MDE) con una resolución de 5 m/px. Los datos de entrada proceden del Instituto Geográfico Nacional, que son servidos de forma gratuita a través de su Centro Nacional de Información Geográfica (CNIG), construidos a partir de la estereocorrelación automática de los vuelos fotogramétricos del Plan Nacional de Ortofotografía Aérea (PNOA), cuyo sistema geodésico de referencia ha sido ETRS89 (*European Terrestrial Reference System* 1989).

3.5.2. Modelado de las formas del relieve

> "Es la tierra de Soria árida y fría.
> Por las colinas y las sierras calvas,
> verdes pradillos, cerros cenicientos,
> la primavera pasa
> dejando entre las hierbas olorosas
> sus diminutas margaritas blancas"
>
> Antonio Machado, Campos de Soria, I

Cuando se describe un paisaje es inevitable utilizar una serie de calificativos o elementos descriptores que, aunque nos ilustran sobre determinados aspectos del mismo, son tremendamente subjetivos. Cuando nos enfrentamos a las descripciones de las ubicaciones y entornos de los sitios arqueológicos en la bibliografía nos ocurre algo parecido, ya que la mayoría de los asentamientos de la Edad del Hierro se encuentran, de un modo u otro, en altura, y no tendrá el mismo significado un asentamiento en alto en la zona del valle del Duero que en las estribaciones del Sistema Ibérico. A esto, hemos de añadir el amplio espacio que abarca la zona de estudio y el elevado número de autores que describen las diferentes regiones, realizando comparaciones sobre la morfología y la altura relativa al área que estudian. Estas son, por lo general, difíciles de adecuar al marco global de la región.

Por ello, con el fin de afrontar toda el area bajo unos criterios comunes, se ha realizado una clasificación de los enclaves sobre los que se construyeron los asentamientos, basada en las formas del relieve. Esto nos permite comparar las diferentes regiones del Alto Duero bajo unos principios unificados y evaluar la diversidad de tendencias de asentamiento a lo largo del primer milenio a.n.e., haciendo un especial hincapié en si presentan patrones fijos, recurrentes o no tipificados. Así, mediante este análisis, podemos explorar y profundizar en las motivaciones que llevaron a sus habitantes a establecerse en un determinado enclave, y el tipo de construcción y uso del paisaje que de él hicieron a partir de sus características físicas.

La clasificación que hemos elegido proviene del ámbito de la geomorfología, y tiene en cuenta tres de las variables que han sido las más estables a lo largo del tiempo: la elevación, la pendiente del terreno y la prominencia sobre el entorno. Para ello, seguimos la propuesta que hizo A. Weiss (2001) sobre la clasificación de las formas de relieve en diez tipos morfológicos distintos que nos permita registrar la variabilidad de los paisajes. Esta utiliza dos conjuntos de datos, derivados de la elevación del terreno: el Índice de Posición Topográfica (TPI: *Topographic Position Index*) y la pendiente del terreno (Liceras Garrido *et al.* 2018).

El TPI calcula la diferencia de elevación de la celda del MDE donde se sitúa -en nuestro estudio, un sitio de la Edad del Hierro- y devuelve la media de la elevación de una vecindad dada (Jenness 2006). Para registrar de un modo más óptimo la morfología del enclave, en aquellos casos en los disponemos de extensión, se ha introducido una restricción, de modo que la vecindad del TPI se calcula a partir de un radio estimado proporcional a la extensión del sitio, en el que

$$radio = \sqrt{area/\pi}$$

La vecindad del TPI se calcula a dos escalas, 300 m y 2.000 m, lo que permite tener en cuenta tanto las formas locales, es decir, la forma sobre la que se levanta el sitio, como el entorno del mismo, dando lugar a una clasificación minuciosa y detallada de su morfología. Dicha combinación detecta y caracteriza formas del relieve que, de otro modo, podrían verse difuminadas o realzadas dependiendo de la escala del análisis. El vecindario de 300 m identifica los accidentes locales como colinas, cerros aislados o cauces fluviales de poca entidad, mientras que el vecindario de 2.000 m recoge los rasgos del relieve a una escala más amplia, permitiendo su caracterización regional, como por ejemplo, si un cerro aislado se encuentran en un valle, en una llanura o un cañón (Fig. 3.5).

Los valores positivos de los TPIs van a representar aquellas localizaciones que se encuentra sobre la media de altitud de su alrededor, como por ejemplo, crestas o colinas, mientras que los valores negativos corresponden a zonas deprimidas como valles, cursos de agua o cañones. Sin embargo, los valores cercanos a 0 pueden presentar problemas, ya que corresponden a zonas planas o relativamente planas, que pueden hacer referencia tanto a mesetas en altura como a zonas bajas parcialmente planas. Por ello, el TPI requiere una clasificación según la posición de la pendiente, de modo que cuando los valores del TPI estén cercanos a 0 y los de la pendiente también, se atribuirá a áreas planas o llanuras, mientras que cuando los valores de pendiente sean superiores a un determinado umbral, se clasificará como pendientes medias o pendientes pronunciadas (Fig. 3.6).

El resultado final es la atribución de cada celda del mapa a un número entero que se relaciona con una de las diez formas del relieve que se recogen en la Tabla 1. Esto da lugar a dos tipos de salidas: 1. la forma del relieve de cada sitio es atribuida a la clase mayoritaria, y 2. una hoja de datos que recoge cuantas celdas de cada clase hay para cada sitio arqueológico.

3.5.3. Profundizando en los datos

Una vez obtenidas las formas del relieve de cada uno de los sitios siguiendo el método de A. Weiss (2001), se ha realizado una clasificación de los mismos teniendo en cuenta las cronologías de los asentamientos. Se crearon tres grupos de análisis diferenciados que se corresponden con los tres periodos temporales que explora este trabajo a lo largo de la Edad del Hierro, permitiéndonos aproximarnos a los distintos tipos de paisajes para cada

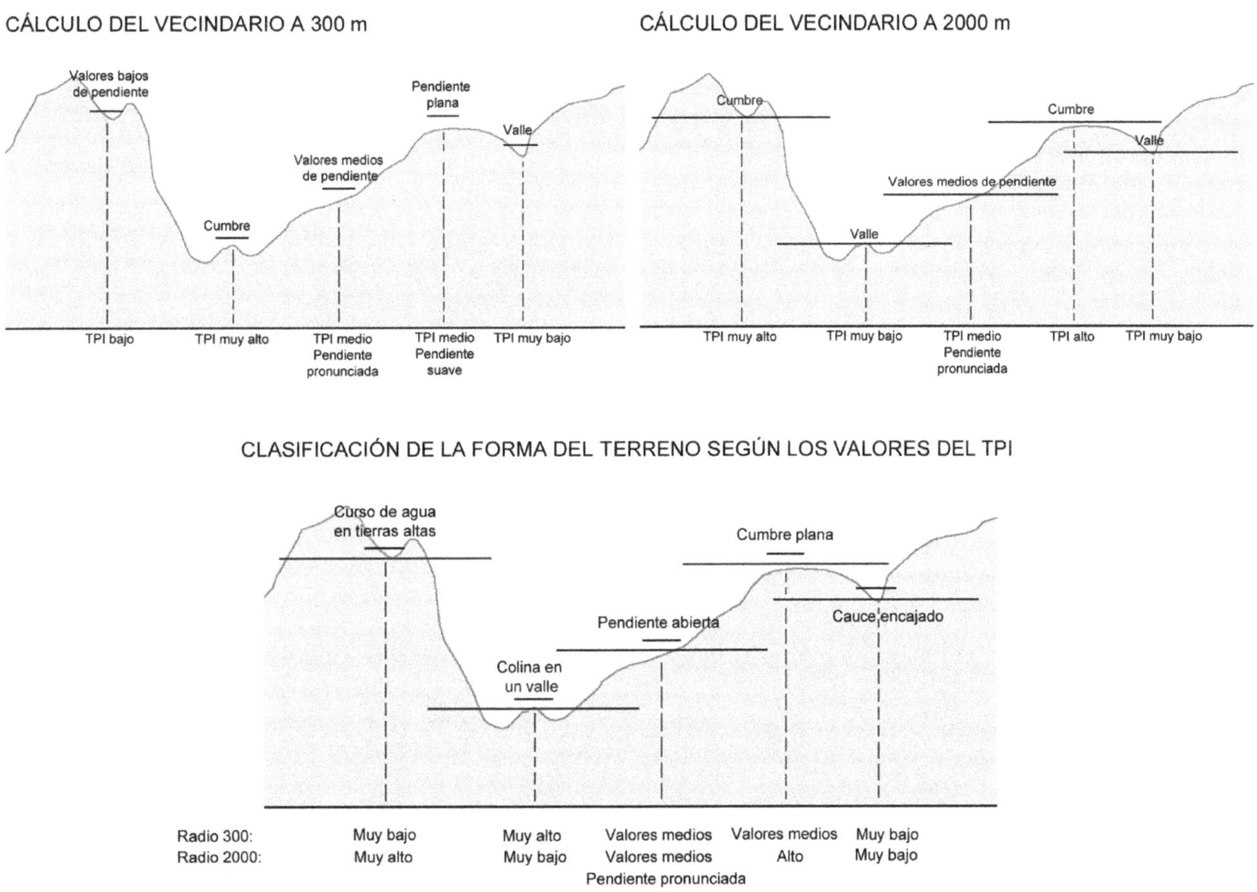

Fig. 3.5: Clasificación de la forma del terreno a partir de los dos radios de cálculo del TPI (gráfico elaborado y traducido a partir de Jenness 2006).

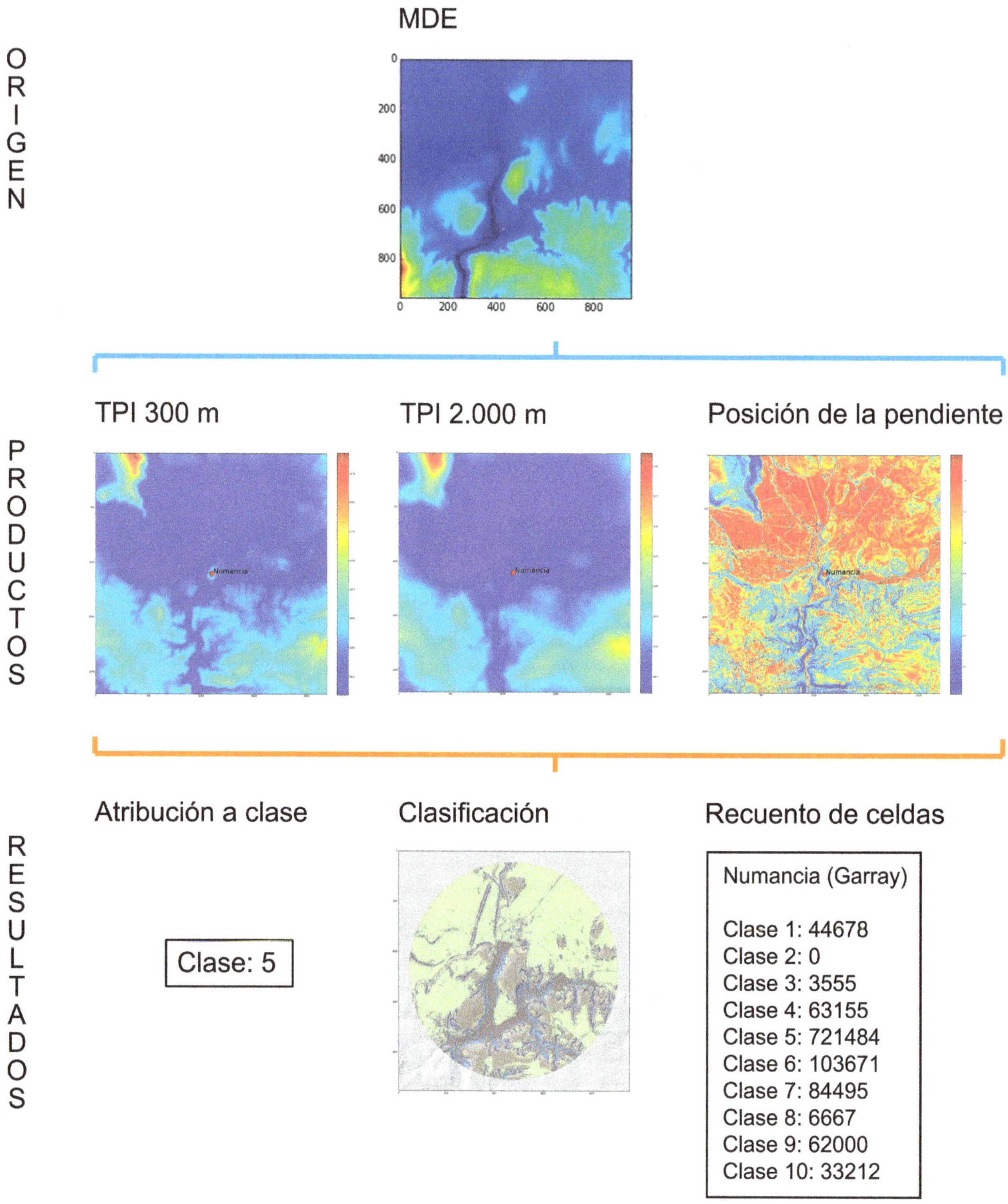

Fig. 3.6. Flujo de trabajo en el análisis de las formas del relieve.

periodo y cada región del Alto Duero, así como las formas de hábitat preferidas por sus pobladores. Se han obtenido tres agrupaciones que cuentan con un número variable de sitios, en ocasiones relacionado con el desarrollo de la investigación en la zona más que con la intensidad de ocupación del territorio. Así, para la primera Edad del Hierro se registraron 131 sitios, para la segunda Edad del Hierro fueron 179 y 56 para el siglo I a.n.e.

Con el fin de reducir la variabilidad del conjunto de datos y observar las tendencias en los diferentes periodos, hemos utilizado como variables de entrada los recuentos del número de celdas de cada forma del terreno dentro de los radios de cálculo para cada uno de los sitios de la Edad del Hierro y aplicado dos técnicas estadísticas independientes aunque complementarias: el k-medias y el Análisis de Componentes Principales (Liceras Garrido *et al.* 2018).

Tabla 1: Clases resultantes del análisis según A. Weiss (2001).

Clase	Forma del relieve
1	Cañones. Arroyos muy encajados.
2	Drenajes en pendientes medias. Valles poco profundos.
3	Drenajes de tierras altas. Nacimiento de agua.
4	Valles en forma de U.
5	Llanuras.
6	Pendientes abiertas.
7	Pendientes en altura. Mesas.
8	Crestas locales. Colinas en valles.
9	Crestas a media pendiente. Pequeñas colinas en llano.
10	Cimas de montaña. Crestas en altura.

El **k-medias** es un método de agrupación de conglomerados no jerárquico, especialmente útil cuando abordamos conjuntos amplios de datos como es nuestro caso (Hartigan 1975: 84-100; Lloyd 1982; Fernández Martínez 2015: 150-152). Mediante este análisis, se divide un conjunto de *n* observaciones representadas en un espacio *d* dimensional en *k* clases fijadas *a priori*. El cálculo se realiza tomando al azar una serie de centroides iniciales, tantos como clases queramos obtener y se calcula la distancia euclidea de las *n* observaciones a dichos centroides y se conforman las *k* clases. Posteriormente, se vuelven a calcular los centroides y la operación se repite hasta que todos los elementos se encuentren dentro de alguna de las clases asignadas. En nuestro análisis, hemos asignado entre 3 y 4 clases, dependiendo de la complejidad de los datos de cada periodo para evaluar la representatividad de cada forma del relieve dentro de un búfer dado y un máximo de 20 iteraciones en la obtención del k-medias.

Por otro lado, el **Análisis de Componentes Principales** (PCA, *Principal Components Analysis*) es un método estadístico multivariante de los más utilizados en todas las disciplinas científicas, cuyo fin es reducir la dimensión del conjunto de datos con la menor pérdida de información posible. Sus orígenes se encuentran en los ajustes ortogonales por mínimos cuadrados propuestos por K. Pearson (1901) y su desarrollo se ha atribuido a H. Hotelling (1933) que halló el modo de calcular una serie de factores que explicasen la variabilidad de un conjunto de datos. Aunque la generalización de este método no tuvo lugar hasta el *boom* de la informática que permitió el cálculo de conjuntos más amplios de un modo fácil y rápido (Shennan 1992: 246; Chuvieco 2010: 346; Fernández Martínez 2015: 153-154).

El PCA consiste en una transformación lineal de los datos originales a un nuevo sistema de referencia que permite sintetizar la información de un conjunto de variables relacionadas a un nuevo conjunto que toma el nombre de componentes principales (CPs). Los CPs son funciones lineales de las variables originales que resumen la variabilidad y la complejidad de los datos originales (Jolliffe 2002; Chuvieco 2010: 346). Este método permite identificar rasgos comunes y específicos del conjunto de datos que hayamos introducido, asumiendo que entre las variables existe algún tipo de relación lineal. Si las variables de origen no estuviesen correladas, el resultado final será el mismo número de componentes que de variables de origen. El cálculo de los componentes se puede resumir en tres pasos (Shennan 1992): 1. la obtención de la matriz de coeficientes de correlación, la covarianza; 2. la extracción de los autovalores y autovectores de la matriz anterior, siendo los autovalores, la dimensión o peso de cada variable en cada uno de los vectores en los que se expresa la cantidad de información original que contienen; y los autovectores, la combinación lineal de los datos, es decir, la interpretación de la dirección de los componentes; 3. el cálculo la matriz de correlación entre los componentes y las variables originales.

En nuestro caso, las Tablas 2 y 3 muestran, repectivamente, la varianza de cada componente y los porcentajes de varianza acumulada. Entre ellos, tan solo hemos seleccionado aquellos cuya combinación supone más de un 70% de varianza explicada, correspondiendo al CP1 y CP2. Los valores de los autovectores nos permiten determinar qué formas del relieve tienen una mayor influencia a la hora de elegir las localizaciones en el paisaje, así como la combinación en un mismo gráfico del k-medias y del PCA permite entender mejor si existen tendencias o no en la distribución de los sitios.

3.5.4. Territorios: principios para el análisis

Las aproximaciones a la territorialidad teórica de los sitios arqueológicos se inician con fuerza en la década de los 70, asimilando diversos conceptos como los planteados por el economista J.H. von Thünen en su Teoría de la Localización relacionada con los costes en el desplazamiento y el gasto energético; o la preocupación de M. Weber por el abastecimiento y los recursos; así como la Teoría de Lugar Central publicada por el geógrafo W. Christaller en 1933, donde la jerarquía territorial de los asentamiento se veía condicionada por su tamaño, la densidad en el poblamiento y la influencia de cada uno de ellos. La importancia de modelar la distancia en este tipo de estudios se convertirá en variable fundamental tras los trabajos de C. Vita-Finzi y E. Higgs (1970) en el Monte Carmelo con su propuesta del *Site Catchment Analysis*.

Este tipo de análisis ha permitido una aproximación a las estructuras territoriales, cuyo fin era delimitar zonas de influencia y control por parte de un conjunto de sitios de una región, mediante datos estrictamente arqueológicos, como son la localización, las dimensiones o las características físicas de los paisajes de sus entornos. B. Ducke y P. Kroefges (2008: 245-246) apuntaban que

Tabla 2: Varianza de cada componente.

Componente	1ª Edad del Hierro	2ª Edad del Hierro	siglo I a.n.e.
CP 1	4,451877907	4,356085901	3,898635933
CP 2	2,397219749	2,598744751	3,32657557
CP 3	0,794106316	0,722717719	0,706029234
CP 4	0,582665604	0,567132103	0,34686279
CP 5	0,287280372	0,360958039	0,334591427
CP 6	0,217659336	0,158997589	0,213881913
CP 7	0,170288602	0,145483476	0,10463561
CP 8	0,095341887	0,084670785	0,06589945
CP 9	0,003560228	0,005209636	0,002888073

Tabla 3: Porcentajes de varianza acumulada.

Componente	1ª Edad del Hierro	2ª Edad del Hierro	siglo I a.n.e.
CP 1	49,46531	48,40095	43,31818
CP 2	76,10109	77,2759	80,28013
CP 3	84,924489	85,306093	88,124897
CP 4	91,398551	91,607561	91,978928
CP 5	94,590555	95,618206	95,696611
CP 6	97,008992	97,38485	98,073076
CP 7	98,901088	99,001329	99,235694
CP 8	99,960442	99,9421152	99,9679103
CP 9	100	100	100

estos análisis tienen en consideración aspectos como las distancias, las jerarquías de poblamiento o las redes de conectividad, ya que los sitios nunca son autónomos, sino que están integrados en redes más amplias. Bien es cierto que nunca vamos a poder modelar todos los aspectos de la vida de las personas que influyen en la toma de decisiones o en la percepción de los paisajes, me refiero especialmente a las variables culturales o simbólicas de los mismos. Sin embargo, el análisis de determinadas materializaciones combinadas con los aspectos físicos del terreno pueden ayudarnos a entender un poco mejor las dinámicas territoriales.

Uno de los métodos más utilizados ha sido la triangulación de Voronoi o los polígonos de Thiessen (Hodder y Orton 1976; Wheatley y Gillings 2002: 149-151) que consisten en la aproximación al territorio teórico de un sitio en función de la distancia euclídea y de la densidad de sitios que se encuentran a su alrededor. En el cálculo, se traza la mediatriz de la distancia entre los sitios, construyendo un polígono en torno al punto de partida que representa su zona de influencia. Son una buena aproximación preliminar al conjunto de datos, por la rapidez y la facilidad de cálculo, ya que se encuentran implementados en todos los paquetes de *software* de análisis geográfico, ya sean libres o comerciales. Sin embargo, cuentan con una serie de problemáticas fundamentales, ya que no tienen en cuenta la morfología del relieve o la dificultad en el desplazamiento, debido al tipo de distancias que utilizan en el cálculo. Además salvo variaciones en la fórmula, considera todas las entidades iguales, independientemente de las características particulares que puedan presentar.

Otro análisis que ha sido ampliamente utilizado para delimitar zonas de influencia ha sido el modelo Xtent, desarrollado en un primer momento por C. Renfrew y E.V. Level (1979), en el que se asume que el tamaño del sitio y su capacidad para ejercer influencia están directamente relacionados. Este modelo jerarquiza, por lo tanto, los asentamientos a partir de su tamaño, donde a mayor extensión, mayor influencia.

Sin embargo, para modelar la compleja realidad política de los territorios de la segunda Edad del Hierro que nos permita aproximarnos a las capacidades y a las relaciones de poder que tuvieron lugar entre las diferentes entidades urbanas, en este estudio, se utiliza el algoritmo que recoge el módulo de GRASS GIS: *r.xtent*, que es una variante realzada de la fórmula de C. Renfrew y E.V. Level, en la que se recoge la variabilidad geográfica, no registrada en la fórmula original, donde:

$$I = C^a - k \cdot d$$

I es la influencia potencial de un sitio en la localización *x*. *C* es el peso de cada enclave, es decir, el tamaño del sitio. *d* es la distancia entre *x* y el sitio, y por último, *a* y *k* son dos coeficientes que determinan el balance entre el tamaño del sitio y la distancia. La importancia de la distancia aumenta de un modo lineal, mientras que la importancia del tamaño lo hace de modo exponencial. Además del coste en el desplazamiento, este módulo de GRASS permite introducir datos vectoriales a modo de barreras, como la hidrografía, que permiten un modelado más preciso del terreno.

El resultado de este análisis son una serie de delimitaciones o fronteras entre los núcleos que analizamos, las ciudades de la segunda Edad del Hierro, modeladas a partir de su tamaño, el relieve y la distancia entre ellas. B. Ducke y P. Kroefges (2008: 247) también señalaban una serie de premisas básicas que estamos asumiendo al llevar a cabo este tipo de análisis y que deberemos tener en cuenta a la hora de la interpretación. En primer lugar, los territorios que pertenecen a un centro son continuos e interrumpidos, por lo que cada parcela de terreno pertenece tan solo a un centro. En segundo, las capitales de los territorios son de mayor tamaño en área y población que las demás formas de poblamiento. Por último, el tamaño del centro está directamente relacionado con el tamaño de su territorio. Estas consideraciones han de ser tomadas en cuenta en la interpretación.

4

La primera Edad del Hierro

4.1. De dónde venimos... el Bronce Final en el Alto Duero

Para observar los cambios y entender lo que supuso el inicio de la Edad del Hierro, debemos remontarnos brevemente al panorama anterior, el final de la Edad del Bronce. Las comunidades humanas a lo largo del segundo milenio a.n.e. en el Alto Duero dejaron una huella muy ténue sobre su forma de entender los paisajes y evidencias sutiles sobre sus formas de habitar y afrontar la muerte. Esto se debe posiblemente a la naturaleza orgánica del registro arqueológico, las condiciones medioambientales para la conservación y la metodología utilizada para la detección de las evidencias. Tanto es así, que la región ha sido tradicionalmente considerada como poco poblada (Taracena 1941: 11) o especialmente sensible a crisis climáticas, como fue el caso del paso de Suboreal al Subatlántico (Jimeno y Fernández Moreno 1992: 96; Romero y Lorrio 2011: 98) que anteriormente se ha mencionado (Fig. 2.3).

La Edad del Bronce se caracteriza por la existencia de pequeños grupos diseminados por el paisaje, a los que tradicionalmente se les ha atribuido una vocación ganadera. Sin embargo, en zonas bien estudiadas de la cuenca del Duero, las evidencias se concentran en entornos fluviales y campiñas (Blanco González 2010a: 369) con una clara orientación agrícola. Esta tendencia también se manifiesta en El Parpantique (Balluncar) y Los Torojones (Morcuera) durante el Bronce Antiguo (Fernández Moreno 2013), o en la aparición recurrente de dientes de hoz en Los Tolmos de Caracena durante el Bronce Medio (Jimeno 1983).

Las evidencias materiales con las que contamos para entender el Bronce Final son escasas en toda la Meseta (ver la síntesis de Blanco González 2018). En el Alto Duero, tan solo se han documentado cinco asentamientos, una necrópolis y varios depósitos de objetos de bronce (Fig. 4.1). Los espacios de hábitat han sido identificados por la presencia de conjuntos de cerámicas excisas y de boquique, características de este periodo (Jimeno y Fernández Moreno 1989: 95-99, 1985; Jimeno 1986; Ortego 1964), documentadas en Santa María (La Riba de Escalote), Fuentelárbol, Castilviejo (Yuba), Los Quintanares (Escobosa de Calatañazor) y El Castro (La Barbolla). En ninguno de los casos se pudieron hacer precisiones sobre el contexto de los materiales o la forma de las estructuras de habitación, ya que los materiales fueron recogidos en superficie salvo el caso de El Castro (La Barbolla), donde A. Jimeno y J.J. Fernández Moreno (1983) realizaron una intervención de urgencia ante la inminente destrucción del sitio, debido a las sucesivas roturaciones. A pesar de registrar abundantes materiales de superficie, no pudieron documentar su estratigrafía por el deteriorado estado de conservación en el que se encotraba el sitio.

Sin embargo, a partir de las prospecciones de la década de los 80, el número de espacios de asentamiento aumentó. Se documentaron varios fragmentos de cerámicas atribuibles a este periodo en el entorno del Cerro de los Castejones (Calatañazor). También, entre los escarpes del terreno, se documentan varios abrigos. En uno de ellos, se registró un vaso globular, realizado a mano y decorado, publicado por G. Delibes y F. Romero (1978) y otro vaso carenado también decorado, del que se duda sobre la procedencia del hallazgo entre la parte superior del cerro u otro de los abrigos (Jimeno 1981). Del mismo modo, en las prospecciones de A.C. Pascual Díez (1991: 29-30) para la elaboración de la Carta Arqueológica de la Zona Centro de Soria, se recogieron tres fragmentos cerámicos fabricados a mano, atribuidos al Bronce Final en el sitio de Los Castejones, y a los pies de éste, junto al antiguo molino, se recogieron varios fragmentos con características similares (Pascual Díez 1991:55).

En la zona del Sistema Ibérico, en el Cerro del Haya (Villar de Maya), se documentaron fondos de cabaña con el piso de arcilla excavados en el manto natural, donde se registró una vaso de cerámica a mano pintado (Pascual y Pascual 1984: 93-95, 112-113, 122-123; Alfaro 2005: 130-133). Igualmente, La Coronilla Negra (Yanguas) evidencia un asentamiento del Hierro I remontable al Bronce Final (Pascual y Pascual 1984: 164-167; Alfaro 2005: 99-100). Asimismo, en la zona segoviana, se han documentado algunas cerámicas en San Julián (Sepúlveda) (Barrio Martín 1989: 290-292). Finalmente, en las revisiones de materiales que hemos llevado a cabo en los fondos del Museo Numantino hemos registrado cerámica excisa en el Castillo Viejo (San Esteban de Gormaz), cerámicas y material lítico en La Poza (Langa de Duero) y por último, varias cerámicas de este periodo en el Altillo de la Casa (Miño de San Esteban) y La Mora (Fuentes de Magaña).

Se ha sugerido que la vida en la Edad del Bronce estaría marcada por una acentuada movilidad estacional que condicionó la cultura material y las formas de vida, lo que habría dado lugar al aprovechamiento de amplios y diversificados territorios, utilizando los recursos más favorables y de acceso más fácil en cada época del año. Debido a ello, el aspecto que presentaban los asentamientos del final de la Edad del Bronce era generalmente el de sitios de reducidas dimensiones, en los que residiría un grupo familiar no muy extenso. Sus miembros compartirían algún tipo de relaciones de parentesco, real o imaginado, y una organización de carácter igualitario, donde algunos miembros del grupo actuarían como líderes o cabecillas.

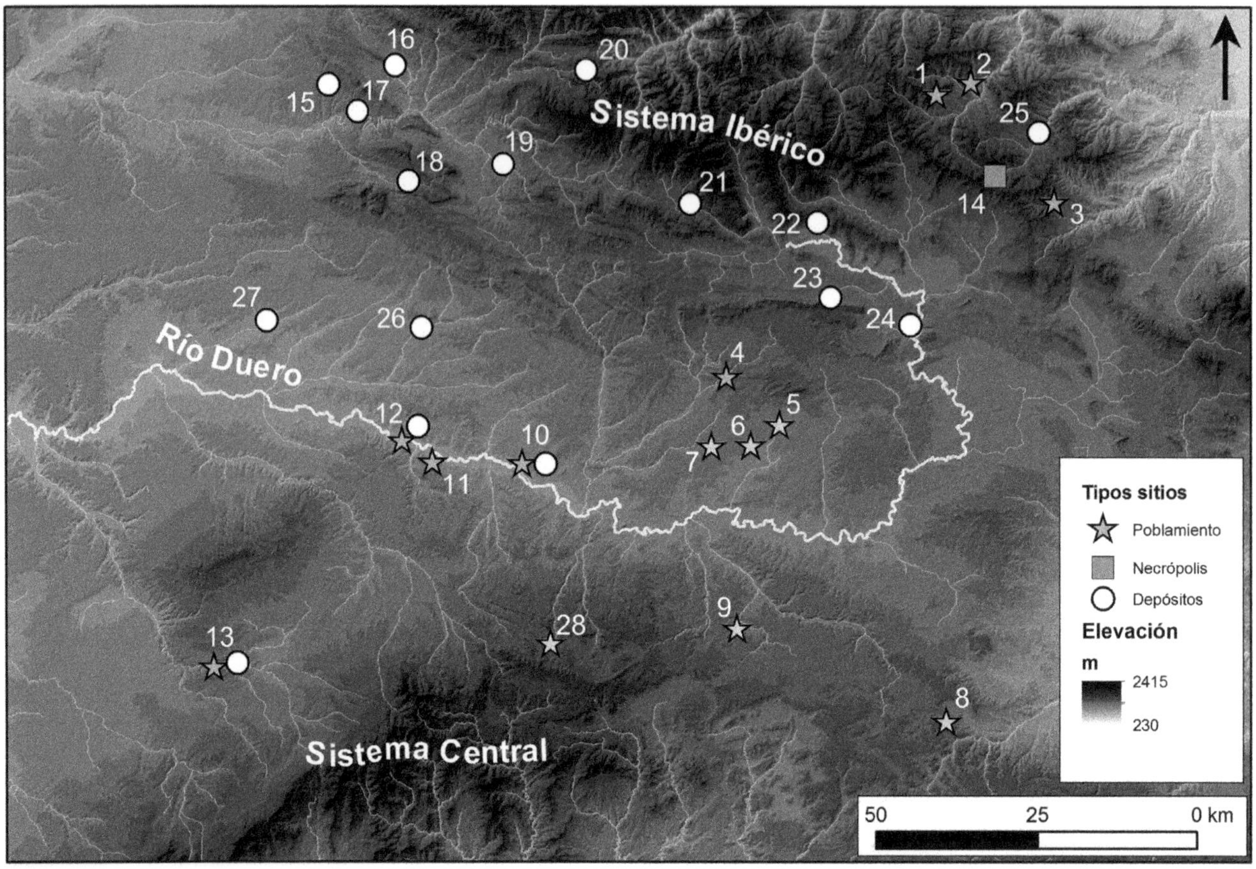

Fig. 4.1: Mapa de distribución de las evidencias del Bronce Final en el Alto Duero. Poblados: 1.- Cerro del Haya (Villar de Maya), 2.- La Coronilla Negra (Yanguas), 3.- La Mora (Fuentes de Magaña), 4.- Calatañazor, 5.- El Castro (La Barbolla), 6.- Fuentelárbol, 7.- Los Quintanares (Escobosa de Calatañazor), 8.- Castilviejo (Yuba), 9.- Santa María (La Riba de Escalote), 10.- Castillo Viejo (San Esteban de Gormaz), 11.- Altillo de la Casa (Miño de San Esteban), 12.- La Poza (Langa de Duero), 13.- San Julián (Sepúlveda), 28.- Carratiermes (Montejo de Tiermes). Necrópolis: 14.- Oncala. Depósitos: 10.- San Esteban de Gormaz, 12.- La Poza (Langa de Duero), 15.- Mecerreyes, 16.- Lara de los Infantes, 17.- Covarrubias, 19.- Castrillo de la Reina, 20.- Huerta de Arriba, 21.- Covaleda, 22.- El Royo, 23.- Ocenilla, 24.- Soria, 25.- San Pedro Manrique, 26.- Coruña del Conde, 27.- Gumiel de Izán.

M.D. Fernández Posse (1998: 121-122) apuntaba que estos cabecillas eran los responsables en la toma de decisiones dentro de los grupos sobre determinados asuntos, como el momento del traslado hacia un nuevo asentamiento o el lugar de destino del mismo, quienes tendrían aptitudes y/o capacidades para adueñarse de un nuevo espacio en nombre de la comunidad. El carácter estacional de la ocupación de estos espacios habría dado lugar a una escasa modificación de los paisajes. Los sitios carecían de la voluntad de perdurar, lo contrario de lo que observaremos en la Edad del Hierro.

En otras regiones, se han documentado estructuras de habitación, realizadas con materiales perecederos, como barro, maderas, pieles o elementos de cestería (Fernández Posse 1998: 113), cuya huella material era muy leve. Esto ha dado lugar a que la precaria conservación de las evidencias y la casi invisibilidad del registro hayan sido relacionadas con una eliminación física e intencional de las cabañas de los sitios, a modo de muerte metafórica cuando se abandonan los enclaves (Blanco González 2010b: 160-161).

En lo referente a las evidencias de enterramiento, tan solo conocemos el caso de la necrópolis de San Pedro de Oncala (Tabernero *et al.* 2010: 391-395), donde por primera vez se registra el ritual de la cremación. En ella, se documentaron 22 tumbas en fosa que estaban señalizadas, en algunos casos, por estelas y cuyos escuetos ajuares estaban formados por lascas de sílex, una anilla de bronce y varios fragmentos cerámicos. Ante la escasa evidencia material, en el área del valle, tan solo se pudo documentar una única evidencia funeraria durante el Bronce Medio que era un triple enterramiento en un fondo de cabaña en Los Tolmos de Caracena (Jimeno 1983). Estudios de paleogénica (Esparza *et al.* 2017) han determinado que dichas inhumaciones corresponden a una mujer de entre 30 y 40 años, otra mujer de entre 20-25 años y un individuo perinatal femenino de entre 37-39 semanas de gestación. No se pudo determinar si el fallecimiento del perinatal tuvo lugar antes, durante o después del parto, junto con el de la mujer más jóven. Además de refutar la anterior interpretación sobre el sexo de los individuos (considerados como un hombre, una mujer y un feto), dichos análisis arrojaron luz sobre el parentesco de las tres mujeres. La mujer adulta más jóven y la perinatal compartía un vínculo madre e hija, mientras que la mujer más mayor no compartía filiación alguna por la línea de la madre, aunque los investigadores no descartaban que pudiesen compartir una filiación patrilineal (Esparza *et al.* 2017: 236).

Por último, los depósitos de objetos metálicos son el testimonio material más abundante de este periodo (Tabla 4). Han sido entendidos como el resultado de ocultaciones de objetos valiosos aislados en el paisaje, cuyos significados aún no hemos sido capaces de desentrañar. En el Alto Duero, los depósitos están formados por diversas combinaciones de hachas, armas o elementos de adorno y en su mayoría registrados como hallazgos casuales carentes de contextos arqueológicos. Tan solo contamos con información sobre el caso del conjunto de Salas de los Infantes, documentado en la cimentación de una fábrica al sur del pueblo a una profundidad de 2,70 m de la superficie, cercano a la confluencia de los ríos Arlanza y Ciruelos, y bajo un villa romana de los siglos II-III (Delibes y Fernández Manzano 1986: 10). También un hacha registrada en La Cuesta del Moro (Langa de Duero), junto a cinco denarios ibéricos que ha sido interpretada como una reliquia (Monteagudo 1977; Mederos 1997: 118).

Los materiales de algunos conjuntos carecen de coherencia cronológica como es el caso de los depósitos de Salas de los Infantes, Coruña del Conde o Padilla de Abajo. Junto a los modelos propios del Bronce Final -como son las hachas de talón con anillas, hachas de apéndices laterales, *palstave*, lanzas de enmangue tubular, brazaletes, punta Palmela-, aparecen hachas planas que han sido atribuidas a cronologías anteriores (Delibes y Fernández Manzano 1986: 10-12), mientras que conjuntos como los de Covaleda, Huerta de Arriba o Cabañas de Juarros presentan una atribución clara a este periodo (Fig. 4.2).

El depósito de Ocenilla es quizá el más problemático de la zona. En la bibliografía, numerosos autores lo han tenido en consideración en las distribuciones de depósitos del Bronce Final (Almagro Basch 1940; Ruíz-Gálvez 1984; Fernández Manzano 1986; Hernando Grande 1992). Sin embargo, debemos ponerlo en cuarentena, porque B. Taracena en su Carta Arqueológica (1941: 11) alertaba que los materiales no procedían del sitio de Ocenilla y J.J. Fernández Moreno (1988: 36) cuenta el amplio bagaje de estas piezas, dadas a conocer por M. Almagro Bach y depositadas en el Museo Numantino de Soria por S. Gómez Santa-Cruz. También, recopila los análisis metalográficos (Fernández Moreno 1988: 38-42) realizados a los conjuntos de Beratón, Covaleda y Ocenilla, cuyas analíticas atestiguan cierta similitud en la composición entre los ejemplares de Beratón y Covaleda, e incluso relacionan un origen de la materia prima próximo, si no compartido.

J. Fernández Manzano (1986: 39-41) relacionó tipológicamente los materiales del Alto Duero con los

Tabla 4: Relación de materiales de los depósitos (a partir de Fernández Manzano 1986; Fernández Moreno 1988; Hernando Grande 1992 y Monteagudo 1977: 139, 828).

Localización	Materiales
Beratón	Hacha de talón
Lara de los Infantes	Lanza
Gumiel de Izán	Regatón / hacha de apéndices
Coruña del Conde	4 regatones / 2 hachas de apéndices / 2 hachas planas
Castrillo de la Reina	Lanza
Covarrubias	Hacha de apéndices
Huerta de Arriba	3 puñales / lanza / 3 hachas de talón / 2 brazaletes / lezna / 3 navajas / 2 calderos
Covaleda	Regatón / 3 hachas de talón / hacha de apéndices
Langa de Duero	Hacha de apéndices laterales
San Esteban de Gormaz	Hacha de talón
San Pedro Manrique	Hacha de talón
Sepúlveda	Hacha de talón
Segovia	Arma pistiliforme
Segovia	Lanza
Mecerreyes	Lanza
Silos	Lanza
Ocenilla	Lanza / arma de lengua de carpa
Soria	Lanza
Segovia	Lanza
Silos	Fíbulas de codo
Provincia de Burgos	Fíbulas de codo
El Royo	Hacha de apéndices laterales
Layna	2 puntas foliformes / punta de flecha con pedúnculo y aletas

tipos del noroeste francés que podrían haber llegado a la zona mediante intercambios comerciales por vía marítima, aunque tampoco descarta que pudiesen corresponder con los primeros ejemplares fundidos en la Península Ibérica. Sin embargo, la composición del conjunto de Ocenilla no presentaba relación con los anteriores, ni tampoco con los materiales del depósito de la Ría de Huelva que había estudiado S. Rovira (1995: 40) en su estudio arqueometalúrgico sobre los materiales del Museo Arqueológico Nacional. Por ello, a la luz de los

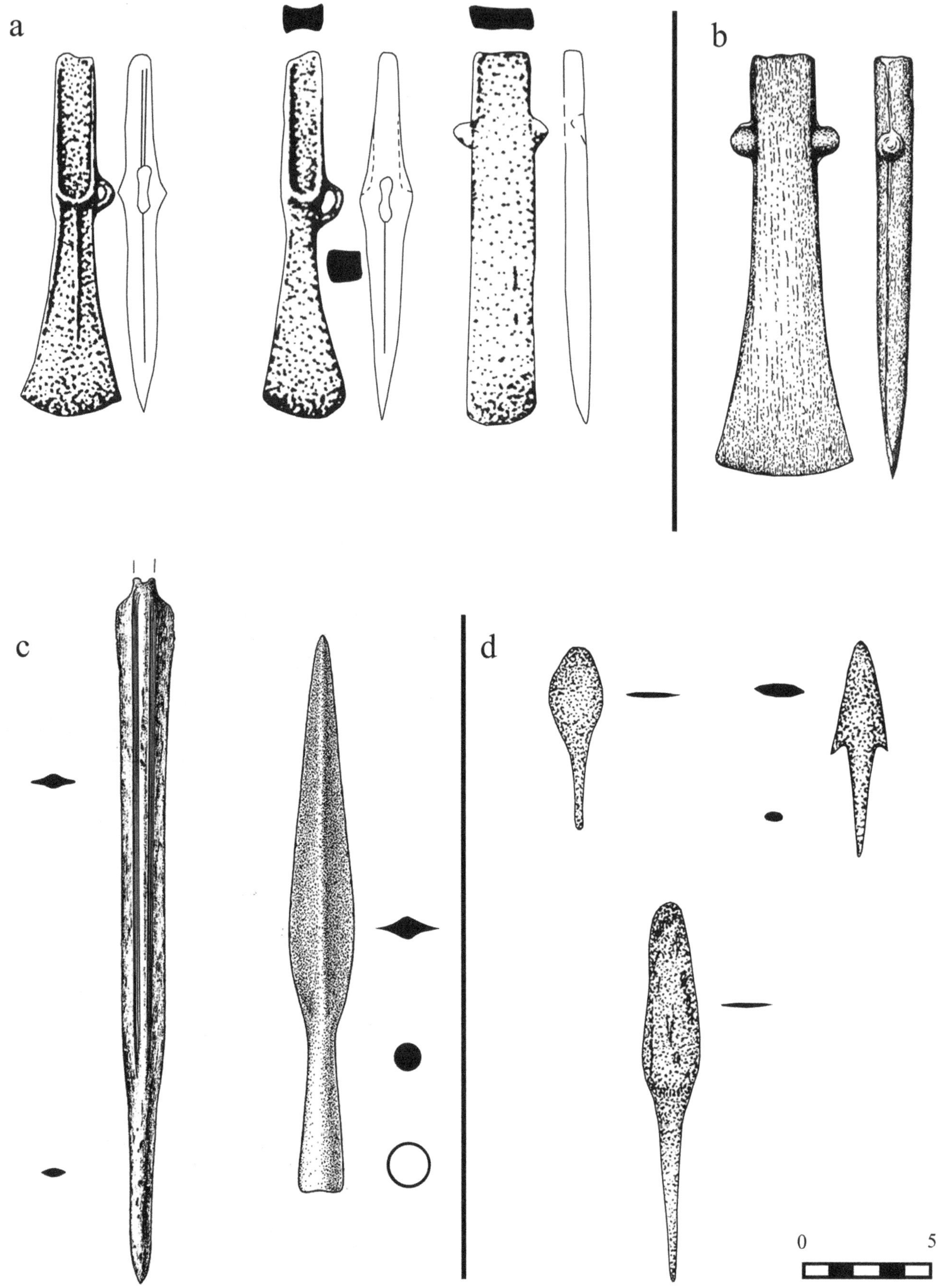

Fig. 4.2: Materiales de los depósitos: a.- Covaleda (a partir de Hernando Grande 1992: Fig. 27-29). b.- El Royo (a partir de Fernández Moreno 1988: Fig. 2). c.- Ocenilla (a partir de Fernández Manzano 1986: Fig. 31). d.- Layna (a partir de Hernando Grande 1992: Fig. 32-34).

datos actuales, parece que poco podemos decir sobre la procedencia de los materiales de Ocenilla, tan solo que su composición no presenta relación con ejemplares cercanos, ni en tiempo, ni en espacio.

Sobre la funcionalidad de los objetos almacenados en los depósitos, se ha especulado especialmente sobre las hachas, ya que llama poderosamente la atención que estas ocultaciones aparezcan en las zonas de montaña, tradicionalmente boscosas, y no son frecuentes en las zonas de las vegas, más propensas a la explotación agrícola. Por ello, estos objetos se han relacionado con el aprovechamiento de los bosques (Jimeno y Fernández Moreno 1992: 96).

Estudios etnoarqueológicos, llevados a cabo en el continente africano, documentaron diferentes actividades dependiendo del tipo y la forma de las hachas. Así, las hachas planas, más típicas de los momentos iniciales de la Edad del Bronce, son propias de grupos que practican la agricultura de tala y quema, mientras que las hachas de enmangue tubular, propias del Bronce Final, son utilizadas por comunidades con una agricultura más compleja que les permite una deforestación más intensa y la labranza de campos con mayor extensión de modo permanente. Según A. González Ruibal (2006-2007: 87), las hachas de tubo tendrían un uso más versátil que las hachas planas, ya que además de la tala, permitiría el trabajo de la madera y el escarbado. En el Alto Duero, los tipos de hachas documentadas son planas y, por tanto, según este estudio podríamos relacionarlas con la explotación de los bosques y la práctica de la agricultura de tala y quema.

Las interpretaciones que se han dado sobre la ocultación de estos depósitos de objetos metálicos son variadas. Al carecer en el Alto Duero de contextos arqueológicos claros y de un registro amplio, no nos permite sino trasladar algunas de las lecturas que se han hecho en otras regiones. Explicaciones de tipo funcional los entiende como "depósitos de fundidor", donde la aparición de piezas más modernas y más antiguas son meros *stocks* de bronce para volver a fundir. Mientras, otras interpretaciones presentan cierto cariz social y los interpretan como acumulaciones intencionales de riqueza o destrucciones conspicuas de la misma por parte de unas élites como mecanismo para acumular poder y controlar la economía. Finalmente, desde el ámbito de lo ritual, serían depósitos votivos u ofrendas a los dioses.

En definitiva, el panorama que se esboza en el Alto Duero en la antesala de la Edad del Hierro es el de grupos reducidos que pueblan el paisaje de forma más o menos estacional, dejando una leve huella en el mismo, en el que a pesar de la sutileza de las evidencias podemos observar ciertas tradiciones regionales diferenciadas entre: las zonas de montaña donde se ubica el único cementerio de cremación del periodo y los depósitos de objetos de bronce, y los valles con las evidencias más claras de asentamiento. Estas dualidades materiales se verán enfatizadas a lo largo del primer milenio a.n.e.

4.2. Hacia dónde vamos... la Edad del Hierro

Los momentos de grandes transformaciones siempre son los más complejos de tratar, ya que no siempre contamos con la resolución de datos que necesitamos para entenderlos. En el Alto Duero, la transición de las comunidades de la Edad del Bronce al Hierro es difícil de detallar debido a la escasez de datos. En términos generales, se han atribuido una serie de cambios tecnológicos, económicos y sociales.

Las mejoras técnicas más destacadas vienen de la mano de la generalización del hierro como materia prima para la elaboración de herramientas, utensilios y armas, y grandes avances de la tecnología agrícola, tales como la introducción de las herramientas de hierro, el arado ligero, el policultivo mediterráneo, la rotación de cultivos de cereal-leguminosas o los abonos que posibilitaron la explotación de nuevas tierras y mejorar la fertilidad de las mismas (Ruiz-Gálvez 1992; Álvarez Sanchís 2005). La expansión del cultivo del haba (*Vicia faba)*, cuya difusión se relaciona con la rotación de cultivos y el aumento de la fertilidad de los suelos (Duke 1987: 275-277), así como la expansión de los bosques de hayas (*Fagus sylvatica*), ligados a las alteraciones del terreno debido a la intensificación de las actividades agrícolas o ganaderas (Blanco González y López Sáez 2013: 108-109) que indican cambios en la concepción y explotación del paisaje que rodea a las comunidades.

Las nuevas tecnologías posibilitaron la intensificación de las labores productivas, permitiendo reducir la movilidad y dando lugar a la construcción de asentamientos estables, no estacionales, edificados con la voluntad de albergar a la comunidad durante todo el año. El incremento de la producción favoreció un aumento demográfico, reflejado en la proliferación del número de sitios, mientras el cambio en los patrones de subsistencia promovió la búsqueda de nuevas soluciones para la conservación de los alimentos. M.L. Ruiz-Gálvez (1992: 229) advirtió la importancia de la explotación de recursos como la sal, que permitió la conservación duradera de los alimentos, por lo que su control se convirtió en un recurso estratégico para las comunidades. Buena prueba de ello, la encontramos en Centroeuropa con el poderío de los miembros de la comunidad que controlaban las minas de sal de la Cultura de Hallstatt.

Esta paulatina sedentarización cambió profundamente la forma de entender el paisaje de las comunidades. Por primera vez, encontramos ocupaciones reiteradas de un mismo enclave prolongadas en el tiempo durante generaciones, donde se erigen estructuras construidas con materiales pensados para perdurar, y registramos remodelaciones y labores de mantenimiento. También, aparecen elementos de reclamo de la tierra como son las necrópolis, ligadas a las genealogías, a la transmisión de derechos y a la propiedad. Así, como un énfasis en la construcción de fronteras, fruto de las transformaciones en la filiación y tenencia de la tierra. La tierra era una propiedad inmueble, cuyos derechos fueron transmitidos por herencia (Ruiz-Gálvez 1992; Blanco González 2010b), lo que la convertirá en el centro del conflicto (Sharples 1991: 84) y fuente del poder a lo largo de la Edad del Hierro, influyendo en el modo de construcción de las narrativas sociales y condicionando las relaciones entre los vivos y los muertos.

En regiones como el noroeste peninsular (Fernández Posse 1998; González Ruibal 2006-2007; Marín 2011), con el inicio de la Edad del Hierro se observan cambios sociales e ideológicos muy marcados, especialmente materializados en un cambio en las estrategias de poder. La desigualdad social visible, exhibida por unas élites mediante determinadas prácticas y tecnologías del cuerpo, se transforma en un énfasis de lo comunal y una ocultación de las diferencias.

Desafortunadamente, el registro material del Alto Duero durante el Bronce Final es escaso para poder llevar a cabo una sólida comparación entre ambos momentos. Sin embargo, nos permite apreciar unos mecanismos similares a los descritos en otras regiones, ya que durante la Edad del Bronce no encontramos énfasis en elementos comunes que pudiesen representar al conjunto de la comunidad, sino objetos singulares de bronce, los cuales mediante su destrucción, ocultación u ofrenda permitirían a sus poseedores partipar de los mecanismos del poder.

La Edad del Hierro va a estar nuevamente marcada por la diversidad, tal y como señalaban G. Ruiz Zapatero y J. Álvarez Sanchís (2015: 222). Estas comunidades un mosaico heterogéneo y diverso con un cierto barniz de similitud fruto de los procesos generales. Por ello, en los próximos apartados, vamos a profundizar en las particularidades, generalidades y diferencias en el Alto Duero que nos ayuden a entender mejor los significados sociales y culturales que supuso este periodo.

4.3. Paisajes fragmentados

La generalización de la tecnología del hierro en toda la región y los cambios ligados a la subsistencia, a los recursos y a las potencialidades de los usos del suelo, derivadas de la fluctuación climática que dio paso al Subatlántico, provocaron una reestructuración del modelo de poblamiento. Los paisajes resultantes estuvieron poblados por un rosario de pequeñas aldeas, situadas en localizaciones destacadas sobre su entorno, rodeadas por un paisaje arbolado, poco denso en las inmediaciones de las mismas debido al acondicionamiento de las tierras para las roturaciones de una agricultura cerealista, especializada en trigo, avena y cebada (Delibes *et al.* 1995; Romero *et al.* 2008: 665-669; Ruiz Zapatero y Álvarez Sanchís 2015). Con el fin de aproximarnos a las gentes que construyeron y vivieron en esas aldeas, hemos de profundizar en la materialidad de los paisajes, entendiendo las relaciones que se establecen entre personas-paisajes. Para ello, en los siguientes apartados vamos a analizar los aspectos más físicos de las localizaciones de los asentamientos y sus alrededores que son, hasta la fecha, las evidencias arqueológicas de las que disponemos de una mayor documentación para tratar esta escala.

4.3.1. Construyendo paisaje

En primer lugar, vamos a detenernos en uno de los aspectos más físicos del paisaje: los enclaves sobre los que se construyeron los asentamientos. Estos han sido clasificados a partir de la forma del relieve, utilizando la metodología propuesta por A. Weiss (2001) que se describió previamente. El primero de los resultados que aportaba este método ha sido la atribución de cada uno de los sitios a una de las diez formas del relieve que se recogían en la Tabla 1.

De este modo, las localizaciones favoritas para construir los espacios de hábitat durante la primera Edad del Hierro fueron sitios en altura, especialmente sobre aquellas formas relacionadas con cimas de montaña o crestas en altura (clase nº 10), ya que suponen el 50,8% de los sitios elegidos. La siguiente clase en importancia fueron las mesetas en altura (nº 7) con un 22,4% del total, las crestas a media pendiente o colinas en llano (nº 9) con un 14.6% y, por último, un minoritario 7,75% de los sitios se encuentran en entornos llanos (nº 5). Tal y como muestra la Fig. 4.3, observamos como alrededor del 80% de los asentamientos se encuentran en localizaciones elevadas sobre sus entornos, lo que podríamos relacionar con las condiciones climáticas e hidrográficas que se han atribuido a la primera Edad del Hierro, debido al aumento de la humedad, la proliferación de zonas encharcables y el aumento del caudal de los ríos.

En lo referente a los paisajes sobre los que se construyen los sitios, los resultados del k-medias y los componentes principales revelan que el componente principal (PC) 1 y el PC2 engloban el 76.1% de la varianza explicada como observábamos en la Tabla 3. Derivado del análisis de los autovectores, las formas del relieve 1, 5, 6 y 7 tienen un peso notorio en la formación de las clases respecto al PC1, mientras que las clases 4 y 10 parecen significativas para describir la variabilidad del PC2.

El resultado de los análisis muestra tres tipos o unidades del paisaje bien distinguidas con un similar número de casos, que aparecen representados en la Fig. 4.4 como Grupo 1 (G1), G2 y G3. El G1 engloba 37 sitios y está relacionado con las estribaciones del Sistema Ibérico -la Sierra Cebollera, la de los Montes Claros, la de Alba o la de Neila- y las alturas intermedias y sierras secundarias entre el Sistema Ibérico y el Sistema Central. Los sitios se elevan sobre terrenos desiguales y escarpados con bruscas diferencias de altitud, combinando valles encajados con elevadas montañas. En el otro extremo del gráfico del PCA (Fig. 4.4a) encontramos al G3 que incluye 44 sitios y está estrechamente relacionado con la clase 5 y los entornos planos. Por lo general, se corresponden con localizaciones destacadas en zonas más o menos onduladas, correspondiendo con cerros aislados y prominentes. Finalmente y en la parte central, el G2

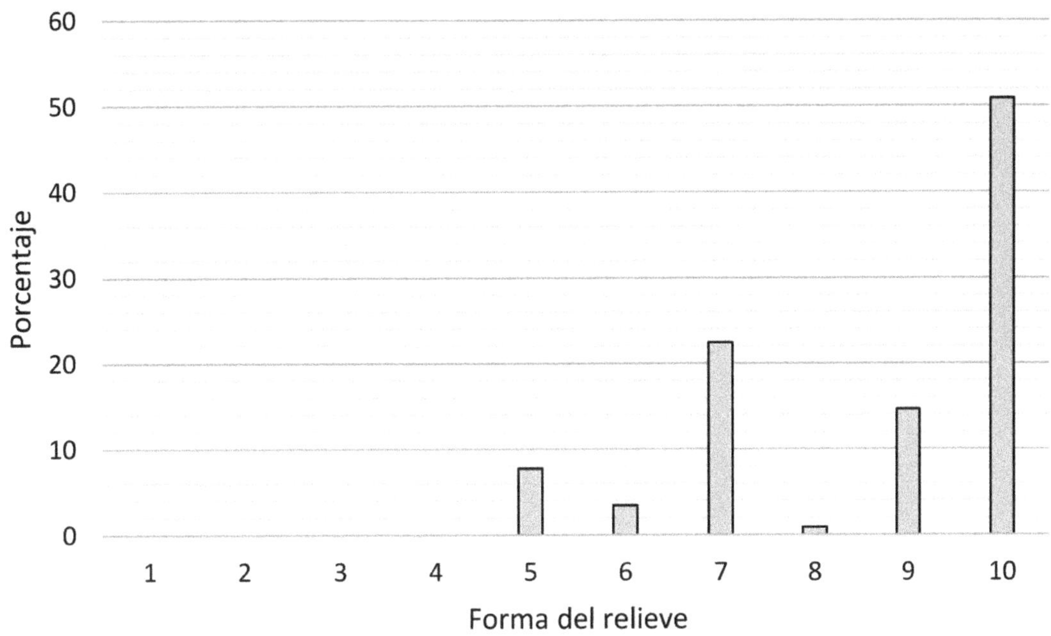

Fig. 4.3: Porcentajes del número de sitios por forma del relieve. Las clases son las establecidas en la Tabla 1.

agrupa también 37 sitios, relacionados con los espacios de transición entre los dos grupos anteriores, situados sobre estribaciones secundarias.

Mediante las agrupaciones, podemos observar una dicotomía de poblamiento entre los enclaves ubicados en las zonas montañosas y los asentamientos en los valles. Esta dualidad ya fue señalada por M. Revilla y A. Jimeno (1986-1987) en su trabajo sobre cuatro sitios abiertos, situados en la zona del valle del Duero -en el entorno de Almazán-, donde advirtieron una serie de diferencias geográficas, culturales y económicas con los asentamientos de la vertiente montañosa. De este modo, poniendo el acento en las formas del relieve y expandiendo los límites a toda el área del Alto Duero, observamos como esa dualidad se mantiene a lo largo de toda la región natural.

El estudio de los asentamientos de la primera Edad del Hierro en nuestra zona ha estado protagonizado por los sistemas defensivos que han marcado la agenda investigadora (*e.g.* Taracena 1933, 1954; Fernández Miranda 1972; Romero 1991; Romero and Lorrio 2011; Bachiller 1987; Lorrio 2005). El G1 es el grupo que engloba la mayor parte de los asentamientos con estructuras defensivas, un 86,5% de estos sitios están fortificados. Entre ellos, cabe destacar los asentamientos de la denominada como "Cultura de los Castros Sorianos", que hace referencia a un conjunto específico de sitios que se localizan en la vertiente sur del Sistema Ibérico orientada hacia el valle del Duero y que presentan los sistemas defensivos más complejos y variados de toda la zona de estudio. Estos estaban compuestos por la combinación de murallas, fosos, torres y/o campos de piedras hincadas.

Dentro del G1, tan solo están exentos de algún tipo de elemento defensivo artificial, aquellos directamente relacionados con un asentamiento fortificado en términos de distancia y relación visual como son: El Castillo del Avieco (Molinos de Razón), La Coronilla Negra (Yanguas) y Valdegén (Villaseca Bajera), en los que aparecen cerámicas a mano correspondientes a vajilla doméstica y de almacenamiento, y además seis molinos barquiformes en el caso del Valdegén (Romero 1991: 114-115; Alfaro 2005: 153-154, 164-167; Pascual y Pascual 1984: 99-100). Tampoco presentan defensas El Castillo (Vea) o Socastillo (Vea), sitios encajados en el cauce del río Linares, donde tan solo se han recogido un escaso número de materiales y no cuentan con ningún tipo de elementos constructivos (Alfaro 2005: 119-121; 126-128). Estos sitios podrían corresponderse con enclaves subordinados de los sitios fortificados que podrían relacionarse con un aumento de la población y/o la necesidad de una explotación más eficiente de los recursos.

En contraposición, los enclaves del G2 son sitios abiertos que no presentan estructuras defensivas, ni ningún elemento de delimitación del asentamiento, al menos a la luz de los datos actuales. En este sentido, cabe destacar varios tramos de fosa documentados en el sitio de Numancia. Estas habrían servido de cimiento para empalizadas temporales, construidas a partir de entramados vegetales manteados con barro, y en cuyo interior se registraron cerámicas que se relacionaron con la cultura de Cogotas y aportaciones del valle del Ebro con fechas de 840±50 a.n.e. Estos vallados delimitarían, y posiblemente protegerían, asentamientos temporales de los grupos que frecuentaron el enclave a finales de la Edad del Bronce e inicios de la Edad del Hierro. Finalmente, entre los dos grupos representados en los extremos del gráfico, el G3 reúne características de ambos, agrupando aquellos asentamientos que se encuentran a caballo entre las zonas montañosas y los valles del Duero o sus

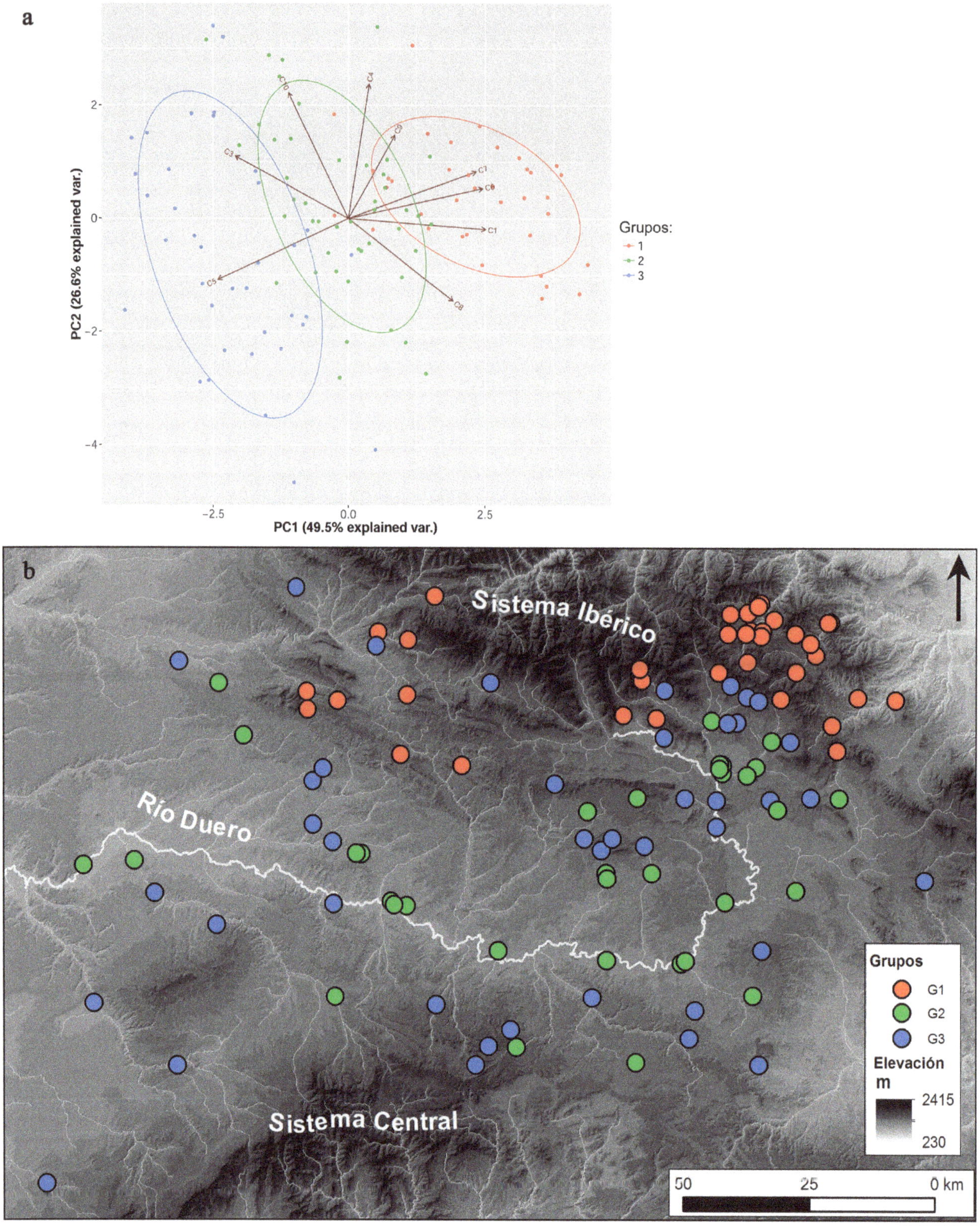

Fig. 4.4: Análisis del paisaje: a. gráfico de dispersión que representa la proyección de los casos (n = 116) sobre los dos primeros componentes y los grupos del k-medias. b. mapa de distribución de los tipos de unidades del paisaje para la primera Edad del Hierro.

afluentes, generalmente en las cabeceras de los tributarios del Duero.

Observamos, así, como se perfilan al menos dos grupos bien diferenciados en lo que a la elección de los enclaves se refiere. Estos podrían dividirse *grosso modo* entre las zonas montañosas y los valles. Al extender los límites del análisis de los asentamientos a toda la región, y no solo al área tradicional de los estudios, esa dualidad se mantiene tanto en las unidades del paisaje que habitan como en el tipo de lugares sobre los que se erigen los asentamientos.

A partir de estos datos, vamos a profundizar en las diferencias regionales que se perciben en el seno de las agrupaciones y que han podido ser esbozadas desde la configuración del poblamiento. Esta diferencia de actitud ante el paisaje dependería tanto de las características sociales y culturales de los grupos humanos que las diseñaron, como de los rasgos físicos naturales de los entornos, estableciéndose así una relación bidireccional entre lo creado y los creadores, y las características inherentes de ambos.

Al inicio del capítulo, hacíamos referencia a la creciente importancia de la tierra y los recursos que permitían la sostenibilidad de las comunidades y cómo se habían convertido en fuentes de riqueza transmitidas durante generaciones por los sistemas de herencia. En los próximos apartados, ahondaremos en el uso que estas comunidades hicieron del paisaje y las diferencias en las dos regiones que hemos advertido a través de la localización de los asentamientos: las comunidades de las zonas montañosas y las de los valles, y así profundizar en las diversas materializaciones y significados que encierran los paisajes.

4.3.2. Los asentamientos y los sistemas defensivos

A inicios de la primera Edad del Hierro, y por primera vez, es el paisaje de los vivos el que se monumentaliza. Se construyen grandes obras para el beneficio de toda la comunidad, se apropian físicamente del espacio y reivindican una tierras de explotación, y no solo para conmemorar a antepasados o dioses (Cunliffe 2013: 251). A lo largo de este primer milenio a.n.e., se advierte un énfasis en la creación de fronteras, tendencia bien observada en otras regiones de Europa como la comarca de Yorkshire (Reino Unido), donde la fragmentación de los paisajes mediante la construcción de zanjas o empalizadas, se observa desde la Edad del Bronce. En la Península Ibérica, los elementos delimitadores que se han conservado son tan solo las fortificaciones en torno a los sitios, siempre y cuando estuviesen construidas con materiales no perecederos como la piedra, quedando invisibles posibles empalizadas de madera u otras delimitaciones de materiales orgánicos que se han perdido debido las adversas características de los suelos y condiciones climáticas para su preservación.

Los asentamientos de las zonas de montaña son los que presentan un énfasis más claro en sus límites. Son sitios de pequeñas dimensiones, construidos sobre localizaciones que han sido calificadas de estratégicas por erigirse sobre relieves elevados fácilmente defendibles. La mayoría de ellos presenta estructuras defensivas donde el elemento más recurrente son las murallas, cuya presencia se extiende por todo el Alto Duero, independientemente de la variabilidad regional en el seno de este grupo. Dichas fortificaciones cierran un único recinto y tan solo guardan los flancos más vulnerables y accesibles de los asentamientos, aprovechando los escarpes naturales.

Como advertíamos anteriormente y a tenor de los límites de los sitios, la principal protagonista en la investigación de la región ha sido la denominada por Blas Taracena como "Cultura de los Castros Sorianos" (Taracena 1933; Romero 1991; Bachiller 1987; Alfaro 2005). Esta hace referencia a un conjunto de asentamientos que se localizan en la vertiente del Sistema Ibérico orientada hacia el valle del Duero y se caracteriza por sus particulares y complejas defensas, a partir de murallas, fosos, torres y/o campos de piedras hincadas. Esta combinación de elementos no parece responder a ningún patrón locacional, formal o estructural, sino más bien a cuestiones económicas, sociales o culturales de sus constructores.

En la Fig. 4.5, se observa como las murallas se extienden por la mayor parte de los asentamientos de la región de las montañas y algunos de los asentamiento de los valles. Su forma y características siempre están condicionadas por la disposición y la forma del relieve sobre la que se levanta. Sus dimensiones varían entre los 2,5 m y 6,5 m de potencia, para las que se estiman una altura aproximada de 4 m (Romero y Lorrio 2011: 109). Se construyeron a partir de piedra local, de pequeño o mediano tamaño, sin carear y en seco, aunque destacan algunos casos aislados donde se documentaron elementos de trabazón como en El Castillejo (Castilfrío de la Sierra) y El Castellar (San Felices) (Romero 1991: 203).

Los fosos aparecen en la región que podemos considerar nuclear en términos de mayor número de combinaciones de elementos defensivos, aunque también existen algunos ejemplos en la periferia, como es el caso de El Alto del Arenal (San Leonardo) en la Sierra de Cabrejas (Romero 1991: 109-111; Benito *et al.* 2006: 84-85). Generalmente, los fosos preceden a murallas como en La Coronilla del Río Masas (Yangüas), o a torres como El Castillo (Aldeacardo), o una combinación de estructuras defensivas a partir de muralla, foso y torre como en Los Castillejos (Villar de Maya), Peñas de los Moros (Vizmanos) o El Castillejo (Valloria). Aunque también se documentan intercalados con campos de piedras hincadas como en El Castellar (Taniñe), Los Castellares (San Pedro Manrique), El Castillejo (Castilfrío de la Sierra) y El Castillejo (Hinojosa de la Sierra). Estas combinaciones de elementos defensivos han dado lugar a que los fosos hayan sido considerados como las canteras de abastecimiento de piedra para la construcción de murallas, torres o piedras hincadas, llegando en algunos casos al punto de negar la intencionalidad constructiva de los mismos, así como su función defensiva (Bachiller 2008). Sin embargo, cabe señalar la existencia de algunos sitios que tan solo presentan fosos aislados, como es el caso de El Molino (Bretún), El Campillo (Villaseca Somera) o El Castillo (San Pedro Manrique). En estos lugares parece que los fosos se construyeron con la clara intencionalidad de enfatizar y delimitar artificialmente el espacio de hábitat de la comunidad, modificando la forma natural de puntales o espigones fluviales, creando cerros aislados artificiales (Fig. 4.6).

En algunos enclaves concretos se ha documentado la existencia de sólidas y compactas torres, bastiones o

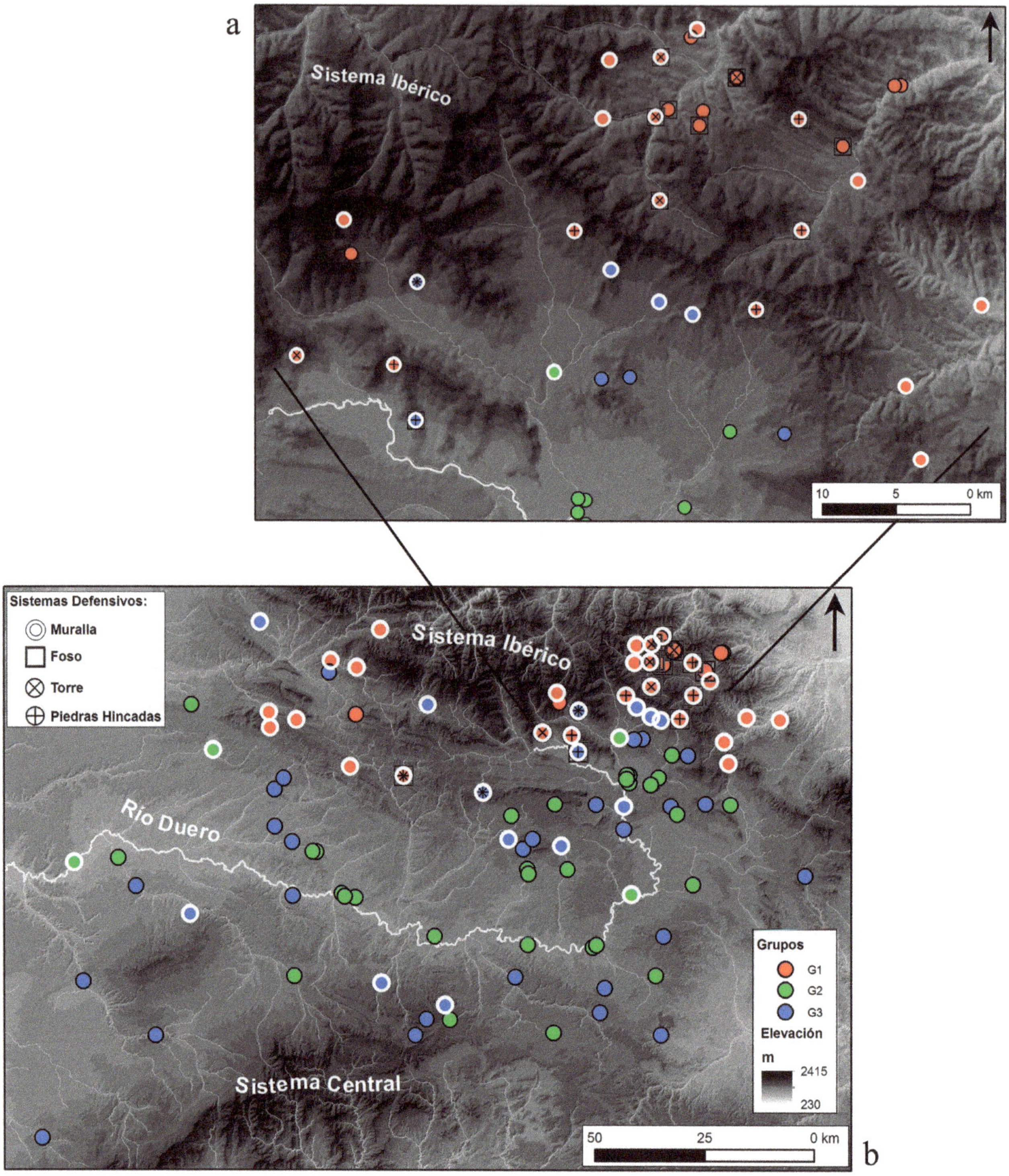

Fig. 4.5: Mapa de la combinación de elementos defensivos: a. elementos defensivos de la llamada "Cultura de los Castros Sorianos". b. mapa general del Alto Duero con los grupos resultantes de la clasificación y los elementos defensivos.

tramos de muralla reforzados, relacionados con labores de vigilancia (Romero 1991: 206). Este tipo de estructuras presenta grandes dificultades para su diferenciación y delimitación, debido a los extensos derrumbes que acompañan a estas estructuras. Un caso significativo es el de El Castillo de la Virgen de El Royo que presenta, en la parte noreste de la muralla, un engrosamiento sobre el que se ha sugerido la posible existencia de una torre o puesto de vigilancia (Eiroa 1979a; Romero 1991: 94-101). No obstante, el principal referente en relación con las torres es El Castillo de las Espinillas (Valdeavellano de Tera) que presenta cinco torres semicirculares adosadas a la muralla por el exterior, construidas con la misma técnica que la muralla (Ruiz Zapatero 1977) (Fig. 4.7).

Por último, los campos de piedras hincadas presentan unas dimensiones de entre 5 y 20 m de ancho y, generalmente, se sitúan a continuación de la muralla, donde queda un espacio vacío o un foso. Este tipo de construcciones son aún hoy controvertidas, ya que aparecen en diferentes marcos culturales, espaciales y temporales sin relación aparente entre ellos. Las reflexiones que se han sucedido sobre este fenómeno son numerosas (*e.g.* Hogg 1957; Harbison 1968; Alonso *et al.* 2003; Romero 2003; Ruiz Zapatero 2003; Quesada 2003; Berrocal y Moret 2007). Entre ellas, podemos destacar las ideas de L. Berrocal y P. Moret (2007: 24) quienes los han considerado como "un elemento multifuncional de carácter defensivo genérico", ya que aparecen en regiones concretas a lo largo de la Europa atlántica, con similares elementos formales y en momentos cronológicos bien diferenciados, por lo que no pueden ser considerados como un indicador que refleje unas relaciones culturales o demográficas directas. Tradicionalmente, han sido entendidos como elementos diseñados para impedir los ataques de la caballería, pero, tal y como afirman F. Romero y A. Lorrio (2011: 111-112), la mayor parte de los investigadores hoy discrepa de esa interpretación, ya que en las fechas que tratamos es difícil hablar de una autentica caballería organizada, por lo que generalmente se relacionan con la defensa de ataques de infantería.

En otros lugares de la Península y Europa en los que se registran evidencias similares, se ha interpretado en otras claves en las últimos décadas. En Els Vilars (Arbeca), se aprecia como estas estructuras pétreas obedecen a la intencionalidad de enfatizar las murallas (G.I.P. 2003: 238), mientras que en Las Peñas de Aroche (Huelva) las piedras hincadas se han entendido como una forma de guiar la entrada y salida del asentamiento (Berrocal 2004: 57-59). Similar ha sido la interpretación de J. Henderson (2007: 139) para los *hillforts* de Escocia, donde los reivindica como elementos para dirigir e impresionar al observador más que impedir su paso.

A este respecto, observamos como la localización de las puertas de acceso a los asentamientos son clave para inclinar nuestra interpretación. Generalmente, tenemos enormes problemas a la hora de localizar dichos accesos, debido a los masivos derrumbes de las murallas y a las características constructivas de las puertas, que son tan solo meras interrupciones en la muralla o un espacio angosto entre dicha muralla y el escarpe natural, como

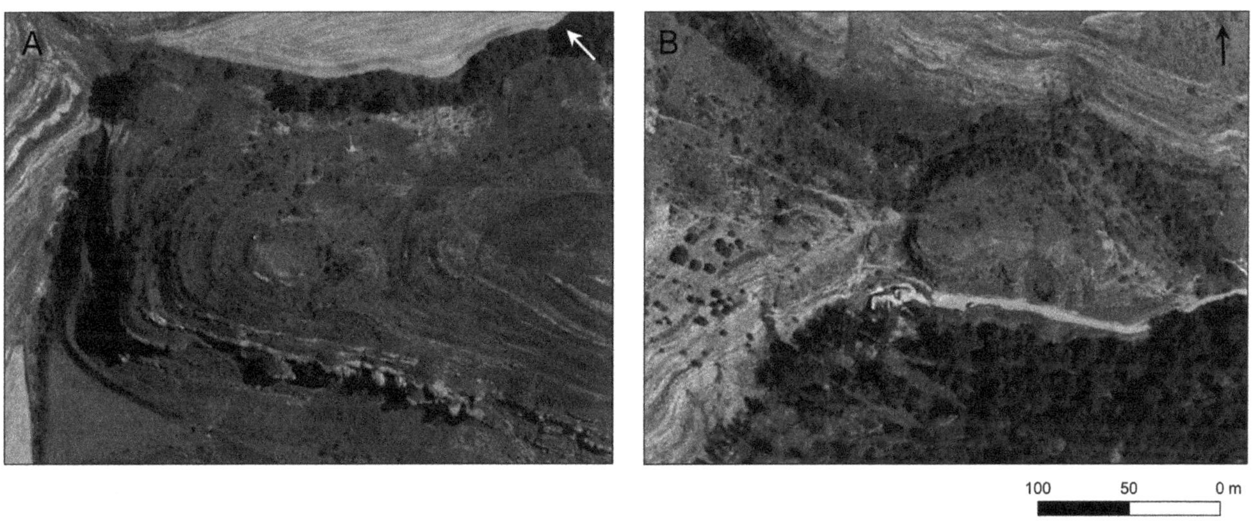

Fig. 4.6: Asentamientos que solo presentan fosos: A.- El Campillo (Villaseca Somera). B.- El Molino (Bretún). Imágenes del Plan Nacional de Ortofotografía Aérea 2016 del Instituto Geográfico Nacional http://www.ign.es

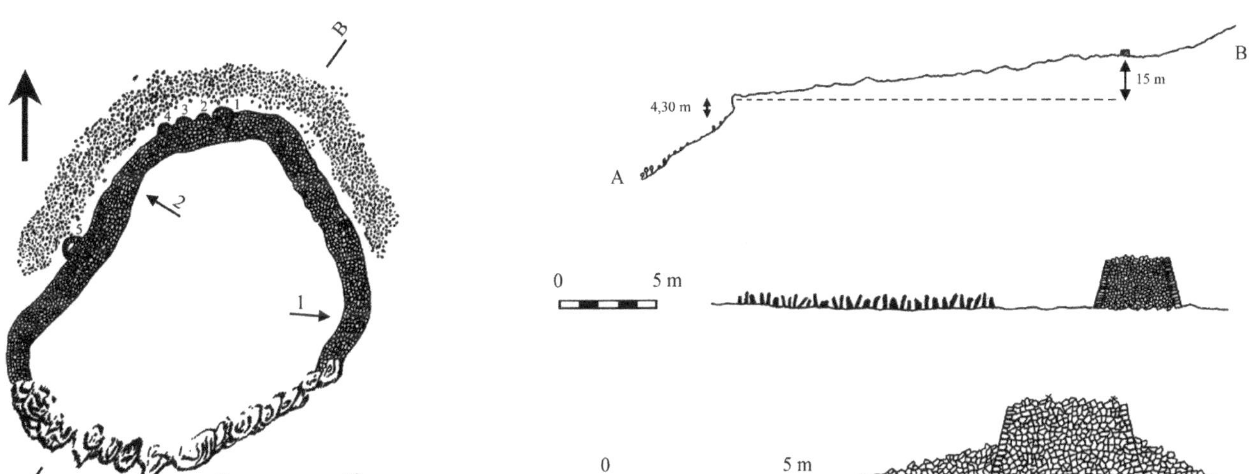

Fig. 4.7: El Castillo de las Espinillas (Valdeavellano de Tera) (a partir de Taracena 1929a: Fig. 7). Señala la situación de las entradas antigua (1) y moderna (2) propuestas por Hogg y la ubicación de las torres por Ruiz Zapatero.

es el caso de El Castillejo (Castilfrío de la Sierra) o El Castillo (Hinojosa de la Sierra) (Fig. 4.8). En este último, A. Hogg (1957) observó la existencia de un camino que atravesaba el foso y el campo de piedras hincadas, aunque no apreciaba interrupción alguna en la muralla que marcase la puerta debido a los derrumbes de la misma, pero que podría apuntar la localización de la puerta de acceso.

A partir de estas diferentes visiones sobre la funcionalidad e intencionalidad de los constructores, las piedras hincadas pudieron haber tenido un uso múltiple, incluyendo facetas defensivas y simbólicas, ya que efectivamente obstaculizan el acercamiento a las murallas y encauzan el acceso por estrechos corredores hacia las puertas de entrada al área de habitación. Las puertas de acceso además permanecen discretas, no se enfatizan, lo que dificulta su localización. No obstante, tanto las interrupciones en los fosos como los caminos que guían a través de los campos de piedras hincadas habrían resaltado la importancia del umbral, el paso hacia otra dimensión, al espacio controlado y dominado por la comunidad que los construyó.

4.3.3. Las fortificaciones

La construcción de estas estructuras defensivas, por parte de comunidades de reducido tamaño, debió suponer un enorme esfuerzo de planificación, en el que participarían todos los miembros de la comunidad de un modo u otro. Incluso la edificación de estructuras de obras a pequeña escala, supondría un gran consumo de recursos que posiblemente pertenecerían al conjunto social, ya fuesen piedra, madera o barro. Para ellos, sería necesaria una gran inversión de: recursos comunales en la edificación, productos agrícolas para el mantenimiento de los participantes en el evento y fuerza de trabajo en la obtención, transporte, construcción y organización logística de las actividades.

4.3.3.1. Los materiales

Las materias primas se obtendrían del entorno cercano de los asentamientos. La piedra utilizada para la construcción de las fortificaciones del Alto Duero es de procedencia autóctona y, en algunos casos, extraída directamente de los fosos (Bachiller 2008). Los materiales utilizados habrían sido cuidadosamente escogidos, buscando una modificación intencionada de la percepción de los paisajes y dotados de significado simbólico y social por los constructores. Ejemplos muy evidentes de esa intencionalidad se documentaron en el Parque Nacional de Northumberland (Reino Unido), donde las murallas de los *hillforts* fueron construidas a partir de un determinado tipo de piedra, andesita rosa, resaltando los sitios de habitación mediante el contraste cromático de las defensas con el entorno (Frodsham y O'Brien 2005; Frodsham 2004). Ese podría ser también el caso del Cortín dos Mouros (Santa Eulalia de Oscos, Asturias), en el que las murallas se construyeron a partir de bloques de cuarcita blanca, en algunos casos de proporciones ciclópeas, buscando un efecto similar (Villa Valdés 2007: 194). Del mismo modo, se le ha atribuido un simbolismo simbólico a los materiales utilizados en la construcción de la puerta de Maiden Castle (Dorset, Reino Unido), ya que la madera y la caliza utilizada no se encuentran en el entorno del sitio y tuvieron que ser transportadas hasta el enclave, otorgando a la construcción unos valores integradores y de cooperación entre los habitantes del paisaje y los enclaves cercanos (Sharples 2007: 180).

Según D. Harding (2012: 191), la disposición y combinación de las estructuras defensivas en los castros de la Celtiberia habrían sido planificadas al mismo tiempo y visualizadas como una unidad por sus constructores. F. Romero y A. Lorrio (2011: 110) van más allá y proponen que todos los sistemas defensivos de un enclave fueron

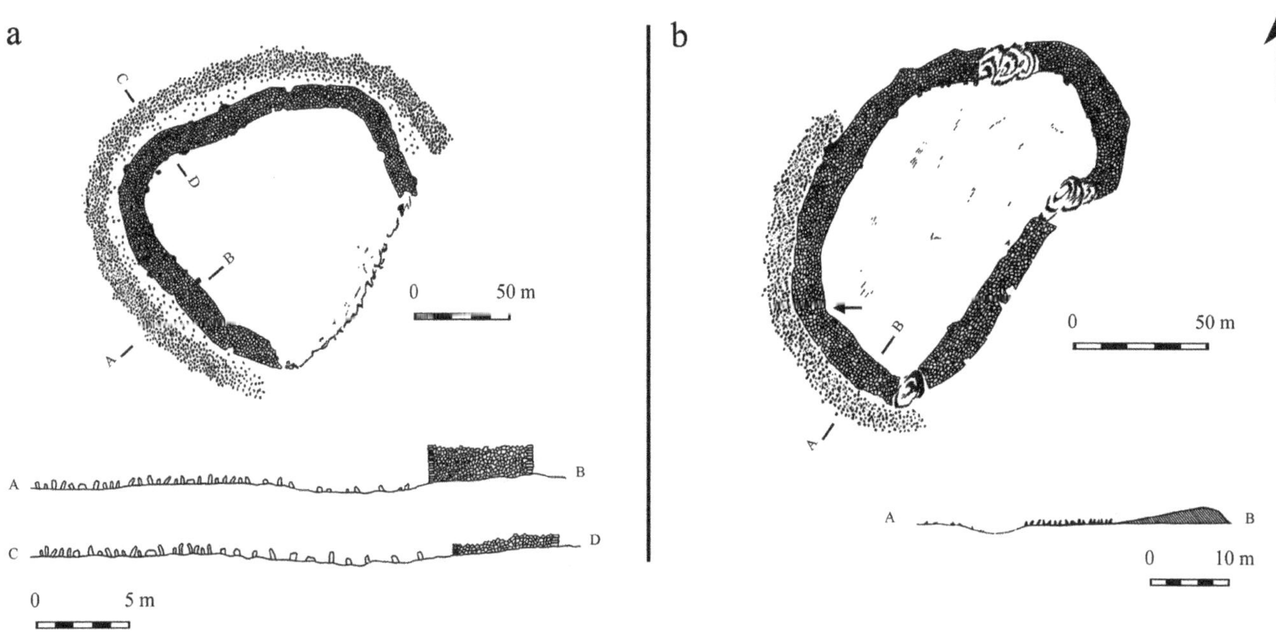

Fig. 4.8: Ejemplos de castros con campos de piedras hincadas: a. El Castillejo (Castilfrío de la Sierra. b. El Castillejo (Hinojosa de la Sierra) (a partir de Taracena 1929a: Fig. 4 y 13, pp. 9, 10, 11, 16, 17).

construidos al mismo tiempo, por lo que su alternancia y combinación no responde a un valor cronológico, ya que se realizaron en un solo evento constructivo. Sin embargo, carecemos de datos arqueológicos que nos permitan afirmar o negar cualquiera de estas hipótesis. La mayor parte de las intervenciones arqueológicas en las murallas de estos asentamientos fueron realizadas por B. Taracena (1929a) en los años 20, con la metodología, unas preguntas y recursos con los que contaba en el momento y que no arrojan luz en este sentido.

Hemos de tener en consideración que posiblemente las intervenciones constructivas en este tipo de estructuras no debieron ser exclusivas de un único momento, ya que requerirían una labor constante de mantenimiento y acondicionamiento para evitar su degradación y reparar los posibles daños que hubiesen tenido lugar a lo largo del año, humanos o físicos. Por ello, quizá merecería la pena cuestionar su construcción en un solo evento, y más aún, si solamente estamos fundando nuestra hipótesis en las similitudes de las técnicas constructivas empleadas en los distintos elementos defensivos.

Podríamos aventurar que, quizá, buena parte de los fosos fuesen construidos de modo coetáneo a las murallas, resultado de la extracción de la materia prima (roca) para las mismas, como indicaba A. Bachiller (2008). Pero la presencia de elementos añadidos, como torres adosadas similares a las de El Castillo de las Espinillas (Valdeavellano de Tera), los campos de piedras hincadas o algunos fosos, pudieron ser obras posteriores realizadas con las mismas técnicas. Un buen ejemplo en este sentido es la repetición y combinación de estructuras defensivas de Los Castillejos (Villar de Maya), a partir de la reiteración del patrón de: foso - torre/muralla - plataforma de hábitat más foso - torre/muralla - plataforma de hábitat. E. Alfaro (2005: 136-140) entiende esta construcción como consecuencia de dos fases cercanas en el tiempo, producida por una posible ampliación del espacio habitable, aunque sin desmantelar la primera construcción defensiva por múltiples motivos económicos, urbanísticos o psicológicos, que bien podrían ser calificados de sociales o identitarios (Fig. 4.9).

Gran parte de la problemática sobre estas cuestiones deriva de la falta de una amplia y detallada documentación arqueológica sobre estos sitios, ya que la mayor parte de la información procede de las excavaciones de B. Taracena a inicios del siglo XX y tímidas y reducidas intervenciones en las décadas de los 70 y 80. A esto, se han de sumar datos procedentes de diversas prospecciones que, si bien nos permiten hacernos a una idea de los panoramas paisajísticos, no permiten resolver dudas concretas como las que aquí se plantean. Por ello, futuras y cuidadas excavaciones son necesarias para entender, si las

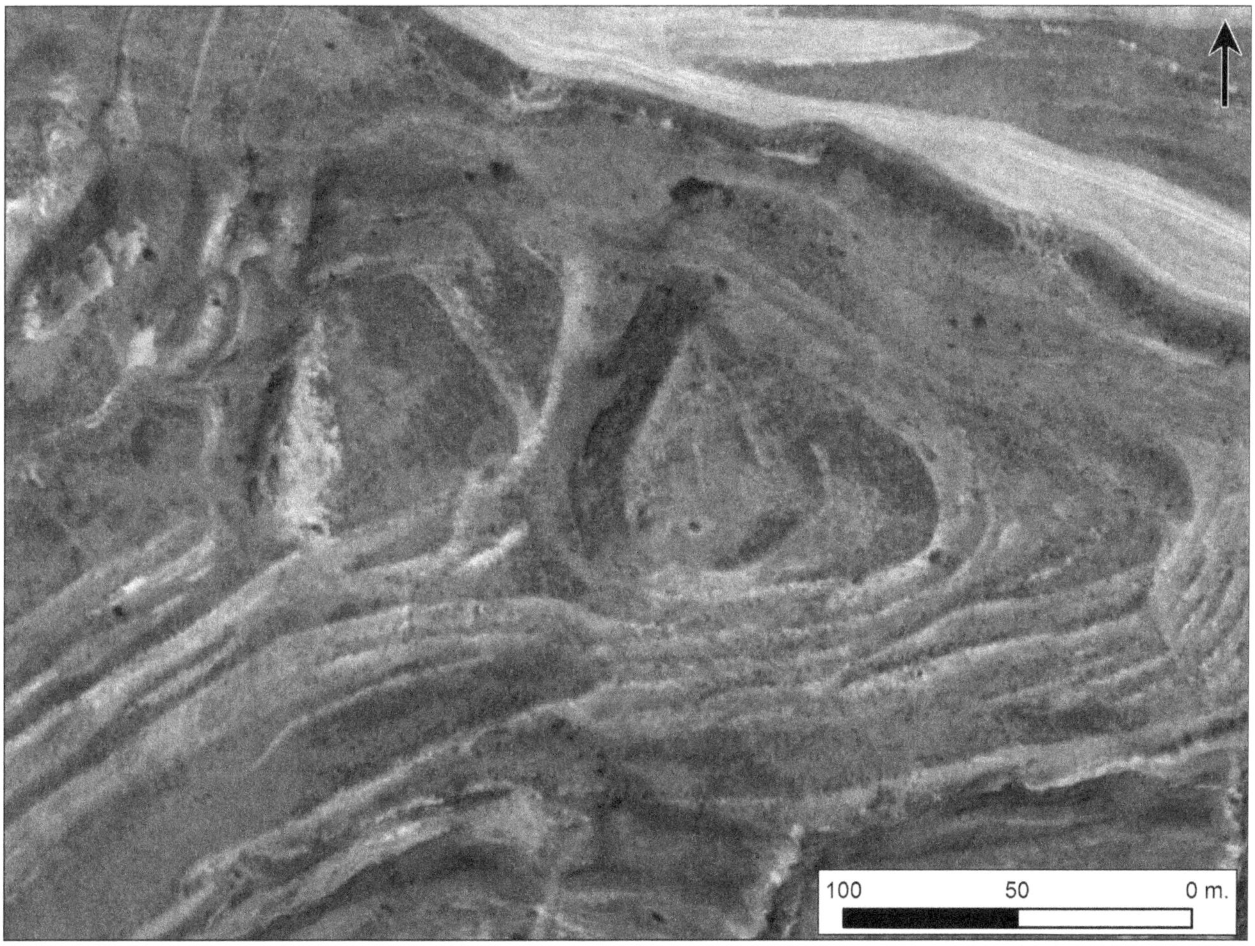

Fig. 4.9: Los Castillejos (Villar de Maya), imagen del Plan Nacional de Ortofotografía Aérea 2016 del Instituto Geográfico Nacional http://www.ign.es

estructuras fueron edificadas en un único evento o, si por el contrario, tuvieron lugar numerosas congregaciones de personas para restaurar, reconstruir o incluir elementos en los complejos panoramas defensivos de la primera Edad del Hierro.

4.3.3.2. Las personas

La coordinación de los eventos constructivos requirió amplias capacidades logísticas, de acumulación y organización de grandes cantidades de materias primas y alimentos para proveer a los involucrados de manutención. La mejora climática durante el primer milenio (Fig. 2.3) y la innovación tecnológica se tradujeron en un aumento de la capacidad acumulativa de excedentes alimenticios, elemento clave para la realización de estos proyectos comunitarios. En algunos casos como en los *hillforts* de Wessex (Reino Unido), se han documentado la presencia de equipos de almacenamiento previos a estos eventos como los graneros de cuatro postes situados en lugares que realzaban su visibilidad. En algunos casos, estas estructuras son los únicos elementos visibles desde el exterior de los asentamientos (Sharples 1991: 84, 2007: 180).

En los últimos años, se ha utilizado el concepto y las implicaciones del "regalo" de M. Mauss (2001 [1925]), para entender el significado social y simbólico de estas construcciones defensivas, así como sus procedimientos y mecanismos en el marco de los *work party feast* (Sharples 2007, 2010). Estas fiestas del trabajo serían extremadamente importantes en lo que a las relaciones políticas se refiere, ya que permitirían la adquisición y transformación de capital económico en capital simbólico. La generosidad en estos eventos hubo de ser clave para la reputación de los organizadores, permitiéndoles reclamar prestigio mediante la exhibición de sus capacidades y recursos (Dietler 2001: 80).

El intercambio de regalos forjaría unos fuertes vínculos sociales entre los participantes y jugaría un papel fundamental en la creación de identidades colectivas y las relaciones que median entre los diferentes grupos. Estas transacciones habrían constado de tres actos fundamentales: 1. uno de los participantes entrega un regalo, dando el paso inicial y creando el vínculo, o bien, fortaleciendo uno ya existente; 2. alguien lo recibe, puede aceptarlo y forjar o continuar una relación, o rechazarlo negando el vínculo social; y 3. se establece la obligación de la reciprocidad, en la que se reflejan valores como la generosidad, el honor o la riqueza de los participantes, propiciando una relación de dependencia duradera en el tiempo entre los participantes.

C.A. Gregory (1982: 61-69) consideró que entre los regalos debía incluirse la fuerza de trabajo que genera una serie de relaciones y obligaciones, y posteriormente, N. Sharples (2007: 175), en sus investigaciones sobre las fortificaciones de la Edad del Hierro, entendió el regalo como un grupo de individuos participando en eventos de construcción colectiva. Esta colaboración generaría una serie de obligaciones, no solo relacionadas con proporcionar alimentos a los participantes durante los eventos, sino también con futuras retribuciones en términos de trabajo. Estas ideas propiciaron la interpretación de Sharples (2007, 2010) sobre la fuerza de trabajo como una relación de intercambio de tipo *potlatch,* así definida por la práctica entre los pueblos de la costa del Pacífico del norte de Estados Unidos y Canadá, entre los que se encontraban los kwakiutl. Esta consistía en el consumo conspicuo de la riqueza y cuyo resultado se traducía en estatus y prestigio para los organizadores o donantes.

I. Armit (1997: 46-65) llamaba la atención en su estudio sobre los *hillforts* escoceses sobre el amplio número de personas que se habrían visto envueltas en las construcciones. Elemento que contrasta con las estimaciones realizadas por G. Ruiz Zapatero y J. Álvarez Sanchís (2015: 219) para otras zonas de la Meseta y los datos de los cementerios, en las que se esbozan pequeñas comunidades rurales formadas por entre 20 y 25 personas. Esto daría lugar a la necesaria participación de miembros de otras comunidades que no residiesen en los enclaves en el momento de la construcción. De este modo, el marco de los *work party feast* proporciona tanto un complejo mecanismo de competición social y política entre los diferentes actores sociales, como una efectiva fórmula para la movilización del trabajo entre diferentes grupos, filiaciones y clases que permitía llevar a cabo proyectos concretos, como construcciones o determinadas labores, que de otro modo habrían sido imposibles debido al tamaño de las comunidades. En estas fiestas, se reuniría un gran número de individuos para trabajar durante un tiempo específico y los anfitriones les ofrecerían a cambio comida y bebida (Dietler y Herbich 2001: 243).

Los trabajos se llevarían cabo en ciertos momentos del año, revestidos de festejos y ritualidad, cánticos y movimientos repetitivos. Ejemplos como los tibetanos de la prefectura de Garzê (China) que elaboran sus construcciones comunitarias de tapial a ritmo de cánticos y con coreografías marcadas[1]; o el laboreo en Mali que se realiza a golpe de tambor (Haviland *et al.* 2010: 357), nos ilustran sobre algunos mecanismos para coordinar y organizar los trabajos comunitarios. Estas canciones servirían para ordenar la fuerza de trabajo, especialmente en tareas pesadas o peligrosas, acompasando tanto a las personas como los movimientos.

El proceso de construcción y su naturaleza física tendrían profundas implicaciones sociales, tanto dentro de la comunidad como para los grupos vecinos (Moore 2007: 274). Estas actividades habrían favorecido la cohesión interna de la comunidad residente, ya que el conjunto de la misma habría participado en las tareas de construcción, mantenimiento y logística, y a su vez se habrían forjado

[1] Tibetanos de la prefectura de Garzê (China) en el proceso de construcción: https://archive.org/details/dddWall (Consultado 01-09-2021).

lazos con los demás participantes. Mediante el trabajo, se crean vínculos emocionales sólidos, se refuerza el sentido de pertenencia y se establecen nuevas relaciones, dando lugar a una serie de deudas de fuerza de trabajo y recursos acumuladas a lo largo de los años (Sharples 2007: 180).

Previamente, se ha mencionado que las estructuras defensivas son el elemento más llamativo de esta Edad del Hierro por las dimensiones y el impacto en la bibliografía que han tenido, pero hemos de ver más allá. El énfasis en los límites de los asentamientos fue la expresión de una nueva identidad entretejida con el cambio social y las nuevas formas de poder que emergieron a inicios de este periodo. Estas construcciones defensivas supusieron la materialización en el paisaje de las relaciones forjadas y fortalecidas por el trabajo, dotadas de significados simbólicos para los participantes en los *work party feasts*. Su complejidad, su forma y sus características dependerían de la pericia y las habilidades de los participantes, que junto con la capacidad de movilización de personas y recursos, se habrían convertido en poderosos vehículos de competición social entre las comunidades en el paisaje y entre los diferentes grupos sociales dentro de los asentamientos.

4.3.3.3. Levantando fronteras

> *"The question is not 'were hillforts used in war' but rather 'what can hillforts tell us about the nature and scale of conflict, interpersonal violence, and power in Iron Age societies'"*
>
> Ian Armit (2007: 36)

Mucho se ha escrito sobre los significados de los poderosos límites artificiales de los espacios de hábitat. Según J. Collis (1996) en su trabajo "*Hillforts, enclosures and boundaries*", las delimitaciones artificiales habrían tenido una intencionalidad múltiple, siendo sistemas defensivos ante una posible amenaza exterior, elementos separadores de áreas de actividad diferenciadas, barreras entre las comunidades, elementos de exhibición y ostentación de la comunidad, marcadores del estatus de sus habitantes o al menos de algunos de los que habitan en el núcleo, o elementos simbólicos, incluso graneros.

En el Alto Duero, la principal y más reciente hipótesis sobre el significado de estas estructuras es la de servir como protección ante los ataques de infantería (Romero y Lorrio 2011). Sin embargo, estudios similares en otras regiones de Europa han puesto de relieve que los sitios fortificados no parecen estar especialmente preocupados por su defensa. Ejemplos claros en este sentido son los *hillforts* del área de Cheviots en Northumberland (Reino Unido), ya que ninguno se sitúa en una posición estratégica y su interior puede ser fácilmente observado y atacado desde el exterior (Frodsham *et al.* 2007: 261). Lo mismo ocurre con los castros de las áreas de montaña que aquí se tratan, su espacio interior puede ser fácilmente observado desde el exterior, ya que tan solo presentan estructuras defensivas en la zona más accesible, y no en todo el perímetro.

Para arrojar luz en este sentido, Ian Armit (2007) estudió el caso de los maoríes de Nueva Zelanda, quienes realizaban unas construcciones morfológicamente similares a los *hillforts*, los *Pā*. Estos eran unas estructuras de habitación que cuentan con un esquema defensivo compuesto por un terraplén, foso y empalizada. Esta forma de asentamiento se concentraba especialmente en la isla norte y su ubicación se ha relacionado con el cultivo de la *kumara*, una variedad de patata dulce que constituiría el alimento base de la dieta de estas comunidades. Por ello, la aparición de este tipo de asentamiento se ha entendido como fruto de la competición por las tierras de cultivo y el aumento de población maorí (Sutton *et al.* 2003: 1).

La funcionalidad de estos sitios presenta una acusada variabilidad regional, con diferentes patrones y etapas de ocupación dependiendo del área a la que nos refiramos. Por ejemplo, en la zona norte de la isla, los *Pā* representan la principal forma de asentamiento y están ocupados de modo continuado. Los de la costa este, sin embargo, sufren periodos de ocupación y abandono intermitentes de varios años de duración, mientras que los de la región de Queen Charlotte Sound funcionan como núcleos de base tanto para la habitación como para la defensa de una población dispersa en el territorio (David 1984: 168). Así pues, el significado de sus defensas se ha relacionado con fines disuasorios, para evitar las escaramuzas o ataques por sorpresa por parte de sus vecinos. Este tipo de asentamientos se encuentra íntimamente relacionado con la estrategia de lucha que presentan los maoríes basada en realizar ataques rápidos y emboscadas (Vayda 1960), similares a las que podrían tener lugar en el Alto Duero durante la Edad del Hierro. Así, la construcción de grandes y complejas defensas por parte de los maoríes está relacionada de un modo más estrecho con aspectos simbólicos que con valores estrictamente militares (Armit 2007: 35).

Se puede observar, de este modo, como las defensas no mantienen siempre un solo significado en una mismo región y en un mismo tiempo, sino que éste es múltiple. Entre los habitantes del enclave, los vecinos y las murallas se establecen diversas relaciones y percepciones que influyeron en el modo de conceptualizar y entender los paisajes. A lo largo de la primera Edad del Hierro, asistimos a un creciente deseo de enfatizar los límites y las demarcaciones de los espacios sociales, no solo en un sentido defensivo fruto de una creciente tensión e inestabilidad por la competencia de los recursos, sino también como resultado de un creciente deseo de manifestar una identidad comunitaria mediante el paisaje, es decir, la exhibición del arraigo de la casa (*household*) o el grupo familiar en el espacio. Profundizando en esta idea, A. González Ruibal (2006-2007: 194-195), en su estudio sobre el noroeste de la Península Ibérica, entendió estas fortificaciones como la separación de la comunidad que allí reside -el nosotros- de los otros, siendo uno de los elementos clave en la construcción y la práctica de las identidades colectivas.

Volviendo a los castros del Alto Duero, una de las características más recurrentes en la descripción de estos sitios es su construcción en localizaciones singulares del paisaje con buenas defensas naturales, en las que las comunidades tan solo construyeron barreras artificiales en las zonas más accesibles a los poblados, como anteriormente se ha mencionado. La perspectiva del énfasis en el nosotros nos permite entender por qué las estructuras defensivas aparecen aislando el espacio comunal y doméstico de los allí residentes, en ocasiones literalmente, ya que mediante la construcción de fosos o murallas lograban aislar puntales o salientes del terreno, transformándolos en cerros aislados. En esta línea, merece la pena recordar las palabras de Barth (1994) quien observaba que las fronteras no son solo elementos físicos, sino también sociales y políticos. Por ello, cada comunidad que reside en un sitio alzará los límites que considere necesarios -y que pueda permitirse- para delimitar su espacio y destacarlo en el paisaje.

De ello, derivarían las diferentes tradiciones constructivas y la variedad de combinaciones de estructuras que encontramos en el Alto Duero. La zona tradicional de estudio de estos castros sorianos presenta una mayor complejidad que el conjunto de asentamientos de sierras intermedias, como la de Cabrejas o la de Neila, donde los asentamientos tan solo aparecen rodeados de murallas. En ambos conjuntos se aprecian variaciones regionales.

La inversión en fortificaciones de estas unidades familiares, más o menos extensas, mediante proyectos comunales responde a diversas agendas sociales. Su construcción en el marco de los *work party feast* habría permitido, a través del trabajo, forjar nuevas relaciones y reforzar las existentes entre los participantes miembros de la comunidad quienes viviesen en el enclave y aquellos que hubiesen venido a colaborar movidos por relaciones de vecindad y/o parentesco. Las defensas habrían supuesto, por lo tanto, símbolos de identidad, en los que toda la comunidad podría identificarse por su participación en un evento colectivo del que habrían formado parte hombres, mujeres y niños de todas las edades.

La construcción se tornaba así en un espacio de negociación social, en dos sentidos. El primero de ellos, entre las comunidades de los diferentes asentamientos, ya que aquellos grupos que pudiesen permitirse movilizar y consumir un mayor número de recursos y trabajo humano habrían sido capaces de levantar unas defensas más potentes y complejas. Esto al mismo tiempo, se habría traducido en una manipulación del paisaje y exhibición en términos de poder, así como un mayor prestigio para los residentes en el enclave. Siguiendo esto, los sitios con unas estructuras defensivas más complejas se habrían encontrado en un marco de tensiones sociales más acusadas, con una mayor competición por los recursos, lo que daría lugar a una manipulación más efectiva de los significantes simbólicos del paisaje. Al mismo tiempo, observamos como la violencia es una poderosa estrategia de poder en la que posteriormente profundizaremos. Sin embargo, para no olvidar su papel en la polisemia de estas construcciones, podemos apuntar que debieron tener un papel práctico defensivo, especialmente como elemento disuasorio, ya que no debemos olvidar que a lo largo de la Edad del Hierro las razias y el pillaje fueron dos importantes mecanismos para ganar riqueza, autoridad y prestigio social.

En segundo lugar, el énfasis en los límites se debió a un escenario de competición en el seno de la comunidad que los construyó, ya que aquellos que fuesen capaces de aportar una mayor cantidad de excedentes, ya sea porque poseyesen un mayor número tierras, bien porque éstas fuesen más fértiles, o porque contaban con una mayor capacidad de almacenamiento y conservación de los alimentos, o porque eran capaces de movilizar un mayor número de personas para el trabajo, habrían obtenido un mayor reconocimiento social, transformando así capital económico en capital social y simbólico.

La ausencia de estructuras de almacenamiento comunales durante toda la Edad del Hierro parece respaldar la idea de que, para la celebración de los eventos colectivos, cada familia en el marco de la unidad doméstica habría sido la responsable del abastecimiento, compitiendo por un mayor reconocimiento entre el nosotros y gozando *a posteriori* de ciertas prerrogativas sociales.

En definitiva, durante la primera Edad del Hierro, asistimos a un proceso de territorialización y modificación de los paisajes, donde el espacio social de la comunidad, es decir, su espacio de hábitat, se configura como proyecto comunal, haciendo un especial énfasis en la fortificación de los umbrales como medio de cohesión social del grupo frente al mundo exterior, así como un referente de identidad. En los siguientes apartados, trataremos de entender el uso que las comunidades hicieron de los espacios comunitarios y los significados de la cultura material tras las puertas de los poblados.

4.4. Adentrándonos en los asentamientos

El interior de los asentamientos englobaba una serie de espacios públicos y privados con diversos significados y funcionalidades, cuya ordenación, forma y usos expresaba los principios simbólicos y sociales de la comunidad que los construyó y, según los cuales, sus miembros debían actuar. El conjunto de datos con el que contamos en el Alto Duero para caracterizar la vida interna de los asentamientos de la primera Edad del Hierro es reducido. Nuevamente, la mayor parte de ellos fueron excavados a inicios del siglo XX, siendo los datos más recientes de la década de los 80, con la problemática para el control de los materiales arqueológicos que eso conlleva.

Esto da lugar a que las posibilidades para realizar una lectura social sobre este tipo de evidencias sean limitadas, como ya advirtió A. Jimeno (2009a: 207) en su trabajo sobre los contexto domésticos del Alto Duero. Poco (o nada) sabemos sobre cómo era la ordenación interna de los sitios de habitación, los espacios de deambulación, o cómo y para qué se utilizaban los espacios comunales de los poblados. Tampoco la disposición de las zonas artesanas, las de almacenamiento o las casas, ni si prevalecía lo comunitario sobre lo privado, o al contrario. Para aproximarnos a estas complejas cuestiones, contamos con datos de excavaciones de algunas estructuras domésticas y un posible taller que se detalla a continuación.

4.4.1. La esfera doméstica, una compleja realidad social

Sobre las estructuras domésticas existen diversas recopilaciones bibliográficas. Algunas engloban todo el Alto Duero como la de A. Jimeno (2009a) y otras se centran en regiones concretas, como la de F. Romero (1991: 218-238) para los "castros sorianos" o la de E. Alfaro (2005: 254-260) para los asentamientos del Sistema Ibérico. Todas ellas se realizaron a partir de los datos de prospecciones arqueológicas y las excavaciones de B. Taracena, P. Pascual y H. Pascual, F. Romero y el propio E. Alfaro.

A inicios de la Edad del Hierro, hace su aparición un tipo de arquitectura doméstica más sólida y duradera que en periodos anteriores, debido al uso recurrente de la piedra en las construcciones. Dependiendo de las regiones y de las materias primas disponibles en el entorno, las casas contaban con paredes completas construidas con piedra local o, simplemente, con zócalos pétreos sobre los que apoyar muros en barro que cerraban espacios circulares o angulares. En el área central, se ubicaba un hogar y techumbres vegetales cubrían la edificación.

La petrificación de las estructuras constructivas ha sido considerada, en regiones como el noroeste peninsular, como un proceso progresivo de monumentalización de las unidades domésticas. El énfasis en las delimitaciones del espacio familiar ha sido entendido como un interés por preservar la independencia y autonomía dentro del poblado (Ayán 2013: 46), donde los límites del espacio doméstico adquieren un amplio significado simbólico similar al de las fronteras de los asentamientos.

4.4.1.1. Diferencias regionales

Las casas, como las demás formas de cultura material, participan de una fuerte variabilidad regional. Algunas de las zonas montañosas presentan viviendas de formas cuadradas o rectangulares, mientras que las zonas de valle se caracterizan por cabañas circulares o rectangulares de esquinas redondeadas. Sin embargo, otras zonas presentan una combinación de ambos tipos de estructuras en un mismo asentamiento. En la Fig. 4.10 podemos observar las diferentes construcciones, dependiendo de las regiones.

En el área montañosa del Sistema Ibérico, B. Taracena (1929a: 24; 1941: 13), a partir de sus excavaciones y prospecciones, proponía que la habitación tenía lugar en chozas o cabañas, aunque no aporta una mayor precisión sobre la forma o la composición de éstas. En sus trabajos, mencionaba ejemplos como El Castillejo (Castilfrío de la Sierra), en cuyo interior solo encuentra restos de carbón y cenizas que consideraba provenían del hogar, así como fragmentos de barro presentado y sin cocer que relaciona con las paredes de las cabañas (Taracena 1929a: 17, 51). Lo mismo observaba en El Castillo de la Virgen (El Royo), El Castillo de las Espinillas (Valdeavellano de Tera) y el Zarranzano (Cubo de la Sierra), en los que tampoco registró restos constructivos (Taracena 1929a: 7, 11-12, 1941: 14), lo que le llevó a sugerir que las viviendas estuvieron construidas de madera y ramajes.

T. Ortego (1952: 294-295, Fig. 5) para El Castillo (Soria) señalaba la presencia de fondos de cabaña con una posible cimentación de piedra, mientras que F. Romero (1991: 76-78, 219), en sus prospecciones en Los Castillejos (El Espino), pudo observar en la zona más baja junto a la muralla, una serie de alineaciones de piedra yuxtapuestas y presumiblemente no adosadas a la misma que corresponderieron a las estancias de las casas. Finalmente, intervenciones furtivas en El Castillo de las Espinillas (Valdeavellano de Tera) (Romero 1991: 220) sacaron a la luz muros de habitaciones rectangulares.

Algunas de las intervenciones de B. Taracena dieron sus frutos en lo que a arquitecturas domésticas se refiere. En El Castellar (Arévalo de la Sierra), documentó una serie de habitaciones de mampostería adosadas a la muralla, en cuyo interior se encontraron molinos barquiformes, bolas y fichas, elementos de hierro y vasos toscos a mano, grandes y cilíndricos o troncocónicos, decorados con digitaciones e incisiones (Taracena 1926: 8-10, 1941: 39-41; Fernández Miranda 1972: 30-31; Romero 1991: 373-377; Jimeno 2009a: 195). También J.J. Eiroa (1979a, 1979b), en El Castillo de la Virgen (El Royo), registró una vivienda rectangular con piedras careadas en el interior y un suelo de tierra roja endurecida con fragmentos cerámicos.

El Castillo (Taniñe) es el sitio en el que se ha excavado una mayor extensión en relación con su tamaño (Taracena 1926: 11-15, 1929a: 14-15, 1941: 157-158). En su interior, se registraron una serie de habitaciones de planta rectangular y grandes dimensiones. Según el croquis de la distribución de estancias que presenta B. Taracena, F. Romero (1991: 117-120, 233-234) apuntaba que se intuyen 7 u 8 estructuras yuxtapuestas con orientación noroeste-sureste, en las que no parecen compartimentaciones, ni hogares. Del mismo modo, en la planta de Taracena tampoco se aprecian lugares de deambulación o espacios abiertos en el interior del poblado, como sí se registraron en los asentamientos del Alto Tajo-Alto Jalón, para los que se ha propuesto un urbanismo de calle central (Cerdeño y Juez 2002). Ante la ausencia de datos relativos a los materiales que se encontraron en el interior de las estancias, no es posible diferenciar si se trataban de espacios comunales o familiares, o cómo se articulaban entre ellos.

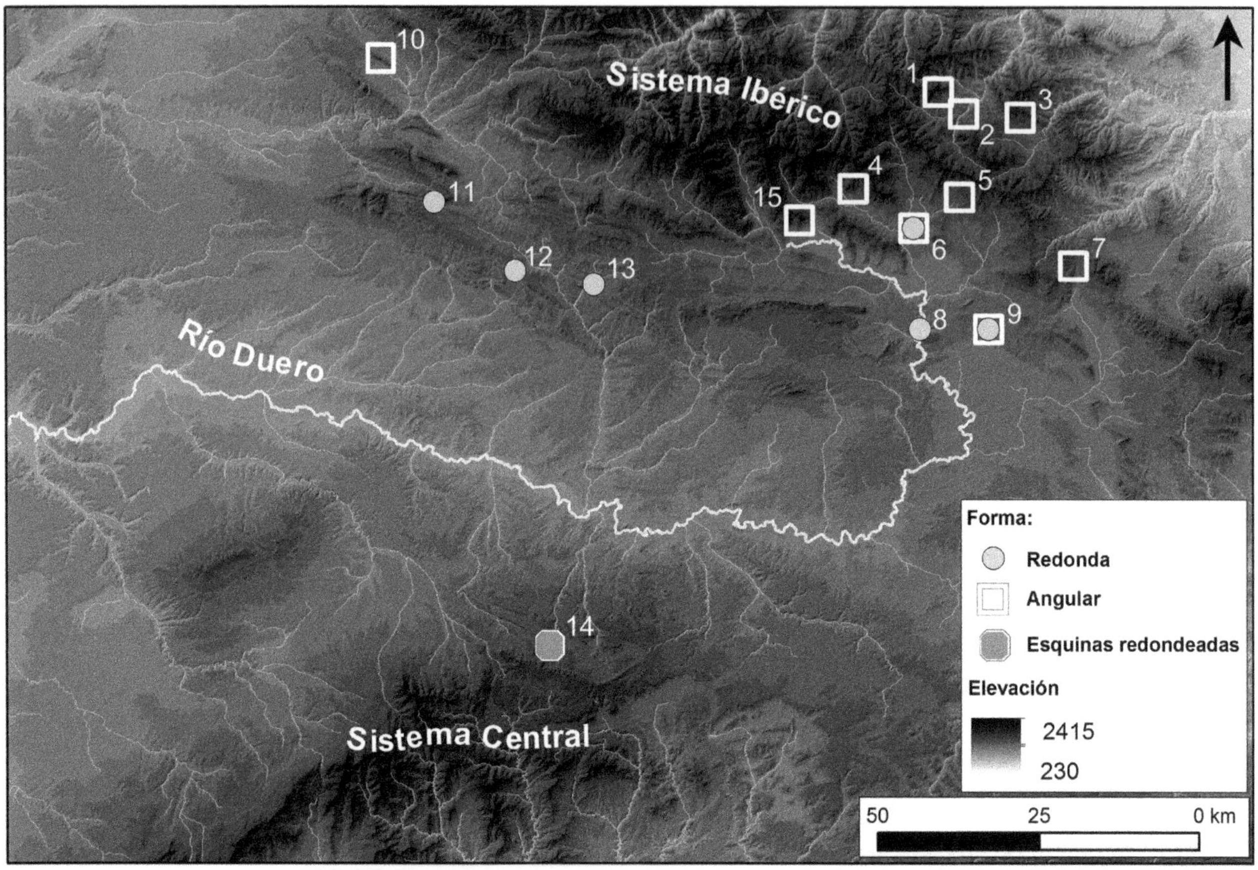

Fig. 4.10: Distribución de las formas de las casas en el Alto Duero. Sitios: 1.- El Cerro del Haya (Villar de Maya), 2.- El Molino (Bretún), 3.- El Castellar (Taniñe), 4.- El Castillo de las Espinillas (Valdeavellano de Tera), 5.- El Castellar (Arévalo de la Sierra), 6.- Zarranzano (Cubo de la Sierra), 7.- Los Castillejos (El Espino), 8.- El Castillo (Soria), 9.- El Castillejo (Fuensaúco), 10.- La Muela (Lara de los Infantes), 11.- Pico del Águila (Mamolar de la Sierra), 12.- Pico de Navas (Hontoria del Pinar), 13.- Alto del Arenal (San Leonardo), 14.- *Termes* (Montejo de Tiermes), 15.- El Castillo de la Virgen (El Royo).

E. Alfaro (2005: 254), para los poblados del corazón del Sistema Ibérico, afirmaba que la totalidad de los muros de piedra del interior de los asentamientos que registró en sus prospecciones no se encontraban vinculados a las fortificaciones. Estos presentaban orientaciones rectas, por lo que sugirió un tipo de vivienda rectangular o cuadrada. Así, en El Cerro del Haya (Villar de Maya), documentó una cabaña circular que relacionó con el Bronce Final y viviendas rectangulares con alzados de mampostería para el inicio de la Edad del Hierro (Pascual y Pascual 1984: 93-95, 112-113, 122-123; Alfaro 2005: 130-133; Jimeno 2009a: 192). También en El Molino (Bretún), registró casas rectangulares con muros de 40 cm de grosor y unas dimensiones de 4,50 x 6 m, previo acondicionamiento del terreno para asentar las viviendas (Pascual y Pascual 1984: 39-41; Alfaro 2005: 47-49; Jimeno 2009a: 193).

Al sur del Sistema Ibérico, en los valles de los afluentes del Duero, se encuentran los dos asentamientos con mayor información sobre el ámbito doméstico: El Castillejo (Fuensaúco) y el Zarranzano (Cubo de la Sierra). B. Taracena (1929a: 20-23, 1941: 65) realizó una excavación en la parte alta de El Castillejo (Fuensaúco), en la que documentó dos niveles de ocupación. El nivel inferior presentaba muros de mampostería en seco junto a cerámicas a mano, mientras que en el superior, los muros eran similares a lo previos pero construidos con materiales más resistentes y adobes, donde el número de cerámicas que aparecía era escaso, destacando los ejemplares realizados a torno y decorados con pintura. Taracena sugirió para este último nivel, la destrucción por causa de un incendio. Décadas después, se realizaron tres campañas de excavaciones en este mismo enclave entre los años 1978, 1987 y 1990, interviniendo dos sectores: una terraza intermedia denominada Sector I y en una terraza inferior llamada Sector II (Fig. 4.11).

A partir de estas intervenciones, F. Romero y J.C. Misiego (1995) propusieron una superposición de tres niveles que englobaban cronologías desde el siglo VII a.n.e. hasta la conquista romana en el siglo II a.n.e. La denominada Fase 1 de este asentamiento fue fechada en torno al siglo VII a.n.e. En la cata B del Sector I (Fig. 4.12a), se documentó una cabaña circular con un diámetro entre 5,5 y 6,5 m excavada en la caliza natural y con hoyos de poste en el exterior para levantar las paredes (Romero y Misiego 1989, 1992, 1995: 130; Lorrio 2005: 93-94). El interior era de tierra apisonada, cubierta por carbones y adobes quemados de las paredes y la cubierta. En el centro, apareció un apoyo de poste para la techumbre y un hogar de planta circular dispuesto sobre una base de cantos rodados.

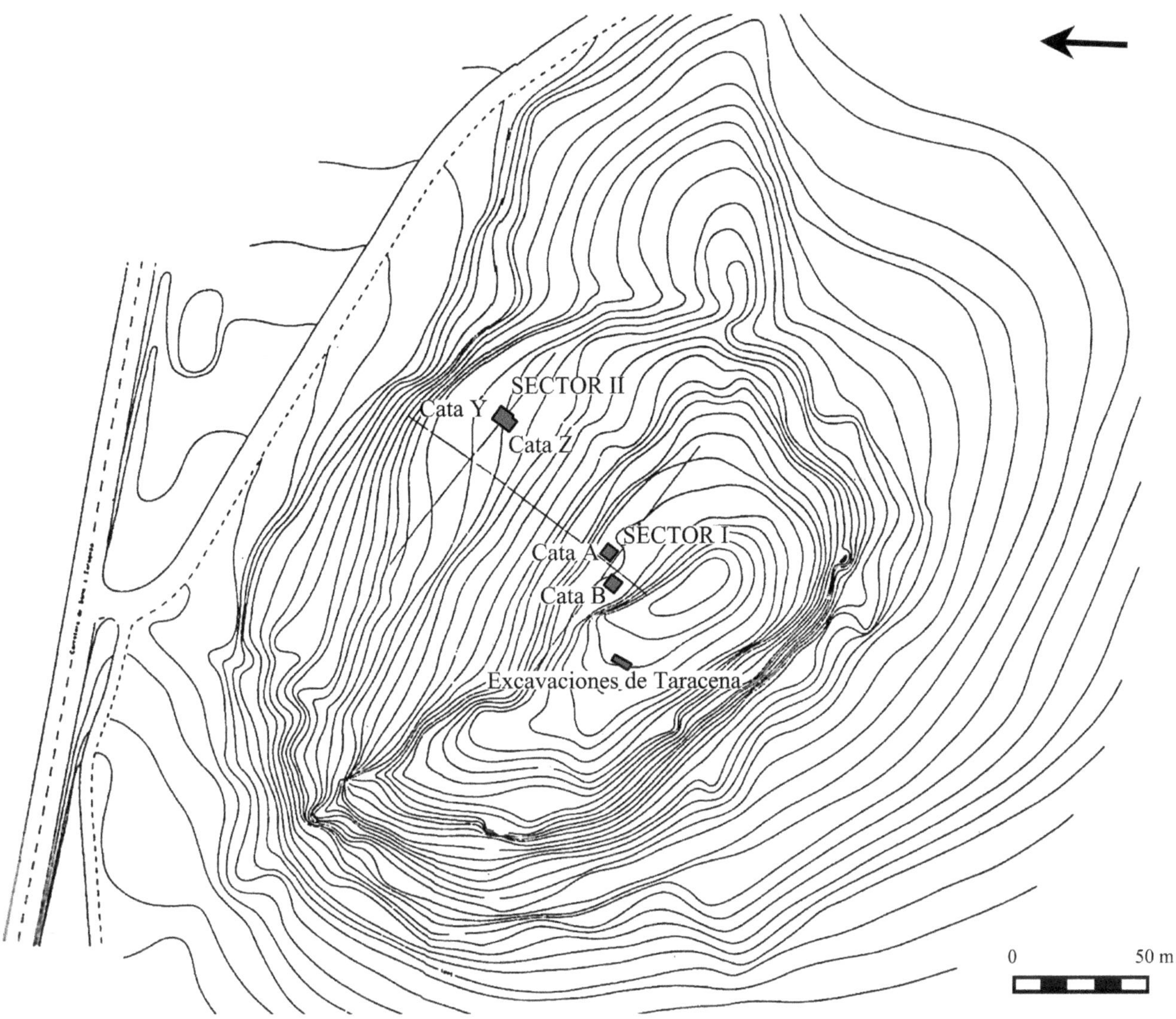

Fig. 4.11: Localización de las excavaciones en El Castillejo (Fuensaúco) (a partir Romero y Misiego 1995: Fig. 1).

También en la cata Z del Sector II (Fig. 4.12b), se documentó esta fase, mediante una cabaña de 6 m de diámetro, cuyo límite exterior estaba marcado por unos 30 hoyos de poste excavados en la roca natural y apuntalados con piedras (Romero y Misiego 1989, 1992, 1995: 130-132; Lorrio 2005: 93-95). En su interior, se documentó un banco corrido con un revoco de color blanquecino, cuya interrupción en la parte este es seguida por un hoyo que ha sido entendido como el quicio de la puerta de acceso a la vivienda. El suelo interior era de arcillas apisonadas, donde se registraron varias capas de enlucido. Sin embargo, el protagonista del espacio central fue un hogar circular de arcilla endurecida a fuego, alzado sobre una plataforma de adobe con varias capas de revoco. En la parte norte de esta vivienda, entre el hogar y el límite de la pared exterior marcado por los hoyos de poste, se encontraba una pequeña fosa que contenía la práctica totalidad de un ovicáprido, lo que ha sido relacionado con un sacrificio fundacional.

Los materiales de estas viviendas fueron cerámicas de superficies lisas y cuidadas, principalmente cuencos de diferentes tamaños de las formas 1, 2 y 3 de la tipología de F. Romero (1991). También, toscos vasos de las formas 17, 19 y 23, a mano de mayor tamaño, decorados con digitaciones y ungulaciones en el borde o cordones, así como algunos fragmentos de las formas 22 y 25 (Romero y Misiego 1992, 1995). Entre los restos animales, destacaban ejemplares de bóvidos, équidos, ovicápridos, suidos o cérvidos, cuyas partes más frecuentes fueron los restos de maxilares, mandíbulas y dientes frente a una escasez de huesos largos del esqueleto apendicular, lo que ha permitido plantear actividades periódicas de limpieza de los suelos de habitación (Bellver 1992).

Para la Fase II, fechada en los siglos VI y V a.n.e., se documentaron habitaciones angulares de mampostería conviviendo con viviendas circulares que tenían correspondencia con las del nivel inferior de las excavaciones de Taracena. En el Sector I, tan solo se registraron dos muros rectos de mampostería en seco, mientras que en el Sector II se documentó una casa angular y una circular. Por un lado, de la casa angular solo se conseraba la esquina noroeste, construida con calizas de tamaño medio en seco y cuyo suelo interior estaba formado de arcillas rojas fuertemente compactadas, cubierto por cenizas de la techumbre vegetal (Romero

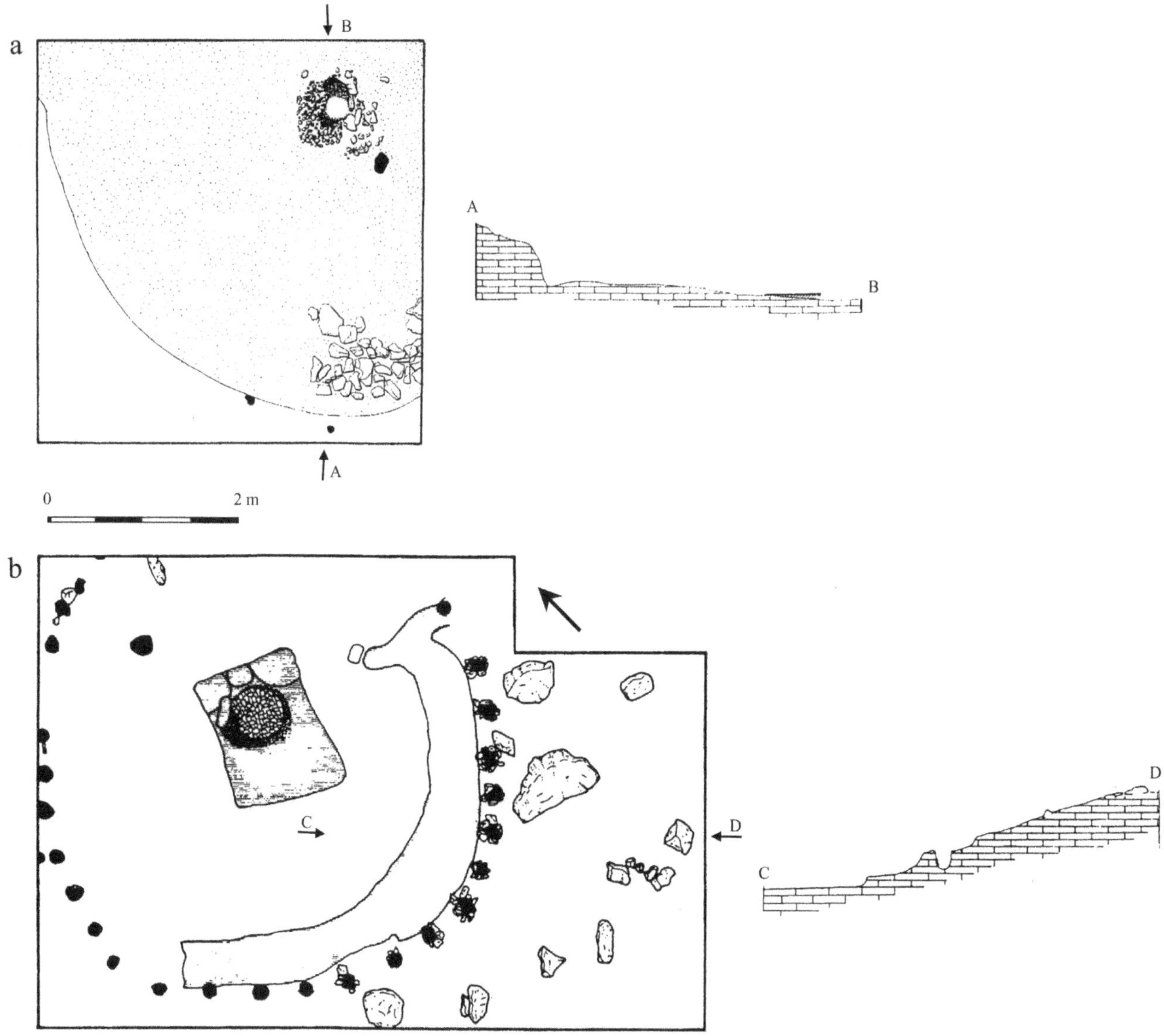

Fig. 4.12: Cabañas de la Fase I de El Castillejo (Fuensaúco), siglo VII a.n.e. A.- Casa de la cata B del Sector I, B.- Casa de la cata Z del Sector II (a partir de Romero y Misiego 1992, 1995; Lorrio 2005: Fig. 29).

y Misiego 1995: 135-136). Por otro lado, la vivienda circular contaba con 5,70 m de diámetro y tenía problemas de conservación (Romero y Misiego 1995: 135-138; Romero 1991: 469-470) (Fig. 4.13). Los cimientos eran de piedra con alzados en adobe y la cubierta vegetal. El centro de la estancia estaba marcado por un apoyo de poste para reforzar el techo y el hogar en una posición similar a las casas del periodo anterior. En este caso, el hogar era una placa rectangular de 1,6 x 1 m formada por dos capas de arcilla fuertemente compactadas y construida sobre un lecho de fragmentos cerámicos, pertenecientes a un mismo vaso, cuya forma corresponde con el tipo 28 de F. Romero (1991). Al oeste del hogar, bajo una piedra plana y protegido por la carena de un gran vaso hecho a mano, se encontraba una inhumación infantil en posición fetal, quien apoyado sobre el lado izquierdo, contaba con un ajuar a partir de varios vasos cerámicos, dos colgantes de concha y hueso, dos brazaletes de bronce de sección rectangular y una arandela de bronce.

Las cerámicas que aparecieron estaban realizadas a mano en su totalidad. Entre ellas, solo se reseñan las decoradas, destacando las grafitadas -que corresponden a vasitos y cuencos principalmente de las formas 3, 7 y 8, aunque también hay algunos ejemplares de las 26 y 12- y las pintadas con colores amarillos formando sencillos temas geométricos, adornando cuencos o vasos de la forma 7. Entre los metales, destacaban adornos de bronce como una aguja de cabeza enrollada, una fíbula de espirales Argente 9A2 y dos botones hemiesféricos (Romero y Misiego 1995).

F. Romero (1984, 1991: 129-183) también realizó excavaciones en el otro asentamiento de esta zona, el Zarranzano (Cubo de la Sierra) entre 1976 y 1979. Sus intervenciones afectaron a los tres sectores del asentamiento. El Sector I, en la parte más alta del sitio, se encontraba muy deteriorado y tan solo se identificaron construcciones angulares. Posteriormente el Sector II, la

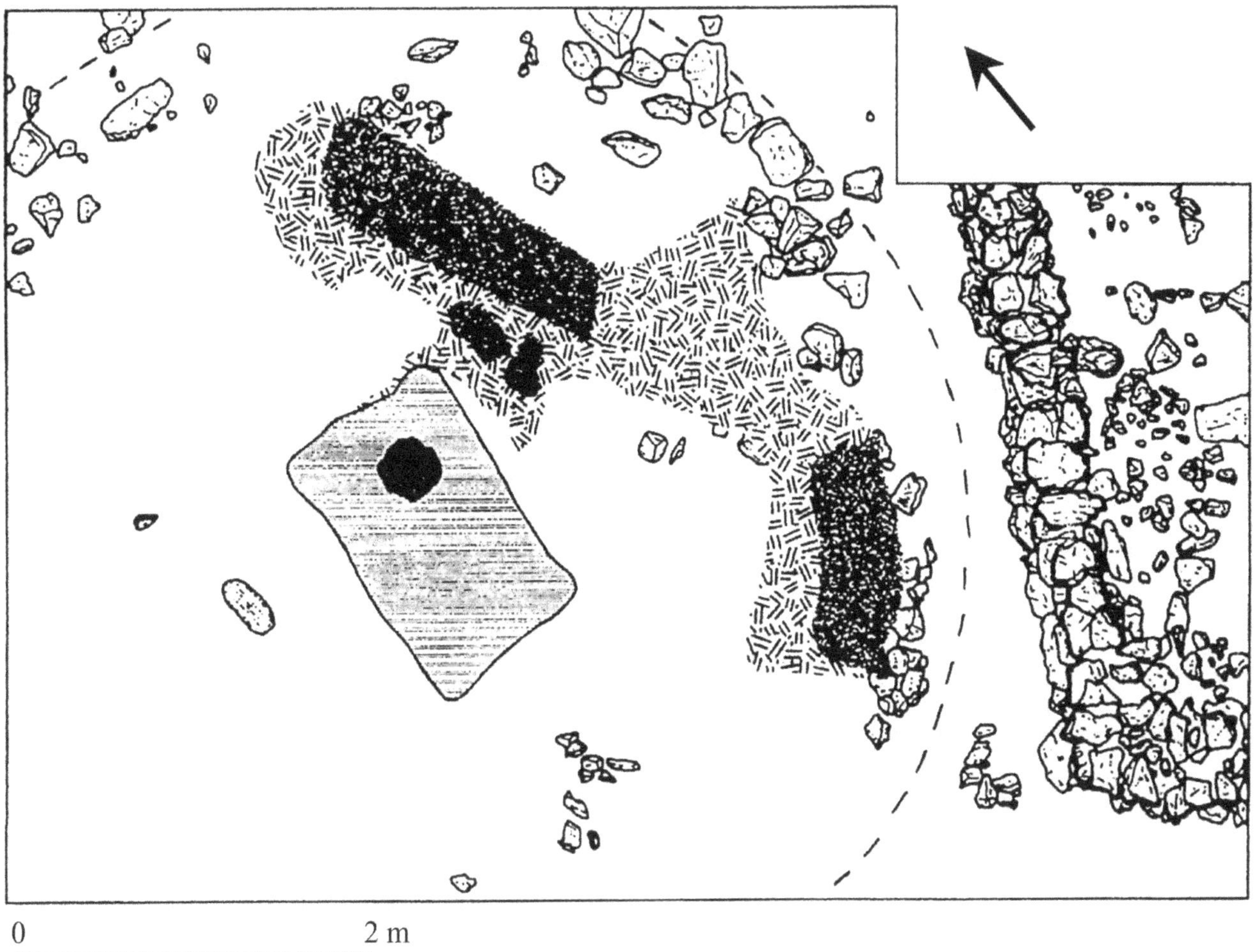

Fig. 4.13: Viviendas del Sector II en la Fase II de El Castillejo (Fuensaúco), siglos VI-V a.n.e. (a partir Romero y Misiego 1995: Fig. 3; Lorrio 2005: Fig. 30-1).

terraza inferior, proporcionó los resultados más interesantes y controvertidos sobre los que profundizaremos a continuación. Finalmente, el Sector III, un area más baja que la terraza inferior, se registraron tres muros rectos de mampostería apoyados directamente sobre el afloramiento de roca natural.

Si volvemos sobre el Sector II (Fig. 4.14), en un sondeo, se documentaron tres ocupaciones en forma de viviendas superpuestas. La primera de ellas correspondería a una casa de planta angular, cuadrada, cuya base se apoya sobre la roca natural. En su interior, se encontró un hogar, presumiblemente oval, y junto a él, un vasar o repisa rectangular en cuyo extremo había un molino barquiforme. Los materiales asociados eran cerámicas a mano, entre las que predominan los cuencos y los vasitos troncocónicos bruñidos, así como restos abundantes de fauna. El final de esta ocupación parece que se debió a la acción del fuego.

Sobre esta casa y aprovechando parte de su construcción, se levantanba una vivienda de la fase posterior, aunque en este caso de planta circular presentaba un diámetro de 5 m. En el centro de la estancia y casi en el mismo sitio que el de la fase previa, se encontraba el hogar, similar formalmente al anterior, aunque ligeramente elevado sobre el suelo y sin el vasar. De nuevo, los materiales que se registraron eran parecidos a los de la etapa previa, con formas cerámicas similares aunque con una menor presencia de fauna. A esta casa se le ha atribuido una orientación suroeste, ya que aparecieron una serie de cantos rodados y lajas pétreas que parecían formar un enlosado de entrada. Finalmente, la última estructura presentaba mayores problemas por la mala conservación, por lo que tan solo se pudo apuntar que pertenecería a una construcción con esquinas angulares.

Si nos transladamos a las estribaciones finales del Sistema Ibérico, en la actual frontera entre Soria y Burgos, la presencia de casas circulares y rectangulares depende del asentamiento al que nos refiramos. A partir de noticias de furtivos, en El Alto del Arenal (San Leonardo) se documentó una estructura circular con 3 o 4 hiladas de piedra y con un diámetro interno de 2 m (Romero 1991: 220). En el Pico de Navas (Hontoria del Pinar), aparecieron fondos de cabaña circulares con diámetros de entre 6 y 3 m, cuyas entradas tenían entre 1,5 y 1 m (Abásolo y García Rozas 1980: 51-53; Sacristán 2007: 69). Por último, en el Pico del Águila (Mamolar de la Sierra), se insinuaban viviendas circulares (Abásolo y García Rozas 1980: 73-74; Sacristán 2007: 70).

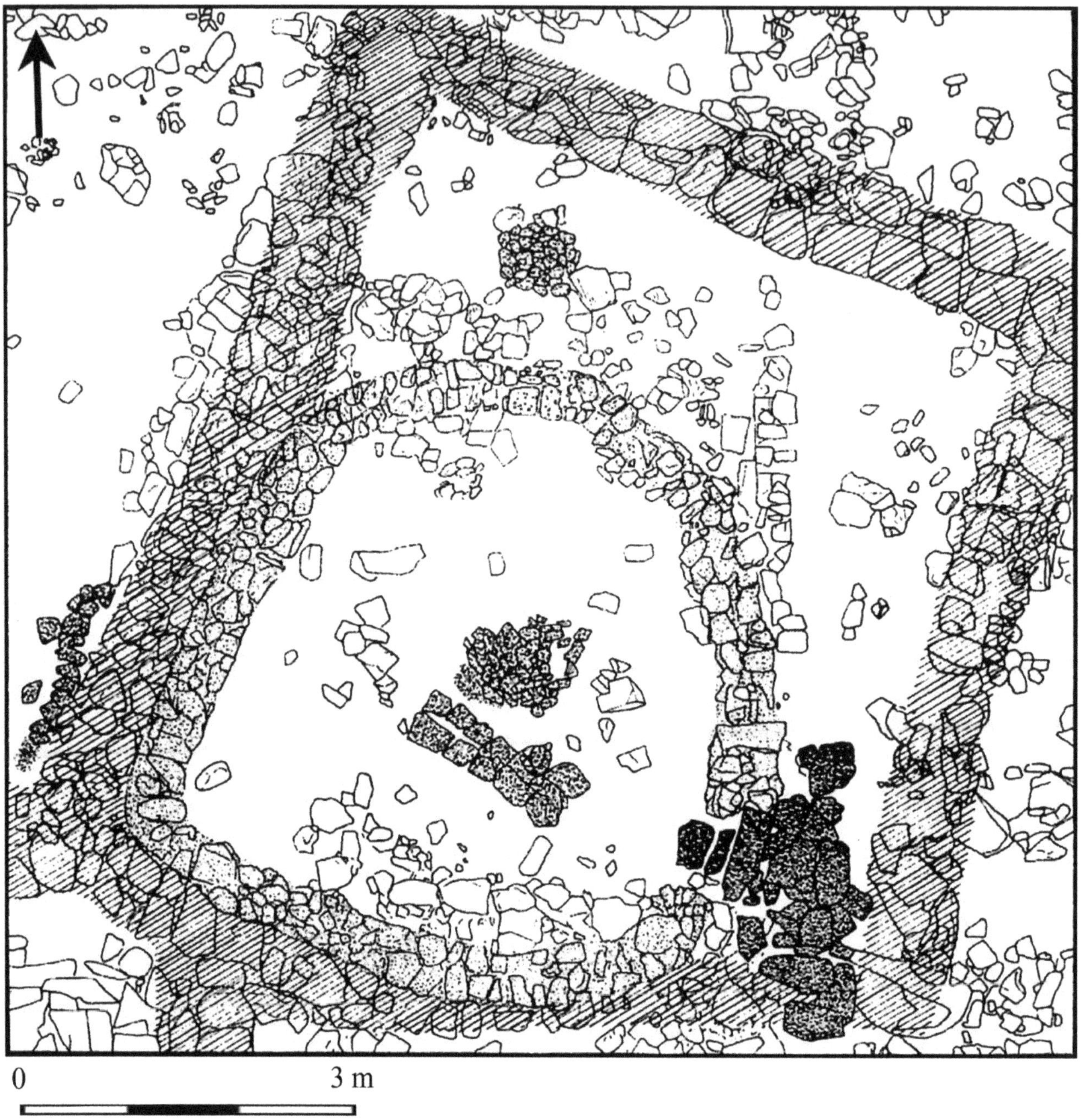

Fig. 4.14: Superposición de estructuras domésticas del Zarranzano (Cubo de la Sierra) en el Sector II (a partir Romero 1989; Lorrio 2005: Fig. 30-2).

Cercano a los anteriores está La Muela (Lara de los Infantes), excavada por M. Martínez Burgos y J.L. Monteverde (Monteverde 1958) quienes registraron tres viviendas angulares. En la casa 1, documentaron dos paredes de 4 y 3 m de largo junto a cerámica lisa de recipientes globulares, bocas abiertas y bases planas, también una piedra de afilar, una aguja de bronce y un punzón de hierro enmangado con asta ciervo. La casa 2 presentaba dos estructuras gemelas de planta cuadrada de 4 x 4 m junto con piedras de molino, toscas cerámicas a mano y objetos de hierro como un tridente, un cuchillo o anillas. Por último, la casa 3 tenía unas dimensiones de 6,5 x 4 m con parte de otra casa adosada. A ella, se asocian materiales como un molino barquiforme, cerámica a mano, una empuñadura de cuchillo o puñal en bronce rematada en la cabeza de un caballo, un punzón de asta y varios enmangues, una piedra de afilar y huesos animales.

Finalmente, en la zona de contacto entre el valle del Duero y las estribaciones del Sistema Central, encontramos la casa de *Termes* (Fig. 4.15). De ella, tan solo se han conservado huellas excavadas en la roca natural sobre la que se alzaba el emplazamiento (Almagro Gorbea y Lorrio 2011:127-136). Se situaba en la zona alta de la acrópolis, bajo la construcción superpuesta de un templo o santuario, relacionado con la memoria del héroe fundador como ocurre en otras zonas de Europa con ejemplos tan emblemáticos como la cabaña de Rómulo en Roma. Esta vivienda contaba con una planta rectangular de esquinas redondeadas de 3,25 x 6 m, delimitada por un rebaje en

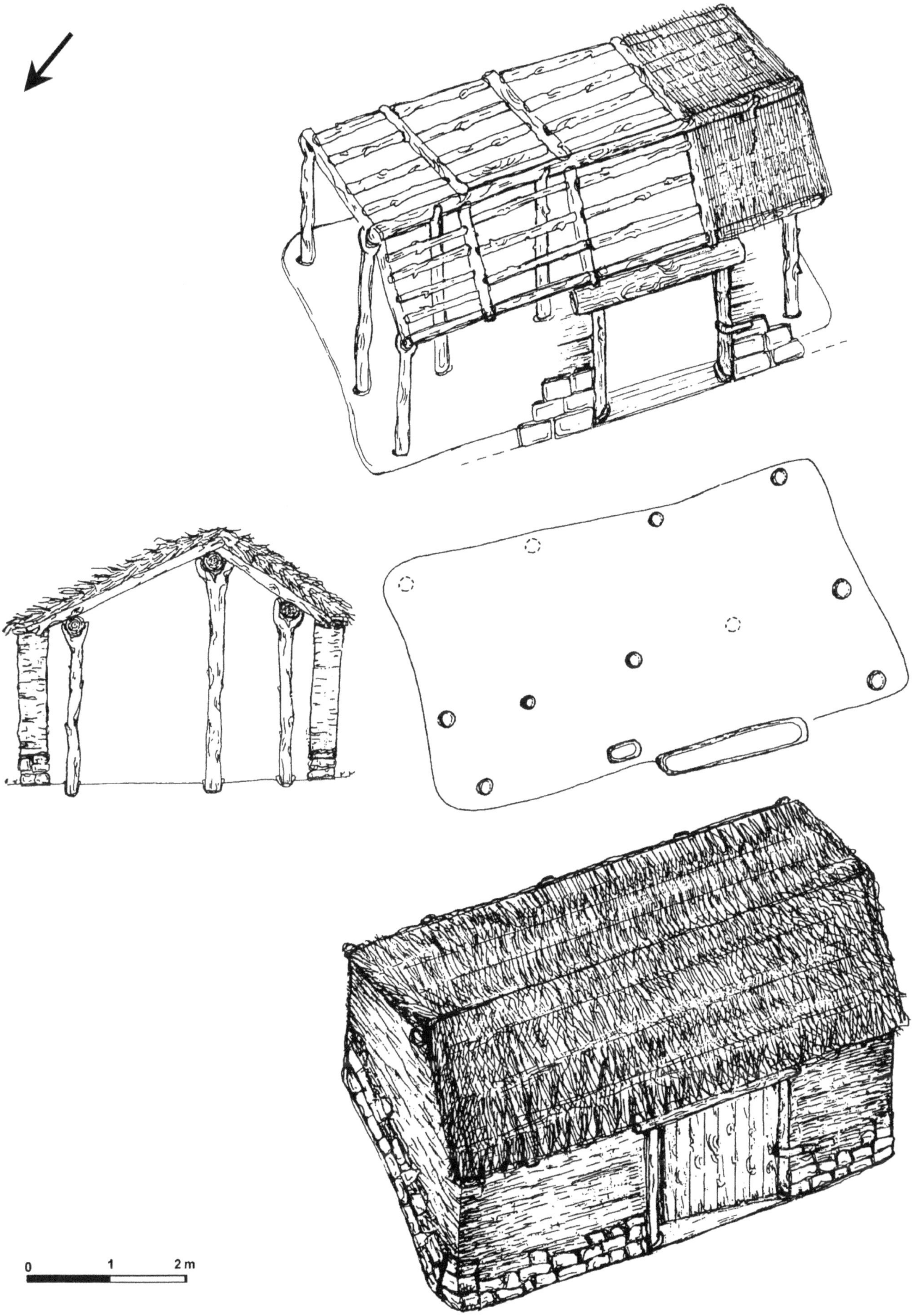

Fig. 4.15: Planta y reconstrucciones de la casa de *Termes* (Montejo de Tiermes) (Almagro Gorbea y Lorrio 2011: Fig. 72).

la roca y un conjunto de hoyos sobre los que levantar las paredes con adobes y una cubierta vegetal. Su entrada podría haberse encontrado orientada al oeste y no se ha podido asociar materiales a su interior por la mala conservación de las estructuras.

4.4.1.2. El polimorfismo doméstico

Las casas son microcosmos sociales, reflejos de las cosmogonías y de las diferentes formas de entender el mundo de los grupos que se asientan en el paisaje. Como ya hemos observado anteriormente, la extensión que abarcamos en este estudio es muy amplia, por lo que nos enfrentamos a numerosas formas de hacer las cosas y de entender, en este caso, el mundo doméstico.

A partir de los escasos datos, parece que a inicios del primer milenio las comunidades se decantaron por viviendas circulares como las de El Cerro del Haya o El Castillejo (Fuensaúco), tal y como apuntaba A. Jimeno (2009a: 207). Con el inicio de la Edad del Hierro, asistimos a una progresiva proliferación de las formas geométricas angulares en las construcciones. Sin embargo, la variabilidad regional nos permite percibir diferentes estrategias constructivas, desde la convivencia de varios tipos de plantas en un mismo asentamiento hasta la sustitución de unas formas por otras. No obstante, independientemente de la forma de la planta, redondas o angulares, los interiores son semejantes. Estos se caracerizaron por los espacios abiertos, no compartimentados y con hogares centrales en torno a los que estructurar la vida de la unidad doméstica.

Este polimorfismo arquitectónico ha caracterizado otras regiones de la Península, como el noroeste atlántico (Ayán 2007: 936), que aunque siempre sujeto a una gran variabilidad regional combinaba plantas circulares, ovales o angulares en sitios como A Cidá de Borneiro (Cabana de Bergantiños, A Coruña), el Chao San Martín en el siglo IV a.n.e., Os Castros (Taramundi), el castro de San Chuís o el de Coaña, por mencionar algunos ejemplos. En algunos de los asentamientos se han podido distinguir una división de funciones dependiendo de la forma arquitectónica de la construcción, como es el caso de A Cividade de Cossourado (Paredes de Coura) entre los siglos V y II a.n.e., donde se documentaron estructuras circulares de cuidada factura y otras construcciones algo más toscas con formas ovaladas. En ambos casos, habrían estado cubiertas por techumbres vegetales. A partir de la diversidad en la planta y características constructivas, se ha inferido una diferencia de uso, por lo que las formas circulares se han asociado a los sitios de residencia, donde se concentraba la vida domésticas, mientras que las estructuras ovaladas se relacionaron con las zonas de almacenamiento, cobijo para el ganado o trabajos artesanos (Matos y Gouveia 2004: 5-6).

En contextos similares de mediados del siglo VI a.n.e., se ha podido documentar una diferencia de actividades entre varias de las estancias de poblados como El Ceremeño (Herrería) en el Alto Tajo que cuenta con un buen registro material y excavaciones en extensión (Cerdeño y Juez 2002). Para el nivel del Ceremeño I, J. Arenas (2007) entiende que no todas las estructuras fueron espacios de habitación, sino que algunas de ellas habrían estado relacionadas con otros aspectos de la vida diaria de los habitantes del sitio. Así, estancias como la E y la G de la Fig. 4.16, se relacionaron con el "descanso, reunión o cobijo", por tres razones: tenían entradas en codo, lo que se ha relacionado con un mayor grado de privacidad; presentaban hogares, cuya función se relacionó con caldear las habitaciones más que con labores de cocina; y se documentaron escasos restos cerámicos en su interior. Por el contrario, la estancia C contaba con un hogar, un molino y numerosas cerámicas de mesa, cocina y almacén, por lo que se relacionó con la preparación y consumo de alimentos. Por otro lado, de las estancias A y D se dice que presentaban una intensa actividad doméstica, mientras que la B y la F habrían funcionado como establos o almacenes. Finalmente, a la habitación H se le atribuyó una posible actividad ceremonial.

La variabilidad arquitectónica de las estructuras en el interior de los asentamientos no parecía encontrarse sujeta a los mismos principios de organización, por lo que la heterogeneidad formal habría sido reflejo de diferentes dinámicas sociales internas (Arenas 2009: 215). Sin embargo, no solo las diferencias funcionales debieron marcar la esfera doméstica. Aspectos como la complejidad del conjunto de construcciones, su forma u orientación podrían estar relacionados con dicotomías de valores o aspectos astronómicos (Parker Pearson y Richards 1994; Oswald 1997). F. Gerritsen (1999), a partir de estudios etnográficos, apuntaba que se podían inferir tres elementos comunes. El primero era que las casas son más que simples refugios para guarecerse. Estas construcciones tienen un papel activo en la vida de sus habitantes, siendo tanto unidades sociales como de producción. En segundo lugar, la construcción de una vivienda no es algo estático, se encuentra en constante modificación como reflejo social y simbólico de la familia que guarda. Por último, la construcción y el abandono de las estructuras pueden estar relacionados con factores sociales y culturales, además de materiales, por lo que la casa nunca sobrevive a sus habitantes.

Así pues, hemos de tener en cuenta qué aspectos sociales y/o identitarios pueden influir en la configuración, la vida y las dinámicas de la arquitectura doméstica, dando lugar a un marco construido bajo una serie de paradigmas sociales, simbólicos y dinámicos bajo los que han de actuar los habitantes de la casa. Este marco configurador habría influenciado el modo de relacionarse entre los miembros de la unidad familiar y, entre éstos y el conjunto de la comunidad. El estudio de comunidades actuales puede ilustrarnos sobre la complejidad de los espacios domésticos y su influencia a la hora de modelar y marcar las diferentes facetas de los individuos. A. González Ruibal (2003: 130-136) aportaba algunos ejemplos interesantes sobre cómo se construye la desigualdad de género y cómo fluyen las relaciones de dominación a partir de esta forma

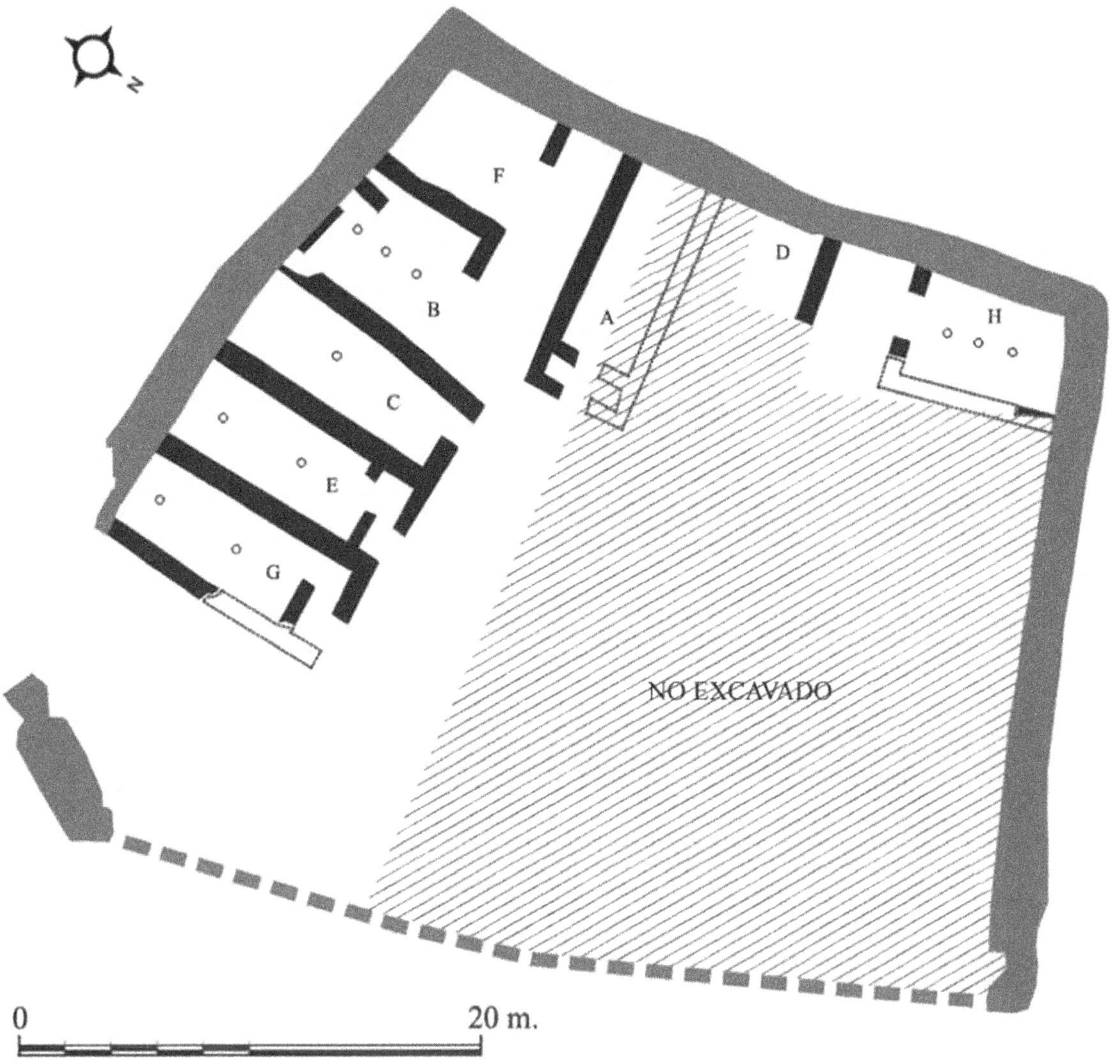

Fig. 4.16: Planta de la primera fase de El Cerémeño (Herrería) (Arenas 2007: Fig. 1).

de cultura material. Uno de ellos es el de los matakam, grupo étnico del norte de Camerún, quienes cuentan con espacios diferenciados a partir del género, tanto físicos como simbólicos, donde las mujeres y hombres duermen y cocinan en cabañas separadas, incluso cuentan con espacios de almacenamiento bien diferenciados. También, los betsileo o sakalava de la isla de Madagascar, o los berta de Sudán-Etiopia, donde los responsables de las decisiones que competen a la construcción y el establecimiento de la casa están revestidos de una ritualidad controlada por los hombres, negando así a las mujeres la capacidad de negociación en la configuración de los espacios y del simbolismo en que éstos participan.

Las referencias a los materiales que acompañaban a las estructuras domésticas en el Alto Duero no desvelan mayor información que la presencia de los mismos tipos cerámicos y restos faunísticos en todas las soluciones constructivas. La mayor parte de los datos publicados sobre las excavaciones de las décadas de los 70 y 80, ni tan siquiera indican si los materiales aparecieron en el interior de las casas o en los exteriores. La ausencia de los contextos espaciales de los artefactos y las reducidas dimensiones de las áreas excavadas imposibilitan, por lo tanto, profundizar en el desarrollo de la vida diaria en el interior de las casas, sus áreas de actividad o descanso, así como aproximarnos a los significados y usos sociales de los espacios domésticos que se presentan como asignaturas pendientes para el futuro.

4.4.1.3. La biografía de los espacios domésticos

Anteriormente hemos señalado como la vida de la casa se encuentra directamente asociada a la vida de la unidad familiar. Autores como F. Gerritsen (1999: 83-88) o N. Sharples (2010: 201-234) han relacionado estas construcciones con la metáfora del ciclo de la vida, en la que fácilmente se pueden diferenciar tres fases.

La primera de las ellas es la construcción o nacimiento de la casa. Esta fase inicial es la más intangible del proceso, ya que comienza con la decisión de construir una nueva unidad doméstica, que a su vez implica una escisión de unidades familiares previas a las que pertenecían los nuevos integrantes. El evento de construcción de esta nueva casa ha de ser entendido como un proyecto comunitario, al menos en los que a los grupos familiares de procedencia se refiere, que conlleva el establecimiento de nuevos vínculos sociales y relaciones de reciprocidad por la construcción de la edificación, la apropiación del espacio comunal que ocupará la casa, las materias primas y la fuerza de trabajo necesarias. Todo ello, se habría encontrado revestido de una profunda ritualidad como veíamos en el caso de los betsileo, los sakalava o los berta del apartado anterior, donde los especialistas religiosos eran imprescindibles en el proceso de construcción. La acción de gracias por el espacio y recursos, y la búsqueda de protección de ancestros y divinidades habría materializado en depósitos fundacionales, como el de la cabaña del siglo VII a.n.e. del Sector II de El Castillejo (Fuensaúco), donde en un hoyo de reducidas dimensiones entre el espacio central del hogar y el límite exterior se encontraba un pequeño ovicáprido casi completo.

La siguiente etapa de la casa es la vida o su fase de uso, en la que tiene lugar la vida diaria de sus habitantes, cuyo devenir queda grabado en las huellas de uso, las reparaciones, los cambios o alteraciones en la estructura o los elementos que la acompañan. Esto habría quedado evidenciado en las numerosas capas de revoco registradas en la anterior cabaña de El Castillejo (Fuensaúco), revistiendo la plataforma sobre la que se encontraba el hogar, así como por los varios niveles de enlucido del suelo.

La casa es el espacio íntimo de la familia. En Antropología, cuentan con múltiples ejemplos sobre restricciones o vetos de acceso a determinados espacios familiares. Esta propiedad y exclusividad del espacio familiar habría sido remarcada por enterramientos infantiles como el documentado en otra de las cabañas del Sector II de El Castillejo (Fuensaúco) entre los siglos VI y V a.n.e. El enterramiento era una inhumación con ajuar, protegida por una cerámica y señalizada por una piedra plana en el suelo. Ejemplos similares se han documentado también en Cortes de Navarra (Maluquer 1954) o en La Hoya (Galilea y García 2002).

Este caso es reseñable en el Alto Duero, ya que individuos con similares características aparecen enterrados, por lo general, en las necrópolis como posteriormente veremos. Desafortunadamente, no contamos con información de edad y otras características de los restos óseos de El Castillejo (Fuensaúco) que nos permitiesen entender las circunstancias del fallecimiento y si éstas determinaban un tratamiento funerario diferencial o, si bien, se debe a una característica regional del grupo que habitaba la zona. Así, tan solo podemos señalar la relación que presenta el lugar del enterramiento con el hogar central de la vivienda y el ajuar que acompañaba al individuo infantil, a partir de varios vasos, pulseras y colgantes con posibles connotaciones apotropaicas. Este énfasis en las identidades colectivas, especialmente las relacionadas con la casa y la familia, habría brindado una protección especial a los individuos sustancialmente más vulnerables. De este modo, podemos observar como la coexistencia del mundo de los vivos y el de los muertos se habrían encontrado separados por una fina y difusa barrera que se torna especialmente evidente en ejemplos como éstos.

Por último, la fase de abandono o muerte de la vivienda, patente en eventos de destrucción premeditada. En ocasiones, los materiales de las viviendas previas son aprovechados para la construcción de nuevas edificaciones, con el fin de optimizar esfuerzos, materias primas o fortalecer los vínculos con la unidad familiar previa que allí residía. Un claro ejemplo habría sido la vivienda de estructura angular y hogar central del Sector II del Zarranzano (Cubo de la Sierra) que se destruyó en un incendio. Tiempo después y aprovechando parte de sus muros, se levantó sobre ella, una cabaña circular, cuyo hogar central se encontraba sobre el anterior. Superposiciones de hogares y reutilizaciones parciales de muros han sido relacionadas en otros contextos de la Edad del Hierro con un énfasis en la apropiación del espacio, legitimando así la continuidad habitacional del grupo y de los derechos transmitidos por los ancestros (Ayán 2001: 44; González Ruibal 2006-2007: 203; Blanco González 2011).

La casa es, por lo tanto, algo más que una simple edificación. Es una materialización de determinados valores sociales, culturales y simbólicos, los cuales han de ser reiterados mediante la práctica diaria en ese espacio. Nuevamente y como ya se mencionó en la construcción del paisaje, las personas construyeron sus casas a partir de sus cosmogonías y necesidades, pero al mismo tiempo, las casas construyeron a las personas, condicionando su modo de actuación y de relación entre los miembros de la unidad familiar y con la comunidad. Son, por ello, un importante escalón de la organización social, ligadas a la transmisión de derechos y tierras de generación en generación, así como un referente de identidad.

4.4.2. Talleres especializados: el trabajo de la metalurgia en El Royo

El trabajo de la metalurgia del hierro es característico de este periodo y pareció desarrollarse de forma local en los enclaves. Las materias primas procedían de afloramientos naturales en el Sistema Ibérico, aunque no conocemos el proceso de extracción, los patrones de uso o deposición (Ruiz Zapatero y Álvarez Sanchís 2015: 220). Sobre la actividad metalúrgica, tan solo contamos con leves referencias de esta actividad en El Castillejo (Taniñe) (Taracena 1926: 12-13) y las excavaciones de El Castillo de la Virgen (El Royo).

El Castillo de la Virgen (El Royo) es el que cuenta con datos más completos. Este asentamiento es un enclave fortificado, localizado en la vertiente sur del Sistema Ibérico. En su interior, se diferencian dos terrazas. B. Taracena (1929a: 6-7) realizó "zanjas exploratorias" en la terraza superior donde documentó carbones, cenizas y tierra mantillosa junto a cerámicas hechas a mano, toscas y en menor medida cuidadas. En los años 1978 y 1979, J.J. Eiroa (1979a, 1979b, 1981) registró dos niveles arqueológicos. El nivel A compuesto por cerámica celtibérica, fragmentos de hierro y *terra sigillata* hispánica tardía, con una fecha de C14 (CSIC-421: 2.270±50 BP) en torno al 320 a.n.e. Mientra que el nivel inferior, B, se componía de tierras quemadas, cenizas y carbones, junto a cerámicas a mano, objetos de bronce como agujas, un punzón o un alfiler, y escasos fragmentos de hierro. De este nivel, también se obtuvo una fecha de C14 (CSIC-418: 2.480±50 BP) en torno al 530 a.n.e.

Una de las catas de este segundo nivel presentaba una estructura de piedra circular de 1,5 m de diámetro junto con numerosos fragmentos de moldes de barro, entre los que siete de ellos se conservaban más completos, cerámicas a mano muy toscas y abundantes restos de escorias de fundición. Este espacio fue interpretado como un horno de fundición relacionado con el trabajo del hierro. Los moldes eran de arcilla cocida a unas temperaturas de entre 500 y 700 °C con huellas de uso como los dos ejemplares que presentaban restos de burbujas de metal aún adheridas (Fig. 4.17). Para determinar la procedencia de los moldes, se llevaron a cabo análisis mineralógicos de su composición mediante la difracción de rayos X, cuyos resultados determinaron una procedencia local de las materias primas, extraídas del interior del sitio o del entorno más próximo (Eiroa 1981).

Este pequeño taller de posible producción local elaboraba utensilios relacionados con actividades agrícolas y ganaderas o constructivas, ya que a partir de los moldes se pudo determinar la fabricación de escoplos, varillas y enmangues o empuñaduras de utensilios. Este tipo de evidencias suponen un primer paso en la aproximación a los modelos de producción local de este tipo de objetos, aunque aún nos queda por saber que otras estructuras constructivas del sitio se relacionaban con el horno, o si todo el proceso de elaboración de los útiles se llevaba a cabo en el mismo taller, o tan solo tenía lugar el fundido y la forja y ensamblaje con elementos de madera, asta o hueso tenía lugar en otras localizaciones.

4.5. La muerte en la primera Edad del Hierro

Hasta este punto, hemos observado como los paisajes de los vivos fueron poderosos y eficaces vehículos para la construcción de las identidades y la memoria de las comunidades, a través de los cuales se negociaban las relaciones de poder, el prestigio o las posesiones, tanto entre los integrantes de la comunidad como con los grupos vecinos. Sin embargo, fueron los paisajes funerarios la evidencia del arraigo de la comunidad a la tierra. La memoria social y la muerte conformaban un maridaje esencial para la construcción de conceptos como territorialidad, parentesco, jerarquía e identidad (Arnold 2010).

Los paisajes tienen sus biografías. Biografías que las personas que los habitan a lo largo de generaciones conocen, asumen, interpretan, reinterpretan y modifican. En algunas ocasiones, se observa como las decisiones sobre la localización de los asentamientos fueron tomadas varias generaciones antes, como ocurrió en los *hillforts* de la región de Northumberland (norteste de Inglaterra) que se levantaron sobre las fronteras construidas en etapas previas (Froshdam 2004). En la Celtiberia, encontramos evidencias similares. El caso más significativo es, quizá, la necrópolis de Carratiermes que se estableció sobre un antiguo asentamiento de la Edad del Bronce (Argente *et al.* 2001: 240). Así, la intersección entre la ubicación de los muertos, las identidades comunitarias y la memoria enfatizaba la propiedad de la tierra y dotaba de legitimidad a la apropiación de tierras y recursos por parte de la comunidad.

A inicios de la primera Edad del Hierro, tuvo lugar la generalización del ritual de enterramiento de la cremación que ya se conocía tímidamente en la zona del Alto Duero

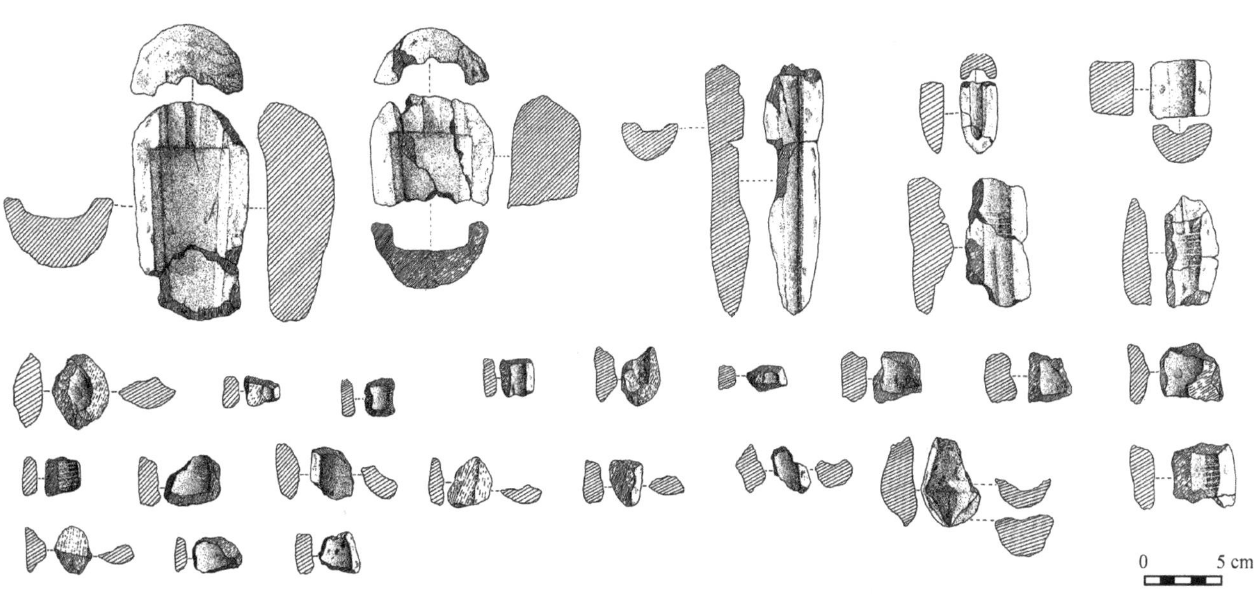

Fig. 4.17: Fragmentos de moldes de El Castillo de la Virgen (El Royo) (a partir de Eiroa 1981: Fig. 2-4).

en la necrópolis de San Pedro (Oncala), fechada a inicios del siglo XI a.n.e. (Tabernero *et al.* 2010). La práctica de la cremación implicó un modo de divinización, ya que mediante la acción del fuego se evitaba la corrupción del cuerpo del difunto y permitía a sus descendientes y familiares acceder a esferas de negociación de poder, mediante mecanismos como la exhibición y la destrucción de la riqueza en las exequias y banquetes funerarios (Ruiz-Gálvez 2007: 186-189).

4.5.1. Las necrópolis del Alto Duero: la variabilidad como característica

En las necrópolis del Alto Duero, los problemas con la calidad de los datos son constantes en el registro funerario. Las metodologías utilizadas en las intervenciones fueron más o menos rigurosas dependiendo del momento en el que fueron excavadas. Las grandes actuaciones en estos cementerios tuvieron lugar a inicios del siglo XX y estuvieron, por lo general, centradas en la extracción de los objetos más "preciados" de los ajuares más que a un registro detallado del mismo. Fruto de su época, buscaron contestar preguntas relacionadas con la seriación tipológica y la evolución de los objetos, haciendo que las cuestiones que hoy nos planteamos sean difíciles de responden a partir de los testimonios recopilados. Ejemplos claros de esta problemática son las necrópolis de La Requijada (Gormaz) y las Viñas del Portuguí (Osma), en las que R. Morenas de Tejada excavó 1.200 y 800 enterramientos, respectivamente. De ellas, tan solo se conservan breves referencias a las intervenciones y algunos objetos de los ajuares, pero carecemos de los contextos y de las asociaciones de materiales. En cementerios como las Viñas del Portuguí (Osma), tan solo las piezas de 36 ajuares han podido ser relacionadas (Fuentes Mascarell 2004), y lo mismo ha ocurrido con las 68 tumbas de La Dehesa (Ayllón) de las que tampoco se registraron información de los contextos o las asociaciones materiales y solo se han podido realizar estudios tipológicos de las piezas (Barrio Martín 1990, 1999, 2006). A ello, hemos de sumar la falta de publicaciones o publicaciones parciales de las intervenciones en estos cementerios, tal y como se recoge en la Fig. 4.18.

Si atendemos al mapa de distribución de las necrópolis identificadas para la primera Edad del Hierro (Fig. 4.19), podemos observar como éstas se localizan en las zonas de los valles del Duero y sus tributarios, poniendo de relieve una ocultación de los espacios funerarios en la zona de las montañas. Esta característica contribuye a marcar aún más

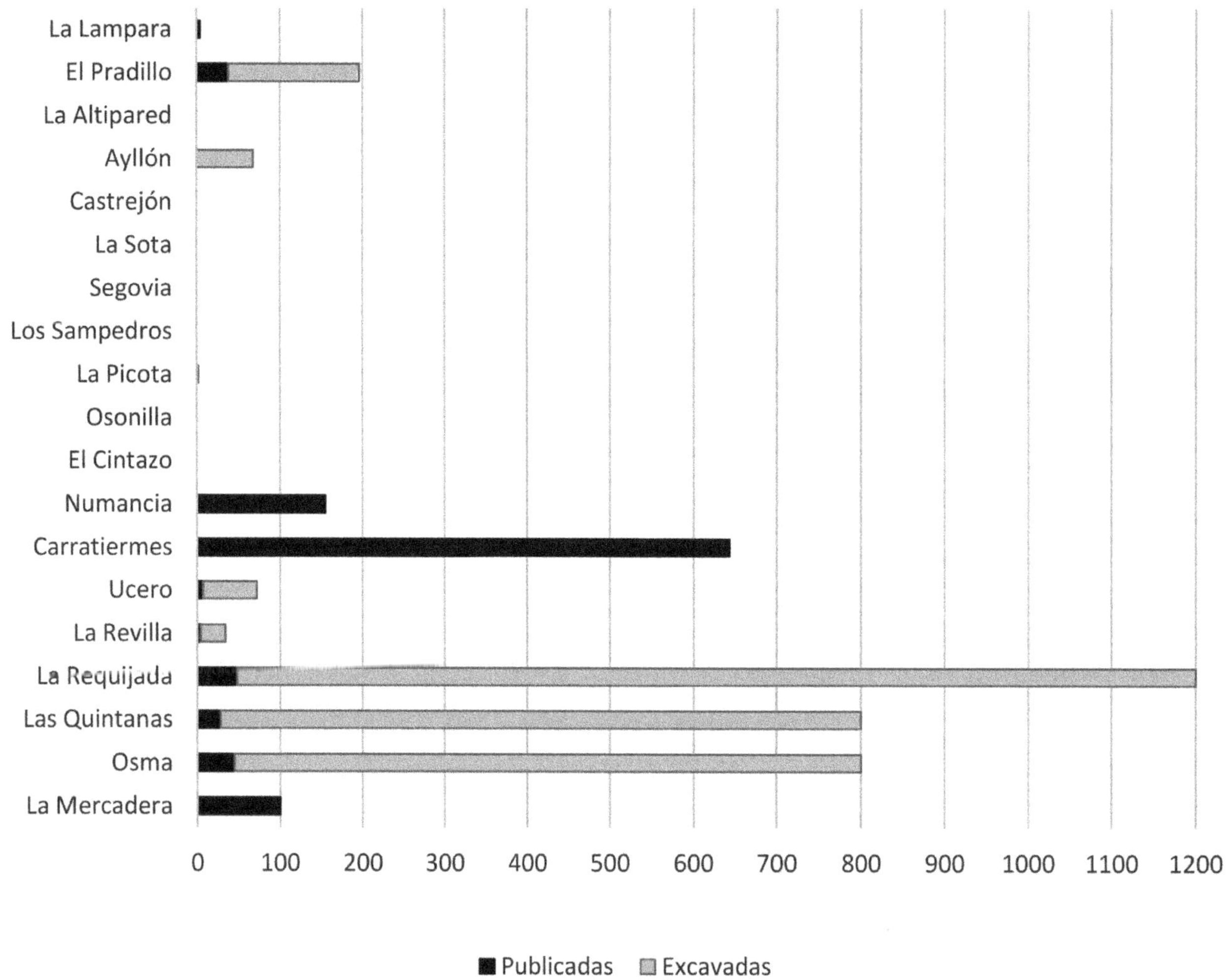

Fig. 4.18: Gráfico donde se reflejan las tumbas exhumadas y publicadas de las necrópolis del Alto Duero independientemente del periodo de la Edad del Hierro al que pertenezcan.

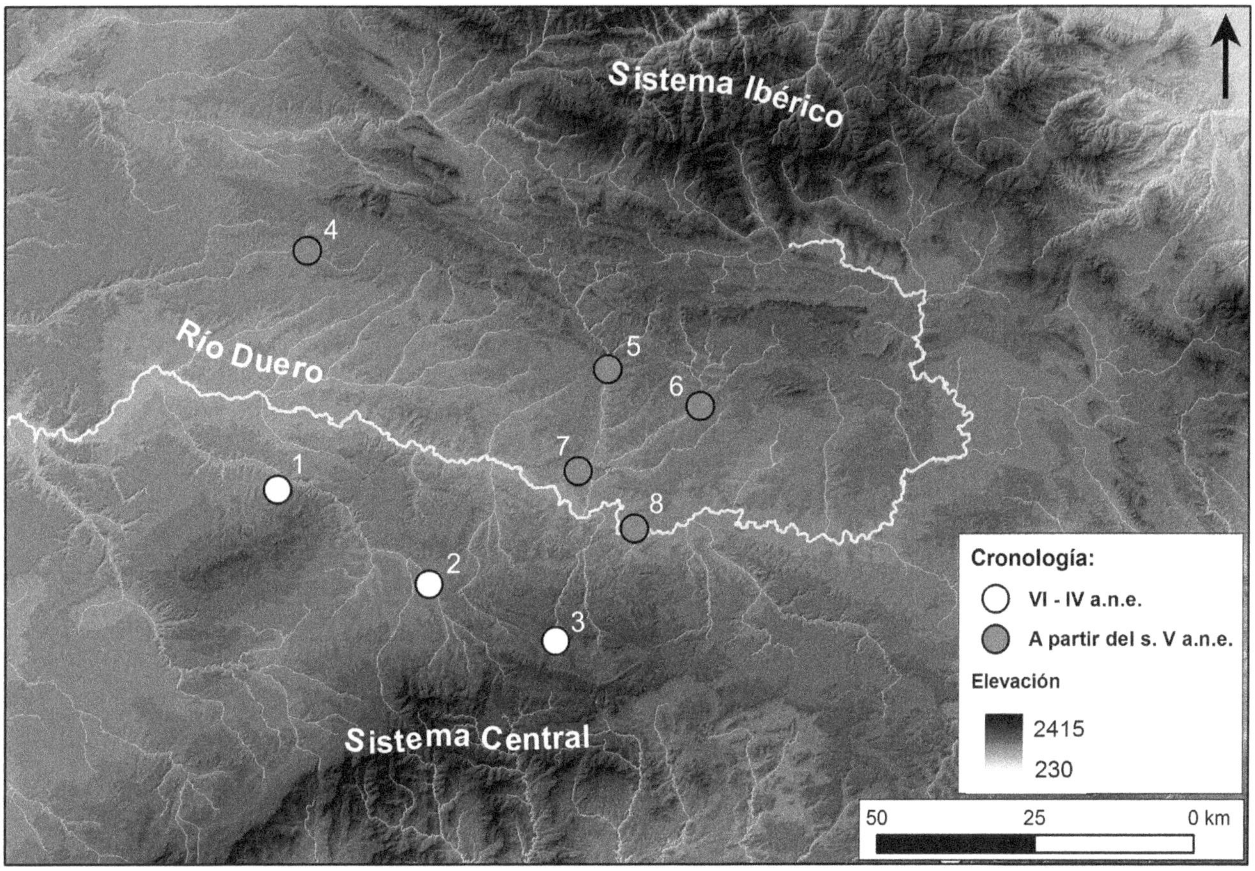

Fig. 4.19: Las necrópolis del Alto Duero durante la primera Edad del Hierro: 1.- Necrópolis del poblado de Montejo de la Vega de la Serrezuela, 2.- La Dehesa (Ayllón), 3.- Carratiermes (Montejo de Tiermes), 4.- El Pradillo (Pinilla de Trasmonte), 5.- San Martín (Ucero), 6.- La Mercadera (Rioseco de Soria), 7.- Viñas del Portuguí (Osma), 8.- La Requijada (Gormaz).

las diferencias entre los grupos de las zonas montañosas del Sistema Ibérico y los de los valles, señalando una diversidad en las estrategias de construcción y uso de los paisajes por parte de las comunidades. Por ello, las descripciones del panorama funerario que vamos a detallar de ahora en adelante, corresponden exclusivamente a las comunidades de los valles.

La ubicación de los espacios funerarios se ha vinculado tradicionalmente a las masas de agua desde que el marqués de Cerralbo advirtiese una relación con "...las vegas, teniendo por indicador a ríos, arroyos, fuentes o pozos de aguas saladas..." (Aguilera y Gamboa 1916: 9). A las aguas, se les han atribuido unas connotaciones liminales, donde el mundo de los vivos y el de los muertos habría presentado unas barreras más tenues y difusas. Por ello, la disposición y orientación de las necrópolis a los puntos de mayor acumulación de agua en el paisaje habrían favorecido el tránsito del difunto al Más Allá. Al mismo tiempo y como apuntaba E. García Soto (1990: 19), los cementerios se encontraban sobre áreas fácilmente accesibles desde los asentamientos. No existen muchos ejemplos en el Alto Duero donde podamos relacionar los sitios de hábitat y las necrópolis. Sin embargo, la necrópolis de El Pradillo (Pinilla de Trasmonte) se encontraba en una zona de vega, la más baja de todo el entorno, y se relacionaba con el poblado de Trascastro (Pinilla de Trasmonte). Del mismo modo, Carratiermes (Montejo de Tiermes) se situaba a los pies de la acrópolis en la que se localizó la cabaña de esquinas redondeadas a la que nos referimos en apartados anteriores.

La variabilidad regional entre las necrópolis es más acusada que en el caso de los asentamientos y el mundo doméstico, ya que se observan diferencias en la forma de ordenar los enterramientos en el espacio, en la forma de señalizar las tumbas, en la composición de los ajuares y en el tramiento de dichos materiales durante el ritual funerario. Si nos fijamos en la distribución de los enterramientos en el espacio interno de la necrópolis, es complicado encontrar una lógica o patrón que podamos extrapolar al conjunto de los cementerios. En el caso de cementerios como Alpanseque (Taracena 1941: 35), La Requijada (Gormaz) (Morenas de Tejada 1916a: 172) o el Inchidero (Aguilar de Montuenga) (Arlegui 2012, 2014b), los enterramientos se disponen formando calles, señalizados con estelas de piedras. Sin embargo, lo contrario ocurre en Ucero (García Soto 1990: 20), La Mercadera (Rioseco de Soria) (Taracena 1932: 7) o Carratiermes (Argente *et al.* 2001), donde las tumbas aparecen dispersas formando aglomeraciones, sin una ordenación clara. A la disposición de los enterramiento se han intentado encontrar múltiples explicaciones en clave de evolución cronológica (*e.g.* García Soto Mateos 1990: 20-21), entendiendo el paso de una configuración de los enterramientos de más simples a más complejos.

En cuanto a los marcadores, se ha evidenciado que la presencia de estelas no era necesariamente un sinónimo de enterramiento. En El Inchidero (Arlegui 2012: 187-190), las estelan que formaban las calles no tenían por qué estar asociadas a un enterramiento. Además, en otras ocasiones, cuando se asociaban a una tumba concreta, el marcador y el enterramiento no siempre eran sincrónicos y existen casos en los que el enterramiento que señalaba se vio alterado o parcialmente destruido en el momento de instalar la estela. Se ha sugerido que la presencia o no de marcadores en los cementerios es en ocasiones fortuita y ligada más a problemas de conservación y a las actuaciones posteriores que a una relación presencia-ausencia real entre las tumbas o las necrópolis. En el cementerio de El Pradillo (Pinilla de Trasmonte), I. Ruiz Vélez (2010: 87) apuntaba que algunos de los enterramientos se encontraron sellados con una laja de caliza o arenisca que podría haber sido una estela. También en Carratiermes (Argente *et al.* 2001), el número de estelas de caliza o arenisca que aparecen es muy reducido. Para este periodo, dos estelas de arenisca pudieron ser relacionadas con el sexo, edad y ajuar del enterramiento: las tumbas 321 y 619. Por un lado, la tumba 321 perteneció a un varón de entre 30 y 35 años con el prototípico ajuar de guerrero (dos lanzas, arreos de caballo, un cuchillo curvo, un fragmento de regatón, un punzón biapuntado, una fíbula, un asa de un caldero de bronce), también un vaso de cerámica a mano, una canica, una fusayola y restos de huesos de animales, posiblemente procedentes del banquete. Por otro lado, la tumba 619 correspondió a una mujer de entre 40 y 50 años, cuyo ajuar se componía principalmente de objetos de adorno, como multitud de pulseras de diferentes tipos, un broche de cinturón de escotaduras, placas de bronce y fragmentos de un adorno espiraliforme. Sin embargo, los escasos datos con los que contamos por el momento no permiten realizar una interpretación sobre esta cuestión.

Si atendemos a los tipos de enterramiento, parece que en el área nuclear del Alto Duero no se documentan estructuras tumulares en ninguno de los cementerios durante el primer milenio a.n.e. Esta particularidad contrasta con regiones limítrofes como la cuenca del Ebro, el Alto Tajo, el Alto Jalón o el Duero Medio, en las que estas estructuras son características. No obstante, algunas de las necrópolis que se sitúan en zonas de frontera con otras tradiciones culturales, presentan características mezcladas, como es el caso de El Pradillo, donde aparecen ocasionalmente algunas estructuras tumulares (Moreda y Nuño 1990; Abarquero y Palomino 2007). Generalmente, el tipo de enterramiento más común consiste en una fosa en la que se introducen las cenizas, con o sin vasija, aunque dependiendo de la necrópolis observamos diferencias en la práctica. En El Pradillo (Ruiz Vélez 2010: 86, 92-93), los restos humanos se depositaban en la base de la tumba, concentrados en una zona muy concreta, que ha llevado a sugerir la posibilidad de que estuviesen en el interior de algún tipo de contenedor orgánico, quizá, un cofrecito de madera o elemento de cuero, individualizando al difunto del ajuar. En Carratiermes, aparecieron dispuestos de diversas formas: las cenizas con o sin urna directamente en fosas sin trabajar o, en ocasiones, preparadas con un revestimiento de las paredes con piedra, cubiertas con amontonamientos de cantos o lajas planas (Argente y Díaz 1990: 56). Por último, en La Mercadera, los restos se introdujeron directamente en una fosa de reducidas dimensiones, donde la presencia de las urnas cinerarias es ocasional (Taracena 1932: 6-7; Lorrio 1990: 39).

Tambien, se documentan diferencias regionales en el tratamiento de los materiales que acompañan al difunto. En La Mercadera, los objetos del ajuar fueron por lo general doblados (Taracena 1932: 8) o inutilizados. En Carratiermes, la costumbre de doblar los objetos tan solo tiene lugar cuando, debido a sus dimensiones, estos no cabían en la fosa del enterramiento. Finalmente, en El Pradillo, los objetos metálicos fueron sometidos con el difunto al fuego de la pira, mientras que los restos animales aparecieron sin quemar (Ruiz Vélez 2010: 86, 91-92).

Por último, la composición de los ajuares es otro elemento diferenciador entre las comunidades del Alto Duero, así dependiendo del cementerio al que nos refiramos, los objetos que acompañan al difunto presentan características ligeramente diferentes o se priman unos objetos sobre otros. De ello, resulta que bajo un paraguas de similitud, se observan las diferentes formas de hacer las cosas, donde lucir determinada apariencia y portar ciertos artefactos van a reflejar determinadas ideas características de los grupos a los que pertenezcan. Esto habría dado lugar a una suerte de trajes o apariencias concretas capaces de manifestar la comunidad de origen, materializando así uno de los niveles de identidad étnica.

4.5.2. Las agendas sociales

M. Parker-Pearson (1993: 203) afirmaba que "los muertos no se entierran a sí mismos" para evidenciar que los difuntos no son los responsables directos de los materiales que les acompañan en la muerte. Tradicionalmente, la composición de los ajuares ha sido estudiada desde la perspectiva del difunto más que desde la intencionalidad de los individuos que realizaron el enterramiento y los rituales, olvidando así la capacidad de acción de los dolientes (Delgado y Ferrer 2012: 126; Prados Torreira 2011-2012: 318-319). El grupo que realizaba las exequias no carece de intencionalidad, sino todo lo contrario, éstas les ofrecen un espacio de negociación social en el seno de la comunidad, permitiéndoles manipular el resultado final y transmitir una determinada idea o conjunto de ellas al resto del grupo.

En las sociedades orales, la cultura material hace a la persona. Los objetos de ajuar encierran un conjunto de valores sociales, míticos y simbólicos que pueden expresar diferentes realidades, desde las identidades del individuo a indicadores de prestigio, incluso en algunos casos, el valor del objeto reside en su propia biografía, siendo considerados como reliquias. Por ello, estos conjuntos son el resultado de una deposición deliberada e intencional de una serie de artefactos mediante una *praxis* social revestida por la ritualidad de una ceremonia específica y/o unas prácticas religiosas (James 2007: 163). La cultura material del ámbito funerario es, por tanto, fruto de las agendas de los protagonistas del ritual, quienes mediante la actuación exhiben sus identidades, refuerzan el estatus y negocian las relaciones con otros miembros de la comunidad. Ser conscientes de esto nos permite aproximarnos tanto a la construcción de las formas de autoidentificación y los mensajes que pretendieron transmitir sobre el difunto, como a las identidades colectivas que quisieron potenciar o enfatizar.

Hemos de tener en cuenta que nos encontramos ante sociedades que, tras observar la configuración de sus espacios de hábitat y sus espacios domésticos, presentan un carácter bastante igualitario, pero al adentrarnos en el mundo funerario, esa aparente igualdad no es más que una ocultación de las diferencias sociales. Estas comunidades eran de tamaño reducido. En el caso de La Mercadera, las estimaciones de población para el tránsito entre los siglos V y IV a.n.e. es de una población viva de entre 12 y 24 personas que, además, presentaban grandes diferencias de riqueza en la composición de los ajuares. Entre los difuntos de este cementerio, tan solo un 10% del total fueron enterrados con más de 5 objetos (Lorrio 1990). Las diferencias de riquezas estuvieron presentes en todos los cementerios, desde conjuntos con materiales suntuosos, numerosos y variados a enterramientos que carecieron de ajuar por completo como los documentados en El Pradillo, La Mercadera y Carratiermes. Esto permite sugerir que todos los miembros de la comunidad se encontraban enterrados en los espacios funerarios por el mero hecho de pertencer a la misma e independientemente de elementos como la posición social o el prestigio.

En consecuencia, el modelo social que se perfila para el Alto Duero en este periodo es el de comunidades no muy extensas, en cuyo seno tienen lugar fuertes tensiones y disputas por el poder, que se negocian en los diversos escenarios de competicion social como son las construcciones de obras comunitarias y el ámbito funerario. M. Ruiz- Gálvez Priego (2007: 187) apuntaba la existencia de una clase social emergente que necesitaba justificar sus derechos. Para ello, inventaba un pasado heroico que legitimase su sucesión en la función política y utilizaba la actuación en los funerales públicos, la destrucción de la riqueza y el sacrificio de objetos preciados para mostrar la fuerza y el poderío del grupo familiar al que perteneció el difunto.

4.5.3. Los ajuares y las agendas sociales

Adentrarnos en las realidades e intencionales que se quisieron expresar a través de los objetos que han llegado hasta nosotros por medio de los ajuares es un asunto complejo. Más aún si somos conscientes de que posiblemente hemos perdido aquellos de carácter perecedero, como telas o artefactos de madera, que pudieron formar parte de los mismos. J. Collis (1994) señalaba que uno de nuestros principales problemas es la falta de conocimiento de lo que realmente simbolizaban los materiales y que dependiendo de la perspectiva desde la que los abordemos, la interpretación final variará enormemente. R. Gilchrist (2005: 52) proponía abordarlo desde el punto de vista de las relaciones familiares, donde examinásemos el papel que habían jugado los objetos en términos de género. Sobre este tema, L. Prados Torreira (2011-2012: 318) señalaba el interés que ha habido desde el mundo de la investigación por determinar el género de los individuos enterrados. Las atribuciones de género y edad aunque ocasionalmente se han realizado mediante análisis antropológicos, frecuentemente, se han determinado por la composición del ajuar. De este modo, los cánones y patrones de la sociedad industrial fueron extrapolados al pasado, dando lugar a una concepción binaria del género, en la que los objetos ornamentales, cerámicos o textiles fueron atribuidos a las mujeres, mientras los artefactos relacionados con la guerra o la figura del caballo a los hombres (Arnold 2016; Pope 2021; Liceras Garrido 2021). Así, utilizando este marco interpretativo, no se tuvo en cuenta la posibilidad de que pudiesen existir otras identidades de género, o que las mujeres y los hombres pudiesen haber presentado diferentes ajuares dependiendo de otras identidades como la edad, el estatus o la etnicidad (Liceras Garrido 2022a, 2022b).

Críticas en este sentido aparecieron tímidamente en la bibliografía desde los años 90. E. García Soto (1990: 25) señalaba que la aparición de tumbas con armas no tendría por qué estar relacionada con la existencia de una clase guerrera, así como las diferencias de riqueza entre ajuares no estarían directamente relacionadas con la existencia de una clase rica y otra pobre, sino que podría deberse a cuestiones como el prestigio. A pesar de ello, en la mayor parte de las publicaciones sobre las necrópolis celtibéricas es frecuente encontrar la división entre ajuares con armas y objetos ornamentales (*e.g.* Argente *et al.* 2001; Jimeno *et al.* 2004; Lorrio 2005).

Comparto las reflexiones de autoras como S. Lucy (1997: 155) o L. Prados Torreira (2010: 206), quienes afirman que cuando los datos arqueológicos no son suficientes, priman los estereotipos en la interpretación, por ello, debemos desligarnos de los tópicos y las interpretaciones "fáciles" sobre el carácter de los difuntos. Resultan sorprendentes críticas como la de A. Delgado y M. Ferrer (2012: 124-125), para contextos fenicios y púnicos, donde la principal limitación para tratar las diferencias de género se había atribuido a la falta de estudios antropológicos pero, a medida que éstos se han generalizado, la narrativa arqueológica no se ha alterado y las mujeres han permanecido invisibles. Creo que esta crítica es extensible a la Meseta norte, donde necrópolis como Carratiermes (Argente *et al.* 2001), El Pradillo (Ruiz Vélez 2010), La Yunta (García Huerta y Antona 1992), Herrería (Cerdeño y Sagardoy 2007) o Las Ruedas (Sanz Mínguez 1997) cuentan con este tipo de análisis desde hace décadas. Sin embargo, el volumen de bibliografía sobre el tema es muy reducido y se limita a visiones generales sobre el género (Prados Torreira 2011-2012; Baquedano y Arlegui 2020; Liceras Garrido 2021) y algunas publicaciones sobre el ajuar de algunas tumbas de mujeres y niñas en la necrópolis de Las Ruedas (Sanz Mínguez y Diezhandino 2007; Sanz Mínguez y Romero 2010; Sanz Mínguez 2015; Sanz Mínguez y Coria 2018). Tan solo un trabajo reciente ha planteado el papel social de las mujeres (Liceras Garrido 2022a). Por ello, en los próximos apartados, vamos a explorar las diferentes materializaciones de las identidades en el ámbito funerario, haciendo un especial énfasis en la interrelación y las escalas de estos mecanismos de autoidentificación del individuo.

4.5.3.1. La infancia

La infancia es un tema prácticamente inexplorado en el Alto Duero. Se han documentado individuos infantiles en enterramientos individuales y dobles con edades comprendidas entre los 0 y los 12 años para El Pradillo, y entre 0 y 10 años en Carratiermes. En El Pradillo (Ruiz Vélez 2010: 156), se han registrado en dos enterramientos: la tumba 15 que acogía a un infantil de 5 a 10 años y una mujer de 30-40; y la tumba 27, a una mujer de 30-40 años y un bebé de entre 0 y 6 meses. En Carratiermes (Argente *et al.* 2001: 296), se identificaron siete infantiles enterrados en seis tumbas, donde tres de ellas eran dobles. La tumba 582 pertenecía a una mujer de 20-30 años con un infantil de 0-1 y un ajuar con armas. En la tumba 282, un ajuar con armas también acompañaba a un niño/a de 2-3 años y un hombre de 30-40. La tumba 573 era de dos infantiles de entre 0 y 1 año (Fig. 4.20 b), que han sido interpretados como hermanos gemelos o mellizos, aunque la imposibilidad de realizar análisis de ADN por el momento no permite profundizar en ello. La tumba 548 fue de un infantil de entre 1 y 2 años que se acompañaba de una cerámica a mano, varias pulseras de bronce y unos ejes de fíbula o pectoral. La tumba 599 era de un individuo de 5 a 10 años acompañado por una cerámica a mano, un resorte de fíbula y una lámina de piedra. Por último, el individuo de la tumba 262 tenía entre 3 y 5 años y presentaba un ajuar con armas, compuesto por un bocado de caballo, dos lanzas, una varilla de hierro, una fusayola y una urna de cerámica a torno con tapadera que se fecha en torno en la segunda mitad del V a.n.e. (Fig. 4.20 a).

La presencia de objetos como fíbulas, pulseras, adornos espiraliformes o cuentas de collar en contextos infantiles podrían relacionarse con mecanismos de protección de los más pequeños, y por ello, vulnerables contra los espíritus malignos, o el mal de ojo. Objetos con significados similares se han documentado en grupos actuales como los gumuz y dats'in de la frontera entre Etiopía y Sudán, donde cuando nace un bebé, independientemente del sexo, se les cubre con hileras de cuentas de collar de vivos colores, preferiblemente rojas, que garanticen su protección (Hernando 2017).

Anteriormente destacábamos que los muertos no se entierran a sí mimos y son, precisamente, los organizadores y organizadores del funeral los que seleccionan el ajuar que acompañaba a los difuntos al Más Allá. Las diferencias de género en la participación y ejecución de las diferentes actividades que formarían parte del ritual son un elemento ignorado para la Edad del Hierro. En otros contextos funerarios, R. Gilchrist (2005) reivindicaba el papel de la mujer en la preparación del cuerpo para el funeral durante la Edad Media, ya que a partir de los datos de los

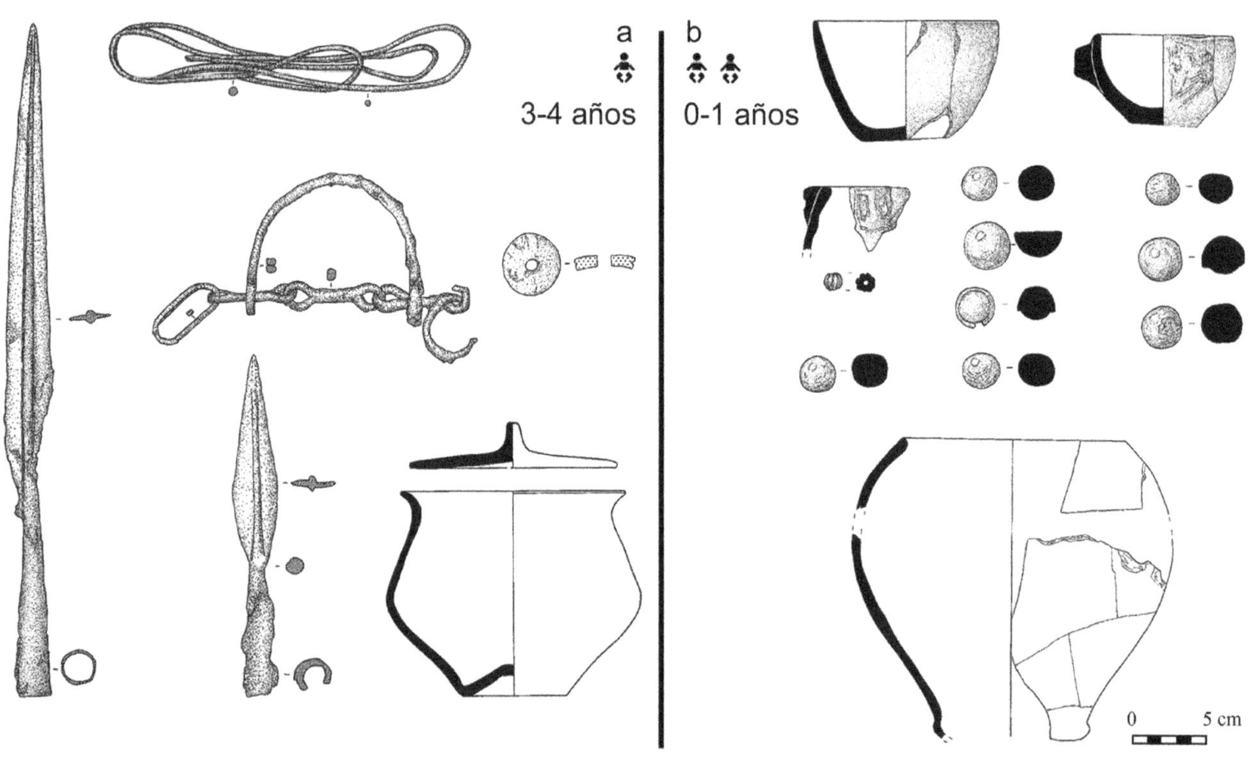

Fig. 4.20: Enterramientos infantiles de Carratiermes (Montejo de Tiermes). a.- Tumba 262. b.- Tumba 573 (a partir Argente *et al.* 2001).

Libros de las Horas, se recoge su papel en la preparación y lavado del cuerpo del difunto, proceso durante el que se colocaban toda una serie elementos simbólicos y amuletos, especialmente en el caso de individuos infantiles. También en los textos hititas que narran el sepelio de un rey, las mujeres de la familia participaban activamente en los actos del ritual, recogiendo los huesos de la pira funeraria con pinzas, ungiéndolos en aceite, envolviéndolos en un paño de lino y depositándolos finalmente en la urna (Gurney 1966: 164-165; Delgado y Ferrer 2012: 132).

El papel destacado de la mujer podría relacionarse como una consecuencia de la prolongación en su papel como madre, cuidadora y perpetuadora de la sociedad, quedando así los elementos relacionados con el nacimiento y la muerte en el terreno de lo femenino. Elementos materiales como las canicas o las fusayolas, que tradicionalmente se han asociado a individuos infantiles y femeninos respectivamente, cobrarían entonces un nuevo significado. En Carratiermes, por ejemplo, el mayor número de canicas aparece en el enterramiento de los dos infantiles (tumba 573) con 8 ejemplares, junto con una cuenta de collar, varios cuencos de cerámica a mano y una vasija a torno de gran tamaño. El resto de canicas se encuentran en tumbas de hombres, de entre 30 y 50 años, con todo tipo de ajuares desde armas a pectorales u otros objetos (tumbas 321, 341 y 630). Cabe la posibilidad de que estos hombres fuesen los padres, ya que se encuentran en edades de reproducción, o compartiesen algún otro tipo de filiación familiar. De este modo, podríamos encontrarnos ante la participación de los niños y niñas, al menos semánticamente, en los rituales funerarios.

El caso de las fusayolas se ha relacionado tradicionalmente con la labor del hilado de las mujeres, pero estos objetos aparecen en múltiples contextos funerarios. En Carratiermes, se han documentado en una tumba doble de una mujer entre los 20 y los 30 y un infantil de 0-1, a la que nos referimos anteriormente (tumba 582); y otra, acompañaba a una mujer de 30-40 años junto a un rico ajuar con pectoral de campañillas, un pequeño cuchillo, varias fíbulas y numerosas pulseras (tumba 271). Otra fusayola se documentó en el enterramiento de un niño/a de 3-4 años, en la tumba 262, con un ajuar con armas (Fig. 4.20 a), y por último, otros dos ejemplares se registraron en tumbas masculinas: en la tumba 174, junto a fragmentos de un colador de bronce, y la tumba 321, acompañada de armas (Fig. 4.23). Por ello, si las mujeres eran las encargadas de los preparativos en la muerte, las fusayolas podrían haber sido el resultado de una deposición intencional a la hora de preparar los objetos que los acompañasen a la otra vida. En esta línea, destaca el ejemplo en un hombre enterrado dentro de un ataúd de plomo en el cementerio monástico de Stratford Langthorne (Essex, Reino Unido), entre el 1230 y el 1350, quien presentaba una fusayola sobre el pecho. En este momento, la labor del hilado era exclusivamente femenina, por lo que la deposición intencional de esta pieza se hizo durante la preparación del cuerpo, presumiblemente por parte de las mujeres de su familia (Barber *et al.* 2004: 4.4; Gilchrist 2005: 56). Por ello, las fusayolas más que relacionarse con la labor del tejido, generalmente asociada a las mujeres (Barber 1991: 283- 298; Meyers 2003: 432-434; Rafel Fontanals 2007; Prados Torreira y Sánchez-Moral 2020: 130-131), en los contextos funerarios, estos elementos domésticos podrían haber estado relacionados con la identidad de la casa más que con la propia actividad de tejer. Del mismo modo, las armas era símiles del prestigio de la persona, la casa o la familia, las fusayolas y otros objetos relacionados con la actividad textil que se desarrollaba en el contexto doméstico podrían haber enfatizado o ensalzado la pertenencia a una determinada unidad doméstica.

Los enterramientos infantiles son el ejemplo más evidente de cómo la composición de los ajuares es obra de los adultos, donde se perciben las intencionalidades de los padres y/o el grupo familiar a la hora de transmitir determinados mensajes mediante la introducción de materiales asociados a: la edad, con objetos como las canicas o amuletos; la unidad doméstica, con la presencia de las fusayolas; o la posición social de la familia, mediante los adornos, las armas y los objetos relacionados con el caballo. Asistimos, por tanto, a la exhibición y negociación de diversas realidades sociales, donde no se contribuye solo a las narrativas personales del individuo, sino también a construir la memoria de la casa, de la familia.

4.5.3.2. Los hombres

En las necrópolis de la Meseta, la presencia de hombres adultos menores de 30 años es muy reducida. Tan solo se han documentado 8 de un total de 490 individuos (Liceras Garrido 2021: 127). Esta tendencia se aprecia tanto en la primera como en la segunda Edad del Hierro. La mayoría de los varones difuntos presetaban edades comprendidas entre los 30 y los 70 años, llegando a documentarse un individuo masculino de entre 70 y 80 años en la tumba 605 de Carratiermes (Argente *et al.* 2001: 304).

El análisis de los materiales de los ajuares del cementerio de Carratiermes se realizó estableciendo una clara división entre los ajuares con armas y sin armas (denominados civiles) (Argente *et al.* 2001). Los ajuares sin armas se componían de diversos tipos cerámicos y elementos ornamentales para el cuerpo, como fíbulas, pulseras, pectorales o broches de cinturón. Si atendemos a la edad, estos ajuares se relacionaban principalmente con hombres de 30 a 60 años. Entre ellos, destaca la tumba 293 de un hombre de 50-60 años (Fig. 4.21), cuyo ajuar comprendía dos grandes pectorales de espirales, uno de campanillas, varias pulseras, un pequeño cuchillo curvo, una aguja y varias fíbulas de espirales y una anular hispánica. Los objetos que componían este ajuar recuerdan bastante al enterramiento 29 de la necrópolis de Ucero (García Soto y Castillo 1990) que presentaba un posible pectoral espiraliforme, un pectoral de campanilla - cuya placa rectangular se decoraba con puntos formando dos alineaciones y tres bandas de dientes de lobo incisas en disposición vertical-, junto a ellos, un broche de cinturón de un garfio, un aro de hierro y uno de plata, una pulsera de

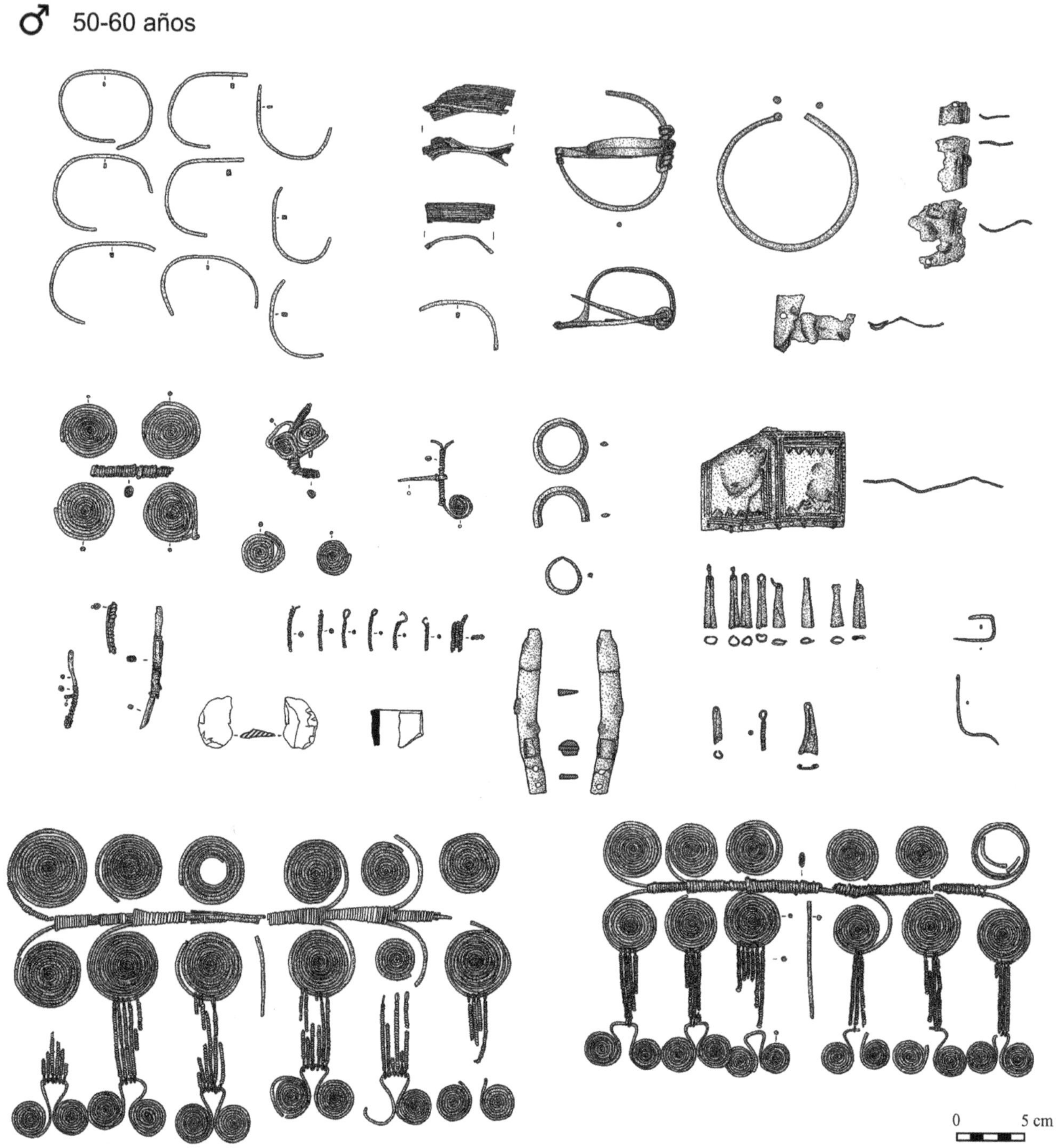

Fig. 4.21: Ajuar de la tumba 293 Carratiermes (Montejo de Tiermes) (a partir Argente *et al.* 2001).

bronce, una fíbula anular de timbal de plata con cabujón, tres fragmentos de cerámica a mano, dos decorados a peine y dos vasijas a torno (Fig. 4.22). En todo el conjunto de ajuares sin armas, no se ha podido observar una pauta clara o generalidad en términos de edad, estatus u otra forma de identidad que podamos identificar por el momento.

Por otro lado, los ajuares con armas acompañaban principalmente a varones de entre 30 y 50 años. Por lo general, constaban de dos lanzas de diferentes tamaños, un regatón, un cuchillo curvo y alguna fíbula, y carecían de pectorales. A partir de los análisis óseos de esta necrópolis, se pudieron identificar una serie de objetos que aparecieron exclusivamente en las tumbas masculinas: los punzones biapuntados, las espadas o puñales y las pinzas de depilar (Argente *et al.* 2001: 310), así como los grandes pectorales espiraliformes que también se registran en necrópolis como La Mercadera (Taracena 1932) acompañados por fíbulas de bronce y plata.

La presencia entre ajuares con armas y sin armas se mantienía en los diferentes rangos de edad de los individuos de sexo masculino, con un número similar entre ambos aunque ligeramente inferior en los que presentaban armas. A partir de la bibliografía, siempre he pensado que la Celtiberia durante el primer milenio

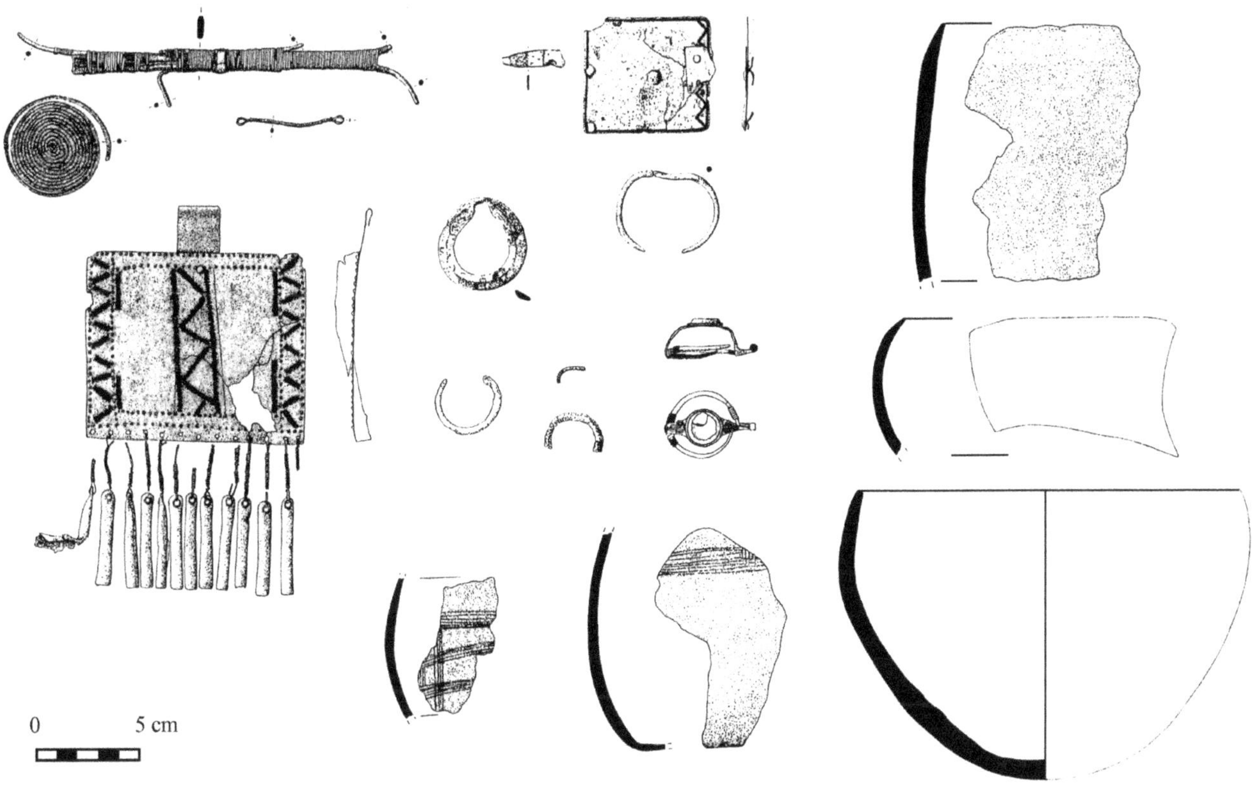

Fig. 4.22: Ajuar de la tumba 29 de Ucero (a partir García-Soto y Castillo 1990: Fig. 1-4).

a.n.e. estaba repleta de guerreros, y solo de guerreros, quienes parecían carecer de familia, hijas e hijos, parejas, madres o parientes de edades avanzadas, debido al vacío literario que hay en torno a ellos. Los guerreros han sido los protagonistas indiscutibles de las interpretaciones sobre el registro arqueológico y las narrativas de la Edad del Hierro, especialmente a partir de los ajuares con armas, objetos de aseo, caballos o referencias escritas. Sin embargo, desgranar las identidades de los supuestos guerreros mediante los objetos funerarios no es tarea fácil, ya que además necesitamos contar con un buen registro de los materiales y, al menos, analíticas de sexo y edad de los individuos enterrados.

G. Ruiz Zapatero y A. Lorrio (2000: 280) sugerían que en Europa durante las Edades del Bronce y del Hierro aparecen una serie de enterramientos denominados como "tumbas de guerrero", pero que de un modo más certero, deberían ser referidas como "tumbas con armas". A grandes rasgos, estos enterramientos solían ser individuales, compuestos por armas ofensivas y/o defensivas, elementos vinculados a la figura del caballo o vehículos con ruedas, ornamentos para el cuerpo, equipos de aseo personal y vajillas relacionadas con el simposio. Sin embargo, la presencia de estos objetos en un enterramiento no quiere decir, necesariamente, que la persona allí enterrada perteneciese a la clase de los guerreros, como observábamos en la tumba 262 de la necrópolis de Carratiermes (Fig. 4.20 a) donde el individuo que aparecía acompañado de estos materiales era un niño o una niña. Del mismo modo ocurre con algunos ejemplos que desarrollaremos en los siguientes apartados y que se relacionan con mujeres de edades avanzadas.

Por ello, la presencia de armas en las tumbas es más compleja de lo previamente pensado, no son solo objetos que materializan una identidad de clase (que también), sino que transcienden más allá del oficio del guerrero para convertirse en objetos marcadores de prestigio mediante los que exhibir cierta posición social. Así, la presencia de armas en enterramientos de individuos que, por género o edad u otras causas, no se relacionan con el ejercicio de la guerra, señala la prevalencia de unas identidades sobre otras ante la muerte, potenciándose aquellas más beneficiosas o favorables según las agendas de los dolientes. Tanto es así que en todos los cementerios celtibéricos podemos identificar enterramientos de esta clase en cualquiera de sus fases o sus regiones. Incluso R. Morenas de Tejada en sus excavaciones en la necrópolis de Osma llegó a apuntar que era un cementerio exclusivo de guerreros, ya que la mayor parte de las tumbas presentaban armas.

Sin embargo, ciertos enterramientos de hombres adultos acompañados de armas, objetos de aseo y arreos de caballo sí podrían estar reflejando una identidad de clase, la clase de los guerreros (Liceras Garrido 2021). Como ya se ha señalado con anterioridad, el cuerpo humano es un poderoso vehículo mediante el cual expresar mensajes al resto de la sociedad, por lo que la apariencia, la gestualidad o la práctica transmiten claves sobre identidades como el género, la edad, el estatus, los grupos de filiación o las formas de poder (Hill 1997; Giles 2012; Moragón 2013).

La clase de los guerreros habría estado formada por hombres que portaban armas, lucían una apariencia determinada y podían poseer un caballo. Mediante la reiteración visual de determinados objetos, aspecto y gestualidad se identificaban con un determinado grupo social y se diferenciaban del conjunto de la comunidad, enfatizando esas diferencias a través de la apariencia. No obstante, a pesar de la fuerte estandarización de este grupo, se observan sutiles diferencias de riqueza entre los posibles integrantes de esta clase. Entre los ajuares de Carratiermes, podemos distinguir dos tumbas de guerrero sobre las demás por la composición de los ajuares. La tumba 321 (Fig. 4.23) perteneció a un hombre entre 30 y 35 años que aparecía señalizada por una estela de caliza, con restos de huesos de animales posiblemente de banquete funerario, y un ajuar con dos lanzas de diferentes tamaños, un cuchillo curvo, un bocado de caballo, una fíbula, un punzón, un

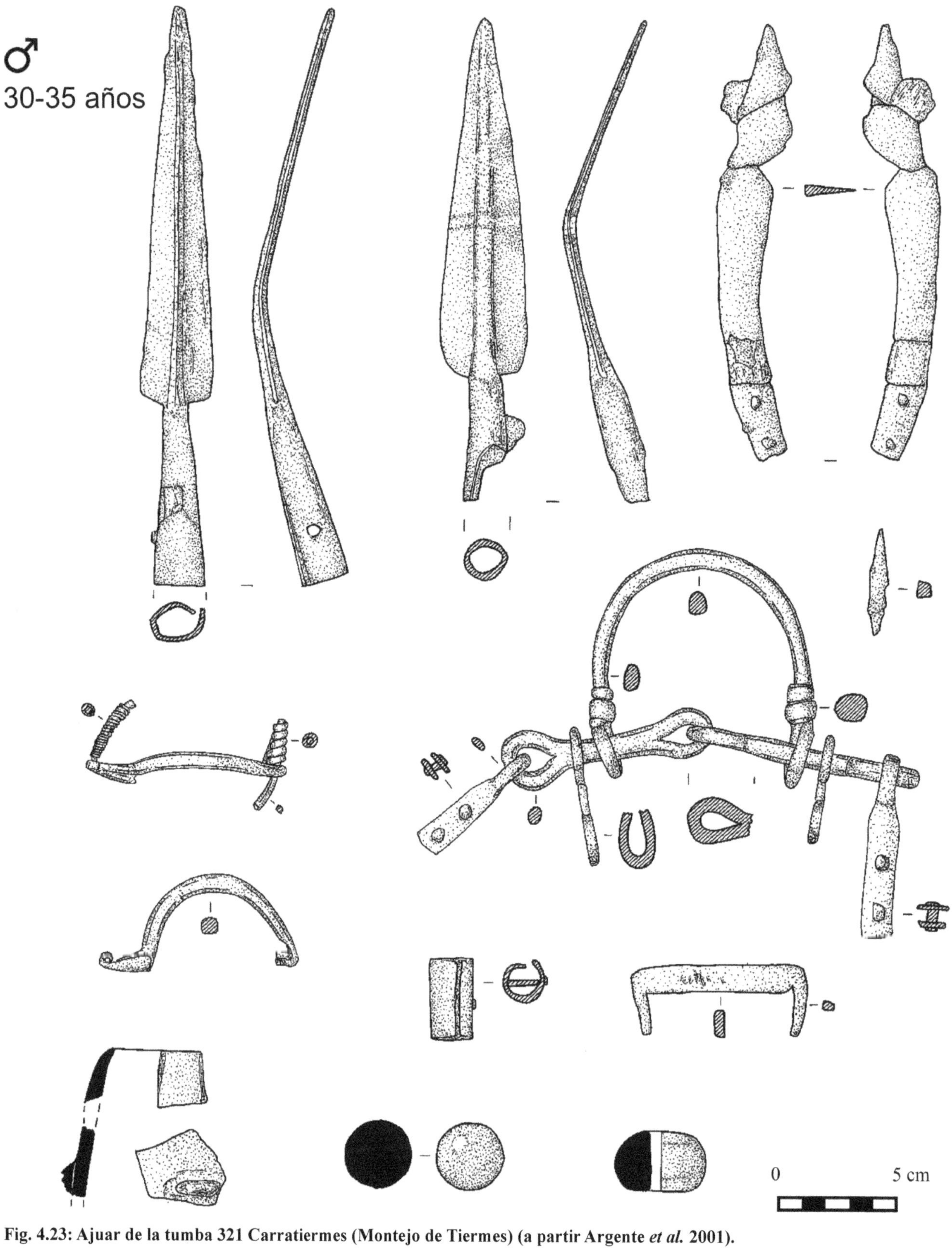

Fig. 4.23: Ajuar de la tumba 321 Carratiermes (Montejo de Tiermes) (a partir Argente *et al.* 2001).

asa de un caldero de bronce, una canica, una fusayola y un vaso cerámico, entre otros materiales. También la tumba 407, que a pesar de no contar con datos sobre sexo o edad, presentaba un *soliferrum*, una espada de antenas atrofiadas, una punta de lanza, un regatón y elementos de correajes.

Los equipos de aseo personal fueron fundamentales para alterar la apariencia en la *praxis* de la identidad. Por lo general, estos conjuntos son objetos poco comunes en los contextos domésticos. Estaban formados por pinzas de depilar, navajas de afeitar y tijeras de pequeño tamaño, relacionadas con el afeitado, peinado o la depilación. Las pinzas son el objeto más recurrente para este periodo, realizadas en bronce o hierro con un arete de suspensión en el extremo y decoraciones únicas y personalizadas. Habitualmente, se relacionan con los ajuares con armas, aunque también se documentan en ajuares sin ellas, lo que ha llevado a pensar que aparecerían no solo en tumbas de hombres, sino también en las de las mujeres. La relación con las mujeres se debe a la referencia que hace Estrabón (III, 4, 17), a partir de Artemidoro, en la que se menciona que algunas mujeres rapaban la parte delantera de sus cabezas, por lo que usarían las pinzas para arrancar el pelo (Ruiz Zapatero y Lorrio 2000: 285) o cuchillos. Sin embargo, en aquellas necrópolis en las que se han podido realizar análisis de los restos óseos humanos, en ningún caso las pinzas de depilar aparecen en tumbas femeninas, por lo que han sido consideradas como marcadores de género masculino y clase guerrera en los enterramientos.

En Carratiermes, entre las tumbas atribuidas a la primera Edad del Hierro, aparecieron pinzas en cinco de ellas. En tres enterramientos, se pudieron identificar el sexo y la edad de los individuos. Las tres corresponden a hombres, uno de ellos entre los 30 y los 40 años, y los otros dos entre los 40-50. El hombre de menor edad, enterrado en la tumba 376, se acompañaba además de un ajuar con armas compuesto por una lanza, un regatón, un cuchillo, la hembra de un broche de cinturón de tres garfios, restos de arreos de caballo y una fíbula anular. Otro de ellos, se encontraba enterrado en una de las tumbas (tumba 555) que ha sido considerada como enterramiento con ajuar civil sin pectoral (Argente *et al.* 2001: 237), a pesar de contener al menos dos lanzas, dos fíbulas de resorte, un punzón y un cuenco cerámico. La última de ellas, la tumba 23, contaba con dos ejemplares, uno de hierro y otro de bronce decorado, junto con una fíbula de doble resorte. Finalmente, las dos tumbas en las que no se logró determinar sexo ni edad son: la tumba 622, que sí contenía restos óseos pero en una cantidad muy pequeña para resultar concluyente, además contenía un cuchillo y un pectoral de espirales; y la tumba 411, en la que no aparecieron restos óseos y se clasifica como ajuar con armas (Argente *et al.* 2001: 236).

En La Mercadera, a pesar de no contar con análisis óseos, también aparecieron pinzas decoradas en la tumba 70, junto a un punzón, una fíbula y un fragmento de adorno espiraliforme (Schüle 1969: Taf. 48, 15) y en el enterramiento 51, junto a un punzón, un cuchillo curvo, dos lanzas, una espada antenas atrofiadas y un escudo. En este punto, es preciso recordar que en Carratiermes, las pinzas, punzones y espadas se encontraban exclusivamente en tumbas de hombres, aunque tan solo más estudios y análisis en este sentido determinarán si esto es una característica general del conjunto de los cementerios o se trata nuevamente de una particularidad regional.

La utilidad de los punzones que aparecen a lo largo de toda la Edad del Hierro en los enterramientos es aún incierta, y a pesar de la falta de datos concretos, me parece interesante recoger la sugerencia de Fernández Nieto (1999: 284-286) sobre su posible uso en la elaboración de tatuajes corporales (o escarificaciones). La decoración del cuerpo con este tipo de elementos es frecuente en culturas coetáneas, como se documenta en algunos individuos de la cultura de Pazyryk, en torno al siglo V a.n.e. (Argent 2013), cuyos enterramientos por inhumación en el permafrost siberiano han permitido la perfecta conservación de los materiales orgánicos y los cuerpos, impensable para nuestra zona de estudio.

Ante la aparición reiterada de estos conjuntos materiales asistimos, por tanto, al surgimiento y consolidación de una identidad relacional de clase en torno a la figura del guerrero. A. Hernando (2012: 68) apuntaba que: "Los grupos humanos que se perciben a sí mismos a través de esta *identidad relacional* visibilizan esta adscripción a través de la expresión unificada de su apariencia: todos los miembros del grupo visten igual, o se adornan igual o utilizan algún elemento distintivo que los diferencia como grupo". Al mismo tiempo que crean estas unidades corporativas, desarrollan una serie de prácticas segregacionistas (Moragón 2013: 229), en las que mantienen la relacionalidad entre los iguales, los pares, pero se distancian del resto de la comunidad. La apariencia, su gestualidad y su práctica los definía como sujetos sociales, por ello, se anteponía a sus otras identidades y se exhibía en la muerte. La pertenencia a esta clase se habría mantenido a lo largo de la vida y perdurado en el Más Allá.

4.5.3.3. Las mujeres

En el caso de las mujeres, no encontramos un sesgo de edad en edades inferiores a los 30 años como se aprecia entre los varones. En las necrópolis meseteñas, se documentan edades comprendidas entre los 10 y los 70 años, presentando una esperanza de vida en torno a los 29 años (Liceras Garrido 2021: 127). Según los datos actuales, parece que todas las mujeres fueron enterradas siguiendo el mismo ritual funerario en el mismo espacio comunitario.

En Carratiermes, no se distinguen grandes diferencias en lo referente a la composición de los ajuares según la edad de las difuntas. De hecho, no se obervan grandes diferencias de riqueza, tan solo el enterramiento 235 (Fig. 4.24) que perteneció a una mujer de 20-30 años presentaba un ajuar más rico, formado por más de treinta pulseras de

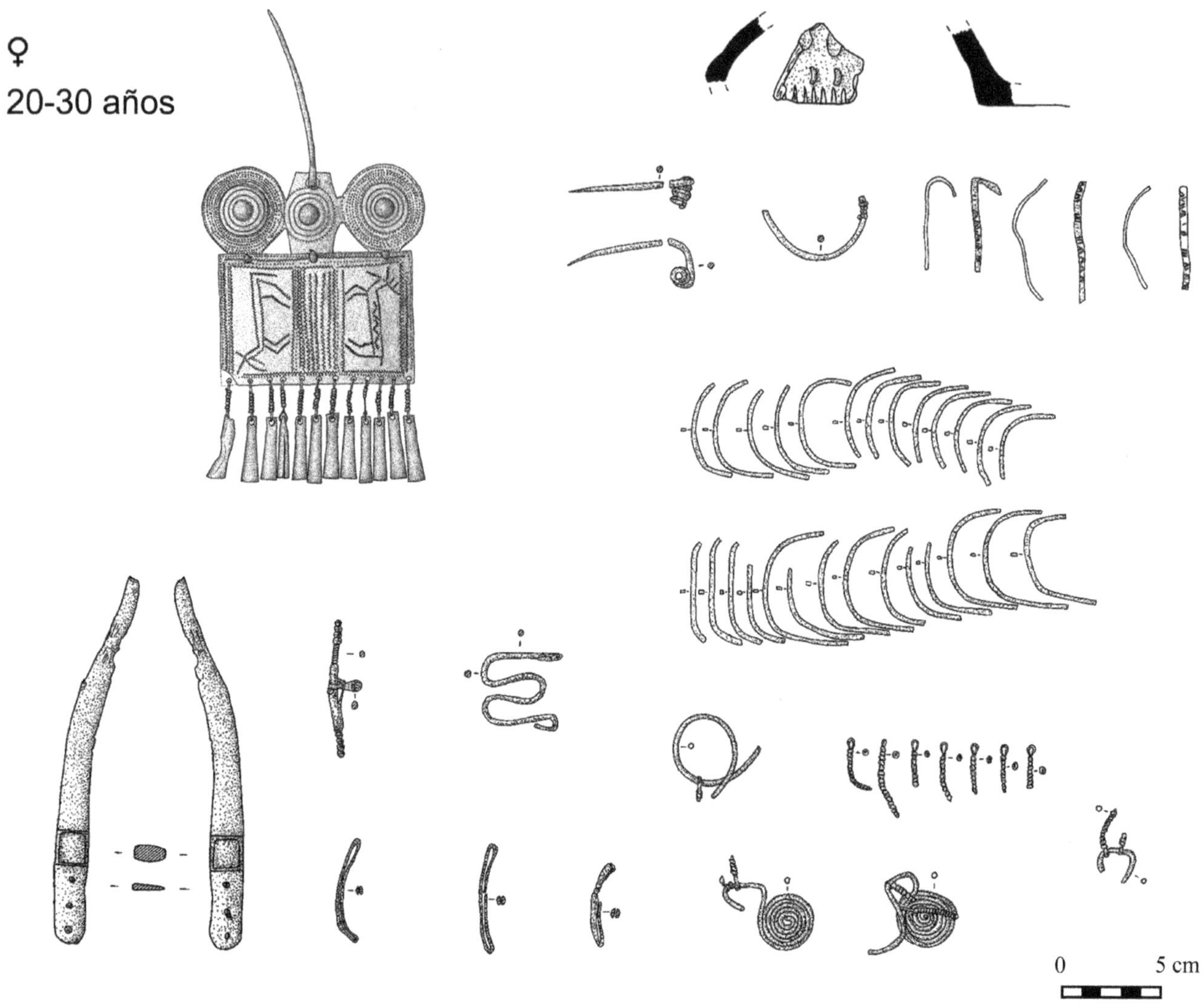

Fig. 4.24: Ajuar de la tumba 235 Carratiermes (Montejo de Tiermes) (a partir Argente *et al.* 2001).

diferentes tipos, adornos espiraliformes, varias fíbulas, una hembra de un cinturón de tres garfios, un cuchillo curvo, varias cerámicas y un pectoral de campanillas con representaciones animales. Por lo general, la composición de objetos es bastante homogénea, reuniendo vasos cerámicos y elementos de adorno como fíbulas, pulseras o pectorales de campanillas. Cabe destacar el caso de los elementos espiraliformes, los cuales se encuentran relacionados con fíbulas o elementos decorativos de la ropa, más que con los grandes pectorales espiraliformes, cuya presencia parece exclusiva de las tumbas masculinas. Sin embargo, datos de nuevas excavaciones son imprescindibles para corroborar o refutar esta observación. Otra diferencia interesante en lo que respecta a la distribución de artefactos entre los enterramientos de individuos de sexo femenino y masculino es la presencia de cuchillos curvos, ya que se aprecia cómo los ejemplares de las tumbas femeninas son de un tamaño menor que aquellos documentados en los enterramientos de varones.

Uno de los objetos más controvertidos en cuanto a interpretación que encontramos en el Alto Duero, y en toda la Celtiberia, son las conocidas como "diademas" o "soportes para tocado", documentadas por primera vez por el marqués de Cerralbo (Aguilera y Gamboa 1916: 61) (Fig. 4.25). Estas aparecieron en las necrópolis de la zona sur, limítrofes con las cabeceras de los ríos Tajo y Jalón. Por el momento, se conocen dos ejemplares en el cementerio de Viñas del Portuguí (Osma) y otras dos en Las Quintanas (Gormaz). Tradicionalmente, se han asociado a tumbas femeninas, debido fundamentalmente a la cita que Estrabón (III, 4, 17) toma de Artemidoro sobre los tocados de las mujeres del Norte peninsular:

> "También podría considerarse de índole bárbara el tocado de algunas mujeres que ha descrito Artemidoro; pues dice que en algunos lugares llevan collares de hierro que tienen unos ganchos doblados sobre la cabeza que avanzan mucho por delante de la frente y que cuando quieren cuelgan el velo en estos ganchos de modo que al ser corrido da sombra al rostro, y que esto lo consideran un adorno. En otros lugares se colocan alrededor un disco redondeado hacia la nuca, que ciñe la cabeza hasta los lóbulos de las orejas y que va poco a poco despegándose a lo alto y a lo ancho [...]. Otras mujeres, colocándose sobre la cabeza una columnilla de un pie más o menos de alto, trenzan en torno al cabello y luego lo cubren con un velo largo"

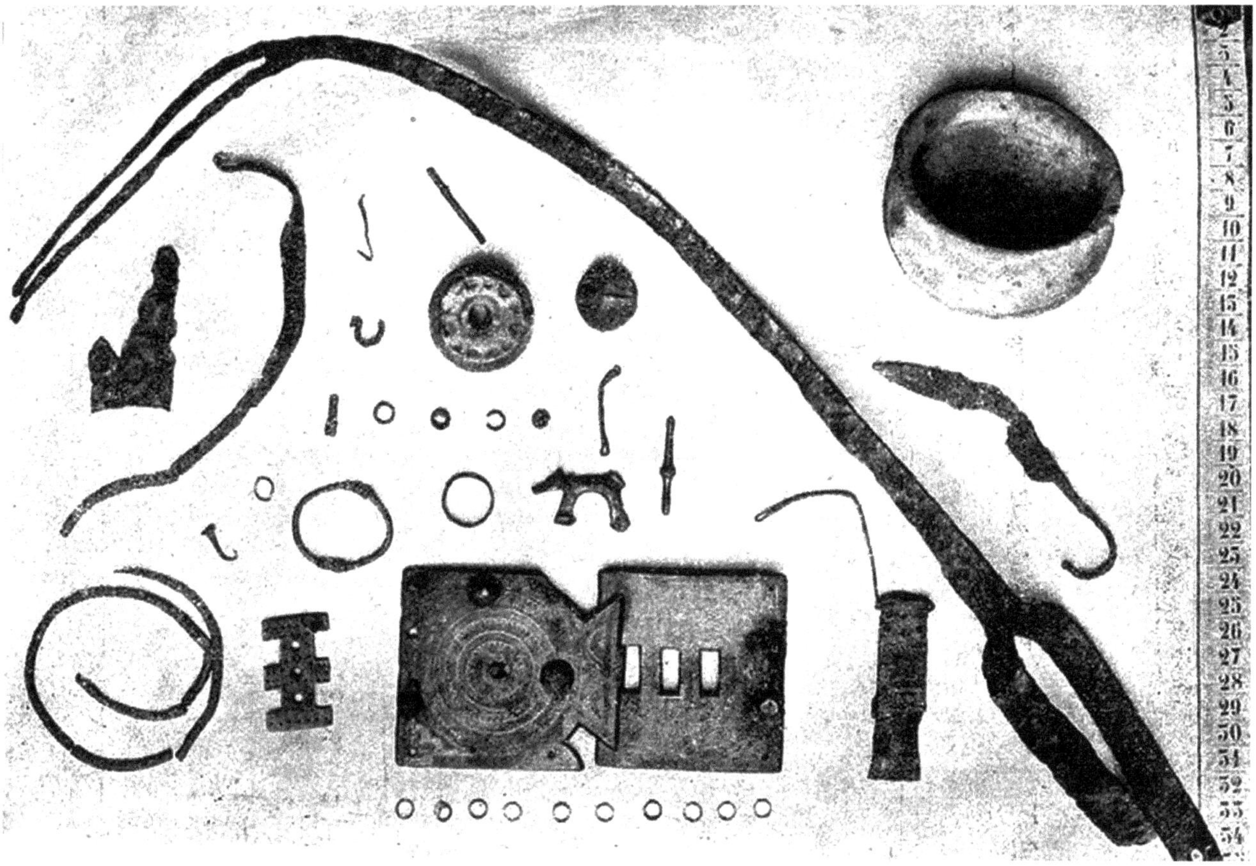

Fig. 4.25: Ajuar de la tumba G de Arcóbriga interpretado como perteneciente a una sacerdotisa del sol (Aguilera y Gamboa 1916: Lám. XII).

Comúnmente se han descrito como objetos de hierro compuestos por un vástago central de sección cuadrangular y tamaño variable, rematado en arcos de palas rectangulares o ligeramente trapezoidales que en su parte final presentan una o dos perforaciones. La parte distal del vástago se divide en dos varillas ligeramente curvadas, cuyos extremos se enrollan sobre sí mismos formando un orificio en las dos varillas (a partir de Lorrio y Sánchez Prado 2009: 362; Chordá y Pérez Dios 2014: 406). Por ello, W. Schüle (1969: 161 y 236), a partir de su dudosa funcionalidad, las denominó: "horquillas dobles de hierro".

Su cronología también ha sido ampliamente discutida, ya que la mayor parte de estos objetos fueron encontrados en excavaciones antiguas con enormes problemas de documentación en los contextos. Actualmente, se fechan entre los siglos VII y IV a.n.e., a partir de las excavaciones recientes de Chera, El Inchidero, Herrería III y Puente de la Sierra (Checa) (Chordá y Pérez Dios 2014: 407). Por ello, resulta problemática la utilización de la referencia de Estrabón a la hora de interpretar la posible función de estos objetos como objetos de tocado, ya que la cita de Artemidoro fue hecha en torno a cinco siglos después de su uso y es imposible que cualquiera de los autores clásicos las contemplase de primera mano.

Otro gran problema de la interpretación de estos "soportes de hierro", como los han denominado investigadoras recientemente (Cerdeño y Sagardoy 2007; Chordá y Pérez Dios 2014), es la carga semántica en sus denominaciones, por lo que se ha optado por una designación aunque funcional, más abierta que las anteriores. En los últimos años, su definición como estructuras para tocado ha sido cuestionada por la morfología, el material y el peso de estos objetos, y también con otras interpretaciones que los relacionaban con soportes para los penachos de los caballos. M. Cerdeño y T. Sagardoy (2007: 137-139) han apuntado la posibilidad de que fuesen para sustentar elementos en suspensión o sujeción, quizá para antorchas, recipientes votivos o crisoles de fundición, usados con fines rituales y cargados de valor simbólico para la persona allí enterrada. Por el momento y a la luz de los datos de los que disponemos actualmente, es atrevido realizar una interpretación en cualquier sentido para estos "soportes" o estructuras, ya que carecen de similitud formal alguna con objetos que podamos relacionar con el mundo de las armas, ornamentos o el mundo doméstico, Por ello, nuevamente será necesario esperar a recabar más datos con contextos claros y analíticas detalladas.

Si seguimos en la línea de objetos controvertidos para la interpretación documentados en tumbas femeninas, hemos de reservar un lugar especial para aquellas mujeres que fueron enterradas con armas y objetos relacionados con la figura del caballo. De nuevo, el cementerio donde mejor se han documentado es Carratiermes, destacando dos enterramientos de mujeres de entre 50 y 60 años en las tumbas 302 y 347 (Fig. 4.26). La composición de estos ajuares es muy similar a la presentada anteriormente para hombres de entre 30 y 50 años relacionados con la identidad de clase de los guerreros: con dos lanzas de diferentes tamaños, un regatón y varias fíbulas anulares. Además, en la tumba 302, aparece un broche de cinturón de tres garfios y una hembra, un bocado de caballo de bridón sencillo y dos láminas de bronce alargadas; mientras que la tumba 347 se completa con cuchillo curvo, una placa de bronce y varias cerámicas realizadas a mano y a torno.

Llegados a este punto, es preciso volver a recordar las palabras de M. Díaz Andreu (2005: 39) sobre la dicotomía entre armas y ornamentos, ya que no es, después de todo, una metáfora de género. Quizá la información relativa a las armas y al género de aquellos enterrados con ellas, no sean los datos más destacados en la bibliografía, pero si profundizados en el tema, podemos encontrar ejemplos en marcos cronológicos similares por toda Europa. En dos tumbas de mujeres en Stuttgart-Bad Cannstatt, los enterramientos combinaban puntas de lanza con objetos ornamentales (Arnold 1991: 369). El caso de la tumba 1 de la Arareva Gromila en los Balcanes es similar (Babić 2001: 85-7). También, treinta inhumaciones en túmulo de la necrópolis de Vaineikiai (Lituania) (Simniškytė 2007, 2013) pertenecieron a mujeres enterradas con armas, lanzas y hachas, además sus cuerpos se disponían en la posición y orientación propia de los hombres. Finalmente, la tumba 155 de la necrópolis de Baza es paradigmática, ya que perteneció a una mujer de unos 30 años, quien fue enterrada con vasos cerámicos decorados, ánforas, elementos de adorno, cuatro conjuntos de armas y una escultura sedente de caliza policromada como urna funeraria (Quesada 2010). Dicha escultura ha sido entendida por L. Prados Torreira (2012, 2010) como un autorretrato de la difunta, ya que presenta un rostro detallado y no idealizado, lo contrario que ocurriría con la Dama de Elche. Una posible respuesta para la presencia de las armas en los enterramientos sería la intencionalidad de heroizar a las difuntas y difuntos, mediante la exhibición de la riqueza y el poder de su familia, por lo que habría supuesto símbolos de estatus. Por ello, para los enterramientos femeninos que contienen estos artefactos, se ha sugerido que habrían pertenecido a mujeres de alto rango, quienes gracias a su estatus elevado, habrían podido manipular determinados elementos materiales asociados a los varones en las arenas de la negociación social (Díaz Andreu y Tortosa 1998).

Anteriormente, se señalaba que las identidades se encuentran profundamente interrelacionadas y que los diferentes niveles se superponen e intersectan dependiendo de los contextos. Así bien, podemos considerar que las armas son las herramientas que habrían utilizado los hombres para la guerra y su vehículo para obtener prestigio y lograr un destacado estatus social dentro de la comunidad. En una sociedad patriarcal, como la que enfrentamos, primaban los valores de lo masculino y de la violencia, por ello, observamos cómo en determinados contextos la exhibición de la identidad del género femenino pasa a un segundo plano, bien por algún tipo de necesidad, o bien

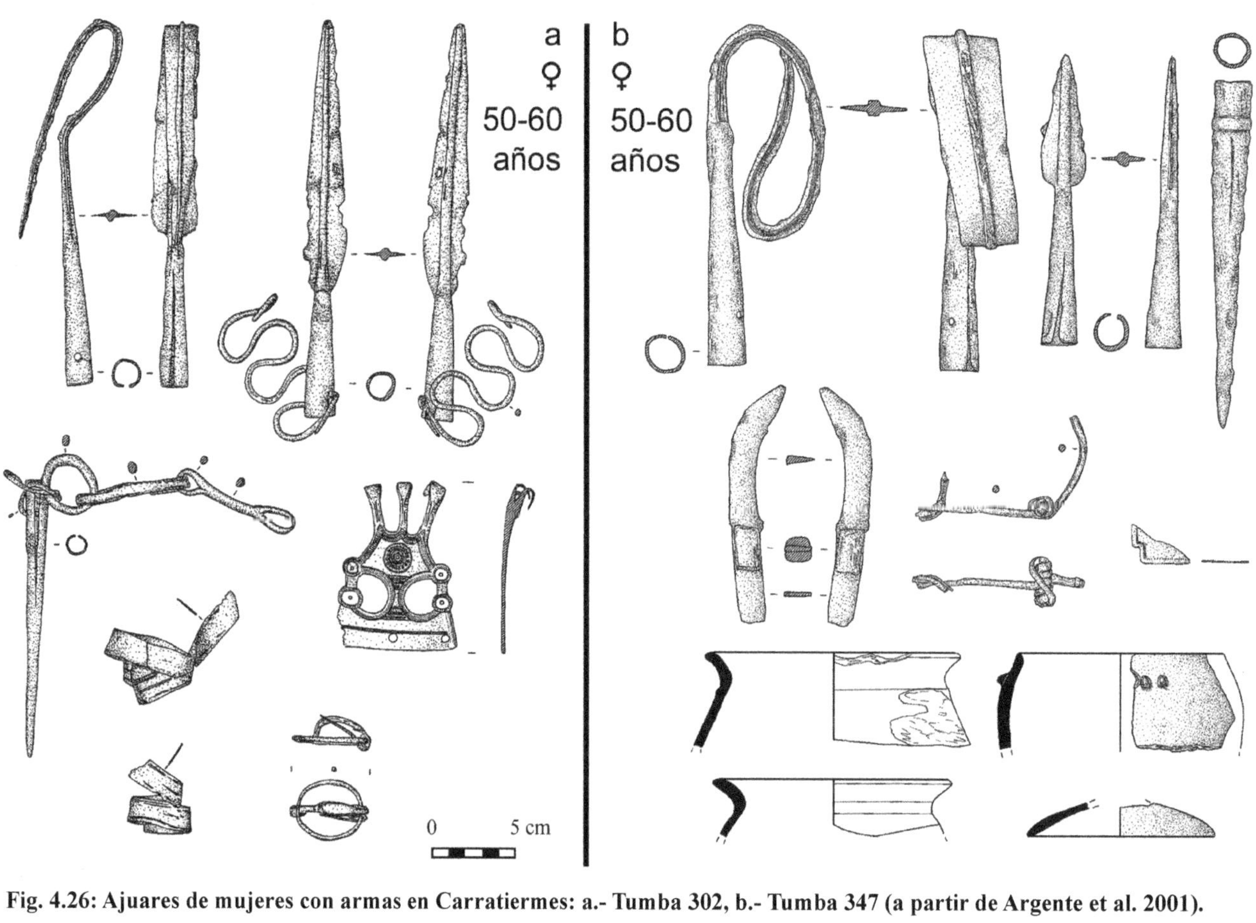

Fig. 4.26: Ajuares de mujeres con armas en Carratiermes: a.- Tumba 302, b.- Tumba 347 (a partir de Argente et al. 2001).

por el deseo de exhibir otro nivel de identidad quizá más relevante para los agentes del ritual. Para K. Randsborg (1984: 152), los elementos inusuales que acompañaban a las mujeres habrían representado símbolos del marido, mediante los cuales éste manifiesta su estatus, más que una muestra de la autonomía o el poder de la mujer. En Atenas, aquellos enterramientos femeninos con ricos ajuares se han asociado al *ethos* guerrero del marido, ya que las mujeres son portadoras del estatus de la familia y el linaje (Langdon 2005: 5), mientras que S. Lucy (1997) interpretaba las armas en las tumbas de mujeres como elementos de identidad relacionados con el linaje real o el adquirido.

Volviendo al Alto Duero, y sin perder de vista que pudiesen estar materializando un tipo de identidad familiar relacionada con las genealogías, los enterramientos de Carratiermes de dos mujeres de avanzada edad para la época quizá podrían haber hecho referencia a un tipo de identidad horizontal, la identidad de la casa. De este modo, habrían sido el reflejo o la materialización de una vida en común y un objetivo conjunto llevado a cabo a lo largo de la vida en el marco de la unidad familiar. Mediante la cremación y el simbolismo de las armas, habría tenido lugar la heroización, conmemorando la figura de la mujer como transmisora de los derechos, esposa y madre de guerreros. De este modo, podríamos nuevamente observar el papel de la casa y la familia en el espacio de negociación que es la muerte, donde a través de la práctica y el ritual se construiría la memoria familiar (Delgado y Ferrer 2012: 127).

4.5.3.4. La familia

Las heterarquías comunitarias son las economías políticas propias de las sociedades de casa (González Ruibal 2009; González Ruibal y Ruiz-Gálvez 2016; Ruiz-Gálvez 2018). En ellas, se percibe una ocultación de las diferencias en las formas constructivas del interior de los poblados, pero se manifiesta una exaltación a través del cuerpo y la muerte. En el Alto Duero, no solo registramos objetos relacionados con la tecnología del cuerpo en la esfera funeraria, sino también en los asentamientos de la región de las montañas, los cuales a pesar de carecer de paisajes funerarios y contextos claros sobre los materiales en los asentamientos, es común la presencia de fíbulas, pasadores o adornos para correas, brazaletes o botones (Romero 1991: 310-322). Por ejemplo, fíbulas de varios tipos se han documentado en El Castillejo (Castilfrío de la Sierra), destacando un ejemplar de espirales y una placa romboidal de bronce que podría relacionarse con un ejemplar de doble resorte; también, un fragmento de brazalete de sección rectangular y algunos pasadores de bronce. En Valdegeña, se documentó una fíbula de pie vuelto con botón terminal y, en El Castillejo (Taniñe), otra fíbula de pie vuelto. En el Zarranzano (Cubo de la Sierra), se registraron tres fragmentos de agujas que se han relacionado con fíbulas y una cinta de bronce formando espirales que pudo pertenecer al resorte de otra, finalmente, también se documentó un fragmento de brazalete de sección circular, rematado por un pequeño engrosamiento; un conjunto de pasadores de secciones triangulares o planas y 4 botones hemiesféricos con travesaño. En el Castillo de la Virgen (El Royo), aparecieron dos agujas, un punzón, un alfiler de cabeza circular y B. Taracena (1941: 145-146) hace referencia a una fíbula posthallstática que hoy está desaparecida. Lo mismo ha ocurrido con otro brazalete en El Castillo de las Espinillas (Valdeavellano de Tera) (Fig. 4.27).

Sobre este tipo de sociedades, A. González Ruibal (2009: 249) apuntaba que: "...los hombres no son los únicos que pueden acrecentar el capital de una casa: las mujeres tienen un papel muy destacado también. Lo que ocurre es que gestionan capitales diferentes". Por eso, quizá es a través de los ajuares de la mujeres, e incluso de los infantiles, donde somos capaces de identificar este tipo de identidad. Los enterramientos múltiples son comunes en todos los cementerios y pudieron responder a este tipo de vínculos. En algunos casos, ya nos hemos referido a ellos con anterioridad, como son los dos niños/as de Carratiermes de tumba 573; o los enterramientos dobles de mujeres con infantiles, como en las tumbas 15 y 27 de El Pradillo y la tumba 582 de Carratiermes; u hombres e infantiles como la tumba 282 de Carratiermes. Sin embargo, también es frecuente la presencia de dos adultos, como en el enterramiento 12 de El Pradillo, donde se documentaron un hombre y una mujer de entre 50 y 60 años de edad (Ruiz Vélez 2010: 156), o las tumbas de Carratiermes: número 470 que albergaba a una mujer y un hombre, ambos entre los 40-50 años; y la tumba 507, con una mujer de 16-18 y un hombre de 40-50 (Argente *et al.* 2001: 236-237, 296).

Asimismo en el Alto Jalón, en El Inchidero (Aguilar de Montuenga, Soria), se encontraton ejemplos similares, donde nueve de un total de veintinueve tumbas excavadas eran múltiples (Arlegui 2014b: 385). Del periodo que nos ocupa en este capítulo, destacan los enterramientos C5T9 y C3T12. La tumba C5T9 (Fig. 4.28), fechada en la primera mitad del siglo VII a.n.e., albergaba a tres individuos, un hombre y una mujer de los que no se especifican edad y un infantil de entre 6 y 8 años, junto a un ajuar compuesto por una gran vasija cerámica, una espada, dos lanzas, dos regatones, una vaina de puñal, arreos de caballo, varias arandelas, apliques metálicos, un soporte de hierro, una fíbula anular y una amalgama de cuentas de vidrio y láminas de bronce (Arlegui 2014b: 384; 2012: 197, Fig. 10). Por otro lado, la segunda de ellas, la C3T12, acogía a un individuo adulto del que no se especifica el género y tres infantiles (Arlegui 2014b: 384).

Desafortunadamente, y como se comentó con anterioridad, por el momento no se han podido realizar análisis de ADN a estos restos óseos quemados. Estos permitirían profundizar en el tipo de vínculos y relaciones que dieron lugar a estos enterramientos múltiples. Bien es cierto que los accidentes domésticos debieron de ser frecuentes, como atestiguan las destrucciones de algunas de las casas del Zarranzano (Cubo de la Sierra) o de El Castillejo (Fuensaúco) por acción del fuego, que no tuvieron que estar solo relacionadas con ataques violentos al sitio, sino

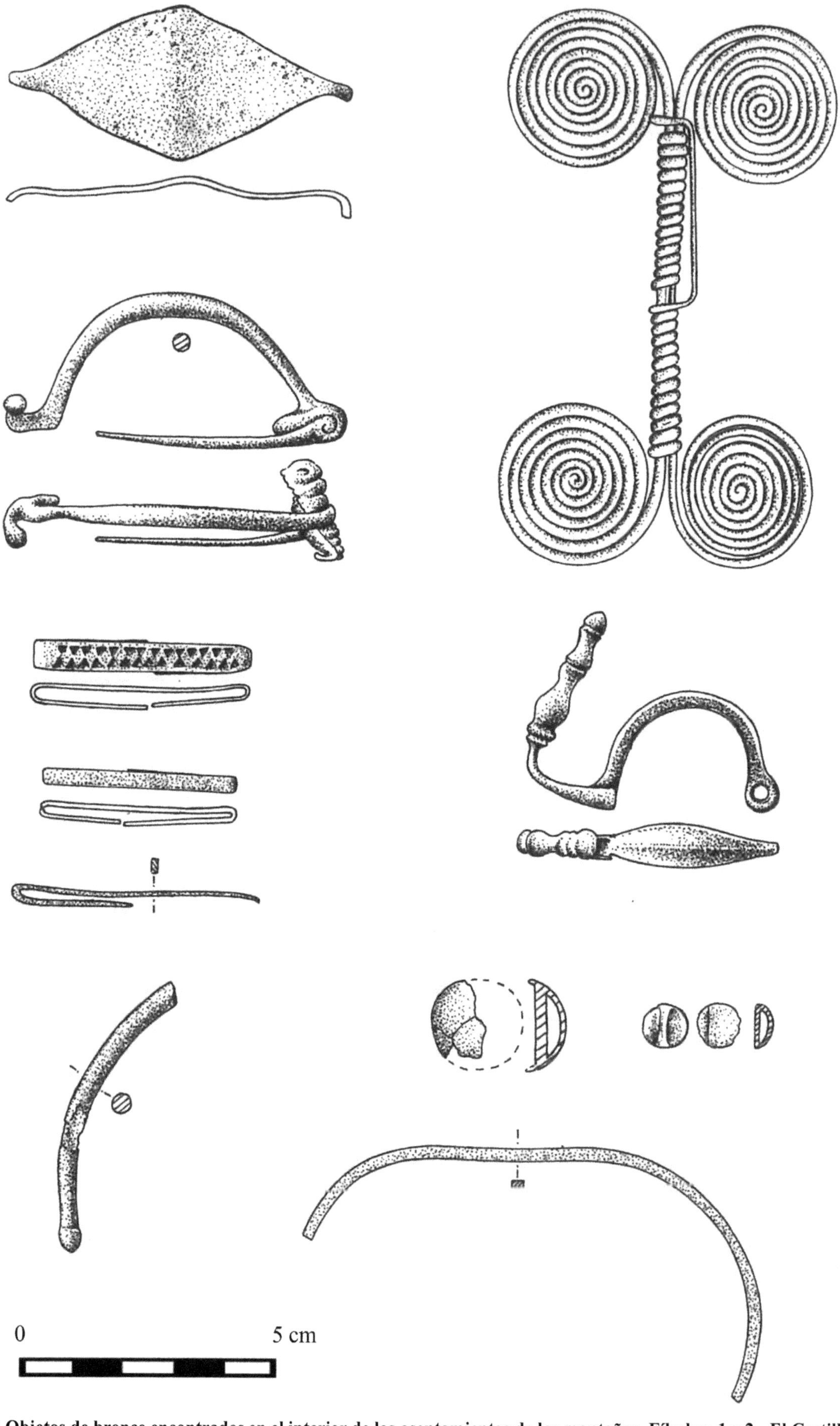

Fig. 4.27: Objetos de bronce encontrados en el interior de los asentamientos de las montañas. Fíbulas: 1 y 2.- El Castillejo (Castilfrío de la Sierra), 3.- Valdegeña, 4.- El Castillejo (Taniñe). Pasadores: 5 y 6.- Zarranzano (Cubo de la Sierra), 7.- El Castillejo (Castilfrío de la Sierra). Botones: 8 y 9.- Zarranzano (Cubo de la Sierra). Brazaletes: 10.- Zarranzano (Cubo de la Sierra), El Castillejo (Castilfrío de la Sierra) (a partir de Romero 1990: Fig. 77).

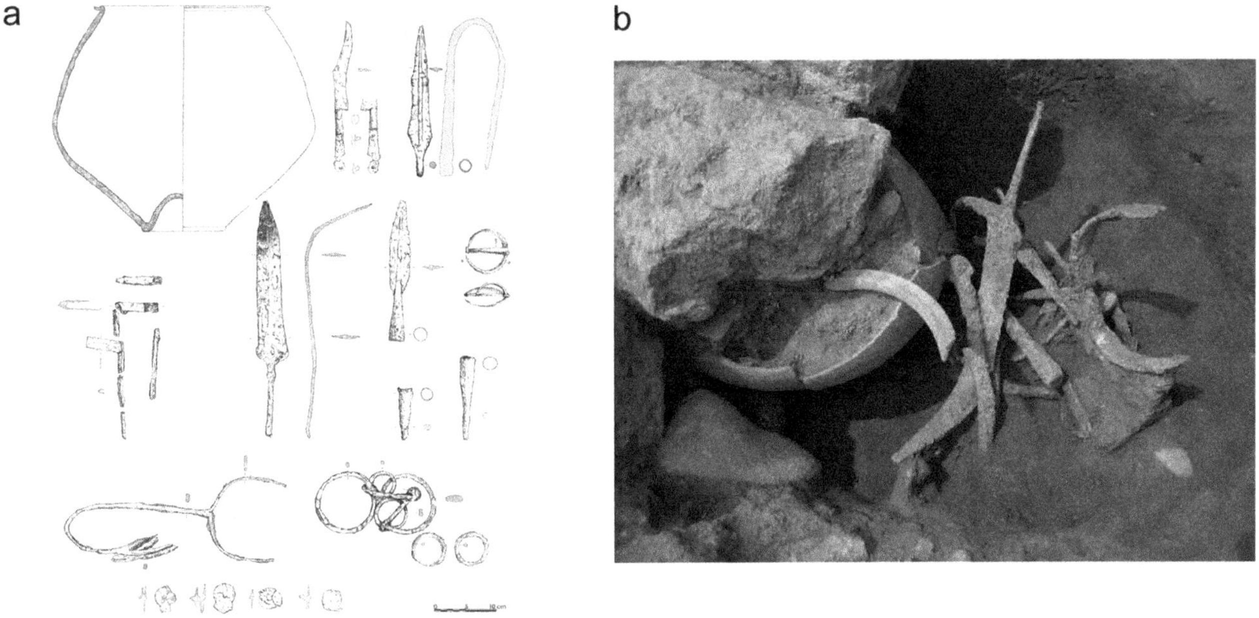

Fig. 4.28: Enterramiento C5T9 de la necrópolis de El Inchidero: a.- dibujo del ajuar. b.- fotografía del contexto (a partir de Arlegui 2012: Fig. 7 y 10).

también con causas naturales o incidentes del día a día. A falta de más datos, este tipo de enterramientos múltiples quizá pudiese estar relacionado con el fallecimiento conjunto de varios miembros del núcleo doméstico, ya que fueron depositados en un mismo evento.

Sin embargo, no solo la identidad relativa a la casa se puede observar en los cementerios, sino también la construcción de los linajes. M. Ruiz Gálvez y E. Galán (2013: 57) apuntaban que para el estatus del guerrero era fundamental la creación de un ancestro mítico. Por ello, mediante la disposición de las tumbas, las genealogías se construían entre los muertos y entre éstos y sus descendientes. A la intencionalidad de contribuir a las narrativas, pudieron deberse las largas secuencias de uso de los cementerios, que en algunos de los casos perduraron a lo largo de toda la Edad del Hierro, incluso llegando a registrarse enterramientos en época romana. Además, en casos como el de Carratiermes, la necrópolis se ubica sobre asentamientos de periodos anteriores. De ese modo, a través de los muertos, se reivindicaban las tierras, los recursos, los derechos y un pasado glorioso que legitimase a ciertos individuos en la práctica del poder.

No obstante, estas reivindicaciones serán mucho más evidentes en la segunda Edad del Hierro, debido a la existencia de aglomeraciones de tumbas en los cementerios y a las diferencias de riqueza y diversidad en la combinación de los objetos que forman los ajuares, ya que podrían haber estado materializando algun tipo de relación familiar. Así, a partir de los datos que publica I. Ruiz Vélez (2010) para El Pradillo y a pesar del modo en el que se han desarrollado las excavaciones de esta necrópolis, en transectos, podemos distinguir diversas agrupaciones de tumbas. Un primer grupo (Fig. 4.29 A), localizado entre los cuadros 2 y 9, presentaba unos ajuares compuestos de una forma de cerámica a mano, vaso o cuenco, y ocasionalmente algún elemento de bronce, como cuentas o fragmentos de pulseras. Dentro de este conjunto, cabe destacar la similitud material y espacial de algunas de las tumbas. Es el caso de la tumba 27 que es doble, de una mujer de 30-40 años y un bebe de 0 a 6 meses, y la tumba 46, de un hombre entre los 40 y los 50 años; ambas contaban con cuencos cerámicos similares, con un ligero umbo y decorados bajo el borde por mamelones. También la tumba 2, de una mujer de entre 30 y 40, y la tumba 34, de otra mujer entre los 20 y los 30, con presencia de cerámicas a mano con un ligero umbo y decorados con mamelones bajo la carena. Por último, la tumba 15 de un individuo infantil de 5 a 10 años y la tumba 40 de un hombre de entre 50-60 años presentaban vasos de perfil acampanado. Un segundo grupo (Fig. 4.29 B), situado entre los cuadros 17 y 19, se caracterizaba por unos ajuares que carecían de vasos cerámicos y se definían por la presencia de elementos metálicos, especialmente de bronce. Así, la tumba 85 (mujer, 20-30 años) contaba con un pasador de bronce; la tumba 127 (varón, 40-50 años) con una arandela, una varilla y otros fragmentos sin forma de tamaño pequeño; la tumba 128 presentaba una cuenta de bronce; la tumba 129, un vaso a mano y una lámina de bronce remachada; la tumba 84, un vaso a mano y una placa de hierro; y la tumba 68, una arandela de bronce, pero fue hallada fuera de la tumba.

También en Carratiermes se apreciaban relaciones similares materiales y espaciales. Para este caso, existen innumerables problemas con la documentación de la excavación, partiendo de que no se ha publicado un solo mapa detallado con la localización general del conjunto de tumbas excavadas y tan solo contamos con sectores parciales. A pesar de ello, se han podido identificar dos agrupaciones espaciales con similitudes en los elementos

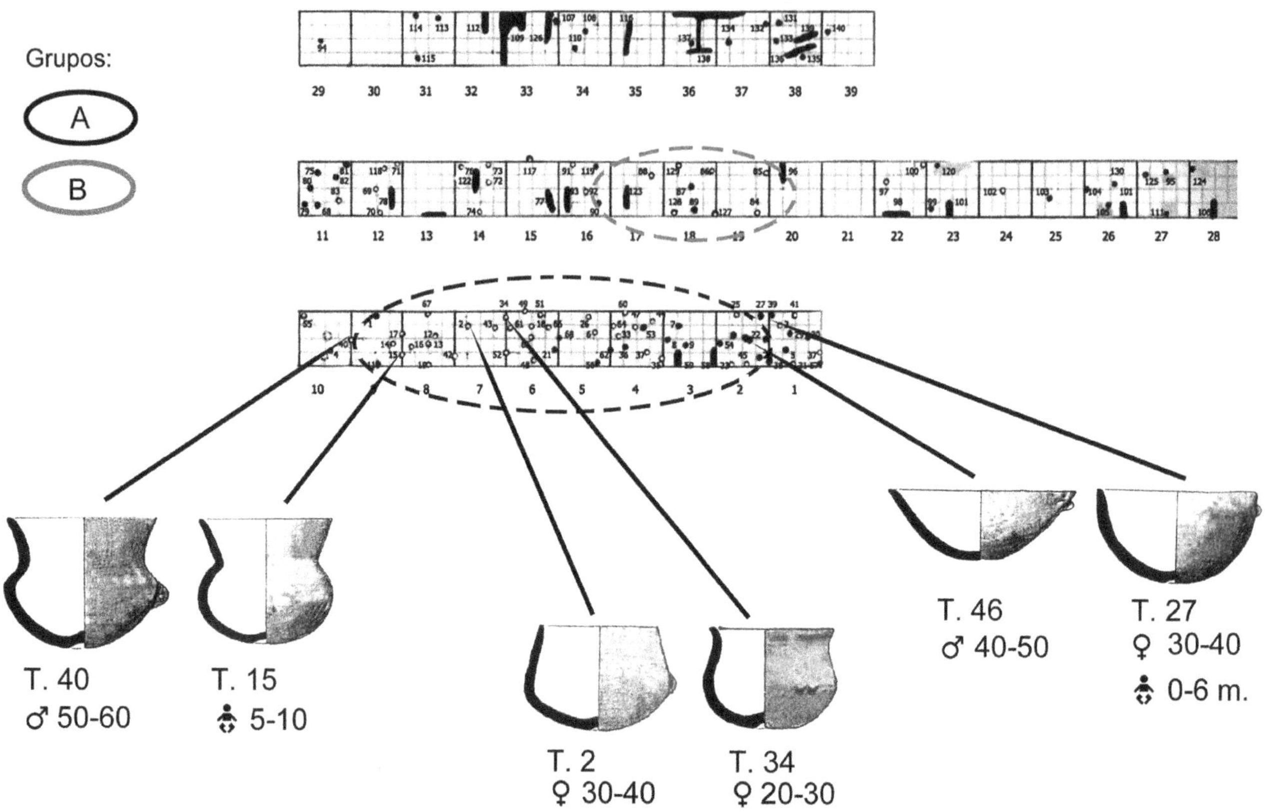

Fig. 4.29: Enterramientos de la necrópolis de El Pradillo (a partir de Ruiz Vélez 2010: Fig. 3, 6, 7, 10, 13 y 16).

de los ajuares. El primero de los grupos (Fig. 4.30 A) se caracterizaba por la presencia de cerámicas a mano entre los que predominan vasos de mediano tamaño con bocas abiertas y paredes rectas; mientras que el segundo (Fig. 4.30 B) reunía un conjunto de tumbas que podríamos denominar ricas, por el número de objetos, la variedad y el carácter de los mismos. Podríamos suponer que en algún momento de la vida de la comunidad, los miembros del segundo grupo fueron una familia poderosa, o al menos ostentaron algún tipo de poder, ya que sus miembros fueron enterrados con los objetos que así lo simbolizaban. Dentro de este conjunto, encontramos al niño/a que fue enterrado/a con armas y un bocado de caballo (tumba 262), también a las dos mujeres de avanzada edad acompañadas de armas (tumbas 302 y 347), la mujer de la tumba 271, acompañada por un ajuar de campanillas, pulseras, fíbulas, un cuchillo y una fíbula y al hombre de 50-60 años de la tumba 293 que contaba con un impresionante ajuar, en el que destacaban objetos como los dos pectorales espiraliformes y uno de campanillas, pulseras, un brazalete, un cuchillo, agujas, una fíbula anular y otra de espirales. Justo a su lado, se situaba el enterramiento 291, del que no se pudieron obtener resultados sobre sexo y edad, pero contaba con un ajuar similar al anterior, con el famoso pectoral espiraliforme que se encuentra expuesto en el Museo Numantino de Soria, dos cuchillos o un broche de cinturón de tres garfios entre otros materiales. También, a este grupo perteneció la mujer de 20-30 años enterrada en la tumba 240, junto a un ajuar con pectoral y fragmentos de un caldero de bronce, o el hombre de 30-40 de la tumba 174 que se acompañaba de un fusayola y un colador de bronce.

Esta reiteración material de determinados objetos en los ajuares de enterramientos relacionados espacialmente puede estar indicando algún tipo de relación familiar, ya sea real, ya sea imaginaria entre sus miembros, que reivindicase en la muerte la pertenencia a un determinado linaje o genealogía en particular. Además, hemos de resaltar que en el periodo posterior, en el caso de Carratiermes (Argente *et al.* 1992: Fig. 3), se continuaron utilizando los mismos espacios y parte de las agrupaciones de esta primera Edad del Hierro, posiblemente como un vehículo de reivindicación de los antepasados que habrían contribuido a la construcción de las narrativas familiares.

4.6. El poder en la primera Edad del Hierro

Desde una perspectiva foucaultiana, el poder es omnipresente, abarca todos los aspectos y facetas de la sociedad. Anteriormente, advertimos como las identidades y el poder se encuentran entretejidos a un nivel profundo, por ello, en los próximos apartados exploraremos sus relaciones y las materialidades que nos permitan entender el alcance de esas relaciones. Así, examinaremos algunos de los principales medios manipulados por los individuos para obtener poder, posteriormente analizaremos las estrategias y a sus protagonistas y finalizaremos ahondando en las diferencias regionales.

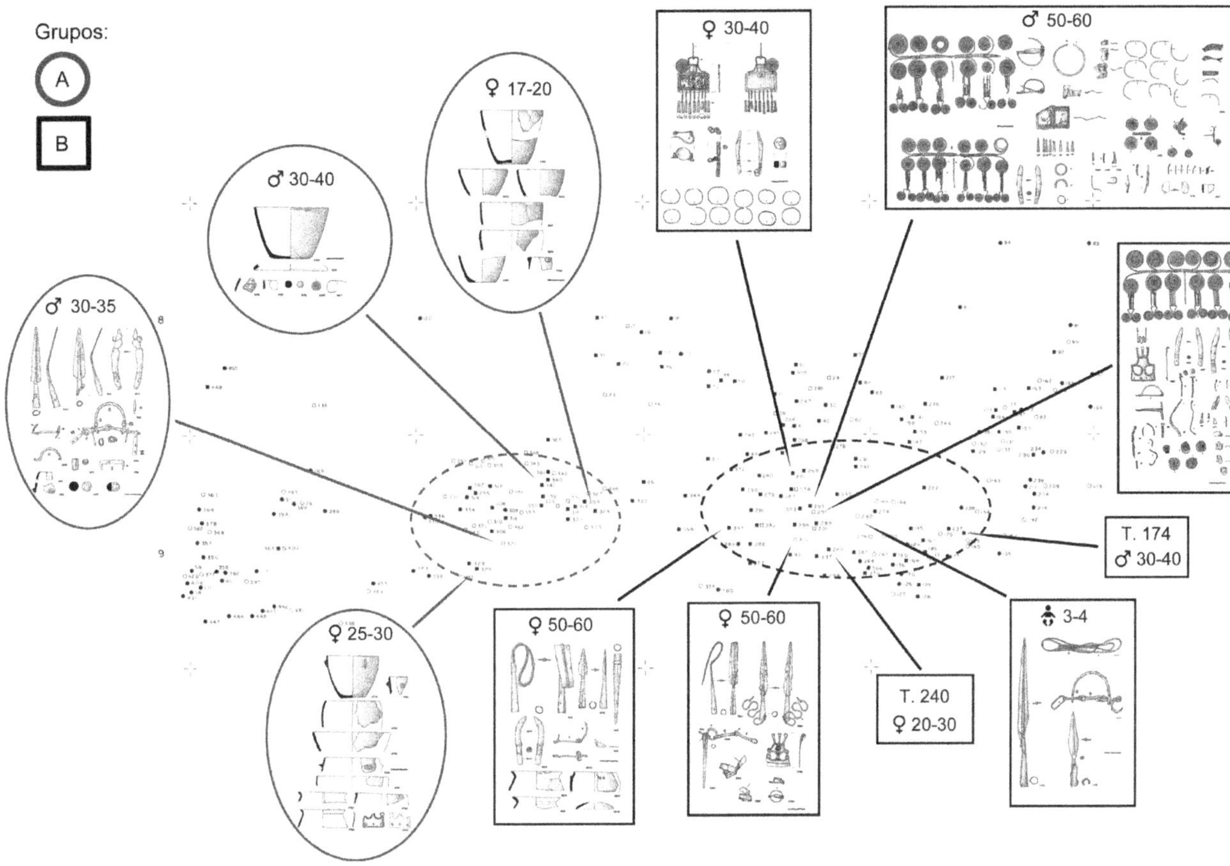

Fig. 4.30: Agrupaciones de la necrópolis de Carratiermes: el primer grupo en gris, el segundo grupo en negro (a partir de Argente *et al.* 1992, 2001).

4.6.1. Los medios para el poder

Los medios sobre los que se sustentan las bases del poder debieron ser numerosos y variados, materiales e inmateriales. Brevemente en este apartado, se van a mencionar algunos de ellos como: la posesión de la tierra y el ganado, el control de determinados recursos naturales, las interacciones comerciales y el conocimiento.

En la primera Edad del Hierro, nos encontramos ante paisajes compuestos por casas, granjas y pequeñas aldeas que dependiendo de las zonas se encontraban o no fortificadas. Sus habitantes residían en casas que, independientemente de la forma, carecían de divisiones internas y exhibían/construían varias de sus identidades mediante el cuerpo. Fueron, por lo tanto, comunidades más o menos autónomas entre sí con fuertes lazos con la tierra. Desde el inicio del capítulo, se enfatizó la importancia de la tierra como fuente de riqueza, debido a las posibilidades que brindaba para el próspero mantenimiento del grupo y las oportunidades que ofrecía a la hora de acumular excedente con el que negociar socialmente en términos de poder, control, influencia y/o reconocimiento social.

Varios autores han señalado la creciente competencia por las tierras de cultivo como una de las principales causas del conflicto entre estas comunidades (Sharples 1991; James 2007: 166; González Ruibal 2007b: 275). En el Alto Duero, se observan estrategias diferenciadas a la hora de modificar los paisajes, a pesar de que materialmente los grupos no presentaban grandes contrastes. Así, los asentamientos abiertos de las zonas de valle estaban rodeados por terrenos con mejores condiciones para el desarrollo de una agricultura tradicional, con suelos ligeros y fácilmente cultivables con la tecnología del momento. Por el contrario, los sitios asentados sobre las zonas montañosas se rodearon de potentes estructuras defensivas. Las tierras cultivables alrededor de estos últimos disminuían a causa de condicionantes topográficos y geológicos, por lo que la competición entre ellos debió ser mucho más acusada y, como consecuencia, la modificación de los paisajes es mucho más acusada.

Tradicionalmente, se ha sugerido que la localización de los castros fortificados de la zona de las montañas se debería al control y la vigilancia de los accesos y las vías de comunicación (Romero y Lorrio 2011: 109). Sin embargo, a partir de un estudio sobre los asentamientos del valle del Razón (Moreno Navarro 2014), se mostraba cómo las cuencas visuales de estos sitios estaban orientadas hacia las zonas de valle, concretamente hacia aquellas que ofrecían unas mayores potencialidades agrícolas. De este modo, se mostraría la preocupación de estas comunidades por el control y reclamo de las zonas de cultivo desde los espacios de asentamiento. Así mismo, en nuestro análisis sobre las formas del terreno, la mayoría de los sitios de la región de las montañas (un 86,5% el total) presentaban fortificaciones, salvo reducidos casos que podrían corresponder a asentamientos secundarios y/o se encontraban en relación visual directa con un sitio fortificado.

No obstante, la riqueza que conllevaba un mayor reconocimiento social fue la propiedad de los animales, especialmente en lo que a équidos se refiere, tal y como hemos podido observar en los ajuares de las necrópolis. Los elementos relacionados con la posesión de uno de estos animales les acompañaban a la otra vida, y no solo el caso de hombres que pertenecieron a la clase de los guerreros, sino también de otros miembros de la comunidad, como veíamos en Carratiermes con la introducción de bocados de caballos en enterramientos infantiles y femeninos. El carácter ganadero ha sido atribuido a estos grupos como causa de la pobreza de sus tierras, más que por una cuestión de prestigio social que derivaría de la posesión de cabañas ganaderas. Sin embargo, entre las formas de vida pastoriles, se ha creado un maridaje con las actividades mercenarias, donde los asaltos o ataques entre vecinos o a regiones aledañas habrían sido poderosos mecanismos para adquirir riquezas y prestigio entre los más jóvenes (Ruiz-Gálvez 1985-1986), como veremos en apartados posteriores. El stock productivo, agrícola o animal, habría permitido la financiación de empresas colectivas, como las fortificaciones, y la adquisición de objetos singulares de producción local o mediante las redes de intercambio.

De los viajes procedía otra eficaz fuente de poder, el conocimiento sobre el mundo (Helms 1988). Los portadores de esos saberes eran capaces de explicar y controlar mejor las dinámicas de lo que les rodeaba, abarcando parcelas desde el mundo esotérico y mítico a la medicina o la astronomía, pasando por la esfera técnica y tecnológica, donde los conocedores del *know how* de determinadas actividades artesanales, como el trabajo del bronce o del hierro en este periodo, habrían gozado de un amplio reconocimiento social.

El control de recursos específicos habría permitido manipular las relaciones en los contextos de producción, como los afloramientos naturales de cobre, plata, plomo o hierro que se localizaban en las estribaciones de los Sistemas Ibérico y Central (Barrio Martín 1999; Polo y Villargordo 2005), y que posiblemente fueron explotados para la elaboración de los objetos autóctonos metálicos, como los que se producían en El Castillo de la Virgen (El Royo). Así como las salinas, fundamentales para las conservas y el mantenimiento del ganado, cuya explotación ha sido bien documentada en las regiones colindantes del Alto Tajo mediante asentamientos dedicados a esta actividad desde el Bronce Final (Arenas y Martínez Naranjo 1999).

Finalmente, contamos con escasas evidencias materiales sobre rutas de intercambio en los primeros momentos de la Edad del Hierro. De hecho, el Alto Duero parece ajeno a los contactos comerciales que tienen lugar en la cuenca del Ebro (Jimeno 2011: 228). Sin embargo, a través de regiones como el Alto Tajo y el Alto Jalón (Arenas 1999b, 2005; Cerdeño *et al.* 1999), se aprecian evidencias de importaciones mediterráneas, fruto de los contactos coloniales con griegos y fenicios. En consecuencia, se han documentado materiales suntuarios, principalmente vajillas o ciertas vasijas de almacenaje como las urnas de orejetas perforadas, cuyo cierre hermético habría permitido el transporte de determinados alimentos poco densos o líquidos. Estas urnas se registraban de forma singular en los cementerios de La Requijada (Gormaz) y San Martín (Ucero) y en el asentamiento de El Castillo (Ayllón) (López Bravo 2002). No obstante, no será hasta el siglo V a.n.e. cuando se comience a registrar vasijas torneadas decoradas con pintura de color vinoso en el borde procedentes de la zona mediterránea. Las formas documentadas corresponden a grandes vasijas de almacén principalmente, cuyo valor habría residido en su contenido, más que en la propia cerámica. Además, entre los elementos de adorno personal, no podemos descartar el intercambio de objetos como las cuentas de collar, pulseras, brazaletes o adornos para la ropa y fíbulas que podrían haber estado relacionadas con la exhibición de telas exóticas.

4.6.2. Estrategias de poder

Una vez que hemos reparado en algunas de las bases materiales del poder, vamos a explorar algunas de las estrategias que los miembros de las comunidades habrían utilizado para obtener, mantener, regularizar, potenciar o evitar la influencia social. A pesar de que las estrategias habrían sido múltiples y variadas, tan solo se va a reparar en cómo fueron utilizados el conflicto y la violencia, y los vínculos y relaciones que derivaron de los banquetes o festines, ya que son las dos estrategias que cuentan con un registro arqueológico más amplio.

4.6.2.1. La apariencia de la violencia o la violencia en la apariencia

Cinco tipos de evidencias han sido destacadas para adentrarnos en el estudio del papel social de la violencia y el conflicto de estas comunidades: los restos óseos, las representaciones iconográficas, los objetos, la arquitectura y las fuentes documentales (Armit *et al.* 2006). Para este periodo, carecemos de representaciones iconográficas sobre la guerra o sus componentes, así como de referencias escritas, por lo que nos centraremos en los otros tres conjuntos de datos.

Los restos óseos son escasos y se encuentran muy fragmentados, ya que proceden de enterramientos de las necrópolis de cremación, donde solo es posible reconocer en algunos casos el sexo y la edad de los individuos y prácticamente imposible identificar las evidencias de trauma. Sin embargo, se ha de señalar la práctica ausencia de hombres jóvenes, con edades inferiores a los 30 años en el cementerio de El Pradillo (Ruiz Vélez 2010: 151) y la escasez de los mismos en Carratiermes (Argente *et al.* 2001: 300-304) . En esta última necrópolis, tan solo contamos con 11 hombres menores de 30 identificados de un total de 178 durante toda la vida de uso del cementerio. Entre ellos, tan solo se les ha podido atribuir cronología por los materiales del ajuar a 8 de ellos, y suponemos que los otros 3, o bien no contaban con ajuar, o bien, los objetos eran escasos y no diagnósticos. A la primera Edad del Hierro, se atribuyen cuatro individuos (tumbas 121, 217, 312 y 398) acompañados de lo que se denominaba en la publicación como ajuares civiles, ya sean con o sin pectoral (Argente *et al.* 2001: 236-239, 321). Para la segunda Edad del Hierro, hay otros cuatro hombres jóvenes (tumbas 128, 159, 395 y 477), de nuevo, con ajuares de composición civil.

No contamos, al menos por el momento, con datos de hombres jóvenes que participasen de la identidad de clase de los guerreros en los cementerios, quizá causa de algún tipo de enterramiento diferencial como el que se planteaba para la segunda Edad del Hierro relacionado con la exposición del cuerpo del guerrero caído en batalla para ser consumido por buitres y otras aves carroñeras; o bien, fruto de las actividades de bandolerismo, que habría dado lugar a que algunos cayesen en tierras lejanas y allí fuesen enterrados.

En lo referente a los artefactos relacionados con la violencia, en los albores de la Edad del Hierro emerge el armamento especializado y una identidad asociada al mismo, ya que anteriormente los objetos que se registran como tales tenían una función polivalente. Este hecho era titulado por R. Schulting (2013) como "*War without warriors?*" para referirse a la naturaleza del conflicto durante el Neolítico europeo, en el que se encontraban evidencias de muerte violentas pero no a los guerreros ni a las armas. Así, a partir de la generalización del hierro, emergió el uso efectivo de un armamento especializado que requirió una práctica, un entrenamiento y unas habilidades en su manejo (Armit 2011a: 510), por lo que su posesión en manos de la clase guerrera no habría sido algo azaroso, ni simplemente simbólico.

El conjunto más numeroso de armamento se registraba en los cementerios de las zonas de valle, generalmente en forma de armas ofensivas y defensivas, y elementos relacionados con el caballo. Como referimos anteriormente, se observaba un aparente igualitarismo en lo que a las estructuras de habitación se refiere, pero no habría sido sino un modo de ocultar las tensiones, la competición y las diferencias entre los miembros de la comunidad. De este modo, en necrópolis del siglo V a.n.e. como El Pradillo (Ruiz Vélez 2010) y La Mercadera (Taracena 1932), no todos los miembros de la comunidad eran iguales, ya que existieron sustanciosas diferencias en la riqueza, percibidas mediante la composición de los ajuares. Estas diferencias también se observaban en Carratiermes, donde en ese mismo siglo, se documentaban las tumbas más "ricas" (Argente *et al.* 2001), curiosamente coincidiendo con el momento previo a la formación de las ciudades que caracterizarán al periodo posterior. Además, entre las tumbas masculinas atribuidas a la identidad relacional de clase, se observaban también diferencias de riqueza como se indicó en apartados previos.

La intimidación a los otros y a los propios miembros de la sociedad, y la amenaza de la violencia debieron encontrarse entrelazados con ideas relativas al estatus, al prestigio y a la riqueza (Armit 2011a: 510). Esto quedaba reflejado en los conjuntos funerarios donde armas y arreos no se refieren solamente al ejercicio de la guerra por parte de sus poseedores. Ese fue el caso de los enterramientos 302 o 347 de la necrópolis de Carratiermes, donde se encontraban enterradas sendas mujeres de entre 50 y 60 años, o el conjunto 262 de un infantil de entre 3 y 5 años. Percibimos así como a través de estos materiales se transcendían las identidades de género, clase o edad para ser asociadas con el estatus o el prestigio social de otras formas de autoidentificación, como la casa o el linaje. Asistimos, por lo tanto, a un panorama en el que no era necesaria la práctica de la guerra para la apropiación de sus significados y de sus valores sociales. Creo que la pregunta a contestar entonces es ¿por qué se utilizaban estos elementos ligados a la guerra como símbolos de la posición social?

Para ello, debemos volver el foco a la importancia del cuerpo como vehículo para transmitir mensajes a un observador que sabe ver. La apariencia juega un papel fundamental en las estrategias de poder, de modo que al portar determinados elementos, se identifica y relaciona a la persona con unos determinados valores que le permiten conseguir o mantener algún tipo de autoridad o potestad sobre diversas parcelas sociales. En contextos que podríamos catalogar desde una perspectiva occidental de inestabilidad, como los que estamos estudiando, habría sido necesaria una reiteración visual continuada de quién y sobre qué bases se funda esa autoridad. Así, los materiales relacionados con la guerra eran sinónimos y partícipes del poder, un poder obtenido y mantenido mediante la exhibición de símbolos marciales.

En lo que a las evidencias arquitectónicas se refiere, destacaban las fortificaciones en las zonas montañosas. La existencia de estructuras defensivas ha sido entendida como un indicador de tensión o conflicto, pero en los últimos años han surgido aproximaciones que entienden estas construcciones como elementos polifuncionales que engloban una vertiente defensiva, simbólica e identitaria, entre otras (Armit 2007; Sharples 2010). Estas formas de cultura material aparecen en aquellas zonas donde las tierras hábiles para la agricultura son menos numerosas y, por lo tanto, existe una mayor presión sobre ellas. Las comunidades de la primera Edad del Hierro habrían sido en gran medida autosuficientes y la base de la subsistencia habría dependido principalmente de la tierra, por lo que mediante las fortificaciones y la modificación del paisaje visual se habrían enviado mensajes de control, poder y reivindicación de las tierras.

Sobre la ideología de los constructores, S. James (2007: 165) planteaba que éstos participaban de una ideología marcial agresiva y los posibles atacantes habrían sido poco numerosos. Por ello, los ataques no habrían supuesto una amenaza real para los habitantes del asentamiento, quienes parapetados tras sus defensas habrían resistido fácilmente los envites. Además, la estrategia del cerco o sitio no se diseñará hasta siglos posteriores.

A partir de estas evidencias, se ha entendido que el principal motivo para el conflicto habría estado relacionado con el control de las tierras cultivables capaces de mantener a un grupo extenso. Esto a su vez habría supuesto una de las principales motivaciones para atacar a los otros, desplazando así a la comunidad vecina y apropiándose de sus recursos y control sobre la tierra útil que pudiese soportar una comunidad más amplia (Sharples 1991: 84-85). No obstante, los enfrentamientos y la muerte violenta no fueron un hecho menor para estas comunidades, ya que con cada pérdida, se eliminaba a un individuo de las prácticas diarias (King 2010b: 253), lo que producía efectos negativos para la demografía, especialmente entre los hombres y mujeres jóvenes. L. Keeley (1996) señalaba que en las sociedades no estatales, un 25% de los hombres jóvenes puede ser movilizado para la guerra, por lo que la pérdida de estos miembros habría ocasionado graves problemas de funcionamiento en las pequeñas comunidades.

Por ello, y tras recopilar las evidencias de conflicto, debemos detenernos en una de las definiciones de guerra que ha sido de las más utilizadas en la arqueología, la del antropólogo B. Ferguson (1984: 5), quien la entendía como "una acción grupal organizada con un propósito, dirigida contra otro grupo que puede o no estar organizado para una acción similar, que involucra la aplicación real o potencial de fuerza letal*"*. Así, se refiere a un grupo de acción, es decir, una parte de la población masculina, que construían mediante su aspecto y capacidad de portar armas un tipo de identidad relacional bien diferenciada del conjunto social. Esta estaba censurada y reconocida por todos los integrantes de la comunidad mediante la reproducción y la deposición de objetos distintivos en los ajuares funerarios, permitiéndoles mantener su estatus y conservarlo en la otra vida (King 2010b: 250). Además, las armas tuvieron múltiples significados y usos sociales que permitieron a determinados individuos y a sus familias negociar su posición social en términos de estatus o prestigio, por ello, se documentan en enterramientos de mujeres y niños/as. Atendemos pues, a un buen ejemplo de cómo la materialización de determinados valores relacionados con la esfera masculina gozaban de un mayor reconocimiento social que los femeninos, propio de las sociedades patriarcales.

Por otro lado, la elección a la hora de invertir esfuerzos comunales en proyectos defensivos y no de otro tipo, como podrían haber sido obras religiosas o civiles, pone de manifiesto una ideología sobre el conflicto y una valoración positiva de la violencia. Una violencia sancionada por toda la comunidad, a pesar de las numerosas vocaciones, intencionalidades y agendas que se vislumbran tras la construcción de las fortificaciones. Estas fortificaciones además de convertirse en auténticos símbolos de identidad en el paisaje, habrían ofrecido una visión del poder real y simbólico de la comunidad que las construyó, con múltiples fines hacia los "otros" como la protección, la exhibición, la disuasión o el miedo. Tal y como afirmaba S. King (2010b), siempre tenemos problemas para saber a quién nos referimos cuando se habla del "otro", sin embargo, L. Keeley (1996: 121-122) sugería que el enemigo más común tiende a ser el compañero de comercio, o el vecino.

Por último, y en lo que a la fuerza letal se refiere en la definición de Ferguson, no contamos con evidencias óseas de trauma que nos permitan profundizar en la escala y el alcance del mismo, debido al carácter del registro. Aunque parece significativo el sesgo de individuos masculinos menores de los 30 años y relacionados con la identidad guerrera, quienes podrían haber sido sometidos a otro tipo de tratamiento ante la muerte, por su condición de género, edad, clase y/o forma de vida.

4.6.2.2. Festines y banquetes

Las prácticas relacionadas con el consumo comunal de determinadas bebidas y alimentos es otro poderoso medio para manipular las relaciones y los escenarios de la negociación social. Entre la cultura material que podemos asociar a este tipo de prácticas, son especialmente significativos aquellos artefactos relacionados con la composición de la mesa, como son los calderos o coladores de bronce, las cerámicas grafitadas, algunas producciones locales que se decoran con motivos pintados y algunas importaciones.

En el cementerio de Carratiermes, se documentaron un total de siete fragmentos de bronce dentro de las tumbas que pueden ser relacionados con el banquete, en concreto, seis de ellos se correspondían con calderos y otro más con un colador. Los fragmentos de caldero procedentes de la primera Edad del Hierro fueron un total de cinco, uno de ellos se registró en un enterramiento doble. Desafortunadamente, dos de las tumbas no presentaban restos óseos que permitan determinar el sexo y la edad (tumbas 327 y 258), pero entre las restantes: la tumba 240 perteneció a una mujer de unos 20-30 años, clasificada como un conjunto de ajuar con pectoral. La tumba 582 era un enterramiento doble, de una mujer de entre 25 y 30 años y un infantil de 0-1 año, acompañados por un pectoral de espirales, dos fíbulas (una de doble resorte con el puente de disco y una de ancora), un cuchillo pequeño, un punzón biapuntado y una fusayola. Por último, el enterramiento 321 (Fig. 4.23) de un hombre de 30 y 35 años con un abundante ajuar con armas. También, es destacable que el ajuar de la tumba 327, a pesar de no contener restos humanos, presentaba un ajuar muy similar al de la tumba 321, compuesto por arreos de caballo, la hembra de tres garfios, una fíbula anular de gran tamaño, dos lanzas, cuatro regatones -uno de ellos, torneado-, un cuchillo curvo y una navaja afeitar, que podría pertenecer a un individuo varón, especialmente por la presencia de la navaja. Por último, como mencionamos en otro apartado, el fragmento de colador de bronce, se encontraba en la tumba 174, junto a una fusayola, que perteneció a un hombre de entre 30 y 40 años.

Las cerámicas grafitadas toman su nombre de la capa de grafito que se aplica sobre la cerámica seca antes de su cocción, lo que tras la cocción la dota de un brillo metálico. Esta técnica procede del sur de Francia y ha sido relacionada con la imitación de vajillas metálicas, pero realizadas sobre un material menos costoso y accesible como es la cerámica. Los objetos metálicos han sido entendidos como objetos esotéricos y de poder, por lo que la emulación del brillo metálico en las cerámicas no haría sino participar de la misma semiótica. Según el estudio de R. Barroso (2002), los fragmentos del Alto Duero se corresponden con el Tipo 1 que son cuencos o vasos de pequeño y mediano tamaño entre 10 y 25 cm de apertura de la boca. Son formas de vajilla de mesa, posiblemente relacionadas con la ritualidad del banquete y los valores de la comensalidad.

Por último, las dos cerámicas singulares que aparecen con decoración pintada (Fig. 4.31). El ejemplar de El Castillejo (Castilfrío de la Sierra) encontrado por B. Taracena (1929b: 19, Fig.15), un cuenco abierto del Tipo 1 de Romero que se realizó a mano y presenta un bruñido de las paredes y motivos rectangulares pintados en el interior y el exterior de la pieza, combinando colores rojos y marrones dependiendo de los motivos. La segunda vasija apareció en El Cerro del Haya (Villar de Maya) (Pascual y Pascual 1984: 94, Fig. 26.1), cuya forma era un vaso de pasta marrón oscura con la pintura en un tono más claro sobre la carena. Su forma recuerda a la nº 22 de la tipología de Romero, procedente del Zarranzano, de mayor tamaño, sin pintura y con un cordón aplicado sobre la carena.

Aunque la información con la que contamos es muy escasa y desigual, en la mayor parte de los casos, los fragmentos materiales proceden de prospecciones no sistemáticas. No obstante, permiten apreciar las diferencias regionales en cuanto a la utilización de cerámicas especiales para este tipo de eventos que parecieron obedecer a diferentes tradiciones culturales. De este modo, mientras que los asentamientos de las montañas contaban con algunos ejemplares pintados y la ausencia de cerámicas grafitadas o elementos de bronce, la zona central del valle del Duero presentaba un gusto por las cerámicas brillantes con grafito y los objetos de bronce (Fig. 4.32).

Las vajillas compuestas por calderos, coladores, jarros, cuencos o vasos sugieren un servicio para el consumo de bebidas, seguramente alcohólicas. La presencia de los calderos y colador apuntan a un posible consumo de vino, que habría sido importado, bien desde el Mediterraneo, bien desde el Duero Medio. Sin embargo, no contamos con evidencias claras de estas transacciones, debido a la falta de análisis relacionados con los contenidos de las vasijas. No obstante, J.L. Argente, A. Diaz y A. Bescós (2001: 131) relacionaron estos materiales con el siglo V a.n.e., momento en el que hicieron su aparición en el Alto Duero las cerámicas a torno de importación con decoración de color vinoso que podrían haber contenido este tipo de brebajes. Aun así, las bebidas alcohólicas consumidas no tendrían que haber sido necesariamente importadas, las producciones locales habrían sido las protagonistas, como indican ejemplos como la hidromiel documentada en el caldero de bronce de Hochdorf fechado en torno al 550 a.n.e. (Arnold 1999: 75) o el consumo de *caelia* durante la segunda Edad del Hierro.

Antes de concluir con los materiales asociados a los banquetes, se ha de señalar nuevamente la presencia de cuchillos de diferente tamaño dependiendo del sexo que aparecen en los enterramientos de Carratiermes, y que podrían haber estado relacionados de algún modo con estas prácticas, donde objetos diferenciados habrían sido utilizados por los asistentes dependiendo de sus identidades. Así pues, hay que recordar las palabras de Ateneo en "El banquete de los eruditos" escrito en el siglo III sobre las costumbres de los celtas en la mesa, a pesar del gran desfase temporal que hay entre las evidencias y el texto:

> "Los celtas sirven sus comidas tras echar hierba por el suelo, y en mesas de madera poco elevadas sobre él. La comida consiste en unos panes, y en abundante carne

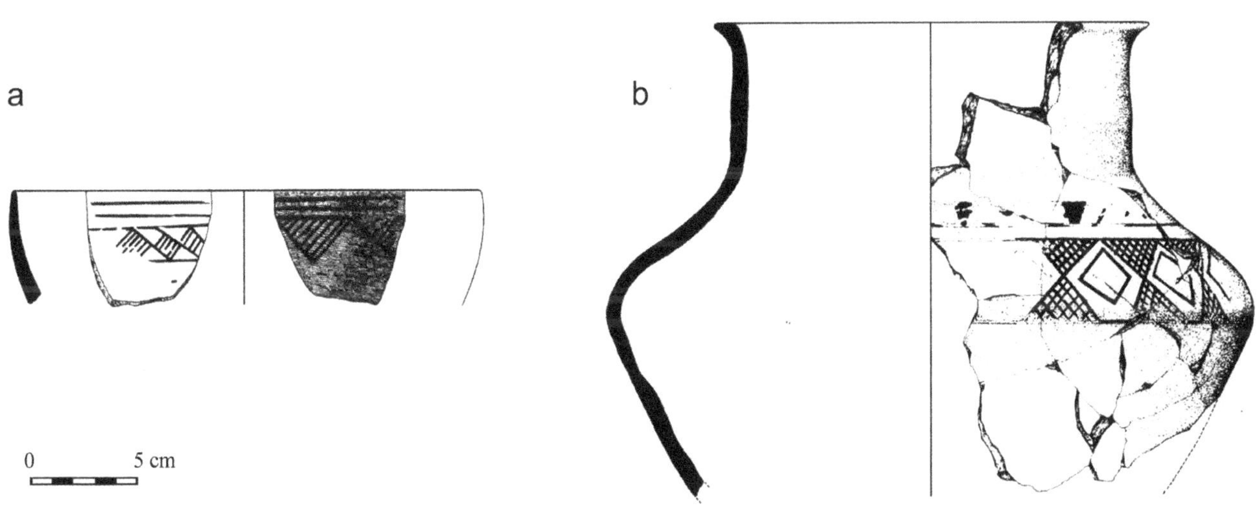

Fig. 4.31: Cerámicas pintadas: a. El Castillejo (Castilfrío de la Sierra) (Taracena 1929b: 19, Fig. 15). b. El Cerro del Haya (Villar de Maya) (Pascual y Pascual 1984: 94, Fig. 26.1).

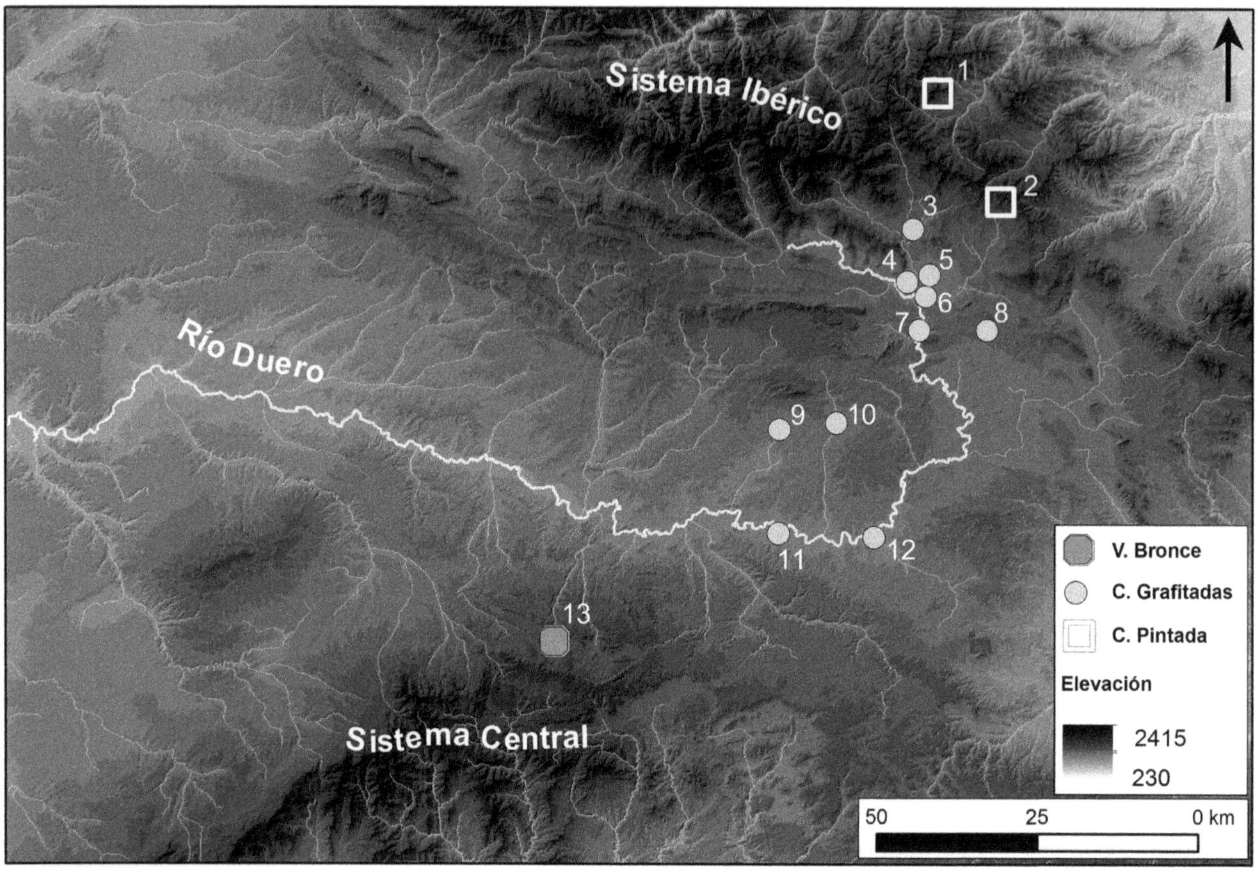

Fig. 4.32: Distribución de algunos objetos relacionados con el banquete en el Alto Duero. Cerámicas pintadas: 1.-El Cerro del Haya (Villar de Maya) (Pascual y Pascual 1984: 94, Fig. 26.1) y 2.- El Castillejo (Castilfrío de la Sierra) (Taracena 1929b: 19, Fig. 15). Cerámicas grafitadas: 3.- Zarranzano (Cubo de la Sierra) (Romero 1991: 129-183, 1999: 148), 4.- La Vega (Garray) (Morales 1995: 176), 5.- El Castillejo (Garray) (Morales 1995: 129-131), 6.- Numancia (Garray) (Fernández Moreno 1997: 80-82), 7.- El Castillo (Soria) (Ortego 1952: 292-296), 8.- El Castillejo (Fuensaúco) (Romero y Misiego 1995), 9.- La Cuesta del Espinar (Ventosa de Fuentepinilla) (Pascual Díez 1991: 196-215), 10.- El Ero (Quintana Redonda) (Pascual Díez 1991: 154-157), 11.- La Buitrera (Rebollo de Duero) (Revilla 1985: 230-239) y 12.- La Corona (Almazán) (Revilla 1985: 26-34). Vajilla de bronce: 13.- Carratiermes (Montejo de Tiermes).

> cocida en agua y asada sobre carbones o en espetones. Se lo llevan a la boca limpiamente, pero como leones, cogiendo con ambas manos miembros enteros arrancando la carne con los dientes. No obstante, si algún trozo es difícil de separar, lo cortan a lo largo con un cuchillito pequeño que tienen a su lado dentro de la vaina en un estuche especial. Comen también pescado los que habitan cerca de los ríos y del mar interior y exterior, asado con sal, vinagre y comino" (Libro IV, FR. 67 E-K).

Por último, hemos de reparar en la asimetría de género que habría tenido lugar en este tipo de eventos. Los banquetes o festines fueron prácticas en las que se destruía riqueza. Para organizar estos eventos, habría sido necesario un gran esfuerzo previo como: la producción de un excedente agrícola, el cuidado o la caza de los animales y el trabajo de preparación y procesado de alimentos y bebidas (muchas de estas tareas habría recaido posiblemente sobre las mujeres). Su organización habría requerido meses de planificación antes de la celebración. Es aquí donde entraba en juego la división de tareas dependiendo del género, con una gran diferencia de esfuerzo y de rédito social entre géneros. Diversos estudios antropológicos de sociedades preindustriales (Dietler 2001: 91-92, 2006: 232; Dietler y Hayden 2001; Jennings y Chatfield 2009; Vogel y Cutright 2012) señalaban como las mujeres eran las encargadas de realizar la mayor parte de las tareas relativas a la obtención, acumulación y procesado en sociedades preindustriales actuales. De este modo, ellas eran las verdaderas protagonistas en términos de esfuerzo y elaboración, soportando así un sistema de relaciones en el que los hombres eran máximos beneficiarios en las arenas de la negociación social y política, así como en términos de autoridad y reconocimiento social. Esta relación simbólica entretejía los símbolos y significados de las esferas doméstica, social y política.

4.6.3. Los protagonistas

Definíamos al inicio que los poderosos eran aquellos que mediante la manipulación de las relaciones y acciones intencionadas eran capaces de influenciar a otros miembros de la comunidad para obtener su propio beneficio. A las comunidades celtibéricas se les ha atribuido una organización social y económica basada en la concentración de población y unos servicios comunes en el interior de los asentamientos bajo la autoridad de un jefe local. Este sistema se fundamentaba en la importancia del conflicto, donde las guerras, el pillaje y las incursiones no eran sino mecanismos que reproducían y perpetuaban dicho modelo social (Ruiz Zapatero y Álvarez Sanchís 2015; Almagro Gorbea y Lorrio 2007).

Estos protagonistas del poder, a quienes podríamos denominar como líderes o cabecillas, habrían jugado constantemente en el tablero del poder, donde habrían tratado de obtener nuevas parcelas de control y mantener las que ya estaban en sus manos. Sus acciones, opiniones, intereses o agendas habrían destacado por encima de las de los demás miembros, aunque su capacidad de acción se habría encontrado siempre limitada por el conjunto de la comunidad. Las palabras de A. González Ruibal (2007b: 268) para el noroeste peninsular siempre me han parecido muy ilustrativas en este sentido: "Un jefe del Bronce Final en Galicia no era un faraón ni un emperador romano. Se encontraba más cerca de la gente y necesitaba más de ésta para sustentar el poder".

La práctica del poder estaba en constante negociación, interrelación y retroalimentación con el bien mayor para la comunidad. Así, los líderes habrían obrado por el bien del conjunto de sus miembros y la comunidad en general les habría premiado por sus actos con reconocimiento y autoridad, sin embargo, en el momento que el conjunto del grupo hubiese dejado de considerar que uno de sus miembros no actuaba acorde al interés general o habría traicionado los valores de la misma, rápidamente habría caído en desgracia y perdido la posición social.

Elementos como la información, el conocimiento y la tecnología fueron susceptibles de ser manipulados para obtener el control social e ideológico (Helms 1988), así como los valores relacionados con el conflicto. La exhibición ritualizada y el comportamiento amenazante de estos grupos, plasmado mediante las defensas construidas en torno a los asentamientos, las armas y la construcción del cuerpo de la clase de los guerreros, se materializaban principalmente como elementos disuasorios, símbolos de la amenaza del uso de la violencia más que la propia actuación. Aunque con esto no quiere decir que ese simbolismo eximiese a estas gentes de los enfrentamientos reales. Comparto, así, la imagen que proponía John Collis (1994) sobre estos individuos: "*In the traditional interpretation of 'Celtic Society' such individuals represent an élite, a warrior class who feast, boast, fight, and drink wine through their moustaches. For me they are wealthy farmers whose social position is signified by their weapons – a less specialised kind of society*".

La recurrencia de una cultura material asociada al conflicto apunta a la valoración positiva que se tenía del enfrentamiento. La interrelación entre el estatus, la competición social y la violencia sugiere que abordamos culturas basadas en el honor, donde la habilidad para lidiar con una amenaza percibida y/o la defensa de los intereses económicos, fue esencial para el éxito de una comunidad en la que no existían una instituciones capaces de regular el conflicto. Así, la forja de una reputación, la creación de una imagen impactante/intimidante del individuo y la capacidad de dar una respuesta desproporcionada a una agresión actuaron como elementos disuasorios ante un potencial agresor (Armit 2011a: 510).

Previamente hemos apuntado como los principales recursos de esta clase dirigente, formada por hombres principalmente, se habría basado en la guerra, el comercio, la tierra y los animales, pero éstos necesitaban legitimarse y justificar los derechos que les permitían mantener el poder político (Ruiz-Gálvez 2007: 187) y la autoridad sobre los demás. Por ello, se inventaron los relatos de pasados heroicos, las genealogías y los ancestros que justificasen su sucesión en el poder, materializados en los enterramientos y los rituales de culto asociados, donde a través de la exhibición pública de la riqueza de la casa y la familia, se negociaba la percepción con la que el difunto pasaba a la otra vida y los miembros de su linaje que quedaban en la tierra.

Fue una sociedad patriarcal, donde los valores y objetos asociados a los hombres gozaron de una valoración positiva por parte del conjunto social, lo que se tradujo en una relación de poder de los hombres sobre las mujeres. Esto se observa especialmente en la apropiación simbólica y material del trabajo de ellas en contextos como los banquetes, donde su esfuerzo era manipulado, renegociado y utilizado por los hombres en el marco de la casa para la obtención o fortalecimiento de una posición social preeminente. Asistimos así, a lo largo de la Edad del Hierro, a un proceso por el que los hombres fueron ocupando las posiciones más especializadas que requerían unos mayores conocimientos técnicos. Para la etapa en la que se centra este capítulo, me refiero particularmente a la tecnología de los metales, quedando aún en manos femeninas la fabricación cerámica que no trascenderá de la esfera doméstica hasta la introducción del torno. De este modo, la figura del hombre se situó progresivamente en una posición de poder y las mujeres quedaron relegadas a un segundo plano, debido a la falta de control técnico, de conocimiento y la necesidad del apoyo emocional que requirieron los hombres para hacer frente al mundo. Ellas fueron garantes de la identidad colectiva o relacional, el vínculo emocional de la sociedad, permitiendo que determinado grupo de hombres adquiriese un mayor protagonismo social, a través de un proceso paulatino de individualidad (Hernando 2005: 124-125). Así, se fortalecieron y arraigaron los valores simbólicos referidos a lo individual, la violencia, el conflicto, lo masculino y los gloriosos antepasados, cimentando una relación de poder cada vez más sólida con el avance de la historia, en detrimento de lo comunal y lo femenino.

4.7. Dos caras de la misma moneda: el poder en el paisaje *vs* el poder en el cuerpo

A lo largo de todo el capítulo, hemos podido observar al menos dos realidades dentro del Alto Duero, que ya se percibían durante Bronce Final en la dicotomía espacial entre los asentamientos y los depósitos de objetos de bronce. Durante la primera Edad del Hierro, observamos formas distintas de entender los paisajes, de construir los hábitats, de enfrentarse a la muerte o de concebir el cuerpo. En una primera aproximación, parece que las unidades del paisaje condicionaron el tipo de estrategias que adoptaron respecto al paisaje y al poder, pero fue precisamente el resultado de las construcciones y modificaciones humanas, las que condicionaron el modo de entenderlos.

La cultura material refleja la importancia del conflicto y la violencia como elementos modeladores de la sociedad, en ambos casos ritualizados y con diferentes materializaciones. Las comunidades de las zonas montañosas optaron por un énfasis en la modificación de los paisajes y en los proyectos comunales, en ocasiones masivos, construyendo estructuras defensivas simples o complejas combinaciones de las mismas. En el seno de las comunidades, tuvo que producirse un cambio de mentalidad radical respecto al periodo anterior que trastocó los esquemas en la forma de entender y percibir los paisajes, exhibiéndose los asentamientos como auténticos símbolos de identidad. Los lugares de hábitat fueron emblemas de ostentación y demostración del poder de la comunidad a la hora de acumular recursos y coordinar esfuerzos, así como elementos disuasorios ante cualquier posible ataque. P. Frodsham, I. Hedley y R. Young (2007: 263) comparaban las murallas de los *hillforts* de Northumberland con una espada espléndida y otras armas 'ofensivas', las cuales pudieron haber tenido usos prácticos en ocasiones, pero un valor simbólico constante. Por el contrario, los grupos de los valles centraron sus esfuerzos en los paisajes funerarios y las tecnologías del cuerpo, mediante las formas de adorno personal y la imagen transmitida a los demás como medios para la competición social por el poder de la comunidad. Observamos así como, en este caso, la apropiación del poder se relaciona con la identidad relacional de la clase de los guerreros, que no tiene un reflejo directo, al menos que hayamos percibido hasta el momento, en los asentamientos y las viviendas, pero sí una intensa negociación ante la muerte, tanto en términos de individuo como de casa y familia.

Ambos contextos parecen ser el resultado de procesos sociales similares, pero articulados de formas diferentes. Estos habrían estado influidos por las tradiciones previas de un Bronce Final que apenas conocemos y las características físicas de los paisajes. De este modo, en las zonas de montaña, donde los recursos agrícolas fueron más limitados y, por lo tanto, la presión sobre las tierras era mayor, se habría generado una mayor dependencia entre sus miembros y las formas de competición social se habrían ocultado bajo un aparente igualitarismo, canalizándose en la inversión en los proyectos colectivos como mecanismo para lidiar con las tensiones internas. Por el contrario, en las zonas de valle, donde las tierras aptas para los cultivos con la tecnología del momento fueron más abundantes, la presión era menor. Esto permitió desarrollar estrategias diferentes, centradas en el cuerpo y el énfasis en la figura del guerrero, y la creación de genealogías que les permitiese sustentar su autoridad y legitimidad en el poder.

En definitiva, son dos formas de ostentar el poder, dos estrategias diferencias del mismo proceso, dos caras de una misma moneda, detrás de la que materializaron diversas realidades étnicas. A lo largo del capítulo, se ha reiterado la marcada variabilidad regional, tanto entre las dos principales áreas, como en el interior de las mismas. A partir de esto, y entendiendo que las identidades están en constante práctica y tienen un reflejo en las diversas formas de cultura material, la variedad de formas de entender y modificar los paisajes, la planificación de los asentamientos, las plantas de las casas, la disposición de los enterramientos en los cementerios, la combinación de los objetos en los ajuares o los tipos de cerámicas de mesa pueden arrojar luz sobre diferentes niveles de identidades étnicas de la zona.

5

La segunda Edad del Hierro

La segunda Edad del Hierro en el Alto Duero se encuentra marcada por el origen de los paisajes urbanos y los cambios sociales, culturales y simbólicos asociados. El origen del urbanismo y sus consecuencias han sido ampliamente estudiadas por A. Jimeno, especialmente en el contexto de Numancia (Jimeno y Arlegui 1995; Jimeno y Tabernero 1996; Jimeno 2011, 2005, 2000; Jimeno *et al.* 2018, 2017a, 2017b, 2017c, 2012), donde se pone de manifiesto un sustancial cambio en las formas de vida y su materialización a partir del siglo IV a.n.e.

Tradicionalmente, los cambios se han relacionado con un aumento de la demografía fruto de la mejora tecnológica por la generalización del hierro y del torno rápido, actividades artesanas especializadas en manos de los hombres, que permitieron una intensificación de la explotación agraria y la colonización de nuevas tierras. Estas modificaciones no supusieron una ruptura con las formas de vida del periodo anterior, sino que se mantuvieron numerosas costumbres y rasgos de continuismo con sus consecuentes reinterpretaciones y renegociaciones, especialmente en lo que se refiere a rituales de enterramiento y el simbolismo de ciertos enclaves.

Las implicaciones de dichas transformaciones no debieron ser unívocas, por lo que hemos de explorar modelos más sofisticados que nos permitan conocer las causas, las consecuencias, sus implicaciones sociales, ideológicas e identitarias en la vida de las comunidades e individuos que vivieron entre los siglos IV y el II a.n.e. Para ello, comenzaremos con un análisis de los paisajes físicos y sus construcciones sociales, posteriormente trataremos el mundo doméstico y funerario, y por último, ahondaremos en la estructura social de las comunidades y su funcionamiento.

5.1. Explorando los paisajes urbanos

> "Los *oppida* son la expresión de sociedades más desigualitarias, y a la vez contribuyen a la construcción de dichas desigualdades"
>
> Manuel Fernández Götz (2013b: 138)

Con el inicio del urbanismo, los centros urbanos pasaron a ser los grandes protagonistas en la construcción y modificacion de los paisajes y territorios. Dichos núcleos han sido referidos en numerosos estudios como *oppida* (*oppidum* en singular), desde que J. Déchelette (1914) se refiriese al marco cultural de la Europa templada a finales de la Edad del Hierro como "la civilización de los *oppida*". El término procede de las referencias de Julio César en la conquista de la Galia, sin embargo, este no ofreció ningún tipo de testimonio de los rasgos propios de este tipo de asentamiento o de la forma de distribución del poblamiento.

En la útima década, varios autores ofrecen revisiones del término desde perspectivas diversas (Smith 2020; Grau 2019; Moore 2012, 2017; Ruiz Zapatero *et al.* 2020; Ruiz Zapatero y Álvarez Sanchís 2015; Courault 2015; Fernández Götz 2013b; Fumadó 2013). M. Fernández Götz (2013b: 134) recogía algunas de las propuestas de clasificación para la zona centroeuropea a partir de las dimensiones de los enclaves. Así, Paul-Marie Duval consideraba *oppida* a aquellos enclaves con más de 10 ha; 15 ha era la extensión necesaria para Stephan Fichtl y Jiří Waldhauser; 20-30 ha para John Collis o 30 ha para Wolfgang Dehn. Este criterio de clasificación también había sido seguido por invetigadores en la Península Ibérica, como refleja la propuesta de M. Almagro Gorbea y A. Dávila (1995) sobre la sistematización de los *oppida* a partir del tamaño para llegar a conclusiones de tipo etno-cultural.

Oppidum, ciudad o centro urbano han sido denominaciones ampliamente utilizadas para designar esta realidad diversa (Almagro Gorbea y Lorrio 1991b; Almagro Gorbea 1994; Lorrio 2005; Jimeno 2011; Ruiz Zapatero 2011; Álvarez Sanchís 2011, 1999; Burillo 2011, 2007b; Sacristán 2011; Sanz y Romero 2007; Ruiz y Molinos 2013). Entre ellas, podemos distinguir una amplia variedad formal a partir de su configuración material. Estas diferencias no hacen referencia solo al tamaño del enclave, sino también a las fortificaciones, la localización del emplazamiento o la configuración interna del mismo. La enorme diversidad de estos enclaves se debió en gran parte a las diferencias regionales, donde los pobladores modificaron el paisaje a partir de sus características previas, tradiciones, posibilidades y recursos. Por ello, coincido con la definición que propusieron M. Fernández Götz y D. Krausse (2013: 480), entendiendo el término ciudad como: "una agregación numéricamente significativa de personas que viven juntas de modo permanente en un asentamiento que cumple funciones de lugar central para un territorio más amplio".

5.1.1. El proceso de formación

Los procesos formativos son siempre difíciles de documentar, ya que son complejos y las fuentes de información con las que contamos son frecuentemente escasas e incompletas. El caso de las ciudades celtibéricas no es, por desgracia, una excepción. Sus inicios son aún oscuros, a pesar de los intentos de varios investigadores por arrojar luz sobre el tema (Álvarez Sanchís *et al.* 2011; Fernández Götz 2013b; Jimeno *et al.* 2018, 2017a, 2012;

Jimeno 2011, 2005; Jimeno y Tabernero 1996; Ruiz Zapatero *et al.* 2020; Ruiz Zapatero y Álvarez Sanchís 2015). La falta de amplios referentes materiales, secuencias cronológicas y estratigráficas detalladas hacen que las evidencias que observamos sean el resultado final de un largo proceso, donde encontramos ciudades ya formadas y con varios siglos de vida. Sin embargo, su formación se debió a un proceso de larga duración, en el que posiblemente transcurrieron varias generaciones hasta que las estructuras urbanas y territoriales fueron establecidas. Además, tras su consolidación como modelo de orden ideológico, social y espacial no se mantuvieron estáticas, sino que fueron sometidas a una constante reinter–pretación y negociación de la mano de diversos actores sociales y las circunstancias históricas en las que se vieron envueltas.

El proceso de urbanización no afectó tan solo a la formación de ciudades, sino que supuso una transformación completa de toda la estructura de asentamiento (Salač 2014: 70) y de las personas que la llevaron a cabo. En numerosas ocasiones, su origen ha sido entendido como un proceso de sinecismo por la necesidad de reordenar el régimen de posesión de la tierra debido a un incremento de la población en toda la región, bien documentado y cuantificado (Jimeno 2011; Jimeno y Arlegui 1995; Alfaro 2005). Además, frecuentemente se ha recurrido a las palabras de Apiano (*Iber.* 44) para el caso de Segeda para ilustrar este proceso:

> "... forzó a otras más pequeñas a establecerse junto a ella [...] y obligó también a unirse a los titos, otra tribu limítrofe".

Históricamente, hemos asistido a procesos similares en la configuración de núcleos urbanos, como es el caso de la Extremadura castellana en la Alta Edad Media, en el que las ciudades fueron resultado de la reunión de la población de varias aldeas en un enclave único que se organizaba en torno a una iglesia dedicada a la advocación de un santo patrón (González 1974: 266-269; Asenjo 1983: 45). Similar fue también el lejano proceso de formación de las *poleis* arcaicas de la zona griega en torno al siglo VIII a.n.e. en el que los habitantes de una determinada región se reunieron en una aglomeración de población. Para el caso griego, A. Domínguez Monedero (2001: 61-63) consideraba necesarias una intencionalidad y una reflexión para crear esta nueva forma social, desde un punto de vista ideológico y material, donde habría sido precisa la existencia de un equilibrio entre los grupos que van a formar parte de la misma y una serie de referentes ideológicos de estabilidad que la hiciesen posible. Como consecuencia, un conjunto de individuos se dotaron de instrumentos de gobierno y de organización a todos los niveles, prescindiendo de lo sobrehumano (aunque seguramente amparados por los dioses). En el proceso, fue necesario que ciertos individuos sacrificasen sus aspiraciones personales de poder, en pos de un equilibrio comunitario, alojado en manos de los ciudadanos, siendo éstos un número más o menos amplio de la comunidad.

Plutarco (*Vit. Thes.* XXIV) narraba el proceso de sinecismo de Atenas y el papel que jugó la figura de Teseo a la hora de reunir a los habitantes del Ática en una sola ciudad mediante la creación de un sentimiento y una identidad común entre todas las comunidades que reunió. Para lograr un consenso entre los diferentes grupos, Teseo cedió su papel protagonista:

> "... fue preciso proponerles un gobierno no monárquico, sino popular, en el que a él no le quedase más que el mando de la guerra y la custodia de las leyes, guardándose igualdad en todo lo demás..."

La congregación del poblamiento en ciudades sirvió a los intereses particulares de ciertos grupos sociales, no tanto a los personales de un solo miembro de la comunidad, por lo que no estoy de acuerdo con propuestas que afirman la existencia de un *rex* o *rix* en la cúspide de la pirámide social comunitaria como guías en el proceso de reunión (Ruiz Zapatero y Álvarez Sanchís 2015: 226). Los grandes protagonistas debieron ser los grupos de poder que vislumbrábamos en el periodo anterior con posibles filiaciones familiares o de clase, representados por unos líderes o cabecillas con autoridad para hablar en nombre de la mayoría, conocedores de la tradición, los derechos y los deberes. Esto les permitió erigirse como los garantes de la convivencia comunitaria.

Las decisiones se habrían tomado en el marco de las asambleas y los consejos, modelando una nueva forma de organización social. Así, las ciudades se alzaron como los enclaves de poder desde los que se regían los destinos y los avatares de los territorios y las personas que en ellos residieron. La creación de una identidad compartida para un territorio más o menos extenso y la dotación de una serie de estructuras sociales y políticas para su gobierno hubieron de ser fruto de un largo camino entre las negociaciones, los tratos y los pactos. Estos no se habrían logrado siempre mediante acuerdos, sino también por la fuerza, real o simbólica, tal y como hemos observado en el caso de Segeda.

Todos los grupos que pasaron a formar parte de la nueva comunidad debieron ceder parcelas de poder, de derechos y de capacidades de actuación, aunque seguramente no todos lo hicieron en los mismos términos. Se debió acordar una nueva estructura identitaria, social, política y territorial, tal y como ocurrió en Atenas (Domínguez Monedero 2001: 61-63). Los organismos de gobierno de las comunidades anteriores en el nuevo marco urbano carecieron de sentido y pasaron a integrarse en los nuevos instrumentos de decisión (Plutarco *Vit. Thes.* XXIV). La propiedad hubo de ser reestructurada, especialmente la zona en la que se erigió la ciudad. Las parcelas de territorio controladas por cada uno de los grupos e individuos: sus tierras de cultivos, zonas de pasto, recursos naturales o sitios simbólicos fueron mancomunados y posteriormente redistribuidos y negociada su tutela. Los enemigos y aliados debieron cambiar su modo de relación; las lealtades y enfrentamientos tuvieron que ser superados u olvidados en algunos casos o trasladados a los nuevos espacios de conflicto ahora en el seno de la comunidad. La materialización de esas amistades y disputas habría quedado materializado en la formación de nuevos de grupos de poder ahora en el corazón de las asambleas.

5.1.2. La distribución física de los paisajes

Sin olvidar las relaciones multidireccionales que fluyen entre las construcciones materiales de las personas y las características físicas de los paisajes, estas nuevas formas de organización social y territorial se vieron influidas por las características regionales de la zona de estudio, que como vimos en las comunidades del periodo previo, dieron lugar a diferentes realidades materiales e identitarias. De nuevo, recurrimos al análisis de las formas del relieve, donde contamos con la información referente a la localización de los asentamientos y los datos de los entornos sobre los que se construyeron.

En lo relativo al tipo de localizaciones elegidas durante esta segunda Edad del Hierro, la tendencia es muy similar a la de la etapa previa. El número de asentamientos se multiplicó y sus formas del relieve se diversificaron como podemos observar en el gráfico de la Fig. 5.1. Se observa la aparición de sitios en las clases 1 (cañones, arroyos muy encajados), 4 (valles en forma de U) y 6 (pendientes abiertas). Los sitios en altura continuaron siendo los protagonistas, entre los que las cimas de montaña o crestas en altura (clase 10) fueron los favoritos. No obstante, también se documenta un aumento de los sitios en las llanuras (clase 5).

Los asentamientos del periodo anterior no permanecieron. Raros fueron los ejemplos de largas secuencias de hábitat, como es el caso de El Castillejo de Fuensaúco, cuya ocupación reiterada comienzó en el siglo VII hasta el II a.n.e. (Romero y Misiego 1995), y aún más raras, cuanto más nos aproximamos al area montañosa del Sistema Ibérico. Por ello, en torno al 70% de los sitios (un total de 114) fueron creaciones de nueva planta.

En lo relativo al análisis físico de los entornos sobre los que se erigieron los asentamientos, los resultados del k-medias y el PCA muestran como la combinación de los dos primeros componentes explica el 77,27% de la variabilidad de la muestra. Los valores altos de las clases 1, 6 y 7 y los negativos de la 5, son representativos a la hora de modelar el primer componente, mientras que los altos valores negativos de las clases 10, 4 y 3 tienen una fuerte influencia en el segundo (Fig. 5.2 a). A diferencia de los análisis realizados para la primera Edad del Hierro, y los que posteriormente trataremos del siglo I a.n.e., para la segunda Edad del Hierro se empleó una clasificación en cuatro grupos (G1, G2, G3 y G4), debido al elevado

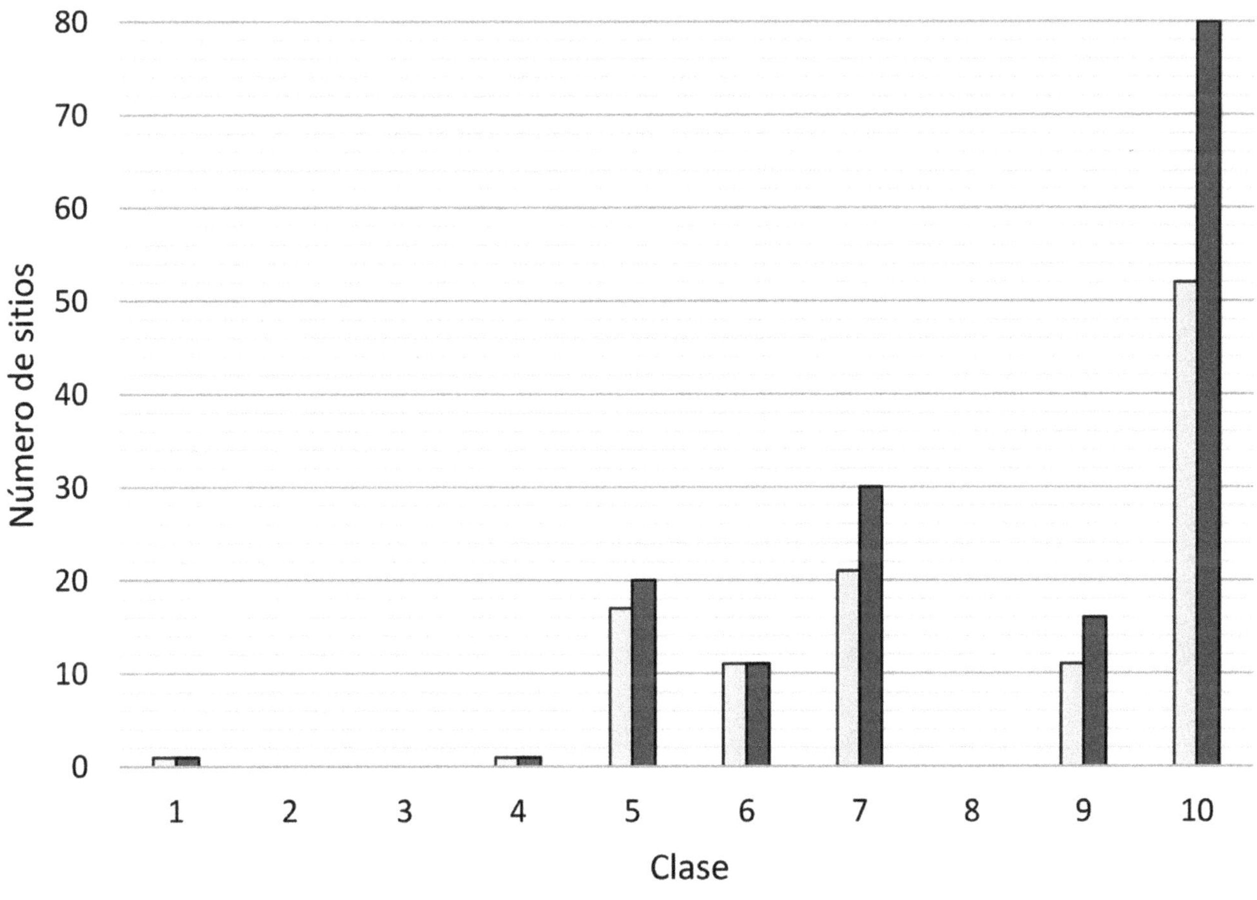

Fig. 5.1: Número de sitios por clase. En gris claro están representados los enclaves fundados de nueva planta en este periodo. En gris oscuro, el total de sitios por clase (ver Tabla 1).

número de casos, que permitiese profundizar en la caracterización de las unidades del paisaje sobre las que se construyeron.

La agrupación G3 formaba un conjunto bien distinguido que constaba de 24 sitios localizados en las montañas del Sistema Ibérico, donde las clases 6 (pendientes abiertas), 7 (mesas) y 1 (arroyos muy encajados) fueron especialmente significativas al configurar la agrupación como resultado de los entornos escarpados sobre los que se levantaban. En la parte opuesta del gráfico, se encontraba el G4 con 44 sitios, cuya tendencia a los llanos, definidos por la clase 5, fue fundamental. Entre ambas agrupaciones se perfilaban dos grupos. El G2 que reunía 35 sitios en las clases 1 (arroyos muy encajados), 6 (pendientes abiertas), 7 (mesas), 9 (crestas a media pendiente o pequeñas colinas en llano) y 4 (valles en forma de U), cuyos pesos eran similares a la hora de configurar el grupo. En último lugar, el grupo de mayor tamaño G1 con 58 sitios. En este último, fueron representativos los espacios intermedios entre las unidades del paisaje que caracterizaban el tránsito entre la alta montaña y los valles. De este modo, si consideramos la distribución de los sitios en el mapa (Fig. 5.2 b), se observa una clara polarización, donde el G4 caracterizaba las unidades del paisaje relativas a los valles y el G3, las áreas de montaña, mientras el G2 y G1 correspondían a los espacios intermedios. La distribución de sitios por las diferentes unidades del paisaje podría haber reflejado la diversificación económica y la explotación de recursos de las diferentes areas.

Como ya hemos apuntado anteriormente, en este análisis se incluyeron sitios de regiones periféricas para observar un posible "efecto borde" o zonas de transición a otros paisajes que pudiesen haber tenido algún tipo de reflejo en la cultura material. A partir del mapa (Fig. 5.2 b), se pudo observar la diferencia en la combinación de los grupos en la zona oeste y en la sur. Los sitios de la zona más occidental representaron el cambio entre los paisajes del Alto y el Medio Duero, donde había un tránsito entre entornos más abruptos y escarpados a unas zonas más onduladas y abiertas en las que los ríos eran más caudalosos y menos rápidos. El tipo de poblamiento que tuvo lugar en esta zona fue ligeramente diferente al Alto Duero. Las comunidades se reunieron en extensas ciudades como *Rauda, Pintia*, Cuéllar o *Cauca*, donde los asentamientos dependientes de los núcleos urbanos no existieron (Sacristán 2011, 1989). Por otro lado, el grupo del sur estaba relacionado con las cabeceras de los ríos Tajo y Jalón, donde los asentamientos eran de menor tamaño, estaban más dispersos geográficamente y, aparentemente, no estaban ligados a núcleos urbanos.

De este modo, las diferentes respuestas materiales que percibimos desde la arqueología derivan de las características físicas de los entornos, de las comunidades que las construyen y de los mensajes que quisieron comunicar a los demás, forjándose así una profunda y compleja relación entre las personas y los paisajes. De nuevo, a partir de las unidades del paisaje sobre las que se asentaron y la combinación de las mismas en las diferentes regiones, es posible percibir marcos diferenciados dentro de la zona de estudio. De este modo, se vuelve a apreciar una dicotomía en la elección de los entornos que queda recogida en la dualidad montañas-valles. Al mismo tiempo, se perciben diferencias entre los enclaves del Alto Duero y las agrupaciones del Duero Medio y las cabeceras del Alto Tajo y el Alto Jalón. Sobre estas diferencias, volveremos posteriormente para explorarlas en términos de etnicidad.

5.1.3. Las ciudades y sus territorios

Cuáles fueron las ciudades y su ubicación en el paisaje en el Alto Duero es aún hoy un asunto controvertido. Los datos con los que contamos están en muchos casos incompletos o son sesgados. Los autores clásicos mencionaban algunos nombres de ciudades como *Numantia, Termes, Uxama, Ocilis, Contrebia Leukade, Kolenda, Lagni, Lutia* o *Savia* por las posiciones que tomaron en las guerras contra Roma. Tan solo ocasionalmente, cuando fue relevante para las narraciones, se aportaron datos sobre su entorno. Este fue el caso de Numancia, por el papel que jugó en la segunda Guerra Celtibérica y los problemas logísticos que su morfología planteó a Escipión Emiliano a la hora de construir un cerco. No obstante, dichas descripciones no impidieron que el enclave exacto de Numancia estuviese perdido desde finales del poblamiento romano hasta el siglo XIX (Jimeno y de la Torre 2005).

En algunos casos, la atribución de localizaciones geográficas de algunas ciudades se ha hecho por homofonía como ocurrió con *Visontium* que fue relacionado con el pueblo de Vinuesa o *Savia* con Soria, sin más evidencias de ningún tipo. También, la epigrafía que apareció en la etapa posterior sobre soportes duros aportó una serie de nombres como *Arekoratas, Belikiom* u *Orosis,* mientras que las acuñaciones monetales nombraron a *Oilaunikos, Olkairun, Kaisesa* y *Okalakom* (Jimeno 2005: 119). A pesar de ello, en muchos de los casos no han sido datos suficientes para determinar la ubicación exacta de las mismas.

Se ha mencionado en numerosas ocasiones que la existencia de una ciudad lleva aparejado un territorio con el que la comunidad establece una relación múltiple, explotándolo y construyendo, y siendo construidos por él. Este permite la subsistencia, el aprovisionamiento de materias primas y la existencia de diversas formas de hábitat dependiendo de las características y los intereses de la comunidad. G. Ruiz Zapatero y J. Álvarez Sanchís (2015: 224-226) consideraron el territorio como uno de los cinco aspectos necesarios para establecer que una sociedad vive en un contexto urbano, junto a: (1) la existencia de una amplia aglomeración demográfica; (2) una economía y una subsistencia capaces de abastecer a todos sus habitantes de un modo autosuficiente, una artesanía diversificada y un papel central en el comercio; (3) unas características constructivas del espacio interno a partir de funcionalidad y uso; y (4) una ideología que lo sustente (Fig. 5.3).

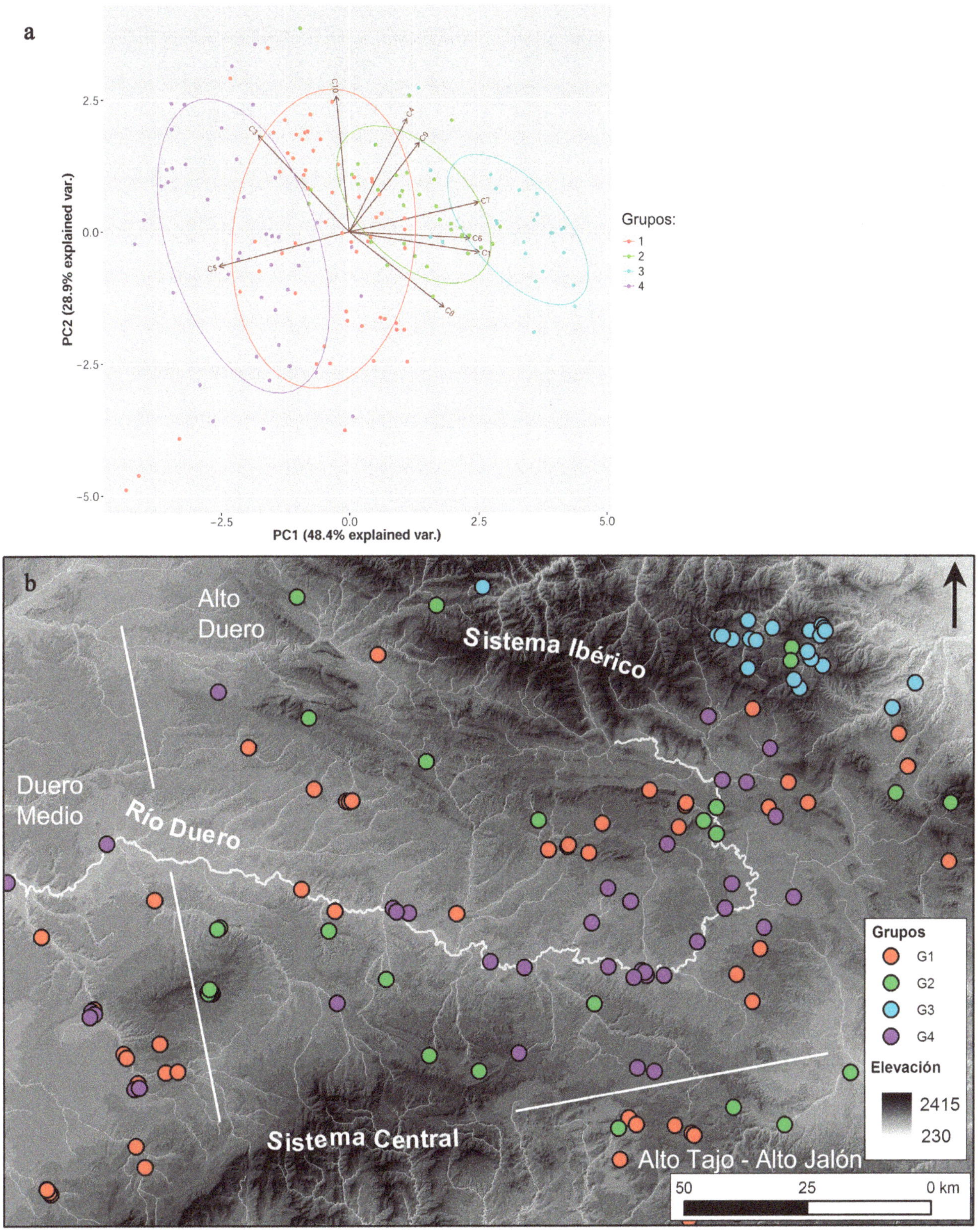

Fig. 5.2: Análisis del paisaje: a. gráfico de dispersión que representa la proyección de los casos (n = 159) sobre los dos primeros componentes y los grupos del k-medias. b. mapa de distribución de los grupos en la segunda Edad del Hierro en el Alto Duero, en el que se marcan las regiones limítrofes del Duero Medio y el Alto Tajo-Alto Jalón.

Los territorios de las ciudades celtibéricas han sido mencionados por múltiples autores clásicos a raíz de la conquista romana como el caso de *Complega* en el 179 a.n.e. cuando se somete su "comarca" o Numancia donde Escipión repartió sus tierras entre los celtíberos que le ayudaron a vencer a los numantinos tras la conquista de la ciudad en el 133 a.n.e. Finalmente, el caso de *Colenda,* cuyo territorio fue ofertado a una población vecina tras su derrota en el 98 a.n.e. (Jimeno 2011: 249, 2005: 120).

Un equilibrio en las relaciones entre los habitantes del campo y del núcleo urbano debió ser esencial, con la excepción del periodo de formación de la ciudad (Domínguez Monedero 2001: 67) para posteriormente convertirse en la sede central desde la que gestionar los recursos, los repartos y las redistribuciones de la riqueza.

Las ciudades fueron las grandes protagonistas de los paisajes de la segunda Edad del Hierro. Sin embargo, hemos de recordar que eran sociedades de carácter rural fundamentalmente, en las que la mayor parte de la población vivió en pequeñas granjas y aldeas dispersas por los territorios rurales (Fernández Götz *et al.* 2014: 12; Danielisová 2014: 78-79; Malrain *et al.* 2002). En este sentido es esencial la referencia de Estrabón (III, 4, 13) cuando hace referencia a la Celtiberia:

> "Los pobladores de las aldeas son salvajes y así son también la mayoría de los iberos; las ciudades mismas no pueden ejercer su influjo civilizador cuando la mayor parte de la población habita en los bosques y amenazan la tranquilidad de sus vecinos".

O Apiano (*Iber.* 89), en su narración de la campaña de Escipión Emiliano, mencionaba enfrentamientos en estos enclaves rurales:

> "A Escipión, entregado al saqueo y la devastación constante de las zonas de alrededor, le pasó inadvertida una emboscada en una aldea que estaba circundada, en su mayor parte, por una laguna cenagosa y, por el otro lado, por un barranco en el que estaba escondida la tropa emboscada".

5.1.3.1. Los territorios de la segunda Edad del Hierro

La imagen sobre la distribución de los asentamientos de la segunda Edad del Hierro que percibimos en el siglo XXI parece una fotografía fija. Sin embargo, la vida de los distintos enclaves debió de ser fluida y dinámica, donde las nuevas fundaciones, el aumento y descenso del número de viviendas o los abandonos debieron ser comunes a lo largo de los algo más de tres siglos que duró este periodo hasta la conquista romana. La configuración de los territorios, las poblaciones, los recursos o fronteras debieron ser igualmente dinámicos y constantemente renegociados por las diferentes comunidades que los compusieron.

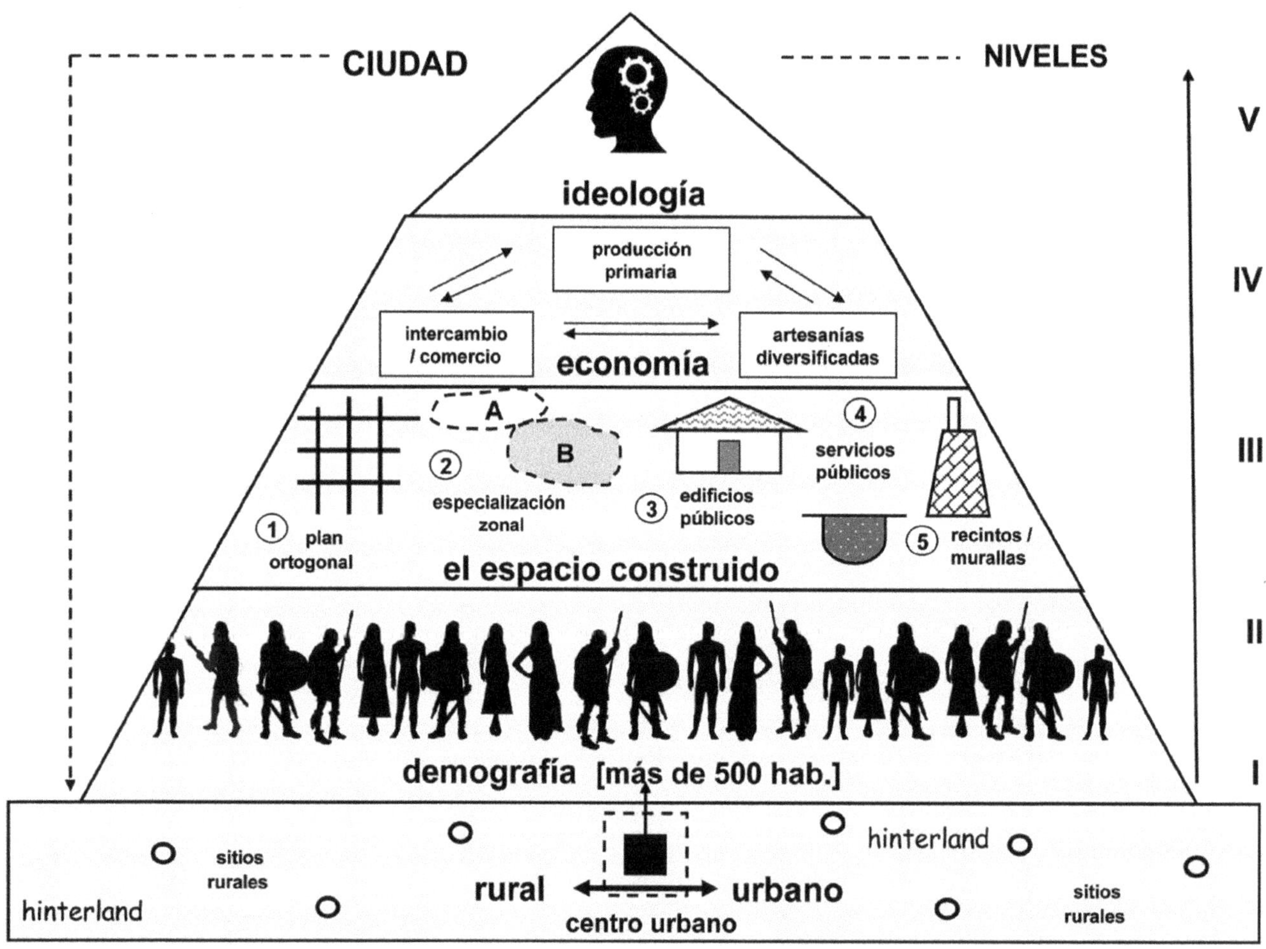

Fig. 5.3: Aspectos básicos para la existencia de la organización urbana aglutinados por la ideología: I. Demografía. II. Subsistencia y economía. III. Territorio. IV. Características constructivas. V. Ideología (Ruiz Zapatero y Álvarez Sanchís 2015: Fig. 6).

El panorama urbano, tras una ardua revisión de los datos, se presenta en la Fig. 5.4, donde se muestran las principales ciudades del Alto Duero documentadas por el momento. En esta imagen, se observan espacios vacíos como el area al oeste del Sistema Ibérico o al sur de Numancia y *Arekoratas*. Vacíos que han influido en los análisis que se presentan a continuación y que han permitido una aproximación teórica a los territorios de los núcleos urbanos. Además, se han añadido ciudades del Duero Medio como *Cauca*, El Castillo (Cuéllar), *Rauda y Pintia*; y de la cuenca del Ebro: *Turiazu, Aratikos, Bílbilis, Segeda* o *Arcóbriga,* para registrar los cambios en los patrones de asentamiento de zonas colindantes, bien diferenciadas materialmente. Esto ha permitido profundizar en las fronteras entre comunidades que ya se percibieron en el análisis de las formas del paisaje.

Una de las aproximaciones tradicionales en la estimación de los territorios teóricos que hemos aplicado al Alto Duero es la triangulación de Voronoi o los poligonos de Thiessen, cuya metodología se detalló en capítulos previos. Este análisis ha permitido un primer acercamiento a las zonas de influencia de los núcleos seleccionados, calculadas a partir de la densidad de sitios y la distancia euclídea entre ellos (Fig. 5.5 a). Sin embargo, los núcleos urbanos no fueron iguales en términos de influencia o jerarquía, ni las distancias en la realidad geográfica son en línea recta. Debido a la necesidad de registrar la morfología del relieve, se realizaron cálculos de movimiento, basados en el coste de desplazamiento de las distancias (Fig. 5.5 b). La fricción o coste del despazamiento que habrían supuesto las variaciones de la pendiente del terreno se evaluó a partir del principio de Naismith (Naismith 1892). Este principio estimaba que un adulto recorre un terreno llano a una velocidad de 5 km la hora, lo que equivale a un ritmo de 12 minutos por km. No obstante, el mundo real no es llano. La variabilidad del terreno se introduce en el cáculo a través de la inclinación de la pendiente, de modo que por cada 10 m de desnivel, el tiempo de desplazamiento se incrementa en 1 minuto, así cuando se recorre una distancia de 5 km por cada 600 m de desnivel, el coste de desplazamiento equivale al doble (Gutiérrez Puebla *et al.* 2005). Este análisis nos permite observar cómo la separación media entre los núcleos urbanos de la segunda Edad del Hierro es de 50-60 km en costes, lo que supuso 2-3 jornadas de viaje, independientemente del tipo de unidad del paisaje en la que se localizase el enclave, ya sean las zonas de los valles o las estribaciones montañosas.

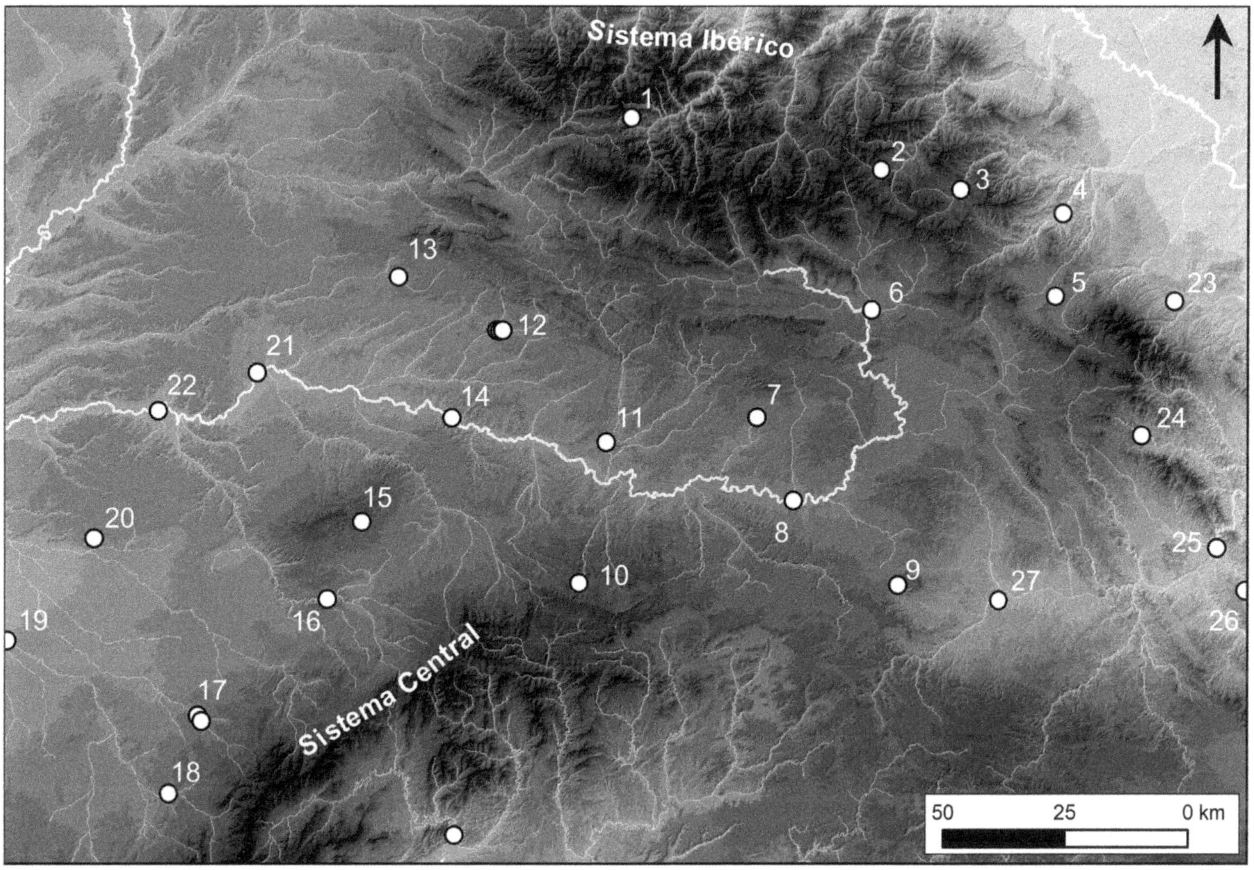

Fig. 5.4: Ciudades. Alto Duero-Sistema Ibérico: 1.- Sejeda (Canales de la Sierra), 2.- El Castillo (La Laguna), 3.- Los Castellares (San Pedro Manrique), 4.- *Contrebia Leukade.* Alto Duero-Valle del Duero: 5.- *Arekoratas*, 6.- Numancia, 7.- Altillo de las Viñas (Ventosa de Fuentepinilla), 8.- Las Eras (Ciadueña), 9.- El Villar (Aguaviva de la Vega), 10.- *Termes*, 11.- *Uxama*, 12.- *Sekobirikes*, 13.- Alto de San Pedro (Pinilla de Trasmonte), 14 El Escorial (La Vid), 15.- Los Quemados (Carabias), 16.- Cerro de Somosierra (Sepúlveda), 17.- El Cerro de la Sota-El Castrejón (Torreiglesias), 18.- *Segontia.* Duero Medio: 19.- *Cauca*, 20.- El Castillo (Cuéllar), 21.- *Rauda*, 22.- *Pintia*. Ebro: 23.- *Turiazu*, 24.- *Aratikos*, 25.- Bílbilis, 26.- *Segeda*, 27.- Arcóbriga.

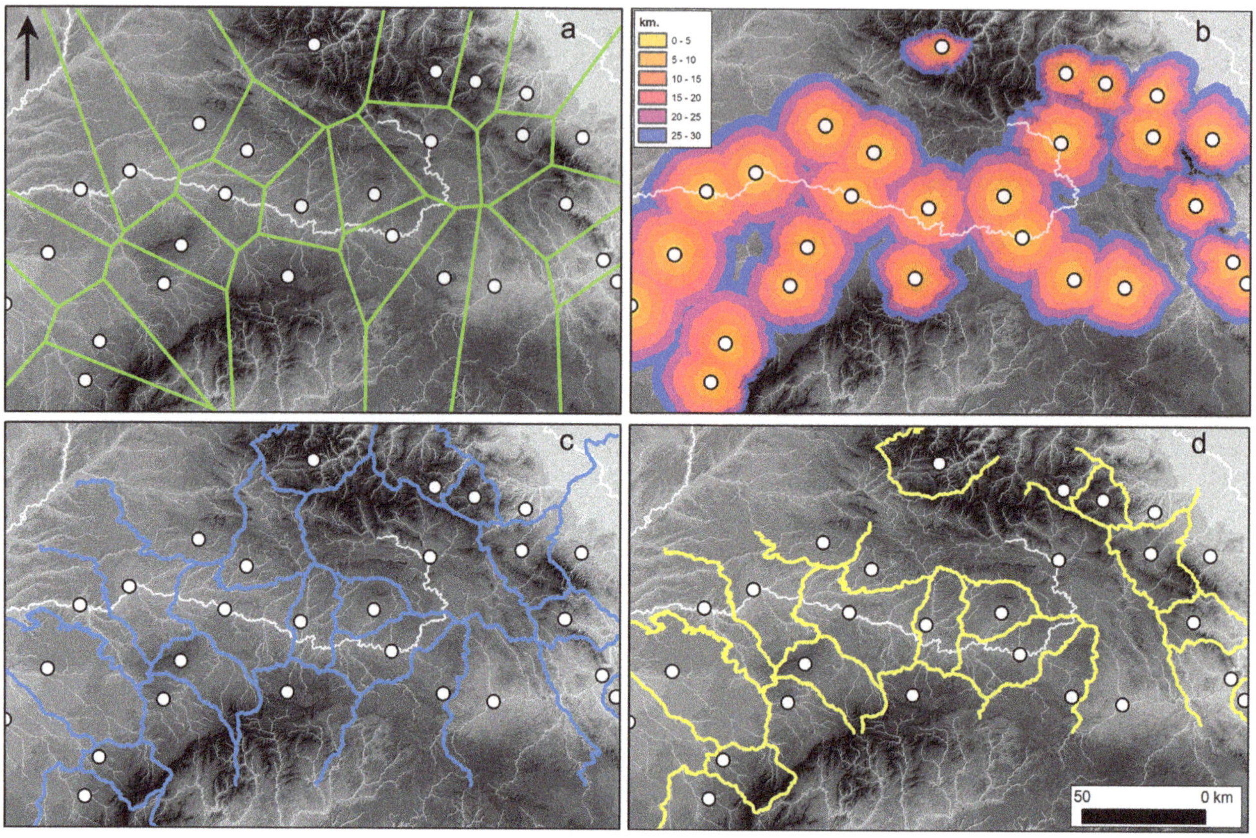

Fig. 5.5: Análisis de los territorios teórico de las ciudades: a. Polígonos de Thiessen. b.- Distancias en costes. c.- Modelo Xtent. d.- Modelo Xtent corregido.

Observando la necesidad de considerar la forma del relieve como un parámetro básico a la hora de modelar una estimación de los territorios potenciales de estos núcleos urbanos, se optó por utilizar el modelo jerárquico Xtent. Estos análisis han sido ampliamente utilizados en arqueología desde que fueron propuestos por C. Renfrew y E.V. Level (1979), como ya se detalló en el capítulo referente a metodología. Estos fundamentan su cálculo en la idea de que la zona de influencia es directamente proporcional al peso del sitio, en nuestro caso, el tamaño del enclave, e inversamente proporcional a la distancia modelada en costes a partir de la pendiente. El resultado de este análisis queda recogido en la Fig. 5.5 c, en la que se observan ciertos problemas al caracterizar los territorios que se encuentran en los márgenes del cálculo o los limítrofes debido a los vacíos de información que acusábamos anteriormente. Para paliar dicho problema, en la Fig. 5.5 d se han corregido los límites problemáticos, eliminando aquellos que se extendían sobre las zonas vacías y manteniendo tan solo aquellos que marcaban fronteras entre dos entidades.

A partir de los cálculos, se aprecia, por tanto, una clara diferencia entre los territorios de la zona montañosa y los del valle, siendo los de las zonas de montaña *a priori* más reducidos. Sin embargo, si observamos los resultados del análisis de distancias en costes (Fig. 5.5 b) y tenemos en cuenta la irregularidad de la morfología del relieve, los tamaños en coste de los territorios son similares. Al interpretar estos resultados, hemos de tener en cuenta que estamos modelando realidades complejas con matices culturales, sociales y simbólicos, a partir tan solo de dos variables, como son la topografía y el tamaño de las ciudades. Sin embargo, nos permiten apreciar dos cosas. Por un lado, las diferencias de tamaño entre los territorios pueden entenderse en términos de poder, de las capacidades de unas comunidades sobre otras a la hora de crear unos mecanismos de control del espacio y coerción frente a los vecinos. Por otro, la irregularidad de los territorios es fruto de la adaptación de las comunidades a las características físicas del terreno, donde ríos y montañas condicionaron el modo y la forma en la construcción de los mismos.

Esta aproximación incluía ciudades del Duero Medio y del valle del Ebro para observar las diferencias entre regiones bien caracterizadas geográficamente y materialmente, como ya ocurrió en el análisis de las formas del relieve. Así, las ciudades del Duero Medio presentaban unos territorios más extensos, ya que en la mayoría de los casos el tamaño de sus ciudades es más del doble que las del Alto Duero. No obstante, la mayor diferencia entre ambas regiones se aprecia en la distribución de asentamientos subsidiarios de los núcleos urbanos, ya que los territorios de estas grandes ciudades carecen de ellos, mientras que en el Alto Duero hay todo un rosario de formas de poblamiento secundario en las que se profundizará a continuación. Por otro lado, las diferencias en cuanto a la composición y forma de los territorios teóricos con el valle del Ebro no parecen evidentes, aunque las ciudades presentan grandes discrepancias materiales.

Finalmente, partiendo de estos límites teóricos, en los próximos apartados profundizaremos en tres de estos territorios: Numancia, El Castillo (La Laguna) y Los Casares (San Pedro Manrique). Se abordarán las diferentes formas de asentamiento y sus construcciones, las capacidades y las relaciones que se establecieron entre sus habitantes como los mejores medios para entender el uso que las personas hicieron de los paisajes y de examinar estas teóricas fronteras.

5.1.3.2. Tipos de sitios dentro de los territorios del Alto Duero

En el interior de los territorios de las ciudades, encontramos una amplia diversidad de formas de poblamiento jerarquizado del que ya se hicieron eco las fuentes clásicas. J. Rodríguez Blanco (1977: 170) recogió las diferentes denominaciones que los autores grecolatinos mencionaron sobre las distintas formas de asentamiento y las dividió en cinco tipos de enclaves: (1) ciudades denominadas como *civitas, urbs, oppida* o *poleis*, (2) aldeas de gran extensión o *megalaskomas,* (3) asentamientos medianos en forma de aldeas y castillos llamados *vicos castellae*, (4) asentamientos de hábitat disperso centrados en la explotación de la tierra como los *agri* y, por último, (5) sitios dedicados a la defensa y la vigilancia denominados *turres, pyrgoi* o *speculae*.

A partir de estas denominaciones, en los años 90, A. Jimeno y M. Arlegui (1995: 109-113) buscaron su correlato arqueológico, diferenciando cuatro tipos de asentamientos a partir de sus características formales y su extensión: *civitates-oppida*, grandes aldeas, *castellae* y pequeños asentamientos o *vici.* A partir de estos tipos, en anteriores trabajos he propuesto cuatro categorías construidas a partir de las características físicas, sociales y funcionales de los sitios arqueológicos que han sido denominadas: ciudades, poblados, aldeas o alquerías, y castillos (Liceras Garrido 2014; Liceras Garrido y Jimeno 2016; Liceras Garrido y Quintero 2017).

Las diferencias regionales tuvieron nuevamente un protagonismo indiscutible. Se aprecian una serie de características comunes en cuanto a los tipos de asentamientos, aunque condicionados por las particularidades de cada zona. En todos los casos, las **ciudades** u ***oppida*** fueron el corazón de los territorios, los centros de poder. Como apuntaba A. Domínguez Monedero (2001: 63) para las *poleis* arcaicas, fueron los enclaves donde residían los órganos de gobierno y se encontraba el santuario de la divinidad tutelar, ambos símbolos de la identidad para todos sus habitantes. Esto se tradujo materialmente en asentamientos situados en una posición más o menos central en los territorios. También, contaban con la extensión más amplia de todos los asentamientos del territorio, ya que daban cabida a los espacios públicos, de culto y reunión de la comunidad, como fueron el templo de *Termes* o los espacios de reunión recogidos por los autores clásicos para ciudades como *Belgeda* (Apiano *Iber.* 100) y Numancia (Plutarco *Vidas Paralelas* VI, 6). Al mismo tiempo, albergaban las zonas de producción especializada y áreas de vivienda.

Los núcleos urbanos fueron los emblemas de la identidad de extensas áreas por lo que se dotaron de elementos simbólicos que los definían y reforzaban simbólica, ideológica y materialmente como las construcciones de fortificaciones. En la mayor parte de los casos, las ciudades se configuraban en torno a un solo enclave como es el caso de Numancia, *Termes, Uxama*, El Castillo (La Laguna) o Los Casares (San Pedro Manrique), pero en otros como *Sekobirikes,* situada sobre el complejo de Los Castrillos (Peñalba de Castro), estaba formada por tres núcleos: El Alto del Cuerno, Salterio y Alto Redondo, rodeados por varios tramos estratégicos de muralla. Ejemplos similares han sido identificados en la Europa templada, en concreto en el *oppidum* de Martberg, el cual se extendía sobre dos mesetas (Fernández Götz 2014c: 178).

Los asentamientos denominados de tipo **poblado** fueron sitios de amplias dimensiones. En algunos casos, tan solo eran ligeramente inferiores a la extensión de la ciudad, oscilando entre las 4,5 y las 7 ha para el territorio de Numancia y entre 1 y 3 ha para las ciudades del Sistema Ibérico. Se localizaban en sitios prominentes sobre sus entornos y estaban dotados en su mayoría de elementos defensivos, como el cerro de Ontalvilla (Carbonera de Frentes), Los Villares (Ventosa de la Sierra) o Los Castellares (Aldealices). Estos presentaban una relación visual directa con la ciudad de Numancia (Liceras Garrido 2014). También, contaron con fortificaciones los Castillejos (Villar de Maya) y La Muela (Valloria) para El Castillo (La Laguna) o El Castillejo de Ambigüela (Vea) y El Castillo (Taniñe) para Los Casares (San Pedro Manrique).

Las **aldeas** o **alquerías** debieron ser el tipo de poblamiento más recurrente en este periodo, tal y como indicaba Estrabón (III, 4, 13). Generalmente, presentaban unas dimensiones inferiores a una hectárea. En ellas, habrían residido entre 2 o 3 familias, cuyos habitantes se habrían dedicado principalmente a la explotación agroganadera de las tierras. Fueron los productores de materias primas que permitieron generar excedentes y abastecer a toda la comunidad. Arqueológicamente, han sido (y son) enclaves difíciles de detectar por sus reducidas dimensiones y la ausencia de delimitaciones constructivas no perecederas.

Por último, los **castillos** fueron sitios localizados en lugares estratégicos y prominentes sobre el entorno, cuyas dimensiones oscilaban entre 1 y 3 ha para el territorio de Numancia y en torno a media hectárea para El Castillo (La Laguna) y Los Casares (San Pedro Manrique). En algunos casos, los castillos presentaban potentes murallas como El Castillo (Soria), El Castillo (Ocenilla), Los Castejones (Calatañazor), El Castillo (Ayllón) y todos los asentamientos de este tipo de las ciudades del Sistema

Ibérico. En otros casos, presentaron fosos como el Alto la Mina (Morales) o El Castro (Hontoria del Pinar) que pueden ser observados mediante fotografía aérea. Por último, otros castillos tan solo se encontraban en enclaves prominentes sobre su entorno como El Cerro de San Sebastián (Fuentetecha), sin defensas artificiales construidas. Todos ellos, fueron situados bien en zonas que no podían ser controladas visualmente desde las ciudades, o bien en sus límites, controlando los recursos, los accesos y reivindicando la pertenencia del territorio a la comunidad. Estas formas de poblamiento fueron auténticos hitos en el paisaje, materializaciones de los espacios de tránsito entre territorios y los marcadores de propiedad, similares a los que han sido documentados en los límites de Edeta (Grau 2012: 36) o en las fronteras entre los oretanos y los turdetanos (Ruiz y Molinos 2008: 64-65).

Si atendemos a los tres territorios con más datos del Alto Duero (Fig. 5.6), se observa la distribución en el espacio de los diferentes tipos de asentamiento. Es especialmente significativa la localización de los núcleos urbanos en los puntos centrales de los territorios. En torno a ellos, se habrían concentrado los poblados, controlando regiones ligeramente alejadas de los mismos que, de otro modo, podrían haber sido difíciles de gobernar y explotar. Al mismo tiempo, las aldeas se aglomeraban alrededor de las ciudades y los poblados, mientras los castillos se asentaron en los bordes, materializando así los límites y umbrales de acceso a los territorios, coincidiendo de un modo acertado con los análisis de territorialidad de teórica que realizamos en el apartado anterior.

El patrón de poblamiento multipolar que constaba de la existencia de varios núcleos urbanos ha sido ampliamente documentado en otras regiones de Europa como es el caso de Atenas, Roma o Corent. En el caso del territorio de Corent (Puy-de-Dôme, Francia) (Poux 2014), el primer núcleo urbano se desarrolló en torno a un santuario, Corent, pero posteriormente surgieron Gondole y Gergovia como consecuencia de su crecimiento. Los sitios de Gergovia y Bay controlaban directamente el curso del río Allier, mientras que las actividades artesanales relacionadas con cerámica y trabajo de los metales se concentraban en el asentamiento de Le Cendre cerca de Gondole. Algo similar ocurrió en Heuneburg (Hundersingen, Alemania) en un momento temprano de la primera Edad del Hierro, convirtiéndose en un lugar central que gobernaba una amplio *hinterland*, en el que se desarrollaron lugares como en Hohenasperg, Bourges o Mont Lassois (Fernádez Götz y Krausse 2013; Hansen *et al.* 2017).

5.1.3.3. A vueltas con las discontinuidades: las estimaciones de población

Las discontinuidades debieron ser una característica fundamental durante la Edad del Hierro. Discontinuidades presentes en los diferentes ámbitos de la vida y a muy diversas escalas, desde las distribuciones de la población en el paisaje, la ordenación interna de los asentamientos, las agrupaciones de los enterramientos de los cementerios o las oscilaciones del tamaño de las comunidades a lo largo del tiempo. En el anterior apartado, apreciábamos como los territorios del Alto Duero presentaban un fuerte componente regional en su configuración y distribución. Esta tendencia ya había sido apuntada previamente por J. Álvarez Sanchís y G. Ruiz Zapatero (2001: 66) en su estudio sobre las diferencias de ocupación entre regiones durante la Edad del Hierro, cuyos paisajes intercalaban áreas intensamente pobladas con otras sin apenas ocupación.

Las aproximaciones al tamaño de las comunidades han permitido desentrañar las capacidades de organización y planificación de una comunidad en términos de abastecimiento y recursos, así como de la complejidad de sus relaciones a la hora de garantizar el buen funcionamiento diario de las mismas. Así pues, cuán extensa era la comunidad que formaba Numancia, *Uxama* o *Termes* ha sido una pregunta relevante. Existen aproximaciones demográficas al registro que nos permiten estimar los habitantes que fueron enterrados en una necrópolis, que vivieron en un enclave o que poblaron un territorio. Para ello, contamos con cuatro fuentes de información diferenciadas para realizar estas estimaciones como son: la referencias de los autores grecorromanos, las características de los asentamientos, las evidencias funerarias y los datos etnohistóricos (Álvarez Sanchís y Ruiz Zapatero 2001:62-63). Por lo general, estas fuentes de información no están exentas de las problemáticas inherentes al estudio de las sociedades del pasado, y la calidad de los mismas no es siempre la deseable para este tipo de aproximaciones. Por ello, debemos tener muy presente que son tan solo estimaciones o modelos lo que podemos extraer, en los que nuevos datos o modificaciones en la metodología pueden introducir severos cambios en los resultados.

Los autores clásicos aportan una serie de números en esta línea, sin embargo, como se ha mencionado con anterioridad, éstos tuvieron su propia intencionalidad y motivaciones. En su afán por justificar la guerra y su desarrollo, se ha sugerido que pudieron aumentar el número de los contingentes a los que se enfrentaron. Además, las cantidades que se mencionan en los escritos están referidas a una parte concreta de la población: los guerreros, los hombres o los caídos en un determinado enfrentamiento, por lo que, como bien señalaba J. Webster (1995: 7), no hay referencias numéricas sobre mujeres, niños, ancianos o la totalidad de la población.

Un buen ejemplo de esta problemática es Numancia. Para este núcleo urbano, contamos con numerosas referencias directas que proporcionan cifras heterogéneas, siempre relacionadas con la actividad bélica. Apiano (*Iber.* 76 y 97) mencionaba que en tiempos de paz no había más de 8.000 hombres y Veleyo (2, 1, 3) afirmaba que no armaron a más de 10.000 hombres en la contienda. En los textos de Floro (1, 34, 11), Orosio (5, 7) o Tito Livio fueron 4.000 los hombres los que defendieron la ciudad en el momento del cerco de Escipión. A partir de esta última referencia de

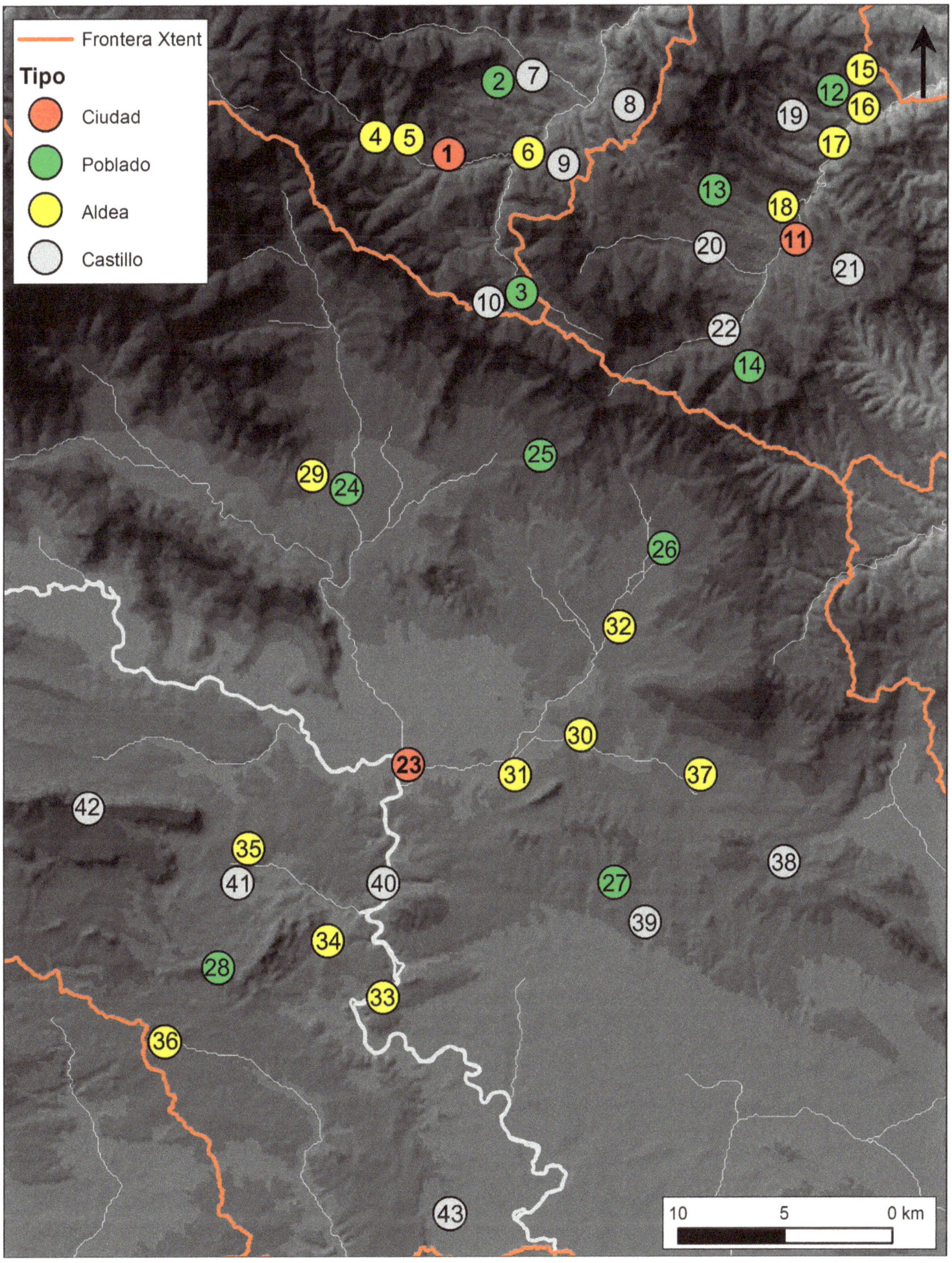

Fig. 5.6: Tipos de asentamientos de tres ciudades. Territorio de El Castillo (La Laguna) (1): 2.- Los Castillejos (Villar de Maya), 3.- La Muela (Valloria), 4.- Los Colmenares (Santa Cruz de Yanguas), 5.- Vados (Santa Cruz de Yanguas), 6.- El Molino (Bretún), 7.- Las Veguillas (Villar de Maya), 8.- El Castillo (Aldeacardo), 9.- El Castillejo (Valduérteles), 10.- El Castillejo (Valloria). Territorio de Los Casares (San Pedro Manrique) (11): 12.- El Castillo de Ambigüela (Vea), 13.- El Castillo (Taniñe), 14.- El Prado de la Cuesta (San Andrés de San Pedro), 15.- Los Corrales de Sansón (Vea), 16.- El Castillo (Vea), 17.- Mesa de Fuentepino (Vea), 18.- El Castillo (San Pedro Manrique), 19.- El Castillejo (Buimanco), 20.- El Castillo de Rabanera (Ventosa de San Pedro), 21.- El Castillo (Sarnago), 22.- Los Castellares (San Andrés de San Pedro). Territorio de Numancia (23): 24.- Los Villares (Tera), 25.- Los Villares (Ventosa de la Sierra), 26.- Los Castellares (Aldealices), 27.- El Castillejo (Fuensaúco), 28.- Ontalvilla (Carbonera de Frentes), 29.- Los Cuartones (Tera), 30.- El Cotillo (Renieblas), 31.- Utrera (Ventosilla de San Juan), 32.- Trascastillejo (Cirujales del Río), 33.- Cerro del Saúco (Soria), 34.- El Almortajado (Soria), 35.- Las Rabaneras (Golmayo), 36.- Carranalón (Camparañón), 37.- Cerro de San Bartolomé (Arancón), 38.- El Castillejo (Omeñaca), 39.- Cerro de San Sebastián (Fuentetecha), 40.- El Castillo (Soria), 41.- El Castillejo (Golmayo), 42.- El Castillo (Ocenilla), 43.- Cerro de San Blas (Rabanera del Campo).

4.000 hombres, se realizó una estimación del número de habitantes que residió en la ciudad, considerando que cada hombre habría de contar con una familia de tres o cuatro miembros, cuyo resultado final fue un rango de 12.000 y 16.000 habitantes para la ciudad de Numancia (Jimeno *et al.* 2002: 43, 2004: 351).

Adolf Schulten y Blas Taracena consideraron que las estimaciones de los autores grecolatinos eran excesivas. Schulten (1945: 23-24) propuso que Numancia habría contado con 2.000 guerreros y un total de unos 8.000 habitantes, aunque esta cifra no hacía referencia solo a la ciudad sino también a su comarca. Taracena (1941: 71) asumió esta cifra y realizó una estimación según la extensión de Numancia -22 ha- y las dimensiones aproximada de las casas -100 m^2-, obteniendo el mismo resultado. Posteriormente, Alfredo Jimeno y Carlos Tabernero (1996: 429) realizaron un revisión del urbanismo, considerando que el espacio de asentamiento de Numancia era de 7,6 ha y el espacio ocupado por viviendas y el número de casas, cuyo resultado fue que los habitantes de la ciudad en este periodo no habrían excedido las 1.500 personas.

Tiempo después, tras la excavación parcial de la necrópolis de Numancia, también se realizaron una serie de cálculos de la población allí enterrada para comparar los resultados de la ciudad con los del cementerio (Jimeno *et al.* 2004: 350-352). En dicha estimación, se tuvo en cuenta que la distribución de las tumbas en el espacio definido para la necrópolis era desigual, tal y como ocurre en otros cementerios de este periodo como La Osera o La Yunta. Para salvar esta discontinuidad, el espacio se dividió en zonas con diferentes valores de densidad, obtenidos a partir de los sondeos que se habían realizado en las intervenciones arqueológicas. El resultado final fue un total de 1.800 enterramientos durante unos 75 años de uso aproximado de la necrópolis, concluyendo que la cifra obtenida era reducida y este cementerio no podría haber dado cabida al total de la población residente en la ciudad. Del mismo modo, se realizaron cálculos a la inversa para determinar cuántos enterramientos eran necesarios para albergar a toda la población de la ciudad aplicando la metodología propuesta por P. Wells (1981, 1984; Ruiz Zapatero y Chapa 1990: 363) con un factor de corrección del 20% y asumiendo una esperanza de vida media de entre 30-35 años, cuyo resultado final fue de 3.213 tumbas esperadas.

El desfase numérico entre los enterramientos estimados y esperados de Numancia, se justificó con la posibilidad de que esta necrópolis no acogiese a toda la población que residiese en la ciudad, por lo que se apuntaron dos causas. En primer lugar, la posible existencia de varios espacios de enterramiento para la ciudad, tal y como ocurre en Uxama; y en segundo, fruto del momento histórico de su utilización, en el fragor de las guerras contra Roma, donde los testimonios de Apiano reflejaban el amplio número de caídos en batalla, por lo que parte de esa población habría realizado su camino al Más Allá mediante otro de los rituales funerarios que más adelante trataremos en profundidad, la exposición de cadáveres.

Retomando la discontinuidad que tiene por título este apartado, el patrón de distribución de los enterramientos de las necrópolis no parece obedecer, en ninguno de los casos, a un modelo gradual centro-periferia donde haya una mayor intensidad en las tumbas centrales y ésta disminuya progresivamente desde un origen. Lo que se ha observado en el resto de los cementerios de la Meseta oriental son espacios de aglomeración o de mayor densidad, separados por otros con densidades bajas o vacíos como en La Osera (Baquedano y Martín Escorza 2001; Baquedano 2016) o La Yunta (García Huerta y Antona 1992). Por ello, la división en seis grandes zonas de densidad variable a partir de los sondeos en la necrópolis de Numancia puede llevarnos a equívoco más que ofrecernos una aclaración sobre el número de personas.

Además, en el Alto Duero, se han realizado otros estudios democráficos como el de A. Lorrio (1990: 49) para el cementerio de La Mercadera a partir de los datos de las excavaciones de B. Taracena (1932). En este, se esbozaba una comunidad de pequeño tamaño de entre 12 y 24 individuos que habrían utilizado esa localización como enterramiento durante 150 años -desde finales del siglo V y durante todo el siglo IV a.n.e.-. Otros cuatro cementerios fueron estudiados por J. Álvarez Sanchís y G. Ruiz Zapatero (2001): La Requijada de Gormaz, utilizada durante 300 años (la segunda mitad del V a.n.e. hasta la primera mitad del II a.n.e.) por una comunidad de entre 145-215 o 135-200 personas, dependiendo del factor de corrección utilizado del 20% o del 10% respectivamente. El cementerio de Las Quintanas de Gormaz, en uso durante un periodo de 400 años (último cuarto del siglo V a.n.e. hasta el último cuarto del siglo I a.n.e.) y una población media de 65-90 personas. Las Viñas del Portuguí fue utilizada durante 300 años (siglo III-I a.n.e.) por una comunidad de 90-135 personas. Por último, Carratiermes utilizada durante entre 600 y 450 años (siglos VI-I a.n.e.) por una población de entre 45-60 (factor de corrección del 20%) o 40-50 (factor de corrección del 10%).

Casos como el de la necrópolis de Carratiermes o Las Quintanas de Gormaz permanecieron en uso a lo largo de dilatados periodos de tiempo, durante los cuales se produjeron grandes cambios de tipo social, material y simbólico, así como fluctuaciones en el tamaño de la población. Me parece especialmente significativo el caso de Carratiermes, tanto por el largo tiempo de uso como por la calidad de los datos de la excavación y publicación (Argente *et al.* 2001). Durante los trabajos, se registraron 644 enterramientos comprendidos entre los siglos VI a.n.e. y I n.e. Entre ellos, se han podido atribuir cronológicamente: 200 tumbas al primer periodo de la Edad del Hierro, 236 a la etapa que trata este capítulo y 11 a los siglos I a.n.e. y I n.e. Estos datos y los casi 250 enterramientos que se han quedado sin atribución cronológica, nos permiten plantear las posibles oscilaciones en el número de personas que formaban la comunidad en cada momento y que utilizaban este espacio como lugar de enterramiento. Dicha variación no está recogida en las estimaciones, pero habría reflejado los cambios en el tamaño de la población a lo largo del tiempo, necesariamente si consideramos Carratiermes como el único cementerio conocido para la ciudad de *Termes* y cuyo resultado esperado habría sido, de nuevo, mucho más amplio.

Otro problema derivado de las necrópolis es que gran parte de ellas fueron excavadas a inicios del siglo XX, por lo que la metodología y los datos recopilados estuvieron orientados a contestar unas preguntas muy distintas a las que nos planteamos en la actualidad. Por ello, carecemos de datos de campo relativos a aquellos enterramientos que carecían de ajuar. En este caso, me refiero especialmente a los cementerios de Gormaz y Osma, donde no hay registros precisos sobre el número de enterramientos total. No obstante, B. Taracena (1932) sí lo documentó para La Mercadera.

En el estudio de los datos demográficos de la Meseta norte, J. Álvarez Sanchís y G. Ruiz Zapatero (2001: 70) propusieron agrupar las comunidades en tres conjuntos según el número de habitantes, dando lugar a: comunidades de pequeño tamaño de entre 5 y 6 casas con 25-30 habitantes; las comunidades de tamaño mediano con unas 25-75 casas y unos 100-300 habitantes; y las comunidades grandes con 80-150 casas y 400-600 personas. A escala de territorio, en trabajos anteriores (Liceras Garrido 2014: 182-183, 2011: 45-47), se realizaron aproximaciones al número de habitantes para la comarca de Numancia. En ellas, se tuvieron en cuenta las diferentes formas de poblamiento dependiente de esta ciudad, la extensión de los sitios y la estimación de las 1.500 personas para Numancia propuesta por A. Jimeno y C. Tabernero (1996). El resultado final fue de algo más de 8.500 habitantes para todo el territorio (Tabla 5). Este dato puede relacionarse con la población propuesta para el valle del Amblés por Álvarez Sanchís y Ruiz Zapatero (2001: 66) con un total de 5.000-6.000 personas para toda la región, considerando que en ambos casos se trataba de áreas densamente pobladas.

Otros dos panoramas poblacionales, que se encuentran bien estudiados, han sido los territorios de El Castillo de La Laguna y Los Casares de San Pedro Manrique (Alfaro

Tabla 5: Población estimada para la ciudad de Numancia. Total: 8.536,55 habitantes.

Topónimo	Municipio	Área (m^2)	Nº Personas
Numancia	Garray	84237	1500
Ontalvilla	Carbonera de Frentes	43155,3	768,4
Trascastillejo	Cirujales del Río	24559,6	437,3
El Castillejo	Fuensaúco	23851,8	424,7
Cerro de San Sebastian	Fuentetecha	4849,9	86,3
Los Villares	Ventosa de la Sierra	82149,9	1462,8
El Castillejo	Golmayo	21096	375,6
El Castillejo	Omeñaca	8526,8	151,8
El Castillo	Ocenilla	22154	394,4
El Castillo	Soria	29378,2	523,1
Carranalón	Camparañón	7650,7	136,2
Cerro de San Blas	Rabanera del Campo	13536,6	241
Cerro de San Bartolomé	Arancón	46270,7	823
El Almortajado	Soria	6197,2	110,3
Cerro del Saúco	Soria	2000	35,6
Cerro de Utrera	Ventosilla de San Juan	2000	35,6
Las Rabaneras	Golmayo	2000	35,6
Los Villares	Tera	32537	579,3
Los Cuartones	Tera	2000	35,6
Los Castellares	Aldealices	19245	342,6
El Cotillo	Renieblas	2000	35,6

2005; Alfaro *et al.* 2014). Así pues, a partir de los datos de ocupación de Numancia y con la misma metodología que se aplicó anteriormente, se han estimado las poblaciones de los dos territorios, cuyos resultados finales han sido: una población de algo más de 2.000 habitantes para El Castillo de La Laguna (Tabla 6), mientras que el territorio de Los Casares de San Pedro Manrique habría estado habitado por algo más de 3.100 personas (Tabla 7). En estos dos casos, nos encontramos ante regiones menos pobladas que en las anteriores, hecho que podemos relacionar con las características físicas de la zona, escarpada, montañosa y marcada por acusados desniveles.

Observamos, por tanto, como las formas del relieve sobre las que se asientan estas comunidades influyeron en la forma en la que los territorios fueron aprovechados, explotados o construidos, repercutiendo en los modos de vida que las comunidades desarrollaron en ellos. Las potencialidades de la tierra, afectadas por la pendiente o la erosión de los suelos, habrían repercutido en el abastecimiento de la comunidad, su capacidad para alimentarla o de generar un excedente, como muestran las diferencias sustanciales de población entre las estimaciones de la región del valle, con el poblado territorio de Numancia, y el área de las montañas, más modesta en términos de densidad de habitantes, con El Castillo (La Laguna) y Los Casares (San Pedro Manrique) (Fig. 5.7).

A pesar de que la mayor parte de estos trabajos ya casi han cumplido la veintena, este tipo de aproximaciones no se han generalizado. Los problemas que señalaban J. Álvarez Sanchís y G. Ruiz Zapatero (2001: 62-63) continúan estando patentes. La falta de datos de extensión de los asentamientos, no se han solucionado en buena parte de los

Tabla 6: Población estimada para la ciudad de El Castillo de La Laguna. Total: 2.044,71 habitantes.

Topónimo	Municipio	Área (m²)	Nº Personas
Los Castillejos	Villar de Maya	8013,6	142,6
El Castillo	Aldeacardo	4907,2	87,3
El Molino	Bretún	3848,1	68,5
El Castillo	La Laguna	38595,8	687,2
El Castillejo	Valduerteles	10544,3	187,7
El Castillejo	Valloria	5100,5	90,8
La Muela	Valloria	17776	316,5
Las Veguillas	Villar de Maya	11516,6	205
Los Colmenares	Santa Cruz de Yanguas	6795,9	121
Vados	Santa Cruz de Yanguas	7728,93	137,6

Tabla 7: Población estimada para la ciudad de Los Casares de San Pedro Manrique. Total: 3.132,65 habitantes.

Topónimo	Municipio	Área (m²)	Nº Personas
El Castillejo	Buimanco	1927,4	34,3
El Castillo	Sarnago	5892,1	104,9
El Castillo	Taniñe	15858,3	282,3
Los Casares	San Pedro Manrique	48492,4	863,4
El Castillo del Ambriguela	Vea	9723,21	173,1
Los Corrales de Sansón	Vea	4181,9	74,4
Mesa de Fuentepino	Vea	4392,8	78,2
El Castillo de Rabanera	Ventosa de San Pedro	5471	97,4
El Prado de la Cuesta	San Andrés de San Pedro	35802,1	637,5
El Castillo	San Pedro Manrique	9891,1	176,1
El Castillo	Vea	23037,3	410,2
Los Castellares	San Andrés de San Pedro	11253,7	200,3

casos, a pesar de la generalización del uso de herramientas de documentación no invasiva como han sido la fotografía aérea, las imágenes de teledetección o los datos LiDAR. Del mismo modo, seguimos acusando una carencia de programas de prospección intensiva como los que se han llevado a cabo en otras regiones de la Península (Cerrillo Cuenca *et al.* 2013, 2015; Sevillano *et al.* 2013; Mateos *et al.* 2014; Rocha *et al.* 2013; Mayoral *et al.* 2009) que han permitido un amplio registro de las evidencias en el paisaje, documentando aquellas formas de habitar el paisaje cuyos registros materiales son más frágiles y sutiles, y no solo de las formas de poblamiento más evidente.

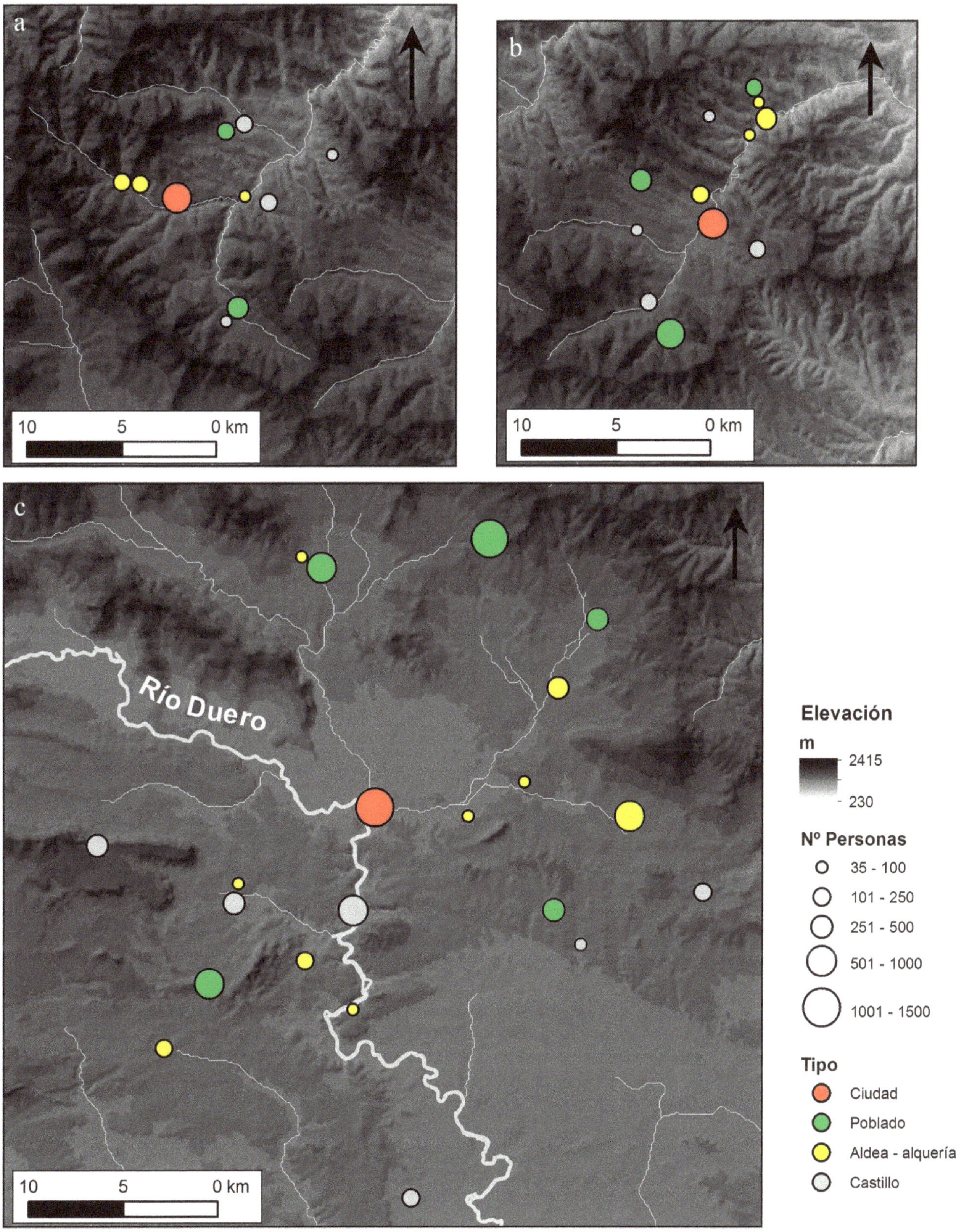

Fig. 5.7: Población de los territorios de a. El Castillo (La Laguna), b. Los Casares (San Pedro Manrique) y c. Numancia.

Sin embargo, y a pesar de todas mis puntualizaciones sobre los ejemplos concretos, en ningún momento pretendo negar o restar validez de este tipo de aproximaciones -ya que yo misma he sido partícipe de una de ellas-, tan solo alertar sobre los peligros y limitaciones que pueden conllevar si no somos muy cuidadosos a la hora de presentar las herramientas, los datos de partida e interpretar los resultados. Las conclusiones que se derivan de estos análisis son muy necesarias a la hora de entender y desentrañar los grupos que estamos estudiando, ya que el número de personas que conforman las comunidades va a influir en cuestiones como las relaciones, la organización, los mecanismos de poder o los recursos necesarios para el mantenimiento de la comunidad o para la acumulación de la riqueza.

5.1.4. Las relaciones en el paisaje

Las relaciones que se establecieron entre las personas independientemente de su procedencia fueron diversas y polifacéticas, tanto en los tipos como en las escalas. En este apartado, nos vamos a centrar en las relaciones de poder que se dieron entre las diferentes ciudades-estado del Alto Duero y las redes de vínculos e interrelaciones que tuvieron lugar entre los habitantes de los territorios.

5.1.4.1. Relaciones de poder entre ciudades

Los centros de poder a escala paisaje fueron los centros urbanos. En ellos, se sancionaban las normas, negociaban y decidían las políticas llevadas a cabo en el territorio, así como las relaciones con los vecinos. Debieron existir diferencias en la pujanza y la supremacía entre los territorios, y estas debieron hacerse patentes en la vida diaria de sus habitantes, dando lugar a múltiples tipos de relaciones entre las ciudades que abarcasen desde el respeto, al enfrentamiento o a la dominación.

A partir de las referencias de los autores grecorromanos, se pueden percibir varios tipos de relaciones entre los territorios del Alto Duero y su entorno en el momento de la conquista de Roma. Algunos episodios narrados por los autores clásicos mostraban la existencia de relaciones de solidaridad y colaboración. En este sentido contamos con tres claros ejemplos: el suceso del 153 a.n.e. entre Numancia y *Segeda*, en el que los segedenses fueron acogidos por los numantinos tras la huida de su ciudad y juntos plantaron cara a los ejércitos de Nobilior (Apiano *Iber.* 44-45; Diodoro XXXI, 39; Floro I, 34, 3-4). También, la ayuda que brindó Numancia a *Lagni*, de la que se dice de su misma etnia, cuando fue sitiada por Pompeyo, por lo que Numancia envió 400 hombres a socorrerla (Diodoro XXXIII, 17). Finalmente, cuando Numancia pidió ayuda a *Lutia* contra Escipión Emiliano y consiguió las simpatías del grupo de los jóvenes, pero no así las del grupo de los ancianos (Apiano *Iber.* 94). Del mismo modo, se documentan relaciones de hostilidad, incluso de dominación entre ciudades. Ese fue el caso de la ciudad de *Malia* que se encontraba sometida por un grupo militar de numantinos que habrían controlado el enclave. Dicho grupo militar tuvo un final trágico, ya que cuando se acercaba el ejército de Pompeyo, los habitantes de Malia asesinaron a los numantinos y se rindieron a Roma (Apiano *Iber.* 77).

Se observa así como la práctica totalidad de las referencias sobre las relaciones de las ciudades en las segundas Guerras Celtibéricas de la zona estaban referidas a Numancia, lugar en el que se centró gran parte del conflicto, posiblemente por la intencionalidad de los autores en justificar el esfuerzo bélico y su conquista.

Las relaciones de poder entre las diferentes comunidades debieron estar influidas por el tamaño de las comunidades, los territorios y sus capacidades, considerando el territorio de una comunidad urbana a la cantidad de espacio que dicho grupo pudiese controlar. Materialmente, este poderío se observa en el tamaño de su población, como se examinó en el apartado anterior, y las dimensiones e instalaciones de los núcleos urbanos, ya que son quizá la evidencia material más clara que ha perdurado en el tiempo.

Apiano (*Iber.* 46) se refería a Numancia y a los numantinos como la comunidad más poderosa de la tribu de los arévacos. Esta afirmación podría tener una doble lectura. En primer lugar, puede ser entendida como el afán de los autores grecorromanos por justificar la guerra, ensalzando y empoderando al contrincante para aumentar el valor de su gesta. Los sucesos de Numancia tuvieron una especial relevancia dentro de las segundas Guerras Celtibéricas, también conocidas como la Guerra de Numancia, ya que Roma centró su potencia bélica e invirtió esfuerzos, hombres y recursos para terminar con esta comunidad. Pero, por otro lado, quizá aquellos que narraron la historia hubiesen percibido algo distinto sobre este grupo, más allá de la ferocidad de sus combatientes. Si así fuese, habríamos de ser capaces de observar algún tipo de reflejo material de este supuesto poderío. Su patrón de asentamiento es ciertamente singular. De entre todos los territorios, el numantino era el más extenso, tanto si atendemos a distancias en línea recta como en costes (Fig. 5.5). Además, si nos fijamos en los asentamientos subsidiarios de esta ciudad, estos fueron los que mayores dimensiones presentaban en todo el Alto Duero, especialmente el caso de tipo “poblado”. En ningún otro territorio alcanzaron la envergadura de los del territorio de Numancia y, en algunos casos, ni tan siquiera las capitales de otros territorios presentaban tales dimensiones.

No conocemos la fecha concreta de la llegada de Roma al Alto Duero, pero uno de los sitios clave que podría arrojar luz sobre este hecho son los campamentos de la Gran Atalaya (Renieblas). El investigador alemán A. Schulten (1914, 1945, 1914-1931) realizó numerosas intervenciones entre 1905 y 1912 en este enclave, para el que propuso la existencia de cinco campamentos superpuestos que vinculó con las campañas históricas narradas en los textos clásicos, estableciendo equivalencias entre los restos materiales y las tropas comandadas por Catón (195 a.n.e.),

Nobilior (154-153 a.n.e.), Mancino (137 a.n.e.), Pompeyo (75 a.n.e.) o Sabino (75-74 a.n.e.).

Numerosos son los interrogantes que actualmente giran en torno a estos campamentos. A. Schulten situaba la llegada de las tropas romanas a la región a partir de la mención a la ciudad de Numancia en el título de uno de los discursos de Catón a sus tropas del que solo se conservan dos fragmentos recogidos por Aulo Gelio (16, 1, 3). Sin embargo, esta cita no ha convencido a varios especialistas que sugieren que podría haber estado alterada por fuentes tardías (Jimeno y Martín 1995: 185; Jimeno 2002: 163; García Riaza 2006: 83). Revisiones sobre los hallazgos numismáticos de bronce y plata documentados en los campamentos I, II, III y IV de Renieblas apuntaron que se trataba de una colección homogénea, en la que el 87% del conjunto fueron acuñadas entre fines del siglo III e inicios del II a.n.e. Además, el conjunto presentaba un buen estado de conservación, lo que habría implicado que dejaron de circular en un momento relativamente cercano a su acuñación (Jimenez 2014). Estas evidencias han sido relacionadas con los materiales de los campamentos estudiados por M. Luik (2002) -fíbulas de tipo La Tène antiguo, lucernas Ricci B y Deneauve XIII, cerámica campaniense A antigua o ánforas grecoitálicas y Dressel 1A-, fechados en el siglo II a.n.e. y atribuidos a la campaña de Catón. Estos datos habrían sugerido el inicio de la secuencia de los campamentos en Renieblas a inicios del siglo II a.n.e.

El campamento de Renieblas se situaba en el corazón del territorio de Numancia, en el interior de la frontera de hitos fortificados que supuso los asentamientos de tipo "castillo", y estaba separado de la ciudad por tan solo por 8 km (Fig. 5.8). El establecimiento de esta estructura militar romana tuvo que influir enormemente en la vida de sus habitantes y, posiblemente, producir un reordenamiento del poblamiento que había hasta la fecha. Previamente, hemos comentado que los asentamientos rurales habría sido la forma de poblamiento más recurrente, centrados en la explotación agrícola y ganadera de las tierras, por lo que habrían sido enormemente vulnerables a las amenazas externas, ya que carecían de cualquier tipo de elemento defensivo. Así, con el establecimiento del campamento de la Gran Atalaya, algunas de estas aldeas debieron ser abandonadas. Entre ellas, podría destacar el enclave de El Cotillo (Renieblas) (Luik 2002), bien documentado por Schulten en sus trabajos en los campamentos, y muy posiblemente el Cerro de Utrera (Ventosilla de San Juan), que se encontraba a escasa distancia entre Numancia y Renieblas. Ambos pudieron ser testimonios claros de movimientos y reestructuraciones de la población a la llegada de Roma a la región, donde se abandonaron estas localizaciones en favor de otras más seguros.

Al mismo tiempo, habría tenido lugar la fortificación de los asentamientos clave o una mejora de los sistemas defensivo en pos de la seguridad y la protección contra el invasor, propiciando una progresiva militarización del territorio a lo largo de algo más de 50 años. Sitios como Los Villares de Ventosa de la Sierra, Los Castellares de Aldealices y el Cerro de Ontalvilla de Carbonera de Frentes estuvieron dotados de potentes elementos defensivos. El más complejo de ellos fue el Cerro de Ontalvilla, ya que presentaba una muralla y dos fosos excavados en la roca en su acceso principal. Del mismo modo, la propia ciudad de Numancia presenta remodelaciones en el trazado de la muralla en la Puerta Norte con la que se habrían reforzado los puntos débiles. Finalmente, Apiano (*Iber.* 76) aporta información sobre la existencia de un único camino de subida al enclave, protegido por zanjas y empalizadas.

Tanto los centros secundarios como el núcleo urbano principal debieron funcionar como focos de refugio de la población durante la estancia y el enfrentamiento contra Roma, proporcionando protección a los habitantes de la tierra en los momentos difíciles. A la luz de los datos actuales, tan solo podemos esbozar algunos matices de este proceso, pero en un futuro, excavaciones más minuciosas y detalladas podrán arrojar más luz sobre estos acontecimientos históricos y, quizá, la apreciación de Apiano sobre Numancia como la ciudad más poderosa de los arévacos pueda estar fundada en la observación de sus contemporáneos sobre las construcciones del paisaje.

5.1.4.2. Relaciones dentro de los territorios

La tupida red de relaciones tejida entre las personas que vivieron en los diferentes asentamientos dispersos por los territorios de las ciudades fue el verdadero aglutinante de las identidades regionales. Los modelos para entender el flujo de dichas interacciones sociales han sido numerosos desde la paradigmática propuesta de S. Frankenstein y M.J. Rowlands (1978). Autores como A. Ruiz y M. Molinos (2013: 359) identificaron para las sociedades del Alto Guadalquivir la existencia de tres tipos de relaciones fundamentales: las parentelares -que englobaban niveles como la familia, el parentesco, el linaje, la tribu o la etnia-; las vecinales -relacionadas con la aldea, la ciudad, el *pagus* (área rural), la provincia o la nación-; y las corporativas -como la unión comercial, el equipo de trabajo o la compañía-. Un especial énfasis en las relaciones vecinales y la reciprocidad, han destacado J.F. Torres Martínez (2014a, 2014b) o R. Karl (2015: 29-30) en sus trabajos, así como la importancia de relaciones familiares, reales o imaginadas, como principios organizadores de la sociedad (Karl 2008, 2015).

Sin embargo, cómo fluyeron estas relaciones respecto a los territorios y el funcionamiento de los mismos ha sido una cuestión menos explorada. M. Almagro Gorbea y C. Almagro Vidal (2012) propusieron una organización cuatripartita del territorio entre los celtas, a partir de sus concepciones cosmológicas, basándose en la figura de las cuadrillas que aparecían documentadas en las fuentes medievales. Aunque son entidades como los *pagi* de Centroeuropa, las que nos permiten aproximarnos mejor a estas cuestiones. Los *pagi* han sido denominados como entidades sub-étnicas con cierta capacidad de acción en lo político y lo militar, formados por varias familias extensas

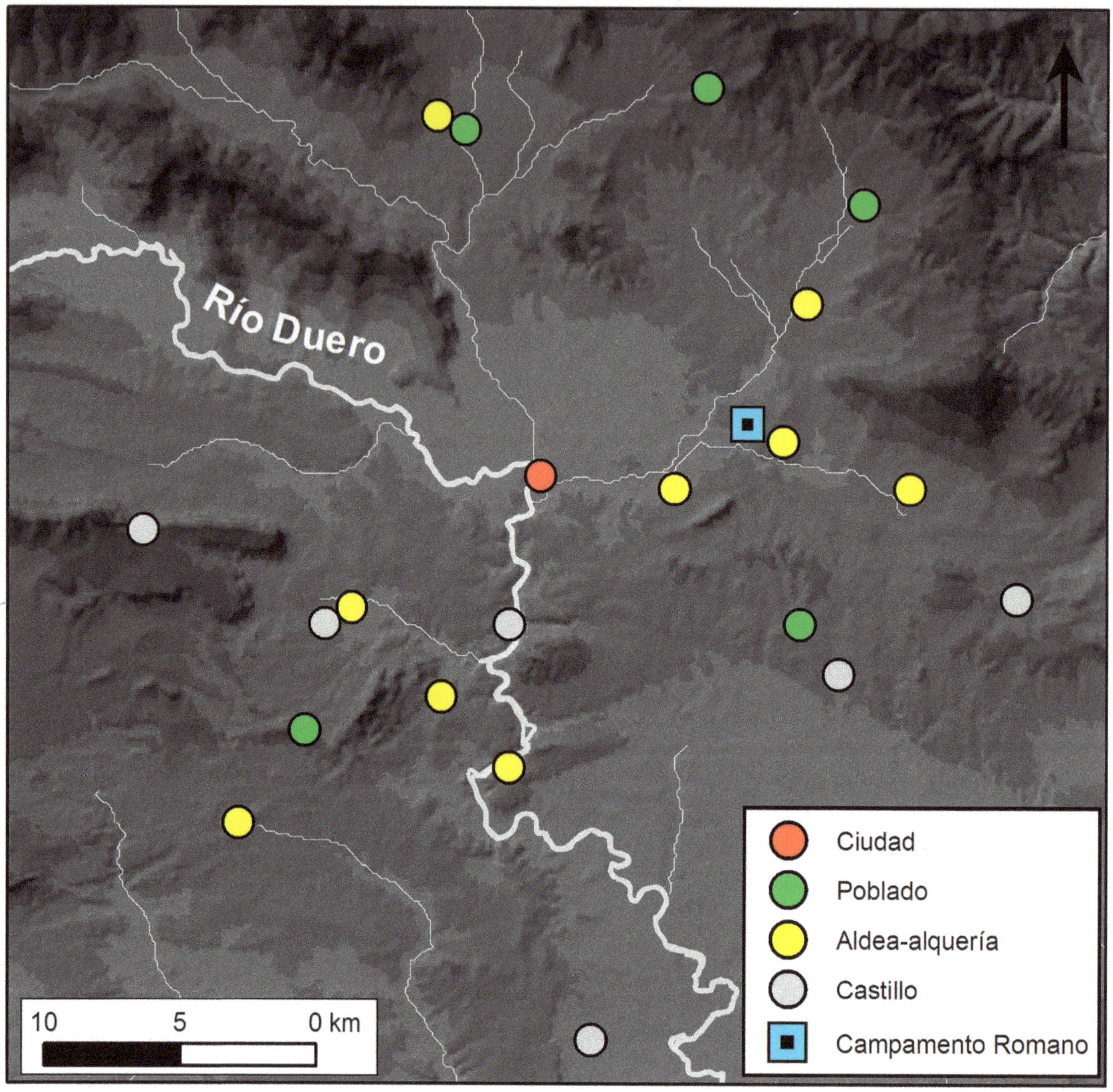

Fig. 5.8: Asentamientos del territorio de Numancia y la situación del campamento romano de la Gran Atalaya (Renieblas).

compuestas de diversas casas dispersas por los territorios, cuya reunión daba lugar a las ciudades galas (Fernández Götz 2014a, 2014c). Estas entidades de organización transversales rebasaban los límites espaciales y habrían regulado el flujo de relaciones entre los habitantes del enclave urbano y los diferentes asentamientos subsidiarios de un territorio. En ejemplos históricos y antropológicos, existen numerosos mecanismos de organización similares, tanto en grupos actuales como del pasado, que nos pueden ayudar a entender mejor el nexo entre el parentesco, la ordenación social y la tierra.

Desde la antropología, se han documentado estructuras de organización social similar, como es el caso de los LoDagaba que habitaban en la frontera entre Burkina Faso y Ghana (Goody 1957, 1969). Su modelo social era de corte patriarcal y presentaba una marcada diferenciación entre los linajes del padre y madre que englobaban diferentes capacidades y atributos. En este caso, nos interesan los roles del clan del padre sobre el que se sustentaban las competencias sobre la tierra y sus miembros, quienes nunca residían en localizaciones contiguas en el paisaje, sino dispersos por segmentos determinados de las tierras que pertenecían a su patrilinaje.

Del mismo modo, durante la Edad Media, registramos una interesante relación entre la tierra y la filiación de sus habitantes en las Comunidades de Villa y Tierra de la Extremadura castellana entre los siglos XI y XII, especialmente la Comunidad de Villa y Tierra de Soria. Estas comunidades se basaban en una estructura polinuclear, donde personas y el espacio quedaban agrupados en "collaciones". Dichas collaciones fueron estructuras sociales y familiares; claves en la vida política, social y religiosa de los núcleos rurales y urbanos. Cada collación estaba formada por un grupo de parentesco de afinidad cognaticia, unido mediante lazos de sangre, pactos o acuerdos (Asenjo 2012, 1999: 132-135). Cada una de ellas contaba con unos determinados territorios adscritos que conformaban la tierra y cuyo espacio de reunión era la villa. Así, cada entidad estaba formada por una serie de aldeas bien distribuidas por todo el territorio, por lo general, entre 6 y 8. En este conjunto de enclaves, se combinaban los diferentes aprovechamientos, calidades del suelo y recursos del conjunto del territorio, de modo que la subsistencia del grupo familiar quedase garantizada.

Respecto a la villa, las collaciones construyeron "barrios" como reflejo material de cada una de estas entidades de parentesco, formadas por una pequeña reunión de casas, una parroquia y un cementerio (Asenjo 1999: 46-49; Asenjo y Galán 2001: 322). La villa fue el lugar de encuentro entre los miembros del grupo familiar y entre los de las diferentes collaciones. Este era el espacio de socialización, donde tenían lugar las bodas y entierros, las fiestas religiosas o las decisiones del concejo. M. Asenjo (1999: 49) recogía como en las fiestas de San Juan, en el solsticio de verano, los habitantes de la tierra de la comunidad de Soria iban a la villa, en la que establecían su residencia durante un determinado periodo de tiempo. Construían tiendas o casas con materiales perecederos, llevando consigo sus rebaños y otros bienes. Esta reunión anual daba lugar al fortalecimiento de los vínculos familiares y sociales, convirtiéndose en el momento propicio para realizar intercambios, negocios, pactos y nuevos lazos de matrimonio. Así, el aspecto material que presentaba la villa de Soria era un recinto murado de unos 4.000 m de perímetro que rodeaba los treinta y cinco "barrios", cada uno con su parroquia y cementerio, más un centro de culto común, la Colegiata de San Pedro. El recinto comprendía una extensión de más de 100 ha, permitiendo dar cavidad a todos los habitantes de la tierra en momentos de necesidad (Asenjo 2012). La villa era, por lo tanto, el centro simbólico, núcleo de la autoridad social y religiosa, donde residían los restos de los antepasados y el poder en manos de alcaldes y jueces electos entre los miembros de las collaciones y los caballeros villanos.

En la dinámica de las relaciones entre los habitantes de los diferentes asentamientos de los territorios y sus centros urbanos durante la Edad del Hierro debieron existir y compartir una serie de vínculos de diferente naturaleza, en los que el parentesco debió jugar un papel fundamental como principio organizador y cuyas evidencias materiales trataremos de observar más adelante en la configuración de los espacios domésticos y funerarios. Por ello, sin querer caer en analogías, ejemplos de entidades transversales de organización social cercanas en el tiempo como fueron los *pagi* de la Europa templada, o lejanas, como las collaciones medievales o los patriclanes de los LoDagaba, pueden ilustrarnos y ayudarnos a entender cómo los vínculos familiares, la tierra o la herencia están intimamente entrelazados (Fernández Götz y Liceras Garrido 2019a, 2019b).

5.1.5. La identidad en el paisaje

Cuando nuestras abuelas y abuelos alzaban los ojos sobre los entornos de sus pueblos, no solo veían un paisaje más o menos bonito según los términos estéticos de un profano. Ellas observaban un paisaje construido e integral, donde conocían las claves para entender los aspectos simbólicos a través de una serie de hitos -ermitas, rutas de peregrinación para las romerías, manantiales curativos o peligrosos, y sitios infernales a los que era mejor no acercarse-, observaban un paisaje político con una serie de límites administrativos y de propiedad de la tierra -a quién pertenecían los terrenos o la gestión administrativa de la misma-, y conocían su valor económico –los diferentes aprovechamientos, qué tierras eran las buenas o malas, dónde localizar determinados recursos-. El paisaje era parte de sus vidas, ya que dependían de él para su supervivencia diaria. Era, en definitiva, una materialización de sus formas de vida y su modo de pensar que les hacía actuar y sentir de una forma determinada cuando se enfrentaban a él.

Cómo sentía o entendía una persona de la segunda Edad del Hierro un paisaje son cuestiones que nos llevan a preguntarnos por el papel de los marcadores, límites y elementos simbólicos que han quedado en los paisajes actuales, en ocasiones carentes de significados, otras con una conciliación entre las mentalidades de antaño con las actuales. Estos hitos o fronteras son cruciales para entender la construcción de los paisajes y las ventajas o limitaciones de una persona a la hora de transitar por los diferentes espacios y los significados asociados a los mismos. Los paisajes de la Edad del Hierro estaban perfectamente definidos en sus diferentes facetas: simbólicas, sociales, políticas o económicas, por mencionar solo algunas de ellas. Por ello, este apartado examina los elementos materiales que se han podido documentar en este sentido.

5.1.5.1. Las ciudades como referente de la identidad

Las ciudades fueron el reflejo material de la identidad comunitaria a nivel del territorio. Su alma fueron los espacios y elementos comunales que permitieron a todos sus miembros crear un nexo de pertenencia a esa comunidad, tanto a nivel social y civil como espiritual y religioso, fijando la comunidad al paisaje. Estos se materializaron en obras de construcción colectiva, espacios de reunión de las asambleas o consejos y en los espacios religiosos, donde residía la divinidad tutelar que velaba por el bienestar y la salvaguarda del grupo, quien cuidaba del buen hacer de la asamblea, sancionaba las decisiones y velaba por la justicia en los intercambios.

El antropólogo A. Cohen (1985) señalaba que las comunidades son construcciones simbólicas. Estas cuentan con una serie de símbolos con significados semánticos que los miembros de la misma son capaces de interpretar, por lo que no solo las características físicas de los enclaves primaron en la elección del lugar sobre el que se construyeron las ciudades, sino también toda una serie de elementos relacionados con la percepción y la memoria. Por ello, la biografía del lugar debió ser un elemento clave a la hora de crear y potenciar el sentido de pertenencia de los miembros de la comunidad, así como para la negociación de los límites de la misma.

En el capítulo previo, ya se señaló la reiteración del uso del espacio del cementerio de Carratiermes, construido sobre evidencias de poblamiento previo de la Edad del Bronce. Similares fueron los casos de las ciudades de *Termes* y Numancia. Por un lado, *Termes* se levantaba sobre el poblamiento de la etapa previa. Sobre una cabaña rectangular de la primera Edad del Hierro se construyó un templo poliádico en la segunda etapa de la Edad del Hierro (Almagro Gorbea y Lorrio 2011). Por otro lado, Numancia se construyó sobre un paisaje de amplio relato. En los alrededores de la ciudad, se han documentado diversas evidencias de poblamiento. En el cerro de La Muela y en localizaciones cercanas a Peña Redonda y Saledilla, hubo ocupación desde el Neolítico. También, se registraron cerámicas campaniformes en El Molino de Garrejo y el Pozo de San Pedro, mientras que en Valdelilo, La Dehesilla, El Castillejo y La Vega las ocupaciones previas se fechan en Calcolítico-Bronce Antiguo y, ocasionalmente, en la primera Edad del Hierro (Taracena 1941; Morales 1995; Fernández Moreno 1997) (Fig. 5.9).

En el cerro de La Muela, sobre el que se construyó Numancia, las evidencias más antiguas datan del Neolítico Final, con presencia de materiales fechados en el Calcolítico, la Edad del Bronce y el inicio de la primera Edad del Hierro, por lo que suponemos diferentes periodos de ocupación sin continuidad material entre ellos, pero sí en la memoria de sus actores y actrices. Las intervenciones

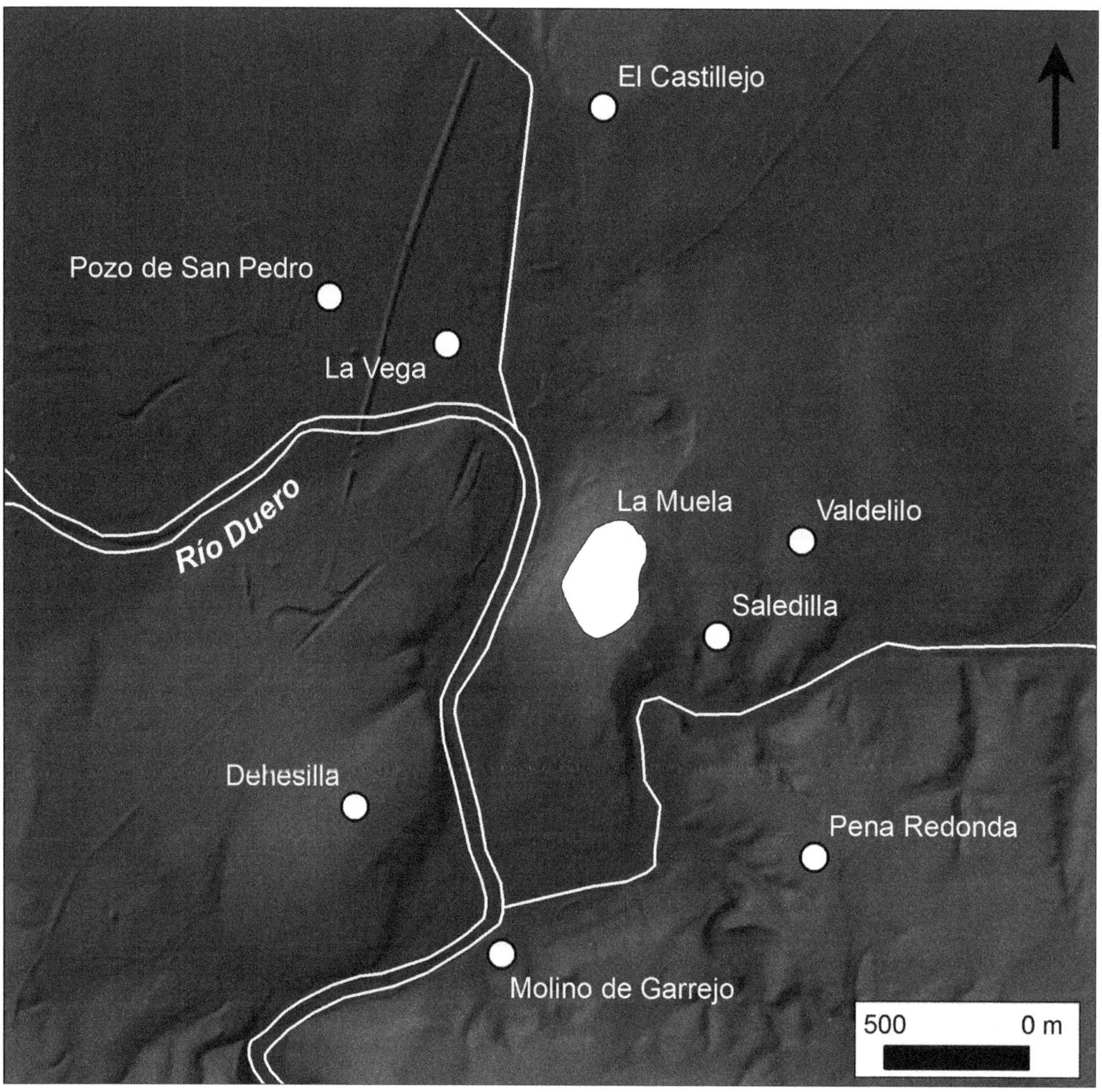

Fig. 5.9: Sitios del entorno de Numancia a lo largo de diferentes periodos.

de los últimos años del Equipo Arqueológico de Numancia han permitido documentar varios tramos de fosa bajo la muralla celtibérica, pertenecientes a antiguas empalizadas de madera que delimitarían algún tipo de actividad en el sitio: habitación, culto, etc. (Fig. 5.10). Uno de esos tramos fue documentado bajo las casas romanas del área norte que aprovechaban el bancal formado por la antigua muralla celtibérica para su construcción. El otro, se encuentra en la Puerta Norte, bajo la muralla celtibérica del que solo se ha podido documentar una tramo que coincide con el espacio de la puerta de acceso a la ciudad. En esta zona, se pudo obtener una datación de C14 con una fecha de en torno al siglo IX a.n.e. y en cuyo interior, se documentaron restos de carbones y fragmentos de cerámicas incisas y excisas de tipo Redal que coinciden con otros materiales estudiados por J.J. Fernández Moreno (1997: 118-119).

En la construcción de los centros urbanos, no solo es necesaria una geografía con biografía propia, sino toda una serie de instalaciones comunales que celebren la memoria colectiva del grupo y los mitos de fundación, reiterados y perpetuados mediante rituales, cultos y reuniones de diferente cariz (Fernández Götz y Roymans 2015; Derks y Roymans 2009; Gerritsen y Roymans 2006). Espacios comunales para la reunión y con carácter público fueron frecuentemente mencionados por los autores grecolatinos. Apiano (*Iber.* 100) mencionaba que en la ciudad de Belgeda había un espacio de reunión del consejo. También, una cita de Plutarco (*Vidas Paralelas* VI, 6) sobre Numancia ha sido interpretada por A. Jimeno (2011: 261) como referencia al espacio de la asamblea, en la que el cuestor Tiberio Graco, quien estaba en la campaña del cónsul Mancino, acudió a la ciudad de Numancia con tres o cuatro "amigos" para rogar que le devolviesen las tablillas de cuentas de su cuestura que le habían arrebatado los numantinos cuando asaltaron su campamento.

En la ciudad de *Termes*, el graderío rupestre ha sido interpretado como un lugar para la reunión desde que B. Taracena (1934: 229, 1941: 107) lo propusiese. Este ha sido descrito como una cávea irregular orientada hacia el sur y tallada en la propia arenisca sobre la que se alza la ciudad. En su extremo oeste y bajo el graderío, se abre una cueva natural de 9,90 m de boca y pequeñas dimensiones (Fig. 5.11), a la que se accede rebasando un escalón y, en su interior, hay una piedra que se comunicaba con otras tres piedras acanaladas. Esta cueva fue excavada por I. Calvo (1913: 380) quién encontró al fondo de la estancia varios cuernos de bóvidos, huesos de ciervo y varias herramientas de hierro, como hojas de cuchillo y hachuelas. Entre la entrada de la cueva y las gradas, Calvo identificó otra piedra con una canalización que termina en un orificio tallado de 20 cm. Finalmente, J.L. Argente (1992: 97-102) efectuó sondeos en la parte central del graderío, donde observó que la roca natural aflora a poca profundidad y, de nuevo, documentó cuernos y huesos de ciervo.

M. Almagro Gorbea y A. Lorrio (2011: 157-158; Almagro Gorbea 1994: 40) propusieron que la estructura es un edificio para albergar las asambleas urbanas y otras reuniones rituales que habría contado con la presencia de una cueva sagrada y los materiales rituales registrados por I. Calvo, donde su localización junto a la puerta de la ciudad le habría otorgado un carácter de santuario de entrada. Sin embargo, autores como S. Martínez Caballero y J. Santos Yanguas (2005: 694) catalogaban el conjunto como un edificio romano de los siglos I a.n.e. y I n.e. relacionado con el desarrollo de actividades lúdicas al aire libre, cuya solución arquitectónica era fruto del acondicionamiento a la topografía. Por ello, la superficie habría sido tallada a modo de anclaje o cimiento para otras estructuras y los canales corresponderían al drenaje interno del edificio. En ambos casos, hemos de tener en cuenta que las

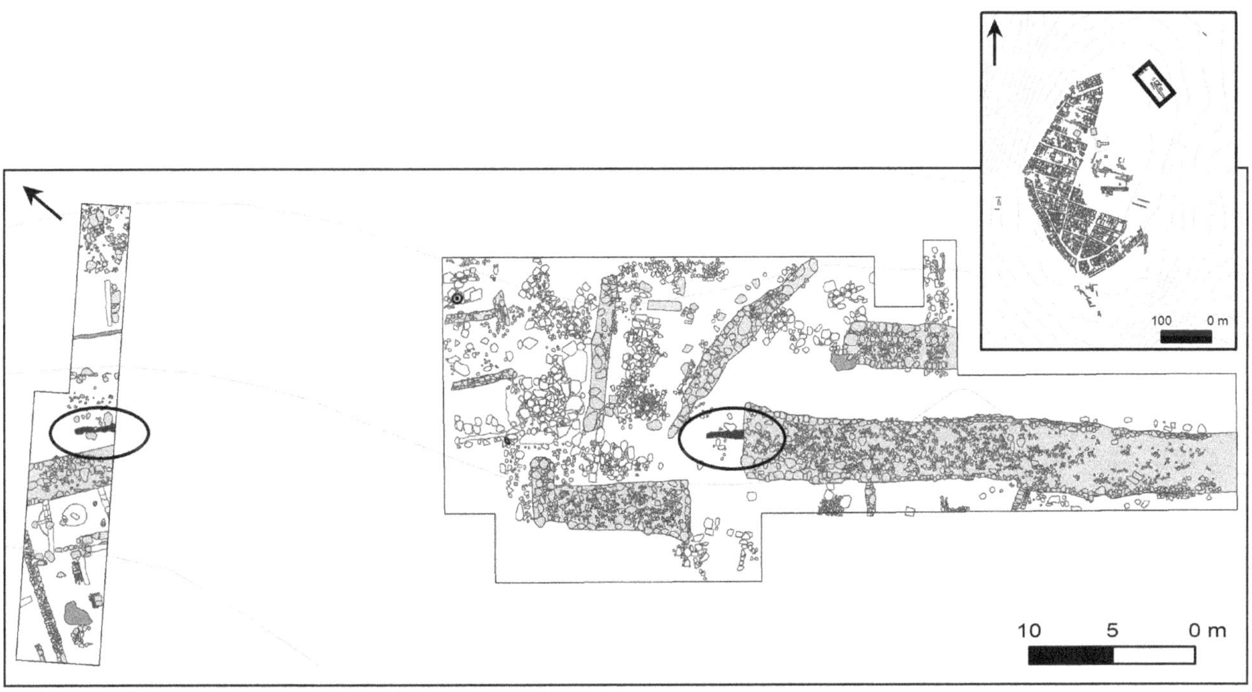

Fig. 5.10: Localización de las evidencias de zanjas del Bronce Final – I Edad del Hierro en Numancia.

Fig. 5.11: Cueva y graderío rupestre de *Termes* (Fotografía de Jesús Liceras Castro).

características de la estructura y la difícil adscripción de los materiales hacen complicada la atribución cronológica y el uso del conjunto.

Las asambleas y las ceremonias habrían sido elementos fundamentales en la negociación colectiva, en los que la comunidad se reunía y tomaba parte en las actividades de reproducción social y biológica del grupo. En ellas, los habitantes de la tierra se concentraban en un lugar determinado en momentos concretos del año coincidiendo con alguna festividad, festival o en respuesta a unas circunstancias concretas (Fernández Götz y Roymans 2015). Habrían tenido lugar comidas públicas, con sacrificios de animales y libaciones, que dejaron su huella material como ha quedado bien documentado en enclaves centroeuropeos a partir de los huesos de animales, como es el caso de Titelberg, Ferques o Acy-Romance; o bien por el gran número de ánforas vinarias en sitios como Corent o Lyon (Fernández Götz 2011: 141). Estas evidencias son similares a los huesos documentados en la cueva y el centro del graderío de *Termes*, así como las piedras con las canalizaciones de las que hablaba I. Calvo en la cueva.

N. Roymans (2009: 232) señalaba este tipo de eventos como uno de los principales medios para definir la pertenencia a un colectivo, donde los banquetes rituales y las reuniones en lugares de culto comunales jugaban un papel primordial en la interacción social mediante el consumo colectivo de alimentos y bebidas rituales. De este modo, eran creadas, mantenidas y reforzadas poderosas redes de relaciones. Estos eventos han sido comparados como los óenacha de la Antigua Irlanda, las *Thing* de Escandinavia o las fiestas de San Juan en la Comunidad de Villa y Tierra de Soria, por lo inspirador del tema en relación con las asambleas de las ciudades (Fernández Götz 2014d: 120, 2013: 141, 2011: 142; Fernández Götz y Liceras Garrido 2019a, 2019b).

Los óenacha eran reuniones de masas que tenían lugar en fechas concretas del año, en las que se reunían los representantes de un *túath* o de una Provincia-Reino. La celebración se componía de numerosas facetas: actividades lúdicas, recreativas y festivas (música, juglares, comida, bebida, juegos, deportes, etc.); acciones legales-administrativas (leyes, tasas, impuestos, promulgación de ordenanzas o juicios entre clanes o individuos, etc.); transacciones económicas de compraventa de animales y/o mercancías; y rituales (ceremonias, recogida de agua en manantiales sagrados, fuegos ceremoniales, recitación de sagas, celebración de hechos gloriosos con procesiones, etc.). Todas ellas con un sentido integrador, donde las personas que vivían dispersas en el ámbito rural tenían la oportunidad de encontrarse, repartir, conocer, intercambiar conocimientos o acordar matrimonios. Por otro lado, a las *Thing* de Escandinavia acudían los hombres libres. Estas se celebraban al aire libre de modo regular, aunque también se podían convocar por necesidades específicas. En ellas, se resolvían las diferencias y se trataban asuntos de leyes y tomaban decisiones políticas. Todo ello acompañado de ritos religiosos públicos y actividades económicas. Algo similar a lo que apuntabamos anteriormente para la Comunidad de Villa y Tierra de la Soria medieval con las fiestas de San Juan.

Como la religiosidad y su ritualidad, se encontraban en todas las facetas de la vida de las personas de la Edad del Hierro, los espacios de culto debieron ocupar un papel central en la formación de las ciudades. Ejemplos de otras ciudades como Atenas, Argos, Tarquinia, Roma, Vulci o Veyes muestran como el proceso de sinecismo poblacional siempre se realizaba en torno a un espacio de culto previo. De hecho, Estrabón en el Libro IX (3, 5) de la *Geografía* detallaba el papel de los santuarios comunes en la fundación de las ciudades griegas:

> "Veamos ahora cómo surgió la idea que condujo a la fundación de ciudades y a la alta estima de los santuarios comunes. Llegaron juntos hombres de diferentes ciudades y tribus, porque por naturaleza se veían inclinados a la asociación, y al mismo tiempo por la necesidad que tenían unos de otros; y se encontraron en los lugares sagrados que eran comunes por las mismas causas y en común celebraron fiestas y asambleas. Hay, en efecto, un conjunto de manifestaciones de este tipo que conducen a la amistad, comenzando por las comidas en la misma mesa, por las libaciones en común y por la convivencia bajo el mismo techo".

Los lugares sacros en el corazón de agregaciones de población fueron frecuentes en enclaves del Mediterráneo y la Europa templada, y también se documentan en la Península Ibérica con ejemplos como el altar rupestre y la sauna ritual de *Ulaca* (Álvarez Sanchís 2005), el altar de Castrejón de Capote (Berrocal 1994) o la plataforma monumental de *Segeda* (Burillo *et al.* 2014).

Termes es quizá el ejemplo más claro en el Alto Duero, ya que se han documentado las estructuras de un templo poliádico construido sobre los restos de una cabaña de la primera Edad del Hierro (Almagro Gorbea y Lorrio 2011: 137-146) (Fig. 5.12). El templo presentaba una planta rectangular y una extensión aproximada de 100 m², cuya nave principal quedaba dividida en dos por un escalón tallado en la arenisca. M. Almagro Gorbea y A. Lorrio relacionaron esta estructura con la de una casa, ya que presentaba un banco corrido en una de las paredes y la posibilidad de que existiese otro gemelo en la pared opuesta que no se ha conservado. Del mismo modo, se registró la presencia de un hogar/altar en la parte central. Este último habría sido clave para relacionarlo con un santuario de tipo gentilicio, similar a los de la zona mediterránea, donde se habrían celebrado ritos de convivialidad y banquetes colectivos de corte heroico. Otros autores como J. Mangas, S. Martínez Caballero y A. L. Hoces de la Guardia (2013: 339) interpretaron la dedicación de este templo a una deidad plurifuncional, no heroica.

Junto al templo, también se han observado otros elementos ligados a la ritualidad. De ese modo, el punto más elevado de la ciudad que se ha denominado como "peña onfálica" y que se ha asociado a una fosa rectangular, interpretada como un *lacus* o *bothros* (Almagro Gorbea y Lorrio 2011: 147-150). Por contraposición, otros autores lo han entendido como un pozo ritual, junto al que destacaban dos pequeñas cuevas a las que se han atribuido rituales de tipo oracular o iniciático, donde se habrían realizado vaticinios como los de la *fatidica puella* que narraba Suetonio en su biografía de Galba (IX, 2) (Mangas *et al.* 2013: 339). Estos elementos posiblemente habrían sido los elementos de culto original del enclave que se habrían monumentalizado progresivamente durante la fase urbana de la ciudad (Almagro Gorbea y Lorrio 2011: 150).

El santuario de *Termes* se ha relacionado con la figura de *Teutates,* el dios de la tribu o padre del pueblo, debido a su etimología. Este epíteto hacía referencia al Héroe Fundador, quien habría sido la máxima divinidad protectora de sus descendientes, ya fuesen un grupo gentilicio o una etnia. Teutates era el dios tutelar y el protector de los *pagi* y las ciudades, quien protegía a su pueblo en la guerra y en la paz, salvaguardaba la prosperidad de la comunidad y sus tierras, garante de las leyes que él mismo les había otorgado, impulsor de la fertilidad, la artesanía y el comercio (Almagro Gorbea y Lorrio 2011: 269-282; Fichtl 2004: 157-158).

Sin embargo, no solo los espacios sacros o profanos de reunión habrían sido los símbolos de la identidad comunitaria, sino también obras colectivas civiles como las murallas. Durante largo tiempo, la existencia de fortificaciones en torno al núcleo urbano ha sido característica definitoria de los *oppida.* No obstante, en los últimos años, y a la luz de estudios como el de T. Moore y C. Ponroy (2014) sobre los núcleos de asentamiento sin fortificar del La Tène Final en la Galia, parece que estas edificaciones no fueron característica imprescindible para que estos núcleos ejerciesen como lugares simbólicos, políticos y administrativos de la comunidad de un territorio. En las ciudades del Alto Duero, se han documentado murallas en la mayoría de centros urbanos, a excepción de *Arekoratas* y El Escorial (La Vid). La primera de las excepciones puede estar relacionada con la fuerte modificación que sufrió el sitio tras la urbanización de la ciudad romana, ya que no se ha podido detectar el trazado concreto de la ciudad celtibérica, y el segundo, por la escasa documentación con la que contamos del enclave.

Las características técnicas de las defensas de los núcleos urbanos presentaban, de nuevo, un marcado carácter regional, con diferentes soluciones constructivas y materiales dependiendo del entorno. Así, las murallas de Numancia estaban formadas por un amplio zócalo de piedra

Fig. 5.12: Planta del templo poliádico de *Termes* (a partir de Almagro Gorbea y Lorrio 2011: Fig. 77).

y un recrecido formado de maderas y tapial o adobe (Fig. 5.13), mientras que las murallas de Las Eras (Ciadueña) del siglo I a.n.e. estaban construidas con tapial (Tabernero *et al.* 2014). En ocasiones, las fortificaciones no completaban toda la circunvalación del sitio y solo se construyeron en determinados puntos estratégicos, adaptándose a la topografía y a las necesidades morfológicas del relieve. Ese es el caso del complejo de Los Castrillos (Peñalba de Castro), donde solo se observan restos de muralla entre el Alto del Cuerno y El Salterio (Sacristán 2007: 73), o el Cerro Somosierra (Sepúlveda) (Barrio Martín 1989) y Cerro de la Sota (Torreiglesias) (Barrio Martín 1989; Gallego 2014) que solo presentaban defensas en la parte más accesible al emplazamiento.

I. Ralston (2010: 71) entendió las fortificaciones como creaciones deliberadas, diseñadas para simbolizar la importancia del espacio que estaban cerrando, debido a las enormes cantidades de piedra, madera, clavos, barro y esfuerzo humano que fueron necesarios para erigirlas. Sin embargo, si por el contrario su propósito era reforzar la identidad de grupo más que una necesidad de defensa real (Woolf 1993: 232), el proceso debió ser al menos tan importante como el resultado final, por lo que nuevamente las fortificaciones habrían sido una pieza clave en el proceso de construcción de la identidad comunitaria. Por todo ello, el evento constructivo, las reparaciones y reestructuraciones debieron de llevarse a cabo mediante el trabajo conjunto de todos los miembros de la comunidad, los residentes en el enclave y los habitantes de la tierra, posiblemente en el marco de los *work party feast* con implicaciones similares a las que detallamos para la primera Edad del Hierro.

La construcción independiente por parte de las comunidades territoriales habría dado respuesta a la variabilidad regional de las fortificaciones, en cuanto a su composición y forma, y al buen conocimiento de los constructores de los materiales locales. Sus conocimientos adquiridos por la tradición constructiva autóctona se habrían visto enriquecidos por los miembros que hubiesen estado en tierras extranjeras o por

Fig. 5.13: Muralla y Puerta Norte de Numancia (Fotografía de Alfredo Jimeno).

los viajeros y comerciantes que habrían llegado a la zona. Un buen ejemplo del intercambio de ideas entre regiones y su plasmación en las construcciones defensivas del Alto Duero habrían sido las murallas de El Castillo de Ocenilla, excavadas por B. Taracena (1932), y que presentan módulos de diseño mediterráneo, siendo un ejemplo único de la Celtiberia (Fig. 5.14).

J. Collis (2010: 31) cuestionaba si las murallas habían sido construidas en un solo evento o, si por el contrario, presentaban una actividad periódica que podía observarse mediante las remodelaciones y las actividades de mantenimiento de las estructuras, como fue el caso de Heuneburg (Alemania) o Gergovia (Francia). En la Meseta oriental, se han podido documentar dos eventos de remodelación del trazado de las fortificaciones en Castilmontán y Numancia (Fig. 5.15). En el poblado de Castilmontán (Somaén) en el Alto Jalón, el trazado de la muralla fue modificado con la construcción de torreones que supusieron el refuerzo del sistema defensivo (Arlegui 1992), mientras que en Numancia, los trabajos de M. González Simancas pusieron en relieve la construcción de un antemuro delante de la Puerta Norte. Sin embargo, recientes excavaciones han sacado a la luz que se trataba de una remodelación del trazado llevada a cabo durante la vida de la ciudad, por la que se modificó el trazado, se construyeron una serie de torreones en la Puerta Norte para hacer más efectivo el control del acceso y una entrada acodada flanqueada por dos torres. El antemuro de González Simancas no fue sino la antigua muralla que presentaba la misma técnica constructiva y unas dimensiones algo más modestas que la que se construyó posteriormente. De esta fase más antigua, se pudieron extraer muestras de C14 que proporcionaron unas fechas en torno a inicios del siglo III a.n.e. situando esta remodelación en uno de los momentos más antiguos de la ciudad.

Las labores de remodelación de las fortificaciones debieron representar una mayor inversión de recursos y logística que las tareas de mantenimiento, lo que podría haberse traducido en la competición y ostentación de determinados grupos sociales. Por ello, las murallas debieron de gozar de un importante componente simbólico en tres sentidos. En primer lugar, como símbolos de identidad para la comunidad que las construyó en las que todos las personas que participaron en el evento de un modo u otro se habrían sentido representadas. En segundo lugar, como medio para materializar el poder de la comunidad y el reclamo de la tierra, causando una coerción visual sobre los otros. Finalmente, como un medio de competición interno entre los grupos sociales de dentro de la comunidad.

Las murallas creaban así fronteras físicas en el paisaje y habrían sido percibidas como algo social y político. Fueron elementos simbólicos y materiales que cualquier individuo habría de estar autorizado para poder rebasar, como bien muestra la cita de Plutarco (*Vidas Paralelas* VI, 6). Estas habrían creado umbrales que formalizaban los espacios de transición (Giles 2007: 242), en muchos casos monumentalizados. Es frecuente documentar monumentalizaciones de las estructuras de acceso como las puertas. En la ciudad de *Uxama*, B. Taracena (1941: 125-134) documentó la base de dos torres prismáticas y un cuerpo de guardia en la zona sur que daba acceso a la ciudad desde la necrópolis de El Portugui. *Termes* estaba rodeada por una muralla según Apiano (*Iber.* 99) que solo se ha podido documentar por el énfasis constructivo de dos de sus puertas de acceso a la ciudad, la Puerta Oeste y la

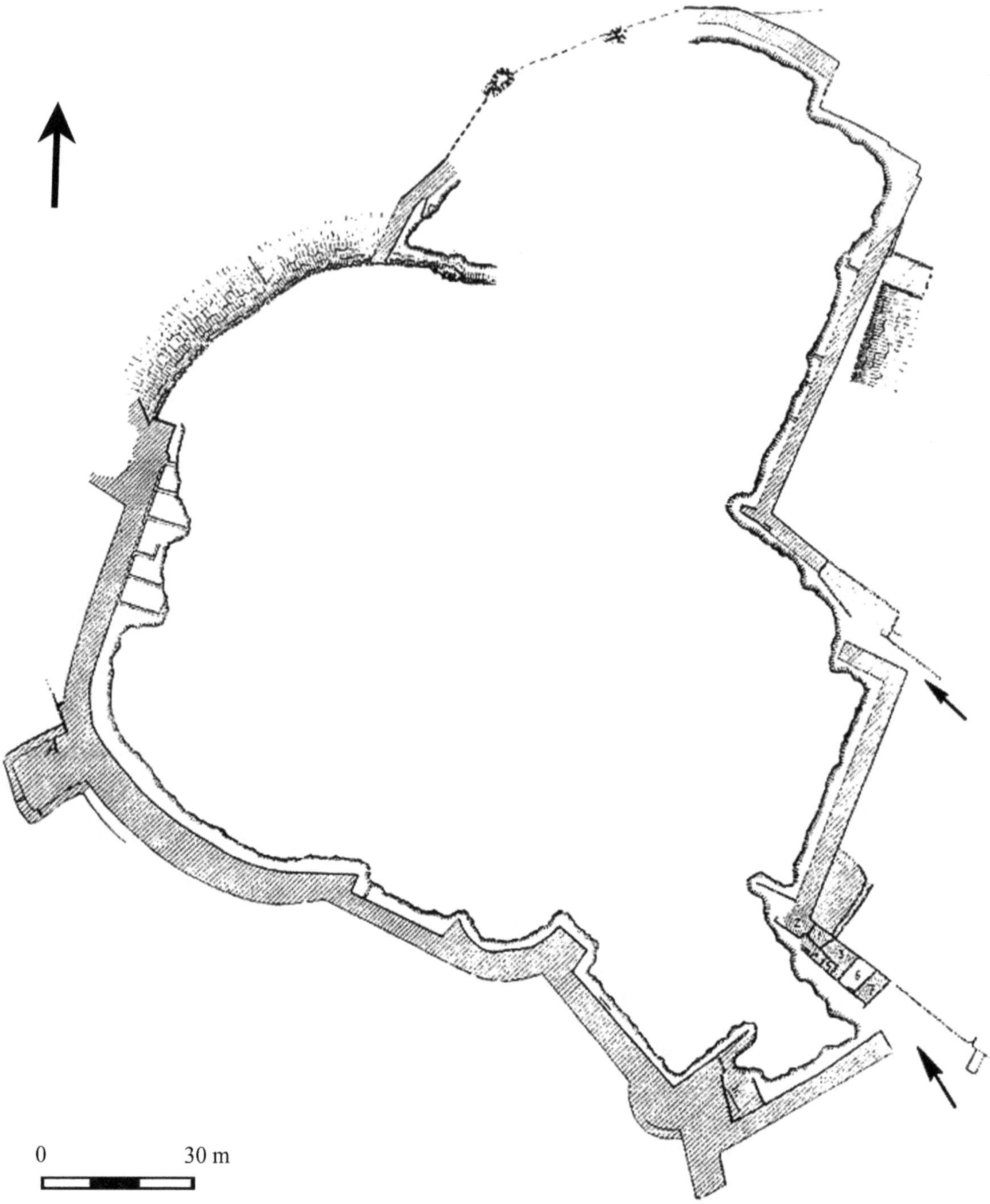

Fig. 5.14: El Castillo de Ocenilla (Taracena 1932: Lam. XXVIII).

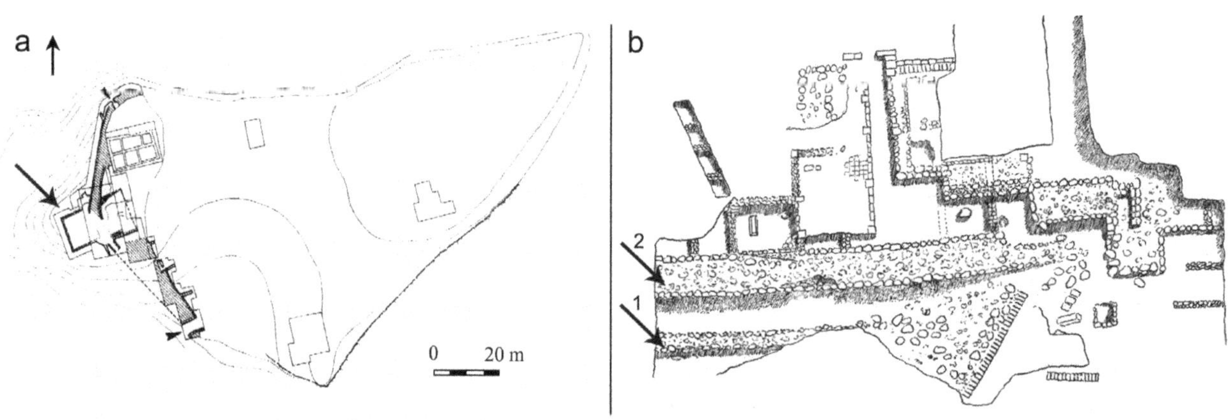

Fig. 5.15: Remodelaciones en estructuras defensivas: a.- Torres de Castilmontán (Somaén) (a partir de Arlegui 1992: 508). b.- Puerta Norte de Numancia: 1.- Muralla antigua, 2.- Remodelación de la Puerta Norte (a partir de González Simancas 1926).

Puerta del Sol, excavadas en la arenisca natural. También, Numancia contaba con cuatro puertas, dos monumentales y dos que son simples interrupciones en la línea defensiva. La Puerta Oeste se situaba en una zona de difícil acceso y se encontraba protegida por un torreón triangular, a la que se accedía por un camino empedrado documentado por González Simancas (1926: 11, 17), mientras que la Puerta Norte fue remodelada en forma de codo, protegida por dos torres y un edificio en la parte central que dividía el flujo de acceso en dos corredores (Fig. 5.16).

El papel simbólico de las fortificaciones también habría estado relacionado con la actividad religiosa y ceremonial, como se ha deducido de los fragmentos de cuerno de ciervo en la muralla de Blacos (Soria) y La Hoya (Laguardia, Navarra) (Alfayé 2007a) o los grabados de caballos en Yecla la Vieja (Yecla de Yeltes, Salamanca) (Martín Valls y Romero 2008). Por ello, la presencia de una habitación adosada a la muralla en Numancia, documentada también por M. González Simancas, ha sido interpretada como un *heroon* vinculado a la defensa mágica de la ciudad y al culto comunitario de carácter profiláctico (González Simancas 1926: 39; Sopeña 1995: 256-259; Alfayé 2007a).

A lo largo de este apartado, hemos observado la compleja dialéctica semántica de los centros urbanos de la segunda Edad del Hierro, en los que la memoria, la biografía del enclave, los espacios de culto, los lugares de reunión colectiva y las obras comunales se erigieron como potentes materializaciones de las identidades territoriales. Estas

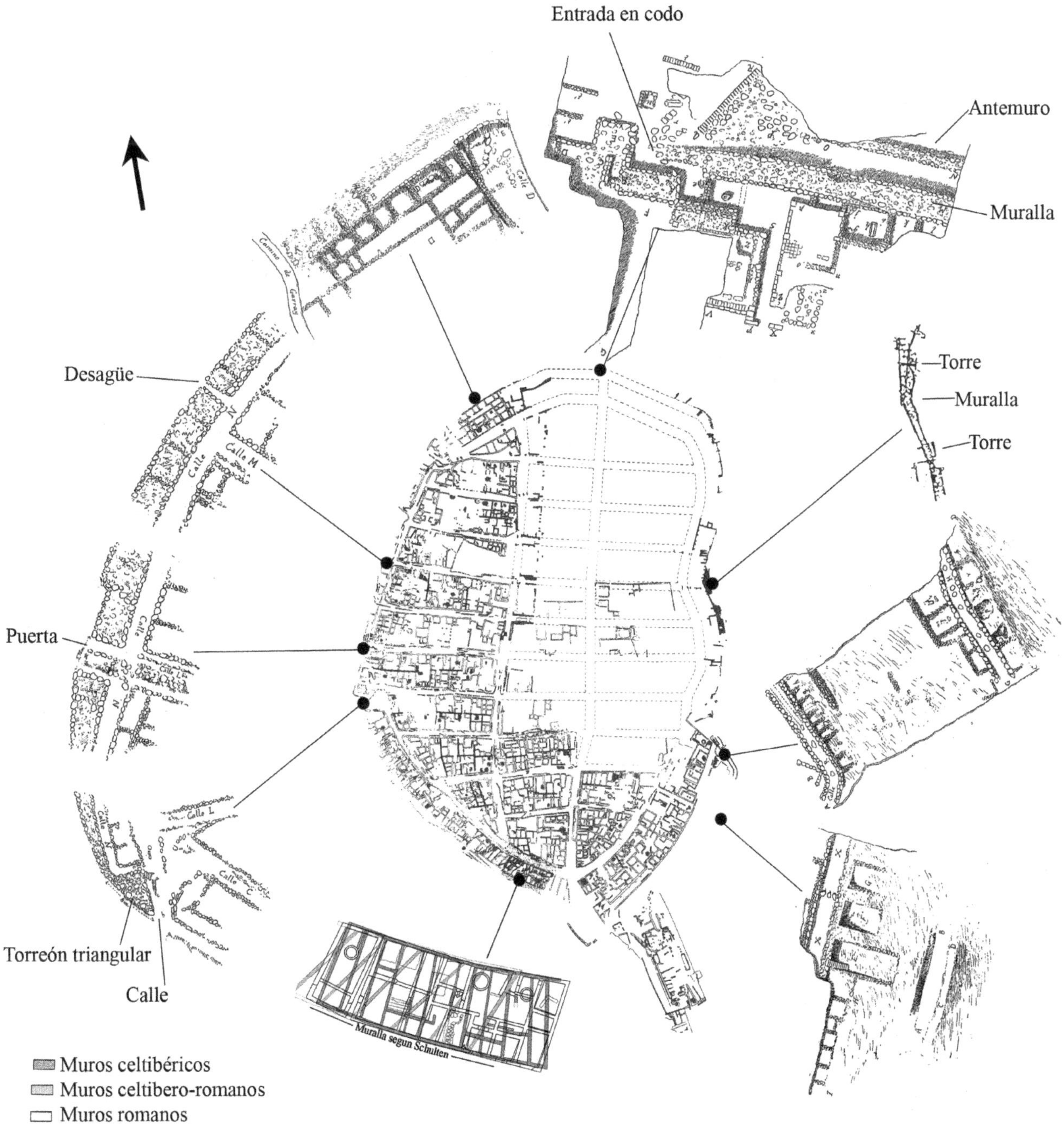

Fig. 5.16: Detalle de las murallas, puertas y torres de Numancia (imagen de Sergio Quintero Cabello a partir de González Simancas 1926).

identidades comenzaron a desarrollarse, al menos, desde el siglo IV a.n.e. con el inicio de la reconfiguración territorial y culminaron con el establecimiento de las ciudades y sus territorios. El proceso de formación de estas comunidades imaginadas habría sido paulatino y habría estado fundamentado sobre vínculos comunes que van más allá del parentesco y la familia, cuya asociación se habría fundamentado en motivaciones políticas, religiosas y culturales (Lévy 1990; Domínguez Monedero 2001: 63). Sus miembros se reunieron en torno a una fantasía, asentada sobre dos sólidos cimientos: el primero, una vinculación emocional de todos sus integrantes como base para la identidad comunitaria, y el segundo, la elaboración de un conjunto de discursos de legitimación, en los que se garantizase la supervivencia de dicho grupo, construyendo un mito como soporte para la autoidentificación que aportase seguridad a los miembros de la nueva comunidad (Hernando 2005: 117).

Los centros urbanos fueron el lugar de reproducción cultural y biológica de los grupos. Los habitantes de la población rural habrían acudido en determinados momentos del año coincidiendo con festividades religiosas, allí se habrían tomado decisiones políticas y administrativas, intercambiado bienes y renovado alianzas, todo ello bajo el amparo de los dioses (Fernández Götz 2014c: 183, 2011: 139). El número de personas que residió en el interior de estos centros había sido anteriormente uno de los datos definitorios de este tipo de poblamiento, uniéndose ahora cuestiones como el papel de estos enclaves como verdaderos símbolos de las identidades colectivas, lugares de agregación y puntos de referencia territoriales en un mundo esencialmente agrícola.

Estas ciudades u *oppida* fueron, por lo tanto, la evidencia material más clara de las nuevas comunidades que se formaron a lo largo de la segunda Edad del Hierro, reflejo de las nuevas formas de pensar, sentir o identificarse de las personas que las hicieron posibles. Al mismo tiempo, fueron también el testimonio más nítido de uno de los niveles de identidad étnica, tanto en el registro arqueológico como en las referencias de los autores clásicos. Las comunidades que conformaron cada una de las ciudades fueron diferentes sobre una base ideológica común y diferentes fueron las construcciones del paisaje que llevaron a cabo. Esto dio lugar a una marcada variabilidad regional en las formas de ocupación del espacio, la composición material de las evidencias y las diferentes respuestas a problemas comunes. Así, observamos como no todos los territorios ofrecieron las mismas posibilidades y no todas las comunidades fueron iguales. Cada comunidad desarrolló sus propios mecanismos de construcción de las identidades dependiendo de las características de sus miembros y sus entornos, las posibilidades de acumular riqueza y las estrategias para acumular poder.

5.1.5.2. Construyendo la identidad comunitaria: el territorio

A pesar de que las ciudades fueron las materializaciones más evidentes, no fueron las únicas. Otros lugares simbólicos y de la memoria se encontraban dispersos por los territorios en forma de santuarios, *nemeton* o hitos dotados de contenido semántico. Estos enclaves habrían formado parte de una geografía simbólica y mítica recogida en los imaginarios colectivos. La existencia de una serie de santuarios públicos habría sido clave para la creación y fortalecimiento de identidades colectivas de modo que, en fechas señaladas del año, las gentes se habrían congregado siguiento una serie de motivaciones sociales, simbólicas, religiosas e incluso económicas que habría reforzado una vez más el sentimiento de pertenencia a la comunidad, tal y como ilustra Tácito para el caso de los suevos (*Germania* 39) o los latinos en las *Feriae Latinae* (Fernández Götz 2014c: 183-184).

En el Alto Duero, se han documentado varios tipos de sitios que habrían tenido esta funcionalidad (Fig. 5.17). El *nemeton* ha sido el sitio de culto que se ha atribuido a estas gentes y, por su carácter naturalista, casi imposible de identificar arqueológicamente. En esta área, se han podido documentar varios enclaves que por sus características y restos materiales podrían coincidir con este tipo simbólico: el vado de Valonsadero (Soria) y el manantial de La Fuentona (Muriel de la Fuente).

El valle de Valonsadero es un enclave de importante valor simbólico, atestiguado por el conjunto de pinturas rupestres de la Edad del Bronce hasta la relevancia que hoy posee en la tradición de las fiestas de San Juan de la ciudad de Soria que coinciden con el solsticio de verano. Son escasas las evidencias en este vado de la Edad del Hierro, aunque algunas pinturas se han atribuido a este periodo (Jimeno y Gómez Barrera 1983: 202; Gómez Barrera 1991: 267; Alfayé 2011: 164-166).

El caso del manantial de La Fuentona es un paraje natural afectado por inundaciones estacionales en el nacimiento del río Avión (Fig. 5.18). En él, se encontró un casco de bronce en un contexto acuático, único en toda la región cultural. Parcos han sido los datos sobre el lugar del hallazgo, tan solo sabemos que fue en el nacimiento del citado río en torno al manantial (Jimeno *et al.* 2004: 262; Graells y Lorrio 2013: 154, 156). El mundo acuático ha sido entendido como un espacio liminal, un lugar de comunicación de dos mundos, por lo que el casco habría sido una ofrenda a las aguas, residencia de divinidades y/o héroes, venerados a través de prácticas votivas como el ofrecimiento de un objeto cargado de alto valor simbólico (Graells y Lorrio 2013: 167-168). Los rituales en las fuentes han sido relacionados tradicionalmente con la actividad mercenaria a lo largo del Mediterráneo, así como la tipología del casco allí encontrado. Fue un ejemplar hispano-calcídico que evidencia un amplio conocimiento de los tipos y tecnologías de los que circulaban por la Italia meridional del momento, por lo que la práctica mediante la que había sido depositado sería resultado del aprendizaje *in situ* por parte de estos mercenarios (Graells 2014: 208), quienes además de importar la técnica y los modelos, habrían traído consigo ciertas liturgias.

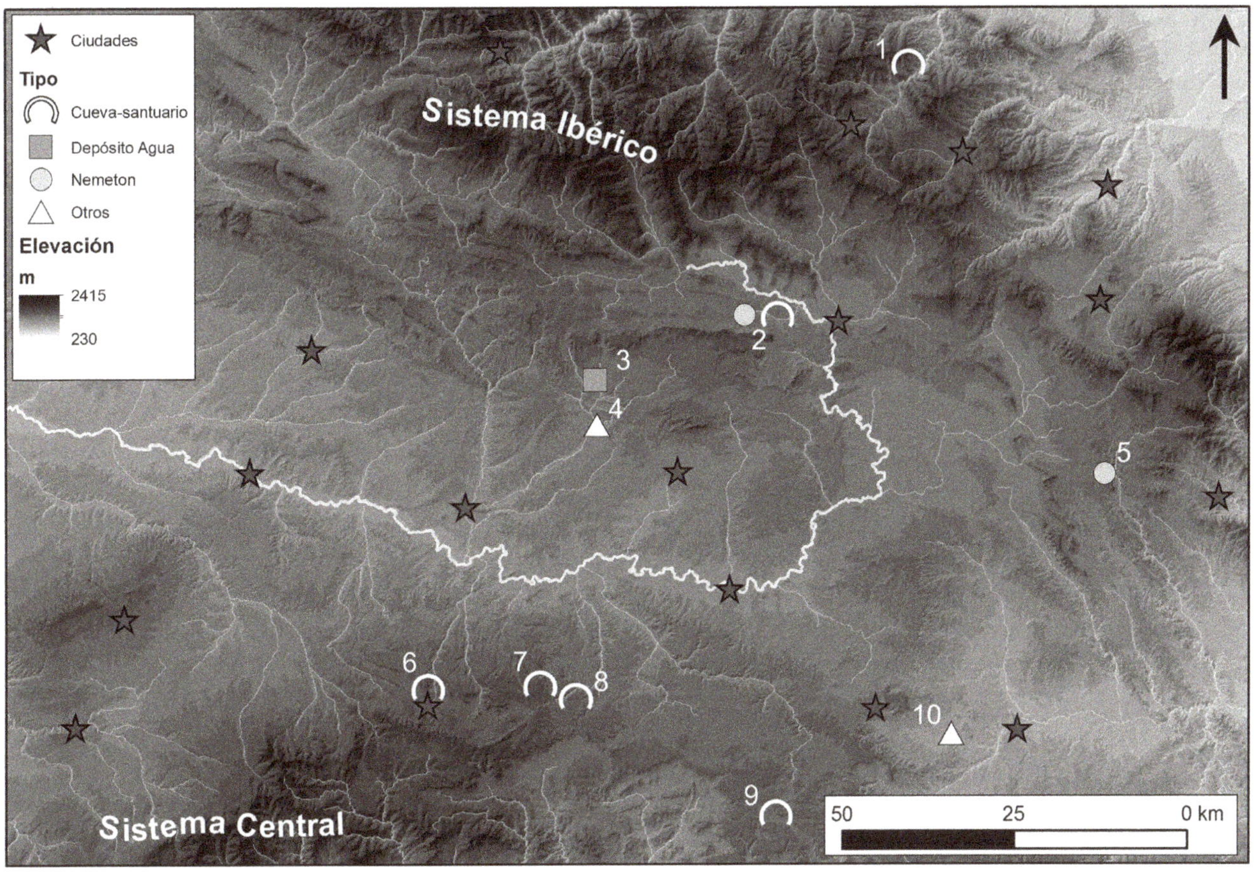

Fig. 5.17: Posibles lugares de culto durante la segunda Edad del Hierro. 1.- Barranco de San Cabrás (Leria), 2.- Covachón del Puntal y valle de Valonsadero (Soria), 3.- La Fuentona (Muriel de la Fuente), 4.- Blacos, 5.- Puerto de la Bigornia, 6.- Cueva bajo el graderío de *Termes*, 7.- Barranco del Hocico (Torrevicente), 8.- Barranco del Rus (Torrevicente), 9.- Cueva de Santa Cruz (Conquezuela), 10.- Cerro Monóbar (Almaluez).

Fig. 5.18: Manantial de La Fuentona (Fotografía de Jesús Liceras Castro).

Otros enclaves de actividad ritual debieron ser las cuevas-santuario, cuyo testimonio material más frecuente son grabados, exvotos o monedas. Estos espacios también presentaban carácter liminal y ponían en contacto diversas realidades, permitiendo a sus participantes adentrarse en una nueva geografía. Las sensaciones experimentadas por éstos tenían gran relevancia a la hora de transitar por estos espacios, en los que se abandonaba lo cotidiano/domesticado por un ambiente desconocido y potencialmente peligroso, percepción provocada por la privación de algunas facultades sensoriales y la hipertrofia de otras, generando así una profunda carga emocional (Alfayé 2013: 337, 2007b). A pesar de que la mayor parte de los testimonios materiales son inscripciones o materiales fechados en el siglo I a.n.e., podríamos reclamar para estos sitios un significado simbólico ininterrumpido, renegociado y continuado. Entre ellos, destaca especialmente el caso del Barranco del Rus (Torrevicente-Lumias), donde J. Cabré documentó un grabado con dos guerreros enfrentados, una escena de una monomaquia similar a la representada en los Vasos de los Guerreros de Numancia (Fig. 5.19).

Además de los espacios sacros, debieron existir toda una serie de marcadores que censurasen límites y transmitiesen mensajes sociales. Elementos naturales dotados de contenido simbólico por sus habitantes que habrían contribuido a las narrativas de los paisajes. Son escasas y lejanas al Alto Duero las evidencias que han perdurado en el tiempo a través de las tradiciones populares entremezcladas con la religión cristiana. Ese habría sido el caso del "Canto de los Responsos" en el entorno de *Ulaca* (Solosancho, Ávila). Este hito aún mantiene hoy en día un significado para las gentes del entorno que relaciona el mundo de los vivos y el de los muertos. M. Almagro Gorbea (2006: 25) lo ha interpretado como el límite del territorio controlado por las gentes del sitio, ya que se encuentra en el límite visual del enclave. Un ejemplo similar habrían sido algunos de los árboles de La Dehesa de Olmeda de Cobeta (Guadalajara) que han sido catalogados como singulares, por su longevidad y función dentro de la comunidad actual. Algunos de ellos superan los 450 años de antigüedad y en torno a ellos se llevan a cabo diferentes actividades: el reparto de los bienes generados por la dehesa; puntos de encuentro y símbolos de bonanza de la comunidad; o lugares donde reside la divinidad y tiene lugar el culto a la Virgen (Arenas 2010).

Finalmente, destacan los monumentos megalíticos, ya que en ocasiones se revisten de nuevos significados simbólicos siglos después de que sus constructores originales los erigiesen. Es especialmente relevante la utilización de estas contrucciones como hitos fronterizos, tal y como ocurre con algunos de los dólmenes del noroeste peninsular, utilizados como límites territoriales entre los castros de la primera Edad del Hierro (González Ruibal 2006-2007: 178-179) o los menhires de la Limaña en la región Auvernia (Francia) que se constituyen como elementos del paisaje simbólico junto a los santuarios prerromanos durante la Edad del Hierro (Poux *et al.* 2015). En el Alto Duero, estelas de guerrero como la de Villar del Ala que data del Bronce Final -en torno al 850 a.n.e.-, o los dólmenes que se encuentran a los pies del Sistema Ibérico pudieron funcionar como algún tipo de marcador o hito a lo largo de la Edad del Hierro entre los dos conjuntos materiales principales del área de estudio: el área del valle y el área de las montañas.

A lo largo de este apartado hemos tratado a los paisajes como entes complejos, en los que a partir de su materialidad podemos aproximarnos a las múltiples facetas de las identidades que en ellos se encontraban anidadas. Los paisajes nunca fueron construidos desde cero por las comunidades. Ciertos lugares y características físicas contaron con biografías propias, siempre resultado y condición de lo anterior, de la memoria.

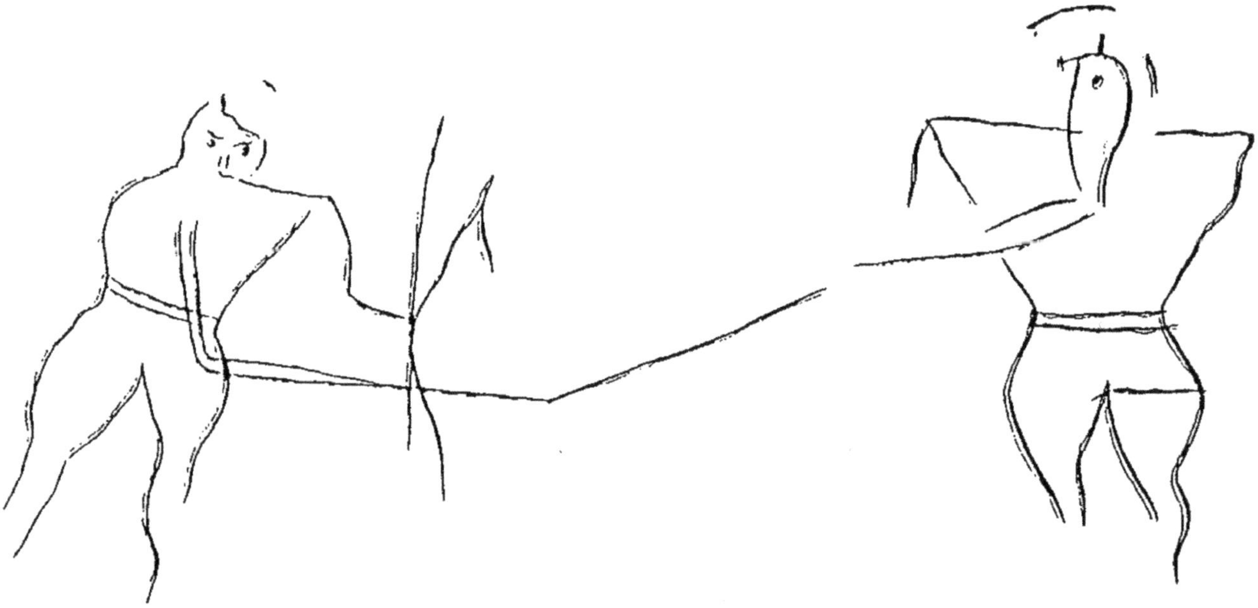

Fig. 5.19: Grabados del Barranco del Rus documentados por J. Cabré (Cabré 1917: Lam. LV).

5.2. Paisajes funerarios

Los paisajes funerarios fueron los paisajes de los ancestros, de la memoria, donde las personas como individuos o colectivos fundamentaron sus derechos de pertenencia, materiales y simbólicos. A lo largo de la Edad del Hierro, la raigambre de estas construcciones sociales se vistió de continuidades entre ambas etapas, en lo que a la localización, ritos y narrativas se refiere. Recordando nuevamente lo sugerido por el marqués de Cerralbo, los cementerios se situaban cercanos a los espacios de asentamiento, en aquellas localizaciones que acumulaban la mayor cantidad de aguas, generalmente ríos o confluencias de los mismos. Observamos así como algunas de las principales claves simbólicas se mantuvieron entre ambos periodos, ya que no se aprecian variaciones en el ritual más allá de las diferencias materiales en la composición de los ajuares, en los que disminuyeron las armas, destacaron las tecnologías del cuerpo y aparecieron herramientas relacionadas con actividades agrícolas y ganaderas.

Este periodo presenta un mayor número de evidencias como se observa en la Fig. 5.20, aunque con idéntica problemática a la de etapa previa. Las diferencias regionales continuaron siendo muy marcadas entre los cementerios, tanto por las ligeras variaciones en la práctica como por los objetos que predominaron en los ajuares. Respecto al tratamiento del ajuar, se aprecian diferencias dependiendo de la necrópolis. Por ejemplo, la mayor parte de los objetos fueron inutilizados ritualmente en la necrópolis de Numancia mientras que, en Carratiermes, tan solo aparecieron doblados aquellos que por sus dimensiones no pudieron ser introducidos en las fosas de enterramiento (Argente *et al.* 2001: 242).

En cuanto al tratamiento del cuerpo del difunto, tan solo registramos variaciones en la cantidad de cenizas que se recogieron de la pira y se introdujeron en la tumba. Estas cifras oscilaban desde algo más de 1 kg en Carratiermes (Argente *et al.* 2001: 298) a la media de los 5,73 gr de Numancia (Jimeno *et al.* 2004: 439). Incluso la deposición de las cenizas fue bien diferenciada entre necrópolis. En Numancia, no se documentaron urnas cinerarias y los restos se encontraban directamente sobre la tierra. En Carratiermes, no hay una pauta clara en la deposición, mientras en La Yunta los restos siempre aparecieron en el interior de una vasija cerámica con tapadera. Además, hemos de tener presente la posibilidad de que dependiendo de la región y de las características o identidades del difunto, se podrían haber utilizado envoltorios orgánicos como telas, elementos de cestería, maderas, etc. No en vano, en las tumbas 21, 33 y 134 de la necrópolis de

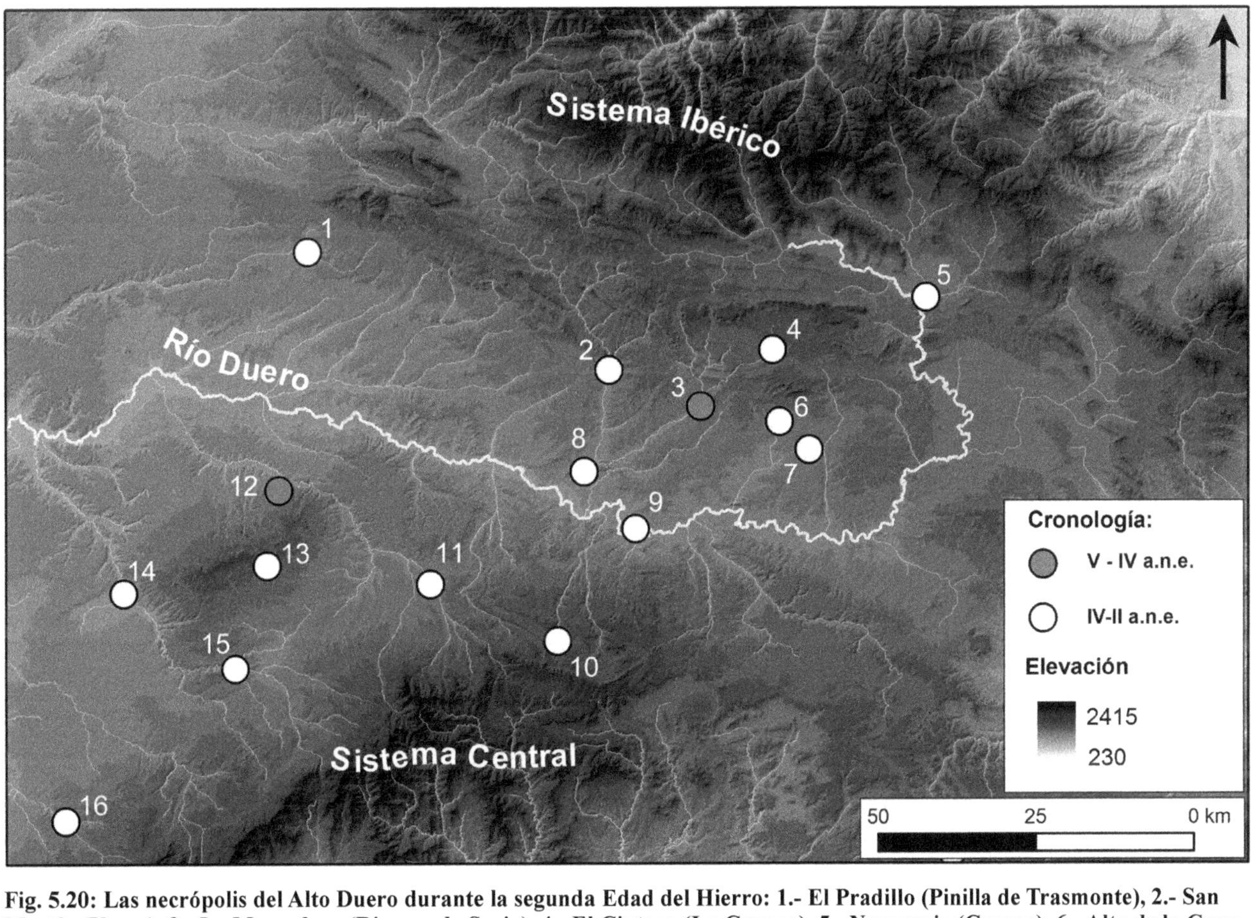

Fig. 5.20: Las necrópolis del Alto Duero durante la segunda Edad del Hierro: 1.- El Pradillo (Pinilla de Trasmonte), 2.- San Martín (Ucero), 3.- La Mercadera (Rioseco de Soria), 4.- El Cintazo (La Cuenca), 5.- Numancia (Garray), 6.- Alto de la Cruz (La Revilla de Calatañazor), 7.- Los Villares (Osonilla), 8.- Viñas del Portuguí y Fuentelaraña (Osma), 9.- La Requijada (Gormaz), 10.- Carratiermes (Montejo de Tiermes), 11.- 2.- La Dehesa (Ayllón), 12.- Necrópolis del poblado de Montejo de la Vega de la Serrezuela, 13.- La Dehesa (Carabias), 14.- Sampredros (San Miguel de Bernuy), 15.- La Picota (Sepúlveda), 16.- La Sota (Torreiglesias).

Herrería III se registraron evidencias de tejidos de lino y cáñamo (Cerdeño y Sagardoy 2007: 116). También, la posibilidad del uso de contenedores realizados con madera, como ha sugerido A. Lorrio por la presencia de clavos en las tumbas 61 y 85 de La Mercadera, a los que podríamos sumar el remache de hierro recogido en El Pradillo (Abarquero y Palomino 2007: Fig. 4-16).

Previamente, se ha hecho referencia a la discusión sobre el tipo de individuos que habrían tenido acceso a los espacios funerarios. Nuevamente, se han documentado tumbas con riquísimos y variados elementos de ajuar y enterramientos que tan solo contenían las cenizas del difunto (La Mercadera) o contaban con algún objeto de adorno o cerámico (Numancia, Carratiermes o El Inchidero). J. Álvarez Sanchís y G. Ruiz Zapatero (2001) se cuestionaban la localización y el papel jugado por los cementerios en el marco de los territorios y si existieron cementerios locales en los asentamientos subsidiarios o un lugar central para toda la comunidad. Bien es cierto que la mayor parte de los cementerios documentados parecen relacionados con los centros urbanos de los territorios, pero estimaciones de población de comunidades medianas y pequeñas como es el caso de La Mercadera, La Requijada de Gormaz o Las Quintanas de Gormaz, junto a topónimos como el de Los Cenizales a los pies de Los Villares (Ventosa de la Sierra), sobre el que algún día habrá que profundizar, parecen indicar un modelo de enterramiento de carácter local, no centralizado en la figura de las ciudades.

5.2.1. Personas, localizaciones, espacios e identidades

Los espacios funerarios a lo largo de la historia han tenido una fuerte carga simbólica como lugar de residencia de los ancestros. Estos presentaban una clara delimitación, por lo general, con algún tipo de construcción que enfatiza el tránsito hacia otra esfera, como el foso de la fase IV de la necrópolis de Herrería en el Alto Jalón. Este materializaba la frontera física y simbólica entre el espacio de los vivos y el de los ancentros; y en cuyo interior se documentaron ofrendas a partir de abundantes materiales cerámicos y restos de fauna entre los que predominaban bóvidos y équidos (Cerdeño y Sagardoy 2007). Poco sabemos sobre los límites de estos espacios en nuestra región. Tan solo para el caso de Numancia, se ofreció una delimitación a partir de la aplicación de técnicas no destructivas y no se observó ningún tipo de límite construido artificialmente (Jimeno *et al.* 2004: 39-41).

Lo contrario ocurre en el interior de los cementerios donde encontramos varios tipos de señalizaciones. La más frecuente fueron las estelas, entendidas de diversas maneras, aunque especialmente relacionadas con motivaciones simbólicas y/o sociales. Uno de los mejores ejemplos en la interpretación de estos marcadores lo encontramos en necrópolis de La Osera (Chamartín, Ávila), en la que tanto la orientación de las tumbas como la disposición de los indicadores han sido relacionados con elementos calendáricos o marcadores astronómicos que habrían indicado determinados hitos de la agenda agro-ganadera. De este modo, la posición de las cuatro estelas conservadas habría señalizado cuatro eventos fundamentales para la reproducción del ganado y los cultivos. Estos habrían correspondido al 1 de febrero -la lactancia de las ovejas-, el 1 de mayo -inicio de la temporada de pastoreo-, la primera mitad de agosto -época de la cosecha- y el 1 de noviembre -final del año y muerte del verano- (Baquedano y Martín Escorza 2008). En otros casos, a las estelas se les ha atribuido una intencionalidad social, donde la presencia de estos hitos sobre determinados enterramientos era fruto de una motivación por resaltar a un individuo determinado sobre los demás (Cerdeño y García Huerta 2001: 160).

Relativo a ello, me gustaría resaltar los problemas de conservación de este tipo de evidencias fruto de las labores agrícolas y alteraciones posteriores. En la mayoría de los casos, estas labores se han desarrollado sobre las necrópolis, modificando los paisajes y dificultando nuestra capacidad para comprender los paisajes funerarios. Por ello, actualmente, la presencia de estelas parece en muchos casos fortuita en el Alto Duero. En Carratiermes, se han documentado estelas de dos tipos de piedra, caliza y arenisca. Si relacionamos la presencia y el material de estos marcadores con los datos de los individuos allí enterrados, tan solo contamos con tres ejemplos, en los que no parece haber ninguna asociación de sexo o edad. Las dos estelas de arenisca señalizaban enterramientos con ajuares con armas. Por un lado, la tumba 140 correspondió a un varón de 30-40 años junto con varias cerámicas a torno, un regatón, una vaina de cuchillo, un cuchillo curvo y una fíbula anular entre otros objetos. Por otro lado, la tumba 519 era doble. Perteneció a una mujer de 40-50 años con infantil de entre 1 y 2 años, acompañados de un ajuar compuesto por un puñal de frontón, una punta de lanza, un cuchillo curvo y restos de un escudo (Argente *et al* 2001: 62). Finalmente, la estela de caliza marcaba la tumba 404, un enterramiento doble de una mujer de entre 20 y 30 años con un individuo infantil de menos de un año y un ajuar compuesto por cerámicas realizadas a mano y a torno.

En la necrópolis de Numancia, tambien se documentaron este tipo de marcadores, son nueve las estelas que señalizaban enterramientos. Estas aparecieron exclusivamente en fosas marcadas con lajas verticales de arenisca hincada, cajeadas y en menor medida, delimitadas por cantos rodados (Fig. 5.21: Tumba 36). Cabe destacar la estela que apareció sobre la cata C, ya que aunque no estaba asociada a ningún enterramiento, presentaba unos 2 m de alto (Jimeno *et al.* 2004: 50-53), por lo que podría haber estado marcando la localización de un determinado grupo de enterramientos o algún elemento simbólico de interés para la comunidad.

De nuevo, las discontinuidades espaciales fueron característica de esta evidencia material. Dependiendo de la necrópolis, la distribución de enterramientos variaba formando concentraciones más o menos numerosas y de formas irregulares. Un ejemplo tradicional de esta dinámica ha sido la necrópolis vettona de La Osera (Fig.

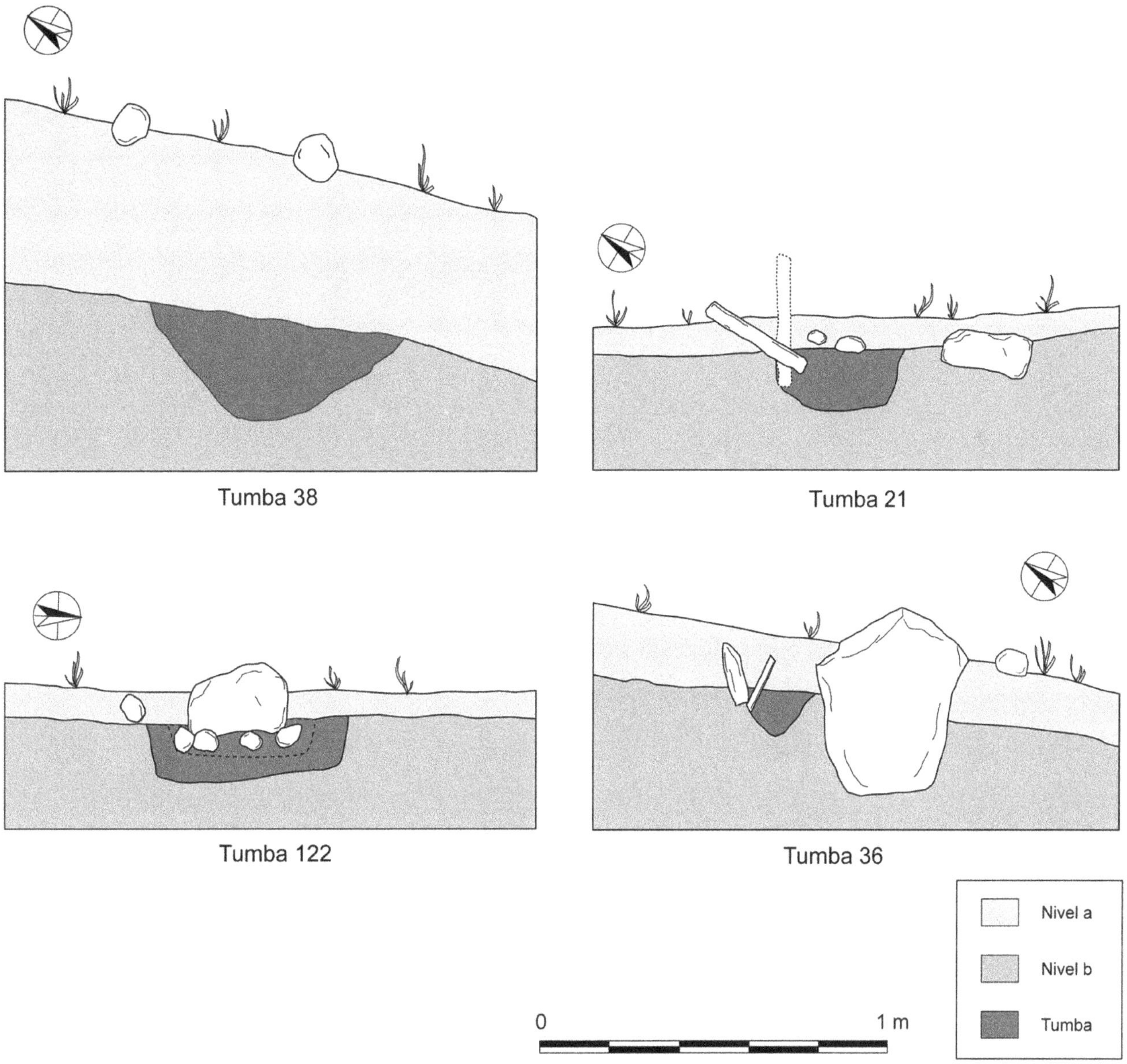

Fig. 5.21: Tipos de estructuras funerarias de la necrópolis de Numancia (a partir de Jimeno *et al.* 2004: Fig. 21).

5.22), en la que se identificaron seis agrupaciones bien definidas y delimitadas por alineaciones de tumbas en los bordes (Baquedano y Martín Escorza 2001). Similar fue la distribución de los enterramientos del cementerio de El Castillo (Castejón, Navarra), donde los enterramientos se concentraban en torno a las tumbas con los ajuares más ricos y variados (Faro 2015). Ejemplos similares encontramos por todas las necrópolis de la Meseta e incluso del área ibérica.

La necrópolis de La Yunta (García Huerta y Antona 1992) en el Alto Jalón cuenta con interesantes datos en este sentido. A partir de la distribución de las tumbas y la composición de los ajuares se ha podido observar como determinados objetos, características o decoraciones se repetían dentro de las agrupaciones, permitiendo así identificar la materialización de algún tipo de vínculo o relación compartida entre sus integrantes. De este modo, en la fase IA, fechada en el siglo IV a.n.e., la necrópolis se estructuraba a partir de una serie de túmulos rectangulares que generalmente presentaban un enterramiento en la parte central del túmulo. Las tumbas centrales pertenecieron a hombres de entre los 40 y 60 años, mientras que el resto de tumbas se dispusieron en torno a dichas construcciones, destacando la localización de los enterramientos infantiles que se situaron casi tocando la fachada exterior del túmulo (tumbas 61 y 88). Entre los enterramientos de este periodo, destaca la relación material que presentaban las dos mujeres de las tumbas 26 (20-30 años) y 24 (50-60 años), ya que fueron enterradas con el mismo tipo de urnas cinerarias, en forma de copa y decoradas con motivos de círculos concéntricos (Fig. 5.23).

En la siguiente fase, IB, tuvo lugar una reordenación del espacio y un cambio de la configuración de los túmulos, donde las antiguas plantas rectangulares perdieron protagonismo y se construyeron nuevos túmulos que combinaban formas rectangulares y circulares en los

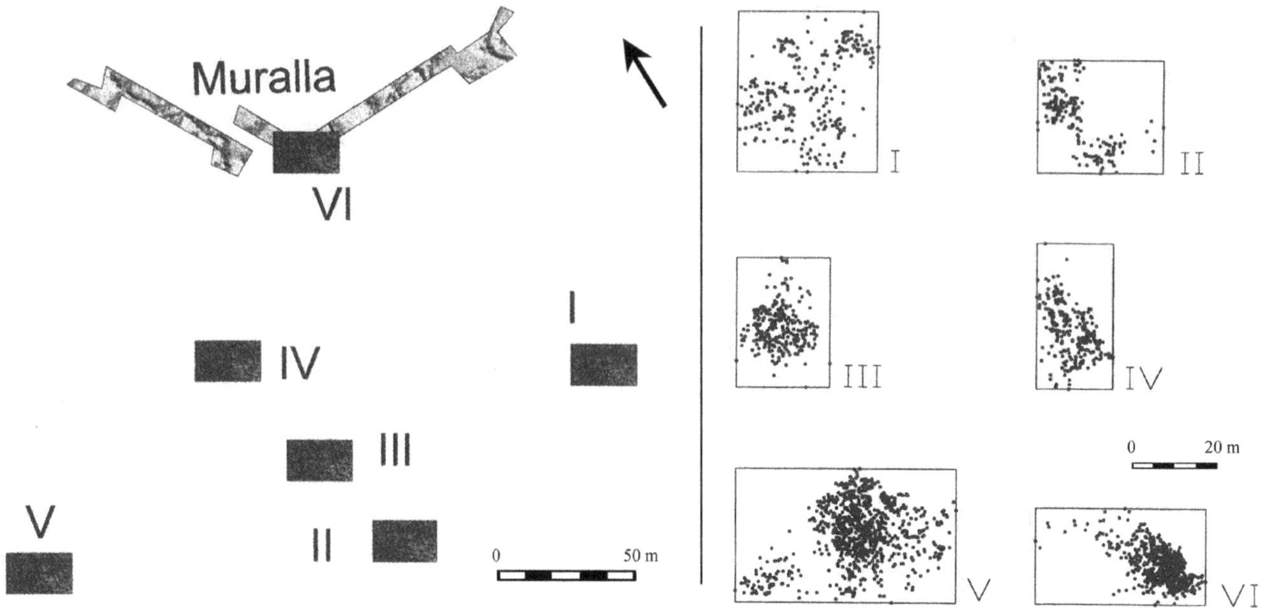

Fig. 5.22: Agrupaciones de tumbas en la necrópolis de La Osera (a partir de Baquedano y Martín Escorza 2001: Fig. 1 y 2).

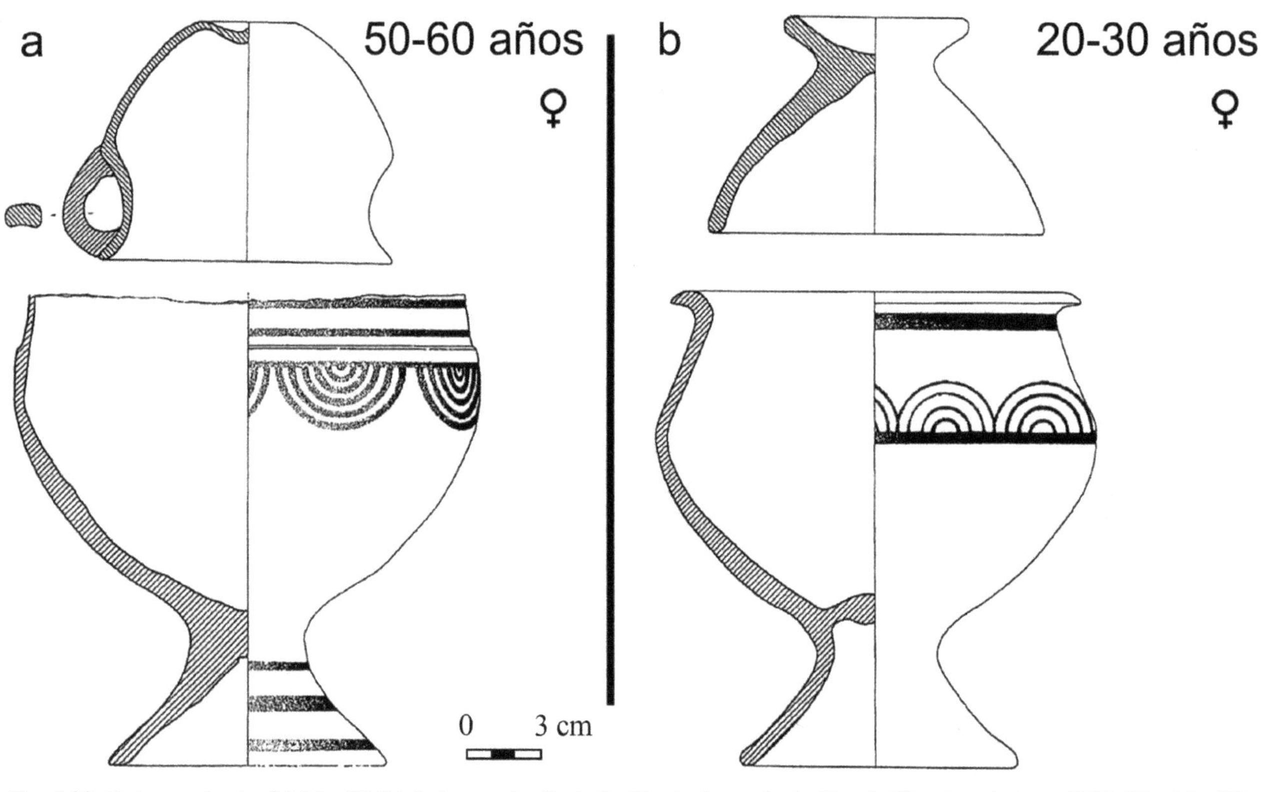

Fig. 5.23: Enterramientos 24 (a) y 26 (b) de la necrópolis de La Yunta (a partir de García Huerta y Antona 1992: Fig. 26 y 27).

espacios libres que habían dejado los de la etapa previa. Durante este periodo, las tumbas centrales fueron ocupadas por mujeres.

La dicotomía entre espacio y cultura material, ahora se puede observar en relación con los túmulos de la etapa previa, ya que sobre el antiguo túmulo C se documentaron tres enterramientos: la tumba 48 en la que se hallaba una mujer de entre 40 y 50 años, para la que se ha establecido una posible relación matrimonial con el hombre de 30-40 años de la tumba 45 (García Huerta y Antona 1992: 163); y la tumba 47 de un hombre de entre 40 y 50 años (Fig. 5.24). Los ajuares de estos tres individuos presentaban unos tipos muy similares de cerámicas a mano, decoradas con líneas y ondas de colores rojizos. Las cerámicas a mano fueron exclusivas de esta agrupación durante este periodo.

Del mismo modo, podemos destacar la tipología de las fíbulas de este grupo de tumbas. El hombre de la tumba 47 fue enterrado junto a un ejemplar de La Tène I, similar al que apareció en la tumba 48 aunque muy

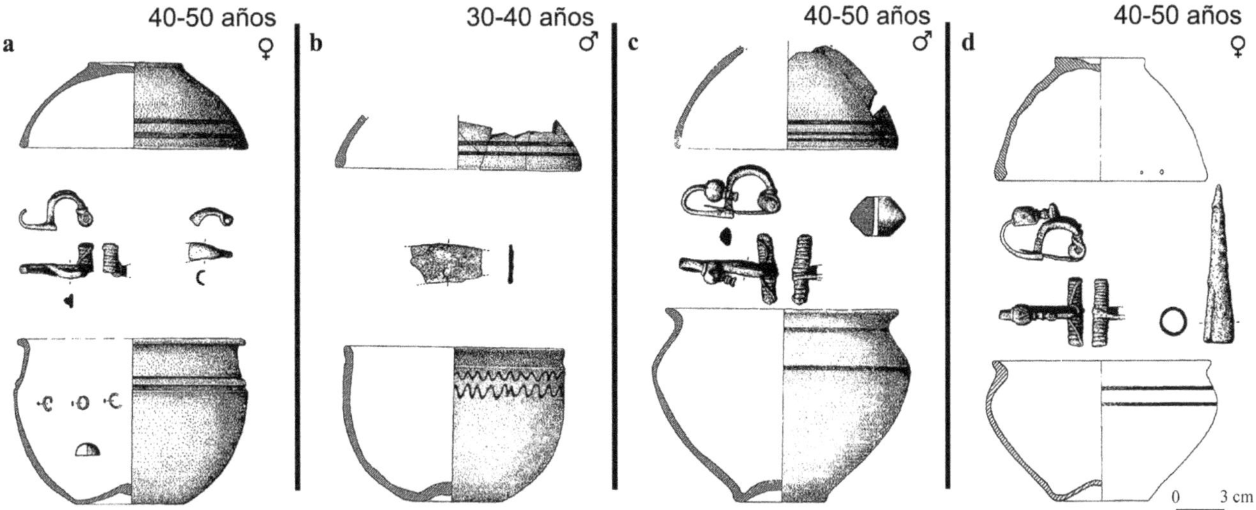

Fig. 5.24: Enterramientos de la necrópolis de La Yunta en las que se aprecian posibles relaciones familiares. Posible relación de pareja entre a. Tumba 48 y b. Tumba 45. Otros vínculos familiares: c. Tumba 47 y d. Tumba 56 (a partir de García Huerta y Antona 1992: Fig. 41, 42, 43 y 50).

fragmentado. Fuera del túmulo, en una tumba cercana, la número 56, apareció otro ejemplar de la misma tipología que perteneció a una mujer de 40-50 años con formas cerámicas similares, pero realizadas a torno, y un regatón de hierro. Este tipo de fíbula presentaba un puente de forma semioval y sección triangular, que en dos de los casos estaba decorado con líneas o puntos incisos (tumbas 47 y 56). El apéndice caudal terminaba en forma circular y se encontraba decorado por incisiones en forma de V. También, el resorte era de cuerda interior formado por entre 7 y 8 espiras a cada lado que se enrollaban sobre un eje de hierro. Posiblemente, la presencia de los mismos tipos cerámicos y de fíbulas en cuatro tumbas cercanas en el espacio, situadas sobre un túmulo de la etapa previa, apunta la posibilidad de una relación compartida de sus miembros.

En Numancia, se llevó a cabo un estudio sobre las marcas y decoraciones de fíbulas anulares hispánicas encontradas en la necrópolis y la ciudad para observar si existía algún tipo de relación entre ellas (Flores *et al.* 1999). Sin embargo, no se pudo determinar ningún tipo de distribución o lógica espacial. Tan solo los tres ejemplares de la tumba 92 presentaban las mismas marcas, decoraciones, peso, diámetro y secciones, por lo que se dedujo que habrían sido fabricadas a partir del mismo molde.

No contamos con un amplio número de moldes en el registro arqueológico que nos permitan explorar este tipo de producciones sobre unas bases sólidas, tan solo contamos con escasos ejemplos y, generalmente, descontextualizados. En las excavaciones de A. Schulten en la ciudad de Numancia, se documentó un molde de piedra de época romana que fue relacionado con la actividad de fundir lingotes, y otros dos moldes de arcilla. El primero de ellos había servido para modelar dos adornos circulares, uno con forma de tetrasquel y otro en forma de cruz con círculos en los cuadrantes; mientras que el segundo molde, aunque muy fragmentado, permitía relacionarlo con la forma de una fíbula anular (Schulten 1931: Tafel 42A). Similar es el caso del molde registrado en el almacén de la Casa 2 de la Manzana XXIII, documentado en un contexto de almacenamiento doméstico, junto a numerosas vasijas cerámicas y otros útiles. Tras analizar la composición de dicho molde, se observó como éste había sido fabricado a partir de materiales refractarios para dar forma a un tipo exclusivo de fíbulas que únicamente han aparecido en la ciudad de Numancia, las fíbulas anulares de timbal (Liceras Garrido *et al.* 2014b).

Para finalizar con La Yunta, también se documentan este tipo de relaciones materiales sobre el túmulo G del periodo anterior. En este caso, se trató de tres enterramientos. Las tumbas 69 y 75 correspondieron a dos varones de 30-40 años, y la tumba 72, a un individuo infantil de entre 3 y 5 años. Los tres presentaban la misma forma cerámica como urna cineraria, en la que para los adultos las líneas de pintura de la decoración estaban realizadas en color naranja, mientras que para el infantil eran negras. El caso de las tapaderas, por el contrario, diferían dependiendo de la edad, así la tapadera del individuo infantil fue un cuenco sin decoración, mientras que los hombres adultos presentaban copas decoradas con dos líneas de pintura negra.

En las necrópolis del Alto Duero, se documentan el mismo tipo de agrupaciones que en el resto del ámbito peninsular. En el periodo anterior, ya se advirtió este tipo de relaciones en alguna de las agrupaciones de Carratiermes y El Pradillo. No obstante, para la segunda Edad del Hierro, el ejemplo más claro es el de Numancia. Desafortunadamente, no existen datos de sexo o edad de los individuos enterrados debido a la escasa cantidad de restos humanos que se introdujeron en las tumbas. Tan solo dos de las tumbas proporcionaron datos de sexo: la tumba 27 era de una mujer y la tumba 41 de un hombre, y en ninguna de ellas se pudo determinar la edad (Jimeno *et al.* 2004: 331).

La distribución de los enterramientos de este cementerio ha sido interpretada como un modelo centro-periferia, en el que las tumbas de mayor antigüedad se disponían en la parte central y, posteriormente, se iba ampliando paulatinamente el espacio de enterramiento hacia la periferia (Jimeno *et al.* 2004: 48-50, 299-302). Sin embargo, cálculos de densidad de tumbas por m² y análisis del vecino más cercano (Fig. 5.25), parecen sugerir un modelo de concentración en torno a diversas agrupaciones, tal y como se ha observado en el resto de necrópolis a lo largo de la Edad del Hierro. Según la lógica aquí propuesta, estos conglomerados de tumbas habrían obedecido a algún tipo de relación entre los difuntos, más allá de criterios cronológicos, que se materializaba mediante la presencia de objetos, decoraciones o prácticas concretas compartidas (Liceras Garrido 2022b).

En Numancia, podemos distinguir seis agrupaciones. Cuatro de ellas se apreciaban en la Fig. 5.25 (catas A-C), más las agrupaciones de las catas E y G que no aparecen en este gráfico, pero que se recogen en la Fig. 5.26 bajo los números 5 y 6. Las agrupaciones 1 y 2 de la Fig. 5.26 fueron las que más información aportaron, ya que se excavó una mayor superficie de las mismas.

La nº1 agrupaba todos los broches de cinturón de escotaduras cerradas de tipo C que han aparecido por el momento en este cementerio, así como los báculos con representaciones de cabezas cortadas, ya fuesen con remates en cabezas o prótomos de caballos con las cabezas bajo el cuello de los caballos, también todas las fíbulas de caballito y la aviforme, y la mayor parte de las picas. Además, contaba con la mayor concentración de placas articuladas, objetos relacionados con el caballo -como arreos, bocados o espuelas-, serpentiformes, agujas de coser y estelas de piedras.

La agrupación nº 2 destacaba por la presencia exclusiva de puñales de frontón y de espadas de La Tène, las fíbulas de pie alzado con botón terminal y el ejemplar zoomorfo de jabalí. En ésta, se documentaba una mayor variedad en lo que a los broches de cinturón respecta, donde

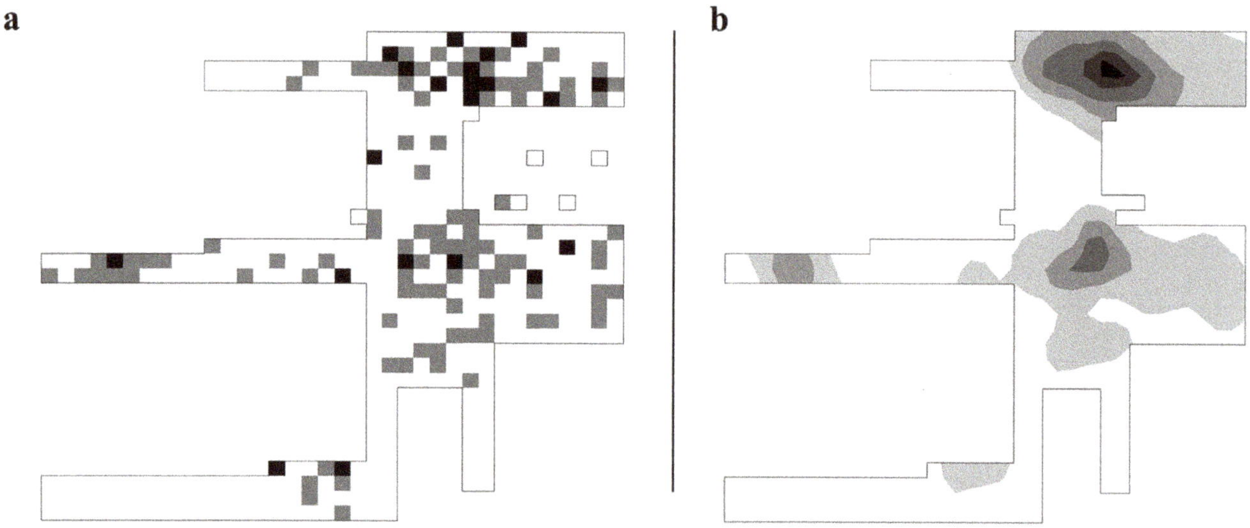

Fig. 5.25: Cálculos de densidad de tumbas en la necrópolis de Numancia: a.- Tumbas por m². b.- Vecino más próximo, r=2 m (Jimeno *et al.* 2004: Fig. 19).

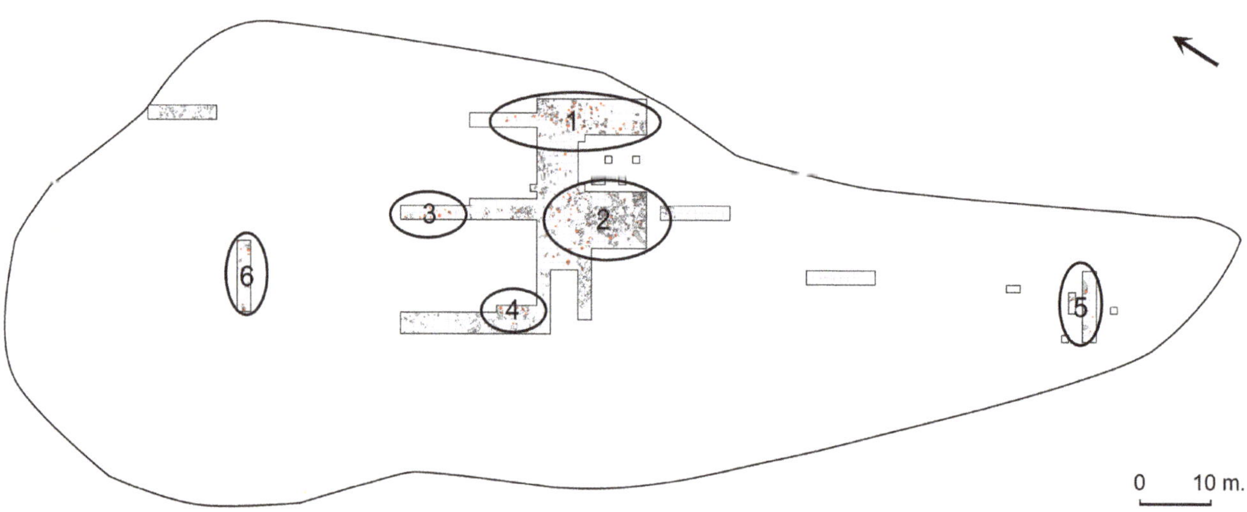

Fig. 5.26: Delimitación teórica, zonas excavadas y agrupaciones de enterramientos propuesta para la necrópolis de Numancia (a partir de Jimeno *et al.* 2004: Fig. 14, modificado por la autora).

predominaban los de escotaduras cerradas, especialmente los de tipo B y algunos de tipo ibérico, así como una mayor presencia de cuchillos y cerámicas que en los otros grupos.

Las otras cuatro agrupaciones han sido más difíciles de caracterizar materialmente, debido al reducido número de enterramientos que fueron excavados. Sin embargo, cabe destacar la presencia de báculos honoríficos en las agrupaciones, aunque de otras tipologías formales diferenciados de los del grupo 1. Así, en el grupo 2, aparecieron dos de tipo indeterminado, ya que estaban muy fragmentados (tumbas 56 y 97). En la tumba 40 del grupo 4, se documentó uno de tipología simple junto a un rico ajuar de adornos y herramientas. Por último, en el grupo 5, se registró otro ejemplar muy fragmentado junto a un ajuar con armas (tumba 62). Observamos, por tanto, tipologías diferentes entre las agrupaciones en los casos en los que dichos báculos pudieron ser reconstruidos, señalando los enterramientos de personajes distinguidos dentro de cada uno de los grupos.

Finalmente, las prácticas en cuanto al ritual pudieron ser diferentes dependiendo de las costumbres, tradiciones y posibilidades de las agrupaciones. Una de las evidencias que ha quedado patente de la diferencia de prácticas han sido los restos de fauna, que pudieron corresponder a la práctica de hacer partícipe al difunto del banquete funerario que se celebraba en su honor. Dichos restos presentaban notables diferencias entre los grupos tanto por el tipo de animales como por el tratamiento. En el grupo 1, se documentaron restos de ovicápridos que aparecieron con evidencias de combustión en casi la mitad de los enterramientos. En el grupo 2, la mayor parte de la fauna identificada se relacionaba con équidos, exclusivos de esta agrupación, aunque también se registraron algunos ovicápridos, en su mayoría sin quemar. En el caso del grupo 3, ocurría lo mismo que con la primera agrupación, un número similar de tumbas donde la fauna estaba quemada y sin quemar. Finalmente, en los grupos restantes, la fauna estaba sin quemar (Jimeno *et al.* 2004: 54-55, 325-329). Las diferencias en las recetas, las costumbres a la hora de alimentar al muerto en la pira o tras la combustión, o el acceso a la carne de determinados animales debió jugar un papel relevante en las cosmogonías y la negociación colectiva durante los rituales funerarios.

La disposición de los enterramientos en agrupaciones y la existencia de sectores vacíos han sido entendidas como consecuencia del sistema de descendencia lineal de los grupos familiares, donde cada grupo se enterraba de forma separada como mecanismo para reforzar sus derechos (Álvarez Sanchís 1999, 2005: 267; Kurtz 1987). La presencia de determinados materiales, de forma más o menos exclusiva, las similitudes en formas o decoraciones o las prácticas diferenciadas habrían sido la materialización de las relaciones y/o vínculos de los miembros de las agrupaciones (Liceras Garrido 2022b).

En algunos cementerios europeos, se han llevado a cabo estudios de paleogenética, como es el caso de Hohenasperg, al suroeste de Alemania, en enterramientos del Hallstatt Final. Estos permitieron analizar 11 difuntos acompañados por ricos ajuares (Krause 2005). Los resultados de ADN mitocondrial obtenidos en estos individuos fueron idénticos a los de aquellos enterrados en los túmulos de Hochdorf y Asperg "Grafenbühl", aunque separados por una generación, concluyendo que todos ellos habrían compartido una filiación por la línea de la madre (Fernández Götz 2014a: 56). En las necrópolis celtibéricas, ha sido imposible realizar análisis de ADN por el momento, pero análisis en este sentido permitirían dotar de una base más sólida a esta interpretación y profundizar en el significado de las agrupaciones de enterramientos más allá de los objetos materiales.

El poder y sus relaciones fueron, y son, enormemente dinámicos y fluidos, por lo que a lo largo de los trescientos años que este capítulo abarca, los diferentes actores sociales reunidos en torno a las relaciones familiares, reales o imaginadas, que se materializaron en los ajuares de las necrópolis, debieron fluctuar en el poder, dependiendo del devenir diario, del histórico y de las agendas sociales. En La Yunta, se observa cómo determinados grupos o familias se habrían alzado en el poder durante un tiempo, para luego sufrir un relevo por nuevos grupos, dando lugar a cambios en el paisaje funerario que materializasen dichas fluctuaciones. No obstante, los paisajes tienen memoria y como observamos en la fase IB de esta necrópolis, el reemplazo en el poder no se tradujo en un desprestigio u olvido, sino en una reiteración del uso del espacio, forjando vínculos con la memoria de la familia y los antepasados.

5.2.2. Honrando a los ancestros

El culto a los ancestros en las necrópolis debio ser una práctica común que sirvió como mecanismo para forjar y fortalecer las narrativas familiares de los linajes. Comentábamos para la primera Edad del Hierro cómo a través de la cremación se contribuía a la mitificación del difunto, permitiéndole pasar incorrupto a la eternidad. Además, se hacía un énfasis en la actuación (*performance*) por parte de la familia y sus asociados durante los rituales funerarios. Estos abarcaban desde la preparación del cuerpo, a los materiales utilizados en la pira funeraria y el ajuar o el banquete celebrado en honor del difunto. Posteriormente, un tiempo después de la muerte del individuo, también habrían tenido lugar determinadas prácticas relacionadas con el culto y la honra de la memoria de determinadas personas. Esta práctica habría quedado materializada tanto en la deposición intencional de objetos materiales sobre los enterramientos hasta la elaboración de cantares de sus hazañas.

Evidencias materiales de estas prácticas de honrar a los antepasados pueden ser encontradas en Numancia, donde los 17 vasos cerámicos que se han documentado en la necrópolis aparecieron colocados sobre las tumbas para realizar ofrendas o libaciones a los difuntos allí enterrados (Jimeno *et al.* 2004: 292-296). También en Carratiermes, contamos con materiales depositados sobre los enterramientos, en este caso armas como puntas de lanza, regatones o puñales. La tumba 132 contaba con dos puntas de lanza y dos regatones; la tumba 315 (de la primera Edad del Hierro) con una punta de lanza; la tumba 530, una punta de lanza; y la tumba 512 con un puñal biglobular y su vaina. Esta última fue la que reunía una información más amplia, en la que se han podido documentar los restos animales del banquete funerario y datos sobre sexo y edad del difunto, un varón de entre 30 y 40 años (Argente *et al.* 2001: 243). Contextos similares de deposición de armas han sido relacionados con la controvertida referencia de Aristóteles en su libro sobre la Política (VII, 2, 11):

> "Hubo también, en otro tiempo, en Macedonia, una ley según la cual quienes no habían dado muerte todavía a un enemigo se ceñían con un ronzal; entre los escitas, en cierta festividad, no podían beber de la copa que circulaba quien no hubiese matado a algún enemigo; entre los iberos, pueblo belicoso, se colocan tantos ***obeliskoi*** en torno a la tumba cuantos enemigos hubiese aniquilado".

Controvertida ha sido por la traducción de la palabra *obeliskoi* que cuenta con diversos significados, como "obeliscos" (García Valdés 1988) –posiblemente las estelas que marcan las tumbas-, como "espetos" (López Barja de Quiroga 2005) para asar carne o como "lanzas" (Schulten 1925: 216). F. Quesada (1994a) analizó esta cita y sugirió que Aristóteles podría estar haciendo referencia a la antigua práctica de hincar lanzas o puntas de lanza sobre las sepulturas, tomando posiblemente la referencia de Éforo o de algún otro autor siciliano cuyo texto original desconocemos. Esta práctica se ha relacionado con las estelas del Bajo Aragón y del área ibérica, donde aparecieron representaciones de varias lanzas grabadas, en la que las estelas habrían sido la petrificación de dicha práctica.

Evidencias similares han aparecido en el Raso de Candeleda, donde se documentaron puntas de lanza clavadas en vertical sobre los enterramientos 43 y 52 (Fernández Gómez 1986: 800) o en la necrópolis de Los Prados Redondos, donde aparecieron hincadas dos lanzas y dos regatones sobre la tumba 12-81 (Cerdeño 1981: 196, Lam. II. 1). Dicha práctica también estuvo muy extendida por el área mediterránea (más ejemplos en Quesada 1994a). Finalmente, F. Quesada sugería en su trabajo que la clave para la interpretación del significado de las armas sobre los enterramientos no habría estado relacionado tanto con el número de enemigos vencidos, sino en la personificación de un símbolo de identidad personal del difunto, estrechamente unido a los ideales del guerrero. Esta manifestación podría relacionarse entonces con la exhibición de la identidad relacional de clase y el prestigio social derivado de la guerra, ya que elementos similares aparecen en representaciones iconográficas de las cerámicas numantinas. Un buen ejemplo de ellos es el Vaso de los Guerreros, en el que tras una de las dos figuras humanas se observan varias lanzas hincadas (Fig. 5.27).

De este modo, las prácticas sociales y simbólicas del ámbito funerario no habrían finalizado con la celebración de los rituales asociados al enterramiento de un miembro de la comunidad, sino que esto se habrían prolongado en el tiempo, insertos en las narrativas familiares y comunitarias, en las que los ancestros habrían jugado un papel fundamental en la legitimación del poder, como transmisores de los derechos materiales, sociales y religiosos de los diferentes ámbitos de la vida de las comunidades.

5.3. Espacios domésticos e identidades

Con identidades domésticas quiero hacer referencia a aquellas derivadas de las relaciones que tuvieron lugar en el espacio doméstico, cuyo reflejo estuvo presente en las diferentes formas de cultura material, especialmente en las casas y en los enterramientos. Las unidades domésticas han sido tradicionalmente entendidas como las entidades básicas de producción y consumo. Sin embargo, en algunas sociedades se ha podido documentar un tipo de identidad entre sus miembros similar al linaje o el parentesco, particularmente desde que C. Levi-Strauss señaló la existencia de sociedades que no se ajustaban a los conceptos de parentesco señalados por los antropólogos y a las que denominó como "sociedades de casa". Desde entonces, dicho concepto ha servido para interpretar los modelos sociales del noroeste peninsular y de la cultura ibérica, entre otros (González Ruibal 2009; González Ruibal y Ruiz-Gálvez 2016; Ruiz-Gálvez 2018).

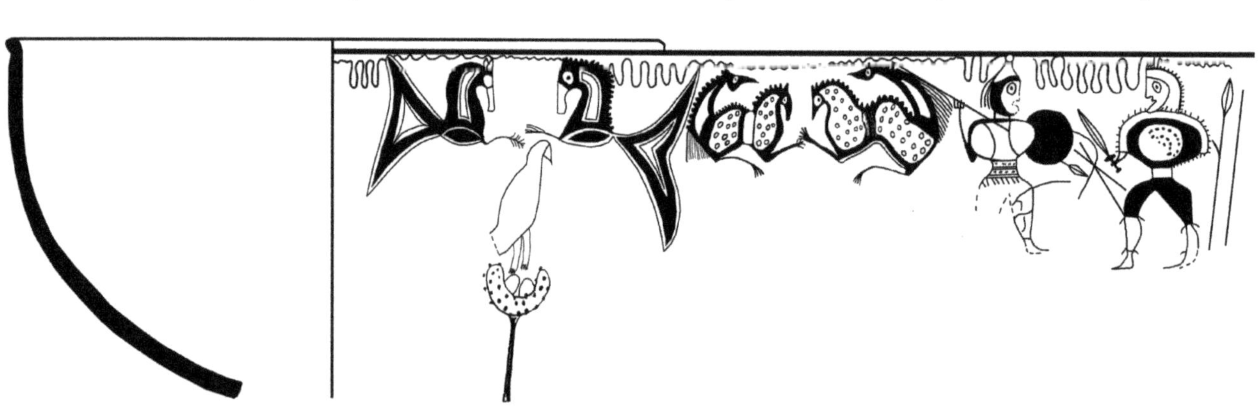

Fig. 5.27: Vaso de los guerreros de Numancia (a partir de Schulten 1931: Tafeln 14-15; Wattenberg 1963: 1-1295; Romero 1976: Fig. 4 e imágenes del Museo Numantino).

En los siguientes apartados, vamos a explorar los materiales, las relaciones y las identidades derivadas de los espacios domésticos, entendiendo estas construcciones materiales como un reflejo social, dotado de una serie de significados y principios, ya que fueron diseñadas para reproducir y actuar según una serie de conductas y comportamientos. Todo ello las convierte en espacios privilegiados para el estudio social.

5.3.1. Las casas del Alto Duero

> *"...space is never empty: it always embodies a meaning"*
>
> Henri Lefebvre (1991: 154)

Nuevamente, nos encontramos ante un panorama donde la información está muy fragmentada y es desigual. No contamos con datos de construcciones domésticas de todos los tipos de poblamiento a los que se hacía referencia al describir la configuración de los territorios. Sin embargo, A. Jimeno (2009a: 207) observaba que, a partir del siglo IV a.n.e., se aprecia una estandarización en los espacios domésticos en toda la región, con módulos urbanísticos más homogéneos y una mayor compartimentación del espacio doméstico respecto a la etapa anterior.

Las viviendas estuvieron caracterizadas por la sencillez, tanto en los materiales como en la factura. Se generalizaron las plantas de módulo rectangular, como se evidencia en los sitios de El Castillejo (Aldeacardo) (Alfaro 2005: 43-45; Jimeno 2009a: 195), El Collarizo (Carabantes) (Bachiller 1987: 17; Jimeno 2009a: 195), Los Castillejos (Cubo de la Solana) (Taracena 1941: 58; Borobio 1985: 69-86; Bachiller 1987: 13; Jimeno 2009a: 197), Los Villares (Ventosa de la Sierra) (Taracena 1926: 3-7; Fernández Miranda 1972: 40-41; Romero 1991: 128, 432-439; Jimeno 2009a: 198), El Castillo (Ocenilla) (Taracena 1941: 122-124), Ontalvilla (Carbonera de Frentes) (Taracena 1941: 50) y El Castillejo (Fuensaúco) (Romero 1991: 377-404). Habitualmente, estaban construidas con zócalos de piedra sobre los que se alzaban muros de tapial que soportaban techumbres de tipo vegetal. No obstante, dependiendo de la zona y del sitio, se observan variaciones regionales, como en el caso de *Termes* o algunas casas de la Manzana XXIII de Numancia, en las que los zócalos y suelos de las estructuras fueron excavados directamente en el manto natural.

En algunos casos, las estructuras aparecieron adosadas a las murallas como en Los Casares (San Pedro Manrique) (Alfaro *et al.* 2014: 79-80), El Castillo (Ocenilla) (Taracena 1941: 122-124) u Ontalvilla (Carbonera de Frentes); o bien, dejaron un pequeño espacio entre las construcciones y la estructura defensiva, como es el caso de Los Villares (Ventosa de la Sierra) para el paso de una atarjea (Taracena 1926: 3-7) o un paseo de ronda en la zona suroeste de Numancia (Jimeno 2009a: 201). Cuando estas construcciones aparecen exentas de las grandes estructuras, por lo general, se adosaban entre sí, como en Peñas del Chozo (Pozalmuro) (Bachiller 1986: 16; Jimeno 2009a: 195), El Castillo (La Laguna) (Alfaro 2005: 61) o Numancia (Jimeno *et al.* 2011, 2017a, 2017c, 2018). Estos conjuntos de estructuras dejaban espacios abiertos intermedios como corrales o patios para que desagüasen las techumbres construidas a dos aguas.

La división más común del espacio de vivienda fue en tres habitaciones. El arqueólogo C. Koenen del Museo de Bonn, y miembro del equipo con el que A. Schulten excavó en la Manzana IV de Numancia en 1905, identificó las casas de este periodo en el nivel inferior, a pesar de que en un primer momento se pensó que estaban adosadas a la muralla (Shulten 1914: 12-17). Sin embargo, intervenciones de limpieza y reexcavación de las estructuras de la Manzana IV en la década de los 90, con motivo de la reconstrucción de dos casas celtibéricas, evidenciaron que estas estructuras domésticas estaban exentas de la muralla, separadas por una calle de ronda y divididas en tres estancias y con sendas bodegas subterráneas. Dicha construcción doméstica, actualmente se puede visitar en el sitio y se compone de dos viviendas independientes que comparten un muro medianero, estructura, techumbre y una compartimentación similar. En primer término, desde la puerta de acceso, se accede a una primera habitación que tuvo las funciones de vestíbulo o recibidor, en la que se llevaron a cabo diferentes actividades artesanales y/o domésticas aprovechando la luz que entraba desde el exterior. En ambos casos, esta primera estancia presentaba bodegas subterráneas excavadas en la arcilla natural. La segunda habitación era la de mayor tamaño y contaba con el hogar y bancos corridos adosados a las paredes. Finalmente, en último término, una despensa o alacena (Jimeno 2009a: 206).

En las excavaciones de la Manzana XXIII de esta misma ciudad, las casas celtibéricas se encontraban de nuevo muy afectadas por las obras de acondicionamiento de las posteriores ciudades romanas. No obstante, se pudieron identificar varias estructuras de este periodo entre viviendas, almacenes, patios o corrales. Así, en las casas 1, 4 y 5 (y posiblemente la 8 y 9) se observaba una división tripartita del espacio. La ubicación del hogar era, sin embargo, distinta, ya que en las casas de la Manzana IV se encontraba en la segunda estancia, posiblemente en la casa 4 de la XXIII también lo estuviese, pero en la casa 5 apareció en la última habitación y en la casa 2 no sabemos si se localiza en la primera o en la última habitación (Fig. 5.28).

En la ciudad de *Termes*, también se observan una serie de tenues huellas de las construcciones excavadas en la arenisca natural sobre la que se alza el sitio. Tan solo una de ellas ha podido ser interpretada como una vivienda que habría correspondido a este periodo (Fig. 5.29). Esta estructura presentaba una planta de tipo rectangular, aunque por la necesidad de adaptarse al cortado del terreno tenía cierta tendencia triangular. Estaba compuesta por tres estancias, entre las que la primera era la más espaciosa y se apreciaba un banco corrido, un vasar y una pila de agua. Según A. Jimeno (2009a: 197-198),

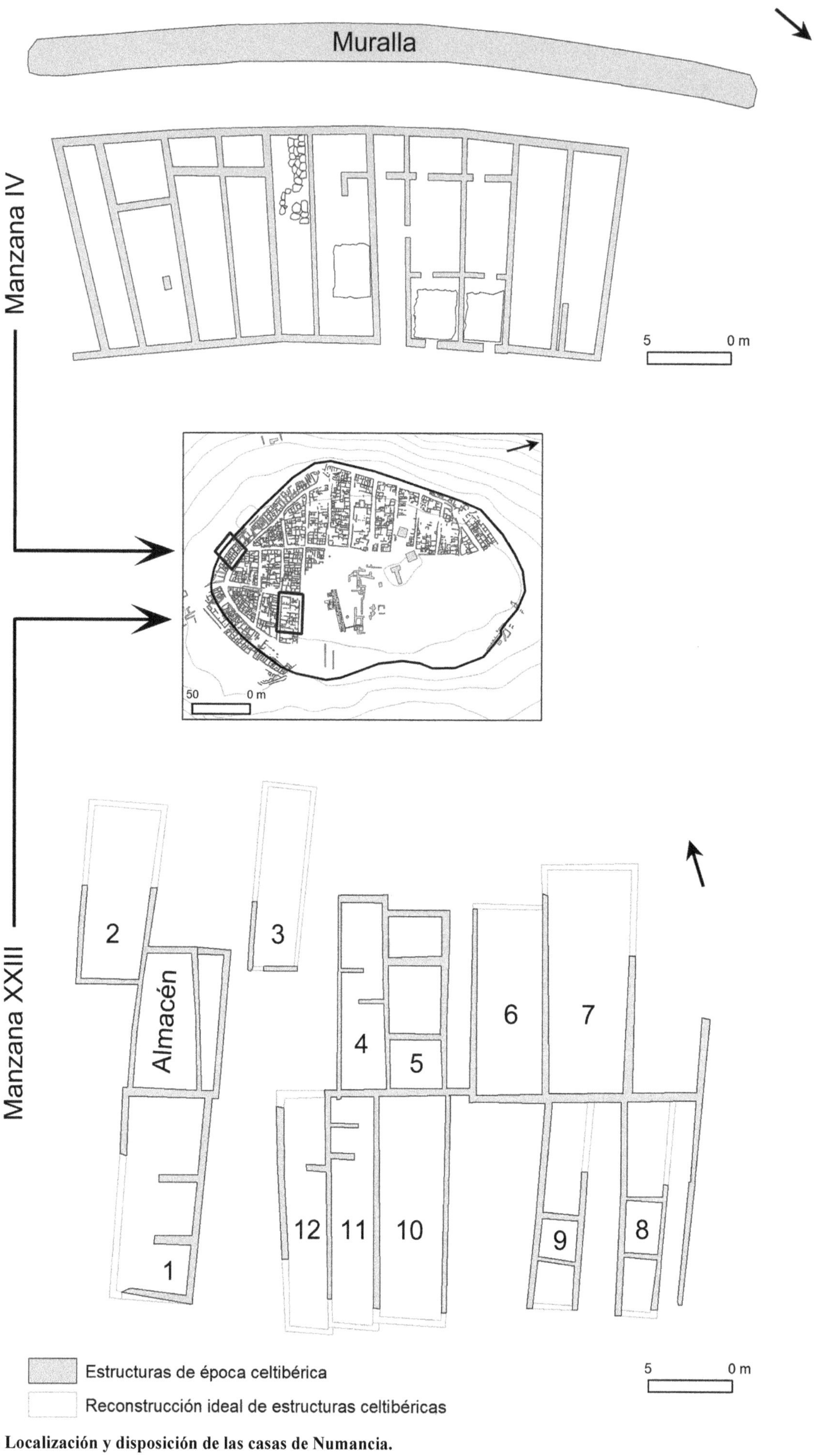

Fig. 5.28: Localización y disposición de las casas de Numancia.

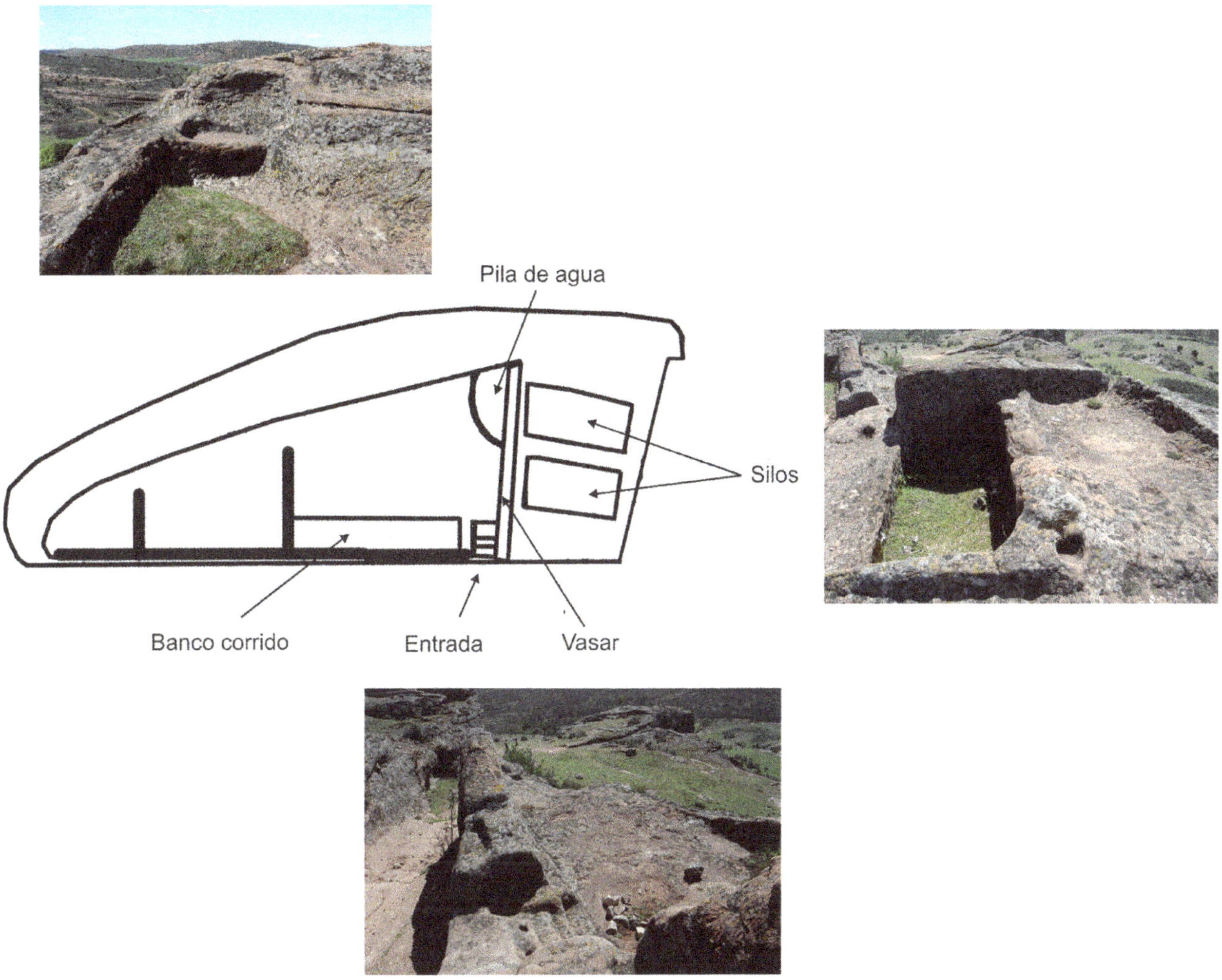

Fig. 5.29: Planta de la casa tripartita de *Termes* (a partir de Jimeno 2009a: Fig. 7. Fotografías de la autora).

esta habría sido la habitación en la que se encontraría el hogar. Posteriormente, la segunda de las habitaciones se habría dedicado a actividades artesanales o dormitorio. Finalmente, la última estancia habría sido una despensa o almacén. En el exterior, junto a la puerta de entrada y en un nivel inferior, tambien se distinguían la base de unos silos excavados en la arenisca (Jimeno y Arlegui 1995: 116; Jimeno 2009a: 197-198).

Similar habría sido el caso de El Castillo (Taniñe), donde tras la construcción de una pista, afloraron en el perfil 5 muros cortados de forma perpendicular. Entre ellos, los cuatro muros más orientales eran paralelos, presentaban una orientación norte-sur y unas separaciones de 4, 4,5 y 3 m respectivamente. Por ello, dicha estructura ha sido interpretada como una vivienda de unos 15 m de largo, con tres compartimentaciones del espacio interno, donde se han conservado los zócalos de piedra sobre los que se alzarían muros de adobe (Alfaro 2005: 100-102; Jimeno 2009a: 195).

El almacenamiento en la Meseta oriental fue de carácter doméstico. Por ello, las estructuras destinadas al almacenamiento y silos fueron frecuentes y estuvieron ligados a las viviendas. M.L. Cerdeño (2009: 352) hizo una recopilación de estas estructuras en los asentamientos del area del Alto Tajo y el Alto Jalón, identificando despensas domésticas y silos. En el Alto Duero, se han identificado silos en *Termes*; almacenes adosados; bodegas o cuevas subterráneas -como las denominan los miembros de la Comisión de Excavaciones- en Numancia y en Los Villares (Ventosa de la Sierra); y construcciones diáfanas como en Los Casares (San Pedro Manrique) o la Manzana XXIII de Numancia. Ejemplos similares de almacenes y despensas han sido documentados en casas iberas de la costa mediterránea (Grau 2013: 60-62).

Especialmente interesante fue el caso del almacén que apareció en la Manzana XXIII de Numancia por la calidad y cantidad de datos que aportó (Fig. 5.30). Se trataba de una estancia diáfana con un banco corrido en la pared oeste y un acceso en la sureste desde un corral similar al de la casa reconstruida en la Manzana IV. En su interior, se almacenaba una extensa vajilla cerámica compuesta por más de 30 formas de cerámica de cocina entre ollas de varios tipos, morteros, tapaderas o ralladores; más de 45 elementos de la vajilla de mesa con copas, vasos, cuencos, *boch* y jarras; al menos 10 vasijas de almacén, entre las que destaca una de ellas con decoración figurada (Liceras Garrido *et al.* 2014a), un quemador cerámico,

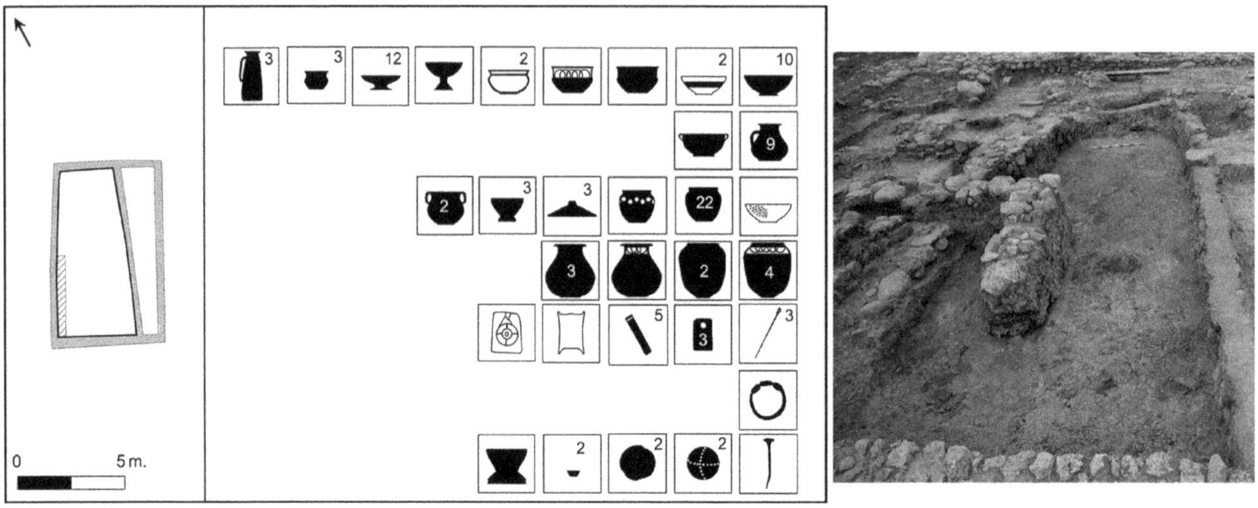

Fig. 5.30: Planta, materiales y fotografía del almacén de la Manzana XXIII de Numancia.

enmangues de hueso, asta y madera (Quintero 2014), un lingote de hierro, varias pesas de telar de cerámica y de piedra, y agujas de coser, varias fichas o tapones y canicas; y un molde de una fíbula de timbal (Liceras Garrido *et al.* 2014b). Estos materiales aparecieron fragmentados, afectados por un potente incendio que sufrió este almacén, donde quizá se acumulasen también otros elementos de carácter perecedero como pudieron ser telas, cueros, maderas o cestas.

El uso principal de estas estructuras habría sido la conservación y almacenamiento de los suministros necesarios para la vida diaria o los intercambios comerciales, cuyo acceso y tratamiento hubo de ser desigual. La ausencia de estructuras o evidencias de almacenamiento comunal fue también frecuente en los *oppida* de Centroeuropa, por lo que se ha entendido que esta responsabilidad debió recaer sobre la unidad doméstica (Danielisová 2014: 81). De este modo, la casa habría supuesto un estadio más de la negociación social, capaz de generar un excedente para eventos de consumo cospicuo, intercambios y/o mantener a la comunidad en tiempos de necesidad (*e.g.* textiles).

5.3.2. Deambulando por las casas

A. Jimeno (2009a), en su estudio sobre los espacios domésticos del Alto Duero, realizó análisis *gamma* o de recorridos y de visibilidad para evaluar los accesos y la circulación por las diferentes estancias domésticas, así como el grado de privacidad de cada una de ellas. Tras las excavaciones de la Manzana XXIII de Numancia, a este estudio tan solo se ha podido añadir un caso más, la casa 4, ya que es la única en la que se pudo documentar el acceso desde el exterior y la compartimentación interna completa (Fig. 5.31) (Liceras Garrido 2022a). A partir de dichos análisis, se observa que las viviendas presentaban un recorrido sencillo y de tipo lineal que se iniciaba por la entrada desde la calle, recorría cada una de las estancias y finalizaba en la última. Por otro lado, los análisis de visibilidad muestran como la primera de las estancias tenía un marcado carácter público, mientras que la última habitación y sobre todo la bodega -aquellas destinadas al almacenamiento- presentaban un mayor grado de privacidad. La habitación que contenía el hogar, y posiblemente por la presencia del mismo, era en torno a la que habría girado la actividad de la casa, desde las tareas diarias para el mantenimiento del grupo doméstico, a tareas artesanales y de producción.

Si entendemos la casa como el centro del grupo familiar, una materialización de la vida de sus integrantes, nos encontramos ante un espacio doméstico con un bajo grado de privacidad en dos sentidos. El primero de ellos, respecto al mundo exterior, donde tan solo el vestíbulo o primera estancia sirvió para separar el espacio familiar del comunitario con el que se establecía un acceso directo. Ejemplos de estructuras domésticas similares han sido estudiados en la isla de Creta durante la época helenística desde una perspectiva social y de las relaciones por R. Westgate (2007). Esta autora apuntaba como el diseño lineal de las casas y su apertura al exterior, por la fácil y directa accesibilidad que presentaban, respondían a una relación fluida entre la unidad doméstica y el conjunto de la comunidad. La estructura parecía estar menos focalizada hacia el interior, hacia la unidad doméstica, y habría sido una extensión de la vida comunal en ámbitos tan esenciales como, por ejemplo, la educación de niños y niñas.

El segundo de ellos, el reducido tamaño del espacio y la escasa compartimentación interna dieron lugar a un espacio sin especializar o levemente especializado, lo que limitaba las posibilidades de segregación interna tanto de personas como de actividades. Así, en el seno de la unidad doméstica, los miembros que habrían compuesto la casa fueron capaces de negociar y manipular los diferentes vínculos sociales para acrecentar la influencia y poder de la misma. A la luz de los datos actuales, parece que las edificaciones domésticas no fueron un medio para expresar desigualdades, sino todo lo contrario, para igualar y ocultar las diferencias entre los miembros de la comunidad.

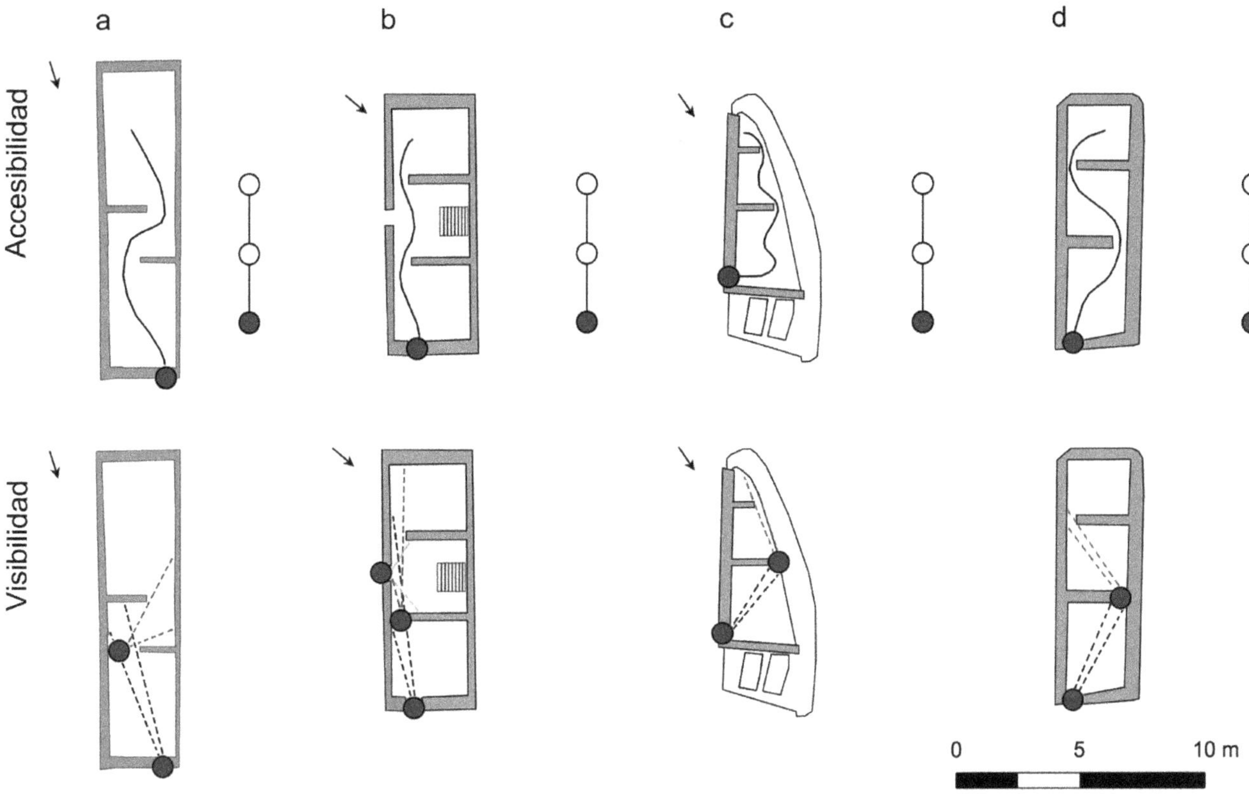

Fig. 5.31: Diagramas de recorrido y visibilidad de los espacios domésticos: Numancia: a.- Casa 4 de la Manzana XXIII, b.- Casa "Schulten" de la Manzana IV. c.- *Termes*. d.- Castilmontán (Somaén) (elaborado y completado por la autora a partir de Jimeno 2009a: Fig. 14).

La casa es, también, un ámbito privilegiado para estudiar las actividades productivas como sugería A. Gorgues (2010: 123-148, 2008, 2009). Por un lado, fue el espacio básico donde se realizaban las operaciones económicas como la producción, conservación, exhibición o redistribución. Por otro, es el contexto en el que encontramos los utensilios y herramientas de actividades como la molienda, el procesado textil, la forja, la labranza o el almacenaje de productos destinados o procedentes de la actividad comercial. Según este autor, la complejidad de las casas y la distribución de los espacios podrían haber estado relacionadas con el funcionamiento económico de las mismas, donde aquellas unidades más complejas eran las que acumulaban una mayor fuerza de trabajo, capital económico y poder.

En algunos casos, ha sido posible documentar como la producción superaba las necesidades de la unidad doméstica. Ese fue el caso de las evidencias de fabricación textil en Mas Boscà (Badalona), donde se encontraron más de 10 fusayolas dispersas y al menos 4 acumulaciones que habrían correspondido a la presencia de al menos 4 telares. Esto ha permitido suponer que habría habido al menos cuatro mujeres dedicadas a esta actividad (Gorgues 2010: 123-148). Esto habría superado las necesidades de la unidad doméstica y supuesto la producción de un excedente intencional.

Similar hubo de ser el caso del Alto Duero, aunque no se haya reflejado en la complejidad arquitectónica de la casa. La producción textil debió superar el marco de lo doméstico, especialmente en la produción de tejidos elaborados de lana como los *saga.* Sobre estos, los autores grecorromanos recogieron referencias escritas del momento final de la Edad del Hierro. A través de sus textos, sabemos que estos mantos o capas eran usados como moneda de cambio en los intercambios comerciales, pero también en los tratados y acuerdos políticos, como fueron las negociaciones de las treguas firmadas entre Roma y las diferentes ciudades de la Meseta. Algunos datos que los autores aportaron sobre las capacidades productivas de estos bienes fueron que *Intercatia* entregó 10.000 *saga* al cónsul Licinio Lúculo en su campaña del 151 a.n.e. (Apiano *Iber.* 54), así como *Termes* y Numancia pagaron, entre otras cosas, 9.000 *saga* cada una en el 141 a.n.e. (Diodoro XXXIII, 16).

Además de una unidad de mantenimiento y producción, las casas habrían acogido toda una serie de rituales, religiosos, mágicos y/o sociales. Habrían sido decoradas con una serie de amuletos y elementos solares, como las esvásticas que aparecieron grabadas en un umbral de la Manzana I de Numancia, para proteger y guardar a la familia que allí residió. Del mismo modo, en su interior, se rendía culto a los antepasados y se guardaban reliquias familiares como los cráneos humanos que aparecieron en la bodega de la casa 1 de la Manzana XXIII de Numancia (Taracena 1943). Al mismo tiempo, habría sido un elemento canalizador de la economía política de sus residentes, de los valores de la guerra y el banquete, marco de las relaciones y las alianzas por y para el prestigio de los miembros de la casa (González Ruibal 2009: 251).

5.3.3. La casa, el espacio de las mujeres

Las casas son espacios privilegiados para estudiar cuestiones de género, especialmente, en lo que a las mujeres respecta, ya que fueron el marco en el que estas desarrollaron la mayor parte de sus actividades diarias y sus vidas (Liceras Garrido 2022a). Por ello, el tipo de estructuras al que nos refiramos, la complejidad, diversidad, privacidad, etc. suponen una materialización de las relaciones que establecieron estas mujeres con los otros miembros de la unidad doméstica y con el exterior (Fig. 5.32).

Observábamos anteriormente como las características del espacio de las casas celtibéricas, debido a sus reducidas dimensiones y escasa fragmentación, limitaba la segregación de personas y actividades, por lo que la privacidad y el confinamiento de alguno de los miembros de la unidad doméstica no habría sido común. Más aún cuando la estancia que contenía el hogar era la de mayores dimensiones. R. Westgate (2007: 447-450) sugería que para una segregación efectiva eran necesarias una serie de divisiones con las que restringir los accesos al espacio, fomentando así la privacidad.

La fragmentación del espacio doméstico ha sido frecuentemente relacionada con la segregación y el aislamiento de la mujer, por lo que la configuración habitacional que presentaban estas arquitecturas lineales no aíslaba a las mujeres del mundo exterior, ni del contacto con personas ajenas a la unidad doméstica. Además, varias de las actividades domésticas diarias podrían haberse llevado a cabo en el exterior de la vivienda o en patios abiertos, por lo que división del espacio de las casas de la Meseta ofrecía poca capacidad de control sobre los contactos de los miembros de la unidad doméstica con el exterior.

A partir de los enterramientos de la necrópolis de La Yunta, se ha sugerido que la estructura familiar estaría basada en la monogamia (García Huerta y Antona 1992: 163), ya que en los tres periodos de uso del cementerio durante la segunda Edad del Hierro, se encontraron siete asociaciones que han sido consideradas la pareja formada por el hombre y la mujer. Estos conjuntos correspondían a las tumbas: 93-89; 62-64 y 77-78 para el primer periodo en la segunda mitad del siglo IV a.n.e.; las tumbas 45 y 48 durante el siglo III a.n.e.; y los conjuntos 50-56; 85-87 y 44-49 desde finales del siglo III y la primera mitad del siglo II a.n.e. Es interesante mencionar que entre estas asociaciones, las parejas aparecieron en todos los rangos de edad, desde los 30 a 40 años de la pareja de las tumbas 93-89 hasta los 60-70 años de la mujer de la tumba 64 relacionada con un varón de 40-50 (tumba 62). No parece existir una asociación de edad por sexo entre los cónyuges. Del mismo modo, hay que destacar que aquellas tumbas dobles o muy próximas en el espacio en las que se han encontrado individuos adultos del mismo sexo como la tumba 50 de Las Ruedas con dos varones de 40-50 y 30-40 años o la tumba 79 de Herrería III con dos varones uno mayor de 40 años y el otro entre 17 y 25 años. Esos ejemplos no han sido interpretados como parejas o cónyuges. Los enterramientos dobles o cercanos en el espacio entre adultos son relativamente frecuentes en los cementerios de la Meseta oriental, posiblemente, esos individuos compartieron algún tipo de relación real o imaginada que no necesariamente ha de seguir el modelo

Fig. 5.32: Reconstrucción ideal de las casas celtibéricas de Numancia (Jimeno *et al.* 2017: 171).

de relación monógama/heterosexual cuando se trata de una mujer y un hombre. Lo mismo habría ocurrido con las asociaciones de dos mujeres o dos hombres, bien podrían haber compartido una relación de tipo afectivo y/o familiar.

Además, en este tipo de sociedades, no fueron los hombres los únicos con capacidades para aumentar los capitales de la casa, sino también las mujeres. Éstas fueron las gestoras de la economía doméstica y de sus recursos, especialmente cuando sus maridos exploraban otras formas de poder fuera de los límites de los asentamientos (González Ruibal 2009: 249-250; Liceras Garrido 2022a). Según referencias de los autores clásicos sobre otras partes de Iberia (Estrabón III, 4, 17; Silio Itálico III, 350-353), las mujeres eran las encargadas de cultivar las tierras. En los análisis óseos de la necrópolis de Carratiermes (Argente *et al.* 2001: 295), se apuntaba que físicamente las mujeres eran de menor talla y más gráciles que los hombres, aunque algunas de ellas, presentaban potentes musculaturas en los antebrazos, posiblemente fruto de actividades pesadas como el laboreo o la molienda.

La mujeres desarrollaron toda una serie de mecanismos sociales que les permitieron mejorar su posición dentro de la unidad doméstica y del conjunto social. Este tipo de desarrollos han sido documentados en otras sociedades fuertemente patriarcales como los Toba Batak del norte de la isla de Sumatra (Indonesia), donde los hombres dejaban a las mujeres al cargo de las casas y las tierras de sus ancestros para ir a trabajar al oeste de la isla y tan solo regresaban una o dos veces al año. Esto permitió a las mujeres desarrollar un abanico de estrategias sociales y cierto grado de capacidad de acción a través de su papel de madres, protectoras de las tierras familiares y soporte de los vínculos emocionales, mejorando su situación dentro de la comunidad aunque el marido siempre se encontraba en una posición superior a ellas por el hecho de ser hombre (Rodenburg 2000, 2003).

5.3.4. Infancia

Las niñas y niños fueron miembros fundamentales de las unidades domésticas, considerados síntoma de riqueza y prosperidad del grupo familiar, tanto para la casa como para agrupaciones más extensas. Tácito recogía su importancia en Centroeuropa:

> "El no tener hijos no causa respeto ni estimación" (*Germania* 20).
>
> "Tiénese por gran pecado entre ellos dejar de engendrar, y contentarse con cierto número de hijos, o matar alguno de ellos" (*Germania* 19).

Por ello, hipótesis como la propuesta para los enterramientos de Carratiermes que albergaban individuos infantiles y adultos sobre el sacrificio de los niños y niñas por no haber superado la fase de lactancia al fallecimiento de sus madres (Argente *et al.* 2001: 296-297), no parecen demasiado plausibles.

Los más pequeños habrían participado de las tareas de la casa como parte de su aprendizaje a "estar en el mundo" a través de la práctica, donde habrían aprehendido las pautas y normas de conducta y lo que socialmente se esperaba de ellos. La presencia de canicas, fichas o juguetes es común, tanto en contextos domésticos o de habitación, como en los cementerios. Canicas o bolas de barro han sido identificadas en contextos domésticos de asentamientos como El Castillo (Ocenilla) (Taracena 1932: 50, Tabla XXXII-B) o Numancia, donde la Comisión de Excavaciones hacía referencia a más de un centenar de cerámica, tanto decoradas como lisas, y casi una veintena de piedra (Mélida 1918: 17, lám. XIII-C; Mélida y Taracena 1921: 7, 10-11, 1923: 7 y 9; Mélida *et al.* 1924: 34). En las excavaciones del equipo de A. Jimeno, en la casa 2 de la Manzana XXIII, se documentaron tres canicas de barro decoradas, una en la estancia del hogar y las otras dos en el almacén.

Sobre las fichas y su funcionalidad, tendremos una eterna dicotomía sobre su uso práctico como tapones de recipientes u objetos lúdicos que es, según creo, imposible de resolver. Recordemos que dichas fichas son fragmentos de galbos de vasijas, recortados y modelados para conseguir una forma redondeada generalmente, por lo que su uso vendría determinado por el contexto. Sin embargo, su utilización no habría sido ni exclusiva, ni excluyente, pudiendo variar dependiendo de las necesidades y las circunstancias. Se han registrado fichas bien localizadas en contextos domésticos como en la Manzana XXIII de Numancia. Nuevamente, en la casa 2, se documentó una ficha en el corredor y otra dentro del almacén. Así mismo, en la casa 4, había tres fichas en dos de las habitaciones. Finalmente, otro ejemplar fue hallado en la alacena de la casa 6.

Estos objetos también eran comunes en los contextos funerarios. Se han documentado varios ejemplares en las necrópolis de Osma y La Requijada de Gormaz (Bosch Gimpera 1921-1926: 173, 175, Fig. 316), Numancia (Jimeno *et al.* 2004), Ucero (García Soto 1990: Fig.14), La Revilla de Calatañazor (Ortego 1983: 575), La Mercadera (Taracena 1932: 27) o Carratiermes (Argente *et al.* 2001). En el caso de La Mecadera, B. Taracena (1932: 27) identificó 7 de canicas de piedra y 1 de barro descontextualizadas, mientras que A. Lorrio (1990: Fig. 2) asimilaba una bola de barro al ajuar de la tumba 31, junto a un brazalete de bronce, y una de piedra al de la 54 junto a un adorno espiraliforme y un brazalete de bronce. En la necrópolis de Carratiermes, destacaban la presencia de canicas en enterramientos dobles como las tumbas 607 y 125; también en enterramientos infantiles como la tumba 426 de un individuo de 1 o 2 años, junto con un cuenco con borde entrante fabricado a mano y huesos animales; y la tumba 175 también de un infantil de entre 1 y 2 años y un ajuar de varios cuencos de cerámica a torno, cinco canicas, tres sonajas, dos fíbulas, tres fusayolas decoradas, una lanza y un punzón entre otros materiales. Del mismo modo, se documentó una ficha en la tumba 397 de un individuo entre 0-1 año junto con otras cerámicas a mano y a torno.

Podemos entender estos artefactos como testimonios materiales de su papel como niños y niñas, siendo bienes preciados de su vida diaria. Generalmente, han aparecido acompañados de objetos como brazaletes o determinados adornos de bronce y, especialmente, el caso de las sonajas que formarían un conjunto de elementos de protección para estos individuos en la otra vida con connotaciones mágicas y simbólicas. En algunos casos, las fichas y canicas pudieron ser el testimonio de la actividad de los niños como participantes activos de los eventos y rituales de la casa, como habría sido la preparación del cuerpo del difunto para el enterramiento y el velatorio. Ello habría quedado evidenciado en las anteriores referencias a Carratiermes en la primera Edad del Hierro o por las canicas que acompañan a determinados ajuares de La Revilla, La Mercadera o Numancia.

La elaboración de los juguetes y las formas elegidas debieron obedecer a los procesos de aprendizaje de estos individuos de la realidad social y simbólica de sus comunidades. Así, en alfares como el de Las Cogotas, se han podido identificar varios objetos como juguetes, a partir de vasijas con defectos de fabricación y dermatoglifos que permitieron atestiguar la participación de individuos de entre 6 y 16 años en la realización de juguetes y cajitas (Padilla y Chapon 2015: 80-82). También, en los enterramientos infantiles de la necrópolis de Las Ruedas, se documentaron objetos domésticos de menores dimensiones, como la parrilla o pinzas para el fuego de la tumba 127b; los cuencos y botellitas de la tumba 90 o la fíbula de barro de la tumba 153. Del mismo modo, se conservan algunos objetos en el Museo Numantino (Soria) procedentes de Numancia con formas de elementos de vajilla o figuras humanas y zoomorfas (Fig. 5.33).

La antropología nuevamente nos puede ayudar a entender cómo el modelado de esas figuras de barro forma parte del proceso de aprendizaje de los niños y niñas, imitando determinados objetos dependiendo de su género y de la división de funciones propia de los adultos. Entre los kusasi del noreste de Ghana, las niñas elaboraban vasijas cerámicas y animales a imitación de las formas que producían sus madres, mientras que los niños modelaban animales como las vacas y ovejas, pero también yunques o motocicletas (Calvo Trías *et al.* 2015: 93-94). Así, mediante algo tan inocente como son los juegos, se reproducen y fijan las actividades, los papeles, las tareas y los gestos propios de cada género, mientras se obtienen las herramientas sociales necesarias para ser miembros de pleno derecho de la comunidad.

5.3.5. ¿A qué obedecen las agrupaciones de estructuras?

Una de las preguntas que siempre me ha rondado por la cabeza desde que pisé por primera vez Numancia, hace ya casi dos décadas, es el porqué social de las casas adosadas, el tipo de relación que tuvo lugar entre los miembros de unidades domésticas que vivieron de un modo, aparentemente, independiente. En un primer momento, los potenciales fundadores de dichas unidades domésticas debieron aliarse por un proyecto común: el de la planificación y adquisición de derechos sobre la tierra y recursos para la construcción de las viviendas. Esta relación habría cristalizado en el evento constructivo y mantenido dinámica a lo largo de la vida de sus miembros, quienes además de por la cercanía diaria, habrían hecho frente de modo conjunto a las labores de mantenimiento de la cubierta y las paredes necesarias para el bienestar de las estructuras.

Retomando la idea de Gerritsen (1999: 83) en la que consideraba la casa como un proyecto de la comunidad y la de N. Sharples (2011: 201-202) en la que la construcción de la casa debió ser uno de los hechos más significativos de la vida de cualquier miembro de la comunidad, la apropiación de la tierra para la construcción debió requerir una serie de negociaciones entre los diferentes miembros (posiblemente hombres), quizá en el marco de las agrupaciones de clase, edad o las parentelas, donde se habría permitido a un determinado grupo apropiarse de un espacio para sus construcciones privadas.

En otras regiones de Europa, la existencia de barreras o fronteras en el interior de los asentamientos era común. Esto se ha interpretado como un intento por compartimentar el espacio interior, separando las distintas áreas de actividad como la habitación, el almacenaje o el cuidado de los animales (Collis 1996: 89), o bien, la creación de elementos separadores de miembros de la comunidad dependiendo del tipo de actividad que desarrollasen (Giles 2007: 245). En el ámbito ibérico, se ha detectado la convivencia de varias unidades domésticas mediante la aglomeración de construcciones, es decir, la existencia de varios hogares en una misma construcción que participaban en las mismas actividades económicas o rituales y quienes se encontraban ligados por causas económicas y el control de los medios de producción. Así, la formación de las manzanas o agregaciones de construcciones no habría sido fruto de una autoridad, sino el resultado de las necesidades de cada grupo familiar, nuclear o extenso (Grau 2013: 66, 2015).

Son escasos los ejemplos de agrupaciones de estructuras en el interior de los sitios, y aún más escasos los ejemplos en los que contamos con un buen registro de los materiales que aparecieron en el interior de dichas estructuras. De nuevo, el caso mejor documentado lo tenemos en la Manzana XXIII de Numancia. Tradicionalmente, el urbanismo y modulación de las estructuras de la ciudad celtibérica estaba claro, ya que Roma cuando instauró su asentamiento sobre las ruinas del poblamiento anterior había respetado el trazado de sus calles y agrupaciones de casas del periodo celtibérico. Este hecho explicaba el extraño trazado que presentaba la ciudad imperial y la dificultad de registrar el poblamiento de la Edad del Hierro, cuyos vestigios más claros eran la presencia de las bodegas o cuevas (Jimeno *et al.* 2012, 2014, 2015, 2017a, 2017c, 2018).

Sin embargo, los recientes trabajos de revisión del urbanismo y las excavaciones de dicha manzana desvelaron que no era así. Los trazados celtibérico y romano fueron diferentes y

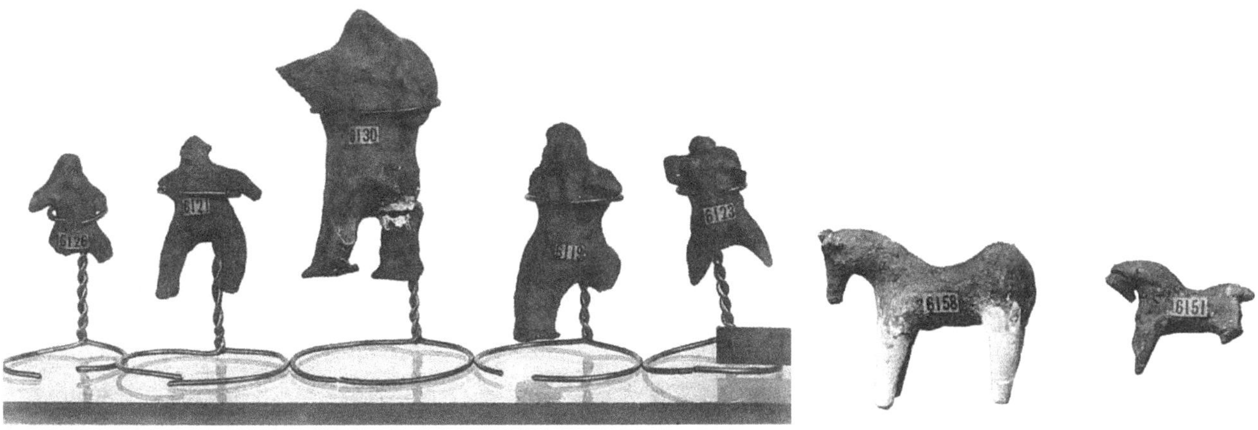

Fig. 5.33: Posibles juguetes (o exvotos) procedentes de Numancia (Schulten 1931: Tafeln 35C, 36B).

obedecen a diferentes agendas (Jimeno *et al.* 2018). Por ello, a lo largo de la ciudad, los hallazgos de materiales celtibéricos de la Comisión de Excavaciones de Numancia a inicios del siglo XX frecuentemente aparecieron en las calles romanas. Esto se debe a que en estas areas era donde los niveles romanos más profundizaban por lo que los niveles celtibéricos quedaban más expuestos. También se observa como algunos muros de casas celtibéricas atravesaban las calles romanas, así como las casas celtibéricas de la Manzana XXIII aparecían cortadas por la cimentación de los muros romanos de delimitación de la misma. Es por ello que Numancia habría presentado una disposición de estructuras siguiendo un módulo menos compacto de lo que tradicionalmente se había sugerido. Esta habría estado formada por una serie de agrupaciones irregulares de estructuras, de viviendas, patios, talleres o almacenes, similares a las reconstrucciones realizadas para El Llano de la Horca (Santorcaz, Madrid) (Ruiz Zapatero *et al.* 2012).

Pero, entonces, ¿la formación de estas agrupaciones era fortuita o se basaba en condicionantes económicos o funcionales? Cuestiones relativas a la apropiación del espacio o los términos en los que éste se negociaba continúan hoy sin contestar, además el reducido volumen de datos para profundizar en el tema parecen avocarnos a un callejón sin salida. Tan solo J. Arenas (2007: 133-135), en su estudio sobre los modelos de poblamiento de El Ceremeño (Herrería), sugirió que la evolución social de este asentamiento podría haber estado relacionada sobre el principio de parentesco social – diseño urbano. Una idea similar proponía J. Bermejo (2011: 591-592) a partir de la etnografía en el área soriana de Montejo de Tiermes, donde observaba una estrecha conexión entre los dueños de las majadas y otras construcciones y su distribución espacial en la secuencia constructiva, en la que existía una correspondencia entre las aglomeraciones constructivas en forma de "barrios" y los lazos familiares o de vecindad entre los dueños. Las diferentes construcciones compartían muros medianeros según los parentescos, dependiendo si eran hermanos, hijos, yernos o vecinos. En algunos casos, incluso, tan solo podían participar en las labores de construcción aquellos parientes más allegados.

Las aglomeraciones urbanas o "barrios" también aparecían recogidas en el texto de Valerio Máximo (III, 2, 7) sobre la caída de Numancia:

> "Estando los numantinos en una situación completamente desesperada y siendo Retógenes el que aventajaba a todos sus conciudadanos en nobleza, recursos económicos y dignidades, sin embargo, reunió materiales combustibles de toda clase y prendió fuego a su barriada que era, sin duda, la más hermosa de la ciudad"

Este autor, exaltando la figura de Retógenes, hacía referencia a la barriada en la que éste residía en la ciudad, lo que nos permite cuestionarnos si había diferencias entre las aglomeraciones urbanas y las posibles diferencias de riqueza-estatus de sus habitantes o la posibilidad de que los lazos que unían a los residentes de estos barrios estuviesen relacionadas con el parentesco, real o imaginado. Algo similar a lo que previamente se ha apuntado para las agrupaciones de enterramientos en los cementerios.

Las formas de parentesco no son nítidas en estos contextos. El estudio de las relaciones familiares en la Celtiberia ha estado profundamente influido por los testimonios epigráficos que tienen lugar en el marco de la dominación romana, donde ninguna de las inscripciones superaba el siglo II a.n.e. y la mayor parte de ellas databan del cambio de era. Los trabajos de A. Schulten, basados en el modelo evolucionista de Morgan y que dividían las sociedades en tres escalones -tribu, clan y familia-, han influido enormemente en los estudios posteriores, donde gran parte del protagonismo sobre las relaciones familiares ha recaido en las *cognationes*. Estas estructuras ponían en relación a un conjunto de individuos unidos por un origen común, sin embargo, carecemos de datos sobre cuál era su influencia directa en la vida diaria de estas personas (Bermejo 2014b: 69-71).

Pocos han sido los investigadores que han profundizado en las relaciones de tipo nuclear. Inscripciones como la de Lara de los Infantes o Peñalba de Castro, estudiadas por M. Ramírez Sánchez (1999: 849, Inscripciones

A. 27 y A. 34) (Fig. 5.34), hacían referencia a dos grupos de parentesco bien diferenciados, lo que ha sido interpretado como evidencias de lazos de parentesco con las familias del padre y de la madre. J. Bermejo (2014b: 71) lo ha entendido como la posible presencia de lazos matrilineales, incluso como fruto de la adaptación de las formas tradicionales locales de parentesco al canon latino tras la conquista romana.

Los sistemas de descendencia dobles en la transmisión de derechos y bienes materiales son comunes en otros grupos humanos, donde ambos linajes del padre y de la madre son reconocidos. Esto no conlleva que ambos tengan la misma importancia o las mismas implicaciones. Ejemplos procedentes de la antropología pueden ayudarnos a ilustrar mejor el funcionamiento de estos sistemas de descendencia dobles (Goody 1961, 1969). Los yakö del sureste de Nigeria (Forde 1950, 1964) heredaban las propiedades por dos ramas diferenciadas dependiendo de su carácter. Por la línea del padre, se transmitían aquellas posesiones inmuebles productivas, como la tierra o determinados recursos, mientras que por la línea de la madre, se transferían bienes muebles como el ganado. En lo que al ámbito social se refería, la línea patrilineal determinaba el papel político, mientras que de la rama matrilineal se nombraban a una serie de sacerdotes encargados de supervisar la función política, equilibrando así el poder de ambas líneas de descendencia. Del mismo modo, los LoDagaba de Burkina Faso y Ghana (Goody 1957, 1969) presentaban un sistema de herencia similar a los yakö. Por la línea del padre, se transmitían los derechos de la tierra, la residencia y el culto, mientras que por la de la madre, la riqueza como el dinero o el ganado. Estas filiaciones suponían auténticas unidades de control social para ordenar, regir y movilizar a la comunidad, especialmente en momentos de conflicto donde tenían la obligación de asistir a los miembros del patriclán. Finalmente, los kwanja de Camerón (Gausset 1998) presentaban un sistema de descendencia patrilineal que definía la vida política, el territorio y la religión, mientras que la línea matrilineal era la responsable del buen comportamiento, la salud y la prosperidad de sus miembros.

Las sociedades de la Edad del Hierro fueron claros sistemas patriarcales, pero quizá no tan férreos como los marcos sociales desde los que se han narrado. Es común que los autores clásicos enfatizasen los aspectos que les resultaban más curiosos sobre los pueblos sobre los que escribían, como es el caso de Estrabón (III, 4, 18) cuando hacía referencia a los cántabros:

> "...entre los cántabros es el hombre quien dota a la mujer, y son las mujeres las que heredan y las que se preocupan de casar a sus hermanos; esto constituye una especie de ginecocracia, sistema que no es ciertamente civilizado..."

También, las reseñas de Estrabón (III, 4, 17) y Diodoro de Sicilia (V, 14) al rito de la covada entre los vacceos y los habitantes de Córcega. Esta era una ceremonia de

Fig. 5.34: Inscripciones. a. A. 27 Lara de los Infantes. b. A. 34 Peñalba de Castro (a partir de M. Ramírez Sánchez 1999: 996, 1001).

magia simpática por la que el padre reconocía al recién nacido como su descendiente, mediante un alumbramiento simbólico del hombre (Caro Baroja 1973, 1976; Bachofen 2008 [1987]; Lewuillon 1990; Peralta Labrador 2000; Santos Yanguas 2014). De ese modo, el padre reivindicaba sus derechos sobre el recién nacido y lo reconocía como propio. Un acto similar tenía lugar en el mundo romano cuando el *paterfamilias* aceptaba o rechazaba al recién nacido.

Sin embargo, parece que las mujeres gozaron de algún tipo de capacidad de decisión en lo que respectaba a sus matrimonios como evidencian las palabras de Salustio (2, 91):

> "Las jóvenes no eran llevadas al matrimonio por sus padres, sino que ellas mismas escogían a los que más se distinguían en la guerra"

No obstante, suponemos que la unión debía estar censurada de algún modo por el padre, ya que en el episodio narrado por Aurelio Víctor (III, LIX) sobre el día de la celebración de los matrimonios de los numantinos en el 137 a.n.e., era el padre el que ponía una condición a los dos jóvenes que pretendían a la misma muchacha.

La línea de descendencia matrilineal era considerada por algunos grupos actuales como la familia real, el verdadero parentesco, ya que todos sus miembros tenían el mismo origen en su nacimiento. Entre los ya citados kwanja de Camerón (Gausset 1998), el vínculo entre hermanos era el más sagrado, porque habían compartido el mismo "útero" o "intestinos" que era donde residían habilidades como la brujería y se heredaban fortalezas y debilidades. De ello, se derivaba que en el caso del fallecimiento del padre y la madre, los hijos e hijas de la pareja eran acogidos por alguno de sus tíos, ya que estos eran los familiares de sangre más directos. Relaciones similares traslucían las palabras de los autores clásicos para los pueblos prerromanos, así Estrabón (III, 4, 18) apuntaba que entre los cántabros una de las preocupaciones de las mujeres era casar a sus hermanos. También Tácito (*Germania* XX, 4) aludía a:

> "A los hijos de la hermana se hace la misma honra en casa del tío que en la de los padres. Algunos piensan que este parentesco es el más estrecho e inviolable"

En una unidad doméstica, los hijos e hijas de las hermanas del padre habrían tenido un lugar privilegiado debido a los vínculos de sangre que compartían. Estos, en ocasiones, se habrían traducido en privilegios como los que narra Tito Livio (V, 34) en el caso de Ambigato, el próspero rey de los celtas, que propuso a los hijos de su hermana, y no a los suyos propios, partir para buscar nuevas tierras que aliviasen la presión de población que vivía su región. Esta referencia ha sido relacionada con los estudios de paleogenética que citamos previamente cuando tratamos las agrupaciones de enterramientos en las necrópolis y la filiación por la línea de la madre que presentaban los túmulos de Hochdorf y Asperg "Grafenbühl", separados tan solo por una generación (Fernández Götz 2014a: 56).

Por todo ello, podemos vislumbrar como las comunidades de la Edad del Hierro recurrían a múltiples estrategias de parentesco, utilizando lazos matrilineales y patrilineales o una combinación de ambos, como mecanismos para incrementar y mantener el poder de las casas y de las diferentes formas de filiación familiares. Esto habría permitido a sus integrantes y a las unidades domésticas un papel más activo y flexible en la negociación social.

5.3.6. De la casa al más allá: su reflejo en el mundo funerario

En torno a la casa tendría lugar un tipo de identidad horizontal, compartida por todos sus integrantes mientras fueron miembros de la misma. Esta habría estado forjada y negociada por la pareja principal, pero de la que habrían participado de un modo amplio los demás miembros. Su filiación pudo ser real, como es el caso de los hijos, hermanos o sobrinos, o imaginada, ligados por otros vínculos: de leche, amistad, económicos o de honor. Como un nivel más de la identidad de los individuos, habría sido negociada y manipulada según la conveniencia de los participantes y habría cristalizado materialmente en la muerte a través del ritual, las prácticas funerarias y el ajuar.

Quizá una de las evidencias materiales más claras del papel que juega la casa en el ritual funerario fueron las fusayolas. Este elemento estuvo ligado a la labor diaria de las mujeres en el seno de la casa y fue testimonio de la función de las mismas en la preparación del difunto. Como atestiguaba R. Gilchrist (2005: 56-57) en contextos de la Inglaterra medieval, la introducción de objetos relacionados con la casa era común e, incluso en algunos casos, se encontraton restos de cenizas en el interior de los ataúdes que procedían del fuego doméstico, lo que se ha relacionado con símbolos de la unidad doméstica y del hogar.

Anteriomente se ha señalado la faceta de la casa como unidad básica de producción. En ella, habría residido parte de su riqueza material. No solamente el capital económico, sino también social y simbólico. En los enterramientos de la segunda Edad del Hierro, se observa un proceso paulatino de disminución del número de armas en los ajuares de los cementerios, así como un énfasis en los objetos relacionados con el cuerpo y herramientas como tijeras de esquilar, hoces, podaderas, fusayolas o agujas de coser.

Las fusayolas fueron un elemento recurrente como parte del ajuar. En Carratiermes, destacaba el ejemplar de la tumba 138 que acompañaba a una mujer de entre 20 y 30 años, así como las tres fusayolas decoradas de la tumba 175 que perteneció a un individuo infantil de entre 1 y 2 años. En la necrópolis de Numancia, se documentó una fusayola en la tumba 53 acompañada por dos fíbulas, un broche de cinturón, un puñal biglobular, una punta de lanza, arreos de caballo y agujas de coser entre otros (Jimeno *et al.* 2004: Fig. 60). En Viñas del Portuguí, algunos ajuares con armas, arreos y tijeras aparecieron acompañados por alguna fusayola en su interior (García Merino 2000: Lám. II), mientras que en la necrópolis de La Yunta las fusayolas fueron muy abundantes y frecuentes, asociadas tanto a mujeres como a hombres (García Huerta y Antona 1992: 136; García Huerta 2013-2014). Sin embargo, las mayores acumulaciones de La Yunta fueron registradas en enterramientos infantiles (tumbas 61 y 88). En las sesenta y nueve tumbas de necrópolis de Las Ruedas que aparecen recogidas en la publicación de C. Sanz Mínguez (1997: 345-346), se registraron treinta y dos fusayolas fuera de contexto y tres en el interior de tres tumbas acompañadas de objetos de adorno (tumbas 2, 11 y 13). Por un lado, las tumbas 2 y 11 se relacionaron con enterramientos femeninos de entre 20 y 40 años. En el caso de la tumba 11, se apuntó la posibilidad de que fuese un enterramiento doble de una mujer con un individuo infantil. Por otro lado, la tumba 13 era un infantil de entre 8 y 10 años. Finalmente, en la necrópolis de El Raso de Candeleda, aparecieron diecisiete enterramientos con fusayolas asociadas a ajuares carentes de armas, por lo que fueron automáticamente atribuidas a ajuares femeninos, a pesar de no contar con análisis antropológicos (Fernández Gómez 1986: 830). Estas herramientas han sido tradicionalmente asociadas a las mujeres a las que se les atribuye la producción doméstica y textil. Sin embargo, a partir de los datos actuales no parecieron conformar un tipo de marcador de género.

En cuanto a las herramientas agrícolas y ganaderas, en la necrópolis de La Mercadera, se identificaron cinco hoces y ocho tijeras, según Taracena (1932: 18), y nueve, según Lorrio (1990: Fig. 2), dos de ellas descontextualizadas. Los ajuares de los individuos enterrados con herramientas (tumbas 1, 3, 6, 14, 16, 19, 68, 76, 78, 80 y 98) siempre incluyeron armas en sus ajuares, destacando especialmente la presencia de espadas de antenas atrofiadas en cuatro de ellos. Las más reseñables fueron las tumbas 14 y 68 (Fig. 5.35 a y b), cuyo ajuar estaba formado por dos herramientas,

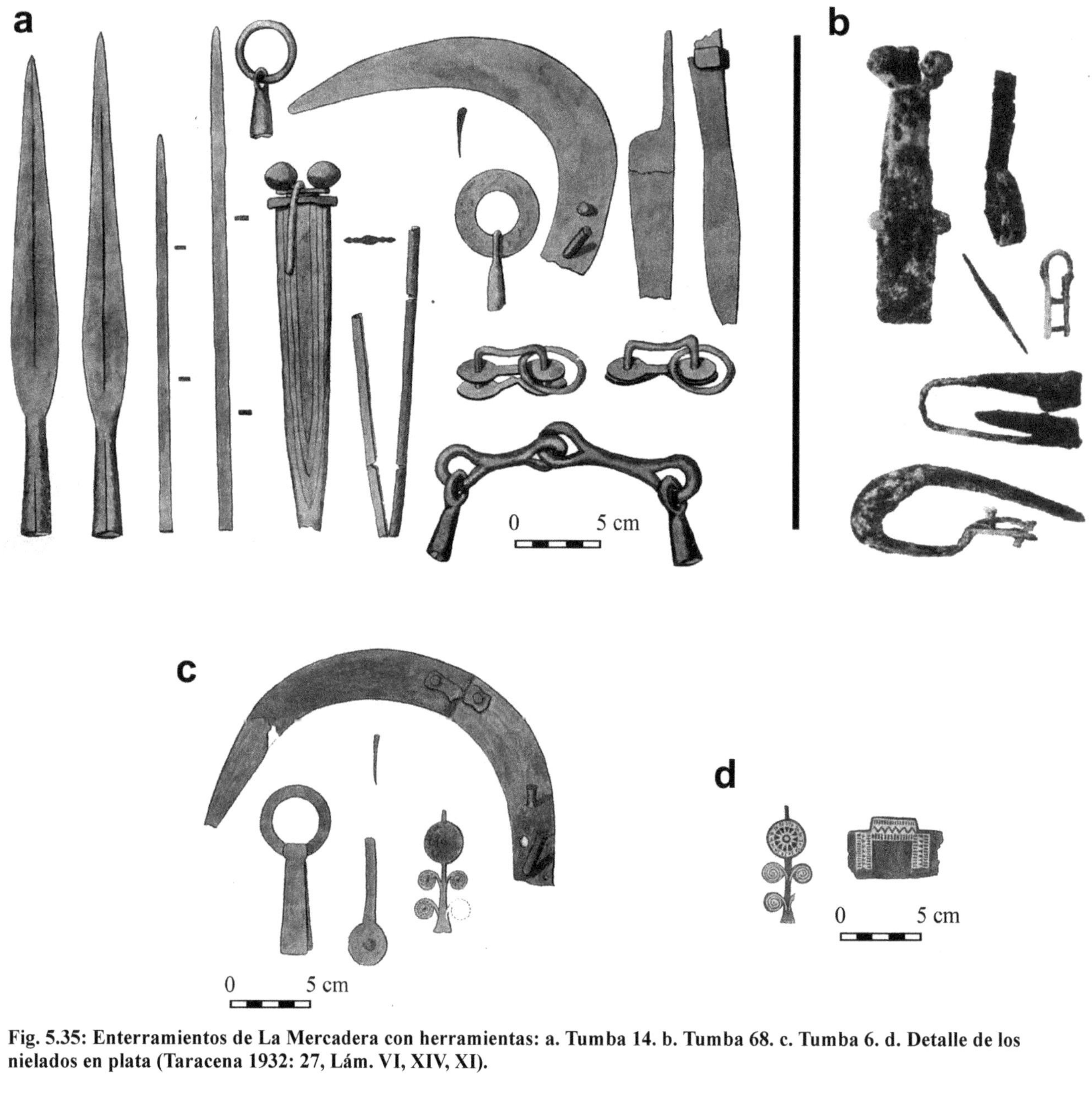

Fig. 5.35: Enterramientos de La Mercadera con herramientas: a. Tumba 14. b. Tumba 68. c. Tumba 6. d. Detalle de los nielados en plata (Taracena 1932: 27, Lám. VI, XIV, XI).

unas tijeras y una hoz, junto a un amplio número de armas, entre las que destacaban las espadas de antenas atrofiadas, un cuchillo y los arreos de caballo, entre otros. Especial ha sido el caso de la hoz de la tumba 6 (Fig. 5.35 c) que presentaba una reparación con un remache, junto a los fragmentos de una vaina y varios indeterminados de hierro y bronce, entre los que destacaban dos placas con nielados de plata cuya funcionalidad se desconoce (Fig. 5.35 d).

En la necrópolis de Numancia, las tijeras fueron también muy numerosas y aparecieron distribuidas por todo el cementerio, aunque las de mayor tamaño parecieron concentrarse en las agrupaciones 1 y 2 (Fig. 5.26). Se documentaron hoces en tres tumbas (números 103, 132 y 139) con diferentes combinaciones de objetos como los arreos de caballo, puñales o cuchillos rectos o curvos (Jimeno *et al.* 2004: Fig. 208). Por último, en la tumba 144, situada en el grupo 1 (Fig. 5.26), apareció una podadera junto a un rico ajuar de armas con arreos de caballo y una espuela, elementos de aseo personal y de adorno, como fíbulas o apliques hemiesféricos de bronce (Jimeno *et al.* 2004: Fig. 108a y 108b).

También, en la necrópolis de Viñas del Portuguí, se apreciaba con claridad la relación de herramientas y armamento, a pesar de los problemas en la asociación de los materiales de los ajuares (García Merino 2000: 139; Fuentes Mascarell 2004). Sin embargo, el ajuar de la tumba 1 de la colección del Museo Arqueológico Nacional se componía de una alcotana, asociada a una espada de antenas atrofiadas, un puñal y su vaina de bronce, un umbo de escudo, una posible herradura y una fíbula de omega; mientras la tumba 15 (Fig. 5.36), también de la colección del Museo Arqueológico Nacional, presentaba unas tijeras decoradas con círculos incisos que iban acompañadas por una espada de antenas atrofiadas doblada, dos puntas de lanza doblada (una doblada), un regatón, un cuchillo curvo, el macho y la hembra de una placa de cinturón y una fíbula de bronce. Asimismo, en El Pradillo (Pinilla de Trasmonte), aparecieron tres hoces, una de ellas con cierta decoración en el mango y una arandela de suspensión (Abarquero y Palomino 2007: Fig. 4-15 y 16; Moreda y Nuño 1990: 174). La presencia de decoraciones no parece exclusiva de las herramientas, ya que también se han encontrado posibles motivos de adorno en las

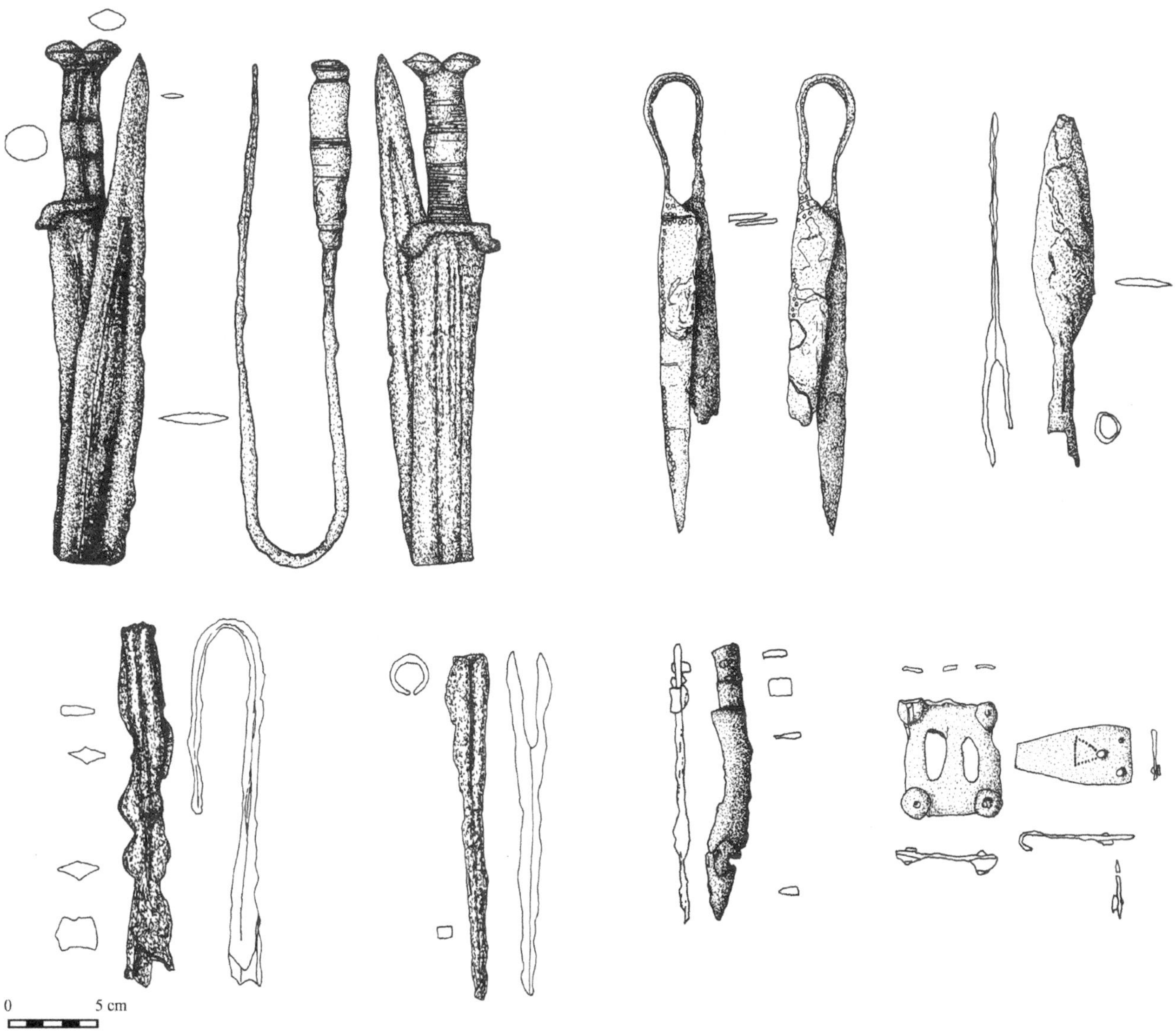

Fig. 5.36: Ajuar de la tumba 15 de Viñas del Portuguí de la colección del Museo Arqueológico Nacional (a partir Fuentes Mascarell 2004: Fig. 18-19).

lanzas de la tumba 28 de Las Ruedas (Sanz Mínguez 1997: 73-77).

La restauración de determinados objetos, como la hoz de La Mercadera, y la decoración de herramientas o armas permite profundizar en la importancia de estos objetos más allá de su funcionalidad práctica y adentrarse en su vertiente simbólica, por la que jugaron un papel fundamental en las construcciones identitarias del individuo allí enterrado. Algunos ejemplos antropológicos han explorado los significados de las decoraciones que aparecen sobre las armas, como es el caso de las lanzas de los mao, los *throwing sticks* de los bertha, los arcos y flechas de los gumuz (Etiopia, Sudán) o las flechas de los awá (Brasil). Estos han sido relacionados con las tecnologías del "yo", donde la individualización de determinados artefactos a través de su forma o decoración permiten identificarlos como símbolos de la persona que los portó, los utilizó o los fabricó (González Ruibal 2014: 317; González Ruibal *et al.* 2011).

En el caso de La Mercadera, ha sido imposible conocer el género o la edad de los individuos, ya que fue excavada con metodología antigua. Sin embargo, algunos de los ajuares de la necrópolis de Carratiermes presentaban composiciones similares, a pesar de las diferencias regionales. Así, en Carratiermes, se contabilizaron un total de nueve tijeras en siete tumbas (6, 16, 27, 149, 208, 263, 510), más otras veinticinco fuera de contexto. En todas las tumbas aparecieron vasijas torneadas, en tres de ellas arreos de caballo y, en dos de estas últimas, lanzas (Argente *et al.* 2001: 128-129). En este conjunto, tan solo se pudieron atribuir sexo a dos de ellas, las tumbas 6 y 263, correspondiendo a varones en ambos casos. También, se pudo determinar la edad en tres de ellas, las tumbas 6, 149 y 263. Las dos primeras pertenecieron a individuos de entre 30 y 40 años, mientras la última a un varón de entre 60 y 70 años.

A lo anterior, debemos añadir que la tumba 68 de La Mercadera incluía también un punzón biapuntado, o la 144 de Numancia que presentaba las pinzas de depilar. Ambos objetos han sido relacionados con enterramientos exclusivamente masculinos en Carratiermes. Por ello, se podría señalar que posiblemente las herramientas aparecen en enterramientos masculinos. Además, ha sido señalada una división de tareas a partir de género en determinadas actividades, como la crianza de ganados o las tareas de esquilado, a cuyo cargo habrían estado los hombres, mientras que el hilado, el tejido y la confección de las piezas finales, lo habrían llevado a cabo mujeres. A pesar de esta posible hipótesis, el número de evidencias con las que contamos es muy reducida por lo que datos futuros serán claves para confirmar o refutar lo que aquí se apunta.

Otro elemento material recurrente, especialmente en la necrópolis de Numancia, eran las agujas de coser de bronce y de hierro. Su presencia se registraba a lo largo de todo el cementerio, aunque de nuevo con mayores concentraciones en las agrupaciones 1 y 2 (Jimeno *et al.* 2004: Fig. 210a y 210b). Las combinaciones de objetos que acompañaban a estos artefactos fueron muy numerosas y variadas, por lo que no parece que tuviesen ningún tipo de relación con identidades de género, edad o clase, sino más bien con la casa, su orientación económica o fuente de riqueza. Para los iberos del noreste, A. Gorgues (2008: 186-187) ha planteado la existencia de una serie de linajes especializados en la producción de determinados bienes, entre los que tenía lugar una competición por el poder social y económico dentro de la comunidad. Por ello, la presencia de herramientas y otros objetos relacionados con la actividad económica pudieron relacionar a los difuntos con las principales potencialidades económicas de sus casas o familias, siendo reflejo de su riqueza económica y de su posición en la sociedad ante la muerte.

En apartados previos, se mencionó la importancia de las agendas de los dolientes en el ritual funerario y la composición de los ajuares en la negociación social y simbólica, siendo la unidad formada en torno a la casa un elemento más. La identidad doméstica fue quizá más evidente en los enterramientos infantiles y en los femeninos. Los niños y niñas no habrían tenido tiempo para labrarse una posición social propia, por lo que en los rituales fúnebres eran las identidades de la familia y/o su unidad doméstica las que se materializaban en el ajuar. En el caso de las mujeres, la esfera doméstica fue su espacio por excelencia, era el marco donde tenía lugar la identidad relacional que ellas encarnaban, reflejo de sus éxitos y fracasos.

Existen casos especialmente evidentes en este sentido sobre enterramientos infantiles como las tumbas 127b y 153 de la necrópolis de Las Ruedas (Sanz Mínguez 2015; Sanz Mínguez y Romero 2010), atribuidas a "princesitas", quienes contaban con algunos de los ajuares más ricos de este cementerio. Estos conjuntos estaban compuestos por numerosas piezas cerámicas, objetos de adorno corporal, entre los que destacaban fíbulas, piezas de pasta vítrea o ámbar; canicas y otros juguetes, cajitas rectangulares, fusayolas y agujas de coser, cuya riqueza y variedad habrían sido reflejo de sus familias. También, enterramientos como la tumba 74 de La Yunta (García Huerta y Antona 1992: 75-76) que perteneció a una muchacha de entre 12 y 15 años, acompañada por una urna decorada con líneas de pintura negra, un cuenco con dos perforaciones como tapadera, varios fragmentos de cerámica no diagnóstica, una fíbula de bronce zoomorfa de caballito y veinticinco astrágalos de ovicáprido. La presencia de astrágalos es algo común en los ajuares de este cementerio, especialmente en enterramientos infantiles. Del mismo modo, este enterramiento ha sido uno de los pocos contextos, en los que están bien documentadas las características de la persona que fue enterrada con una fíbula de caballito y no coincide con el tópico que tradicionalmente se ha atribuido a estos materiales (Liceras Garrido 2022a). En este caso particular, la presencia de esta fíbula podría estar relacionando a esta muchacha con características o atributos de su grupo familiar o casa que son los que en definitiva han depositado el ajuar que la acompañó a la otra vida.

Aunque posteriormente profundicemos en ello, a lo largo de la Edad del Hierro, aquellos objetos relacionados con la violencia o la figura del caballo fueron testimonios del prestigio y/o estatus social de sus portadores. De nuevo, a partir de los escasos datos de sexo y edad de las tumbas de los cementerios, ha sido posible relacionar numerosos enterramientos de mujeres acompañadas de armas. Volviendo a la necrópolis de Carratiermes, cuatro enterramientos, tres de ellos dobles, presentaban armas. Las tumbas 54 y 201 pertenecieron a mujeres entre 20 y 30 años y a infantiles de entre 1 y 2, y 1 y 3 años respectivamente, acompañadas de lanzas y vasos cerámicos. Por un lado, en la tumba 54 (Fig. 5.37 a), los cuencos eran de cerámica a mano y uno de ellos estaba decorado con punteados incisos formando líneas rectas y zigzag, un regatón y fragmentos de un escudo. Por otro lado, la tumba 201 (Fig. 5.37 b), las cerámicas eran dos cuencos exvasados a torno, un fragmento de una varilla o pulsera y un gran cuchillo curvo. El último de los enterramientos dobles fue la tumba 519 que perteneció a una mujer de entre 40 y 50 años y un infantil de entre 1 y 2 años, cuyo ajuar se componía por un puñal de frontón bellamente decorado (Fig. 5.37 c), una punta de lanza, restos de un escudo y un cuchillo curvo. Este enterramiento estaba señalizada por una estela de caliza (Argente *et al.* 2001: 62). El último de los ajuares femeninos con armas fue la tumba 621 (Fig. 5.37 d) que perteneció a una mujer de entre 50 y 60 años que fue enterrada con un cuenco y una tapadera de cerámica a mano, un gran cuchillo y una punta de lanza.

A pesar de las diferencias regionales, podemos encontrar composiciones similares en el registro de La Mercadera, donde B. Taracena (1932: 23, 25) identificaba la tumba 66 como un enterramiento doble de un varón y una niña, a partir de la composición de ajuar, y adjudicaba a la niña una edad de cuatro o cinco años según el tamaño de los huesos (Fig. 5.37 e). A. Lorrio (1990: Fig. 2) proporcionaba una descripción del contenido de cada uno de los ajuares. La denominada 66a constaba de dos puntas de lanza, un cuchillo de hierro y una fíbula de gran tamaño anular hispánica de bronce; el segundo de ellos, se relacionaba con los dos pendientes de plata y la pulsera también en plata. La composición de estos ajuares recuerda a las tumbas 54 y 201, anteriormente descritas de Carratiermes, que pertenecieron a mujeres de 20-30 años con infantiles de 1 a 3 años. También, otras dos tumbas de La Mercadera pueden relacionarse con las de Carratiermes, a partir de la composición de los ajuares. Son las tumbas 8 y 57 (Fig. 5.37 f y g) que se componían por grandes cuchillos curvos, una punta de lanza y fíbulas que recuerdan a los ajuares femeninos de las tumbas 201 y 621 de Carratiermes.

Estas transformaciones y composición de los ajuares, dependiendo de las edades de las mujeres, habrían sido reflejo de los distintos niveles de participación en la unidad doméstica en la que se integraban y de la capacidad de acción e influencia de la que gozaban dentro de ella. De nuevo, el ejemplo de las mujeres Toba Batak (Norte Sumatra, Indonesia) puede ayudarnos a caracterizar mejor los diferentes niveles, ya que estas mujeres pasaban por tres grados de participación en la unidad doméstica a lo largo de sus vidas. El primero, cuando nacían y crecían, en el que tenían el papel de hijas y hermanas en la casa de sus padres, cuyos lazos con ellos se debilitaban tras el matrimonio. Ese rito de paso les daba acceso al segundo grado y se trasladaban a vivir a la casa de sus suegros, donde asumían los papeles de esposa y nuera, ambos de bajo estatus. Finalmente, el último de ellos, tenía lugar cuando la mujer y el marido se volvían económicamente independientes y podían permitirse una casa propia. A pesar de que la mujer siempre tenía una posición inferior a la de su marido, iba ganando parcelas de poder cuando se convertía en madre y, sobre todo, cuando se pasaba a ser suegra. En todos los estados, ella contribuía con su trabajo, en la producción o las tareas de reproducción o ambas, y en su compromiso emocional con el núcleo familiar. En algunos casos, algunas esposas mayores o viudas podían llegar a ejercer gran autonomía y poder de decisión y ser las protagonistas de los asuntos familiares (Rodenburg 2003: 121).

Los ricos ajuares de las princesitas de Las Ruedas, la muchacha de la fíbula de caballito de La Yunta y otros enterramientos infantiles más modestos de Carratiermes, reflejaban varias identidades de los difuntos: la edad mediante objetos como los juguetes, canicas, fichas o astrágalos de ovicáprido, y el estatus de la casa y/o familia a la que pertenecieron mediante los adornos, las vajillas o las armas. Por su parte, los ajuares de los enterramientos de las mujeres adultas, ya fuesen en forma de objetos relacionados con el adorno del cuerpo o armas habrían sido exhibiciones de los logros de la unidad doméstica y/o familiar. Las mujeres de más edad, como la enterrada en la tumba 519 de Carratiermes, posiblemente habrían gozado de una mayor autonomía y autoridad dentro de la comunidad, no en vano las mujeres eran las garantes de la memoria familiar y comunitaria, tal y como narraba Salustio (2, 91) en sus textos:

> "Las madres y abuelas conmemoraban las hazañas guerreras de sus mayores a los hombres que se aprestaban para la guerra o el saqueo, donde cantaban los valerosos hechos de aquéllos".

5.4. Poder, individuos y comunidad

El volumen documental de la segunda Edad del Hierro ofrece más posibilidades a la hora de adentrarnos en las múltiples facetas del poder y sus relaciones. Como en el periodo anterior, la posesión de la tierra, del ganado y de determinados recursos, el control de las rutas comerciales, el conocimiento sobre las dinámicas del mundo y/o el dominio de técnicas especializadas debieron ser medios clave que permitieron a los diferentes actores manipular la balanza de control social y simbólico a su favor. La viabilidad y el éxito de las agendas individuales y/o colectivas dio lugar a las fluctuaciones y el remplazo de los miembros de la comunidad en las posiciones de poder, como pudimos observar en la necrópolis de La Yunta con la

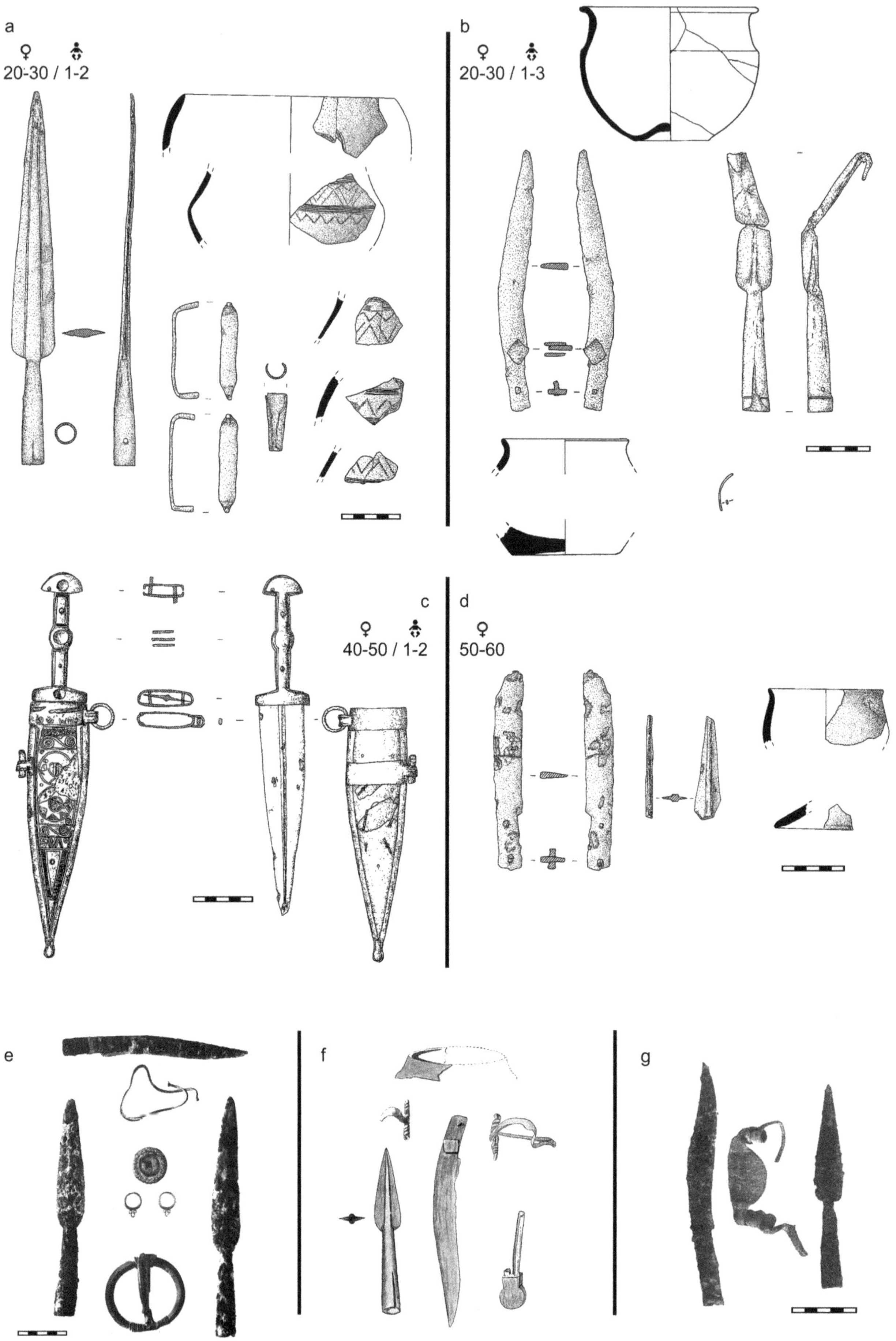

Fig. 5.37: Ajuares con armas relacionados con mujeres. Carratiermes: Enterramientos dobles: a. Tumba 54, b. Tumba 201, c. Puñal de frontón de la tumba 519. Enterramiento individual: d. Tumba 621 (a partir de Argente *et al.* 2001). La Mercadera: Enterramiento doble: e. Tumba 66. Enterramientos individuales: f. Tumba 8, g. Tumba 57 (Taracena 1932: Lám. XX, XI, XV).

variación en las distribuciones de tumbas, la localización, la forma de los túmulos y los personajes centrales de cada momento. Las estrategias para la obtención y el mantenimiento del poder fueron múltiples, individuales y colectivas. Nuevamente, vamos a explorarlas desde dos perspectivas principales: la comensalidad mediante los festines o banquetes, medios por los que determinados miembros habrían mantenido una posición preeminente mediante la redistribución parcial de su riqueza; y los diversos aspectos que se relacionaban con el conflicto y la violencia, tanto en el seno de la comunidad como hacia los otros.

5.4.1. Compartir es vivir: generosidad, comensalidad y guerra

En el capítulo previo ya comentamos las obligaciones y beneficios que habría supuesto compartir comida y bebida en contextos ritualizados, bien distinguidos del consumo diario doméstico, tanto en las formas como los productos. Los alimentos y las bebidas pueden ser considerados como un tipo de cultura material elaborada específicamente para ser destruida mediante el consumo (Dietler 2006: 232) y lograr diversos fines, desde la movilización del trabajo hasta la creación o fortalecimiento de las relaciones entre diversos colectivos. Así, los excedentes materiales son manipulados y transformados en rédito simbólico, social y político.

B. Arnold (1999: 72) enumeraba una serie de evidencias para aproximarnos a las formas y significados de estos contextos, entre las que destacaba el registro material. A. Lorrio (2005: 230-232) recogía toda una serie de objetos vinculados a los banquetes y el consumo de carne como los asadores, las trébedes o parrillas realizadas de bronce y hierro. Estos elementos han sido relacionados en el Mediterráneo como reflejos de estatus, estaban dotados de una gestualidad y unas formas de consumo determinadas, y compartían lazos con el poder (Ruiz Gálvez y Galán 2013).

Tanto en contextos domésticos como funerarios, contamos con amplios repertorios cerámicos de formas relacionadas con el banquete. Entre ellos, destacan los ejemplares decorados, especialmente el conjunto conocido como las "cerámicas numantinas" por el peso bibliográfico que han tenido sus representaciones iconográficas pintadas en relación con las cosmogonías. Desafortunadamente, es escasa la información sobre los contextos espaciales y estratigráficos en los que fueron encontradas, ya que tan solo contamos con referencias de la Comisión de Excavaciones de Numancia sobre la localización de algunos de los ejemplares en cuevas o estancias subterráneas bajo las ciudades romanas. También cabe señalar algunas cerámicas singulares recogidas por F. Wattenberg, en su publicación sobre las cerámicas de Numancia (1963), dedicadas a estos menesteres. Entre ellas, destacaban alguna jarra con una vertedera en forma de cabeza de caballo (Wattenberg 1963: tabla XLIV, 1149); un vaso con una asa rematada por la cabeza de toro que mira hacia el interior del recipiente (Wattenberg 1963: tabla XVII, 453); otra asa con cuernos de toro aplicados (Wattenberg 1963: tabla XVII, 466); o una figura exenta que habría estado aplicada de un modo similar con forma de cabeza de toro nuevamente (Wattenberg 1963: tabla XVII, 545).

Han sido numerosos los fragmentos de *simpulae* que se documentaron en ciudades como Numancia (Fig. 5.38), donde destacan ejemplares realizados en cerámica como el que remataba en forma de cabeza de caballo (Wattenberg 1963: tabla XVII, 465), y ocho ejemplares realizados en bronce rematados en cabezas de toros. Siete de ellos aparecieron recogidos por R. Martín Valls (1991) a partir de Schüle (1969: lám. 170), sin contextos; y el último de ellos apareció en la ya citada Manzana XXIII, en el interior de la casa 6 que encontramos muy arrasada por las labores de acondicionamiento de la ciudad romana. Cabe señalar que en esta vivienda apareció también una alacena que guardaba un conjunto de cerámicas de mesa casi intacto, algunos fragmentos de cerámicas de almacén, unas tijeras, una fíbula y una ficha o tapón.

El conjunto material que proporcionaron las casas de la Manzana XXIII de Numancia permitió relacionar algunos ejemplares con esta actividad, especialmente la amplia vajilla de mesa que apareció en torno al hogar de la casa 2 compuesta por 7 cuencos, 5 copas, 2 *boch* y 7 jarras, y su almacén con 13 copas, 3 *boch*, 9 jarras, 14 cuencos, 3 vasos y un posible quemador (Fig. 5.30). En este espacio de habitación, y especialmente en el almacén, se observaba un elevado número de cerámicas de mesa, principalmente de copas y elementos trasvasadores entre las vasijas de

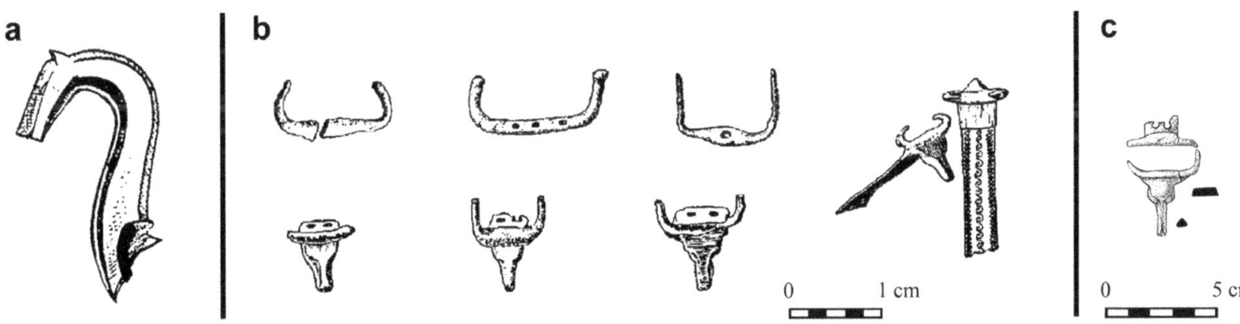

Fig. 5.38: *Simpulae* de Numancia con cabeza de caballo y toro: Cerámica: a. Sin contexto (a partir de Wattenberg 1963: tabla XVII, 465). Bronce: b. Sin contexto (Lorrio 2005: Fig. 96B; Schüle 1969). c. Casa 6 de la Manzana XXIII.

almacenamiento y consumo, como fueron las jarras y los *boch*. A pesar de que en las demás casas también se documentaron cerámicas en forma de copa, por lo general, el número de cuencos siempre era muy superior. Además algunas de las cerámicas del citado almacén presentaban decoraciones pintadas monócromas y polícromas entre las que destacaba el Vaso del Caballito Serpentiforme (Liceras Garrido 2014a) (Fig. 5.39).

Los contextos funerarios son quizá la evidencia más extensa con la que contamos, especialmente para la segunda Edad del Hierro. Gracias a la práctica de hacer

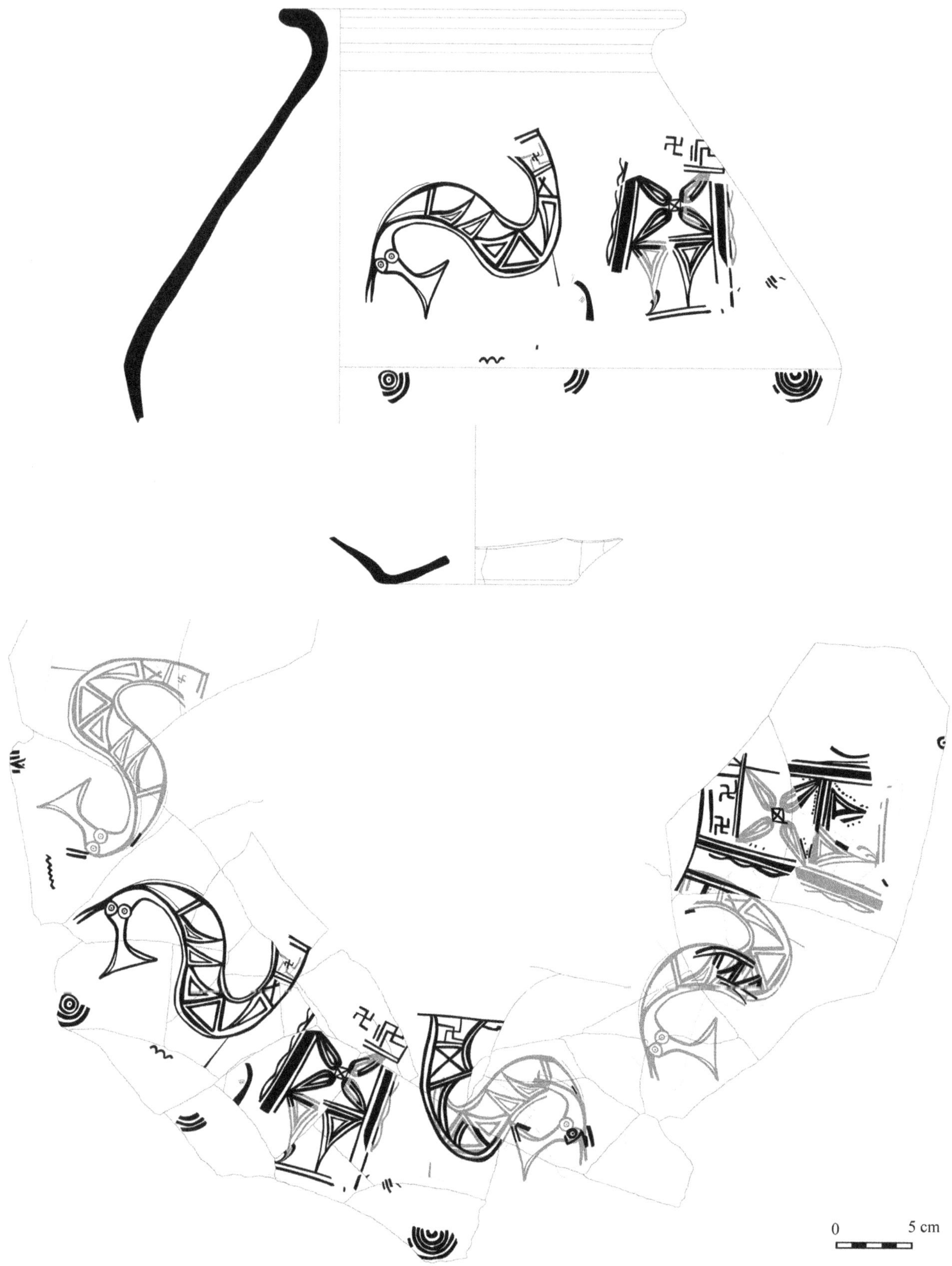

Fig. 5.39: Vasija de los caballitos documentada en el almacén de la Manzana XXIII (Liceras Garrido *et al.* 2014a).

partícipe al difunto del banquete en su honor con el fin de alimentarlo, debió ser frecuente la deposición de piezas de carne en la tumba. Por ello, en las necrópolis del Alto Tajo y Alto Jalón se documentan restos óseos de bóvidos, ovicápridos, cérvidos y aves (Cerdeño 2010; Sagardoy y Chordá 2010); en Las Ruedas, cordero, conejo y cerdo (Sanz Mínguez y Romero 2010: 406) y en Numancia, ovicápridos y équidos (Jimeno *et al.* 2004: 55). También, se aprecia un aumento de los elementos cerámicos como parte del ajuar, especialmente de formas relacionadas con la vajilla de mesa, como cuencos, copas o jarras. En el caso de El Pradillo, por ejemplo, la mayor parte de los enterramientos presentaban tres formas cerámicas: las jarras trilobuladas, las botellas y los cuencos carenados (Abarquero y Palomino 2007: 252).

Especialmente relevante es el caso de Las Ruedas, ya que se realizaron análisis de residuos en algunas de sus piezas cerámicas (Sanz Mínguez *et al.* 2010; Juan Tesserras y Matamala 2003). Estas fueron contenedores habituales de vino, como las copas de las tumbas 18, 30, 34, 75 o 84, y el vaso realizado a mano de la 84. No obstante, tan solo se pudieron reunir datos antropológicos de tres de ellas. La tumba 18 era de una mujer de entre 30 y 40 años, acompañada por varias piezas cerámicas y un fragmento de una manilla de escudo (Sanz Mínguez 1997: 64). La tumba 30 era doble; la copa sobre la que se realizaron los análisis se encontraba en el conjunto de ajuar de una mujer de 18-20 años, enterrada junto a un hombre de 40-50 años con armas (Sanz Mínguez 1997: 79-83). Por último, la tumba 34 perteneció a un varón de 50-60 con cerámicas a mano y a torno (Sanz Mínguez 1997: 90-92).

También, se registraron evidencias de cerveza en dos vasos de los enterramientos 38 y 50 de Las Ruedas. Por un lado, el vaso de la tumba 38 estaba hecho a mano compuesto por tres trípodes y perteneció a un hombre de 30-40 años, junto a cerámicas a mano y a torno y abundantes canicas (Sanz Mínguez 1997: 96-100). Por otro lado, el ejemplar de la tumba 50 era un *kernos* a torno decorado con pinturas geométricas que acompañaba a un hombre de 30-40 años enterrado en un conjunto doble junto armas, cerámicas y elementos de aseo; y otro hombre de 40-50 años con ajuar cerámico y algunas tijeras (Sanz Mínguez 1997: 117-122).

El vino siempre ha ocupado un papel por excelencia al referirnos al consumo de bebidas alcohólicas, quizá por las cualidades que destacaba M. Poux (2009: 93): su alto precio, la eventualidad de un consumo no cotidiano, la *performance* de la que se rodeaba o la riqueza e influencia que le reportaba a los organizadores. Sin embargo, como señalaba A. Jimeno (2009b) en su estudio sobre el vino en el Alto Duero, su presencia en la zona debió ser bastante reducida, ya que hay una ausencia generalizada de materiales arqueológicos o de citas de los autores clásicos hasta el siglo II a.n.e.

La primera referencia del consumo de vino en esta región procedía de Tito Livio (XL, 47, 5) durante la campaña de Tiberio Graco en el 179 a.n.e. En ella, narraba la visita de los emisarios celtíberos de Céntima al campamento romano, en la que lo primero que pidieron al pretor a su llegada fue que se les diese de beber. Los romanos quedaron asombrados por sus formas, ya que los indígenas no conocían la ritualidad ni los gestos que para ellos conllevaba su ingesta, lo que el autor calificaba de:

> "…lo primitivo de su carácter y su absoluta ignorancia de cómo comportarse"

Diodoro (V, 34, 2), a partir de Posidonio, apuntaba que la presencia de vino en la Celtiberia era rara y provenía del exterior. Según las palabras de Apiano (*Iber.* 91), posiblemente procediese de la Meseta occidental, ya que mencionaba los contactos de carácter comercial con la zona del Duero Medio, mediante *"...pequeñas barcas de remo o vela"*. En la cuenca media y baja del Duero está bien atestiguado el consumo de vino mediante evidencias como las señaladas para la necrópolis de Las Ruedas o las semillas de uva que aparecieron en la ciudad vaccea de *Cauca* del siglo II a.n.e. (Jimeno 2009b: 167).

El alcohol proporcionaba un alto valor ritual enfatizado por sus cualidades psicotrópicas. Este no podía ser consumido a la ligera sin una serie de protocolos, gestos y formas. Numerosas son las referencias de los autores griegos y romanos sobre las diferentes tradiciones y costumbres en el consumo del alcohol entre ambas sociedades y el asombro que les produjo observarse. Por ello, los indígenas fueron acusados de barbarismo en sus formas como evidencian la referencia previa de Tito Livio (XL, 47, 5) o la de Estrabón (III, 3, 7) sobre los montañeses del norte. Del mismo modo, también queda recogida la rareza que debió suponer a los romanos observarlos tomar el vino sin rebaja con agua o mezclarlo con miel como recoge Diodoro (5, 33-34) sobre los celtíberos y la analítica de la tumba vaccea 18 de Las Ruedas (Sanz Mínguez *et al.* 2010: 600).

La *caelia* fue la bebida alcohólica de estos pueblos. Este era un tipo de cerveza elaborada a partir de cereales que se consumía sin mezclar y de la que Plinio (*H.N.* XXII, 164) y Orosio (5, 7, 2-18) reportaron detalles sobre su producción, sabor y consumo. Numerosas han sido las referencias de eventos rituales regados por cerveza y era precisamente la presencia de la misma la que marcaba el carácter ritual del evento, como recogía J. Willis (2002: 61) de uno de sus informadores tanzanos en su estudio sobre "*Potent brews*" al este de África a finales del siglo XIX: "*If there's no beer, it's not a ritual*". Dicha ritualidad estaría además marcada por música, cánticos y danzas en su consumo, como recogía Estrabón (III, 3, 7) para los pueblos del norte y algunas de las representaciones de las cerámicas numantinas de mesa.

Hemos de tener presente que el consumo de bebidas alcohólicas en las sociedades preindustriales tenían lugar de un modo casi exclusivo en contextos de interacción social como mecanismo de cohesión del grupo a diversas escalas. El consumo en solitario, ligado a la adicción, es propio de la sociedad industrializada de Occidente y es raro en sociedades tradicionales (Dietler 1990: 361). El caso de los baganda de Uganda mostraba como tan solo se consume cerveza como vehículo para establecer vínculos ritualizados de larga duración, con los que se creaban una serie de obligaciones económicas y sociales mutuas (Robbins 1979) y para los luo de Kenia, el alcohol era el principal medio para la movilización del trabajo (Dietler 1990). M. Dietler (2006, 1990) sugería dos caras en el proceso social y simbólico que tenía lugar con el consumo comunal de alcohol. Por un lado, al compartir la bebida se creaba o reforzaba un sentido de identidad común entre los participantes. Por otro, se enfatizaban una serie de diferencias y fronteras que condicionaban, reforzaban o renegociaban la posición en la que se encontraba cada uno de los participantes dentro de la comunidad, cual era su posición en las arenas de la negociación y la manipulación de las identidades de género, edad, clase, estatus, casa o familia, a diferentes escalas y con diversos alcances.

El alcohol era, por lo tanto, un útil recurso para la manipulación de la vida política y las relaciones que de ella derivaban, jugando un importante papel en la construcción de la autoridad. Quizá, la relación más evidente de ésto sea su vínculo con las relaciones de hospitalidad que han sido bien caracterizadas por censurar lazos rituales y el consumo de alcohol. Esto permitiría una mejor comprensión de situaciones como la narrada por Tito Livio (XL, 47, 5) anteriormente; y la de Diodoro (5, 34) sobre los celtíberos en general, en la que se peleaban por acoger huéspedes. La bebida en el ejercicio de la hospitalidad habría sido un medio para crear y/o mantener crédito social dentro de la comunidad y una red de interacciones, en las que se establecían una serie de derechos y deberes que podían ser evocados en tiempos de necesidad.

La celebración de banquetes o festines siempre conllevaba una serie de asimetrías que nos pueden ayudar a entender mejor el alcance y las implicaciones de este tipo de celebraciones. Ya hemos mencionado como, a través de la práctica, cada participante actuaba a partir de sus diferentes identidades, por las que deberían sentarse en cierto lugar y postura, tener un orden de acceso determinado a la comida, realizar unos gestos y presentar un comportamiento determinado, entre otros. Tal y como señalan Posidonio en el "Banquete de los Eruditos" (IV, 36) o Estrabón (III, 3, 7) para los montañeses del norte.

> "Comen sentados en bancos construidos contra el muro y se sientan en orden a la edad y el rango. Los manjares se pasan en círculo, y a la hora de la bebida danzan en corro al son de flauta y trompeta, pero también dando saltos y agachándose, y en Bastetania danzan también las mujeres junto con los hombres cogiéndose de las manos" Estrabón (III, 3, 7)

Estas desigualdades, también se registraron en términos de preparación y beneficio, bien caracterizadas por M. Dietler y B. Hayden (2001) y relacionadas con el género. La preparación de la cerveza para compartir en contextos sociales requiere una gran inversión de recursos agrícolas y actividad culinaria, lo que habría supuesto un gran esfuerzo para la unidad doméstica en términos de producción de las materias primas y su elaboración. M. Dietler (2001: 81-82) recogía referencias numéricas sobre el coste que suponía para la casa la elaboración de bebidas alcohólicas, en especial la cerveza. Así, una casa en Botswana destinaba el 15-20% del cereal que producía para la elaboración de dicha bebida, que se consumía en el marco de los *work party feast* durante la época de la cosecha, tiempo en el que los hombres se mantenían constantemente en estado de embriaguez (Haggblade 1992). Hecho que recuerda lo mencionado por Tácito en la *Germania* (15) sobre la actitud de determinados hombres ante el trabajo doméstico y agrario:

> "Cuando no guerrean, se dedican algo a la caza, pero pasan la mayor parte del tiempo sin ocuparse de nada, entregados al sueño y a la comida. Los más valientes y belicosos entregan el cuidado de la casa, el hogar y los campos a las mujeres, ancianos y a los más débiles de la familia, mientras ellos languidecen: sorprendente versatilidad de carácter, que hace que los mismos hombres gusten así de la ociosidad y odien la paz"

Entre los bemba de Zambia se utilizaban 400 libras de mijo al año para la elaboración de cerveza, lo que suponía un 17% de su producción (Richards 1939). Estas cifras suponen un alto coste para la casa. Entre los luo, el gobierno keniata intentó intervenir en el gasto que suponen los banquetes funerarios, que en algunos casos llegaban a arruinar a las familias de los difuntos.

En estas sociedades preindustriales, es muy frecuente que las mujeres sean las encargadas de la producción agrícola y del cuidado de los animales domésticos, además de los procesos de elaboración, cocinado y servicio (Montón Subías 2005). Ellas habrían sido las encargadas de la preparación del banquete desde la obtención de los ingredientes hasta la mesa. Sin embargo, el principal beneficiario de su trabajo habría sido el hombre, especialmente en las arenas del poder político y la autoridad, adueñándose de la labor y esfuerzo de la mujer. No obstante, también se habrían beneficiado todos los miembros de la unidad doméstica por el mero hecho de formar parte de ella. Así, se habría relacionado la capacidad de movilizar recursos y la posibilidad de destruirlos en un evento más o menos público. De este modo, las mujeres habrían sido partícipes del reconocimiento social y el estatus del marido en el marco de la identidad de casa, aunque siempre a una escala y con unos beneficios diferentes.

También, se observa una estrecha relación entre el festín y la guerra. Ya hemos comentado como estos eventos de comensalidad tenían lugar en múltiples contextos como nacimientos, ritos de paso, bodas o fallecimientos, y cuyas escalas habrían sido múltiples, englobando desde el ámbito doméstico y familiar a diferentes agrupaciones sociales y/o políticas: asentamiento, territorio, etc. En este caso, es relevante reparar en los eventos relacionados con la guerra.

S. Alfayé (2006: 154) evidenciaba como en momentos anteriores a un enfrentamiento y después del mismo, tenían lugar este tipo de celebraciones. Buen ejemplo de ello fue el banquete de los numantinos antes del último ataque contra Roma con el que intentan romper el cerco que había impuesto el cónsul Escipión Emiliano en el 133 a.n.e. Este fue narrado por Floro (I, 34, 12) y Orosio (V, 7, 12-14), en el que los numantinos compartieron carne semi-cruda y *caelia* para, posteriormente, lanzarse al combate en estado de embriaguez. F. Quesada (1994b: 121) ya apuntaba que "...el uso -y quizá abuso- del alcohol antes del combate era común en Iberia" como mecanismo para incitar a los implicados a la batalla y para paliar tensiones y miedos. Del mismo modo, en El Castrejón de Capote (Badajoz) (Berrocal 1994: 263-276), se documentó un amplio registro material sobre un contexto similar. En la parte central del asentamiento, se encontraba una estancia que frecuentemente había servido para el sacrificio de animales y su consumo. Su interior tenía capacidad reducida para acoger a un número limitado de personas que se dispondrían sentadas en los tres bancos corridos adosados a la pared en torno a un altar. En este contexto, se documentaron evidencias de un festín realizado antes de la destrucción del sitio por parte de los romanos, donde habrían participado entre 100 o 200 personas por el número de recipientes cerámicos documentados.

Por último, aunque posteriormente profundicemos más en el papel que juega la violencia en estas sociedades y su materialización a través de la iconografía, no quiero dejar de mencionar la relación existente entre los usos de las formas cerámicas decoradas, los motivos decorativos y el conflicto. Son famosas las cerámicas pintadas con motivos figurados que recogen escenas narrativas complejas y que provienen fundamentalmente de Numancia. Estas representan casi de modo exclusivo, salvo una única excepción, composiciones protagonizadas por varones. Figuras relacionadas con el guerrero, la doma de caballos, danzas, combates singulares, muertes heroicas o personajes híbridos fueron los principales temas en los que aparecen representaciones humanas. Generalmente, estas escenas son únicas y decoran formas relacionadas con la vajilla de mesa, tales como cuencos, jarras o *boch,* cuyo uso podría relacionarse con los eventos de comensalidad más que con el uso diario de la familia. No en vano la mayor parte de estas cerámicas han sido encontradas en almacenes subterráneos y su presencia en contextos domésticos es prácticamente nula, a excepción de un fragmento hallado en la limpieza de estructuras de la Manzana IX que había excavado la Comisión de Excavaciones en 1914. En el año 2014, realizando labores de re-excavación documentamos una parte de una casa celtibérica intacta, donde había un conjunto de cerámicas almacenado en una alacena o arcón junto al hogar. En este contexto, se encontraba un fragmento de *boch* con la representación de una figura humana de la que solo se conservaba parte de una mano y el brazo.

La presencia de escenas de luchas épicas o de rituales funerarios heroicos habrían contribuido a la heroización de determinados miembros de la familia o la comunidad y a la elaboración de las complejas narrativas de las cosmogonías. Su reiteración por medio de la práctica al compartir comida y bebidas habría permitido a los organizadores de dichos banquetes crear y fortalecer vínculos con los protagonistas allí representados, participando así de los relatos representados sobre las cerámicas del convite.

5.4.2. Conflicto y violencia

Suscribíamos para el periodo anterior, la idea de todas las sociedades se encuentran inmersas en patrones de conflicto y cada una de ellas desarrolla una serie de soluciones culturales que les permiten asumirlo, gestionarlo y justificarlo. Las evidencias de la violencia abarcan múltiples aspectos de la cultura material y a muy diversas escalas, impregnando todos los ámbitos de la misma. No es solo el conflicto directo el que moldea las sociedades, sino los diferentes tipos de violencia las que conforman una parte esencial de la identidad común, de su organización, ideología y formas de actuar (James 2007: 167). La cultura material y los escritos de los autores clásicos evidencian la importancia del conflicto durante la segunda Edad del Hierro y su relevancia a la hora de modelar las identidades, especialmente la relacionada con la figura del guerrero, así como su capacidad transformadora para acomodar y administrar las relaciones de poder.

Para ello, vamos a explorar los dos tipos de violencia que señalaba I. Armit (2011a). En primer lugar, aquella aceptada moralmente por la comunidad, profundizando en la configuración de la identidad de los guerreros, las virtudes sociales de la guerra y el papel de la mujer. En segundo lugar, en la agresión moralista que recoge los actos de violencia más extremos, en los que sus protagonistas han de ser eximidos de su responsabilidad moral por las características del evento, así exploraremos las prácticas de cortar cabezas y manos y los sacrificios humanos. Cuando nos refiramos a la violencia, siempre hemos de tener en cuenta el barniz ritual del que se revistieron estas acciones que sirvieron como mecanismos de control social del conflicto y la agresividad para garantizar el buen funcionamiento y supervivencia de la comunidad.

5.4.2.1. La figura del guerrero

Los guerreros fueron los principales actores de la Edad del Hierro, al menos en lo que a la bibliografía se refiere. Bien es cierto que contamos con un amplio registro material de objetos tradicionalmente asociados a su figura. Ejemplos como la valoración de R. Morenas de Tejada (1916b: 608) tras sus excavaciones en el cementerio de Viñas del Portuguí, el que consideraba mayoritariamente de guerreros por la abundante presencia de armas y la escasa presencia de adornos "femeninos", ilustran los prejuicios perpetuados en el mundo de la investigación desde los orígenes de la Arqueología de la Edad del Hierro hasta hoy.

La figura de estos personajes ha sido caracterizada en numerosos estudios, atendiendo a los aspectos formales y a su papel político como figuras de autoridad dentro de la sociedad (Ciprés 1993a; Ruiz Zapatero y Lorrio 2000; Almagro Gorbea y Lorrio 2007; Ruiz Gálvez y Galán 2013; Lorrio y Quesada 2017; Liceras Garrido 2021). El guerrero fue una construcción social, una identidad relacional de clase, donde un grupo de hombres buscaba diferenciarse del conjunto social a través de su apariencia, aunque al mismo tiempo perseguían la uniformidad entre ellos como mecanismo para enfrentar al mundo. Esta es quizá una de las identidades más fácilmente observables a través de los textos antiguos del registro material.

Las principales evidencias materiales para identificar esta identidad hacen referencia a su construcción a través del cuerpo que como señalaba J.D. Hill (1997: 101) formaba parte del lenguaje no verbal y era capaz de transmitir poderosos mensajes mediante la apariencia, los gestos o las formas. En todas las sociedades, pero especialmente en las orales, el cuerpo siempre está relacionado con cuestiones de género, edad, clase o poder, entre otras. Las armas, su cercana relación con la figura del caballo o los instrumentos de aseo quizá fuesen las formas de materialización más frecuentes de esta identidad, especialmente visible en el ámbito funerario.

En este periodo, hemos asistido a una transformación de las formas de pensar y entender el mundo reflejada en la composición de los ajuares, caracterizada por la disminución y el cambio del tipo de armas presentes en las necrópolis. Como veíamos en Carratiermes, se observaba el predominio de los puñales en detrimento de las lanzas que habían sido las principales protagonistas en la configuración de esta identidad en el periodo anterior. Las armas fueron el foco de complicadas decoraciones, como las vainas de los puñales de Numancia, o las vainas y empuñaduras de las espadas de tipo Arcóbriga o las de antenas atrofiadas. El diseño y las decoraciones de estos elementos debieron servir para la protección de sus portadores o para añadir un poder sobrenatural a estos objetos, impresionar al enemigo o sustentar la preeminencia de la posición social de su propietario (Giles 2008).

También se documentan una serie de objetos defensivos, más decorativos que útiles, como fueron los cascos de bronce (tumba 39 de Numancia, Alpanseque, Aguilar de Anguita, o los depósitos de La Fuentona y Aranda de Moncayo (Jimeno *et al.* 2004: Fig. 51; Graells y Lorrio 2013: 154, 156; Graells *et al.* 2014)) o los cardio-torax (Graells 2012). S. James (2007: 168) apuntaba que la dominación habría tenido lugar primero a través de la psicología, la palabra o las acciones simbólicas, antes que por la fuerza. Así, marcas como las heridas de guerra habrían sido distintivos de prestigio, exhibidos y valorados por una comunidad, donde la mera amenaza de la violencia se encontraba entretejida en amplias ideologías afines al estatus, el prestigio o la riqueza.

La aparición de herramientas en los ajuares, que ya citamos en el apartado correspondiente a la casa, en ocasiones restauradas o decoradas, asociadas a las actividades de la ganadería, la agricultura y la explotación de los bosques, debieron responder a la asociación de la persona, la casa y/o la familia a determinadas fuentes de riqueza, como tierras, animales u otros recursos. Esto respondería a una mixtura entre los ideales del guerrero y los del hombre de negocios, quienes controlaban la producción o el flujo de determinados bienes o recursos.

Fruto de la diversidad regional, observamos la práctica desaparición de armas en necrópolis como La Yunta, donde tan solo aparecieron varios regatones, una vaina de puñal y algunas argollas y placas metálicas que podrían haber correspondido a arreos de caballo o a vainas de espadas o puñales. La práctica ausencia de armas y la elevada presencia de los regatones de este cementerio han sido interpretadas como la posible representación simbólica de la parte por el todo (García Huerta y Antona 1992: 142), donde los regatones habrían sustituido a la panoplia guerrera y personificado los valores y significados de las armas.

Tampoco fueron comunes las armas en El Pradillo, donde solo se documentó un regatón de bronce (Moreda y Nuño 1990), un fragmento de puñal de tipo Monte Bernorio y un tahalí (Abarquero y Palomino 2007: 253). Por el contrario, fueron múltiples los objetos relacionados con el aseo, como las pinzas o las navajas de afeitar. El número de tumbas excavadas de este periodo fue muy reducido, pero contó con el mayor registro de navajas, compuestas de varios materiales donde los cabezales o el colgador estaban realizados en bronce, las cachas en hueso y la hoja en hierro (Abarquero y Palomino 2007: 253). Sus ajuares estaban formados por varios de estos objetos. Por ejemplo, el enterramientos de la tumba 4 de la campaña de 1984 presentaba hasta tres navajas de afeitar y unas pinzas de bronce, junto a dos jarras de cerámica a torno pintadas, una de ellas decorada con prótomos de caballo (Moreda y Nuño 1990: 172). Del mismo modo, era destacable el gusto por la decoración de estos objetos con motivos similares a los que se observaban sobre las fíbulas. Sin embargo, en este caso, las decoraciones aparecieron sobre las pinzas y las navajas, formando líneas paralelas, aspas, dientes de lobo o círculos concéntricos (Abarquero y Palomino 2007: Fig. 4-1 a 12). Estas combinaciones hacía únicas a estas piezas, dotándolas así de características mágicas que protejiesen y ayudasen a sus portadores (Fig. 5.40).

En otras necrópolis, también aparecieron este tipo de objetos, aunque en proporciones más reducidas. En Carratiermes, se identificó una cuchilla para afeitar en la tumba 133 que correspondía a un hombre de entre 30 y 40 años, junto a un cinturón de escotaduras, una lanza y un regatón. Del mismo modo, se documentaron dos pinzas de depilar. La primera de ellas se registró en la tumba 330, en la que se encontraba enterrado un hombre de entre 30 y 40 años con lo que los autores de la publicación han denominado un ajuar civil, por lo que se deduce que no

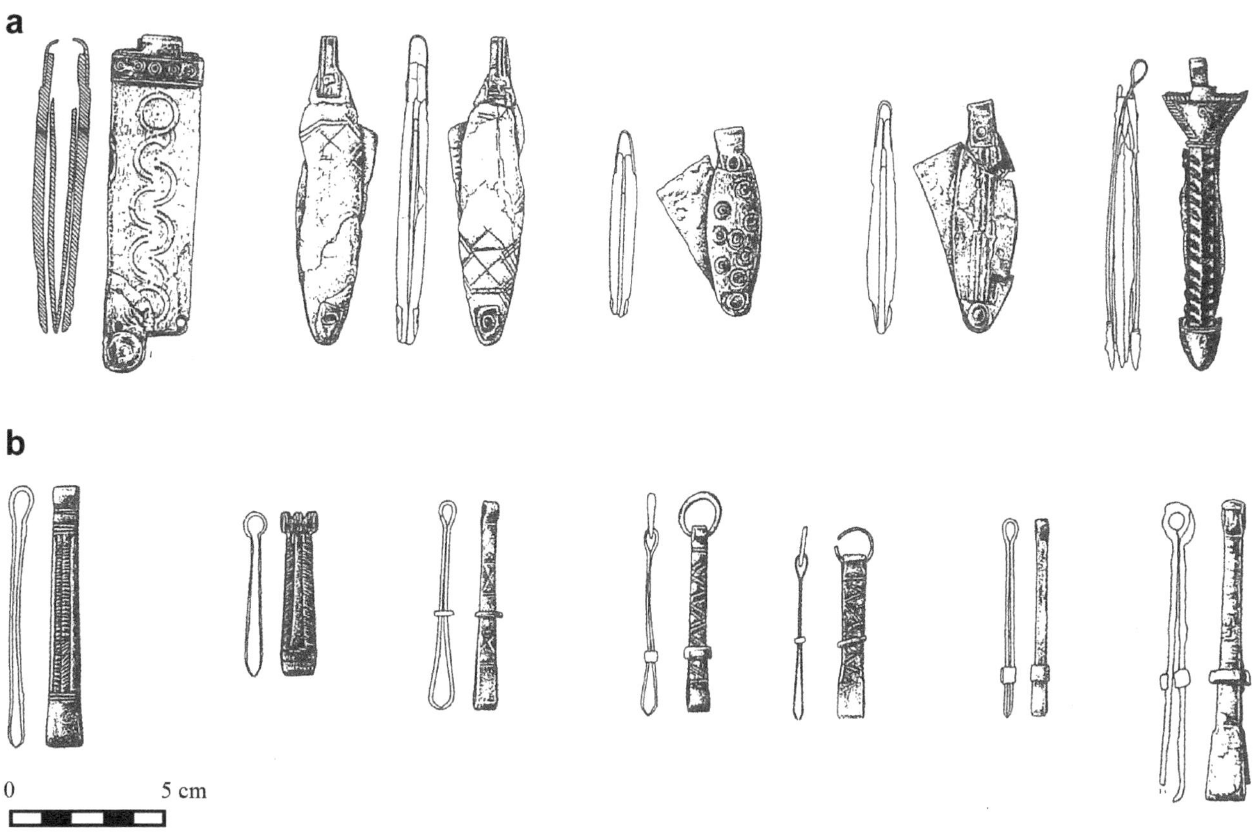

Fig. 5.40: Objetos de aseo decorados de la necrópolis de El Pradillo. a. Navajas de afeitar. b. Pinzas (Pinilla de Trasmonte) (a partir de Abarquero y Palomino 2007: Fig. 4).

esta formado por armas o arreos de caballo (Argente *et al.* 2001: 237-238). La segunda se encontraba en la tumba 508 que a pesar de contener restos humanos, no se pudo determinar sexo ni edad. El ajuar de esta tumba constaba de un cuchillo curvo, arreos de caballo, numerosos vasos cerámicos, incluyendo algunos ejemplares pintados, y restos de huesos de animales.

Las pinzas de bronce y de hierro y tijeras de pequeño tamaño fueron tambien frecuentes en las necrópolis de Numancia, donde pueden relacionarse con el aseo personal, mientras que en las Viñas del Portuguí se documentaron unas tijeras de pequeño tamaño en el Museo Arqueológico de Barcelona (Schüle 1969: Taf. 63) a las que se le podría atribuir este uso.

Este énfasis en la transformación y alteración del cuerpo dio lugar a determinados hombres fuesen enterrados con equipos de aseo, reflejando la importancia de la imagen física en la construcción de las identidades y la posición social de estos individuos. En otras regiones de Europa, cuentan además con evidencias de otro carácter como descripciones y restos materiales del peinado. Tácito en su libro sobre la *Germania* (38, 4) describía el nudo swabiano, un tipo de tocado muy concreto, común entre los líderes de los suevos y del que decía:

> "Los próceres llevan el pelo de forma más rebuscada. Tal es su preocupación por la estética; aunque inofensiva, por cuanto no se adornan para amar o ser amados, sino para aparentar una mayor estatura a los ojos de los enemigos e infundir así terror al entrar en combate"

Este peinado se ha podido documentar en Osterby (Schleswig-Holstein, Alemania), por la conservación en una turbera de la cabeza de un hombre de entre 50-60 años que lucía este tocado. Dicha cabeza se encontraba envuelta en una capa de ciervo y presentaba evidencias de haber sido cortada y golpeada. Desafortunadamente, no contamos con referencias ni evidencias estéticas de este tipo para la Meseta, pero merece la pena mencionar el espanto que produjo en los escritores grecorromanos el aspecto de los numantinos cuando se rindieron a Escipión, por lo desaliñado y posiblemente poco usual:

> "Se volvieron salvajes de espíritu a causa de los alimentos y semejantes a las fieras, en sus cuerpos, a causa del hambre, de la peste, del cabello largo y del tiempo transcurrido. Al encontrarse en una situación tal, se entregaron a Escipión. Éste les ordenó que en ese mismo día llevara sus armas al lugar que había designado y que al día siguiente acudieran a otro lugar. [...]. Los restantes acudieron al tercer día al lugar convenido, espectáculo terrible y prodigioso, sus cuerpos estaban sucios, llenos de porquería, con las uñas crecidas, cubiertos de vello y despedían un olor fétido; las ropas que colgaban de ellos estaban igualmente mugrientas y no menos malolientes. Por estas razones aparecieron ante sus enemigos dignos

de compasión, pero temibles en su mirada, pues aún mostraban en sus rostros la cólera, el dolor, la fatiga y la conciencia de haberse devorado los unos a los otros" (Apiano *Iber.* 96-97)

La guerra fue un medio para obtener prestigio y bienes, mediante el cual labrar una respetable posición social. La identidad de clase de los guerreros les habría permitido fortalecer los vínculos entre los participantes en esta identidad y les daría seguridad y respaldo para llevar adelante correrías y viajes por territorios desconocido. El testimonio más fiable de la participación de estos hombres, vestidos de guerreros, en episodios bélicos serían las evidencias de violencia interpersonal reflejadas en los restos óseos. Sin embargo, debido al carácter de nuestro registro arqueológico, estas son prácticamente inexistentes. El ritual de la cremación impide estudiarlas, y en muchos casos, determinar las características del individuo que encontramos en los enterramientos. La parte material de la persona era purificada a través del fuego, mediante el que se rompía el vínculo entre cuerpo y espíritu, y el alma era liberada para viajar al mundo de los muertos. El fuego como elemento purificador aparece reflejado, no solo en el ritual que registramos en las necrópolis o en numerosas referencias clásicas desde La Ilíada con las honras fúnebres de Patroclo o el funeral de Viriato (Apiano *Iber.* 75), sino también en situaciones desesperadas como relataban Floro (1, 34, 11) y Valerio Máximo (III, 2, ext.7) para el final de Retógenes en la caída de Numancia, donde sus hombres se enfrentaron en combates individuales a muerte hasta que no quedó ninguno, para finalmente darse muerte a sí mismo y arrojarse al fuego que le permitiese liberarse y trascender al Más Allá.

Sin embargo, llama la atención la desaparición de las armas en los escasos ajuares que contamos de hombres de más de 50 años, así como de la práctica ausencia de varones de entre 10 y 30 años en los cementerios de la Meseta oriental (Liceras Garrido 2021: 127). En Carratiermes, además, se ha apuntado a la buena forma física de los hombres, evidenciada por la inserción de potentes paquetes musculares en los fémures (Argente *et al* 2001: 295). Por ello, cabe la posibilidad de la existencia de otro ritual funerario, asociado a aves carroñeras, especialmente los buitres. Este fue recogido en los textos de Silio Itálico (III, 340-343) y Eliano (X, 22) refiriendo la muerte en el campo de batalla como el mayor de los honores para el guerrero. También, se ha podido documentar esta costumbre en la iconografía de los vasos de Numancia, a partir de varios fragmentos que muestran guerreros caídos y buitres y aves carroñeras posados sobre el cuerpo del difunto o descendiendo sobre el mismo (Fig. 5.41). Además, otro vaso presentaba la figura de un buitre con sus alas extendidas y complejas representaciones geométricas en el interior del cuerpo, posible reflejo de su concepción cosmogónica. La muerte en combate había purificado el alma por la acción guerrera, proceso que se ha relacionado con la heroización, por la que el guerrero se habría convertido en un héroe, intermediario entre dioses y hombres, protector de sus pueblos y sucesores (Rodríguez García 2012: 225-226).

La busqueda de los lugares en los que se habría llevado a cabo este ritual han sido un tema recurrente en la arqueología del Alto Duero, especialmente en el entorno de Numancia. J.R. Mélida apuntó que algunas acumulaciones de piedras de la zona de Garrejo, en la vertiente suroeste de Numancia, podrían haber sido utilizadas para estas prácticas. Sin embargo, en el marco del Plan Director de Numancia liderado por A. Jimeno, se llevaron a cabo limpiezas en estas localizaciones sin resultados materiales, por lo que no parece que esas acumulaciones de piedra en concreto fuesen espacios de exposición de cadáveres (Jimeno *et al.* 2004: 36-37). También, se ha apuntado otra posibilidad de carácter más funcional para este ritual, relacionada con la acción llevada por las aves carroñeras tras una cruenta batalla, donde los contingentes humanos no pudiesen hacer frente al ritual de tantos caídos

Fig. 5.41: Representación del ritual de los buitres en las cerámicas de Numancia (a partir de Schulten 1931: Tafel 22; Wattenberg 1963: 1122-1235 y 2-1235; Sopeña 2005: 381).

y dejasen a la naturaleza seguir su curso revistiéndola de sacralidad.

Ante la guerra, los autores clásicos señalaban que los mercenarios se reunían en torno a un líder, llegando en ocasiones a formar grupos de entre 1.000 y 3.000 soldados (Graells 2004: 19). Julio César (*BG* I, 44) y Tito Livio (XXVIII, 1) mencionaban su pericia técnica y la rapidez en el despliegue de las tropas en el campo de batalla, así como durante el fragor de la misma, y los intentos de algunos guerreros por individualizarse y demostrar su calidad y habilidad en el arte de la guerra (Ciprés 2002: 141, 1993a: 49). Destacaban especialmente los combates singulares, bien caracterizados en los textos de los autores greco-latinos, cuando miembros del ejército romano aceptaron los retos de cabecillas locales. Ese fue el caso del combate entre Escipión Emiliano contra uno de los líderes de *Intercatia* en la campaña de Lúculo (Apiano *Iber.* 53; Polibio XXXV, 5; Floro I, 33, 11; Orosio 4, 21, 1; Plinio *H.N.* XXXVII, 4, 9) o los dos enfrentamientos que protagonizó Quinto Occio, legado de Metelo (Valerio Máximo III, 2, 21). Estos retos o provocaciones de los guerreros indígenas a los soldados del ejército romano debieron de ser muy comunes y los dirigentes de los ejércitos romanos no debieron tolerarlos, tal y como se observa en el caso de Quinto Occio que hace que le lleven sus armas y su caballo hasta la empalizada del campamento sin que nadie lo sepa, para que el cónsul Metelo no le impidiese luchar.

Estas competiciones marciales han sido entendidas desde diversas ópticas. J. García Cardiel (2012: 584) sugería que la finalidad de estos enfrentamientos no era evitar la batalla o decidir el final de la misma, sino probar la valía de aquellos que se van a enfrentar, a la par que aumentar el prestigio de los participantes. Otras autoras como M. Giles (2008) o S. King (2010b: 253) apuntaban que contribuían a evitar o restringir las confrontaciones, aunque no siempre fueron capaces de evitar los enfrentamientos de mayor alcance y, en ocasiones, se habría requerido un número adicional de miembros de la comunidad armados ante situaciones de competición entre sitios o invasores oportunistas.

Este tipo de prácticas habrían entroncado directamente con la heroización del guerrero y los mitos de origen representados en la iconografía sobre variados soportes, como los grabados del Barranco del Rus (Torrevicente-Lumias), documentados por J. Cabré (1917: 112, Lam. LV) (Fig. 5.19) en un lugar posiblemente relacionado con el culto. También, se documentaron cerámicas en Numancia con esta iconografía como en el conocido "Vaso de los Guerreros" (Wattenberg 1963: Lám. XVI, 1-1295; Romero 1976: nº 20), en el que se narraban tres combates singulares, uno entre dos guerreros y dos entre criaturas híbridas mitológicas (Fig. 5.27); y otro vaso donde se apreciaba el enfrentamiento de dos guerreros híbridos en un mundo mítico (Wattenberg 1963: Lám. XI, 10-1256) (Fig. 5.42). Por último, sobre bronce y damasquinados

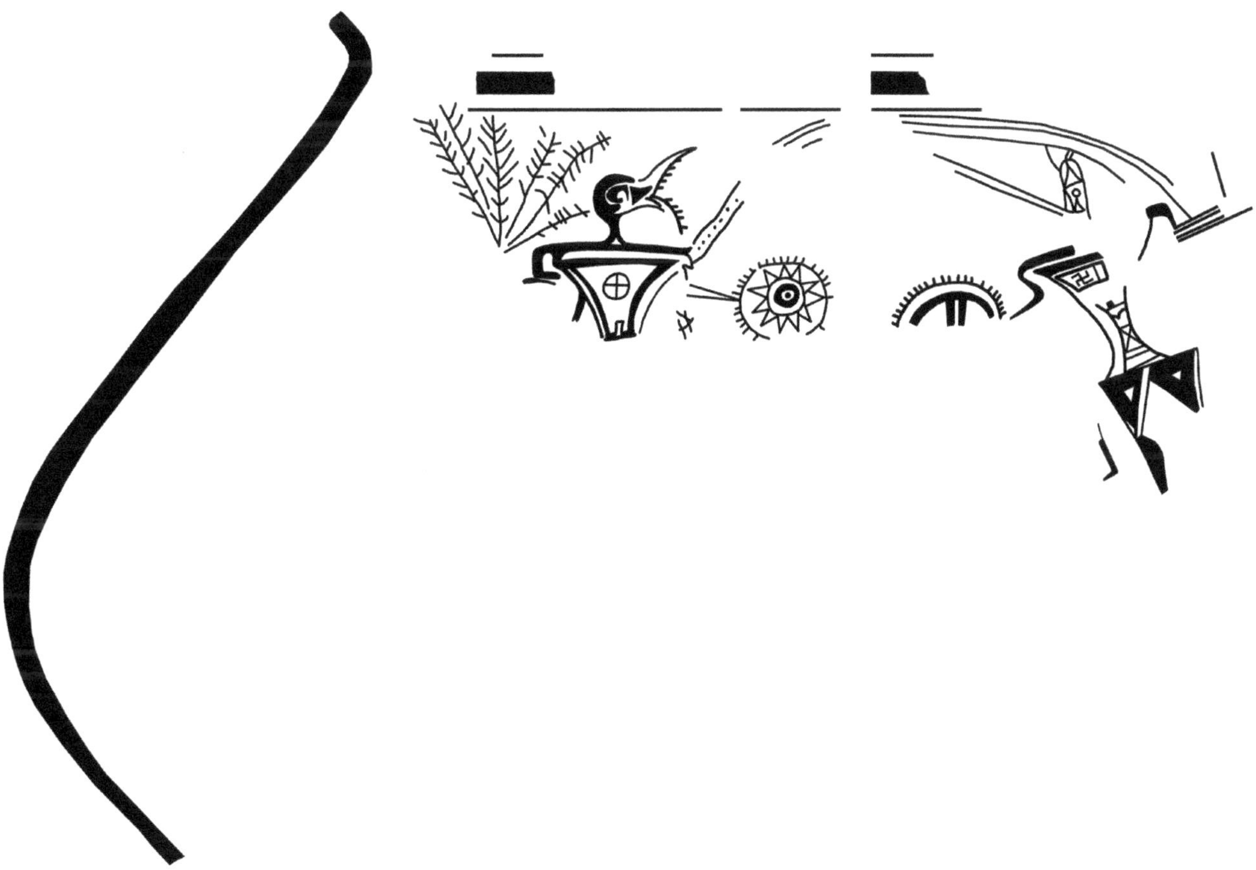

Fig. 5.42: Representaciones de un combate singular en una cerámica de Numancia (a partir de Wattenberg 1963: Lám. XI, 10-1256).

en plata, también encontramos otras dos representaciones de combates singulares. La primera de ellas apareción en el broche de cinturón de la tumba 2 del túmulo Z de la necrópolis vettona de La Osera y el segundo en el pomo de un puñal de tipo Monte Bernorio en la tumba 32 de la necrópolis de Las Ruedas (Fig. 5.43). Ambos estaban asociados a ricos ajuares con armas. En el caso de La Osera, el broche estaba acompañado por un conjunto de placas de bronce que habría formado parte del propio cinturón, un puñal de frontón, un umbo de bronce, un bocado de caballo, una azuela, unas tenazas y una parrilla de hierro (Cabré 1937: 116). La tumba 32 de Las Ruedas perteneció a una mujer de entre 30 y 40 años, cuyos restos se encontraron dentro de un cuenco con decoración a peine, junto al pomo de puñal que hemos referido y una abrazadera de hierro, un tahalí también de hierro y damasquinado en plata; también una cajita con decoración incisa, una canica, un amplio conjunto cerámico tanto a mano como a torno, y huesos de *Sus domesticus* y *Capra hircus* (Sanz Mínguez 1997: 85-89).

Estas representaciones podrían reflejar combates míticos, quizá de héroes o antepasados heroizados de una familia o una comunidad. Los guerreros se rodeaban (el pomo de Las Ruedas), equiparaban (Vaso de los Guerreros de Numancia) o personificaban monstruos míticos (vaso 10-1256 de Numancia) de los que tomaban su poder, fuerza y/o atributos. El esquematismo y los elementos que enmarcaban estos duelos (como pueden ser los elementos vegetales del vaso 10-1256 de Numancia, los animales en perspectiva cenital del pomo de Las Ruedas, el ave posada junto al nido guardando a sus crías o las lanzas que hay tras uno de los personajes del Vaso de los Guerreros de Numancia) debieron ser cruciales para que los miembros de la comunidad y la sociedad del momento fuesen capaces de reconocer el mito o la historia que se estaba narrando en cada objeto.

Las referencias sobre a la belicosidad de los pueblos de Iberia fueron constantes y numerosas (Plinio *H.N.* I, 2, 4-8; Estrabón III, 3, 5; Diodoro V, 34, 4). En ellas, se describían su dedicación al saqueo, al bandidaje o al mercenariado, rasgos que definían su barbarie (Ciprés 2002: 137), por lo que se les calificó como "indómitos" (Tito Livio XL, 35). A pesar de estas denominaciones, fueron unos aliados muy deseables por su versatilidad a la hora del combate, siendo muy efectivos tanto a pie como a caballo. Sin embargo, hemos de diferenciar estas actividades de saqueo a vecinos y pueblos más o menos cercanos con las acciones de guerra relativas a la conquista romana de la Celtiberia, que según palabras de Cicerón (*Off.* I, 38) fue una guerra de supervivencia y no de dominación.

La existencia de mercenarios procedentes de la Península Ibérica por el Mediterráneo se encuentra atestiguada desde finales del siglo VI a.n.e. por las fuentes antiguas, primero en los ejércitos griegos y cartagineses y, posteriormente, en el romano, llegando a convertirse en los principales contingentes en los ejércitos del Mediterráneo central (García-Gelabert y Blázquez 1987-1988: 257-259; Ruiz-Gálvez 1988b). R. Graells (2014: 208) apuntaba que otros posibles contratantes de los servicios de mercenarios hispanos fueron los macedonios debido a la fama que habían adquirido en el mundo griego y la combinación de los objetos en las panoplias militares; también habría sido relevantes en el sur de Italia, contratados por algunas *poleis*. Inicialmente, todos ellos aparecieron amparados bajo la designación de "iberos" y no fue hasta finales del siglo III a.n.e. cuando la denominación de celtíberos aparezció por primera vez en el contexto segunda Guerra Púnica (Ruiz-Gálvez 1988b).

Las causas que se han argumentado para el ejercicio de la guerra por parte de estos pueblos fueron la mala productividad de sus tierras y la pobreza, especialmente a partir de las referencias de Apiano (*Iber.* 58-60) y Diodoro (5, 34, 6) sobre los lusitanos. No obstante, como señalaba M. Ruiz-Gálvez (1888a: 187), existe una contradicción sobre la pobreza de la región en las fuentes clásicas, ya que Estrabón (III, 4, 13), a partir de Posidonio, contaba como Marcelo recibió sesenta talentos de los celtíberos. Marcelo también impuso un tributo de treinta talentos de plata a la ciudad de *Ocilis* (Apiano *Iber.* 48-49) y Pompeyo recibió una cantidad similar de los numantinos (Apiano *Iber.* 79) o mayor dependiendo del autor que relate ese episodio. Finalmente, Tito Livio (26, 50) narraba como un caudillo celtíbero, Alucio estaba dispuesto a pagar "...una gran cantidad de oro..." como rescate de su prometida tras caer en manos de Escipión. Por ello, no debemos entender las razias o las expediciones de saqueo como síntomas de necesidad, sino como efectivos vehículos para ganar riquezas y prestigio personal, elementos necesarios para forjarse una posición social prominente dentro de estas comunidades. Mediante ellas, los participantes eran capaces de mostrar sus habilidades, no solo en la guerra, sino también su capacidad de liderazgo, guía u organización. Estas actividades habrían permitido al mismo tiempo canalizar la presión interna de estas comunidades (Ruiz-Gálvez 2005: 380).

Prueba de la amplia movilidad de estos guerreros tuvo que ser el intercambio de materiales y formas por todo el Mediterráneo y la Península, como reflejan algunos de los individuos enterrados en Numancia y La Yunta. En la tumba 60 de la necrópolis de Numancia estaba enterrada una persona que tuvo una dieta a base de productos de ecosistemas marinos o fluviales, como crustáceos, moluscos o pescados, cuyo ajuar lo formaban varias fíbulas, un fragmento de un broche de cinturón, unas pinzas de depilar, dos puñales, una vaina, dos puntas de lanza y un regatón (Jimeno *et al.* 2004: 333, Fig. 64a y b), mientras que la tumba 50 de La Yunta perteneció a un individuo de 30-40 años, quien a fines del siglo III o la primera mitad de II a.n.e., fue depositado junto con un vaso de tipo *kalathos* decorado con pintura negra formando líneas onduladas y un elemento solar, junto con un regatón (García Huerta y Antona 1992: 54-55). Esto apunta la existencia de una relación fluida con el mundo ibérico y mediterráneo.

La movilidad de la que gozaron aquellos que se enrolaron en correrías por toda la Península Ibérica y el Mediterráneo,

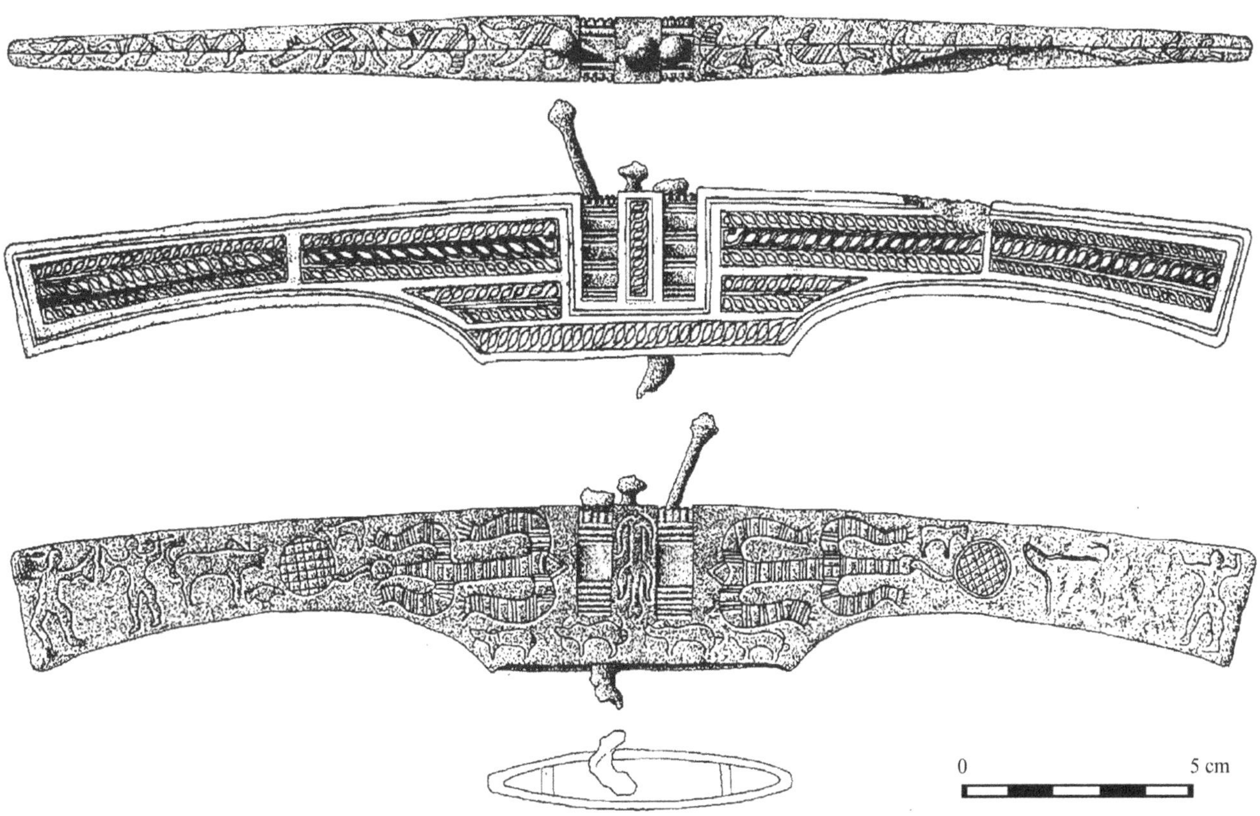

Fig. 5.43: Pomo del puñal de tipo Monte Bernorio de la tumba 32 de la necrópolis de Las Ruedas (Sanz Mínguez 1997: 86).

como nos muestran las citas, tuvo que traducirse en algún tipo de relación de poder. La movilidad habría fomentado cierto grado de individualidad, una mayor capacidad y deseo de explorar nuevos horizontes, pues mediante su experiencia y conocimiento habrían adquirido una mayor capacidad para afrontar lo desconocido.

Además, las innovaciones percibidas en las actividades mercenarias tuvieron una repercusión en la masa social, quien tras un proceso de asimilación de las técnicas y formas de representación, se adaptarían a los gustos y tradiciones locales (Graells 2014: 207). Este podría ser el caso de las cerámicas con decoración figurada de Numancia, que tradicionalmente han sido ubicadas cronológicamente en contextos de dominación romana, en torno al siglo I a.n.e., cuyas representaciones se han relacionado con elementos de memoria o símbolos de resistencia a la cultura romana (Wattenberg 1963; Romero 1976; Almagro Gorbea y Lorrio 1992; Olmos 2005; Marco 2007, 2008; Alfayé 2008, 2011; Alfayé y Marco 2014). Sin embargo, los últimos trabajos en la ciudad de Numancia han proporcionado un conjunto de datos estratigráficos y radiocarbónicos (Jimeno *et al.* 2012, 2014; Liceras Garrido *et al.* 2014a) que sitúan estas cerámicas en niveles previos a la conquista romana. La decoración de vasos cerámicos que narraban acontecimientos míticos era común en el Mediterráneo durante todo el primer milenio. Así, desde finales del siglo VI a.n.e., encontramos a mercenarios de Iberia en diferentes episodios bélicos, y a finales del siglo III a.n.e., específicamente de la Celtiberia, por lo que podríamos relacionar la aparición de este tipo de cerámicas como fruto de esos contactos, de ese gusto por reproducir objetos y decoraciones que han observado en sus viajes, pero adaptados a sus propias técnicas, formas, materiales y narrativas.

5.4.2.2. Mujeres a la guerra

La valoración positiva de la violencia, como buena estrategia de poder, debió abarcar todos los ámbitos de la sociedad, lo que conllevó una participación más o menos directa de todos sus miembros incluyendo a las mujeres. Estas siempre han sido ubicadas en el ámbito doméstico tradicional, fruto de nuestros prejuicios contemporáneos (Strathern 1984: 26; Montón Subías 2000: 47). Por ello, este epígrafe nace de una necesidad personal por entender el papel social de las mujeres y de comprender si ellas estuvieron presentes en contextos violentos, más que como meras víctimas, o tuvieron algún tipo de participación activa, directa o indirecta en los mismos.

De nuevo, hay que recordar que la visión del papel que desempeñaron las mujeres en la guerra siempre ha sido (y continúa siendo frecuentemente) narrada por hombres (Loman 2004: 34). Algunas referencias textuales señalaban intervenciones de mujeres en el marco de las asambleas de los asentamientos sobre asuntos relacionados con la guerra y el enfrentamiento. Uno de los más destacados fue el episodio de Meóbriga narrado por Salustio (*Hist.* 2, 92):

> "Cuando se supo que Pompeyo se acercaba en son de guerra con su ejército, en vista de que los ancianos

aconsejaban mantenerse en paz y cumplir lo que se les mandase, y de que su opinión en contra no aprovechaba en nada, separándose de sus maridos, tomaron las armas y ocuparon el lugar más fuerte de Meo[briga?], diciendo a los hombres que, pues quedaban privados de patria, mujeres y libertad, que se encargasen ellos de parir, amamantar y demás funciones mujeriles. Por todo lo cual encendidos los jóvenes, despreciando los acuerdos de los mayores... (se levantaron en guerra contra los romanos)"

También, Diodoro (XXXIII, 16) recogió como ante la firma de los acuerdos de paz del 141 a.n.e. entre numantinos y termestinos con Roma ambas ciudades debían entregar prisioneros, *saga* y las armas. En el momento de entrega de las armas, las mujeres fueron mencionadas por los reproches hacia sus maridos, quienes finalmente reanudaron las hostilidades contra los romanos. Su papel a la hora de instigar a los hombres a la guerra también aparecía señalado por Tácito (*Germania* 8, 1) o Julio Cesar (*BG* 1, 51) para los pueblos de la Europa templada.

En algunos casos concretos, ellas fueron las mediadoras de los conflictos. Plutarco (*Virt. Mul.* 246B) contaba que las mujeres celtas de la zona de los Alpes habían actuado como árbitras de una disputa entre grupos. Por ello, a partir de ese momento, la mujeres eran las que deliberaban sobre los asuntos relativos a la guerra y la paz con los aliados. También, Polieno (Strateg. VII, 50), en los tratados entre los celtas y Aníbal, recogía como los primeros eligieron a las mujeres como juezas en las disputas cuanto los cartagineses acusasen o denunciasen a los celtas, mientras que si la acusación fuese a la inversa, los encargados de juzgarlo habrían sido los gobernadores y generales cartagineses. Este papel de intermediarias no parece exclusivo de los pueblos del centro de Europa, ya que en contextos muy lejanos en el tiempo y en el espacio, la antropología documenta prácticas similares, en las que las mujeres eran las encargadas de conducir las negociaciones de paz y tenían la potestad de prolongar una contienda tanto tiempo como considerasen necesario como ocurrió entre los Andamanese de la India (Radcliffe-Brown 1964 [1922]: 85-86).

Volviendo a la Protohistoria peninsular, las mujeres fueron mencionadas participando en situaciones de combate al lado de los hombres, como señala Apiano (*Iber. 72*) en el caso de los brácaros contra Roma:

> "Las mujeres combatían al lado de los hombres, con el mismo ardor, llevando armas y muriendo sin proferir un grito o intentar huir. Las que capturaron se dieron muerte y mataron a las otras"

Otras veces, también les ayudaban con artimañas frente al enemigo, como en el caso de Salmántica.

> "Las mujeres, al considerar que los enemigos iban a registrar a cada uno de los hombres que salía, pero que a ellas no las tocarían, cogieron espadas, las escondieron y salieron al mismo tiempo que sus maridos [...]. En este momento las mujeres llamaron a sus hombres, les entregaron las espadas y algunas, incluso, atacaron por sí mismas a los guardianes. También una arrebató la espada a Banón, el intérprete, y lo golpeó, pero por suerte para él llevaba puesta la coraza. De los demás, a unos los derribaron los hombres, pusieron en fuga a otros y se abrieron salida junto con sus mujeres" (Plutarco *Virt. Mul.* 248E)

> "... Y al no entregar los salmantinos lo convenido, Aníbal regresó y lanzó a sus soldados para que saqueasen la ciudad. Los bárbaros le suplican que les permita salir con sus mujeres y con la ropa de diario y dejar las armas, bienes y esclavos. Las mujeres tras ocultar espadas en su regazo, salieron con los hombres. Los soldados de Aníbal, efectivamente, saqueaban la ciudad, y las mujeres, alentando con sus gritos a los hombres, les dieron las espadas; y algunas incluso, sacándolas ellas mismas, atacaron con los hombres a los que saqueaban la ciudad, de suerte que derribaron a algunos y rechazaron a otros y en tropel se abrían camino a golpes. Aníbal, admirado del valor de las mujeres, devolvió por ellas a los hombres la patria y sus bienes" (Polieno *Strateg.* VII, 48).

En 1983, D. Adams publicó un artículo titulado "*Why there are so few women warriors*" donde se planteaba esta cuestión. A partir de sesenta y siete ejemplos etnográficos, tan solo en nueve sociedades encontró "mujeres guerreras" que participaban frecuentemente en conflictos violentos. En los demás casos, tan solo participaban en casos de necesidad extrema como, por ejemplo, cuando sus asentamientos eran atacados. Según Adams, este hecho se debía a la relación contradictoria entre el conflicto y el matrimonio, ya que en las sociedades patriliniales, donde existe el intercambio de mujeres, siendo la mujer la que traslada su residencia al enclave del marido, la guerra o asaltos contra los vecinos podrían provocar contradicciones, ya que la mujer podría tener que enfrentarse contra hermanos y padres. B. Kennedy (2005) criticó la conclusión final de Adams y advirtió que en los nueve grupos en los que detecta a estas mujeres guerreras, ellas nunca participaban en la guerra al mismo nivel que los hombres. Esto se debe a la división social de actividades a partir del género, ya que ellas invierten más tiempo en el mantenimiento y los cuidados, por lo que su inclusión en los conflictos a gran escala tendría poco sentido. Argumentos similares sobre la división de funciones y especialización de tareas han sido utilizados para explicar la mayor movilidad e individualidad de los hombres en el proceso de la adquisición de una autoconsciencia y la conquista de las posiciones de poder, frente al papel de la mujer más especializado en la crianza de los hijos, el mantenimiento de la casa y de los vínculos afectivos (Hernando 2012).

R. Redfern (2008, 2009, 2013) realizó una serie de interesantes análisis en este sentido, sobre los restos óseos de la región de Dorset, al suroeste de Inglaterra, durante los siglos V a.n.e. hasta inicios del I n.e. Esta autora se centraba en las evidencias de violencia interpersonal para las que determinó que la mayor parte de las evidencias de trauma eran *ante-mortem*, causadas por accidentes relacionados con el estilo de vida agrícola de estas comunidades. Por ello, dedujo que la exposición y la participación de las mujeres en actividades violentas era reducida. Sin embargo, su modo de vida agrícola, se veía salpicado por eventos violentos puntuales. A partir de los datos de *Maiden Castle*, observó que las mujeres habrían conocido el manejo de las armas y participado en la defensa del enclave en ocasionales asaltos o razias, especialmente aquellas más jóvenes.

Los eventos de violencia habrían sido frecuentes en las comunidades de la Edad del Hierro. Un buen ejemplo de ello fue el incidente que tuvo lugar en el poblado de La Hoya en el siglo III a.n.e., cuya evidencia material más relevante en este sentido es el individuo que apareció tirado en una de las calles con signos de una muerte violenta y la cabeza separada del cuerpo por 11 m de distancia (Llanos 2007-2008). A pesar de ello, como se ha comentado anteriormente, los conflictos contra Roma fueron una auténtica guerra de supervivencia y las mujeres se vieron envueltas, ya que los enfrentamientos llegaron a las puertas de sus casas.

Existen numerosos ejemplos sobre situaciones similares por todo el Mediterráneo que han sido narrados por Pausanias, Plutarco, Tucídides, Diodoro o Salustio entre otros. En ellos, se remarcaba la presencia de mujeres lanzando tejas o piedras a los invasores de sus pueblos (Barry 1996; Loman 2004). Estos episodios, junto a aquellos que narraban como las mujeres se daban muerte a ellas mismas, a sus compañeras y a sus propios hijos (Estrabón III, 4, 17; Apiano *Iber.* 72), pueden relacionarse con el miedo a caer en manos de los vencedores, donde sufrirían esclavitud y violaciones. La violencia sexual aparece recogida por los autores clásicos en aquellas ocasiones en las que las mujeres fueron capaces de vengarse de sus violadores (Loman 2004: 43), como fue el caso de Timocleia, una mujer tebana que cayó en manos de Alejandro III de Macedonia (Plutarco *Moralia* 259D-260D; Polieno *Strateg* VIII, 40) o Quiomara, mujer gálata, prisionera del romano Cneo Manlio Vulso (Plutarco *Virt. Mul.*258D).

A partir de estas evidencias se observa como las mujeres tan solo fueron actrices del conflicto cuando sus casas se vieron amenazadas por un peligro directo y no eran movilizadas en otros enfrentamientos (Schaps 1982: 207; Quesada 2012: 339). Aun así, los valores del conflicto y de lo masculino debieron ser percibidos de un modo positivo, como se apreciaba en las referencias de *Meóbriga*, Numancia o *Termes*, cuando las actividades femeninas eran despreciadas y minusvaloradas por otras de mayor valía como la masculina guerra.

5.4.2.3. Cazadores de cabezas. Cortadores de manos

El otro tipo de violencia mencionado anteriormente es la agresión moralista, por la que los artífices habrían sido eximidos de la responsabilidad moral de sus acciones y el acto violento justificado por la inferioridad de los atacados, por la menor humanidad de sus formas, lenguaje y/o apariencia (Armit 2011a: 502). Mediante ella, individuos o grupos enteros eran deshumanizados y convertidos, a veces literalmente, en objetos u enseres (*objectification*). Este habría sido el caso de prácticas como la de cortar cabezas o manos y los sacrificios humanos, bien documentadas durante la segunda Edad de Hierro.

Las prácticas de cercenar determinadas partes del cuerpo, especialmente cabezas o manos, exhibirlas y conservarlas, fue quizá de las prácticas más impactantes a nuestros ojos occidentales de los pacíficos e idealizados pueblos protohistóricos. Esta costumbre también sorprendió a los autores clásicos cuando visitaron la Europa que denominaron "céltica". Las referencias al viaje de Posidonio a la Galia hacia el año 90 a.n.e. en los textos de Diodoro (V, 29, 4-5) y Estrabón (IV, 4, 5) describían la costumbre de cortar las cabezas de los enemigos, exhibirlas atadas al cuello de sus caballos y en la puerta de sus casas, y conservar aquellas de mayor valor, cuya posesión les eran tan preciada que ni por su peso en oro las intercambiaban.

Referencias similares existen, también, sobre los habitantes de Iberia. Diodoro (XIII, 56, 5) hacía referencia a dicho hábito en la batalla de Selinunte (409 a.n.e.), donde los locales peninsulares participaron como aliados de los cartagineses. Allí, además de cortar cabezas y exhibirlas sobre sus lanzas, cortaban manos y las ceñían a sus cinturones. En este sentido, Estrabón (III, 3, 6) hizo referencia a la costumbre de los lusitanos de cercenar la mano derecha de sus prisioneros para consagrarla a los dioses. También, Aurelio Víctor (III, LIX) relató los hechos acontecidos en la campaña del cónsul Mancino en el 137 a.n.e. contra los numantinos con las siguientes palabras:

> "Habiendo partido contra los Numantinos estorbándolo las aves, (r) y diciéndole que se volviese atrás, no sé qué voz, habiendo llegado a Numancia, determinó corregir primero el ejercito de Pompeyo que había recibido, y de allí marchó al despoblado. Ese día, por casualidad, casaban los Numantinos a sus hijas con solemnes bodas, y pretendiendo dos a una, hermosa, les puso la condición el padre de la doncella, que se casaría ella con el que trajese la mano derecha de uno de los enemigos. Habiendo partido los jóvenes, vieron la retirada de los enemigos, que marchaban a priesa manera de huida; y vuelven con la noticia a los suyos. Ellos al instante con cuatro mil de los suyos mataron a veinte mil de los Romanos"

Existe una extensa bibliografía sobre las cabezas cortadas, abordadas desde muy diversos puntos de vista. B. Taracena (1943) consideró la obtención de las cabezas como trofeos; J.M. Blázquez (1978) como consecuencia del contacto mediterráneo; para G. López Monteagudo (1987) eran divinidades; M. Almagro Gorbea (1998; Almagro Gorbea y Lorrio 1991a) las entendió como el fruto de los ritos de paso y símbolo de las élites ecuestres; J. Collis (2003: 215-216) como medios de aterrorizar al enemigo y denigrarlo; P. Lambrechts (1954) y A. Ross (1958) como parte del culto a la cabeza; y G. Sopeña (1987: 99-114) como la derrota definitiva del enemigo, tanto física como espiritual.

Una de las aproximaciones más interesantes, por innovadora en arqueología, fue la planteada por I. Armit (2011b, 2012), en la que exploraba este fenómeno con el apoyo de la Antropología. Este autor propuso una nueva conceptualización para la práctica de corta cabezas (*headhunting*) como "una forma de violencia ritualizada, sancionada por el grupo, en la que la extracción de la cabeza humana juega un papel central. Por lo general, implica la conservación, exhibición y representación de la cabeza, a menudo dentro de un contexto religioso, pero no es necesario que todos estos elementos estén presentes en todos los casos. El término más específico, "caza de cabezas depredadoras", también se utiliza para describir el ataque violento de forasteros como fuente de cabezas trofeo" (Armit 2012: 11-12).

La costumbre de cortar cabezas no se reduce a un momento histórico o región, sino que sobrepasa los límites del tiempo y del espacio, obedeciendo a diferentes agendas sociales y culturales como nos muestran las evidencias arqueológicas, antropológicas o históricas, con ejemplos de todas las regiones del planeta desde la Prehistoria hasta la actualidad. En el caso del Alto Duero, esta práctica ha podido ser documentada, además de por referencias escritas que vimos anteriormente, por algunos restos óseos humanos y las representaciones iconográficas documentadas en contextos funerarios y domésticos.

El sitio que presenta un mayor registro de restos óseos en este sentido es la ciudad de Numancia, quizá también debido a que es el sitio arqueológico del que mayor extensión se ha excavado en la región, especialmente durante los trabajos llevados a cabo a inicios del siglo XX por E. Saavedra y la Comisión de Excavaciones. Las Memorias de la Comisión, la publicación de "Excavaciones de Numancia" de 1912 y la de A. Schulten (1914) evidenciaban el hallazgo de numerosos restos humanos en las multiples intervenciones en la ciudad, generalmente en un contexto de "carbones y cenizas" que suele evidenciar el nivel de incendio del evento violento del 133 a.n.e. que culminó con la conquista romana de la ciudad. Además, en los inventarios de materiales que contienen las Memorias de la Excavación, todas ellas recogen la entrega de entre 1 caja y 5 cajas de huesos humanos al Museo Numantino. Este conjunto de restos óseos ha sido entendido como la evidencia de las víctimas del 133 a.n.e. (VVAA 1912: 24; Schulten 1914: 17; Mélida 1922: 250). Sin embargo, es posible que no todas ellas perteneciesen a dicho evento. En unos análisis realizados por el Dr. G. Trancho a restos óseos humanos del Museo Numantino (Soria), se pudo documentar marcas de corte en el radio y el cúbito, consecuencia de cercenar la mano.

En la Memoria de las Excavaciones de Numancia publicada en 1912 (VV.AA. 1912: 24), se muestran varias fotografías de los restos óseos de las "las víctimas de la catástrofe" (Fig. 5.44). Entre ellas, destaca una calota con dos perforaciones rectangulares pudieron ser *peri* o *post-mortem* (Fig. 5.44 b), aunque la imposibilidad de contar físicamente con los restos materiales, impide conocer el sentido en el que se han infligido las heridas y, por lo tanto, entender la dirección en la que fueron originadas[2]. Sin embargo, estas marcas recuerdan a las asociaciones de cráneos con clavos o puntas de hierro encontrados en La Cloche (Mahieu 1998; Arcelin *et al.* 1992), Glanon (Congès 2004: Fig. 14), Pech Maho (Dedet y Schwaller 1990), el Puig de Sant Andreu o el Puig Castellar (Rovira Hortalá 1999; Agustí *et al.* 2015; Subirà y Rovira Hortalá 2019), entre otros. Del mismo modo, numerosos clavos y puntas de hierro han sido encontrados en las excavaciones de la ciudad y diez picas de hierro en la necrópolis de Numancia, entre las que destacaremos especialmente las de las tumbas 7 y 144 que remataban en sección cuadrada, similares a las que podrían haber producido las heridas del cráneo de la Fig. 5.44 b.

La exhibición de cráneos en las entradas de los poblados o en las puertas de las casas no habría sido extraña como evidencian los datos arqueológicos. Siete fueron los cráneos que se encontraron en la calle principal del Puig de Sant Andreu (Ullastret), dos de ellos atravesados por clavos. Dos se hallaron en La Cloche, ambos perforados, uno por un clavo de hierro de sección cuadrada y otro por un armazón de hierro. Junto a ellos, además se encontró otro clavo más de hierro, lo que sugiere que podría haber habido un tercero. Estos cráneos se exhibían en la entrada del *oppidum*, arrojando un mensaje para los que entrasen y saliesen del enclave, demostrando el poder de cortar las cabezas y destruir a sus enemigos mediante un mensaje de degradación y humillación (Armit 2012: 194). En el Puig Castellar, se encontraron restos de 12 individuos con clavos que no tenían una clara atribución cronológica por haber sido encontrados al pie de la muralla, ya que posiblemente habrían estado expuestos en la cara externa de la fortificación (Subirà y Rovira Hortalá 2019: 300). Por último, en Numancia, M. González Simancas (1914: 29) registraba a media ladera un fragmento de calota coincidiendo con una de las poternas de la muralla, en el nivel señalado por la letra D (Fig. 5.45).

Además de los cráneos enclavados, se han encontrado restos humanos en el interior de habitaciones cuidadosamente depositados. Este ha sido el caso de los hallazgos de M. González Simancas (1926) en Numancia, en una estancia aledaña a la muralla en las cercanías de la Puerta Norte y en la Manzana XVIII. El caso de la habitación de la muralla, presentaba un complejo contexto arqueológico, ya que a los datos recopilados en el momento de la excavación

[2] Quiero agradecer a los Doctores Jo Buckberry e Ian Armit del Departamento de *Archaeological Sciences* de la Universidad de Bradford su ayuda a la hora de analizar las evidencias de trauma de la Fig. 5.44 durante mi estancia predoctoral en 2016.

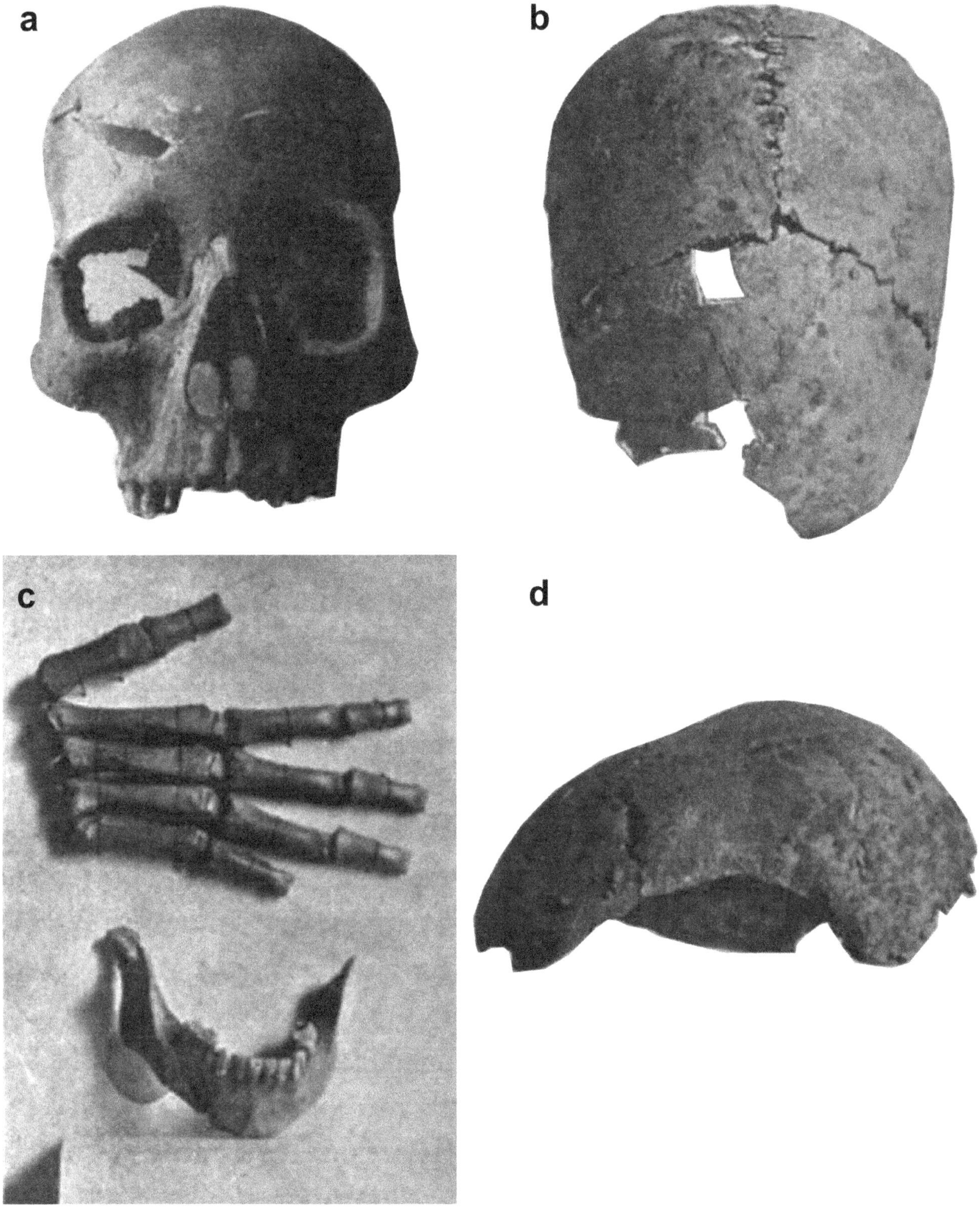

Fig. 5.44: Restos óseos de Numancia conservados en el Museo Numantino (a partir de VVAA 1912: Fig. 14-18).

fueron muy escasos y no está nada clara la atribución estratigráfica de las estructuras ni de los artefactos. En la Memoria de Excavación, se señalaba que los restos aparecieron en el interior de una vasija de cerámica polícroma con una de las escasísimas representaciones femeninas de la iconografía celtibérica. La figura femenina aparecía enmarcada por dos "hipocampos" y estaba situada en la esquina de la habitación, en cuya parte central apareció el conocido "sarcófago" de piedra que hoy se expone en el Museo Numantino. Esta habitación ha sido interpretada como un *heroon* (Sopeña 1995: 138-139, 256-262, 2005; Alfayé 2007a). Los otros restos apareciron en los niveles celtibéricos de la Manzana XVIII de Numancia; en la bodega 19 se documentó una vasija también polícroma con restos humanos al lado. Sin embargo, González Simancas no especifica el tipo o el estado de los huesos o las asociaciones de materiales que los acompañaba. Contextos similares se han documentado

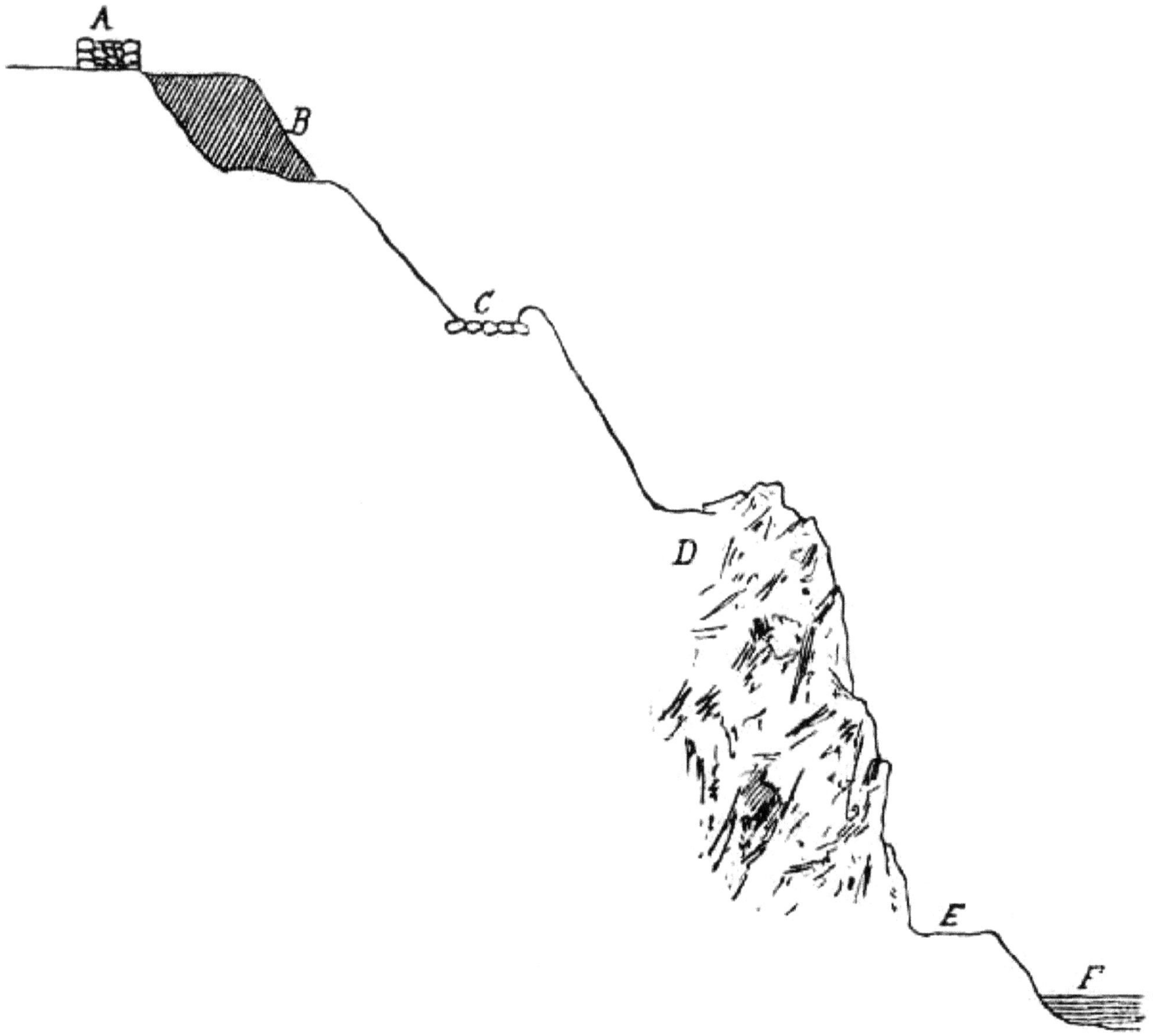

Fig. 5.45: Localización del fragmento de cráneo hallado en las murallas de Numancia (a partir de González Simancas 1914: Fig. 7).

en una de las habitaciones (recinto 10 del Sector I) de La Hoya (Laguardia) (Llanos 2007-2008: 1275), donde se encontró un recipiente cerámico de cocción reductora asociado a un fragmento de bóveda craneal humana, lo que se interpretó como un tipo de depósito ritual.

En Numancia, se han documentado numerosos restos humanos (Fig. 5.46). No obstante, los restos más relevantes a este respecto, y con mayor información sobre el contexto, fueron los cráneos documentados por B. Taracena (1943) en la excavación de la esquina suroeste de la Manzana XXIII de Numancia. En la habitación 4 (Fig. 5.47) halló una estancia subterránea de unos dos metros de potencia, donde había dos cráneos en un nivel de carbones entre los 1,20 y 1,60 m junto a un plato con borde plano con una orla de peces pintados, y entre los 1,60 y los 2 m de profundidad registró otros dos cráneos más, junto con una jarra pintada con motivos geométricos, una pátera con pie y un biberón decorado con círculos concéntricos. No tenemos información sobre el sexo o la edad de los individuos allí conservados, ni conocemos la disposición de los materiales en la habitación o si Taracena quiso decir algo cuando dibuja uno de los cráneos de menor tamaño (Taracena 1943: Fig. 6). Sin embargo, nos permite observar que estos cráneos estaban conservados y almacenados en un contexto doméstico con una clara intencionalidad social, similar a las referencias que recogen Diodoro y Estrabón sobre los galos.

Estos restos pueden ser relacionados, de nuevo, con los de Puig de Sant Andreu (Ullastret), donde en el silo 146 aparecieron dos cráneos con clavos de 10 cm. Estos pertenecieron a dos varones, uno de 25-30 años y otro de unos 50, junto con cerámica a mano, un *skyphos* y una espada y vaina de hierro (Rovira Hortalá 1999: 16-20). Estas evidencias han sido interpretadas como cabezas-trofeo por Taracena (1943), aunque C. Rovira Hortalá (1999) observaba que era un fenómeno más complejo y afirmaba que no podemos diferenciar si se trataban de reliquias, de trofeos o de ejecuciones punitivas. A. Gorgues (2013) fue más allá, relacionándolos con una forma más de competición entre las complejas casas de los

Fig. 5.46: Restos óseos humanos y representaciones iconográficas de cabezas cortadas referidas en el texto (elaboración propia a partir de los datos del Plan Director de Numancia y las Memorias de la Comisión de Excavaciones Arqueológicas).

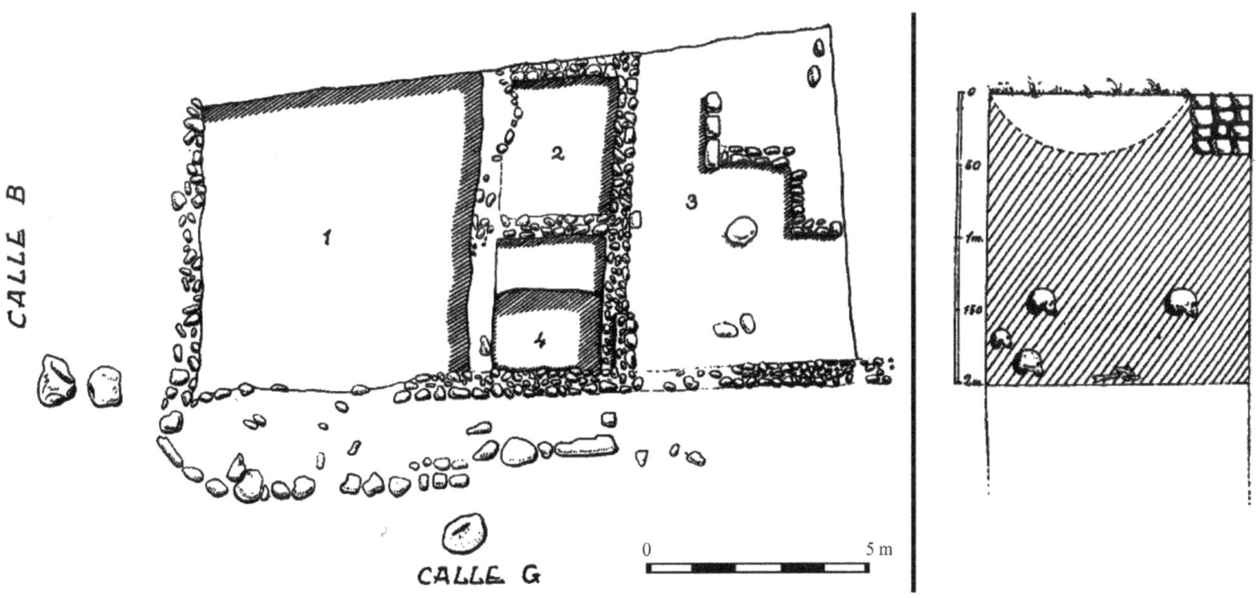

Fig. 5.47: Planta y alzado de la excavación de B. Taracena en la Manzana XXIII en la que encontró los cráneos (Taracena 1943: Fig. 1 y 6).

linajes, donde el prestigio social del ejercicio de las armas era utilizado en la negociación colectiva del estatus.

La iconografía vuelve a tornarse imprescindible en este punto como soporte en el que se recogieron las cosmogonías y se plasmaban los imaginarios de las comunidades. Tradicionalmente, las cabezas se han ubicado en los ámbitos liminales y mágicos como nexos de comunicación entre el mundo de los vivos y el del Más Allá. Quizá por ello, la mayor parte de las evidencias con las que contamos proceden precisamente de contextos funerarios, aunque también existen ejemplos en ámbitos domésticos. Hasta el momento, las representaciones de cabezas han aparecido sobre dos tipos de soportes principalmente: metales -asociados a elementos de adorno personal como los báculos y las fíbulas- y cerámicas -tanto como elementos aplicados y/o pintados-. Sin embargo, también se han registrado representaciones en objetos concretos como el punzón, posiblemente de hueso, rematado en una cabeza cortada que apareció en la Manzana I de Numancia

(Mélida y Taracena 1921: Lam. VI, 1) (Fig. 5.48 a), pero del que carecemos de contexto espacial y estratigráfico.

En el caso de las cabezas sobre metales, destacaban sobre dos tipos de objetos: las fíbulas de Carratiermes, La Mercadera y Gormaz, y los báculos de Numancia. Para las fíbulas, no tenemos contexto de ninguno de los ejemplares. Las de Carratiermes y La Mercadera se documentaron en la zona de la necrópolis aunque fuera de las tumbas, y sobre la de Gormaz apenas contamos con noticias del hallazgo. Formalmente, la fíbula La Mercadera estaba realizada en plata y las cabezas aparecían en la zona del puente separadas por un nudo (Fig. 5.48 b). El ejemplar de Carratiermes parecía una fíbula inutilizada, ya que la cabeza se hallaba en la zona de la mortaja y no podría haber cumplido su función de broche, por lo que se ha propuesto que se utilizase como colgante. Por último, la fíbula de Gormaz era de caballito con jinete, en la que la cabeza se encontraba en el frontal del caballo. En este punto, merece la pena destacar que en cada uno de los ejemplares, se ha elegido representar los diferentes matices de este fenómeno.

Los báculos de Numancia (Jimeno *et al.* 2004: 163-170) presentaban una amplia e interesante muestra. En el cementerio, aparecieron trece báculos en doce tumbas distintas. Presentaban dos tipos bien diferenciados (Fig. 5.49), uno se componía por dos prótomos de caballito con jinete y cabezas cortadas colgando del cuello del caballo, y otro, las dos cabecitas cortadas remataban los extremos del báculo. Por lo general, los ajuares que los acompañaban estában formados por grandes broches de cinturón, numerosas fíbulas, tachuelas para decorar las vestimentas, agujas de coser y unas varillas metálicas alargadas que se han interpretado como estructuras para el tocado, entre otros elementos. Desgraciadamente, debido a las características de los enterramientos de esta necrópolis, no tenemos datos referidos a sexo o edad de estos individuos. Sin embargo, en la tumba 40, junto con el báculo aparecieron unas tijeras de gran tamaño; en la tumba 56, había también una espuela; y en las tumbas 93 y 140, pinzas de depilar (Jimeno *et al.* 2004: 87-88, 121-122, 147). Podría apuntarse que dichos objetos en otras necrópolis del Duero y del Jalón han sido asociados a varones, aunque nuevamente necesitamos más datos para poder realizar hipótesis concluyentes en este sentido.

Si atendemos a su localización espacial, los báculos de la necrópolis de Numancia se encontraban en los centros de las agrupaciones de tumbas, especialmente del grupo 1 (Fig. 5.26) que concentraba la mayor acumulación de este tipo de elementos. Esa agrupación reunía todos los báculos con prótomos de caballito y el rematado con las dos cabezas. Nuevamente, observamos una reiteración en los motivos y formas utilizadas que podrían haber materializado determinados vínculos o lazos relacionados con las identidades familiares y la construcción de los linajes.

Los báculos que aparecían en el resto de la necrópolis no se han podido reconstruir por lo que es imposible contrastarlos con los del primer grupo. No obstante, se documentó un ejemplar en la ciudad, hallado en la Manzana XXII en 1923 que apareció a una distancia de 1,5 m de un regatón de bronce, lo que permitió reconstruir la altura del asta para su uso (Mélida *et al.* 1924: 30). Este báculo desapareció del Museo Numantino en el 1943, donde se encontraba depositado (Jimeno *et al.* 2004: 164). Sin embargo, a partir

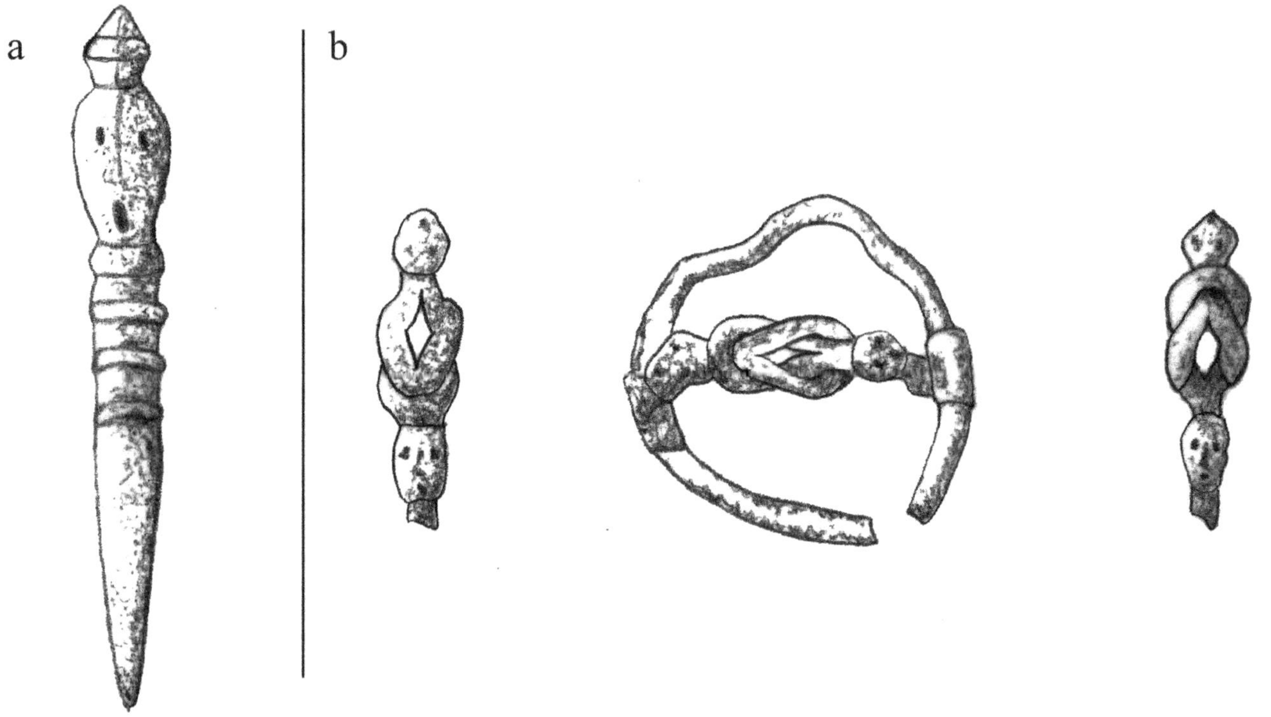

Fig. 5.48: Representaciones de cabezas cortadas. a.- Punzón de Numancia (a partir de Mélida y Taracena 1921: Lam. VI, 1). b.- Fíbula de La Mercadera (a partir de Taracena 1932: Lam. VIII).

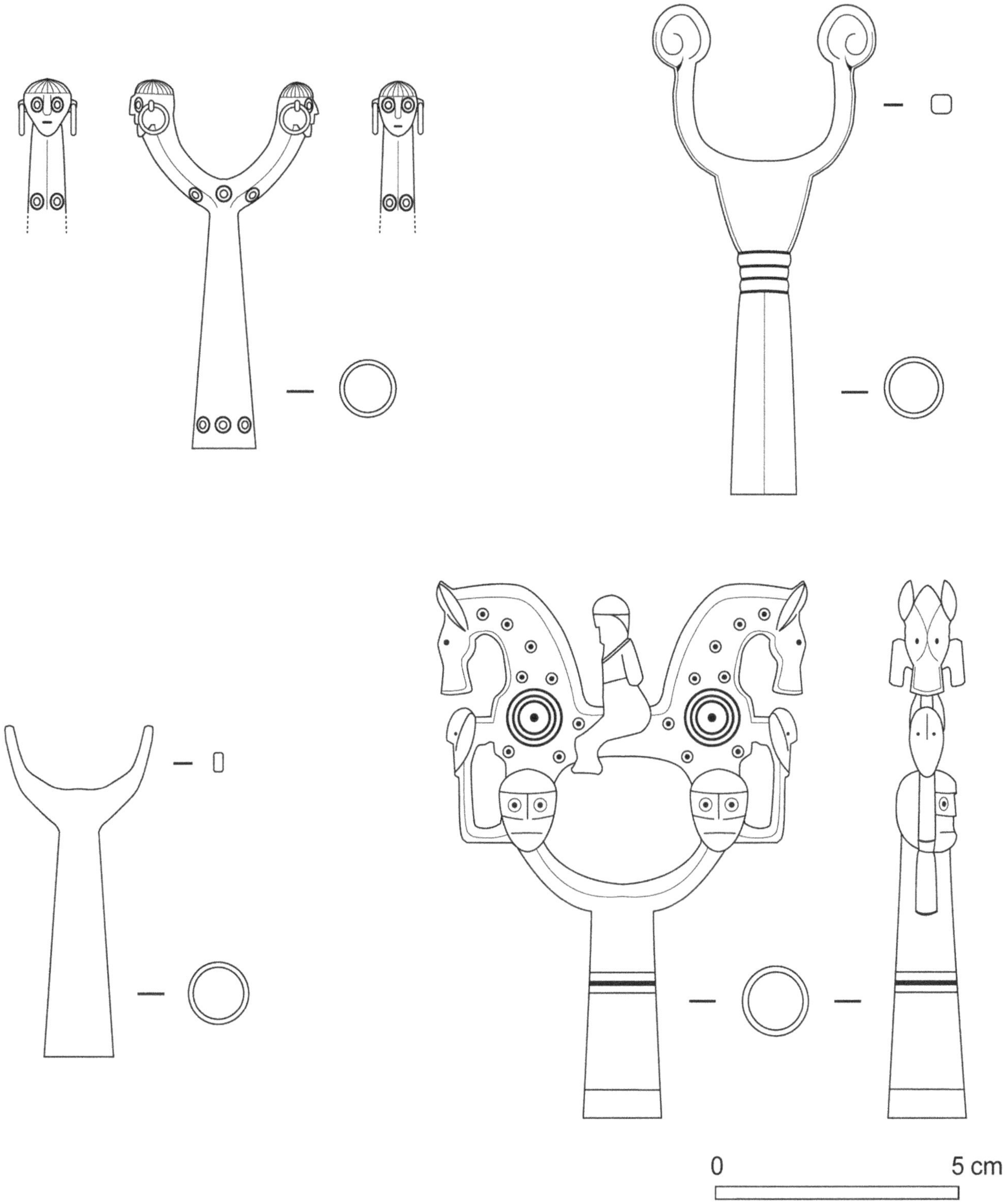

Fig. 5.49: Representaciones de cabezas cortadas sobre los báculos de Numancia (a partir de Jimeno *et al.* 2004: Fig. 122).

de una fotografía antigua (Mélida *et al.* 1924: Lam. VIII), se observa como presentaba otro esquema decorativo diferente a los báculos del grupo 1, formado por dos prótomos de caballo con sendas cabezas bajo el hocico, más esquemáticas que las anteriores y sin jinete.

Aun así, lo que quiso mostrar la persona al portar uno de estos báculos o una fíbula, o lo qué quisieron manifestar sus parientes cuando los enterraron con ellos, llegando a depositar varios ejemplares, como en la tumba 38 de Numancia, es hoy día una incógnita. Las interpretaciones del significado de estos objetos han sido múltiples, desde símbolos de la virtud del guerrero, quienes a través de cortar cabezas (o manos) mostraban su valor y habilidades (Almagro Gorbea y Lorrio 2004-2005: 81-82; García Riaza 2002: 227-230; Sopeña 2004: 69), a indicadores de haber superado los ritos de paso, basados en conseguir un trofeo, o emblemas de las élites ecuestres, relacionados con la heroización y la autoridad sobre los demás guerreros (Almagro Gorbea 1998: 106).

Las múltiples facetas de estas prácticas, sus códigos y sus significados debieron ser mucho más complejos y encontrarse entretegidos con las cosmogonías de estas comunidades, las identidades de los individuos y la negociación social. Si volvemos la vista a comunidades que desarrollaban prácticas similares en periodos más recientes, podemos observar cómo entre los asmat de Nueva Guinea (Zegwaard 1959), los iban de Borneo (Armit 2012) o los ilongot de Luzón en Filipinas (Rosaldo 1977), la obtención del estatus de adulto estaba relacionado con la obtención de una cabeza. Era especialmente interesante el caso de los ilongot, entre los que se observó que aquellos que fuesen capaces de capturar una cabeza habrían obtenido el derecho exclusivo a lucir pendientes (*batling*) y un tocado especial para los rituales (*panglao*) elaborados de un tipo concreto de ave, el cálao filipino, lo que acrecentaba las perspectivas de un buen matrimonio y su consideración entre otros miembros de la comunidad. Esta costumbre recuerda en cierto modo al pasaje de Aurelio Víctor (III, LXI) sobre los dos pretendientes numantinos que tenían que conseguir una mano para probar su valía ante el padre de la novia, o la referencia que hace Salustio (2, 91) sobre las mujeres, quienes escogían a sus maridos entre los más distinguidos en la guerra.

En cuanto a las cabezas realizadas en cerámicas, se documentaron dos cabezas exentas en la necrópolis de Carratiermes sobre el túmulo A. Estas se encontraban fragmentadas, por lo que posiblemente iban aplicadas sobre algún elemento cerámico (Argente *et al.* 2001: 195-196) o quizá formaban parte de algún tipo de exvoto y, por tanto, no podrían incluirse en la categoría de cabezas cortadas. También, se registraron dos vasijas cerámicas en contextos funerarios. Una de las vasijas de la tumba 227 de Carratiermes perteneció a un varón de entre 20 y 30 años enterrado junto a huesos de animales, posiblemente procedentes del banquete, aunque no sabemos que más elementos componían el ajuar, ya que la tumba estaba bastante arrasada (Saiz Ríos 1989; Argente *et al.* 2001: 196-197). La otra es la vasija pintada de *Uxama* de la que careceremos de información del hallazgo (Cabré 1915-1920: 640-641). Ambas vasijas se han interpretado de modo similar, entendiendo la figura de la cabeza como la representación de la parte por el todo, por lo que representarían a la persona. Del mismo modo, mediante su relación con las aves, las representaciones habrían simbolizado el viaje del alma al Más Allá (Sopeña 1987: 144; Saiz Ríos 1989: 609).

En contextos domésticos, fueron de nuevo las habitaciones subterráneas de Numancia las que aportaron más información. Esta se encuentra recogida en las Memorias de la Comisión de Excavaciones. Tres fueron las evidencias de vasijas cerámicas con cabezas aplicadas y pintadas de las que se especifica la ubicación y algunos de los materiales que las acompañaban. En la habitación 5 de la Manzana VI, a una profundidad de 2,30 m, se documentó una cerámica con una asa en forma de cesta y decoración pintada geométrica, donde la cabeza estaba aplicada bajo el asa –posiblemente contaría con un patrón gemelo en el otro lado del asa- (Wattenberg 1963: Tabla XXXVII, 1038). En la misma habitación, había dos *boch*, uno de ellos con decoración geométrica y una cabeza aplicada, cuyos detalles estaban realizados con pintura negra (Wattenberg 1963: Tabla XXXVI 1021), y otro con prótomos de caballito representado, también una copa de gran tamaño con decoración de círculos concéntricos (VV. AA. 1912: 32). En la habitación 39 de la Manzana XVIII, también se registró un *boch* con una cabeza aplicada bajo el asa y decoración de unas figuras híbridas: hombre-caballo (Wattenberg 1963: Lam VI, 2-1203), además de una jarra oculada y con prótomos de caballo (Wattenberg 1963: Tabla XLI, 1104), una taza con otra figura híbrida (Wattenberg 1963: Tabla XXXVII, 1039) y la jarra de la máscara del toro (Wattenberg 1963: Tabla XLV, 1160) (Mélida 1918: 14-19).

Este tipo de materiales se han relacionado con el consumo de bebidas alcohólicas, posiblemente *caelia.* Todas las representaciones de cabezas sobre cerámicas, ya sean aplicadas o pintadas, aparecieron enmarcadas en estructuras cuadrangulares que pudieron estar relacionadas con el marco en el que eran exhibidas, similar a los nichos de piedra documentados en el santuario francés de Roquepertuse (Almagro Gorbea y Lorrio 2004-2005: 234; Armit 2012: 157). Aunque también podríamos relacionarlo con la cita de Diodoro (V, 29, 5) sobre la costumbre gala de conservar la cabeza en una caja para enseñársela a sus huéspedes y así probar la eficacia familiar. Este hecho explicaría la presencia de las cabezas encontradas por Taracena en un contexto de almacenamiento doméstico.

En lo referente a las manos derechas cortadas, las evidencias son más escasas y la mayor parte de los datos con los que contamos provienen de las referencias clásicas y de representaciones iconográficas del siglo I a.n.e. Ya nos hemos referido a las citas de Diodoro y Aurelio Víctor sobre esta práctica como un vehículo para demostrar la valía del guerrero y obtener rédito social. La guerra fue uno de los principales medios para lograr prestigio y reconocimiento social, dando lugar a una fuerte y compleja relación simbólica entre la vida de los guerreros, sus armas y sus manos, tal y como han destacado numerosos autores clásicos. Las armas eran las herramientas para la guerra, el vehículo para lograr los objetivos comunitarios y personales de los individuos, por lo que la pérdida de las armas en el campo de batalla o por la rendición se consideraba un gran desprestigio, llegando a equipararlo con la pérdida de las manos (Floro 1, 34, 3-4; Livio 34, 17; Trogo Pompeyo 44, 2, 3; Diodoro 33, 25) y en algunos casos, prefiriendo la muerte.

> "A pesar de haberse abstenido estrictamente de entrar en la guerra, se les impuso, como condición para un pacto en regla, que entregasen las armas, lo cual fue recibido por los bárbaros como si les mandaran cortarse las manos. Así, inmediatamente tomaron las armas bajo el mando de su valeroso jefe Megaravico" (Floro 1, 34, 3-4).

G. Sopeña (2009) exploró el simbolismo de la mano derecha y el acto de cercenarla, concluyendo que ésta se identificaba con el arma y el ejercicio de la guerra, por lo que su amputación simbolizaría la derrota total del enemigo. Cortar la mano habría equivalido a una humillación. En esta línea, S. Alfayé (2004) entiendió las representaciones de las estelas de Binéfar (Huesca) y El Palao (Alcañiz, Teruel) como la representación de la humillación ritualizada de los enemigos vencidos.

Los militares romanos eran buenos conocedores de los celtíberos cuando se enfrentaron a ellos en la conquista de la Meseta, ya que habían luchado contra y con ellos en las guerras por el control del Mediterráneo. Por ello, conocían un particular método de castigo en sus enfrentamientos con los indígenas. E. García Riaza (2007: 28) señalaba dos situaciones en las que se requerían estas acciones. Por un lado, era un medio de control de los grupos itinerantes (quizá los mercenarios u otros grupos ligados por pactos) que aparecían en las zonas en la que están interviniendo. Este habría sido el caso del cónsul Quinto Fabio Máximo Serviliano en el 141 a.n.e. en la guerra contra Viriato, narrado por diferentes autores con diferentes datos, pero cuyo resultado terminó con la amputación masiva de manos (Orosio 5, 4, 12; Apiano *Iber.* 68; Valerio Máximo 2, 17, 11; Frontino 4, 1, 42). En segundo de los casos, habría sido en momentos de especial gravedad militar para paliar los levantamientos, a ello habría correspondido la acción del cónsul Escipión Emiliano en el 133 a.n.e. y los 400 hombres de *Lutia* a los que ordenó cortarles las manos para evitar que ayudasen a Numancia a romper su cerco militar. Así, y como indica G. Sopeña (2009: 276), los romanos encontraron un método efectivo de castigar y humillar (y anular) a los combatientes indígenas, cortando las manos de los opositores.

Por último, los sacrificios debieron ser una práctica común entre las gentes de la Edad del Hierro. La mayor parte de los testimonios que encontramos en la literatura, la iconografía y los restos óseos hacen referencias a animales, especialmente domésticos, testimonio de banquetes y rituales adivinatorios. Así, aparecen representados en la cerámica de Numancia (Wattenberg 1963: Lám. X, 4-1239; Romero 1976: Fig. 41) (Fig. 5.50), donde una serie de oficiantes se preparan para sacrificar un ave y, posiblemente, un caballo (Alfayé 2010: 226).

Hay un menor número de referencias sobre los sacrificios humanos. En la Europa templada y las Islas Británicas, contamos con los testimonios de los conocidos como "cuerpos del pantano" o "momias de turbera" que evidencian este tipo de prácticas. Las referencias en la *Germania* de Tácito han ayudado a entender un poco mejor las motivaciones de estas prácticas, relacionándolas con ofrendas de esclavos en un lago a la diosa Nertho, diosa de la fertilidad y los vientos (40); o castigos punitivos determinados en asamblea y reservados a los cobardes, malos guerreros o los que cometieron "deshonestidades" (12).

Para los pueblos de la Península, las referencias de esta práctica se centraban en los montañeses del norte

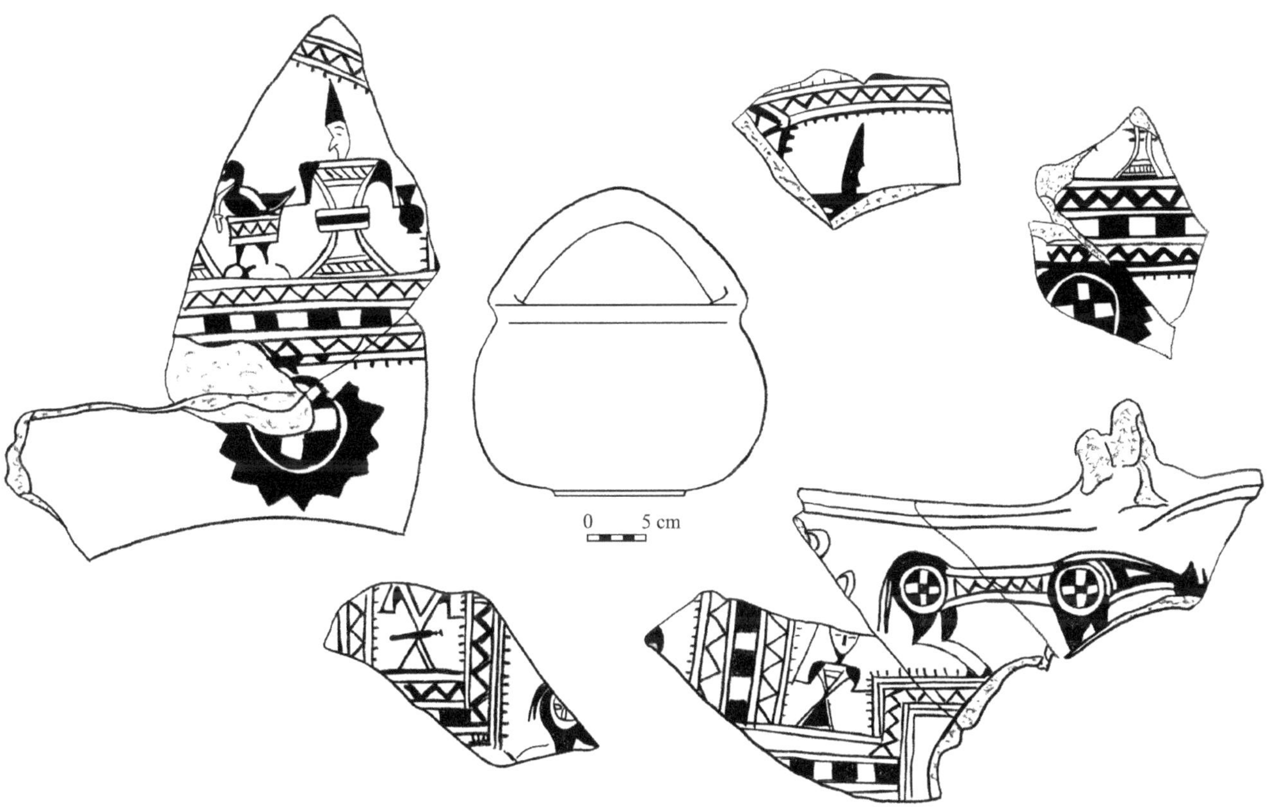

Fig. 5.50: Representación en una cerámica de Numancia de dos oficiantes sacrificando un ave sobre un ara (a partir de Schulten 1931: 18-20; Romero 1976 e imágenes del Museo Numantino).

(Estrabón III, 3, 7) y los lusitanos (Estrabón III, 3, 6; Tito Livio *Per.* 49), donde se aludía a cautivos de guerra. El ritual de los montañeses consistía en el sacrificio de "un chivo, cautivos de guerra y caballos" al dios Ares, según Estrabón, que ha sido relacionado con *Cosus* que posteriormente se asimilaría a Marte. En el caso de los lusitanos, Estrabón describió un ritual adivinatorio, realizado con las entrañas de un cautivo, sin extraerlas. Estas prácticas recuerdan a las evidencias físicas que presentaba uno de los hombres de Weerdinge (Drente, Países Bajos). Finalmente, Tito Livio narraba parte del ritual profetico previo a un enfrentamiento, donde se sacrificó un hombre y un caballo, referencia similar a las recogidas por Polibio (XII, 4b) para las tribus bárbaras, en las que se sacrificaba un caballo antes de entrar en guerra o librar una batalla decisiva.

La única evidencia, que se ha registrado en el Alto Duero sobre la posible práctica de sacrificios humanos, ha sido las figuras representadas en el enmangue de un cuchillo de tumba 3 de la necrópolis de Numancia (Fig. 5.51). En la parte interior del mango aparecían dos figuras. La superior representaba a un individuo fálico, que vestía un gorro que le tapaba los ojos o llevaba los ojos vendados, un cinturón y posiblemente estaba maniatado. Por su parte, la figura inferior parecía representar un segundo personaje tocado con un gorro, pero que permitía que le viésemos todo el rostro, se podían distinguir los dos ojos y dos marcas que enfatizaban las mejillas. En restos del ajuar de esta tumba lo componían una punta de lanza, dos tijeras de diferentes tamaños, un punzón biapuntado y un cuenco cerámico (Jimeno *et al.* 2004: Fig. 29) (Fig. 5.52). Como hemos mencionado anteriormente, las características de esta necrópolis no permitieron conocer el sexo o la edad de la persona que allí se encontraba enterrada.

Fig. 5.51: Detalle de la decoración del cuchillo de Numancia (Jimeno *et al.* 2004: Fig. 29).

La figura del primer personaje representado en el anterior cuchillo puede relacionarse con el trabajo de M. Aldhouse Green (2005, 2015) sobre el significado de las ataduras en las cosmogonías de la Edad del Hierro. Esta autora identificaba un vínculo sagrado entre las ataduras y la divinidad a partir de las palabras de Tácito (*Germania* 7, 39). Los únicos miembros de la comunidad con potestad para atar habrían sido los sacerdotes y la finalidad de las ataduras habría sido la de reconocer la inferioridad ante una entidad superior, la divinidad. Las ligaduras habrían tenido así una gramática particular en la que se negaba el estatus, la libertad, la identidad y la dignidad de la persona, diseñadas específicamente para simbolizar una humillación de su portador.

Numerosos son los ejemplos sobre la existencia de ataduras y deposiciones diferenciadas (Green 2005, 2015; van der Sanden 2012, 1996; Sanders 2009). Varios pueden ser relacionados con la imagen que aparece en la empuñadura del cuchillo de Numancia. Entre ellos destaca el chico de Acy-Romance, cuyas manos estaban atadas a la espalda y sufrió una muerte violenta; el chico de Kayhausen en Schleswig-Holstein, con unas complejas ataduras que unían sus manos en la espalda y el cuello, e independientemente los pies; el hombre de Tollund, desnudo con un gorro, un cinturón y ataduras en torno al cuello; el chico de Windeby I con una venda en los ojos; y finalmente las figurillas de cautivos del British Museum que representaban una serie de personajes con ataduras en torno al cuello, manos y pies, y gorro (Jackson 2005). De este modo, la representación del cuchillo de Numancia podría corresponder a un individuo que llevaba atadas las manos, vestía un posible cinturón y un gorro que le tapa los ojos, similar al hombre de Tollund, o los ojos vendados como el chico de Windeby I. La figura inferior es más problemática, ya que podría relacionarse con algún tipo de divinidad, lo que no es común en las representaciones iconográficas celtibéricas, o quizá el oficiante. El hecho de que el individuo sacrificado aparezca fálico podemos vincularlo de nuevo con la fertilidad, del mismo modo que las cabezas cortadas. Ejemplos como los documentados entre las gentes de la isla de Sumba en Indonesia, quienes frecuentemente representaban en sus textiles a individuos

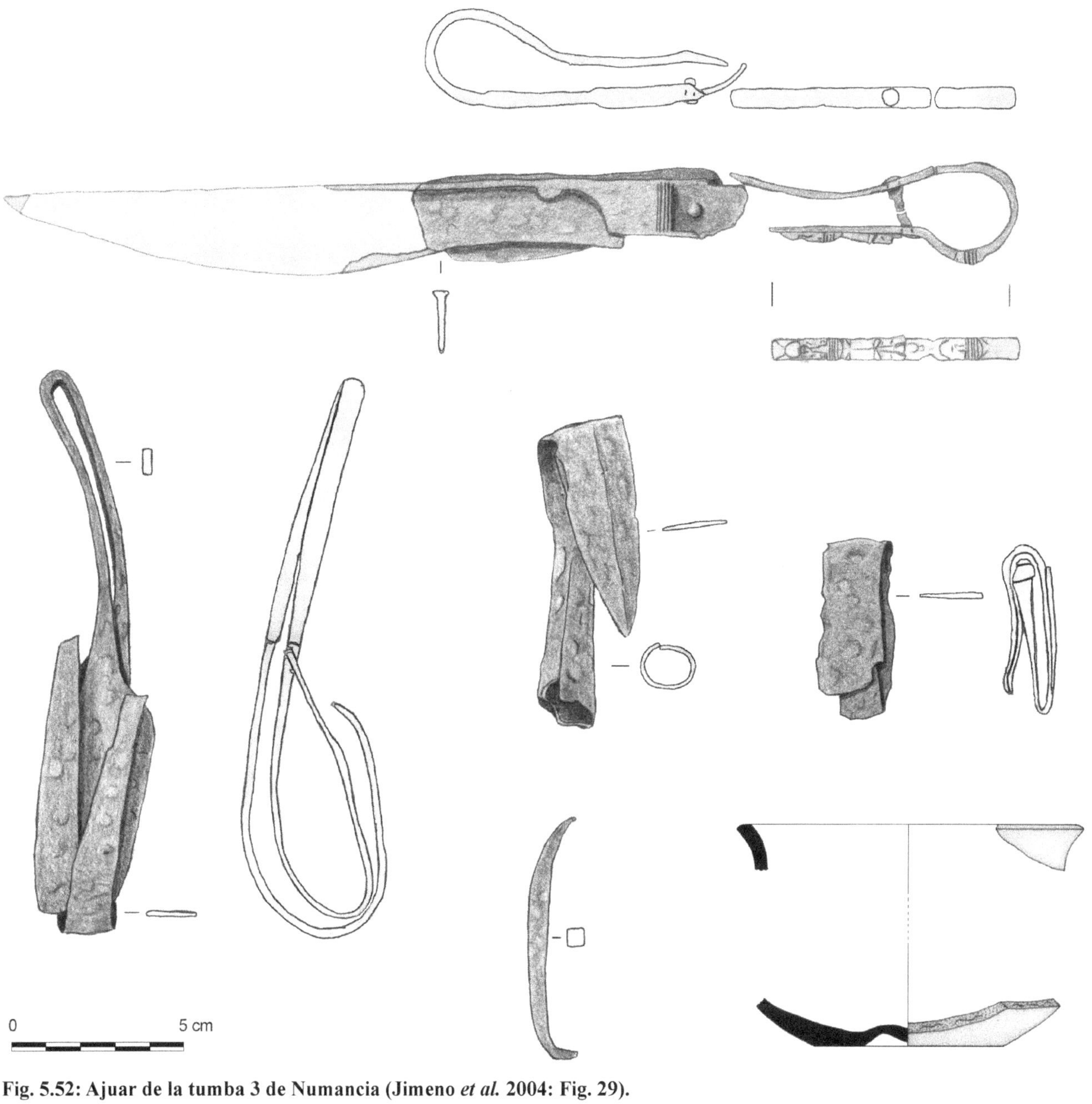

Fig. 5.52: Ajuar de la tumba 3 de Numancia (Jimeno *et al.* 2004: Fig. 29).

con los genitales muy marcados y asociados a las cabezas cortadas (Armit 2012: 100, Fig. 3.5), muestran el profundo vínculo entre este tipo de prácticas y la fertilidad.

Pocos son los datos que conocemos sobre el papel de los oficiantes representados en las cerámicas, más allá de su labor a la hora de conducir el ritual. Estos personajes lucían un tipo de vestimenta específica, bien diferenciada del resto de ropajes, como los representados en las cerámicas. S. Alfayé (2010: 222) señalaba que no sabemos si se trataba de un especialista religioso o una persona determinada que regulaba el ritual, sus pautas, tiempos y contenidos. La presencia de un cuchillo con este tipo de representación nos hace cuestionarnos, de nuevo, quién era enterrado con un objeto así. Por ello, quizá nos encontremos ante uno de esos sacerdotes con potestad para atar y conducir rituales que implicasen algún tipo de sacrificio, animal o humano. Resulta, también, reseñable que sea de las pocas tumbas de Numancia en la que se documenta una vasija cerámica para la deposición de ofrendas de los vivos al difunto.

Observamos así que el cuerpo humano es un poderoso vehículo a través del cual expresar mensajes al resto de la sociedad. La obtención y exposición de determinadas partes del cuerpo tuvo que estar profundamente ligada al modo en el que conceptualizaban y entendían a la persona (*personhood*). Como una sinécdoque, la identificación de determinadas partes del cuerpo con la persona debió ser común, como ya hemos visto en la relación metafórica entre el guerrero/las armas/las manos. Una asociación similar ha sido también reconocida entre la cabeza y la persona, como lugar donde reside la esencia de la persona, el elemento que la define, por lo que al poseer la cabeza era poseer al propio individuo (Sopeña 1987: 107-110).

5.4.2.4. La semiótica del cuerpo

Aún con todo lo anterior, nos queda el interrogante de por qué lo hacían, cuáles eran las motivaciones más profundas. Dependiendo del alcance y los agentes implicados, esta cuestion se puede dividir en tres escalas: prosperidad para la comunidad, prestigio social para el individuo y terror para el otro.

En lo referente a la comunidad, en el apartado anterior, se exponía que la costumbre de cortar cabezas ha sido discontinua en el tiempo y en el espacio, realizada por múltiples sociedades independientemente de su grado de complejidad. El trabajo de I. Armit (2012: 51-59) recopilaba varios de estos grupos para profundizar en los significados de esta práctica, recogiendo los testimonios procedentes de los españoles cuando llegaron a América en el siglo XVI -aztecas y moches- o los que observó el capitán James Cook en el continente australiano -los maoríes-, los nagas del norte de India, los iban de Sarawak en Borneo, los asmat de Nueva Guinea o los shuar del Amazonas, entre muchos otros. Su estudio le ha llevado a plantear que la semiótica de las cabezas hunde sus raíces en lo más profundo de las cosmogonías de los grupos que practican su "caza" y, además, existía una fuerte relación entre las cabezas y la fertilidad de los campos, los animales y las personas, representando auténticos símbolos de la abundancia y el éxito de la comunidad frente al mundo.

En Antropología, son constanten las evidencias que asociaban esta práctica con la prosperidad. Un testimonio de uno de los ilongot de la isla de Luzón en Filipinas a principios de los años setenta afirmaba que: "*when we took heads all the time, there was no illness*" (Rosaldo 1977: 168). Los asmat de Nueva Guinea asociaban metafóricamente la cabeza a la fruta del sago (Zegwaard 1959). En Sumba (Indonesia), las cabezas de los enemigos se colocaban en árboles delimitados por círculos de piedras como si fuesen los frutos del mismo (Hoskins 1987) y los naga del norte de la India (Jacobs 1990) exhibían las cabezas de los enemigos colgadas en árboles o palos de bambú, mientras que las de los ancestros se situaban en nichos dentro de piedras fálicas, previamente tratadas y adornadas con cuernos de buey, pelo o textiles.

La exhibición de cabezas en nichos no fue rara en la segunda Edad del Hierro de la Meseta. Las representaciones de las cerámicas de *Uxama*, Carratiermes y Numancia han sido relacionadas con esta forma de exposición, debido a la estructura cuadrangular que aparecía marcada en la decoración pintada, a semejanza de los nichos del pórtico de Roquepertuse o las cabezas talladas de Entremont (Almagro Gorbea y Lorrio 2007; Armit 2012).

Entre las representaciones en cerámica, el vaso de Arcóbriga (Fig. 5.53) es un buen ejemplo de la asociación entre las cabezas y la fertilidad. Se presentaban dos motivos idénticos de la fachada de un edificio o un pórtico, enmarcado por dos columnas elaboradas, con capiteles y unas basas bien marcadas. F. Marco (1993) observaba una decoración lunar en el interior de las columnas y ramas de hiedra en el exterior del edificio, mientras que I. Armit (2012: 106) relacionaba el interior de las columnas con motivos vegetales y las hojas de hiedra corresponderían a los frutos de la planta. El conjunto se enmarcaba entre dos aves, interpretadas como gallos, animal que según R.

Fig. 5.53: Vaso de Arcóbriga (a partir de Sopeña 2005: Fig. 8; Armit 2012: Fig. 4.13).

Olmos y M. Serrano (2000: 63) era asociado por el poeta Lucrecio con la fuerza, el vigor y el poder. Por último, los motivos que F. Marco (1993) interpretaba como serpentiformes, I. Armit (2012: 106) los entendió como posibles lanzas dobladas.

A pesar de que el conjunto ha sido interpretado de diversas maneras, como un sacerdote o el dios Mercurio (Marco 1993, 2003, 2005). Personalmente, me inclino por la interpretación de I. Armit (2012: 106), en la que el edificio (o monumento) enmarcaba una cabeza humana, que yacía sobre un plinto o caja de la que crece un árbol. El esquema decorativo parecía representar un complejo y altamente formalizado simbolismo asociado a la fertilidad y al crecimiento, donde la cabeza cortada se hallaba en el centro de la representación.

Una representación similar podríamos considerar a la cabeza que apareció bajo el asa del *boch* (Wattenberg 1963: Lám. VI, 2-1203) de la Manzana XVIII de Numancia que se encontraba sobre algún tipo de plinto o base marcada dentro del rectángulo o nicho donde se encontraba expuesta. Si añadimos que la representación de dicha cabeza estaba acompañada por dos figuras híbridas, quienes pueden ser entendidas como dos personajes disfrazados o que encarnaban determinados atributos mágicos asociados al caballo. A esto, debemos añadir que esta cerámica se documentó junto a la jarra que representa una máscara de un toro (Wattenberg 1963: Tabla XLV, 1160), por lo que podríamos encontrarnos ante algún tipo de ritual en el que la cabeza fuese el elemento central y las figuras híbridas formasen parte de la ceremonia en pos de la fertilidad de la comunidad. Tampoco fueron raras las asociaciones de la iconografía del guerrero con elementos vegetales, como es el caso del guerrero que aparecía sosteniendo unas ramas (Wattenberg 1963: Lám. XI, 1-1248) o los elementos vegetales que se encontraban detrás del combate singular de los guerreros híbridos (Wattenberg 1963: Lám. XI, 10-1256) (Fig. 5.42).

El papel de la mujer, en lo relativo a la caza de cabezas, se ha pasado por alto o se ha infravalorado nuevamente. La obtención de las cabezas era una tarea masculina, salvo excepciones, como algunos de los grupos del sur de Papúa-Nueva Guinea, donde las mujeres jóvenes tras una preparación física que las permitiese desenvolverse en el bosque y el aprendizaje del manejo de *sok* o el cuchillo del cortador de cabezas, formaban parte de la expedición para buscar nuevos ejemplares, junto con los hombres jóvenes y unos pocos ancianos que les acompañaban como consejeros y guías. Sin embargo, la labor de estas mujeres siempre estaba más relacionada con el mantenimiento de la expedición que con el propio acto de cercenar las cabezas (van der Kroef 1952: 225-226).

En otros casos, las mujeres participaban en las actividades de limpieza, preparación y la conservación de los trofeos, donde las funciones de género jugaban un papel fundamental en la ecuación cabezas-fertilidad. Por ejemplo, entre los shuar del Amazonas, los ritos que se ejecutaban tras la obtención de la cabeza servían para transmitir el poder espiritual a las mujeres de la comunidad y a través de ellas, a los campos (Harner 1973). Esto ha sido entendido como una apropiación del poder productivo de las mujeres por parte de los hombres guerreros, traduciéndose en una agricultura a cargo de las mujeres subordinada a la actividad del conflicto y la guerra, controlados por los hombres (Armit 2012: 59). Nuevamente, una relación de dominación de género a través de los sutiles mecanismos de poder.

Famoso es el conjunto escultórico de Entremont (Francia), compuesto por una serie de al menos nueve guerreros con ramos de cabezas cortadas en sus manos. Estos se situaban sentados en la calle principal del enclave, posiblemente, en tronos de madera. Sin embargo, menos conocidas son las tres cabezas veladas y los fragmentos escultóricos pertenecientes a mujeres, también sedentes y de las mismas dimensiones que los anteriores (Salviat 1976). Para ellas, P. Arcelin y G. Congès (2004: 10) sugirieron que podrían estar sosteniendo niños en sus brazos, aunque hay muy pocas evidencias para respaldarlo. Las figuras femeninas fueron entendidas como las "adorantes" de los guerreros, a modo de representaciones familiares que habrían reflejado el estatus de la figura central masculina, en sus atributos como marido, padre y guerrero.

Sin embargo, I. Armit (2017, 2012: 186-187) apuntaba que esta interpretación infravaloraba la importancia de las figuras femeninas, ya que las supedita a la figura masculina y no las ponía en relación con las cabezas-trofeo que portaban los hombres. Uno de los principales problemas ha sido la gran fragmentación de estas esculturas con numerosas piezas de difícil asociación. Entre ellos, Armit asoció los fragmentos que representaban objetos metálicos y armas a las figuras masculinas, y los tres fragmentos que representaban vasos metálicos o *situlae,* con las femeninas. Además, uno de ellos representaba un colador, elemento relacionado con el consumo del vino en el mundo mediterráneo. La celebración de banquetes y los *simposia* han sido ligados a las actividades orquestadas por las élites sociales (Arnold 1999; Dietler 2005), y no es el primer lugar, en el que se relaciona a las mujeres con estas actividades (Liceras Garrido 2022a).

La participación de las mujeres en estas actividades no se habría reducido simplemente a la de meras sirvientas, sino a participantes activas en el proceso de preparación, tal y como tenía lugar en el caso de las cabezas. De este modo, el conjunto de estas figuras estaría representando un tipo de identidad relacionada con las élites (con el estatus) que presentaban diferentes materializaciones dependiendo del género. Se produce, por lo tanto, la ritualización de dos estrategias claves de la negociación social, en el caso de los hombres a través de su papel en la guerra y la violencia, y las mujeres, mediante el consumo de alcohol (Armit 2017) y su labor en la preparación de los eventos de comensalidad.

La importancia de la participación en los simposios y el consumo de bebidas alcohólicas se puede relacionar con el tipo de formas cerámicas sobre las que se representaban las cabezas en las cerámicas celtibéricas y sus decoraciones de alto contenido simbólico. Así, por un lado, en las vasijas de Numancia, la cerámica con la asa en forma de cesta y los dos *boch,* podrían corresponder a contenedores de las bebidas alcohólicas en el contexto de determinadas celebraciones, y por ello, se encontraban guardados en los almacenes de las casas de determinadas familias. Por otro lado, los vasos de *Uxama* y Carratiermes, incluso las dos cabezas aplicadas de Carratiermes, que aparecieron en contextos funerarios, pudiesen haber formado parte de la vajilla del banquete funerario en honor al difunto y de las ofrendas de los vivos.

Observamos, así, la universalidad del cuerpo físico a la hora de transmitir determinadas ideas cosmológicas y el valor de las cabezas, profundamente arraigado a los orígenes, las identidades y religiosidad de los pueblos. Las comunidades de la Edad del Hierro debieron presentar motivaciones similares, ya que todas las sociedades tradicionales compartían una preocupación por la fertilidad y la reproducción exitosa de la comunidad. Inquietud que para la práctica de cortar cabezas ha sido comparado con la existencia de: "la relación metafórica entre la acción de la hoz que permite cosechar y la de la espada que sirve para cercenar cabezas" (Armit 2012: 102). De este modo, a través de los ejemplos antropológicos e históricos, podemos concluir que la caza de cabezas no es solo consecuencia del conflicto, sino que en muchas ocasiones es la causa. La obtención de estos trofeos a partir de los enemigos o de miembros destacados de la comunidad –por medios muy diferentes- se hace por el bien de la comunidad, para garantizar su supervivencia, prosperidad y continuidad.

Sin embargo, quiénes fueron los protagonistas a la hora de ir a buscar nuevos trofeos o qué les movía personal y socialmente son aún cuestiones relevantes. Las representaciones iconográficas de las cabezas son frecuentemente estilizadas y repetitivas (Armit 2012: 118). Tan solo somos capaces de distinguir algunos complementos como gorros o pendientes –como en los báculos o fíbulas y las cabezas exentas en cerámica-, o la barba y el pelo largo -pintados en algunas vasijas de Numancia y Carratiermes-. Estos elementos quizá podrían haber estado relacionados con la etnia, el estatus al que perteneció el representado, el grupo de edad o el origen de la cabeza, si perteneció a un enemigo o antepasado. A pesar de ello, no podemos precisar los rasgos que nos permitiesen reconocer una individualidad del sujeto propietario, por lo que la clave debió residir en la materialización de las ideas que representan, más que al individuo representado.

A partir del registro antropológico, se aprecia una diferencia de tratamiento dependiendo de su procedencia, si pertenecieron a los ancestros o fueron obtenidas de los enemigos. Aunque estos matices son apenas distinguibles en el registro arqueológico, algunos ejemplos como los cráneos perforados de Numancia, el Puig de Sant Andreu o La Cloche, pueden asociarse claramente a enemigos. Las cabezas de los individuos con elevado estatus social habrían sido las preferidas, posiblemente se habrían sometido a un tratamiento distinto y eran conservadas a lo largo del tiempo como tesoros o pertenencias de valor para la familia, como muestran las citas de Diodoro y Estrabón en el caso de los galos. Entre los maoríes de Nueva Zelanda, preferían las cabezas de los individuos con elaborados tatuajes faciales porque eso les añadía un mayor valor (Vayda 1960: 96), mientras que en Roviana, a pesar de preferir aquellas pertenecientes a jefes o guerreros notables, porque de ellas derivaba un mayor prestigio, cercenaban cabezas independientemente del sexo o la edad (Aswani 2000).

Los conflictos de los que procedían las cabezas y las manos debieron obedecer a determinadas agendas sociales, cuidadosamente tejidas por diversos grupos que conformaban la comunidad y quienes tenían múltiples intencionalidades. Algunos referentes actuales pueden ayudarnos a entender su relación con el establecimiento y el mantenimiento del poder. Así, entre los shuar del Amazonas, el poder se adquiría mediante la pericia del guerrero, por lo que un cortador de cabezas exitoso era capaz de obtener un prestigio considerable y, tras liquidar a un número concreto de víctimas, obtener ciertos títulos honoríficos (Rubenstein 2006). También, las familias nobles de la parte este de la isla de Sumba (Indonesia) controlaban las grandes fincas de cultivo, lo que unido al control del comercio les permitió consolidar un poder político y económico, en el que tenían lugar constantes y sangrientas guerras, donde la caza de cabezas jugaba un papel primordial como símbolo del sometimiento de los enemigos y el ascenso y perpetuación de la nobleza de estas familias (Hoskins 1996). Del mismo modo, para los grupos de Roviana en las Islas Salomón, la captura de las cabezas era una forma de competición entre las élites por el control social y político, ya que las de los enemigos eran consideradas como símbolos políticos susceptibles de ser cuantificados (Aswani 2000).

Las cabezas fueron, por lo tanto, un medio para autentificar la eficacia del jefe, su grupo y su legado ancestral. La práctica no solo era un acto de triunfalismo, sino implicaba la transmisión de beneficios espirituales y sobrenaturales. Eran consideradas como un capital acumulado a través del conflicto y almacenadas como reflejo y símbolo de eficacia, dando lugar a una traducción simbólica donde la pericia de los ancestros pasaba al jefe vivo y, a través de él, a toda la comunidad (Armit 2012: 55-56, 165).

Es interesante la compleja interrelación que se establecía entre: el cortador de cabezas/las cabezas/la comunidad. De esta manera, el guerrero obtenía cabezas por el bien de la comunidad para su prosperidad y continuidad. A partir de las cabezas y el estatus de sus dueños, la comunidad y el individuo probaban su eficacia y su fuerza frente a los otros. La comunidad reconocía la labor del guerrero premiándolo mediante prestigio social y reconocimiento. La identidad del cortador no aparecía marcada de modo individual. En las representaciones de las fíbulas de caballito o los báculos de la necrópolis de Numancia, los jinetes no presentaban unos rasgos de individualización, todos mostraban las mismas características, por lo que la clave debió residir en portar los objetos y lucir unos determinados símbolos, a través de los que se asociaría a los propietarios con ciertas habilidades y las capacidades del cortador de cabezas, los éxitos que había traído a su comunidad y, la prosperidad y poderío de la misma frente al mundo.

Por último, cercenar cabezas o manos se traducía en un acto que buscaba infligir terror en el otro. El modo de obtención, la parte del cuerpo que refiramos, el tratamiento, la visualización o la conservación debieron ser poderosos medios para enfatizar la pertenencia o no al grupo, la pertenencia al nosotros o a los otros. Este hecho fue especialmente visible con los cráneos enclavados o las manos cortadas, lo que R.G. Mendoza (2007: 401) denominaba como la "tecnología del terror" al referirse a los *tzompantli* mesoamericanos.

A través de la desmembración, el enemigo era deshumanizado y se convertía en un mero objeto, dando lugar a una transformación de la esencia de un individuo peligroso a un objeto cultural que podía ser almacenado y controlado desde esferas doméstica como en el silo 146 de el Puig de Sant Andreu, los cráneos de la habitación 4 de Numancia o La Hoya. El trofeo se convertía, así, en un símbolo físico y un justificante de cómo la comunidad se imponía al mundo exterior y lograba un nivel de control sobre otras fuerzas que de otro modo no podría controlar (Armit 2012: 221). Era reflejo, por tanto, de una identidad colectiva, cuyas claves residían en el control, el poder, la superioridad y la diferencia moral frente a los otros, proceso similar al que observaba A. Hernando (2002) en las comunidades campesinas para los fenómenos de naturaleza no humana.

En símbolos de este tipo, era tan importante la intención con la que se realizaban como lo que provocaba en el que los observaba. La visualización y el cuerpo se convirtieron en estrategias y vehículos mediante los que las comunidades expresaban poderosos y efectivos mensajes, especialmente patentes en contexto de inestabilidad, donde las sociedades necesitaban una reiteración visual continuada como debió ser el periodo final de la segunda Edad del Hierro.

5.5. El gobierno de las comunidades

A lo largo de los anteriores apartados hemos explorado las diferentes facetas de la cultura material, la construcción de algunas identidades y varias de las estrategias utilizadas para negociar el poder y la posición social de los individuos. Como apuntaba A. Jimeno (2011: 260), nos enfrentamos a un panorama complejo en el que "...se mantendría el antiguo modelo social campesino de familias nucleares, con tendencia igualitaria en cuanto a sus posesiones y cuya relación seguiría regulada por los grupos familiares extensos". Hemos observado como ambos niveles de organización se encontraban bien reflejados en la evidencia arqueológica en forma de identidades en torno a la casa o las agrupaciones familiares de los cementerios. Sin embargo, no todas las comunidades debieron presentar el mismo tipo de jerarquías en términos de diferenciación social y poder, ni la misma construcción de las identidades, a pesar de compartir un cosmos ideológico semejante.

Las diferencias de poder entre miembros, familias o clases hubieron de ser mayores en unos territorios que en otros, lo que derivó en las diferencias que se observaban en las ciudades y la complejidad constructiva de sus territorios. Del mismo modo, se habría reflejado en la diversidad revelada en la construcción de las identidades mediante la composición de los ajuares de los enterramientos, el valor simbólico de los objetos o la actuación frente a la muerte, permitiéndonos aproximarnos a los niveles más concretos de la etnicidad. Asimismo, anteriormente se ha señalado el profundo carácter patriarcal de estas sociedades. Lo masculino debió tener un valor simbólico positivo, lo que se habría traducido en una posición de poder preeminente para los hombres sobre las mujeres. Sus símbolos fueron claves para la construcción del estatus y la posición social como hemos visto en los ajuares de los cementerios, donde el reflejo de posiciones sociales más destacadas estaba en la posesión de determinados objetos independientemente del sexo y la edad de los difuntos. Precisamente, debió ser en manos de esos hombres en las que recayó el gobierno de las comunidades.

5.5.1. Asambleas: las arenas de la negociación

Las asambleas fueron instituciones transversales. Espacios de reunión a varias escalas que abarcaron desde el ámbito del parentesco, a los asentamientos, los territorios o las etnias. Cada una de ellas habría estado encargada de unos asuntos concretos, congregada en unos lugares y tiempos determinados, con una composición específica y reglada. Aunque no contamos con suficientes datos para precisar cada uno de los niveles, tiempos o composiciones, las referencias de los autores grecorromanos mencionaban aquellas relacionadas con el gobierno de las ciudades y los territorios, reunidas en enclaves o edificios centrales en las cabeceras de los territorios como vimos en apartados anteriores.

Según las descripciones, las asambleas eran órganos de gobierno autónomos e independientes, los máximos dirigentes del destino de las comunidades y los territorios. La principal atribución reiteradamente señalada era la potestad para discutir cuál fue la posición de la comunidad frente a Roma, ya que era un elemento de interés en las narrativas de estos autores para justificar y entender el transcurso de las guerras. Así, tenemos noticias de asambleas como la de Nertóbriga que prefirió negociar la paz con Roma antes de presentar oposición. Decisión similar fue la que tomaron ciudades como *Arekoratas* o *Uxama* y que posteriormente fueron premiadas con la prerrogativa de la acuñación monetal. Por el contrario, las asambleas de Numancia, *Lutia* o *Belgeda* fueron mencionadas por su arrojo para presentar batalla y las discordancias internas que ésto supuso, siempre con trágicos finales.

No contamos con datos concretos que nos permitan conocer si todos los miembros de la comunidad formaban parte de ellas y, si no era así, qué daba acceso a las mismas. Recordemos que en los albores del mundo urbano, la composición de los territorios agrupó a personas de diversos grupos familiares dentro de una misma comunidad y uno de los principales nexos de unión de las recién creadas comunidades tuvieron que ser estos espacios de reunión. Dos citas son reveladoras a este respecto, aunque pertenecen al momento final del periodo. El episodio de *Meobriga* (Salustio 2, 92) en el que se mostraba como solo formaban parte de ellas los hombres, ya que las mujeres intervinieron en un momento concreto como instigadoras de la guerra. El segundo de ellos, fue el de la ciudad de *Belgeda* (Apiano *Iber.* 100), donde el pueblo cansado de la indecisión del consejó quemó su lugar de reunión, lo que sugiere que no todos los integrantes de la comunidad participaban activamente en estas reuniones, sino mediante algún tipo de representación.

La importancia que han manifestado las relaciones familiares y el estatus en el registro arqueológico, nos hace suponer que los representantes de las principales familias, los líderes de las diferentes facciones o grupos clientelares habrían estado presentes en las mismas, luciendo símbolos de poder como armas, pectorales, fíbulas o báculos que reiterasen visualmente su posición social. Elementos como el estatus, unas extensas redes clientelares o propiedades habrían permitido a determinados individuos o agrupaciones gozar de una mayor influencia y capacidad para manipular las decisiones de estos órganos en su beneficio.

Los intentos de diferenciación de algunos individuos habrían quedado diluidos en el seno de estas estructuras, siendo las asambleas o consejos elementos de control de la capacidad de acción (*agency*) de los líderes, como se demuestra en el caso de Ávaros (Apiano *Iber.* 95). Este fue elegido caudillo numantino del momento final del cerco de Escipión para negociar con el cónsul romano una rendición. Sin embargo, tras las negociaciones, la asamblea del *oppidum* de Numancia consideró que Ávaros y sus acompañantes no estaban obrando por el bien de la comunidad, sino por el suyo propio, y los mataron. Del mismo modo, César en la Guerra de las Galias (V, 27, 3) recogió las palabras del que llamaba el rey de los Eburones, Ambiorix, claves sobre ésto:

> "... no era menor la potestad del pueblo sobre él que la suya sobre el pueblo".

Los autores clásicos, también, apuntaban la existencia de grupos de edad en el seno de las asambleas, con numerosas referencias a los jóvenes (*iuvenes*) y "a los de más edad" según palabras de Apiano (*senniores*). El grupo de los jóvenes habría estado compuesto por hombres en edad adulta que habián pasado los ritos de iniciación correspondientes para formar parte de la comunidad y, por tanto, tenían derecho a portar armas. Según P. Ciprés (2002: 145), habrían sido "el conjunto de hombres susceptibles de ser movilizados de una ciudad o de un pueblo, es decir, aquellos miembros de la comunidad que se encuentran en el máximo apogeo de su actividad física –en la plenitud de su fuerza, agilidad, movilidad, etc.-". Por su parte, los ancianos fueron varones que pudieron pertenecer al grupo anterior, pero han cambiado de estatus debido a la edad. Con el paso de los años, adquirieron prestigio por sus hazañas, riqueza por sus viajes y lo más importante: sabiduría, experiencia y conocimiento tecnológico obtenido a lo largo de su vida y que les habría permitido labrarse una posición social preeminente.

Entre estos grupos se apreciaban tensiones y enfrentamientos por el control de las decisiones que atañían a la guerra, donde se identificaba el conflicto generacional entre los hombres jóvenes quienes debían forjarse una posición dentro de la comunidad y obtener medios para establecerse, y los mayores, cuya autoridad residiría en su riqueza, experiencia y conocimiento del mundo. Este cambio de un grupo de edad al otro se observaba en cementerios como Carratiermes, donde disminuían progresivamente la armas a favor de los "elementos ornamentes" a medida que aumentaba la edad. En ocasiones, estos enfrentamientos llegaron a situaciones extremas como fue el caso de *Lutia* (Apiano *Iber.*, 94), en la que las posiciones enfrentadas acabaron con el castigo ejemplar de Escipión Emiliano a los jóvenes de la ciudad por mediación de los ancianos, o en *Belgeda* (Apiano *Iber.*, 100), donde el pueblo prendió fuego al lugar de reunión del consejo.

> "Había, sin embargo, una ciudad rica, *Lutia*, distante de los numantinos unos trescientos estadios, cuyos jóvenes simpatizaban vivamente con la causa numantina e instaban a su ciudad a concertar una alianza, pero los de más edad comunicaron este hecho, a ocultas, a Escipión" (Iber., 94).

> "En la ciudad de *Belgeda*, el pueblo, presto a la revuelta, prendió fuego al consejo, que se hallaba indeciso, en el mismo lugar de su reunión. Flaco marchó contra ellos y dio muerte a los culpables" (Iber., 100).

Tradicionalmente, se ha querido ver una preeminencia dentro de las asambleas del grupo de los jóvenes a través de las referencias de los autores y su relación con el ejercicio de las armas (Ciprés 2002: 145ss.; Lorrio 2005; Per Gimeno 2012). Sin embargo, hemos de tener en cuenta que la agenda de los autores clásicos, la visión exógena de éstos y la situación de conflicto que estaban narrando, por lo que enfatizaban el papel de los guerreros jóvenes y su barbarie. Las asambleas fueron, por tanto, un espacio negociación extremadamente complejo. Un lugar en el que se dirimían los conflictos y tensiones sociales dentro de la comunidad, donde los diferentes actores y agrupaciones presionarían en favor de sus motivaciones e intereses y tratarían de obtener beneficios tanto económicos, sociales como simbólicos.

5.5.2. Los líderes guerreros

Los autores clásicos señalaban la existencia de líderes o jefes militares que regían el destino de la comunidad en momentos concretos de especial dificultad. Ese debió ser el caso de las guerras contra Roma. Así, estos cabecillas eran elegidos por las asambleas para enfrentarse a una situación concreta y gozarían de cierta capacidad de acción, aunque su actividad habría estado regulada por el conjunto de la comunidad como se observaba ante la posible traición de Ávaros y sus cinco acompañantes cuando negociaban en el 133 a.n.e. con Escipión Emiliano la posible rendición a la que anteriormente aludiamos:

> "Los numantinos, agobiados por el hambre, enviaron cinco hombres a Escipión con la consigna de enterarse de si los trataría con moderación, si se entregaban voluntariamente. Y Avaro, su jefe, habló mucho y con aire solemne acerca del comportamiento y valor de los numantinos... [...] Escipión, que conocía la situación interna de la ciudad a través de los prisioneros, se limitó a decir que debían ponerse en sus manos junto con sus armas y entregarle la ciudad. Cuando le comunicaron esta respuesta, los numantinos, que ya de siempre tenían un espíritu salvaje debido a su absoluta libertad y a su falta de costumbre de recibir órdenes de nadie, en aquella ocasión aún más enojados por las desgracias y tras haber sufrido una mutación radical en su carácter, dieron muerte a Avaro y a los cinco embajadores que le habían acompañado, como portadores de malas nuevas y, porque pensaban que, tal vez, habían negociado con Escipión su seguridad personal (Apiano Iber. 95)."

A través de los textos clásicos, conocemos el nombre y algunos atributos de varios líderes como fueron Caros, Megarávico, Ambón, Leucón, Litennon, Megara o Retógenes, quien era apodado *Caraunio*, el más esforzado de los numantinos, y protagonista del último intento de romper el cerco de Escipión a Numancia. El protagonismo de todos ellos en los textos viene dado por su papel en las guerras contra Roma, aunque a veces no esté del todo claro como fue el caso de la dualidad entre Caros y Megarávico en los sucesos del 153 a.n.e. Las posiciones sociales y el poder político de estos cabecillas se encontraban entretejidas en el complejo tapiz social a varios niveles. Estos aparecían tanto coordinando las defensas y/o ataques de diversas agrupaciones, desde una escala reducida que obedecía a criterios de localización, clase o edad hasta una escala territorial o supraterritorial en momentos de crisis.

Materialmente somos capaces de percibir que estos cabecillas procedían de un grupo con una fuerte identidad de clase y con una apariencia relativamente uniforme, por lo que la distancia en el poder entre jefe y sus compañeros no debió ser muy dilatada, y los enfrentamientos por el liderazgo, comunes. M. Whisson (1961: 7), en su estudio sobre los grupos humanos de una región de Kenia, apuntaba que las principales fuentes de poder que un individuo podía manipular provenían de su filiación con un poderoso linaje, su habilidad para la guerra o la capacidad de reunir apoyos frente a un enfrentamiento. Similares hubieron de ser las pautas para nuestros líderes militares de la segunda Edad del Hierro.

Anteriormente, se apuntaba como mediante la ritualización de la actividad de la guerra, la comunidad generaba un control sobre los enfrentamientos. P. Ciprés (2002: 150) hacía énfasis en la relación de estos individuos con las divinidades, lo que les hacía disfrutar de ciertas habilidades mágicas. El favor de los dioses les habría permitido obtener triunfos y riquezas, salir airosos de las peores contiendas y guiar a la comunidad en momentos de necesidad. Un buen ejemplo era el caso de Olíndico, narrado por Floro (I, 33, 13) en el 143 a.n.e. quien además de excelentes cualidades guerreras y militares, poseía ciertos poderes mágicos de adivinación (Pérez Vilatela 2001). Además, portaba una lanza de plata que le habían enviado los dioses. No debemos olvidar que la lanza de plata se ha relacionado con el dios Lug y había sido utilizada por Cutchulainn, por lo que también se le ha atribuido una función sacerdotal (Marco 1987: 70; Sopeña 1987: 64, 1995: 43-49). Sertorio también fue partícipe del favor de los dioses mediante la cierva blanca que sus hombres veían como una mensajera de los dioses (Tito Livio *Per.* XLIII, 4; Floro I, 33,13; Plutarco *Sert.* XI; Apiano *Iber.* 110).

A ello, debemos sumar una serie de gestos, danzas y cánticos asociados a lo que se ha denominado el "furor guerrero" en el campo de batalla, a partir de citas como las de Apiano (*Iber.* 65), Polibio (II, 29) o Livio (V, 37). Así, los guerreros al entrar en batalla escenificarían un ritual de magia guerrera para propiciar el citado furor y provocar temor en el enemigo (Rodríguez García 2012: 321-322). El episodio de *Intercatia* narrado por Apiano (*Iber.* 54) era claro en este sentido:

> "Pues todos los jinetes bárbaros que habían salido a forrajear antes de que Lúculo llegara, al no poder entrar en la ciudad por haberla sitiado éste, se pusieron a correr alrededor del campamento dando gritos y provocaron un alboroto. Y los que estaban dentro los coreaban. Por lo cual un extraño temor invadió a los romanos".

Del mismo modo, los banquetes y rituales adivinatorios que tenían lugar antes y después del combate, a los que nos referimos en apartados previos, habrían tenido un papel similar. Por ello, en la negociación del poder político, los objetos de valor o de prestigio debieron jugar un papel fundamental a la hora de mantener las alianzas, siendo construidos y construyendo la posición social de estos personajes. Con la acumulación, los bienes básicos se convirtieron en bienes de prestigio mientras los bienes de prestigio procedentes de las razias pasaban a básicos con las redistribuciones. Así, además de conducir a sus guerreros en el campo de batalla, un líder debía redistribuir de modo justo las ganancias a partir de los vínculos y relaciones que tuviesen establecidas con ellos (Ramírez Sánchez 2005: 284) y los méritos y habilidades personales de cada individuo que habrían permitido la obtención de dicho botín.

5.5.2.1. Las relaciones de poder

El control de las relaciones fundamentaba las bases del poder de determinados actores sociales, por lo que parece lógico pensar que aquellos individuos capaces de manipular una red de relaciones más extensa habrían gozado de una mayor capacidad de acción para cumplir sus propias aspiraciones personales. A partir de los textos, se identifican tres tipos de relaciones institucionalizadas: *hospitium,* clientela y *devotio*. Cada una de ellas con unas implicaciones sociales y una relación diferente de poder entre sus integrantes.

El *hospitium* era un tipo de vínculo basado en la colaboración, protección y defensa mutua entre individuos de una misma clase y/o estatus. Era más o menos simétrica, donde los integrantes fueron considerados como semejantes y no había prevalencia de uno sobre el otro (Ciprés 1993b: 122; Peralta Labrador 2000:141). Un ejemplo recurrente para ilustrar estas relaciones ha sido el episodio descrito por Valerio Máximo (III, 2, 21) en el 143-142 a.n.e., donde Quinto Occio, legado romano con el cónsul Metelo, venció al joven Pyrreso en un combate singular y le perdonó la vida. El celtíbero ante eso, le entregó su espada y su *sagum*, símbolos materiales de su estatus y papel social, forjando así un vínculo de hospitalidad. También, fue reseñable el caso de Alucio, joven líder celtibérico, quien reconoció la superioridad de Publio Cornelio Escipión en el 209 a.n.e. en el contexto de la segunda Guerra Púnica, debido a su generosidad cuando su prometida cayó en manos del romano (Tito Livio XXVI, 50).

La clientela y la *devotio* fueron relaciones asimétricas, donde una de las partes tenía una clara posición de superioridad. La clientela consistió en una relación de dependencia, de protección, donde un miembro de clase inferior se amparaba bajo la protección de otro de mayor rango. Redes de esta clase debieron ser especialmente amplias, ya que aquellos individuos o familias que gozasen de menos recursos, tendrían que acudir al amparo de otras más ricas para garantizar su supervivencia. La cita de Diodoro Sículo (V, 34, 6) puede ayudarnos a entender la situación de algunos jóvenes procedentes de familias menos pudientes y cómo éstos iban en busca de botín y prestigio:

> "Cuando sus jóvenes llegan a la culminación de la fortaleza física, aquellos de entre ellos que tienen menos recursos, pero exceden en vigor corporal y audacia, se equipan con no más que su valor y sus armas y se reúnen en las montañas, donde forman bandas de tamaño considerable, que descienden a Iberia y obtienen riquezas en su pillaje".

Finalmente, la *devotio* ha sido considerada un tipo de clientela extrema. Un compromiso sellado con la propia vida, en la que un grupo de *devoti* acompañaba permanentemente al jefe, dando la vida por su señor y muriendo cuando él moría. Los textos de Plutarco (*Sert.* XIV) y Valerio Máximo (II, 6, 11) narraban como estos acompañantes se suicidaban cuando caía su líder. Esta práctica se ha registrado a través de las numerosas referencias entre los pueblos prerromanos centro-europeos, iberos y celtíberos (Salustio Hist., 1, 125; Valerio Máximo II, 6, 11; Plutarco *Sert.* XIV, 5-6). Los *devoti* se han relacionado tradicionalmente con una especie de guardia personal, especialmente a partir de la cita del griego Plutarco (*Sert.* XIV, 5-6) con motivo del séquito que acompañaba a Sertorio. Sin embargo, una de las citas de Apiano era reveladora en lo referente a las distinciones entre las relaciones que se establecían dentro de los grupos. Ésta se refiere al momento en el que Retógenes rebasó el cerco de Escipión en el 133 a.n.e.:

> "Pero Retógenes, un numantino apodado Caraunio, el más valiente de su pueblo, después de convencer a cinco amigos, cruzó sin ser descubierto, en una noche de nieve, el espacio que mediaba entre ambos ejércitos en compañía de otros tantos sirvientes y caballos. Llevando una escala plegable y apresurándose hasta el muro de circunvalación, saltaron sobre él, Retógenes y sus compañeros, y después de matar a los guardianes de cada lado, enviaron de regreso a sus criados y, haciendo subir a los caballos por medio de la escala, cabalgaron hacia las ciudades de los arévacos con ramas de olivo de suplicantes, solicitando su ayuda para los numantinos en virtud de los lazos de sangre que unían a ambos pueblos" (Apiano, Iber. 94).

En ella, se aprecia como Retógenes va acompañado por cinco "amigos" y otros tantos "sirvientes". La relación y el grado de sometimiento que establecía con cada uno de ellos fue distinto. Suponemos que compartió una relación de tipo relativamente simétrico con los que denomina amigos. Estos habrían sido miembros de la comunidad con su mismo estatus y con los que posiblemente compartía identidad de clase y, quizá, ciertos vínculos de hospitalidad. Parece claro que partían con él por voluntad propia, no en vano, ha de convencerles. Sin embargo, un caso distinto fueron los sirvientes. Por la denominación, identificamos una relación asimétrica, individuos de un estatus inferior, con los que compartía algún tipo de vinculación, posiblemente de tipo clientelar. De este modo, observamos como la posición social de los líderes hubo de estar sustentada por las relaciones de poder que mantuviesen con los demás miembros de la sociedad. Parece lógico pensar que aquellos líderes que tuviesen un mayor número de personas ligadas por este tipo de vínculos clientelares o a través de la *devotio* habrían ostentado un mayor prestigio social.

5.5.3. Culturas del honor

Bajo esta denominación, se han englobado sociedades en las que la violencia y el conflicto actuaban como poderosos vehículos del cambio, siendo una parte intrínseca de la vida social (Armit 2011a: 513). El honor personal y familiar habría jugado un papel importante sustituyendo a las leyes de las sociedades estatales, y las *vendette* funcionado como importantes mecanismos de justicia social, donde las respuestas rápidas, contundentes y visibles habrían sido clave.

El ejemplo de un clima social similar, aunque en un contexto muy diferente, lo podemos encontrar en los conocidos como los "ladrones de Tynedale y Redesdale". Bajo este sugerente sobrenombre, estos habitaban la frontera entre Inglaterra y Escocia, según los documentos de finales del siglo XV y el XVI, en un periodo conocido como los *Border Reivers*. La debilidad de un poder central, debido a los enfrentamientos desde el siglo XI entre ambas coronas y las libertades concedidas a estos territorios desde mediados del siglo XII, favorecieron la aparición de un tipo de sociedad basada en los vínculos de parentesco (Frodsham 2004: 78-106; Frodsham et al. 2007; Prestwich 2008; King y Etty 2015). El conjunto de la sociedad se reunía en torno a una serie de apellidos (*surnames*) a partir de vínculos de parentesco, reales o ficticios. Estas entidades agrupaban gentes de todos los estatus sociales, reuniendo desde los nobles a los granjeros. Cada *surname* estaba formado por varias *graynes*, y éstas por varias familias o unidades domésticas que se asentaban de modo disperso en el paisaje en granjas fortificadas (*bastle houses*) para defenderse de razias y asaltos.

El apodo de ladrones viene dado por el clima de violencia endémica que tuvo lugar entre los grupos familiares de los habitantes de Tynedale y Redesdale, cuyas causas se han relacionado con el aumento de la población y a la práctica de dividir la herencia entre sus herederos, lo que provocó una excesiva parcelación de la tierra y los recursos que no permitía la subsistencia del grupo familiar (Prestwich 2008). Así, los líderes de los *surnames* y las *graynes* debían velar por la protección, el mantenimiento de sus gentes y la venganza ante las ofensas. Estos cabecillas se elegían entre los miembros de mayor edad, llegando a acaparar en algunos casos un enorme poder en sus manos. Su eficiencia era determinada por sus habilidades para proveer a sus seguidores de suficientes tierras de cultivo, pasto, una parte justa en el botín, protección y justicia.

El profundo arraigo de la violencia y su uso como estrategia de poder, incluso el tipo de agrupaciones fruto de la misma, debieron ser similares en la segunda Edad del Hierro, como reflejan los múltiples y complejos contextos de la cultura material, desde la construcción de obras colectivas relacionadas con el conflicto -fortificaciones- hasta identidades de casa o familiares -armas y objetos de los enterramientos, especialmente los femeninos o infantiles-. Los significados sociales y simbólicos, y su extensión abarcaron muy diversos grados de las identidades y escalas, desde comunidades enteras a entidades de menor escala como los grupos de parentesco o unidades familiares reunidas en torno a la casa (Armit 2007: 35).

S. King (2010b: 254-257) entendía que la presencia de una cultura material estrechamente vinculada a la violencia era una respuesta extrema a una situación de conflicto y competición social. Los aspectos violentos de las representaciones fueron modos de actuar para lidiar con las tensiones sociales. Aunque con ello, no hemos de suponer que el enfrentamiento real no existiría y su carácter sería solo ritual, de hecho si el conflicto real no existiese y fuese solo un aspecto simbólico, la mediación del ritual no habría sido necesaria y no requerirían de una ideología marcial.

La violencia fue ritualizada por las comunidades como mecanismo para ejercer el control sobre estos eventos. Así, se controla la visualización y representación del ritual y los duelos, y se restringe el número de individuos envueltos en ellos, como hemos observado mediante las representaciones y referencias a los combates singulares. De este modo, se evita que el conflicto envuelva a toda la sociedad y el número de bajas sea mayor del que la comunidad puede soportar. Si los actos violentos se refieren a enfrentamientos a mayor escala o ataques por sorpresa, los grupos utilizaron las agresiones moralistas, como los sacrificios o las cabezas cortadas, de forma que se pueda reestablecer el control. En palabras de King: "*It is perhaps these community attempts to negotiate potentially damaging events that blur the line between ritual and violence*", siendo la diferenciación entre violencia ritual y real, por lo tanto, innecesaria porque la sociedad está impregnada de esa ideología.

5.6. Identidades étnicas

> "No existieron «los Celtíberos» sino diferentes Celtíberos en distintos momentos de la segunda mitad del primer milenio a.C."
> Gonzalo Ruiz Zapatero y Alberto Lorrio (2005: 673)

La etnicidad de los celtíberos del Alto Duero ha sido ampliamente abordada desde la arqueología desde el inicio de la disciplina en esta región (Taracena 1929a, 1933, 1954; Schulten 1954; Almagro Gorbea 1993; Almagro Gorbea y Dávila 1995; Beltrán 2004, 2006; Lorrio 1999, 2005; Ruiz Zapatero y Lorrio 2005; Salinas 1999; Burillo 1987, 2007b; Jimeno 2011), lo que ha generado una amplia documentación de etnónimos y un gran debate sobre su relación con determinadas regiones geográficas. Las principales fuentes documentales que se han utilizado han sido variadas, desde los testimonios de los autores clásicos, imprescindibles para abordar este tipo de identidades como apuntaba F. Beltrán (2004: 92), pasando por evidencias lingüísticas y epigráficas (de Hoz 2005, 2001, 1986; Untermann 1995, 1984), hasta materiales arqueológicos como las distribuciones de determinados puñales de frontón, los puñales biglobulares o la composición de las panoplias militares (Lorrio 2005: 50-52).

En nuestra búsqueda de qué identidad o identidades se engloban bajo el término celtíberos, debemos tener en cuenta que esta denominación fue creada por los autores grecorromanos durante la segunda Guerra Púnica para referirse a las gentes del interior peninsular, quienes adquirieron cierta relevancia por su papel como mercenarios en el Mediterráneo. El término fue entendido en época imperial como la consecuencia de políticas matrimoniales entre gentes de ascendencia céltica e ibérica, véanse los textos de Valerio Marcial (IV, 55) o Diodoro (V, 33, 38) sobre ello. Por lo tanto, términos como celtíberos o la Celtiberia, región de origen, fueron denominaciones exógenas y genéricas acuñadas por estos escritores, que respondían a la necesidad de crear un orden social y un panorama geográfico que facilitase la conquista de la Península mediante el entendimiento de sus gentes, la distribución de los territorios y las relaciones políticas que tenían entre ellos.

Lo designado bajo el paraguas de "*los celtíberos*" no fue siempre uniforme. Varios autores observaban como el contenido varió con el paso del tiempo (Beltrán 2004: 107; Pelegrín Campo 2005: 135). A finales del siglo III a.n.e., celtíberos eran los habitantes de Iberia, pero a medida que aumentaba el conocimiento de los pueblos del Mediterráneo sobre sus características y geografías, las denominaciones y lo denominado comenzaron a adquirir nuevos matices y más complejos significados. Algunos autores debieron tener un conocimiento mayor de los grupos indígenas de lo que plasmaron en sus escritos, como debió ser el caso de Estrabón (III, 3, 7), quien ahorraba detalles al lector adrede, para no cansarlo:

> "Pero temo dar demasiados nombres, rehuyendo lo fastidioso de su transcripción, a no ser que a alguien le agrade oír hablar de los pleutauros, bardietas, alotriges y otros nombres peores y más ininteligibles que estos"

Las consideraciones de los celtíberos como grupo étnico fueron múltiples. Desde su composición a partir de agregaciones de etnias menores como las tribus, que carecieron de una unidad política o un poder central, ya que este se concentraban en la figura de las ciudades (Burillo 2007b: 16), hasta grupos que compartieron ciertos rasgos lingüísticos, culturales, históricos y materiales (Ciprés 1993: 290-291; Lorrio 2005). De modo general, podríamos apuntar que la etnicidad habría supuesto el compartir rasgos comunes como: la conciencia y solidaridad de grupo, un nombre, unos ancestros, unos mitos, una historia, una cultura y un territorio comunes.

Uno de los principales problemas de los estudios de etnicidad ha sido la falta de definición de lo que se considera identidad étnica y de las implicaciones sociales, políticas o identitarias que habría tenido para las personas. Desde el paradigma histórico cultural, el concepto de tribus ha tenido reflejo territorial siempre ligado a la distribución de ciertos elementos de la cultura material (Moore 2011: 342-344). En el Alto Duero, se ha hecho enfasis en la distribución de monedas, fíbulas, armas o elementos lingüísticos. Así, definidas por una serie de trazas materiales, se han construido narrativas sobre el devenir histórico de las tribus, como ha sido el caso de las múltiples teorías sobre los supuestos enfrentamientos y conquistas entre pelendones y arévacos (Taracena 1933, 1954).

A lo largo de esta narrativa, he hecho referencia a lo que entiendo como identidad étnica, concibiendo la etnicidad como una identidad de tipo relacional, por la cual un sujeto se vincula a un colectivo mayor mediante un sentimiento de pertenencia frente a los otros. Este mecanismo de autoidentificación está vinculado y en constante negociación con las otras características y construcciones del individuo y la sociedad, y del devenir histórico del momento. Uno de los aspectos más relevantes es precisamente su carácter múltiple, ya que está formada por numerosos niveles que interactúan e interaccionan dependiendo de las circunstancias y la situación del individuo, dotándole de una serie de herramientas emocionales con las que estar siempre respaldado por un conjunto social más amplio, siendo su gran capacidad de adaptabilidad la principal característica.

5.6.1. Desenmarañando los niveles de etnicidad

Abordar la identidad étnica es hablar de niveles y escalas de autoidentificación. Varios de esos niveles fueron nombrados y caracterizados por A.D. Smith (2008: 30-31) y adaptados a la arqueología por M. Fernández Götz (2014a, 2014b) en su estudio sobre los tréveros de la Galia Oriental. En el caso de la Celtiberia, podríamos considerar el término erudito *Keltíber* acuñado por los autores griegos para referirse a los *Keltoí* de la Península Ibérica (Beltrán 2004: 105) como una categoría étnica. Recordemos que las categorías étnicas fueron niveles muy generales de etnicidad, designados desde el exterior para referirse a comunidades con elementos en común, ya fuesen culturales o geográficos. Este sentido global de los celtíberos habría hecho referencia, por tanto, a los celtas de Iberia, quienes no tenían por qué compartir costumbres, mitos de origen, solidaridad o relación y presentaban simplemente un barniz exterior de similitud frente al otro.

Las redes étnicas habrían sido el siguiente de los niveles. Mediante estas redes, las comunidades habrían establecido una serie de relaciones comunes y actividades, compartiendo algún tipo de nombre común, mitos de origen y cierto grado de solidaridad, al menos entre los dirigentes. Redes etnicas habrían sido los celtíberos históricos, los habitantes de la conocida como "Celtiberia nuclear" (Burillo 2007b), cuyos límites fueron groseramente definidos por los autores clásicos. Estas redes fueron especialmente visibles durante la conquista romana y a ellas debieron apelar en momentos de crisis, como indica el final de la ciudad bela de *Segeda* y su petición de ayuda y refugio a la arévaca Numancia, narrado por Floro (1, 34, 3-4) y Apiano (*Iber.* 45) bajo las denominaciones de "aliados y parientes", y "aliados y amigos".

Según aumentamos el zoom en estas identidades, contamos con mayor información, especialmente procedente de los textos clásicos por el papel que las comunidades étnicas jugaron durante la conquista. Estas comunidades fueron entidades con nombre propio. Sus miembros compartieron mitos de origen y una memoria común, cultura y relaciones de solidaridad. A este tipo de identidad se habrían referido el segundo conjunto de etnónimos amparados bajo el término de celtíberos como: arévacos, titos, belos, lusones y, a veces pelendones y vacceos, dependiendo del autor. Para observar el funcionamiento de estas entidades como entes políticos, fueron especialmente relevantes los hechos que acontecieron en el 152 a.n.e. Cuando el cónsul Marcelo tuvo cercada la ciudad de Nertóbriga y ésta pidió la capitulación, Marcelo no aceptó la paz a menos que también la solicitasen de modo conjunto los arévacos, belos y titos. Apiano (*Iber.* 48-49) también contaba como celosamente las tres tribus enviaron emisarios a tratar con el cónsul, quien los envió a Roma para que resolviesen allí las disputas. Un vez en la ciudad eterna, cada uno de los grupos fue tratado de modo diferente, dependiendo de la comunidad étnica a la que perteneciesen, según las palabras de Polibio (XXXV, 2, 3-4):

> "Cuando los embajadores se presentaron en Roma, los que iban de parte de los belos y de los titos, que se habían adherido a la causa de Roma, fueron recibidos todos ellos en la ciudad, pero los de los arévacos recibieron orden de levantar sus tiendas al otro lado del Tíber por ser enemigos, hasta que se tomara una decisión sobre el conjunto de los asuntos. Al llegar el momento de la entrevista, el pretor introdujo a los aliados por ciudades"

En la última frase de la cita de Polibio, se hace mención al siguiente nivel de la identidad étnica, las ciudades. Las identidades territoriales centradas en la figura de las ciudades debieron ser un referente étnico mucho más influyente en la vida diaria de las personas, ya que como hemos visto anteriormente la vida familiar, política o religiosa habría tenido como referentes el centro urbano y el entorno rural. La fuerte regionalidad material que se ha observado a lo largo de todo el periodo habría sido la materialización de este nivel de identidad étnica. Referencias como la de Apiano (*Iber.* 100) sobre *Colenda* a la que describía como: "... habitada por tribus mezcladas de los celtíberos...", nos permite plantearnos la posibilidad de que ciertos núcleos urbanos reuniesen diversas identidades étnicas, como el ejemplo actual de la ya mencionada ciudad etíope de Asosa, hogar para personas de las etnias amhara, oromo y berta.

La pertenencia a una comunidad o red étnica concreta no habría supuesto suscribir ningún tipo de pacto o alianza. Así, se observa a lo largo de la conquista donde ciudades de una misma etnia tomaron decisiones diferentes en cuanto a su relación Roma. Citas como las de Polibio y episodios como el de Nertóbriga evidencian la libre potestad de la que gozaba el gobierno de las ciudades para decidir sobre sus destinos y cómo la etnicidad solo era invocada en situaciones concretas o bajo acuerdos políticos determinados, como vimos hacer al numantino Retógenes al pedir ayuda a otras ciudades arévacas durante el cerco de Escipión apelando los lazos de sangre que les unían:

> "... cabalgaron hacia las ciudades de los arévacos con ramas de olivo de suplicantes, solicitando su ayuda para los numantinos en virtud de los lazos de sangre que unían a ambos pueblos. Pero algunos de los arévacos no les escucharon, sino que les hicieron partir de inmediato, llenos de temor. Había, sin embargo, una ciudad rica, Lutia,..." (Apiano Iber. 94)

Estas identidades, por tanto, no fueron sino comunidades imaginadas, construidas a partir de un parentesco o descendencia común y un territorio que no tenían por qué ser reales. M.C. Cardete (2015: 46-47) en su estudio sobre la tribu azania en la Arcadia, observaba que dicha tribu era una imagen documental que se había construido en época clásica. Esta no era necesariamente física, sino tan solo un símbolo que permitía construir un paisaje político que legitimaba el poder del momento. Así, algunos niveles étnicos se modelaban desde el poder mediante la manipulación del tiempo y del espacio para que obedeciesen a su propia agenda. Entre ellos, quizá los ejemplos más populares sobre la manipulación del pasado con fines para el poder en el presente fueron los casos de la vinculación a héroes fundadores como Erictonio para los atenienses o Eneas para Roma.

Similar pudo que ser el caso de los pueblos de la segunda Edad del Hierro en la Meseta. Sin embargo, tan solo contamos con la versión de los conquistadores, cuyas agendas fueron diferentes a la de los grupos locales. Por ello, en los textos escritos identificamos, en primer lugar, una vocación geográfica por la que crear una cartografía de los pueblos de las tierras que estaban conquistando, donde nombraban y transcribían tan solo aquellas realidades étnicas que fueron relevantes para la narrativa como vimos en la cita de Estrabón. Así, las denominaciones que otorgaron a las etnias pudieron obedecer a cierto tipo de relaciones observadas entre los habitantes de la Celtiberia en el momento de la conquista que correspondiesen a redes de relaciones basadas en parentesco y forjadas a lo largo del tiempo en sus bagajes como mercenarios, sus redes de distribución o enfrentamientos por los recursos. Derivado de ésto, el etnónimo arévaco aunque reflejase una categoría de identidad étnica, es muy posible que un arévaco no se reconociese bajo ese nombre del modo que los escritores los recogieron y que haya llegado hasta nosotros tras diversas copias y traducciones a las lenguas modernas. En segundo lugar, los escritos fueron un intento por justificar la guerra. Por ello, solo contamos con datos textuales referidos al papel de estas entidades en el conflicto contra Roma. Poco o nada sabemos de la función de estas identidades en el ámbito político, social o religioso en épocas más pacíficas. La existencia de un otro fuerte y poderoso, con diferencias tecnológicas y logísticas notables, debió suponer una amenaza tal magnitud que ocasionó la activación de identidades étnicas a gran escala como las redes étnicas de ayuda y cooperación mutua.

5.6.2. Las comunidades étnicas en el Alto Duero

Uno de los debates más recurrentes en el Alto Duero ha girado en torno a las dos comunidades étnicas que lo poblaron, los arévacos y los pelendones. La mayor parte de los autores grecorromanos mencionaba en esta región a los arévacos que eran el grupo más poderoso entre los celtíberos según Estrabón (III, 4, 13) y recibían su nombre del río *Areva* que discurría entre ellos (Plinio *H.N.* III, 23 y 27). En un momento más tardío, Plinio citó también a los pelendones en la región, situándolos en las tierras altas en las que nace el río Duero (III, 112), atribuyendo a esta etnia la ciudad de Numancia.

B. Taracena (1929a, 1933, 1954: 200-206) relacionó a los pelendones con el poblamiento de la Serranía Norte de Soria, cuyos antecedentes fueron la Cultura de los Castros Sorianos durante la primera Edad del Hierro. Los pelendones habrían ocupado el límite norte de los arévacos desde la zona de Numancia (Fig. 5.54), mientras que los arévacos se habrían extendido desde el este del Sistema Ibérico hasta las estribaciones del Sistema Central, llegando por el oeste hasta la ciudad romana de *Clunia*, apodada por Plinio (*H.N.* III, 27) como "*Celtiberiae finis*" (Jimeno 2011: 226).

Numancia fue una de las ciudades de la antigüedad más citada en los textos clásicos (Jimeno y de la Torre 2005: 8) y su atribución étnica ha suscitado siempre un gran interés. P. Bosch Gimpera (1932: 553) y A. Schulten (1945: 25) intentaron resolver la contradicción de su atribución a los arévacos por autores como Estrabón (III, 4, 13) y Apiano (*Iber.* 46) o a los pelendones por Plinio (*H.N.* III, 26). Ambos asumieron que los arévacos eran el grupo más poderoso de los celtíberos y éstos se habían expandido hacia el norte, conquistando el límite sur y la ciudad de Numancia a los pelendones. Dichas tierras, tras las Guerras de Sertorio, habrían sido devueltas a esta tribu por los romanos.

B. Taracena (1954: 203-204), por su parte, planteó otro esquema explicativo diferenciando los dos grupos étnicos y culturales. Los pelendones habrían sido un grupo antiguo de pastores, mientras los arévacos fueron un grupo cultural más moderno de gentes agrícolas. La ausencia de los pelendones en los relatos de Polibio y Apiano se habría debido a que estos eran tan solo un recuerdo en el momento de la conquista, ya que habían sido sometidos por los arévacos. Sin embargo, la mención a los pelendones en los textos de Plinio se dio por la memoria de una organización independiente de las tierras, y en los de Ptolomeo a su intencionalidad geográfica (Jimeno *et al.* 2017a, 2018).

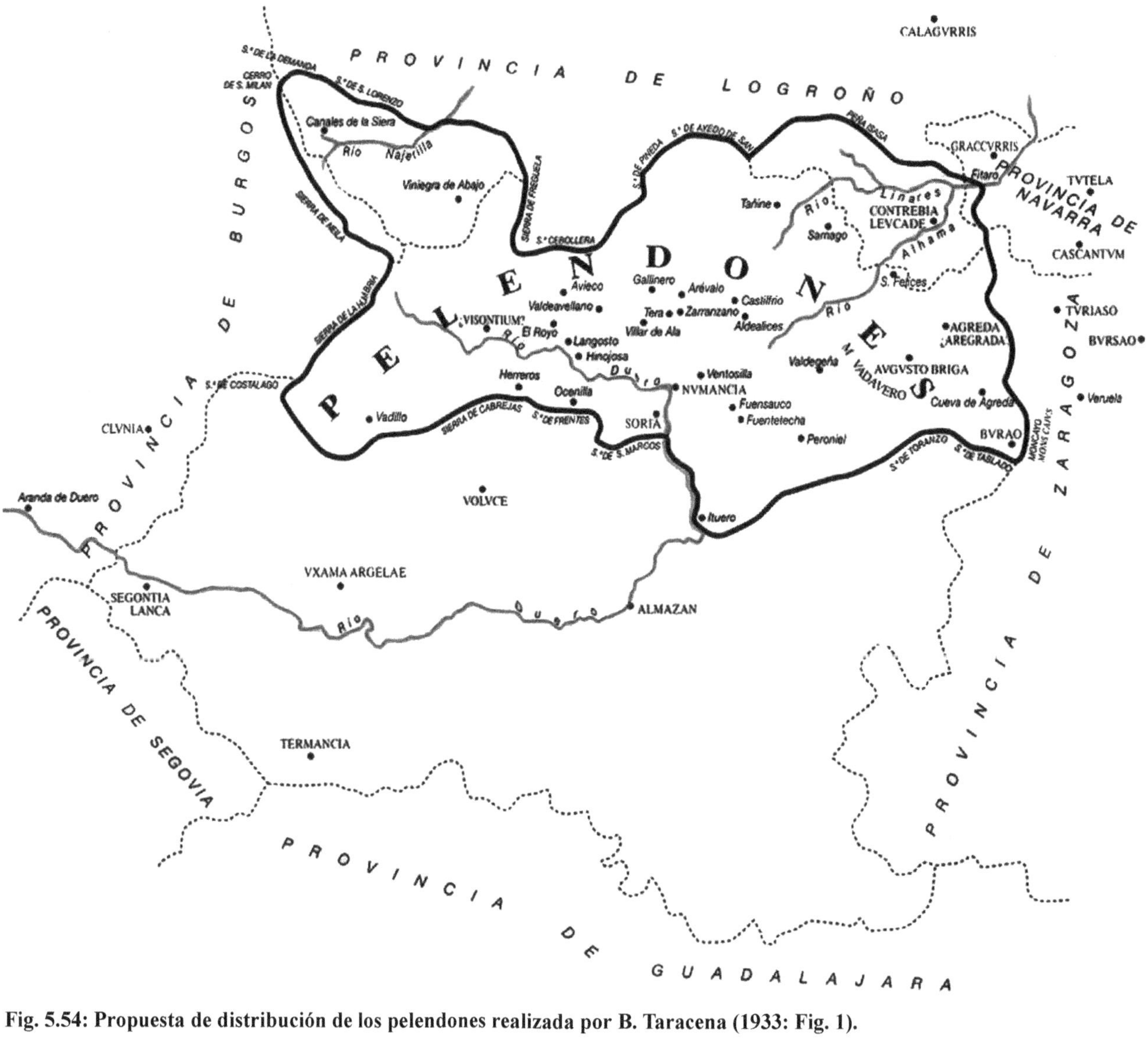

Fig. 5.54: Propuesta de distribución de los pelendones realizada por B. Taracena (1933: Fig. 1).

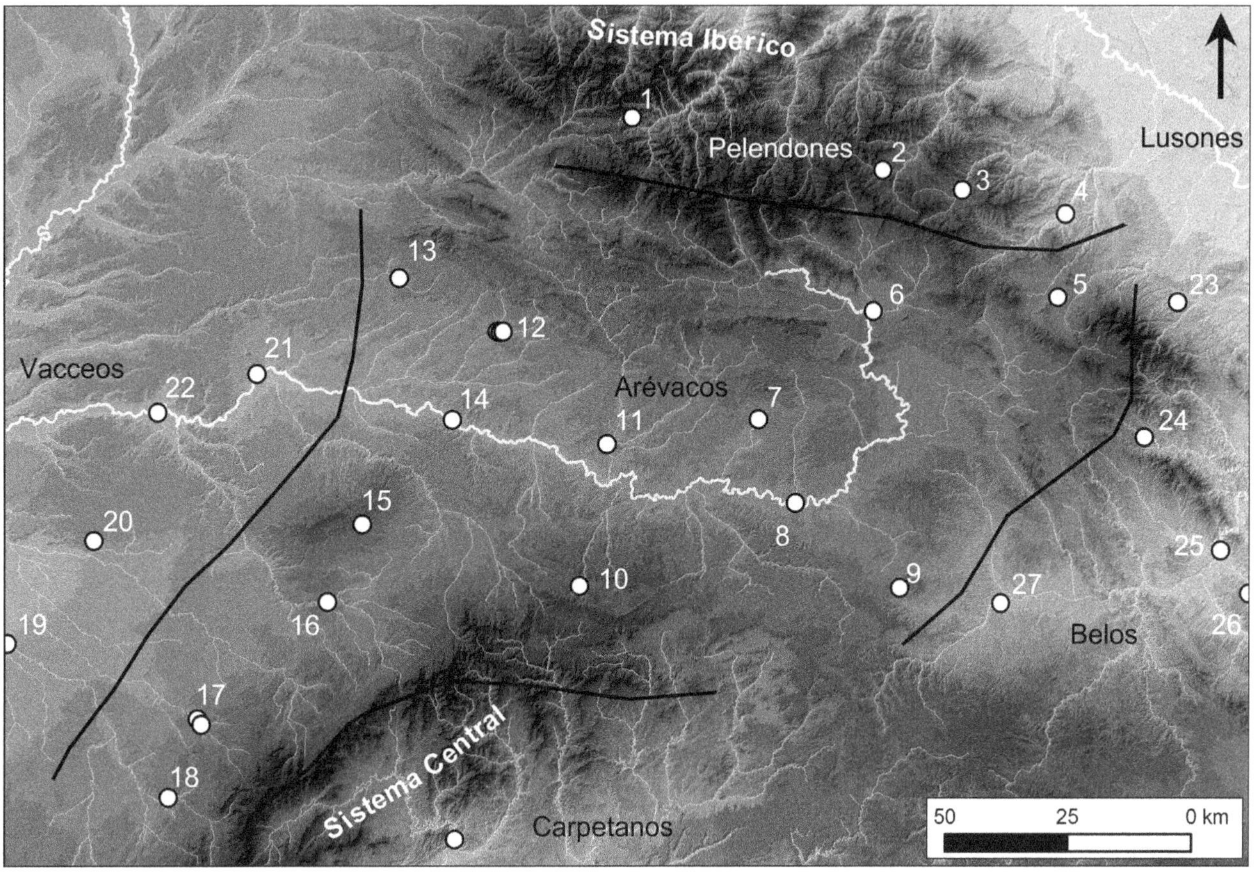

Fig. 5.55: Distribución de las comunidades étnicas de la región. Alto Duero-Sistema Ibérico/Pelendones: 1.- Sejeda (Canales de la Sierra), 2.- El Castillo (La Laguna), 3.- Los Castellares (San Pedro Manrique), 4.- *Contrebia Leukade*. Alto Duero-Valle del Duero/Arévacos: 5.- *Arekoratas*, 6.- Numancia, 7.- Altillo de las Viñas (Ventosa de Fuentepinilla), 8.- Las Eras (Ciadueña), 9.- El Villar (Aguaviva de la Vega), 10.- *Termes*, 11.- *Uxama*, 12.- *Sekobirikes*, 13.- Alto de San Pedro (Pinilla de Trasmonte), 14.- El Escorial (La Vid), 15.- Los Quemados (Carabias), 16.- Cerro de Somosierra (Sepúlveda), 17.- El Cerro de la Sota-El Castrejón (Torreiglesias), 18.- *Segontia*. Duero Medio/Vacceos: 19.- Cauca, 20.- El Castillo (Cuéllar), 21.- *Rauda*, 22.- *Pintia*. Ebro/Belos y Lusones: 23.- *Turiazu*, 24.- *Aratikos*, 25.- Bílbilis, 26.- *Segeda*, 27.- Arcóbriga.

Si atendemos a la materialización de estas identidades, participo de la idea expuesta por A. González Ruibal (2003: 116-123) sobre cómo los marcadores étnicos pudieron estar relacionados con el modo de hacer las cosas de una forma determinada, más allá del resultado final. Para tratar de desenmarañar estas identidades étnicas vamos a centrarnos en determinados aspectos de la cultura material, especialmente el paisaje, el mundo funerario y el ámbito doméstico.

En los apartados correspondientes a la construcción del paisaje, se apreciaban diferencias en las formas del relieve elegidas para levantar los asentamientos, así como en la distribución espacial de los territorios con una marcada diferencia entre los grupos del valle y las montañas del norte. Así, mientras el número de asentamientos y el tamaño de los núcleos urbanos eran de menor tamaño entre los grupos de la serranía norte, las zonas del valle presentaban unos entornos más abiertos y dispersos. A pesar de las diferencias en la configuración de los territorios, debido a la morfología del relieve sobre la que se asentaron cada uno de los grupos, se observaba como las comunidades del valle presentaban territorios más extensos que los de las montañas. Sin embargo, si los territorios se analizan desde la perspectiva del movimiento y tenemos en cuenta la variabilidad del terreno, especialmente la pendiente, se observa como las distancias entre el núcleo urbano y las fronteras del territorio fueron similares entre ambos grupos (Fig. 5.5 b).

Los paisajes funerarios entre ambos grupos presentaban un carácter booleano. Había una nutrida presencia de cementerios en la zona del valle, en la que se registraba un aumento del número y la diversidad de espacios de enterramiento durante este periodo, pero una absoluta invisibilidad de este registro en la zona de las montañas a lo largo toda la Edad del Hierro. De ello, se presumen diversas actitudes ante la muerte, o al menos, en lo que a visibilizarla se refería.

Por último, una breve referencia al ámbito doméstico a partir de los datos presentados por A. Jimeno (2009a) sobre el tamaño y la disposición de las casas en el Alto Duero. Las dimensiones y la configuración a lo largo de toda la región fueron similares. Sin embargo, a partir de las excavaciones en la ciudad de Los Casares (San Pedro Manrique) (Alfaro *et al.* 2014), perteneciente al grupo de las montañas, las dimensiones de las unidades domésticas son algo mayores que el módulo utilizado en el valle. Del mismo modo, las casas se construyeron adosadas a la muralla. Este último aspecto más que marcarlo como una característica diferenciadora propiamente dicha, me gustaría dejarlo esbozado para el futuro, debido a la actual escasez material de datos al respecto y las enormes posibilidades de futuro que podrían ofrecer nuevos trabajos de campo.

Las etnias fueron en definitiva una serie de redes de relaciones de autoidentificación y ayuda mutua, quienes compartían una serie de rasgos, mitos y memorias comunes. Antes del surgimiento del mundo urbano, las dos regiones identificadas en el Alto Duero ya presentaban caracteristicas diferentes durante la primera Edad del Hierro. Las agregaciones de población de las montañas presentaban unas prácticas y formas de entender ciertos aspectos del mundo diferentes al poblamiento del valle, materializadas en el poblamiento fortificado y la invisibilidad de los muertos para las primeras, mientras que la ausencia de defensas y la presencia de necrópolis para las comunidades del valle. Las diferencias en la cultura material de las dos regiones, reflejan las dos realidades culturales a las que se enfrentaron los romanos cuando llegaron al Alto Duero y que designaron como arévacos y pelendones (Fig. 5.55).

6

De aquellos barros, estos lodos: los siglos del cambio de era

6.1. De indígenas a romanos

Los episodios bélicos que dieron lugar a la conquista de Roma de los territorios de la Celtiberia debieron ser traumáticos para sus gentes. No se enfrentaron a las formas de conflicto habitual que detallamos en los capítulos anteriores, relacionadas con la adquisición de riquezas y gloria, sino a una guerra de conquista y supervivencia. Tras ella, Roma integró a las diversas comunidades en un modelo estatal, traduciendo así el mundo de la segunda Edad del Hierro a un nuevo lenguaje, en el que tuvieron que asimilar nuevos conceptos, reinventar algunos y mantener otros. El camino recorrido por estas gentes hasta convertirse en romanos debió ser largo, difícil y complejo, y su resultado debió estar plagado de particularidades regionales.

La romanización no es el objeto de este trabajo, por lo que en este apartado tan solo se van a esbozar algunas de las pinceladas de lo que supuso este proceso como parte final del devenir social autóctono. Para ello, este capítulo se centra en algunas de las formas de cultura material que se construyeron a partir las nuevas narrativas y contribuyeron al relato social, cultural e identitario, dejando de lado temas tan sustanciales como los procesos jurídicos, administrativos, legislativos, lingüísticos o religiosos, donde mi solvencia como protohistoriadora es limitada.

El siglo I a.n.e. en el Alto Duero es uno de esos momentos históricos en los que el tiempo parece acelerarse, ya que fueron numerosos los cambios que acontecieron en un corto periodo de tiempo y someros los datos materiales con los que contamos para enfrentarlos.

6.1.1. (Des)Enredando la romanización

La romanización ha sido tratada especialmente por historiadores de la antigüedad y poco trabajada desde la perspectiva de los prehistoriadores más allá del fin de una época en la que la llegada de Roma y la conquista parecen sellar el punto y final de las tradiciones y costumbres previas. A ello, debemos añadir el marco histórico y cultural desde el que se ha abordado principalmente y que ha dado lugar a visiones romanocéntricas desde que F. Haverfield acuñara el término de *romanización* en su publicación de 1912, "*The Romanization of Roman Britain*".

La llegada de Roma ha sido considerada como el inicio de la civilización, alejando a los indígenas de su tradicional barbarismo. Eso ha sido en parte causado por la visión transmitida por los autores grecolatinos en sus escritos, pero también por la propia perspectiva de los académicos. Esto ha provocado que determinados elementos materiales, como pudieron ser las cerámicas numantinas que previamente hemos tratado, tan solo pudieron ser fruto de la influencia de Roma (Wattenberg 1963; Romero 1976, 2017). Negando con ello la posibilidad de que unas piezas tan finas, sutiles y artísticas pudiesen haber sido obra de los bárbaros indígenas. Sin embargo, las últimas investigaciones en la ciudad de Numancia han aportado nuevos datos estratigráficos y radiocarbónicos al respecto, defendiendo su autoría local en momentos previos a la conquista (Liceras Garrido *et al.* 2014a; Jimeno *et al.* 2012, 2017a, 2018).

Roma no fue siempre la misma Roma, ni en el tiempo, ni en el espacio. La diversidad fue su principal característica desde la variedad de ambientes geográficos y ecológicos a sociales y culturales. En la década de los 90, se inició un profundo y amplio debate sobre el paradigma de la romanización (van Dommelen 1998; Woolf 1998, 2002; Webster 2001; Mattingly 2004; Curchin 2004; Hingley 2005; Jiménez 2008a) que abarcaba desde el término a los contenidos. Esto dio lugar a debates tan interesantes y diversos como el publicado en el volumen 21 (*issue* 1) de la revista *Archaeological Dialogues* (2014) por citar uno extenso que compilaba diversas sensibilidades.

La propia elección del término ha sido un asunto controvertido. Romanización fue una denominación denostada por el sentido colonial y civilizador que implicaba. Numerosos autores han optado por opciones alternativas. Por ello, haciendo referencia a las múltiples y complejas interconexiones que tuvieron lugar en el mundo romano, R. Hingley y M. Versluy se refirieron a este proceso como "globalización". En la misma línea que los anteriores, P. Veyne la definió como "*mondialisation*". Autoras como J. Webster eligieron el término de "*creolization*" por la diversidad dentro del mismo marco cultural, mientras L. Curchin abogaba por deconstruir y revitalizar el término, eliminando así connotaciones inadecuadas y las falacias que engloban. Algo similar a la romanización 2.0 por la que se decantaba G. Woolf.

Una de las principales críticas a este proceso ha sido la excesiva simplificación de un fenómeno complejo, entendido desde una perspectiva colonial fundamentada en unas bases militares con fines económicos, olvidando el papel de aspectos como la cultura, en contextos especialmente violentos o de explotación económica (van Dommelen 1998: 26). También, el excesivo peso que se le ha otorgado a términos como "civilización", "barbaros" o "guerra justa" que han perdurado hasta nuestros días y definían este proceso (Hingley 2005: 16). Una romanización, por otra parte, plagada de dualismos cartesianos y oposiciones de contrarios, tales como romanos/indígenas, bárbaros/civilizados. Todos ellos incapaces de recoger la complejidad y heterogeneidad de hechos y situaciones, carentes de flexibilidad para recoger las múltiples facetas mediante las que se construyeron los individuos. El modo de construirla, de arriba a abajo, también ha sido objeto de crítica reiterada al paradigma, donde las élites eran las primeras en adaptarse a las formas de vida romanas, especialmente la aristocracia administrativa y provincial (Mattingly 2004: 9), influenciando posteriormente a los estratos inferiores de la sociedad.

Las aproximaciones que ponían el foco en los nativos y relataban su perspectiva del proceso han proliferado desde los inicios del siglo XXI (Wells 1999; Laurence 2001), así como el interés de prehistoriadores en perfilar el proceso desde la perspectiva indígena como medio para entender los cambios ontológicos y sociales (*e.g.* González Ruibal 2006-2007; Fernández Götz 2014a). La capacidad de acción indígena se ha puesto en el foco de estudio, teniendo en consideración el papel que jugaron ambos agentes en la configuración de las identidades teniendo en cuenta que Roma contó con una mayor fuerza de coerción, lo que produjo una relación asimétrica. Así, podemos observar un proceso que no fue unilateral, ni unívoco, en el que el intercambio cultural fluyó en ambos sentidos, de romanos a nativos y de nativos a romanos (Jiménez 2008a: 41). Haciendo eco de las palabras de J. Webster (2001: 210), la cultura romana nunca fue estática, absorbió y se adaptó a los influjos que recibía de las provincias, modelando así una identidad construida sobre un mosaico de culturas.

Numerosos autores han llamado la atención sobre la necesidad de volver la mirada hacia la cultura material ('*the material turn*') como un medio más para comprender el proceso, ya que algunas de las evidencias que tradicionalmente se han ligado a Roma, como determinados tipos cerámicos o vidrios, no fueron ni tan siquiera producidos en la Península Itálica (Freeman 1993). Esto nos ha llevado a una cuestión difícil de resolver: ¿qué era ser romano/a? G. Woolf (1998: 11) definió que las personas que se consideraban romanas y eran ampliamente reconocidas como tal presentaban una serie de objetos, creencias y prácticas, de modo que la cultura romana incluía estilos característicos de cerámica, materiales de construcción y vestuario; creencias particulares sobre los muertos, gustos en bebidas y nociones sobre educación; costumbres como hornear pan en lugar de hacer gachas, construir monumentos de piedra en lugar de movimientos de tierra y competir con los vecinos a través de declamaciones latinas, en lugar de en el campo de batalla. Por ello, ser romano no habría supuesto tan solo utilizar un determinado conjunto material, sino también asumir cierto estilo de vida. En lo que al Alto Duero se refiere, las diferencias materiales respecto al periodo anterior fueron difícilmente perceptibles durante el final de la República y no se hicieron manifiestas hasta el inicio del Imperio. Esto convirtió esta región como un buen ejemplo de lo que señalaba M. Versluys (2014: 15) "*If Roman archaeology were prehistory, Roman imperialism would be quite invisible in the archaeological record*".

Se observa, por lo tanto, como el final de la conquista no supuso un cambio brusco en las formas de vida de la región. Fueron múltiples las características particulares que se mantuvieron y en las que se profundizará a lo largo de este capítulo. Mediante ellas, tuvo lugar una transformación paulatina y pausada que guió el camino de las comunidades hacia otro tipo de ser social. Dicho cambio y su materialización no fueron ni totales, ni unitarios, sino que acontecieron a un ritmo desigual entre periodos, regiones y personas.

Las cronologías poco tuvieron que ver en el proceso, ya que se documentan diferentes ritmos entre regiones y dentro de las regiones, en las que tuvieron que transcurrir varias generaciones bajo el poder romano para apreciar materializaciones significativas. Si nos referimos a la Celtiberia, la zona del Ebro presentaba un contacto más temprano e intenso, donde las formas romanas tuvieron un calado más profundo que en el Alto Duero. Dentro del Alto Duero, hubo territorios o al menos centros urbanos donde la romanización parece más rápida y amplia, como *Uxama*, *Termes* o *Clunia*, en las que se erigieron grandiosas ciudades romanas en época imperial, mientras que ciudades como Numancia, Las Gimenas (Villar del Río) o Los Casares (San Pedro Manrique) mantuvieron un aspecto y unas instalaciones principalmente indígenas.

El ritmo de la romanización no fue, por tanto, constante. En el Alto Duero, se pueden percibir principalmente dos impulsos, el primero en época augustea y el segundo en época flavia, tal y como ha documentado J. Bermejo (2018) a través de cambios significativos en los patrones onomásticos de la epigrafía y sus implicaciones jurídicas.

Si volvemos la mirada a Numancia, a partir de su planificación urbana y la distribución de los espacios domésticos, se distinguen tres momentos bien diferenciados (Jimeno *et al.* 2018) (Fig. 6.1). Un primer momento, tras la conquista romana de la ciudad y su territorio en el 133 a.n.e., en el que sus tierras fueron entregadas a aquellos indígenas que habían ayudado a Escipión a derrotar a los numantinos según palabras de Apiano (*Iber*. 98). La ciudad que se construyó presentaba unas características muy similares a las de la etapa previa, como se ha podido apreciar en las Manzanas I y IV de la ciudad. Sin embargo, no será hasta época augustea cuando se perciba el primer impulso de influencia romana con la introducción de una nueva estructura urbana y la construcción de calles a la manera mediterránea, con aceras de piedra y piedras pasaderas. Al mismo tiempo, el espacio doméstico se volvió más amplio y complejo con un mayor número de habitaciones y una distribución más compleja de funciones en el espacio, aunque con numerosos elementos indígenas alejados de las formas canónicas romanas.

El segundo impulso de la romanización en Numancia tuvo lugar en época de los Flavios tras la concesión

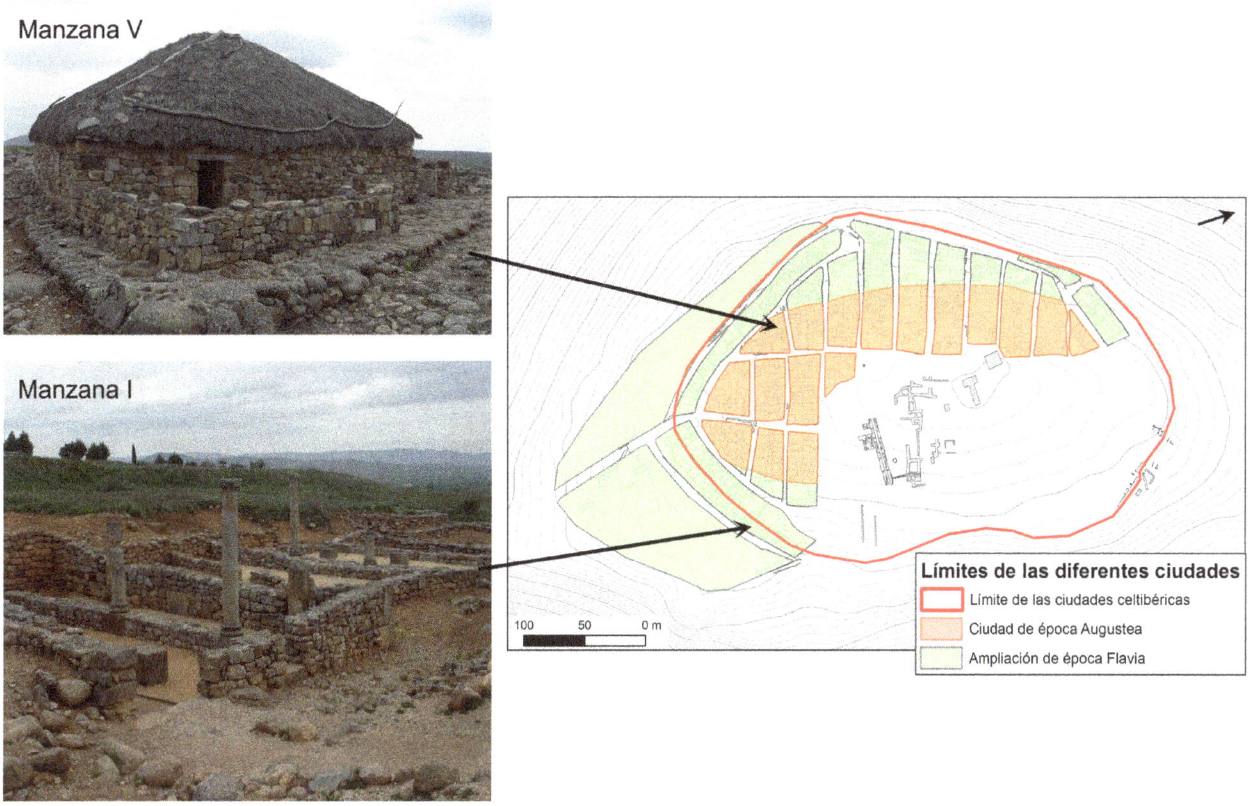

Fig. 6.1: Delimitación de las tres ciudades de Numancia.

que hizo Vespasiano del *ius Latii* a toda Hispania en el año 74. La ciudad se reformuló y amplió, aunque sin perder sus singulares características urbanas. Se apostó por una remodelación formal de las principales calles, empedrándolas y canalizando las aguas residuales, y se construyeron una serie de edificios públicos como una curia, templos, termas e incluso un arco honorífico en la principal entrada de la ciudad desde la vía XXVII del Itinerario de Antonino (Jimeno *et al.* 2012, 2017c, 2018).

Además del urbanismo, un estudio sobre la indumentaria militar de los bronces documentados en la ciudad de Numancia alcanzó conclusiones similares sobre los pulsos de la romanización (Santos Horneros 2014). Dicho trabajo planteaba la posibilidad de que dichos objetos hubiesen pertenecido a militares retirados que residiesen como civiles, pero quienes conservasen su antigua indumentaria como símbolo de distinción, o bien, la posible existencia de una policía de la citada vía que discurría a los pies de la ciudad.

Observamos con ello como el camino de las identidades indígenas a las romanas se vio envuelto en una intensa y compleja negociación que supuso un giro ontológico para las personas. A. González Ruibal (2006-2007: 601) lo definió como la emergencia de una nueva formación social inédita, con una nueva lógica y nuevas formas de poder, en la que el modo de entender el mundo y de construir las identidades del individuo que vimos anteriormente, se vio truncada y los significados, perdidos.

6.2. Resistencia militar

Los primeros momentos de la dominación romana en el Alto Duero no parecen fáciles, si tomamos con referencia la caída de Numancia en el 133 a.n.e. o la de *Termes* en el 98 a.n.e. El final del siglo II y el I a.n.e. fueron periodos convulsos para Roma por las luchas de facciones en el seno de la República, entre populares y *optimates,* plebe rural y urbana, así como los numerosos levantamientos regionales de zonas colonizadas a lo largo del Mediterráneo.

La Celtiberia no quedará excluida de estas rebeliones y su devenir histórico se incluyó en las agendas políticas de los grandes hombres de Roma. Así, en el marco de la Guerra Civil, tras los golpes de estado de Sila y Cinna, el gobierno del último envió como propretor de la Hispania Citerior a Quinto Sertorio en el 83 a.n.e., miembro activo del gobierno de Cinna y quien había sido uno de los lugartenientes de Mario. Tras la vuelta de Sila en Oriente y el inicio de su dictadura, fue expulsado de Hispania en el 81 a.n.e. refugiándose en Mauritania, desde la que posteriormente partió con un pequeño ejército y venció al propretor de la Ulterior con el apoyo indígena de los lusitanos, haciéndose con las tierras de la Península hasta el Ebro con ayuda de las tribus celtibéricas.

Las ciudades del Alto Duero se unieron a la sublevación, motivadas según algunos textos por el deseo de recuperar la autonomía. El propio Sertorio llegó a refugiarse en la ciudad de *Clunia* en el año 75 a.n.e. según palabras de Tito Livio (*Per.* 92). Esto supuso un cerco a la ciudad por parte de Pompeyo que finalizó apelando a tratados anteriores, aunque posteriormente en el año 72 a.n.e. fue destruida. El mismo destino fue compartido por las demás ciudades del Alto Duero como *Uxama, Termes, Segontia Lanka* o Numancia (García Merino 2005; Martínez Caballero y Mangas 2005; Tabernero *et al.* 2005; Jimeno *et al.* 2017a, 2018). Cabe destacar que al bando de Sertorio se unieron tanto las ciudades que en un primer momento se posicionaron como aliadas de Roma en la segunda Guerra Celtibérica y habían sido premiadas con la capacidad de acuñar monedas, como aquellas que ofrecieron una férrea resistencia.

La resistencia militar contra Roma tradicionalmente se ha entendido como un rechazo a su cultura y a las aspiraciones de estas comunidades de conseguir una mayor autonomía. Sin embargo, aunque no conocemos cuales fueron las motivaciones, ni los líderes de las revueltas en el Alto Duero y la Celtiberia, en la Galia durante el siglo I n.e. tuvieron lugar una serie de levantamientos similares. En ellos, se ha destacado que estaban encabezados por nativos poseedores de la ciudadanía romana, quienes generalmente desempeñaba cargos de la administración imperial (Woolf 1998: 20-21). Se trataba, por lo tanto, de personas bilingües, inmersas en el modelo de vida romano, cuyas acciones no estaban ligadas al rechazo por la cultura romana (Jiménez 2008b: 16). Las motivaciones particulares detrás de algunos sucesos violentos, que pueden ser interpretados como resistencias, se observaba de un modo claro en el episodio del termestino que asesinó al legado jurídico de la Tarraconense en el año 25 n.e., narrado por Tácito, donde el propio autor recogía que los artífices estuvieron movidos por cuestiones económicas. Hecho que ha sido entendido como un indicador de que la población de *Termes* participaba de la cultura romana (Mangas *et al.* 2013: 346-347).

> "En este mismo consulado sucedió un caso atroz en la España citerior por obra de un villano termestino. Éste, acometiendo de improviso en un camino a Lucio Pisón, pretor de aquella provincia, que por ocasión de la paz iba sin cuidado, con una sola herida lo mató, y escapado a uña de caballo, apeándose de él a la entrada de unos grandes bosques, arrojándose después por quebradas y caminos inaccesibles burló las diligencias de los que le seguían; mas no le aprovechó la suya, porque hallado el caballo y llevado por las aldeas, conocido por él el dueño, fue finalmente preso; y puesto al tormento para que declarase los cómplices, comenzó a gritar en alta voz, diciendo en su lenguaje: 'Que en vano se cansaban en interrogarle, pues era cierto que podían hallarse presentes sus compañeros con seguridad de que ninguna fuerza de dolor sería bastante para hacerle declarar la verdad.' Al otro día, llevándole para volverle a renovar los tormentos, se sacudió con fuerza de las guardias, y escapándose de ellas pudo dar voluntariamente tal golpe con la cabeza en una piedra, que al punto acabó la vida.
>
> Créese que Pisón fue muerto por orden de los termestinos, movidos de que cobraba los dineros de las rentas públicas con mayor aspereza de la que podían sufrir aquellos bárbaros" (Tácito *Ann.* IV, 45).

La adopción de la cultura fue un efecto secundario del poder que de Roma derivaba (Woolf 1998: 20-22), por lo que para que existiese una resistencia propiamente dicha, habría sido necesaria cierta interiorización del modelo romano, donde las personas a través de los distintos códigos, pudiesen transmitir dicho mensaje de oposición. El problema lo encontramos al tratar de establecer hasta qué punto pudieron ser considerados como resistencias los actos de la vida cotidiana de la gente humilde (Jiménez 2008a: 47, 2008b; van Dommelen 1998: 27-28). Esa misma cuestión tenemos al abordar la cultura material.

6.3. Dialogando con la cultura material

El hecho de que una persona utilizase elementos materiales romanos no quiere decir que se hubiese convertido en romana, del mismo modo que el hecho de no utilizar objetos romanos no implica un acto de resistencia. Las realidades fueron mucho más complejas que las planteadas por dualismos y las agendas de los individuos mucho más confusas y enrevesadas. Por ello, en los próximos apartados vamos a hacer un recorrido por algunas formas de cultura material que nos ayuden a entender las nuevas construcciones sociales y de los individuos que tuvieron lugar durante estos siglos.

6.3.1. Romanizando el paisaje

Tras la conquista del Alto Duero, se inició una reestructuración del panorama territorial anterior. Apiano (*Iber.* 99) narraba como Roma envió una comisión senatorial formada por diez senadores a las tierras recién adquiridas de Iberia para que elaborasen un plan de actuación sobre ellas y una organización. La elección de los enclaves en el paisaje es uno de los aspectos en los que se observa de un modo más claro la influencia de Roma y la implantación progresiva de un nuevo modelo poblacional que cristalizó en los inicios del Imperio.

A partir del análisis de formas del relieve, se advertía como la tendencia dominante durante toda la Edad del Hierro de situar los asentamientos en altura, con un gran protagonismo de la clase 10 (cimas de montaña, crestas en altura), se invirtió favoreciendo a las zonas llanas. Esta predilección por las áreas más planas se fue enfatizando con el paso de los siglos de la mano de las villas que proliferaron por áreas en las que el poblamiento de etapas anteriores era muy escaso, como fue el caso del actual Campo de Gómara. La Fig. 6.2 refleja el gran protagonismo de las llanuras, recogidas en la clase 5, especialmente en las fundaciones de nueva planta. La siguiente clase más representada es la número 7 relacionada con pendientes elevadas o mesas. Del mismo modo, es reseñable la clase 9, pendientes medias y pequeñas colinas en llanuras, ya que todos los sitios registrados fueron fundaciones de nueva planta. Finalmente, la clase 10 aún cuenta con una amplia representación, aunque ha perdido el protagonismo de los periodos anteriores.

En cuanto a la formación de los grupos según las características físicas de los sitios y sus entornos, los resultados del PCA fueron similares a los periodos previos. El primer y el segundo componente recogieron el 80,28% de la varianza explicada de la muestra, donde las clases 1 (arroyos muy encajados), 6 (pendientes abiertas), 7 (mesas) y 5 (llanuras) definían la variabilidad del primer componente, mientras que las clases 3 (drenajes en tierras altas), 4 (valles en forma de U) y 10 (cimas de montaña, crestas en altura) modelaban el segundo.

Este análisis reflejaba una gran homogeneidad, mucho mayor que en periodos anteriores. Se observa la desaparición de la polarización de los paisajes entre las zonas de montaña y los grupos del valle. Para profundizar en la interpretación de los datos, se crearon tres grupos que permitiesen desgranar las tendencias respecto a la ubicación de los sitios, cuya distancia en el gráfico de dispersión fue menor que en las dos etapas previas de la Edad del Hierro (Fig. 6.3 a). El G1 agrupaba 14 sitios, donde las zonas llanas caracterizadas por la clase 5 presentaban una especial relevancia a la hora de modelar el conjunto. El G3 englobaba 12 sitios, donde la clase 6 relacionada con las pendientes abiertas jugaba un papel fundamental. Entre ambos grupos, el G2 era el grupo más numeroso aunando el 46% de los sitios del periodo.

Durante toda la Edad del Hierro, independientemente de sus fases, la elección de la localización de los asentamientos se relacionaba con morfologías del relieve en altura y observábamos una dualidad respecto a los entornos de los sitios, entre las zonas de montaña y el valle. Sin embargo, la incorporación de esta región al panorama estatal romano provocó una inversión en los términos de elección de los sitios, primando los espacios abiertos, planos y los fondos de valle (Fig. 6.3 b). Este gusto por el llano se observa a lo largo y ancho de la región, donde se seleccionan formas similares sobre las que levantar los espacios de hábitat, diluyendo la dicotomía de poblamiento de las etapas previas a la mínima expresión. Este proceso se habría llevado a cabo de grado o por la fuerza tras finalizar la conquista. Así, lo recogía Apiano (*Iber.* 99) para el caso de *Termes*, donde Tito Didio como castigo por su insubordinación: "...la trasladó desde la posición sólida que ocupaba a la llanura y ordenó que sus habitantes vivieran sin murallas".

La trama poblacional fue clave en la articulación de los territorios. A pesar de los cambios en lo referente al emplazamiento, la organización continuó sobre las bases indígenas. La mayor parte de las tierras volvieron a manos de nativos como indicaba Apiano (*Iber.* 98) con el caso

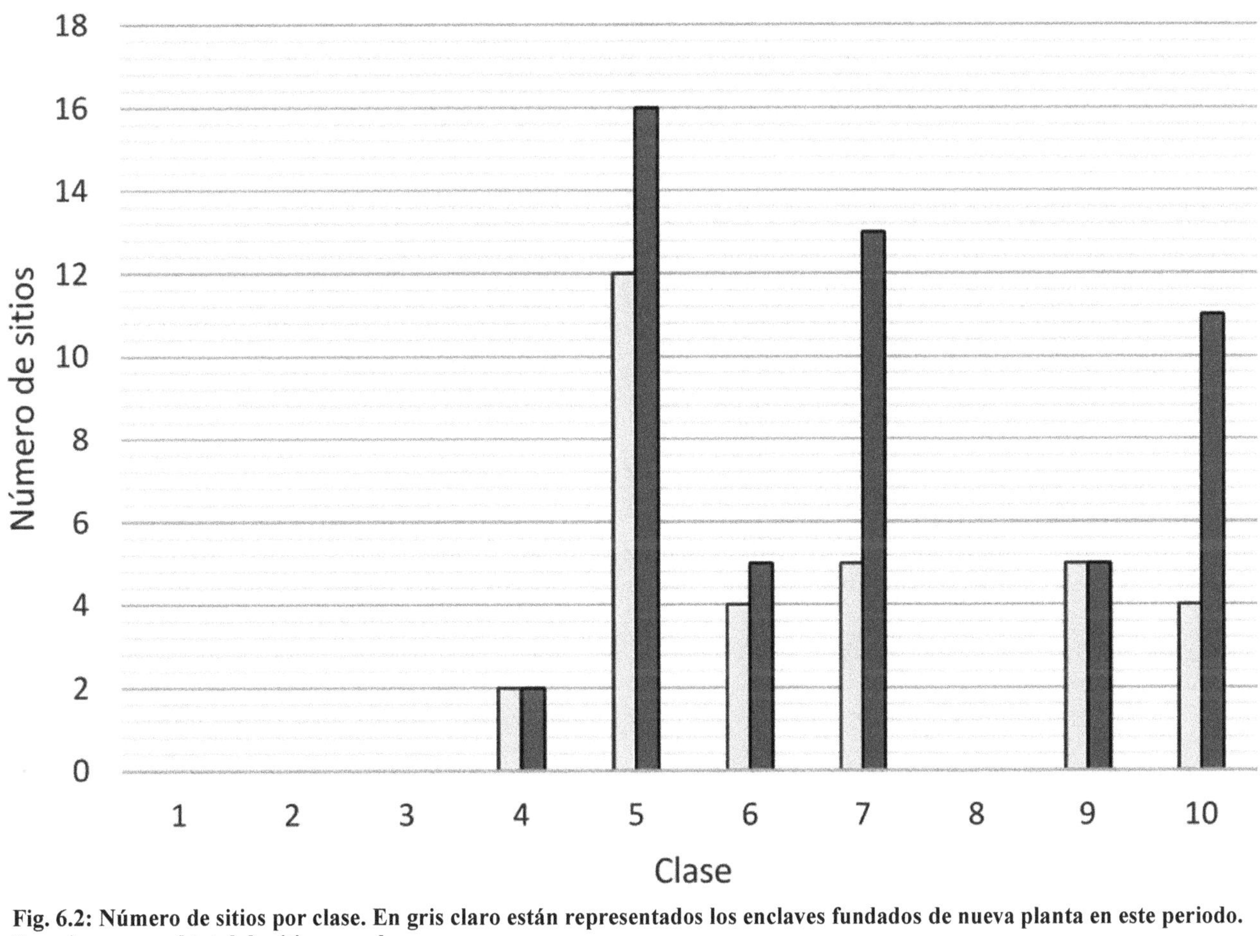

Fig. 6.2: Número de sitios por clase. En gris claro están representados los enclaves fundados de nueva planta en este periodo. En gris oscuro, el total de sitios por clase.

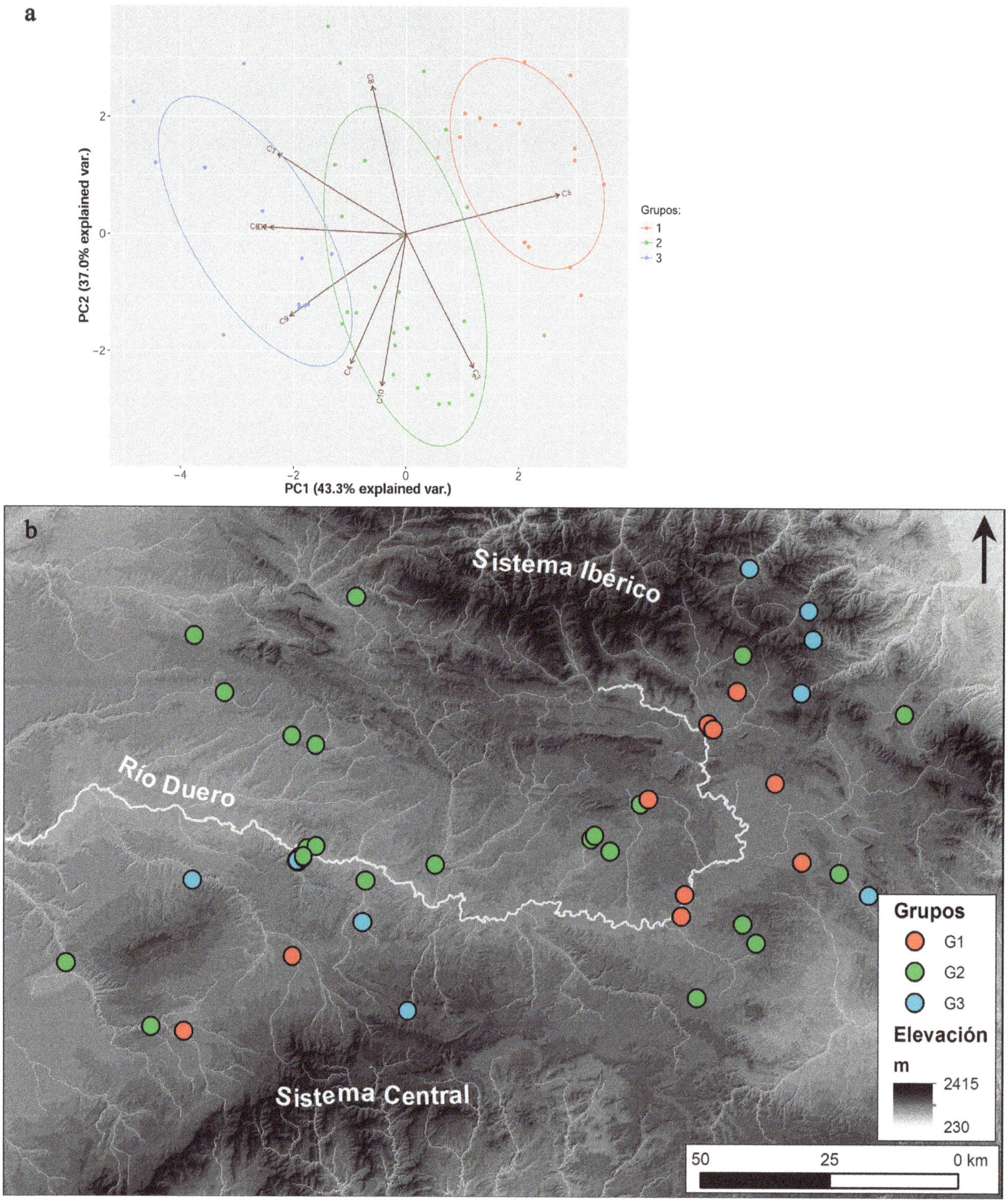

Fig. 6.3: Análisis del paisaje: a. gráfico de dispersión que representa la proyección de los casos (n = 52) sobre los dos primeros componentes y los grupos del k-medias. b. mapa de distribución de los grupos del poblamiento del siglo I a.n.e.

del territorio de Numancia, donde narraba cómo Escipión Emiliano tras la conquista:

> ”… distribuyó el territorio de Numancia entre los vecinos, decidió las cuestiones pendientes en las demás ciudades, amonestó y multó a las sospechosas, y se hizo a la mar en dirección a Roma“

La nueva organización potenció algunas estructuras ya existentes como el control de los territorios desde las ciudades. Consecuencia de ello, fue la continuidad de la mayor parte de las mismas tras la conquista, aunque con algunas modificaciones como hemos visto para el caso de *Termes*, trasladada al llano. La fundación de nuevas capitales, como *Segontia Lanka*, fueron muy escasas. De este modo, la permanencia de las ciudades indígenas, en el mismo emplazamiento, muestra su papel como vertebradoras de los territorios conquistados. Roma las favoreció dependiendo de las circunstancias y las particularidades de cada una de ellas, premiando las que habían sido de ayuda durante la conquista con prebendas o privilegios, como la acuñación de moneda o la firma de pactos formales mediante las téseras de hospitalidad, o por el contrario las mantuvo como simples centros rurales. Las antiguas comunidades urbanas y sus vínculos con los territorios desaparecieron, y sus miembros fueron reestructurados, integrados en un modelo político y social de corte estatal.

No fue hasta el último cuarto del siglo I a.n.e. cuando la transformación se hizo efectiva. Las Guerras de Sertorio culminaron con una nueva destrucción de las ciudades y de la estructura organizativa que de ellas derivaba. El Alto Duero presentaba una interesante peculiaridad respecto a sus regiones vecinas a la hora de reconstruir el panorama territorial en los inicios del Imperio, ya que las nuevas capitales se levantaron sobre las antiguas ciudades indígenas, sobre el mismo emplazamiento (Jimeno 2011: 263-266; Jimeno *et al.* 2018). Esta característica no se daba en áreas limítrofes como el valle del Ebro y el Duero Medio, donde las nuevas ciudades se edificaron en enclaves cercanos, pero nunca encima. De hecho, el ejemplo de *Clunia* fue llamativo por su situación de frontera. Recordemos que había sido calificada por Plinio como *Celtiberia finis.* Clunia se reconstruyó en un emplazamiento cercano siguiendo la tendencia del Duero Medio y no en Los Castrillos donde se había alzado la ciudad indígena hasta su destrucción en el 72 a.n.e.

La construcción de las ciudades imperiales en el mismo enclave ha producido una fuerte modificación en los niveles previos y dificulta enormemente nuestra tarea como arqueólogas, tanto para entender las estratigrafías como para encontrar niveles indígenas intactos. Casos como el precedente indígena de *Arekoratas*, ubicada en la localidad actual de Muro, fue completamente destruida por la construcción de *Augustóbriga*, de cuyo testimonio tan solo perviven las monedas de su ceca y una tésera. En *Termes,* tan solo se conservan huellas rupestres de un espacio doméstico y las estructuras del templo que tratamos en capítulos anteriores, mientras que en *Uxama* las evidencias más claras son los enterramientos de sus necrópolis. Finalmente, ha sido en Numancia, donde se han podido documentar los niveles de la ciudad que se levantó tras la conquista en el 133 a.n.e. y se destruyó en las guerras sertorianas. Estos niveles solo se documentan en localizaciones muy específicas de la ciudad, en las Manzanas I y IV, cercanas a la muralla, donde los movimientos de tierra posteriores, llevados a cabo para la construcción de la ciudad de época augustea, tuvieron un menor impacto (Jimeno *et al.* 2012, 2017a, 2017c, 2018).

6.3.2. Espacios domésticos

En el interior de los asentamientos, las formas continuaron siendo indígenas, muy similares a las que nos referimos para la segunda Edad del Hierro. Parece que, salvo excepciones como *Termes*, las murallas se mantuvieron hasta el final de las Guerras de Sertorio, posiblemente debido al clima de inestabilidad que siguió al fin de la guerra de conquista, bien reflejado en los textos de Apiano (*Iber.* 100). En ciudades como Numancia, observamos como las nuevas construcciones domésticas se realizaban adosadas a la muralla, ya no dejaron el paseo de ronda documentado en la ciudad destruida en el 133 a.n.e., bien registrado en las Manzanas I y IV de la ciudad (Jimento *et al.* 2017a, 2018) (Fig. 6.4 a). Tampoco existen noticias sobre la destrucción de las murallas de ciudades como *Uxama* o *Clunia* que aún mantenía su ubicación en el complejo de Los Castrillos, y que hubieron de plantar cara a Pompeyo según indican las fuentes.

También, se documentan fortificaciones en algunos de los nuevos sitios fundados durante este periodo de entre guerras. La ciudad de *Segontia Lanka*, a pesar de no presentar un urbanismo compacto, rodeó el corazón del asentamiento por varios tramos de una muralla construida por grandes sillares calizos y un parapeto de adobe, bien documentados en la parte suroeste y noreste del sitio, con espacios domésticos adosados a la misma (Tabernero *et al.* 2005). Lo mismo ocurrió en la fundación de algunos sitios relacionados con el territorio de la nueva Numancia, como fueron Castilterreño (Izana) o Los Castellares (Suellacabras) que se encontraban rodeados por una potente muralla y torres (Taracena 1926, 1927, 1941) (Fig. 6.4 b y c).

Las casas de Numancia mantuvieron las mismas características que los espacios domésticos de la ciudad previa, alargados y compartimentados en varias habitaciones, aunque algo más amplias. Por contraposición, B. Taracena (1927, 1929, 1932, 1941) observó cierta influencia romana en las construcciones domésticas de *Segontia Lanka*, Castilterreño (Izana) y Los Castellares (Suellacabras), aunque mantenían las mismas características constructivas que las de época celtibérica, fabricadas sobre zócalos de piedra, alzados de adobes y ramajes manteados con barro. Ocasionalmente, presentaban las características cuevas o bodegas, como la aparecida en *Segontia Lanka,* en la que se encontraron varios clavos de hierro, dos pesas de barro y la asa de un caldero de bronce (Taracena 1929: 34).

Con la llegada del Imperio, se aprecia una clara modificación respecto al módulo doméstico tripartito anterior. El tamaño de las casas aumentó y hubo una mayor fragmentación del espacio. J. Bermejo (2011, 2014a, 2014b, 2018) analizó los espacios domésticos del Alto Duero, poniendo el foco en el periodo imperial, en el que apreciaba una gran heterogeneidad en la configuración de dichos espacios y sus discrepancias con el modelo normativo romano. El prototipo doméstico romano estaba estrechamente ligado a la figura del *paterfamilias* y caracterizado por amplios espacios de habitación que presentaban altos rangos de co-habitación; un extenso número de habitaciones especializadas en las relaciones sociales, como la recepción o el *convivium;* así como ratios bajas de asimetría relativa y escasos niveles de profundidad en cuanto a la accesibilidad. Este autor relacionaba la configuración del espacio con normas

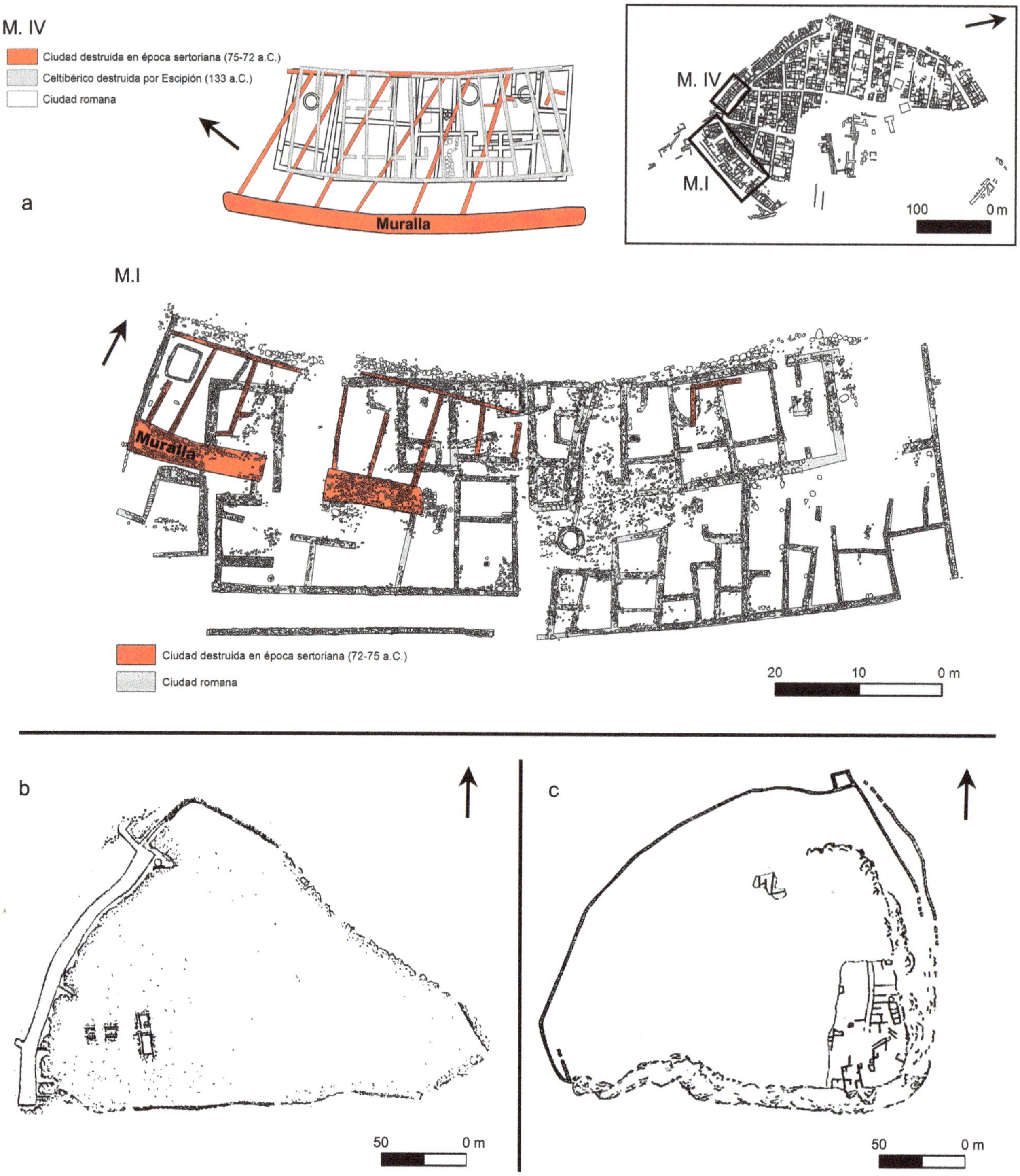

Fig. 6.4: Espacios domésticos: a. Numancia. b. Castilterreño (Izana) (a partir de Taracena 1927: Fig. 1). c. Los Castellares (Suellacabras) (a partir de Taracena 1926: 24).

sociales romanas, en la que las estructuras permitían un control espacial de los miembros de la unidad doméstica y la relación que se establecía con los visitantes regida por las costumbres sociales, legales y sexuales de la tradición romana. El único ejemplo documentado que contaba con estas características en el Alto Dueron fue la villa de La Dehesa (Cuevas de Soria) (Fig. 6.5 a), construida en un momento avanzado del Imperio entre los siglos II y IV.

J. Bermejo observaba como el cambio en las formas domésticas, no fue ni lineal, ni progresivo. Las formas indígenas no se abandonaron en pos de las romanas, sino que tuvo lugar un intenso proceso dialéctico, cuyo resultado fue la convivencia de formas y modelos sociales de ambas culturas. Así, en las casas que analizó de Numancia, la "casa de las vigas quemadas" en la Manzana V (Fig. 6.5 b) y una de las casas del Barrio Sur, observó un diseño vernáculo, caracterizado por el reducido número y tamaño de las áreas de habitación, altos niveles de cohabitación, ausencia de espacios de control y amplias diferencias en la asimetría relativa y accesibilidad lineal; lo que sugería una baja influencia social y normativa por parte de Roma, propia de los no-ciudadanos o *peregrini,* cuya distribución habría estado relacionada con las formas de parentesco local.

Por último, y aunque de un momento avanzado, documentaron una serie de ejemplos híbridos: la *Domus* del Acueducto en *Termes* (Fig. 6.5 c) y la *Domus* de los Plintos en *Uxama*. Estas no se ajustaban ni a las normas canónicas del modelo de Vitrubio, ni a las formas locales. Estaban carazterizadas por un amplio número de espacios de habitación, con altos niveles de segregación espacial y la presencia de varios espacios de control, así como amplias diferencias internas de asimetría relativa y gráficos irregulares de accesibilidad, lo que Bermejo relacionaba con una adaptación de los cánones romanos a terrenos montañosos.

Las diferencias en las estructuras domésticas, que se apreciaban tanto en el tiempo, como en los asentamientos, nos permiten observar una compleja lógica de los modelos sociales y familiares derivados de las diferentes tradiciones. Esta variedad reflejaba desigualdades en el estatus y diferencias sociales en el seno de las comunidades locales, de las que se percibía una relación entre el estatus de ciudadanía y la introducción de modelos domésticos romanos.

Los casos en los que se asimilaban o se reinterpretaban las estructuras domésticas prototípicas romanas señalaban un crecimiento de las desigualdades entre los miembros de la unidad doméstica, así como la imposición de modelo familiar imperial, marcado por un perceptible control sexual de la mujer, encargada de transmitir los derechos civiles y quién, al igual que los hijos/as, se encontraba bajo la *potestas* del *paterfamilias*. La presencia de características regionales en la configuración de estos espacios se ha puesto en relación con el mantenimiento, o más bien, con la reelaboración de códigos sociales indígenas, como el sostén de determinadas filiaciones supranucleares de parentesco que reportasen beneficios en la vida política (Bermejo 2014b: 108-113, 2018). Finalmente, el estatus jurídico del asentamiento también tuvo su reflejo en la configuración urbana y en el ámbito doméstico, siendo diferentes las materializaciones observadas en *Clunia* que tenía estatus de colonia, en *Termes* que era *municipium* o Numancia como ciudad peregrina.

6.3.3. Rituales y enterramientos en época romana

La muerte fue un poderoso escenario en la negociación de identidades. Tras la conquista, las claves cambiaron. Los significados de los espacios y los objetos se reelaboraron, y se construyeron nuevas narrativas. La cremación había sido la práctica funeraria principal durante toda la Edad del Hierro, y lo era también en el ámbito romano del momento, por lo que así continuó hasta avanzada la época imperial. Sin embargo, los significados de las prácticas rituales y la cultura material utilizada para las comunidades indígenas fue reformulada tras la conquista a tenor de los nuevos códigos.

Entre los siglos I a.n.e. y I n.e., las antiguas necrópolis continuaron en uso, aunque de un modo más minoritario, mientras que los escasos nuevos cementerios parecen estar relacionados con la tradición romana que vinculaba los espacios funerarios a las vías de comunicación. El caso de *Uxama* fue singular, ya que contaba con dos necrópolis: Viñas del Portuguí y Fuentelaraña. La primera de ella, pervivió desde la época anterior, aunque debido a la metodología con la que fue excavada no conocemos el número total de enterramientos para este periodo. Sin embargo, Fuentelaraña empezó a utilizarse desde finales del siglo II a.n.e. hasta el I n.e. Este cementerio ha sufrido un intenso expolio, por lo que solamente se pudieron recuperar una serie de materiales, principalmente cerámicos y metálicos, sin contextos claros (Campano y

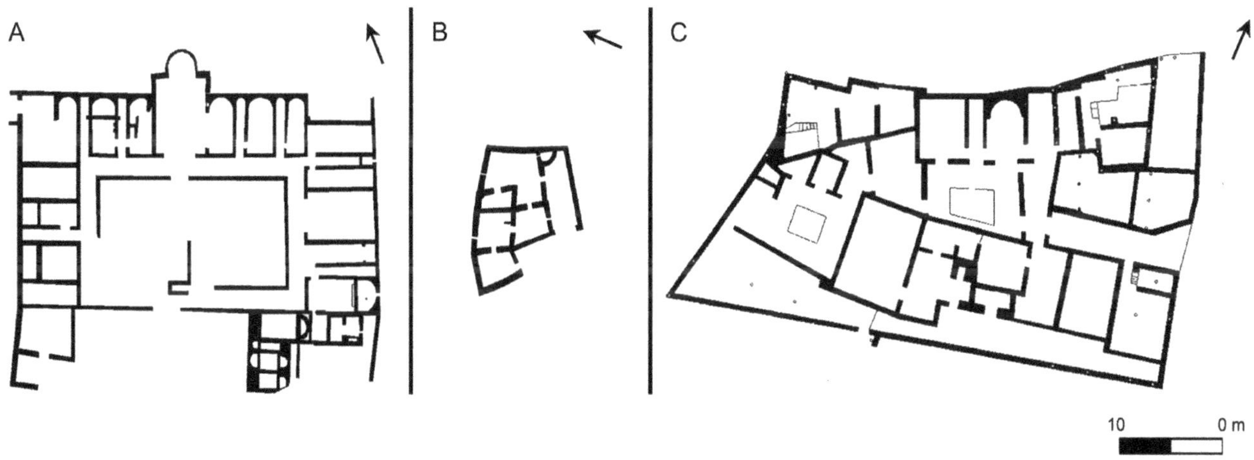

Fig. 6.5: Ejemplos de los espacios domésticos según J. Bermejo (2014b): a. Prototipo romano: villa de La Dehesa (Cuevas de Soria). b. Diseño vernáculo: Casa de las vigas quemadas de la Manzana V de Numancia. c. Diseño híbrido: Domus del Acueducto de *Termes*.

Sanz Mínguez 1990; García Merino 2000). Posteriormente, fueron utilizados otros espacios funerarios próximos a la vía romana que transcurre a los pies de *Uxama*, y cuyo testigo son los tres enterramientos encontrados en 1976 y fechados en época de Nerón. Estos constaban de dos partes: la inferior era un cubo de piedra para albergar las cenizas y otra pieza presentaba forma cónica y funcionaba como tapadera; ambas estaban ancladas con plomo y una grapa de hierro (Argente y Jimeno 1977). También, en Numancia, conocemos testimonios de la relación entre los espacios funerarios y las vías de comunicación por el monumento de Lucio Valerio Nepote, fechado en el siglo II (Gutiérrez Behemerid 1993), situado al pie de la Vía XXVII del Itinerario de Antonino (Fig. 6.6). Finalmente, el caso de Carratiermes, donde se hace patente la disminución del número de individuos que aún utilizaban este espacio tras la conquista, en el que se registraron tan solo 12 tumbas, frente a las 200 de la primera etapa de la Edad del Hierro y las 236 de la segunda.

La forma de señalizar los enterramientos era similar en ambas culturas, mediante estelas, en las que nuevamente se observan rasgos mixtos. Su característica más significativa, por la bibliografía que ha generado, era la presencia de inscripciones funerarias sobre estos soportes pétreos, aporte de la cultura romana. Los ejemplares más tempranos databan del siglo II a.n.e., aunque la mayoría corresponden al siglo I n.e. Las inscripciones combinaban lengua celtibérica o latina con estructuras formales romanas, en las que destacaban el uso de genitivos en plural, pervivencia de las filiaciones suprafamiliares propias del mundo indígena y cuyo reflejo observábamos en la construcción de genealogía mediante las agrupaciones de tumbas en los cementerios, así como algunos motivos iconográficos autóctonos, como las figuras de los jinetes ecuestres en las estelas de *Clunia* (Fig. 6.7).

Las referencias a grupos de parentesco suprafamiliares han sido señaladas por varios autores desde que las identificó A. Tovar y la desarrolló M.L. Albertos (Ramírez Sánchez 2004, 2013; Romero 2005; González Rodríguez y Gorrochategui 2011; Navarro *et al.* 2011; Bermejo 2014b, 2018). En un análisis reciente sobre la epigrafía (Bermejo 2018), se han identificado las diferencias de contenido entre las inscripciones y las transformaciones que reflejaban del modelo familiar y social a través del tiempo. Durante época republicana, se observa como fueron frecuentes las referencias a la *cognatio* en la onomástica peregrina y escasas las alusiones a la filiación. La *cognatio* expresaba la importancia de los grupos suprafamiliares a la hora de definir al sujeto, ya que mediante ellas se transmitían los derechos de pertenencia a la comunidad y los privilegios vinculados al linaje. Frente a la familia nuclear, entidad fundamental en la cultura romana en el traspaso de los derechos de ciudadanía, cimentada en la regulación del matrimonio y la reproducción sexual, y cuya importancia observábamos a la hora de modelar los espacios domésticos. Tras el cambio de era y el surgimiento de la política imperial, se observan cambios en la articulación del parentesco y la expresión de la filiación se convierte

Fig. 6.6: Reconstrucción ideal del monumento a Lucio Valerio Nepote a los pies de Numancia (Jimeno *et al.* 2017: Fig. 38).

en lo fundamental. De este modo, estas transformaciones supusieron la asimilación, al menos en parte, de un amplio número de individuos de las normas de parentesco romanas.

Respecto a la composición de los ajuares en los enterramientos, parecen similares a los de la etapa previa, salvo por la inclusión de materiales característicos de época romana, como monedas o cerámicas de importación. Sin embargo, si los observamos detenidamente, apreciamos algunas matizaciones en la selección de los objetos. La presencia de armas (puntas de lanza y puñales biglobulares) y arreos de caballo se redujo considerablemente y las asociaciones de materiales de estos conjuntos se modificaron, aunque continuaron encarnando algunos antiguos códigos de poder o al menos

Fig. 6.7: Estela 1 de *Clunia* (redibujado a partir de Abad 2008: Fig. 1). Ancho máximo de 80 cm.

algún tipo de reinterpretación de etapas previas. De este modo, la cultura material relacionada con el banquete, que había contado con una presencia destacada en algunas de las necrópolis de la segunda Edad del Hierro, fue la principal protagonista a partir de la llegada de Roma (Fig. 6.8). Especialmente en lo referente a las formas de tradición indígena, a las que ocasionalmente se sumaron algunas formas de *terra sigillata* u objetos de bronce. Los tipos de tradición indígena más recurrentes fueron jarras, cuencos o copas, y ollas con bordes entrantes o exvasados, tanto lisas como decoradas con pinturas geométricas o figuras animales.

En Carratiermes, las producciones de *terra sigillata* hispánica correspondían a diferentes tipos de vasos de las formas: Dragendorff 27, 35 y 37, y Mezquiriz 2; también algunos ejemplares de cerámicas tipo *Clunia* y común romana (Vegas 21 y 22) (Argente *et al.* 2001: 193-194), incluso algunas imitaciones indígenas de formas de cerámica común romana, como el tipo XXVII de la necrópolis. Los objetos de bronce fueron un fragmento de caldero de la tumba 258 de Carratiermes, acompañado por un fragmento de *terra sigillata* (Argente *et al.* 2001: 132). También, de este periodo se ha documentado el conjunto 6 del Museo del Ejército, procedente de las Viñas del Portuguí, que contenía la asa de una *trulla* decorada con motivos zoomorfos y vegetales, junto con una lanza, tres fragmentos de un anillo de bronce, un colgante también de bronce, el aro de suspensión de un estrígilo rematado en cabezas de ánades, y un objeto de hierro forjado cuya función aún no se ha podido determinar (de la Torre y Berzosa 2002: 140-143) (Fig. 6.9).

Además en Carratiermes, se ha podido observar como aumentó la proporción de tumbas con restos óseos animales, posiblemente pertenecientes al banquete funerario, ya que siete de las doce tumbas albergan este tipo de restos. Entre estos enterramientos, cabe destacar que cuatro de las siete tumbas con restos animales pertenecieron a individuos adultos, hombres y mujeres, de entre 20 y 50 años (tumbas 203, 227, 251 y 381), mientras dos de los cinco enterramientos sin restos animales se corresponden con individuos infantiles de entre 5 y 10 años (tumbas 241 y 358). Sin embargo, los datos son demasiado escasos para poder establecer cualquier relación entre restos animales y una pauta de edad u otro tipo.

La apariencia de los individuos se modificó. J.D. Hill en su trabajo "*The end of one kind of body and the beginning of another kind of body?*" (1997) apuntaba la importancia del cuerpo en el lenguaje no-verbal y como a partir de algunos objetos de aseo podemos percibir los cambios en la construcción del individuo que tuvieron lugar durante la romanización. Anteriormente, hemos mencionado los poderosos y eficaces mensajes que las personas transmitimos mediante los manierismos y la gestualidad, o la construcción que hacemos de nosotros mismos mediante nuestro estilo, peinado, vestimenta o adornos. La presencia de un estrígilo del conjunto 6 del Museo del Ejército de Viñas del Portuguí (Fig. 6.9), incluso del espejo, señalan cambios en la forma de entender el aseo personal que debieron afectar a la vida diaria. De este modo, los equipos ya no aparecían compuestos por navajas de afeitar, tijeras pequeñas o pinzas de depilar, tan característicos de las etapas previas. También, se observaban transformaciones en los objetos de adorno, especialmente en el caso de las fíbulas, por la aparición de nuevos tipos como los ejemplares de omega de Fuentelaraña (Campano y Sanz Mínguez 1990), o la fíbula de charnela documentada en la tumba 208 de Carratiermes (Argente *et al.* 2001: 99),

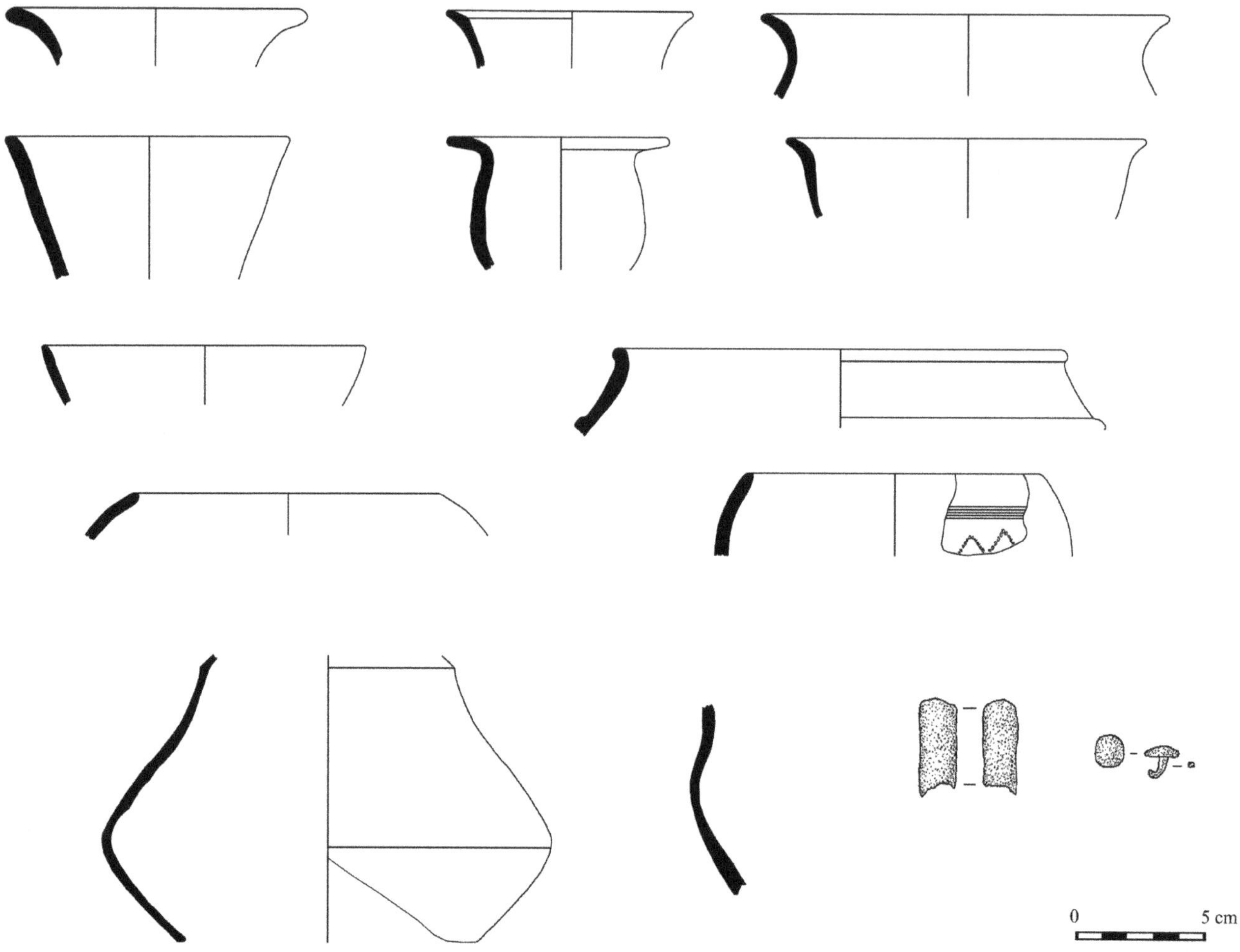

Fig. 6.8: Ajuar de la tumba 132 de la necrópolis de Carratiermes (a partir de Argente *et al* 2001).

las cuales apuntaban diferencias en la composición de la vestimenta.

También, las monedas fueron incluidas como parte de los ajuares. Carratiermes ha sido el cementerio donde su presencia ha sido mejor documentada, tanto fuera como dentro de los enterramientos. Cuatro fueron las tumbas que contaban con monedas en sus ajuares. Dos denarios de *Sekobirikes* (tumbas 9 y 11), fechados a finales del siglo II a.n.e.; un as de *Borneskon* (tumba 64), también de finales del II a.n.e.; y un as de *Turiaso* (tumba 212) de Augusto del 2 a.n.e. Los dos ases aparecieron asociados a ajuares compuestos por cerámica común, mientras que los materiales que acompañaron a los denarios fueron más variados. Además de cerámica común lisa y pintada, la tumba 9 constaba de una punta de lanza y un regatón, una placa de hierro, un fragmento de vaina y la cama de un bocado de caballo, mientras que la tumba 11 presentaba cerámicas comunes romanas lisas y pintadas, un fragmento de *sigillata* hispánica de la forma Mezquiriz 2, una punta de lanza y un regatón, una placa y una aguja de hierro (Argente *et al.* 2001: 219-225). Estas monedas pueden ser entendidas en dos sentidos, o bien como un símbolo de gente acaudalada que estaba sustituyendo a algún objeto de época anterior con un código similar; o bien, por la asimilación (al menos parcial) de la cosmología romana, ya que dichas monedas podrían haber sido el pago a Caronte para cruzar la laguna Estigia.

Finalmente, la presencia de llaves y cerraduras se generalizó en los asentamientos durante la época romana. Una llave de hierro apareció en uno de los conjuntos de Viñas del Portuguí, en la tumba 2 del Museo Arqueológico Nacional, junto con un puñal biglobular con vaina, una lanza, una fíbula de pie vuelto fundido y una placa de bronce con damasquinados en plata, formando elementos vegetales y figuras de caballos (Fuentes Mascarell 2004: 40-43; 145). La presencia de llaves nos revela un importante cambio respecto a la etapa anterior, en dos sentidos. Por un lado, en lo que a la percepción de los vecinos se refiere y sus formas de relación con la colectividad en los asentamientos, donde los lazos y las relaciones que ligaban a la comunidad en la etapa previa se han roto y han sido sustituidos por otros diferentes. Esto hace necesaria la aparición de mecanismos efectivos de protección y bloqueo de los espacios domésticos de un modo físico y efectivo, por el miedo a un posible hurto y la desconfianza entre los pobladores del enclave. Así mismo se observa un progresivo avance de la individualización y

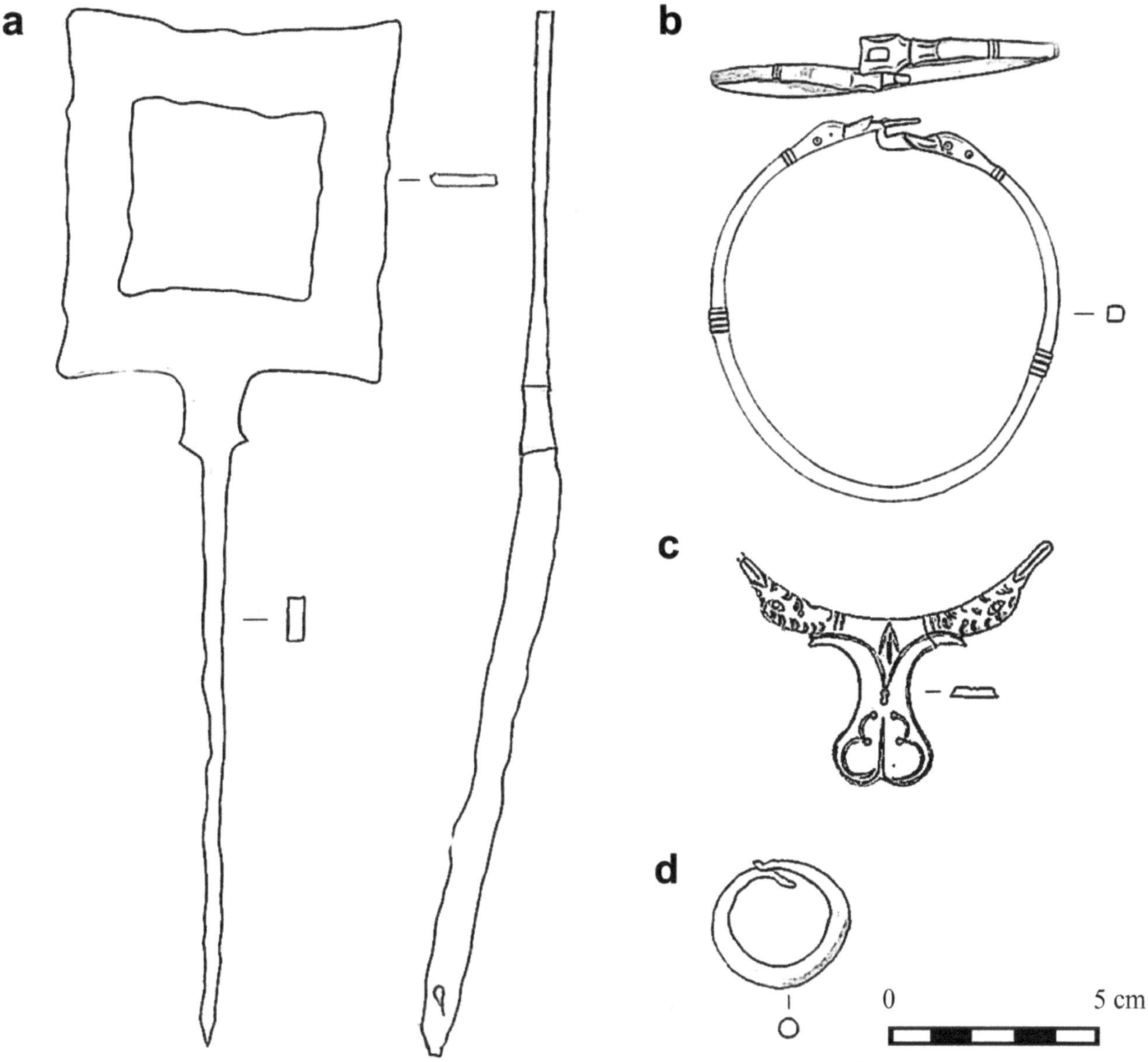

Fig. 6.9: Algunos de los materiales del conjunto 6 de la necrópolis de Viñas del Portuguí del Museo del Ejército: a. objeto de hierro, b. aro de estrígilo, c. asa de trulla, d. arete de bronce (a partir de De la Torre y Berzosa 2002: Fig. 7).

de la protección de ciertos objetos individuales (Fernández Götz 2013b).

La muerte fue nuevamente un interesante campo en la negociación de identidades. El ritual, las partes de las que constaba y su materialización se reelaboraron a partir de las diferentes tradiciones. El banquete en honor al difunto era una parte relevante del ritual funerario romano, práctica compartida por las tradiciones indígenas aunque materializada con menor efusividad en las etapas previas, y que en la Celtiberia romanizada va a manifestarse con un mayor énfasis. Antiguos símbolos de prestigio como las armas continuaron introduciendose como elementos de ajuar, aunque con códigos diferenciados, ya que no se utilizaban el mismo tipo de asociaciones de armas, ni con la misma frecuencia. De este diálogo de identidades, resultó una nueva construcción del ser, tanto por los elementos de adorno, como por los utensilios de aseo que aparecieron y los que desaparecieron, fruto de una nueva imagen de la persona. Al mismo tiempo, costumbres y creencias diferentes se materializaron en objetos que anteriormente no existían, o lo habían hecho de modo muy residual, como las monedas y las llaves. Monedas que pueden ser relacionadas con la figura de Caronte o la reelaboración de algún antiguo símbolo de riqueza; y llaves, testigos de la nueva relación entre el individuo y la colectividad.

6.4. Los celtíberos

> "... nosotros, nacidos de celtas e iberos, no nos avergoncemos de hacer resonar en gratos versos los nombres un tanto ásperos de nuestra tierra..."
>
> Valerio Marcial (IV, 55)

Estas fueron las palabras del poeta romano Valerio Marcial, natural de Bílbilis, sobre su tierra natal. Las identidades étnicas tampoco fueron ajenas al proceso de reinterpretación que venimos detallando a lo largo de este capítulo. F. Beltrán (2004: 132) apuntaba como la denominación de "celtíberos" acuñada por los observadores romanos siglos antes de la conquista, fue finalmente asumida por los conquistados en los albores del Imperio. Su reflejo ha quedado materializado además de en evidencias textuales de escritos como los de Valerio Marcial, en elementos militares y funerarios.

En el caso del ejército, destaca el sobrenombre que asumió una de las unidades militares formada por tropas auxiliares reclutadas en la Celtiberia, la *Cohors I Celtiberorum.* Esta fue una de las divisiones de las que se ha registrado una mayor documentación epigráfica y la que durante el siglo II n.e. registraba una mayor actividad con campamentos en Caersws (Gales, Reino Unido) y A Cidadela (A Coruña), con campañas en *Britania*, los conventos *Asturum*, *Bracaraugustanus* y *Lucensis* de la *Hispania Tarraconensis* y en la *Mauritania Tingitana* (Aja Sánchez 2002, 2007; Costa García 2009) (Fig. 6.10).

La epigrafía funeraria también aporta datos al respecto. Alejadas de la Celtiberia histórica, se han encontrado ejemplos de individuos cuyas inscripciones funerarias se realizaron con caracteres y onomástica celtibérica, como es el caso del singular antropónimo documentado en la actual isla de Ibiza (Velaza 2014: 63-64). Sin embargo, el ejemplo más representativo fue el conjunto de inscripciones de la ciudad de Aeso (Isona, Lérida) que correspondían a una de las familias más relevantes de la ciudad, quienes aludían a su origen celtibérico (Beltrán 2004: 132). Es especialmente llamativa la dedicada a "Marco Licinio Celtíbero, hijo de Lucio, de la tribu Quirina; y su hija Licinia Numantina", quien además de referirse como celtíbero, mencionaba el apodo numantina para la madre y la tribu Quirina para el padre. Recordemos que Lucio Valerio Nepote, a quien estaba dedicado el único monumento funerario de época romana hallado en Numancia, también pertentenecía a dicha tribu.

6.5. Escritura y poder

La introducción de la escritura fue una de las grandes innovaciones que llegaron a la Celtiberia y al Alto Duero de la mano de Roma. Esta tecnología era bien conocida en el Mediterráneo y las numerosas referencias de celtíberos en sus diferentes regiones parecen indicar que los celtíberos no eran ajenos a su existencia. Bien es cierto, que previa conquista, no conocemos ningún elemento de cultura material ni referencia que indique el uso de algún tipo de escritura por parte de estos pueblos.

La escritura debió suponer un gran cambio en la forma de enfrentarse y entender el mundo, desde una realidad representada a través de la metonimia y los mitos, en la que los signos formaban parte del escenario representado hacia el universo de la metáfora, en el que era primordial la abstracción, donde el significante no tenía ninguna relación con el significado sino a través de unos códigos aprendidos. Este cambio supuso una modificación de los conceptos de tiempo y espacio, así como de las construcciones sociales sobre las que previamente se había sustentado la realidad y las identidades de las personas y las comunidades (Hernando 2002).

A día de hoy, no conocemos la lectura o significados de la escritura celtibérica, que continúa planteando numerosos problemas a los especialistas. Fue una adaptación del semisilabario ibérico a la lengua local, teniendo en cuenta que la lengua ibérica era un tipo preindoeuropeo y el celtibérico provenía de una rama arcaica de las lenguas célticas. De la grafía ibérica, tan solo utilizaba 23 de los 28 signos de los que constaba, mientras que los tipos epigráficos y los patrones de contenido textual procedían del mundo romano (de Hoz 2005; Jimeno *et al.* 2002: 62).

Roma no impuso el latín con la ocupación, sino permitió la continuidad de las lenguas y grafías locales, aunque pronto fueron sustituidas por éste, ya que las élites administrativas hicieron uso de esta tecnología para las funciones de

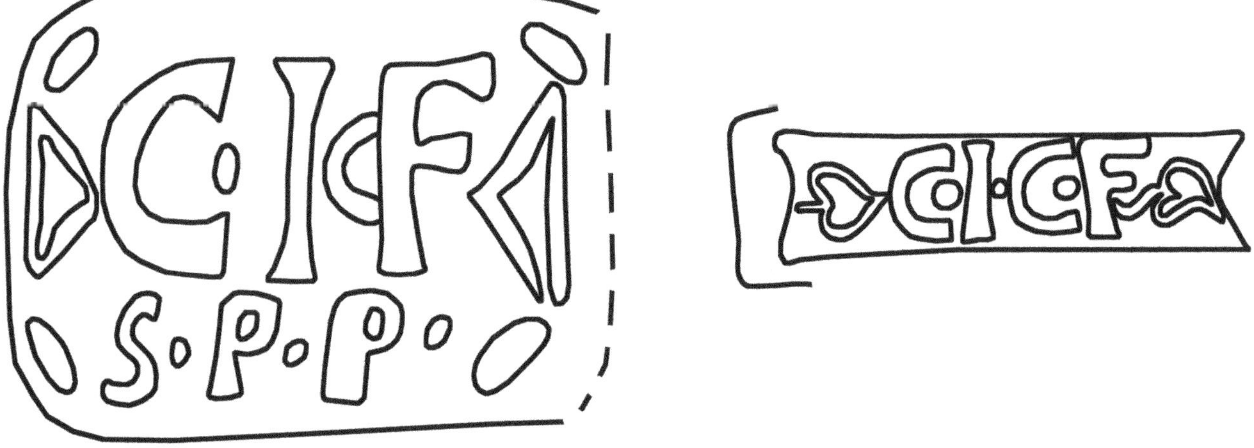

Fig. 6.10: Sellos en material constructivo de la *Cohors I Celtiberorum* en Caersws (Gales, Reino Unido) (a partir de Stephens 1986).

gobierno de las ciudades y los territorios, y las relaciones con los mandos militares y las estructuras del estado (de Hoz 2005: 425). Así, en el Alto Duero, a partir del siglo I a.n.e., la escritura aparece relacionada con las estructuras de poder local y estatal, con la aparición por primera vez de una serie de documentos oficiales emitidos por las autoridades que gobernaban las ciudades como fueron las monedas, las téseras de hospitalidad y las *tabulae.*

Las monedas eran un documento oficial que señalaba la autonomía política de la ciudad emisora (Beltrán 2004: 117). No todas las capitales tenían la potestad para acuñar, y ésta dependía la posición que habían adoptado en la guerra de conquista. Las monedas constaban de varias representaciones metafóricas de la comunidad que las emitió, haciendo referencia a su nombre o topónimo en el exergo, siempre en grafía celtibérica. La estandarización y similitud en los motivos representados a lo largo de toda la zona ha sido relacionada con las imposiciones desde Roma. Así, el anverso presentaba una cabeza masculina rodeada por una filigrana, identificada con una divinidad local o el héroe fundador de la comunidad, mientras que en el reverso encontrabamos un jinete montado sobre un caballo, un pegaso o delfín dependiendo de la ceca (Beltrán 2004: 118; Abascal 2002: 13). Otros motivos figurativos como peces, aves, elementos astrales o relacionados con el banquete aparecían ocasionalmente distribuidos en ambas caras de las monedas.

A. Rodríguez Mayorgas, en su libro sobre la "Arqueología de la Palabra" (2010), llamaba la atención sobre los cambios sociales y culturales que se produjeron en el tránsito de una sociedad ágrafa a una sociedad que utilizaba la escritura y cómo la tradición podía verse modificada por la introducción de nuevos elementos o la reinterpretación de otros, sin perder los significados previos. Ese tuvo que ser el caso de las téseras de hospitalidad. La hospitalidad era una práctica común entre los celtíberos, como pudimos referir en el capítulo anterior, y las téseras eran documentos que "registran un acuerdo de hospitalidad entre dos partes que utilizan como símbolo y contraseña del acuerdo un objeto de bronce, generalmente figurativo, dividido en dos mitades en sentido longitudinal que, una vez inscrito con sus nombres, se repartían los contrayentes" (Beltrán 2001: 36).

Ha habido varios intentos de clasificación de estos objetos, entre los que podemos destacar el de M. Ramírez Sánchez (2005: 280-281) a partir de su morfología, distinguiendo cuatro tipos: las zoomorfas, entre las que además de formas animales como jabalíes, cerdos, toros, aves o delfines, encontramos cabezas humanas o animales fantásticos; las geométricas como una de las de *Arekoratas* o los ejemplares de Viana; las que representan manos entrelazadas, en las que se ha visto un simbolismo especial por la representación del gesto con el que sellar un acuerdo; y por último, las no figuradas como la que apareció en el entorno de Numancia, en Peña Redonda. El contenido de las inscripciones presenta también dificultades en la interpretación, ya que podemos distinguir varios tipos de documentos: los unilaterales que hacían referencia a un individuo o grupo familiar, o una ciudad; y los bilaterales establecidos entre un individuo y una o varias ciudades (de Hoz 1986: 43-102; Beltrán 2001: 49-53, 2010).

F. Beltrán (2001) ha señalado un denominador común entre las téseras celtibéricas y es que todas ellas implican a una ciudad, por lo que bajo diversas fórmulas percibimos la materialización de algún tipo de acuerdo entre un individuo y una ciudad. Como en casos anteriores, nuevamente encontramos tradiciones similares entre los pueblos indígenas y Roma. En el capítulo previo, ya mencionamos las relaciones de hospitalidad entre las gentes de la segunda Edad del Hierro, similar a la práctica que tenía lugar en la Península Itálica entre los siglos III y II a.n.e., por lo que tras la consabida reelaboración, los acuerdos se ponían por escrito, materializándose en téseras de bronce o plata. Ni la forma, ni el contenido era el mismo que el de los modelos itálicos. Sin embargo, las formas fueron modeladas según sus propios códigos y la grafía elegida, en la mayor parte de los casos, era celtibérica.

Los pactos allí representados afectaban al conjunto de la comunidad (Beltrán *et al.* 2009). Autores como J. Gómez Pantoja (1995: 503-505) o M. Salinas (1999b: 285-293) las han relacionado con el paso de ganados y la trashumancia. Sin embargo, F. Beltrán (2001: 57-58, 2010) las entendió como concesiones de ciudadanía local al individuo firmante, cuyas motivaciones solo podemos esbozar, aunque podrían haber estado relacionadas con la obtención de protección jurídica para actividades civiles y económicas, o la capacidad de influir en las decisiones de la política comunitaria. El final de esta forma de cultura material tuvo lugar a lo largo del siglo II n.e., como consecuencia de la extensión de la ciudadanía romana.

Por último, las *tabulae* fueron grandes bronces de carácter práctico relacionadas con la administración local. Las más conocidas son los ejemplares de Botorrita, por los cuatro ejemplares que se ha hallado en el entorno de *Contrebia Belaisca*, de los que tres de ellos estaban escritos con grafía celtibérica y uno, con latina. El bronce 1 es el texto articulado más largo, tanto en celtibérico como en escritura céltica en general. Estaba escrito por ambas caras. La cara A presentaba 11 líneas de texto. P. de Bernardo (2010) interpretó que este texto hacía referencia a un trifinio de encinas, en el que confluían los derechos y deberes de tres entidades: *Togotis, Sarnicios* y *Arcaina* (quienes compartirían vínculos de vecindad o algún tipo de relación étnica). El territorio trataba el texto pertenecía a los *Togotis* y estaba rodeado por encinas. En su interior, había una serie de construcciones de al menos cuatro tipos de diferentes materiales y funciones, relacionadas con la cría de animales. El entorno estaba rodeado por cultivos que pertenecían a los *Sarnicios*, los cuales requerían un régimen especial de regadío del que se encargaban los miembros de *Arcaina.* En el escrito, se regulaba el buen funcionamiento del paraje con competencias sobre elementos como el estiércol, permitiendo abrir una vía o camino para transportarlo a los campos de cultivo.

También, recogía prohibiciones específicas a los *Togotis* y *Sarnicios* relacionados con los ramajes cortados o la tala, quema o roturación del espacio. Todo el acuerdo, se encontraba revestido de cierta sacralidad que garantizaba el cumplimiento del pacto. Finalmente, la cara B de este documento constaba de 9 líneas, en las que se recogía una lista de nombres propios y, en algunos casos, el título o cargo que ocupaba esa persona, siendo interpretados los allí firmantes como los garantes del acuerdo escrito en la cara A de la *tabula*.

El segundo de los bronces de Botorrita estaba escrito en latín, lo que le ha valido el sobrenombre de *Tabula Contrebiense.* Su contenido recogía el arbitraje de un grupo de notables de *Contrebia*, cuyos cargos aparecían referidos en los términos latinos de pretor y magistrado. El pleito versaba sobre la compra de unas tierras para la construcción de un canal de agua para el riego entre las ciudades vecinas de *Salduine* y *Alaun,* sancionado por el gobernador Cayo Valerio Flaco en el 87 a.n.e. a favor de la primera (Fatás 1980).

El tercero de los bronces recogía un listado de 254 nombres, de los que 27 de ellos hacen referencias a mujeres. J. de Hoz (2005: 424) apuntaba que para que un conjunto de nombres fuesen inmortalizados en un material noble como era el bronce y expuestos al público, éstos debían encerrar cierto valor ideológico desde el punto de vista político, económico o religioso. Finalmente, el último de estos bronces, el número 4, se encuentra en muy mal estado de conservación, aunque por los paralelos de algunos términos se le ha atribuido un contenido similar al bronce 1.

La escritura fue, por tanto, una tecnología asociada con el poder, cuyos mecanismos favorecieron a una mayor abstracción y un cambio en la forma de entender el mundo. Los testimonios escritos que acabamos de repasar: las monedas, las téseras y las *tabulae* estaban relacionados con el gobierno y el buen funcionamiento de las comunidades. Estos habrían sido elaborados por y para una serie de individuos de la comunidad que habrían abrazado las formas romanas y conocía esta tecnología, ocupando las posiciones más altas de la pirámide social. Las inscripciones funerarias que anteriormente hemos tratados se realizarían para este tipo de personas y sus familias, donde observamos características y códigos relacionados con el poder y las fórmulas de transmisión de derechos de ambas culturas.

Finalmente, existe un conjunto de evidencias heterogéneas y, en buena parte de los casos, descontextualizadas que presentaban escritura. Son inscripciones, grabadas o pintadas, sobre fusayolas, pesas de telar o diversas formas de vasos, tanto cerámicos como metálicos en bronce o plata. Generalmente, representan una letra o sílaba, o bien, una o varias palabras, cuyos significados en buena parte de los casos son difíciles de concretar. Algunos de los ejemplos más destacados en este sentido son: la pátera de plata de *Termes*, cuya inscripción ha sido interpretada con carácter votivo y cuyos caracteres latinos dan forma a la palara "hijo" (de Hoz 2005: 422). Varios de los vasos de Numancia, como la jarra que presenta caracteres pintados en el borde (Wattenberg 1963: tabla XLI, 1100) o el cuenco que tiene grabada la palabra "*nouantikum*" (Wattenberg 1963: tabla XXXV, 962), un genitivo plural que haría referencia al grupo familiar (Fig. 6.11). También, aparecieron nombres femeninos en fusayolas de *Segeda* o de *Botorrrita*, o un "velado mensaje erótico" en la fusayola encontrada en la necrópolis de Las Ruedas (de Bernardo *et al.* 2010).

La presencia de inscripciones en estos soportes ha sido entendida, en ocasiones, como meros fines decorativos, ese ha sido el caso de las interpunciones o el trazo de signos algo deformados como en la jarra anteriormente mencionada de Numancia, lo que se ha atribuido a que sus autores no comprendían ni la función de dichos signos, ni su valor fonético (Olcoz *et al.* 2007: 125). Sin embargo, el uso de símbolos que no estaban a disposición del conjunto de la población y que presentaban cierta relación con las estructuras de poder parece poco probable que fuesen utilizados como meros elementos decorativos, especialmente, en sociedades ágrafas o cuyas raíces aún estaban muy hundidas en la metonimia. Los elementos iconográficos de estas comunidades, aunque hoy día no los entendamos, no fueron meras decoraciones, sino representaciones de realidades, más o menos abstractas, más o menos realistas, por lo que el uso de la escritura sobre objetos domésticos podría haberlos dotado de cierto carácter mágico o incrementar su valor de algún modo.

6.6. El fin de una era

En definitiva, la romanización fue un cambio ontológico que afectó a las bases más profundas del ser, resultado de una intensa y constante negociación de las identidades propias de culturas enfrentadas. A través de la cultura material, se observa como la introducción de elementos propios de la cultura romana no afectó a los pilares de las estructuras indígenas tradicionales, algo que ya observaba A. González Ruibal (2006-2007: 606) en el noroeste peninsular.

La estructuración territorial continuó fundamentada en la figura de las ciudades, cuyo poder se vio reforzado por elementos materiales como las acuñaciones monetales, metáfora y propaganda de las mismas. La cultura marcial, estrella en momentos anteriores, fue sustituida por la ciudadanía cuyos miembros tenían plenos derechos y determinados privilegios, materializados en las téseras y el cambio en los ajuares funerarios en los que las armas disminuyeron y objetos relacionados con otro tipo de relaciones sociales fueron realzados como los banquetes o la imagen personal de estética romana.

Los ámbitos funerario y doméstico se vieron afectados por la reinterpretación de los términos, en los que podemos reconocer los rasgos de ambas culturas, ahora entrelazados, donde los antiguos significados se materializaron en

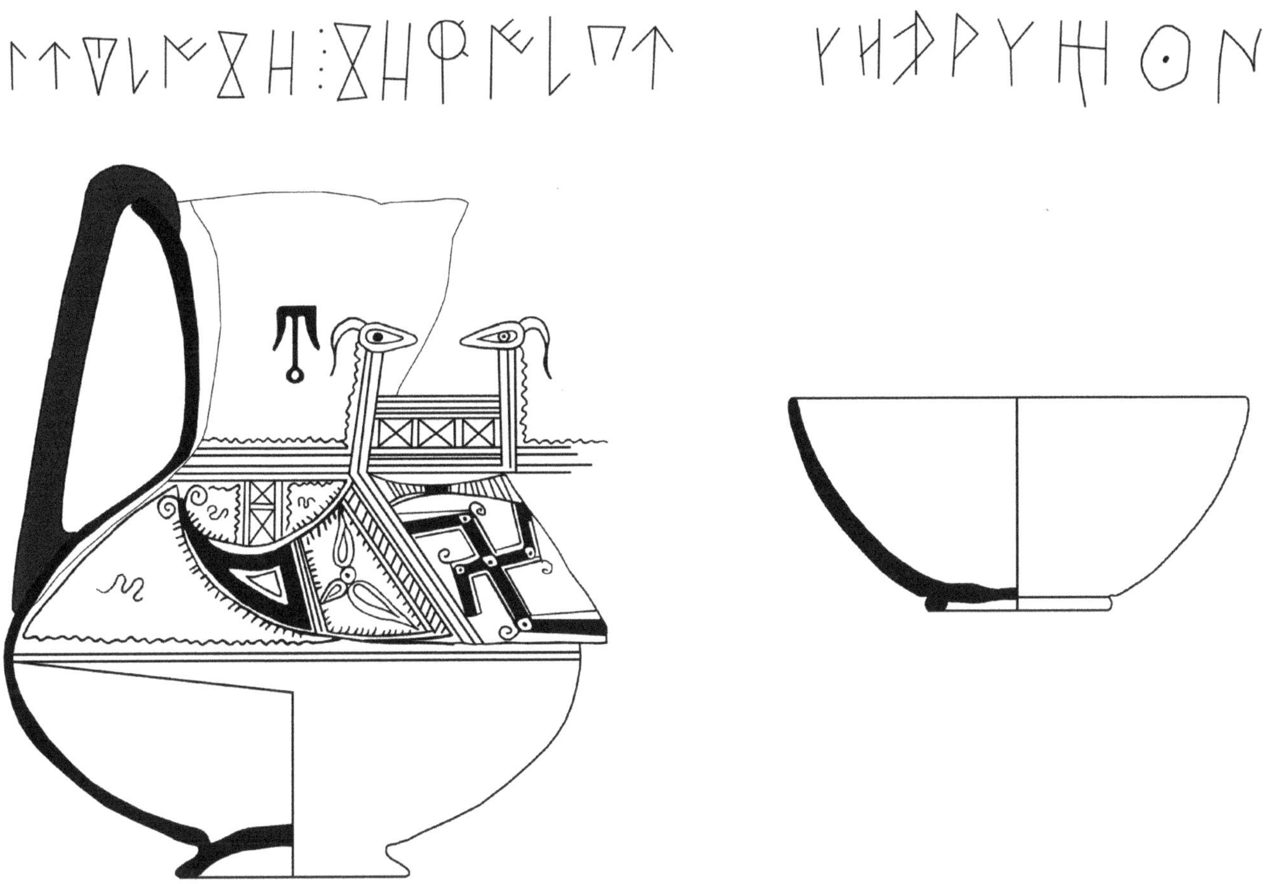

Fig. 6.11: Cerámicas con inscripciones de Numancia (a partir de Wattenberg 1963: tabla XLI, 1100 y tabla XXXV, 962).

distintos objetos u formas de hacer las cosas. El papel jugado por ciertos individuos indígenas, como fueron los denominados "*client or friendly kings*", quienes se introdujeron en el imaginario y la *performance* de Roma, fueron claves durante el proceso, manipulando los códigos de las identidades y el poder.

Los contextos, los contenidos y las formas de escritura permiten esbozar algunos rasgos comunes en el marco de lo social. Las comunidades de la segunda Edad del Hierro eran sociedades orales, pero con la llegada de Roma, las habilidades y conocimientos de la escritura no se generalizaron, sino quedaron reservadas a un número reducido de individuos, caracterizados por ser hombres, pertenecientes a las élites locales, encargados de los gobiernos regionales. El profundamente patriarcal estado romano vetó a las mujeres este conocimiento y las expulsó de cualquier parcela de poder que pudieran ostentar.

En definitiva, el panorama que presentaba A. González Ruibal (2006-2007: 605) en el noroeste durante el siglo I n.e. no debió ser muy diferente al de la Celtiberia: "... quien caminara por sus calles encontraría individuos vestidos con toga, gente que iluminaba sus viviendas con lucernas, beben vino de la Bética y cocina el pan en fuentes de engobe rojo pompeyano. Sin embargo, esas personas continúan viviendo en sus viejas cabañas de piedra con techo de paja" (González Ruibal 2006-2007: 605).

7

La Edad del Hierro en el Alto Duero

En este capítulo final, vamos a recapitular algunos de los aspectos más relevantes sobre el funcionamiento de las sociedades del Alto Duero a lo largo del primer milenio a.n.e. El inicio de la Edad del Hierro estuvo marcado por grandes transformaciones sociales y materiales. Los grupos del Bronce Final se habían caracterizado por el reducido número de sus integrantes y la movilidad estacional de sus espacios de hábitat. Sin embargo, las nuevas comunidades fijaron una residencia estable durante todo el año, propiciada por la mejora climática, la generalización del uso del hierro y las nuevas tecnologías agrícolas que permitieron la colonización de nuevas tierras y el aumento de la productividad de las mismas. Como consecuencia de una explotación más efectiva de los recursos, las comunidades de la primera Edad del Hierro establecieron asentamientos permanentes en el paisaje que perduraron a lo largo de generaciones.

Esto produjo un profundo cambio en la conceptualización y la actitud respecto al paisaje. La huella dejada por los grupos de la Edad del Bronce había sido leve. Sus asentamientos y estructuras de hábitat carecían de la voluntad de perdurar, tanto por los materiales que utilizaron (maderas, barro y pieles), como por la envergadura de las construcciones. Con el inicio de la Edad del Hierro, tuvo lugar la petrificación de las estructuras de habitación, tanto de los límites de los poblados como de las construcciones del interior. Se erigieron arquitecturas destinadas a permanecer en el tiempo en las que se identificaban actividades de mantenimiento y remodelaciones. La permanencia de un grupo en el mismo enclave durante generaciones ocasionó un cambio en el régimen de tenencia de la tierra. La tierra se convirtió en la principal fuente de legitimidad y causa de conflicto, de modo que se configuraron diversas estrategias para su reclamo, incluyendo la formación de extensos cementerios, ligados a las genealogías y la transmisión de propiedades y derechos, hasta un énfasis en los límites de los asentamientos con la construcción de potentes fortificaciones.

El Alto Duero es una región extensa, donde desde el Bronce Final se observan diferentes tradiciones materiales. El análisis de las formas del relieve sobre las que se construyeron los asentamientos proporcionaba una primera aproximación a la fuerte variabilidad regional de la zona, en la que se distinguían dos zonas bien diferenciadas. La primera de ellas caracterizada por entornos montañosos y escarpados, y la segunda, por los paisajes ondulados de los valles.

Las comunidades de las regiones de montaña hicieron un especial énfasis en el mundo de los vivos, ocultando los lugares de enterramiento. Rodearon sus asentamientos con sólidas defensas, aprovechando la topografía natural del emplazamiento, donde construyeron murallas y/o fosos tan solo en las zonas más accesibles a los poblados, aislando así el interior y a sus habitantes del exterior. Aunque en la mayor parte de este conjunto los elementos más utilizados fueron las murallas y los fosos, podemos observar otros elementos defensivos y diferencias en la combinación de estas estructuras, especialmente en los sitios de la conocida como Cultura de los Castros Sorianos. Esta se enmarcaba en el corazón del Sistema Ibérico y presentaba una singular y variada composición de murallas, fosos, torres y/o campos de piedras hincadas. Lo contrario ocurría en los sitios de la región del valle del Duero y afluentes. Los asentamientos carecían de límites pétreos y fueron los espacios funerarios los que gozaron de un mayor protagonismo en el paisaje. Los marcadores, las diversas formas de deposición, el tratamiento funerario, la combinación de los objetos y pluralidad en sus formas permitieron observar, bajo un barniz de similitud, las diferencias locales entre los cementerios.

La forma de los espacios domésticos fue otra característica que presentaba diferencias entre las dos regiones principales, incluso dentro de las mismas. La zona montañosa se caracterizaba por casas de formas angulares con plantas rectangulares o cuadradas, mientras que en las zonas de valle primaban las formas circulares o de esquinas redondeadas. Cabe destacar que los asentamientos de algunas sierras intermedias como la de Cabrejas o la de Neila en las que las viviendas fueron cabañas circulares, y algunos de los sitios situados a caballo entre ambas regiones combinaban formas circulares y angulares como en Zarranzano (Cubo de la Sierra) o El Castillejo (Fuensaúco).

Por último, también se advertían diferencias en cuanto a los materiales relacionados con el festín. En el valle, se han identificado calderos y un colador de bronce en varios enterramientos de la necrópolis de Carratiermes, así como cerámicas grafitadas en espacios domésticos, cuyo tratamiento de paredes imita el brillo metálico; mientras que en la zona de las montañas no aparecieron estos tipos y los materiales que podrían asociarse a esta actividad fueron cerámicas pintadas registradas en contextos de hábitat.

Observamos, por lo tanto, dos tradiciones materiales bien diferenciadas, dentro de las cuales se aprecian ciertas variaciones locales ligadas a los asentamientos. Esta diversidad de la cultura material sería el reflejo de diferentes prácticas culturales y potencialidades dentro de la región, especialmente visibles en la materialización de las identidades colectivas como fue el énfasis en las fronteras de los asentamientos o en la construcción de las genealogías mediante los cementerios.

A partir del siglo IV a.n.e., se inició una profunda transformación en toda la región, cuyo resultado fue el urbanismo, fruto de una dinámica de concentración de la población en torno a unos enclaves determinados, los núcleos urbanos u *oppida*, que fueron los protagonistos de las narrativas de la segunda Edad del Hierro. Con el fin de garantizar el éxito de este proceso de sinecismo, un conjunto de individuos se dotaron de una serie de herramientas de gobierno, sacrificando sus intereses y aspiraciones personales en beneficio, al menos teóricamente, de la comunidad. Los anteriores grupos de poder se reconfiguraron y hubo cambios en las relaciones entre los enemigos y los aliados, así como los enfrentamientos pasados tuvieron que ser superados, olvidados o traducidos a los nuevos espacios de conflicto, ahora en el seno de las nuevas comunidades. A partir de este momento, los gobiernos rebasaron las fronteras de los asentamientos, lo que supuso una reestructuración completa que abarcó desde las normas sociales y los escenarios de negociación colectiva hasta el propio régimen de propiedad de la tierra.

Los territorios fueron reestructurados, especialmente los lugares donde se establecieron las ciudades. Las tierras de cultivo, las zonas de pasto, los recursos naturales o los sitios simbólicos propiedad de un grupo o individuo determinado, fueron mancomunados, redistribuidos y negociada su tutela. Al mismo tiempo, se establecieron diversas formas de asentamiento dependiendo de las necesidades, las capacidades y los mensajes que las comunidades quisieron transmitir en el paisaje, por lo que construyeron poblados, aldeas y castillos dependientes de los núcleos urbanos. Los poblados eran asentamientos de dimensiones ligeramente inferiores a las ciudades que garantizaban un control y una explotación efectiva de los territorios. Las aldeas se encargaban de la explotación de recursos concretos, generalmente agrícolas y ganaderos, mientras los castillos fueron erigidos sobre aquellas zonas que no podían ser controladas visualmente desde la ciudad y en los límites del territorio, controlando los accesos y reivindicando la pertenencia de las tierras a la comunidad.

Sin embargo, el corazón de los territorios fueron los núcleos urbanos. Eran los enclaves de mayores dimensiones, localizados en un punto central de los mismos y dotados de amplio contenido simbólico. Las ciudades se erigieron sobre lugares con una biografía propia, recogida en la memoria de la comunidad, como fue el caso de Numancia que se construyó en un paisaje con un amplio relato, en cuyo entorno se registraron evidencias de ocupación desde época neolítica. Fueron los lugares de agregación para todos los habitantes del territorio, dotados de espacios de reunión y reproducción social y biológica de la comunidad como: los espacios de culto como el santuario de la divinidad tutelar de *Termes;* los sitios de reunión de los órganos de gobierno como señalaban las fuentes clásicas sobre *Belgeda* (Apiano *Iber.* 100) o Numancia (*Vidas Paralelas* VI, 6); o proyectos comunales como la construcción y el mantenimiento de las fortificaciones.

Además de las diferentes formas de asentamiento, el paisaje se habría encontrado repleto de marcadores y símbolos como santuarios extraurbanos de tipo *nemeton*, cuevas-santuarios o hitos simbólicos. Estos espacios comunitarios fueron un nexo común: social, civil, espiritual y religioso, en los que habrían tenido lugar celebraciones con sentido integrador, donde todas las personas dispersas por el territorio tendrían la oportunidad de encontrarse, repartir, conocer, intercambiar bienes y conocimientos o acordar matrimonios.

Entre los habitantes de los asentamientos de los núcleos rurales y el urbano debió existir un equilibrio y una tupida red de relaciones múltiples y dinámicas que fueron el verdadero aglutinante de las identidades regionales. El mecanismo que reguló el flujo de relaciones pudo ser similar al de los *pagi* centroeuropeos o las collaciones de las Comunidades de Villa y Tierra medievales, basado en la existencia de unas entidades transversales fundamentadas sobre el parentesco, real o imaginario, como elemento regulador de las interacciones, la organización social y administrativa, y la ordenación de los territorios.

El paisaje fue, por lo tanto, una poderosa materialización de la comunidad, construido a partir de sus códigos semánticos y sus necesidades. Al mismo tiempo, sus características, sus formas y su biografía influyeron en las comunidades que los habitaban. El estudio de los territorios de las ciudades del Alto Duero y sus diferentes formas de cultura material permiten observar las discontinuidades que presentaba la región y las particularidades de cada una de las comunidades que la ocuparon.

Nuevamente, las diferencias regionales fueron muy marcadas. Se aprecia una dualidad entre los grupos de la región montañosa del Sistema Ibérico y los del valle del Duero. En primer lugar, existieron diferencias en la extensión y la composición de los territorios, ya que las comunidades del valle presentaban territorios más extensos que los de las montañas. Sin embargo, si estos son analizados desde la perspectiva del movimiento y tenemos en cuenta la irregularidad del terreno, especialmente la pendiente, podemos observar como las distancias entre el núcleo urbano y las fronteras del territorio son similares en ambas regiones. Consecuencia de la extensión de los territorios fue también el tamaño y el número de asentamientos que los poblaron, siendo menor en el caso de las montañas. Por ello, el área montañosa presentaba una menor densidad de población respecto a los grupos del valle, especialmente si se comparan con el caso de Numancia que contaba con una de las densidades más altas de población respecto a otras zonas de la Meseta. En segundo lugar, continuó la dicotomía frente a la muerte que se percibía durante la primera Edad del Hierro. La zona del valle contaba con un nutrido paisaje funerario que permitía observar diferentes actitudes y aspectos de un mismo ritual, mientras que los grupos de las montañas mantuvieron una absoluta invisibilidad de este aspecto. Esta marcada dualidad material que presentaban los territorios del Alto Duero ilustraba las diferentes tradiciones sociales, culturales e identitarias que allí tuvieron lugar. Sin embargo, las diferencias registradas entre los territorios de una misma zona señalaban cómo las comunidades que los poblaban fueron independientes y autónomas. No todas fueron iguales, no contaron con los mismos recursos, potencialidades o capacidades.

El panorama descrito hasta el momento se vio truncado por la segunda Guerra Celtibérica y la conquista romana de la región. Si tomamos como referencia la caída de Numancia en el 133 a.n.e. o la de *Termes* en el 98 a.n.e., observamos como los primeros momentos de la dominación romana del valle del Duero no fueron fáciles. A partir de la conquista, estos territorios se incluyeron en el aparato estatal de la República romana y, por lo tanto, formaron parte de los devenires y agendas de los grandes hombres de Roma. El final del siglo II y la primera mitad del I a.n.e., fue un periodo convulso para el estado romano, debido a las luchas de facciones en el seno de la República entre populares y *optimates,* así como los numerosos levantamientos regionales de zonas colonizadas a lo largo del Mediterráneo. La Celtiberia no quedó excluida de estas rebeliones y fue un escenario más de enfrentamiento de la Guerra Civil. Las ciudades del valle del Duero formaron parte de la sublevación de Sertorio, motivadas según algunos textos por el deseo de recuperar la autonomía, aunque finalmente terminaron siendo sometidas y nuevamente destruidas por los ejércitos de Pompeyo El Grande.

La romanización supuso una nueva forma de entender el mundo, diferente a la etapa previa. Un cambio ontológico fruto de un proceso dialéctico entre las antiguas tradiciones indígenas y las nuevas fórmulas romanas que no culminó hasta el último cuarto del siglo I a.n.e. y cuyo resultado fue el surgimiento de nuevos códigos, formas de actuar y de construir al individuo, tal y como podemos observar en la cultura material.

En el paisaje, advertimos como tras la conquista tuvo lugar una reestructuración completa del panorama territorial. Las diferencias que anteriormente habíamos percibido en la elección de los asentamientos entre los grupos de las montañas y los del valle del Duero ahora se difuminaron y se fomentaron los asentamientos en las zonas llanas. Sin embargo, la vertebración de los territorios continuó sobre las bases indígenas y la nueva organización favoreció algunas de las estructuras de organización ya existentes como fue el control de los territorios desde las ciudades. Roma benefició a estos centros dependiendo de las circunstancias y las particularidades de cada una de ellas, premiando a aquellas que habían sido de ayuda durante la conquista con prebendas o privilegios, como la acuñación de moneda o la firma de pactos formales mediante las téseras de hospitalidad; o las mantuvo como simples centros rurales.

No obstante, el final de las Guerras de Sertorio culminó con una nueva destrucción de la mayor parte de las ciudades del Alto Duero y de la estructura organizativa que de ellas derivaba, instaurando finalmente el panorama poblacional que se mantuvo durante el Imperio. En este caso, el Alto Duero presentaba una interesante peculiaridad; las nuevas capitales se construyeron sobre las antiguas ciudades indígenas, en el mismo emplazamiento, lo que ha producido una gran alteración en los niveles arqueológicos previos, mientras que en regiones vecinas como el Duero Medio o el valle del Ebro los nuevos centros urbanos se construyeron cerca de los anteriores, pero nunca sobre ellos.

El cambio en los ámbitos doméstico y funerario no fue lineal ni progresivo. Fue fruto de un proceso dialéctico entre los códigos y conceptos de ambas culturas, ahora entrelazadas, donde los antiguos y nuevos significados se materializaron en distintos objetos o formas de hacer las cosas. En el ámbito doméstico, aunque se aprecia cierta influencia romana, las mismas técnicas constructivas y la distribución del espacio indígena continuaron, y no fue hasta un momento avanzado del Imperio cuando se introdujeron los modelos romanos, no obstante, siempre matizados por las tradiciones previas.

Por otro lado, en el ámbito funerario, la cremación había sido la práctica principal durante toda la Edad del Hierro, y lo era también en el mundo romano del momento, y así continuará hasta avanzada la época imperial. Sin embargo, los significados de las prácticas rituales y la cultura material utilizada por las comunidades indígenas fue reformulada tras la conquista. Las antiguas necrópolis permanecieron en uso hasta el siglo I n.e., aunque de un modo más minoritario, mientras que los escasos nuevos cementerios se relacionaban con la tradición romana que vinculaba estos espacios a las vías de comunicación.

La forma de señalizar los enterramientos también era similar en ambas culturas, mediante estelas, que ahora contaron con inscripciones funerarias, aporte de la cultura romana. Las evidencias epigráficas más tempranas datan del siglo II a.n.e., aunque la mayoría se corresponde con el siglo I n.e. y combinaban la grafía celtibérica o latina con estructuras formales romanas, en las que destacaba el uso de genitivos en plural, pervivencia de las filiaciones suprafamiliares propias del mundo indígena y algunos motivos iconográficos autóctonos como las figuras de los jinetes ecuestres. Otro rasgo que ambas culturas compartieron fue la importancia del banquete en honor al difunto, materializado en los ajuares funerarios mediante la presencia de formas cerámicas indígenas y romanas como las *terra sigillata.* También, pervivió la práctica de introducir objetos con códigos indígenas propios como fueron las armas, aunque con un menor énfasis, tanto en la frecuencia como en la variedad, mientras que los elementos de adorno corporal y aseo fueron reformulados a partir de las nuevas tendencias del momento, incluyendo los tipos romanos y sustituyendo los conjuntos de aseo personal de tijeras, pinzas y punzones por estrígilos y espejos. Por último, se materializaron conceptos que anteriormente no existían, o lo hacían de otro modo, como reflejan la introducción de monedas posiblemente relacionadas con la figura de Caronte o la reelaboración de algún antiguo símbolo de riqueza; o las llaves, testigos de la nueva relación entre el individuo y la colectividad. En este proceso de reinterpretación tuvo que ser fundamental el papel jugado por ciertos individuos indígenas, quienes se introdujeron en el imaginario y la *performance* de Roma, manipulando los códigos de la identidad y el poder como medio para mantenerse en el poder.

7.1. Identidades colectivas y organización social

A lo largo de toda la Edad del Hierro se observan una serie de identidades colectivas que se mantuvieron hasta la llegada de Roma, e incluso, tras el proceso de reinterpretación, sus huellas permanecieron. Estas formas de autoidentificación fueron clave a la hora de estructurar y organizar la vida social y política de las gentes del primer milenio a.n.e. Estas fueron principalmente las filiaciones relacionadas con la casa, la familia, el asentamiento o el territorio y la región. Estos diferentes niveles de identidad conformaban al individuo, permanecieron anidados y superpuestos, activándose unos sobre otros según las necesidades del sujeto en cada momento.

7.1.1. Identidades de casa

La identidad ligada a la casa fue el nivel más bajo de estas formas de autoidentificación colectivas. Los espacios domésticos a lo largo de la Edad del Hierro se definían por su sencillez en las características y la factura. Salvo por las diferencias regionales y temporales relativas a la forma, las casas de un mismo asentamiento fueron muy similares, no se han observado diferencias acusadas de riqueza o posición social entre sus habitantes. El reducido tamaño y la escasa presencia de compartimentaciones internas configuraban espacios domésticos abiertos, sin especializar, que limitaban tanto la segregación de los miembros de la unidad como la existencia de espacios especializados. La unidad doméstica era, por lo tanto, una extensión de la vida de la comunidad, aparentemente igualitaria, con un bajo grado de privacidad entre el exterior y el interior.

La unidad doméstica era también una unidad de producción. Todos sus integrantes mediante su trabajo y esfuerzo contribuían a labrar e incrementar la posición social de la casa en el contexto de la comunidad. Por ello, no existieron estructuras de almacenamiento comunal, ya que la producción de excedente, su acumulación y redistribución recayó en esta unidad. La importancia de la casa en la producción fue especialmente evidente durante la segunda Edad del Hierro, ya que a partir de los textos de los autores clásicos conocemos las potencialidades y la gran capacidad productiva de estas unidades en la producción de *saga*, prendas de lana, que fueron utilizadas durante la Guerra Celtibérica como moneda de cambio en la firma de tratados con Roma (Apiano *Iber.* 54; Diodoro XXXIII, 16). Del mismo modo, podemos conocer el esfuerzo necesario que habrían hecho estas unidades para la preparación de festines, independientemente de su contexto. Estudios antropológicos en sociedades preindustriales han permitido ilustrar el coste de estas actividades, donde tan solo la elaboración de bebidas alcohólicas habría supuesto en torno al 20% del cereal producido por una unidad doméstica (Dietler 2001: 81-82). Esto señala como las capacidades productivas de estas unidades superaban las necesidades de autosubsistencia de la casa y como la acumulación de excedente fue clave en la negociación de su posición social.

La casa, además de una estructura o una unidad de producción, acogía en su interior una serie de rituales religiosos, mágicos y sociales. Lució una serie de amuletos y elementos solares, como las esvásticas que aparecen grabadas en el umbral de una casa de la Manzana I de Numancia, con el fin de proteger y guardar a sus habitantes. También, habría sido un lugar de culto para los antepasados, en los que se habrían guardado reliquias familiares como los cráneos humanos de la bodega de la casa 1 de la Manzana XXIII de Numancia. Del mismo modo, tuvieron un papel central en los rituales funerarios, en la preparación del difunto antes de la cremación y el banquete funerario, materializado en los ajuares. En ellos, se documentan objetos que pudieron estar relacionados con una identidad de tipo doméstico como: la inclusión de fusayolas o las canicas en tumbas de hombres en edad de reproducción; la presencia de armas y arreos de caballo en enterramientos femeninos; y los ajuares infantiles en general, ya que las niñas y niños no habrían tenido oportunidad de labrarse una posición y contaban tanto con objetos domésticos como relacionados con la guerra. En el contexto funerario, se negociaba por tanto no solo la posición social del difunto, independientemente de sus características de sexo y edad, sino también el estatus de la casa, cuya actuación contribuía a las narrativas familiares y la construcción de la memoria de la casa. De este modo, fue un principio de organización social clave y un potente referente de identidad para los individuos.

7.1.2. El linaje, las identidades familiares

La principal evidencia de la construcción de los linajes se encuentra en los cementerios. A lo largo de toda la Edad del Hierro, el ritual de cremación fue la práctica funeraria principal y así permaneció en el Alto Duero hasta avanzado el Imperio. La cremación era una forma de divinización, ya que mediante el fuego se evitaba la corrupción del cuerpo. Al mismo tiempo, los rituales funerarios permitían a sus descendientes y familiares manipular la negociación social en términos de poder, mediante la destrucción de la riqueza en las exequias y banquetes en honor al difunto. Además, las prácticas sociales y simbólicas no terminaban con el enterramiento, sino que se prolongaban en el tiempo, como demuestran los vasos cerámicos para libaciones que han aparecido sobre algunas de las tumbas de Numancia o las armas clavadas sobre algunos enterramientos de Carratiermes.

Los ancestros se encontraban, por lo tanto, insertos en las narrativas familiares y comunitarias, donde jugaban un papel fundamental en la legitimación del poder, como transmisores de los derechos materiales, sociales y simbólicos de los vivos. Así, los paisaje funerarios fueron lienzos de la memoria y sus reivindicaciones abarcaban desde aspectos comunitarios a familiares. En la esfera comunitaria, los cementerios reclamaban la pertenencia de un espacio o territorio para un grupo determinado, como evidencian sus largas secuencias de uso o su superposición a evidencias de anteriores, como en el caso de Carratiermes que se superponían a un asentamiento de la Edad del Bronce.

Respecto a la esfera familiar, en estos espacios se enterraban todos los miembros de la comunidad, como demuestran las fuertes diferencias de riqueza de los ajuares, en los que encontramos tumbas con numerosos y variados objetos, y enterramientos que tan solo contenían las cenizas del difunto. La distribución de las tumbas en el espacio formaba aglomeraciones, entre las que podemos observar diferencias de riqueza, composición y la presencia de objetos determinados que las caracterizaban como se apreciaba en las necrópolis de El Pradillo, Carratiermes o Numancia. La presencia reiterada de tumbas en un mismo espacio con objetos característicos, como determinados tipos cerámicos, fíbulas, decoraciones o restos animales habría sido la materialización de estas identidades familiares. Incluso, en el caso concreto de La Yunta, ubicada en el Alto Jalón, se pueden observar las dinámicas comunitarias y las fluctuaciones de estas familias en el poder. En el cambio de era, la importancia de estas filiaciones quedó recogida en la epigrafía romana mediante la presencia de las *cognationes* que ponían en relación a un conjunto de individuos unidos por un origen común y los sistemas de descendencia mixtos con diferentes atribuciones entre la familia del padre y la de la madre.

7.1.3. Identidades territoriales

M. Giles (2007: 242) apuntaba que la procedencia de una persona definía quien era. De hecho, son precisamente las identidades asociadas a nuestro lugar de origen, las que condicionan en cierto modo nuestras vidas, desde la forma de relacionarnos con los demás hasta en el modo en el que somos percibidos por los otros. La biografía de los paisajes de la Edad del Hierro nos enseña cómo los asentamientos, espacios funerarios e hitos simbólicos contribuían a la construcción de la memoria de la comunidad y al modo en el que ésta era percibida por los demás. El uso reiterado de determinados espacios para actividades concretas, la existencia de espacios públicos comunitarios y de culto en los que se celebrarían reuniones periódicas y la inversión de esfuerzo en la construcción de obras colectivas habrían sido poderosos mecanismos de refuerzo de las identidades colectivas y un símbolo de las características de la comunidad hacia los otros.

No obstante, el paisaje no solo era el espacio en el que se exhibía esta identidad, sino también en la apariencia personal. La fuerte variabilidad regional percibida en las necrópolis, especialmente en la composición de los ajuares, permite aproximarnos a las diferentes formas de la construcción de los individuos según su origen, materializadas en su aspecto. De este modo, en ajuares con armas se observaban diversas combinaciones de estos objetos, así como su relación con la figura del caballo, el aseo y los adornos personales. Lo mismo ocurría con aquellos que presentaban elementos de adorno o las diferencias territoriales que se percibían en la inclusión de los diferentes tipos de herramientas. Así, estas diferencias, ya sean referidas al lugar de asentamiento o un territorio más amplio como los de la segunda Edad del Hierro, debieron ser un referente en la vida diaria, impreso tanto en el paisaje que les rodeaba como en la apariencia de las personas.

7.1.4. Identidades regionales

En el Alto Duero, se percibía una dualidad material desde el Bronce Final que continuó hasta época romana. La diversidad de actitudes y formas de hacer las cosas entre la región de las montañas y el valle pudieron ser la materialización de realidades étnicas diferentes. La posibilidad de que se tratasen de comunidades étnicas que compartiesen lazos de solidaridad, un nombre, mitos de origen, memoria y cultura material comunes tan solo podemos identificarla a partir de la segunda Edad del Hierro, cuando contamos con referencias escritas.

Etnómimos como el de arévacos y pelendones han sido atribuidos por los autores grecorromanos a los grupos del valle y de las montañas, respectivamente. Independientemente, si se trataban de nombres con los que se autodenominaron las propias comunidades o un modo de referirse a ellos dado por parte de los autores mediterráneos, estos etnónimos hacían referencia a un tipo de identidad que afectaba en el modo de relación entre las comunidades y con la propia Roma, como se observaba en los episodios de la rendición de Nertóbriga o a la conquista de Numancia.

Relaciones de ayuda y solidaridad como la que compartieron la ciudad bela de Segeda y la arévaca Numancia en el 153 a.n.e., cuando la primera pidió socorro y refugio ante el ataque de Roma apelando a los vínculos compartidos como "aliados y parientes", y "aliados y amigos" (Floro 1, 34, 3-4; Apiano *Iber.* 45), debieron responder a lo que se ha denominado como redes étnicas. Estas entidades no compartían ningún tipo de unidad política, sino cierto grado de solidaridad -al menos entre sus dirigentes-, algún tipo de denominación común y un mito de origen.

El último nivel de este tipo de identidades fueron las categorías étnicas, agrupaciones construidas desde el exterior que englobaban a un conjunto de comunidades por compartir elementos comunes culturales o locacionales y que podían no compartir ningún vínculo real entre ellas. La denominación de celtíberos habría respondido a esta categoría durante la segunda Edad del Hierro. Sin embargo, tras el proceso de renegociación de las identidades que supuso la romanización, observamos como fue asumida por los conquistados en los albores del Imperio. Así, lo reflejaron las palabras del poeta Valerio Marcial (IV, 55), los testimonios materiales militares relacionados con la *Cohors I Celtiberorum* y la epigrafía funeraria con caracteres y onomástica celtibérica.

7.2. Poder y comunidad

Las comunidades de la Edad del Hierro compusieron un mosaico heterogéneo bajo un barniz de aparente similitud. El poder tuvo un carácter comunal, como evidencia la apariencia de isonomía en el mundo de los vivos, la configuración de los asentamientos y las casas. Sin embargo, eso solo era una ilusión, una ocultación premeditada de la desigualdad, ya que la construcción de la imagen del individuo y la negociación en el ámbito funerario señalaban la existencia de tensiones internas y la competición de algunos individuos y grupos sociales por la obtención de parcelas de poder.

Las asambleas fueron las encargadas del gobierno de las comunidades. Estas instituciones eran de tipo transversal e incluían desde el ámbito del parentesco a las etnias. Cada una de ellas habría tenido unas competencias específicas, un sitio de reunión concreto y unos tiempos determinados. A medida que avanzó el primer milenio a.n.e. y la organización social se fue haciendo más compleja como resultado del sinecismo que dio lugar a las ciudades durante la segunda Edad del Hierro, estos organismos debieron complejizarse al mismo tiempo. Las asambleas fueron el escenario en el que resolver las disputas sociales, dirimir las tensiones internas y gobernar el destino de las comunidades. Su composición es desconocida, pero a partir de las referencias de los autores romanos en la época de la conquista sabemos que aquellas asambleas que gobernaban las ciudades en la segunda Edad del Hierro contaban con un lugar de reunión específico, no toda la comunidad asistía a las reuniones, existían varios grupos de edad que rivalizaban en las decisiones y las mujeres tan solo intervinieron en ellas en momentos puntuales como instigadoras a la guerra.

Las sociedades del primer milenio a.n.e. fueron patriarcales. Los valores de lo masculino gozaron de un mayor valor simbólico, lo que se tradujo en una posición de poder para los hombres, aunque las mujeres habrían gozado de cierta capacidad de acción e influencia en la elección de su cónyuge y, en su papel como madres y esposas, fueron capaces de acrecentar la posición social de su unidad doméstica y su familia. Sin embargo, fueron los hombres los principales beneficiarios del trabajo de las mujeres en contextos de la negociación social, como los festines, y siempre ocuparon las posiciones más especializadas, como el trabajo de los metales o la alfarería durante la segunda Edad del Hierro.

Los hombres fueron también los responsables del gobierno de las comunidades, aquellos capaces de manipular las relaciones y los espacios de la negociación colectiva para llevar a cabo sus propias agendas. Su poder político se fundamentó en su autoridad, legitimada por su biografía familiar, la posesión de tierras de cultivo, cabañas ganaderas o determinados recursos y materias primas, el control de los intercambios comerciales, el conocimiento o habilidades especiales que les hiciesen ganarse el favor de la comunidad. Su posición habría sido constantemente negociada y la distancia en el poder entre estos individuos y el conjunto de la comunidad no habría sido muy dilatada, ya que su capacidad de acción se veía limitada por las asambleas. Durante la segunda Edad del Hierro, conocemos los nombres de varios líderes que fueron elegidos por las asambleas de las ciudades para enfrentarse a una situación de crisis concreta en el marco de la conquista romana. Entre ellos, es especialmente interesante el caso de Ávaros, elegido líder de los numantinos en el 133 a.n.e. para negociar una posible rendición de Numancia ante Roma, pero tras su vuelta de la negociación con Escipión, los numantinos intuyeron una traición y les dieron muerte a él y a los cinco compañeros que le acompañaron por haber traicionado presuntamente a la comunidad (Apiano *Iber.* 95).

En este contexto, la violencia impregnaba todos los ámbitos de la cultura material, especialmente aquella relacionada con el poder, desde los paisajes con la construcción de potentes estructuras defensiva o la iconografía, hasta la apariencia de la clase de los guerreros o la composición de algunos ajuares infantiles y femeninos. El conflicto se ritualizó, como muestran las representaciones iconográficas. A determinados individuos se les heroizó y se les dotó de cualidades mágicas. Esta ritualización de una ideología marcial fue un mecanismo para ejercer el control de los eventos violentos, a partir de la coerción visual, el control de las representaciones y el número de individuos que participaban en ellos, de modo que se garantizase la supervivencia de la comunidad. Finalmente, con la reformulación del ser en época romana, el conflicto cambiará de esfera y la ideología marcial fue sustituida por la ciudadanía, ya que era el mecanismo que garantizaba el acceso a los derechos y los privilegios.

A lo largo de este libro, hemos profundizado en las diferentes materialidades del Alto Duero, desde lo amplio de los paisajes a lo concreto de los artefactos, para comprender a las personas y sus diferentes construcciones durante las diferentes etapas de la Edad del Hierro, desde las identidades individuales a las colectivas y su repercusión en la organización social. La legitimidad y el beneficio común fueron eficaces instrumentos en las relaciones de poder, manipuladas por determinados individuos para obtener ciertas parcelas de control y autoridad que fueron constantemente negociadas en los diferentes espacios censurados por la comunidad. Una comunidad en la que todos y cada uno de los miembros eran imprescindibles para la reproducción y el buen funcionamiento de la misma. Los niños y niñas eran el futuro y quienes mediante los procesos de aprendizaje perpetuaban los principios y las costumbres. Las mujeres eran el pegamento y los pilares que soportaban el sistema mediante las actividades de mantenimiento, la manipulación de las relaciones en el ámbito de la casa y la familia y los vínculos emocionales. Los hombres se encargaban de conseguir riquezas, adquirir conocimientos especializados, conducir la comunidad y los principales actores en la negociación del poder. Finalmente, los ancianos y ancianas, garantes de las sabiduría, las tradiciones y el conocimiento de la comunidad.

8

Summary: The Iron Age in the Upper Douro

This summary presents some of the most relevant features of the lifeways of the communities in the Upper Douro valley during the first millennium BCE. At the beginning of this period, major social and material transformations marked the beginning of the Iron Age in the Iberian Meseta. A small population and seasonal mobility had characterised previous Late Bronze Age groups. However, new Iron Age communities established stable residences throughout the year in the same spot. This was favoured by an improvement in the climate, the generalised use of iron, and novel agricultural technologies that enabled the colonisation of new lands and increased productivity. As a consequence of more effective exploitation of resources, Early Iron Age communities established permanent settlements in the landscape that lasted for generations.

These changes produced a profound shift in their understanding and attitude towards the landscape. The evidence left by Bronze Age groups had been slight. Settlements and habitat structures were not intended to last; the structure size was small and they used perishable materials such as wood, mud, and leather. At the beginning of the Iron Age, a petrification process took place in settlement constructions, in both the external boundaries and the inner buildings. The architectures were then designed to remain in time, in which we can identify maintenance and remodelling activities. The continuous stay of a group in the same site for generations also caused a change in the land tenure regime. The land became the main source of legitimacy and cause of conflict so that numerous strategies were developed to claim land property. Those strategies included an emphasis on the settlement boundaries through powerful fortifications and the creation of extensive cemeteries linked to genealogies and the transmission of rights.

The Upper Douro River basin is a large region within the Iberian Meseta. Since the Late Bronze Age, we can observe different material traditions in this area. The analysis of the settlement landforms provides a first approach to the great regional variability. In this way, two main regions can be distinguished: first, landscapes characterised by mountainous and rugged environments, and second, the undulating lands of the valleys. Communities in the mountain region placed a particular emphasis on the world of the living, hiding their burial sites. They surrounded the settlements with solid defensive constructions. Making the most of the natural topography, they built walls and/or ditches only in the most accessible areas of the sites, isolating the inner area and its inhabitants from the outside. In some particular cases, such as the *Cultura de los Castros Sorianos* (Sorian Hillforts Culture), in the heart of the Iberian System mountain range, they used combinations of several defensive structures, including walls, ditches, towers, and *chevaux de frise*. In contrast, the Douro valley area presented the opposite attitude to the landscape. The settlements lacked stone boundaries and the funerary spaces were the most remarkable feature. Under a veneer of similarity, the local divergences in the funerary practices and material culture between cemeteries can be observed in the markers, the various forms of deposition, the funerary treatment, the combination of objects, and the variety of grave goods.

The shape of the domestic spaces was another feature that differentiates the two major areas, even within them. The mountainous region was characterised by houses of angular shapes with rectangular or square floor plans, while in the valley areas, circular shapes or round-cornered structures prevailed. There was an area of transition with mixed features between the two regions. That was the case of the settlements in intermediate mountain ranges, such as the Sierra de Cabrejas and Sierra de Neila, in which houses were in the form of circular structures. In addition, sites in the landscape transition between the regions, such as El Zarranzano (Cubo de la Sierra) or El Castillejo (Fuensaúco), combined circular and angular house shapes. Finally, there were also differences in the material culture related to the feast. In the valley, several burials in Carratiermes cemetery contained bronze cauldrons and a sieve. In addition to graphite potteries in domestic spaces, the walls of these vessels were covered by graphite mineral that, after firing, displayed a metallic appearance similar to silver. These types of artefacts did not appear in the mountain region, where artefacts related to feasting were painted ceramics recorded in domestic contexts.

We observe, therefore, two well-differentiated material traditions in which certain local variations can be perceived linked to the settlements. This diversity of material culture could reflect different cultural practices and potentialities within regions that were especially visible in the materialisation of collective identities, such as the emphasis on the settlement boundaries or the construction of genealogies through cemeteries.

From the 4th century BCE, a profound transformation began throughout the region: urbanism, resulting from a dynamic concentration of the population around some locations, the urban centres or *oppida*. These settlements have been (are) the main characters of the Late Iron Age narratives. To guarantee the success of the urban agglomeration, a group of individuals acquired a series of government tools, sacrificing their interests and aspirations for the benefit, at least theoretically, of the community. The previous groups of power changed. This involved some transformations in the relations between enemies and allies. Past confrontations had to be overcome, forgotten, or translated to the new spaces of conflict, now within the new communities. From then on, the community governments went beyond the boundaries of the settlements, which involved a complete restructuring, from social norms and scenarios of collective negotiation to the land ownership system.

The territories were restructured, particularly the places where the cities were established. Farmland, pasture areas, natural resources, and symbolic sites owned by a particular group or individual were pooled, redistributed, and the guardianship negotiated. At the same time, several types of settlement were created depending on the needs, capacities, and messages that the communities wanted to convey in the landscape. In addition to the *oppida*, they built towns, villages, and castles in the landscape that were dependent on the urban centres. Towns were settlements of a slightly smaller size than the *oppidum* that guaranteed effective control and exploitation of the territories. The villages exploited specific resources, generally related to agriculture and livestock. Finally, the castles were located in areas that could not be visually controlled from the *oppida* and on the limits of the territory, controlling access and claiming the ownership of the community land.

However, the cores of the territories were the urban centres. They were the largest settlements, located in the centre of the territories and equipped with extensive symbolic meanings. These *oppida* were built in places with their own biography, stored in the community memory, as was the case of Numantia, founded in a landscape with a long history of occupation dating back to the Neolithic. They were the places of aggregation for all the inhabitants of the territories, including meeting and social/biological reproduction spaces for the community: such as worship areas (e.g. the sanctuary of Termes), meeting places for the governing bodies, like Belgeda (Appian *Hisp.* 100) and Numantia (Plutarch *Lives TG* 6, 2), and community projects such as the construction and maintenance of fortifications.

In addition to the different types of settlement, territories would have been full of markers and symbols, such as nemeton-type sanctuaries, cave-sanctuaries, or symbolic landmarks. These community spaces were a connecting link integrating social, civil, spiritual, and religious aspects. In these places, celebrations with the aim of integration and bonding would have taken place, bringing together people scattered throughout the landscape who would have had the opportunity to know, share, meet, and arrange marriages, or exchange goods and knowledge.

Between the inhabitants of the rural and urban settlements, there should have been a balance and a dense network of multiple and dynamic relationships that were the true glue of regional identities. The mechanism that regulated the flow of relations could be similar to the Central European *pagi* or the collaciones of the medieval *Comunidades de Villa y Tierra* (Fernández-Götz and Liceras-Garrido 2019a). These institutions were transversal entities based on real or imaginary kinship as a regulating element of the relationships, interactions, social and administrative organisation, and land planning.

The landscape was, therefore, a powerful materialisation of the community values. It was built following the community's shared semantic codes and needs. In turn, landscape features, shapes, and biography influenced the communities that inhabited them. The study of the territories of the Upper Douro *oppida* and their material culture allows us to observe the discontinuities that the region presented and the particularities of each of the communities that occupied the region.

In the Late Iron Age, marked differences persisted between regions, observing the duality between the groups from the mountain region of the Iberian System and those from the Douro Valley. First, there were differences in the size and composition of the territories. The communities in the valley spread over larger territories than those in the mountains. However, analysing their dimensions from the perspective of movement and considering the irregularity of the terrain, particularly the slope, we can observe how the distances between the urban centre and the borders of the territory were similar in both areas. As a consequence, the population was smaller in the mountainous territories than in the valley. For this reason, the mountainous area had a lower population density compared to the valley groups, particularly Numantia, which had one of the highest population densities compared to other areas of the Meseta. Second, the dichotomy in the funerary context perceived during the Early Iron Age remained in the Late Iron Age. Whilst the valley area had numerous cemeteries that enable different attitudes and aspects of the same ritual to be observed, the mountain groups maintained absolute invisibility of this phenomenon. The marked material duality in the Upper Douro territories embodied the different social, cultural, and identity traditions that existed during the first millennium BCE. However, the variations recorded within the territories of the same area show how the communities that populated them were independent and autonomous. Not all were the same; they did not have the same resources, potentialities, or capacities.

The social landscape described so far was cut short by the second Celtiberian War and the Roman conquest of the region. If we take as a reference the fall of Numantia in 133 BCE or that of Termes in 98 BCE, we observe how the first stages of the Roman domination of the Douro Valley were not easy. After the conquest, these territories were included in the state apparatus of the Roman Republic. Therefore, the area started to participate in the plans and agendas of the Roman great men. Due to the factional struggles within the Republic, between *populares* and *optimates*, and the numerous regional uprisings of colonised areas throughout the Mediterranean, the end of the 2nd century and the first half of the 1st century BCE was a tumultuous period for the Roman state. Celtiberia was not excluded from these rebellions and was another conflict scenario in the Civil War. The Douro *oppida* were involved the Sertorius uprising. According to some texts, their motivations were the promise of regaining their independence, nevertheless, these communities finally ended up being subdued and again destroyed by the armies of Pompey the Great.

Romanisation was a new way of understanding the world different from the previous stages. It was an ontological change from a dialectical process between the old indigenous traditions and the new Roman formulas. The transformation did not culminate until the last quarter of the 1st century BCE, resulting in the emergence of new codes, ways of acting and building the individual, as seen in the material culture.

After the conquest, the landscape underwent a complete restructuring in the territorial panorama. The dichotomy in the location of the settlements observed during the Iron Age disappeared, encouraging the creation of new settlements in flat areas. Nonetheless, some indigenous traditions continued and the new system promoted existing organisational structures, such as the territorial management from the urban centres. Rome favoured previous towns depending on their circumstances and features, rewarding those who had been helpful during the conquest with privileges, such as the authority to mint coins or sign formal agreements using hospitality tesserae. However, others remained as simple rural centres, such as Numantia (Jimeno *et al.* 2018).

The Sertorian Wars culminated in the new destruction of most of the urban centres in the Upper Douro, including the landscape and political panorama. Rome established a population scenario that lasted during the Empire. In this context, the Upper Douro presents an interesting, unique feature. The new urban capitals were built over the old indigenous *oppida*, on the same spot. This produced severe alterations of the previous archaeological levels (Jimeno *et al.* 2018). In neighbouring regions such as the Middle Douro or the Ebro valley, the new urban centres were built near the Iron Age agglomerations but never directly above.

The change in the domestic and funerary spheres was neither linear nor progressive. It was again the result of a dialectical process between the codes and concepts of both cultures, now intertwined, where the old and new meanings materialised in different artefacts or ways of doing things. On the one hand, in the domestic space, it is possible to perceive an influence of the Roman practices. However, indigenous construction techniques and spatial distribution were maintained until an advanced moment of the Empire when the Roman models were introduced, although always keeping features from the previous traditions. On the other hand, in the funerary context, cremation had been the main ritual during the Iron Age and was also in the Roman world, continuing into Imperial times. However, practices and artefacts were significantly reformulated after the conquest. Consequently, the old cemeteries remained in use until the 1st century BCE, although to a lesser extent, and the few new cemeteries were created following the Roman tradition that linked these spaces to communication routes.

Both cultures marked their burial sites similarly, using stelae, which now exhibited funerary inscriptions – a Roman contribution. The earliest epigraphic evidence dates from the 2nd century BCE, although most correspond to the 1st century BCE. They combined Celtiberian or Latin script with Roman formal structures. However, it is relevant to highlight the use of plural genitives because of the conservation of supra-family affiliations, typical of the indigenous world, in addition to some native iconographic motifs, such as the figures of equestrian riders. Another feature that both cultures shared was the importance of the feast to honour the deceased, which materialised in the grave goods through indigenous and Roman ceramic types, such as *terra sigillata*. Additionally, the practice of including artefacts with their own indigenous codes, such as weapons, survived, although with less emphasis in both frequency and variety. However, the meaning of objects related to the body appearance and personal hygiene changed based on the new trends of the times. They started to include Roman types in the burials, replacing the native personal care items such as the scissors, tweezers, and awls for strigils and mirrors. In the same way, concepts that previously did not exist or were understood differently were also found in grave goods, such as the introduction of coins, probably related to Caronte or the transformation of previous symbols of wealth, and keys which represented a new relationship between individuals and the collective. In this process of reinterpretation, the role played by some indigenous individuals must have been essential because they embraced Rome's realm of the imaginary and the values underlying the performance. They were able to adapt, negotiate, and manipulate the identities and power codes to obtain and/or retain their power.

8.1. Collective identities and social organisation

Throughout the Iron Age, we observe a series of collective identities that survived the arrival of Rome; they were the affiliations related to the household, the family, the settlement or the territory, and the region. These left traces after the reinterpretation process. These forms of self-identification had been and were central in structuring and organising the social and political life of the first millennium BCE communities, shaping people's identities. They remained nested and overlapped, activating one on top of the other depending on each person's needs.

8.1.1. Household

Household-related identities were the lowest level of these forms of collective self-identification. Simple features, structures, and plans defined domestic spaces during the Iron Age. Despite the regional and temporal variability

-mainly related to the circular, rectangular, or round-cornered shapes-, the houses in the same settlement were quite similar. We cannot observe marked differences in wealth or the social position of their inhabitants. Additionally, domestic structures had a small size and scarce internal divisions. These created open domestic spaces without specialisation, which limited the segregation of the unit members and the existence of specialised areas. Domestic units presented a low degree of privacy between outside and inside; they were, therefore, an extension of community life, seemingly egalitarian just in appearance.

The domestic unit was also a production unit. All its members contributed to increasing the social position of the house with their work and effort. Hence the absence of communal storage structures, as the surplus production, accumulation, and redistribution were managed by the household. The relevance of domestic production was particularly evident during the Late Iron Age. According to the classical authors, these communities could produce large amounts of '*saga*'. *Saga* were woollen cloaks or blankets used as currency in commercial and political transactions, such as the truces and surrenders signed between Rome and the Meseta *oppida* (Appian *Hisp.* 54; Diodorus *Bibliotheca Historica* 33, 16). Likewise, these units also made the necessary effort to prepare feasts, regardless of their context. Anthropological studies in pre-industrial societies have illustrated the cost of these activities, resulting in alcoholic beverage production consuming around 20% of the cereal produced by a household (Dietler 2001: 81-82). This shows two main things: how the production capacity of the domestic units exceeded their needs; and how surplus accumulation was crucial to negotiate their social position (see Liceras-Garrido 2022a).

In addition to a settled structure and a production unit, the domestic space held a series of religious, magical, and social rituals. Houses had amulets and solar elements, such as the swastikas engraved on a house threshold in House Block I at Numantia to protect and guard its members. It would also have been a place of worship for the ancestors, in which family relics would be kept, such as the human skulls from the cellar of House 1 in House Block XXIII at Numantia. In the same way, the household played a central role in funerary rituals, particularly in the preparation of the deceased before cremation and the funerary feast. Grave goods were a testimony of this because they included artefacts related to domestic identities, such as pottery, spindles whorls, or gaming pieces in the burial of reproductive age males, and weapons and horse harnesses in females and children's graves. Since children did not have enough time in their lives to achieve prominent social positions, the funerary context shows that not only the deceased's social standing was negotiated but also the lineage status. The family performance in funerary rituals would have contributed to their narratives and memory. Therefore, household identities were at the core of social organisation and personal identities.

8.1.2. Lineage

The primary evidence of lineages was in the cemeteries. During the Iron Age, cremation was the central funerary practice and remained well into the times of the Roman Empire in the Upper Douro. Cremation was an attempt at deification as the fire prevented the body from corruption. At the same time, funerary practices allowed their descendants and relatives to manipulate social negotiation in terms of power by destroying wealth in the rituals and feast in honour of the deceased. In addition, the social and symbolic performances did not end with the burial. They extended over time, as shown by both the ceramic vessels for libations recorded on some Numantian graves and the weapons nailed on some burials in Carratiermes.

The ancestors were, therefore, intertwined into the family and community narratives. They played an essential role in legitimising power and transferred material, social, and symbolic rights to the living. In this way, funerary landscapes were memory canvases, encompassing their claims from community to family aspects. At the community level, cemeteries claimed the ownership of a space or territory for a particular group. Consequently, funerary areas showed long sequences of use that sometimes overlapped with settlement and burial evidence from different periods, such as Carratiermes that was built over a Bronze Age longhouse.

All community members were buried in the Meseta cemeteries. There were marked differences in the grave goods wealth, in which whilst some burials had numerous varied artefacts, other graves only contained ashes. The spatial distribution of the tombs created agglomerations. These clusters presented differences in the number of artefacts and composition of the grave goods between burial groups, as seen in the cemeteries of El Pradillo, Carratiermes, Numantia, or La Yunta. The repeated presence of tombs in the same space with specific artefacts (e.g. particular ceramic types, fibulae, decorations, or animal remains) would have been the materialisation of family identities. There were some cases, such as the cemetery of La Yunta, located in the Upper Jalón, in which community dynamics and the fluctuations of these families in power can be observed (Liceras-Garrido 2022b). Finally, in Roman times, epigraphy portrayed the relevance of these kinship affiliations (cognations), which related to a group of individuals united by a common origin. They showed mixed descent systems with different attributions between the family of the father and that of the mother.

8.1.3. Territory

M. Giles (2007: 242) pointed out "where one was defined who one was". To a certain degree, birthplace-associated identities define(d) how we deal with others and how others perceive us during our entire lives. The biography of Iron Age landscapes shows how settlements, funerary spaces, and symbolic landmarks contributed to the construction of the community memory. Some spaces were used for particular activities over and over again. These places held periodic meetings, were used to perform religious practices, and concentrated enormous effort in the construction of collective structures such as fortifications. These symbolic locations would have reinforced shared identities and worked as identifiable community codes in the eyes of others.

However, territorial identities were not only exhibited in the landscape but also in the body appearance. The strong regionality revealed in the cemeteries, particularly in the composition of grave goods, enables an approach to the varied forms in the construction of individuals according to their origin. In this way, grave goods with weapons presented several combinations and the types of these objects varied, depending on the cemetery, along with items related to horse-riding, personal hygiene, ornaments, and tools. Similarly, artefacts presented different decorative patterns depending on the cemetery. Territorial differences could also be perceived through the types of tools. These territorial differences, whether associated with the settlement or a broader territory, should have been a reference in daily life, present in the surrounding landscapes and the image of individuals.

8.1.4. Region

Since the Late Bronze Age, there was a duality in material culture in the Upper Douro region that continued until Roman times. The material diversity and ways of doing things between the mountainous region and the valley could have been the materialisation of different ethnic realities. The ethnic communities might have shared bonds of solidarity, a name, myths of origin, memory, and material culture. These identities were easily identifiable in the archaeological record, particularly during the Late Iron Age when we also have written accounts by the Greco-Roman authors.

Classical texts identified two main ethnonyms in this region, *Arevaci* and *Pelendoni*, which they attributed to the communities in the valley and the mountains, respectively (Pliny the Elder *Nat.* 3, 4). These ethnic names might have been the terms used by the communities themselves or the names given to them by the Romans. Nonetheless, they reflected a type of identity that affected their relationship with Rome and between the indigenous communities. For instance, during the Roman conquest, the *oppidum* of Nertoriga was surrendered to Consul Marcellus in 152 BCE. Marcellus refused to agree to the peace unless the Arevaci, Belli, and Titthi sued for it at the same time. The three tribes sent emissaries to Rome to negotiate the terms of the agreement then. When arriving in Rome, each group was treated differently. The Belli and the Titthi were Rome's allies and were received inside the city, while the Arevaci were enemies and camped out on the other side of the Tiber River (Appian *Hisp.* IX, 48-49; Polybius XXXV, 2, 3-4). Another excerpt that mentioned ethnic communities came from the Siege of Numantia. It referred to the bonds of solidarity native communities shared, stating how Rethogenes -a Numantian leader- rode to the Arevaci *oppida* to seek their help by invoking the shared blood bonds, and the *oppidum* of Lutia answered his call (Appian *Hisp.* XV, 94).

There were also testimonies of aid and solidarity relationships, such as those shared between the *oppida* of Segeda (Belli) and Numantia (Arevaci) in 153 BCE. Segeda sought help and protection from Numantia during Rome's attack on the *oppidum*, invoking the shared ties as 'allies and relatives' and 'allies and friends' (Florus 1, 34, 3-4; Appian *Hisp.* IX, 45). This relationship would have responded to what has been called ethnic networks. These entities might not have shared any political unity but a certain degree of solidarity -at least among their leaders-, a common name, and a myth of origin.

The last level of this identity was the ethnic categories, groups built from the outside enclosing multiple communities because they shared cultural and/or territorial elements but might not share an actual bond. The label Celtiberians would have responded to this category during the Late Iron Age. Nevertheless, after the identity renegotiation imposed by the Roman conquest, native communities themselves assumed the term in the dawn of the Empire. Thus, we have found evidence of the use of Celtiberian to self-identify people from the region, such as the textual reference of the poet Valerius Martial (IV, 55), the Cohors I Celtiberorum, and funerary epigraphy using Celtiberian script and nicknames such as 'celtiberian'.

8.2. Power and community

Iron Age communities created a heterogeneous mosaic under a layer of apparent similarity. Power was communal, as shown by the appearance of isonomy in the world of the living, in the settlement pattern, and the house structure. However, this was only an illusion, deliberate concealment of inequality, because the construction of the personal appearance and the negotiation in the funerary contexts demonstrate the existence of internal tensions, struggles, and the competition of some individuals and social groups to obtain power and influence.

Assemblies were in charge of the government of the communities. They were transversal institutions that included all social levels from households to ethnic groups. Each assembly had specific jurisdictions, a meeting place, and certain dates. Due to the growing complexity throughout the first millennium BCE, the social organisation became more complex because of the agglomeration process, from which *oppida* emerged in the Late Iron Age. Therefore, these institutions had to gain complexity at the same time. Assemblies became then the scenarios of negotiation to solve social disputes, address internal tensions, and govern the community's destiny. Although their composition is unknown, from Greco-Roman references at the times of conquest we know that the *oppida* assemblies during the Late Iron Age had a specific meeting place, not the entire community was able to attend the meetings, there were several age groups that competed in the decision-making, and women only intervened at particular times as instigators of war.

The first millennium BCE societies were patriarchal. The masculine values enjoyed a most positive social esteem, which translated into a position of power for men. However, women would have had some agency in choosing their spouse (Sallust *Hist.* 2, 91) and influence in their role as mothers and wives, increasing the social position of their household and family through their work (Liceras-Garrido 2022a). Nevertheless, men were the main beneficiaries of women's work in contexts of social negotiation, such as feasting.

Men were also responsible for the government of the communities; those capable of manipulating the relationships and arenas of collective negotiation to fulfil their agendas. Their political power was based on their authority, legitimised by their family biography, the possession of farmland, livestock or particular resources and raw materials, the control of commercial exchanges, knowledge, or special skills that would earn them the favour of the community. As the distance in power between these leaders and the community would not have been great, they would have had to constantly negotiate their position because both the assemblies and the community would have limited their agency. During the Late Iron Age, we know the names of several leaders chosen by the *oppida* assemblies to face a specific military crisis in the Roman conquest. Among the proper names, the case of Avaros shows the limitation in power of the leaders and the control of the community. Avaros was chosen as the leader of the Numantines in 133 BCE to negotiate with Rome. After meeting Consul Scipio, the Numantian community thought that Avaros and the five companions who accompanied him to the meeting had betrayed the community, so they were killed (Appian *Hisp.* 95).

In the Iron Age, violence permeated all material culture, from landscapes with the construction of powerful defensive structures or a martial iconography to the appearance of the warrior class or the composition of some children and women's prestigious grave goods. The conflict became ritualised, as the iconographic representations show. Some men were made heroes; sometimes blessed with magical skills. The ritualisation of martial ideology was a mechanism to exercise control over violent events, based on visual coercion, control of the representations and the people who participated in fights to guarantee community survival. Later, in Roman times, conflict and martial ideology were replaced by citizenship, the new concept that guaranteed access to rights and privileges.

This book has delved into the different material manifestations of the Upper Douro, from the broad landscapes to the concrete artefacts, to understand the people and social organisation during the periods of the Iron Age, including individual and collective identities. Legitimacy and common benefit were effective instruments in power relations, manipulated by some individuals to obtain parcels of control and authority that were constantly negotiated in the different spaces censored by the community. A community in which each and every member was essential for its reproduction and proper functioning, including children who were the future and who through learning processes perpetuated the principles and customs; women, who through maintenance activities, manipulation of relationships in the household and family, and emotional ties were the glue and pillars that supported the system; men, in charge of obtaining wealth, acquiring specialised knowledge, and leading the community, were the main actors in the negotiation of power; and finally the elders, guarantors of community wisdom, traditions, and knowledge.

9

Bibliografía

Abad, R. (2008): La divinidad celeste/solar en el panteón céltico peninsular. *Espacio, Tiempo y Forma, Serie II, Historia Antigua,* 21: 79-103.

Abarquero, F.J. y Palomino, A.L. (2007): La necrópolis de El Pradillo, Pinilla-Trasmonte (Burgos). Evolución de los ritos funerarios en el confín del territorio celtibérico. En J. Morín, D. Urbina y N. Ferreira (eds.), *As Idades do Bronze e do Ferro na Península Ibérica. Actas do IV Congresso de Arqueologia Peninsular.* Portugal: 249-262.

Abascal, J.M. (2002): Téseras y monedas. Iconografía zoomorfa y formas jurídicas de la Celtiberia. *Paleohispánica,* 2: 9-35.

Abásolo, J.A. y García Rozas, R. (1980): *Carta Arqueológica de Burgos. Partido Judicial de Lara de los Infantes.* Burgos.

Adams, D. (1983): Why there are so few women warriors. *Behavior Science Research,* 18(3): 196-212.

Aguilera y Gamboa, E. (1909): *Alto Jalón, Descubrimientos arqueológicos*, Madrid.

Aguilera y Gamboa, E. (1916): *Las necrópolis ibéricas.* Zaragoza.

Agustí, B.; Codina, F.; Díaz-Carvajal, A.; Lara, L.; Prado, G.; Rovira Hortalá, C. y Subirá, E. (2015): *Els caps tallats d'Ullastret. Violència i ritual al món iber.* Ajuntament d'Ullastret, Museu d'Arqueologia de Catalunya.

Aja Sánchez, J.R. (2002): *Historia y arqueología de la Tardoantigüedad en Cantabria: La "Cohors I Celtiberorum y Iuliobriga": un ensayo histórico sobre la "Notitia Dignitatum occidentis" XLII. 30.* Signifer Libros, Madrid.

Aja Sánchez, J.R. (2007): La Epigrafía de la "Cohors I Celtiberorum". En M. Mayer, G. Baratta y A. Guzmán (eds.), *Acta XII Congressvs internationalis epigraphiae Graecae et latinae.* Institut d'estudis catalans, Barcelona: 23-30.

Alarcón, E. (2015): Social relations between adulthood and childhood in the Early Bronze Age site of Peñalosa (Baños de la Encina, Jaén, Spain). En M. Sánchez Romero, E. Alarcón y G. Aranda (eds.), *Children, spaces and identities.* Oxbow Books, Oxford: 59-74.

Alfaro, E. (2005): *Castillejos y villares: Modelos de poblamiento antiguo en el interior del Sistema Ibérico.* Soria Edita, Soria.

Alfaro, E.; Aguilera, I.; Benito, J.P.; Sanz, A. y Tabernero, C. (2014): 'Oppidum' y territorio en el valle del Linares soriano. Los Casares de San Pedro Manrique. En F. Burillo y M. Chordá (eds.), *VII Simposio sobre los Celtíberos: nuevos hallazgos, nuevas interpretaciones.* Teruel: 73-81.

Alfayé, S. (2004): Rituales de aniquilación del enemigo en la "Estela de Binéfar" (Huesca). En L. Hernández y J. Alvar (eds.), *Actas del XXVII Congreso Internacional Girea-Arys IX. Historia Antigua. Jerarquías religiosas y control social en el mundo antiguo.* Valladolid: 63-76.

Alfayé, S. (2006): Sacrifices, feast and warfare in Indo-European 'Hispania'. En M. García Quintela, F. González García y F. Criado (eds.), *Anthropology of the Indo-European world and material culture.* Archeolingua, Budapest: 139-162.

Alfayé, S. (2007a): Rituales relacionados con murallas en el ámbito celtibérico. *Paleohispánica,* 7: 9-41.

Alfayé, S. (2007b): Santuarios y rituales de la Soria celtibérica. *Revista de Soria,* 58: 13-20.

Alfayé, S. (2010): Ritos de sangre: sacrificios cruentos en los ámbitos celtibérico y vacceo. En Burillo, F. (coord.): *VI Simposio sobre los Celtíberos: Ritos y Mitos.* Centro de Estudios Celtibéricos de Segeda: 219-238.

Alfayé, S. (2011): *Imagen y ritual en la céltica peninsular.* Toxosoutos, A Coruña.

Alfayé, S. (2013): Dinámicas rituales en las cuevas y abrigos de la Celtiberia. En C. Rísquez y C. Rueda (eds.), *Santuarios Iberos: Territorio, ritualidad y memoria.* Actas del Congreso Internacional de El Santuario de la Cueva de La Lobera de Castellar, 1912-2010, Jaén: 385-395.

Alfayé, S. y Marco, F. (2014): Las formas de la memoria en Celtiberia y el ámbito vacceo entre los siglos II a.C. y I d.C. En T. Tortosa (ed.), *Diálogo de identidades. Bajo el prisma de las manifestaciones religiosas en el ámbito mediterráneo (s. III a.C. - s. I d.C.).* Anejos de AespA LXXII, Mérida: 169-182.

Almagro Basch, M. (1940): El hallazgo de la Ría de Huelva y el final de la Edad del Bronce en el Occidente de Europa. *Ampurias,* 2: 85-143.

Almagro Gorbea, M. (1993): Los celtas en la Península Ibérica. En M. Almagro Gorbea (coord.), *Los celtas: Hispania y Europa.* Actas, Madrid: 121-174.

Almagro Gorbea, M. (1994): Saunas iniciáticas, termas celtibéricas y culto imperial. *Mélanges Raymond Chevallier.* Université di Tours, Caesarodunum XXVIII: 139-153.

Almagro Gorbea, M. (1998): 'Signa Equitum' de la Hispania céltica. *Complutum,* 9: 101-115.

Almagro Gorbea, M. (2004): Un conjunto de lingotes de hierro "celtibéricos" en la Real Academia de la Historia. *Cuadernos de Arqueología de la Universidad de Navarra,* 12: 147-160.

Almagro Gorbea, M. (2005): Ideología ecuestre en la Hispania prerromana. *Gladius,* XXV: 151-186.

Almagro Gorbea, M. (2006): El 'Canto de los Reponsos' de Ulaca (Ávila): un rito celta del Más Allá. *Ilu, Revista de Ciencias de las Religiones,* 11: 5-38.

Almagro Gorbea, M. y Almagro Vidal, C. (2012): De la organización cuatripartita céltica del territorio a las 'cuadrillas' medievales. En *Homenaje al profesor José Antonio Escudero,* vol. 4. Universidad Complutense, Madrid: 37-65.

Almagro Gorbea, M. y Dávila, A. (1995): El área superficial de los 'oppida' en la Hispania 'Céltica'. *Complutum,* 6: 209-233.

Almagro Gorbea, M. y Lorrio, A. (1991a): La **tête** humaine dans l'art Celtique de la péninsule Ibérique. En J. Briard y A. Duval (eds.), *Les représentations humanines du Néolitique à l'Âge du Fer.* Éditions du C.T.H.S., París: 219-237.

Almagro Gorbea, M. y Lorrio, A. (1991b): Les celtes de la Péninsule Ibérique au IIIème siècle av. J.C. Études *Celtiques,* 28: 33-46.

Almagro Gorbea, M. y Lorrio, A. (1992): Representaciones humanas en el arte céltico de la Península Ibérica. En *II Symposium de arqueología soriana,* vol. I. Diputación Provincial de Soria, Soria: 410-451.

Almagro Gorbea, M. y Lorrio, A. (2004-2005): 'Signa Equitum' en el mundo ibérico. Los bronces tipo 'jinete de La Bastida' y el inicio de la aristocracia ecuestre ibérica. *Lucentum,* XXIII-XXIV: 37-60.

Almagro Gorbea, M. y Lorrio, A. (2007): War and society in the Celtiberian World. *The Celt in the Iberian Peninsula. e-Keltoi: Journal of Interdisciplinar Celtic Studies,* 6: 73-112.

Almagro Gorbea, M. y Lorrio, A. (2011): *Teutates: el héroe fundador y el culto heroico al antepasado en Hispania y en la Keltiké.* Real Academia de la Historia, Madrid.

Almagro Gorbea, M.; Fontes, F.; Mederos, A. y Torres, M. (2004): *Prehistoria. Antigüedades Españolas I. Catálogo de la Real Academia de la Historia.* Real Academia de la Historia, Madrid.

Alonso, N. (coord.) (2003): *Chevaux de frise i fortificació en la primera Edat del Ferro europea.* Universitat de Lleida, Lleida:

Álvarez Sanchís, J. (1999): *Los Vettones.* Real Academia de la Historia, Madrid.

Álvarez Sanchís, J. (2005): Oppida and Celtic society in western Spain. *The Celt in the Iberian Peninsula. e-Keltoi: Journal of Interdisciplinar Celtic Studies,* 6: 255-285.

Álvarez Sanchís, J. (2011): Ciudades vettonas. *Complutum,* 22(2): 147-183.

Álvarez Sanchís, J. y Ruiz Zapatero, G. (2001): Cementerios y asentamientos: bases para una demografía arqueológica de la Meseta en la Edad del Hierro. En L. Berrocal Rangel y Ph. Gardes (eds.), *Entre celtas e íberos. Las poblaciones protohistóricas de las Galias e Hispania.* Real Academia de la Historia, Casa de Velázquez, Madrid: 61-76.

Álvarez-Sanchís, J., Jimeno, A. y Ruiz-Zapatero, G. (eds.) (2011): *Aldeas y ciudades en el primer milenio a.C.: la Meseta norte y los orígenes del urbanism.* Complutum, 22(2).

Amich, C. (2011): El trabajo de los menores de edad en la dictadura franquista. *Historia Contemporánea,* 36: 163-192.

Anschuetz, K.; Wilshusen, R. Y Scheick, Ch. (2001): An Archaeology of Landscapes: Perspectives and Directions. *Journal of Archaeological Research,* 9(2): 152-197.

Arber, S. y Attias-Donfut, C. (2000) (eds.): *The myth of generational conflict. The family and state in ageing societies.* Routledge, Londres y Nueva York.

Arcelin, P. y Congès, G. (2004): La sculpture protohistorique de Provence dans le Midi Gaulois. *Documents d'Archéologie Méridionale,* 27: 10-12.

Arcelin, P.; Dedet, B. y Schwaller, M. (1992): Espaces public, espaces religieux protohistoriques en Gaule méridionale. *Documents d'Archéologie Méridionale,* 15: 181-248.

Arenas, J. A. (1999a): *La Edad del Hierro en el Sistema Ibérico Central, España.* BAR International Series 780, Oxford.

Arenas, J. A. (1999b): Comercio Protohistórico: líneas de contacto entre Levante y el Sistema Ibérico. En F. Burillo (coord.), *IV Simposio sobre los Celtíberos: Economía.* Institución Fernando El Católico, Excma. Diputación de Zaragoza, Zaragoza: 301 310.

Arenas, J. A. (2005): El mundo celtibérico y sus relaciones con el mundo ibérico y mediterráneo. En A. Jimeno (ed.), *Celtíberos: Tras la estela de Numancia.* Catálogo de la Exposición. Diputación Provincial de Soria, Soria: 395-400.

Arenas, J. A. (2007): Sociedad, ideología y entornos construidos durante la protohistoria del oriente meseteño: el caso de El Ceremeño de Herrería. *Trabajos de Prehistoria,* 64(1): 121-136.

Arenas, J. A. (2009): Arquitectura doméstica y sociedad en contextos prerromanos del oriente meseteño. En

M.C. Belarte (ed.), *L'espaci domèstic i l'organització de la societat a la protohistòria de la Mediterrània occidental (1er millenni aC)*. Universitat de Barcelona, Barcelona: 213-223.

Arenas, J. A. (2010): Sobre la identificación de entornos religiosos en el horizonte prerromano celtibérico. En F. Burillo (coord.), *VI Simposio sobre los Celtíberos: Ritos y Mitos*. Centro de Estudios Celtibéricos de Segeda: 87-102.

Arenas, J. y Martínez Naranjo, J. P. (1999): La explotación de la sal durante la Edad del Hierro. En F. Burillo (coord.), *IV Simposio sobre los Celtíberos: Economía*. Institución Fernando El Católico, Excma. Diputación de Zaragoza, Zaragoza: 209-212.

Arenas, J. y Palacios, M.V. (1999) (coord.): *El origen del mundo celtibérico. Actas de los encuentros sobre el origen del mundo celtibérico*. Ayuntamiento de Molina de Aragón, Guadalajara.

Arendt, H. (1970): *On violence*. Harcourt, San Diego.

Argent, G. (2013): Inked: human-horse apprenticeship, tattoos, and time in the Pazyryk world. *Society & Animals*, 21: 178-193.

Argente, J.L. (1992): *Tiermes. Campaña de excavaciones, 1992*. Junta de Castilla y León, Soria.

Argente, J.L. y Díaz, A. (1990): La necrópolis de Carratiermes (Tiermes, Soria). En F. Burillo (coord.), *II Simposio sobre los Celtíberos: Necrópolis Celtibéricas*. Institución Fernando El Católico, Excma. Diputación de Zaragoza, Zaragoza: 51-57.

Argente, J.L. y Díaz, A. (1996): *Tiermes. Guía del yacimiento y museo*. Soria.

Argente, J.L. y García Soto, E. (1994): La estela funeraria en el mundo preclásico en la Península Ibérica. En C. De la Casa (coord.), *V Congreso Internacional de Estelas Funerarias*, Vol. I. Diputación Provincial de Soria, Soria: 77-98.

Argente, J.L.; Díaz, A. y Bescós, A. (1992): La necrópolis celtibérica de Carratiermes (Montejo de Tiermes, Soria). En *II Symposium de arqueología soriana*, vol. I. Diputación Provincial de Soria, Soria: 527-542.

Argente, J.L.; Díaz, A. y Bescós, A. (2001): *Tiermes V, Carratiermes. Necrópolis Celtibérica*. Junta de Castilla y León, Valladolid.

Argente, J.L. y Jimeno, A. (1977): Tres tumbas de incineración de época romana, halladas en Uxama (Osma, Soria). *Celtiberia*, 53: 29-40.

Ariès, Ph. (1987): *El niño y la vida familiar en el Antiguo Régimen*. Taurus, Madrid.

Arlegui, M. (1990): Introducción a los grupos celtibéricos del Alto Jalón. *El Jalón vía de comunicación* (ciclo de conferencias). Museo Numantino, Junta de Castilla y Leñón, Soria.

Arlegui, M. (1992): El yacimiento celtibérico de 'Castilmontán' Somaen (Soria). En *II Symposium de arqueología soriana*, vol. I. Diputación Provincial de Soria, Soria: 495-514.

Arlegui, M. (2012): La necrópolis celtibérica del Inchidero (Aguilar de Montuenga, Soria): estratigrafía, cronotipología y dataciones radiocarbónicas. *Complutum*, 23(1): 181-201.

Arlegui, M. (2014a) (coord.): *Museo Numantino*. Asociación de Amigos del Museo Numantino, Soria.

Arlegui, M. (2014b): La necrópolis del Inchidero, Aguilar de Montuenga, Soria. En F. Burillo y M. Chordá (eds.), *VII Simposio sobre los Celtíberos: nuevos hallazgos, nuevas interpretaciones*. Teruel: 379-386.

Armit, I. (1997): *Celtic Scotland*. B. T. Batsford, Londres.

Armit, I. (2007): Hillforts at War: From Maide Castle to Taniwaha Pā. *Proceedings of the Prehistoric Society, 73: 25-37*.

Armit, I. (2011a): Violence and society in the deep human past. *British Journal of Criminology*, 51: 499-517.

Armit, I. (2011b): Headhunting and social power in the Iron Age Europe. En T. Moore y X. L. Armada (eds.), *Atlantic Europe in the first millennium BC: crossing the divide*. Oxford University Press, Oxford: 590-607.

Armit, I. (2012): *Headhunting and the body in Iron Age Europe*. Cambridge University Press, Nueva York.

Armit, I. (2017): Les demoiselles d'Entremont: violence, gender and headhunting in the Iron Age Europe. En U. Matić y B. Jensen (eds.), *The archaeology of gender and violence*. Oxbow Books, Oxford: 122-132.

Armit, I.; Knüsel, Ch.; Robb, J. y Schulting, R. (2006): Warfare and violence in Prehistoric Europe: an introduction. *Journal of Conflict Archaeology*, 2(1): 1-11.

Arnold, B. (1990): The Past as Propaganda: Totalitarian Archaeology in Nazi German. *Antiquity*, 64: 464-478.

Arnold, B. (1991): The deposed Princess of Vix: the need for an engendered European Prehistory. En D. Walde y N.D. Willows (eds.), *The archaeology of gender*. The University of Calgary Archaeological Association, Calgary: 366-374.

Arnold, B. (1999): 'Drinking the feast': alcohol and the legitimation of power in Celtic Europe. *Cambridge Archaeological Journal*, 9(1): 71-93.

Arnold, B. (2006): "Arierdämmerung": race and archaeology in Nazi Germany. *World Archaeology*, 38(1): 8-31.

Arnold, B. (2010): Memory maps: the mnemonics of Central European Iron Age burial mounds. En K. Lillios y V. Tsamis (eds.), *Material Mnemonics. Everyday memory in Prehistoric Europe*. Oxbow Books, Oxford: 147-173.

Arnold, B. (2016): Belts vs. blades: the binary bind in Iron Age mortuary contexts in Southwest Germany. *Journal of Archaeological Method and Theory*, 23(3): 832-853.

Asenjo, M. (1983): La mujer y su medio social en el fuero de Soria. En *Actas de las II jornadas de investigación interdisciplinaria: las mujeres medievales y su ámbito jurídico.* Universidad Autónoma de Madrid, Madrid: 45-57.

Asenjo, M. (1999): *Espacio y sociedad en la Soria medieval. Siglos XIII-XV.* Diputación Provincial de Soria, Soria.

Asenjo, M. (2012): La ciudad de Soria. El concejo medieval y su Fuero. En *VIII Encuentro de trabajo sobre historia de la contabilidad.* Publicación on-line: http://www.aeca.es/viii_encuentro_trabajo_historia_contabilidad/ponencias/003a.pdf (Consultado 14-01-2022).

Asenjo, M. y Galán, E. (2001): Formas de asentamiento y organización social del espacio. Un modelo de repoblación medieval: el caso de Soria. Un ejemplo de la aplicación de fuentes medievales al estudio de la Edad del Bronce. En M. Ruiz-Gálvez (coord.): *La Edad del Bronce, ¿Primera Edad de Oro de España? Sociedad, economía e ideología.* Ed. Crítica, Barcelona: 321-344.

Aston, M. y Rowley, T. (1974): *Landscape Archaeology: an introduction to fieldwork techniques on post-roman landscapes.* David and Charles, New Abbot, Londres y Vancouver.

Aswani, S. (2000): Changing identities: the ethnohistory of Roviana predatory head-hunting. *Special Issue of the Journal of the Polynesian Society,* 109: 39-70.

Ayán, X.M. (2001): *La vivienda castreña. Propuesta de reconstrucción en el castro de Elviriña.* Laboratorio de Arqueoloxía e Formas Culturais, IIT, Universidade de Santiago de Compostela, Santiago de Compostela.

Ayán, X.M. (2007): A Round Iron Age: the circular house in the hillforts of the Northwestern Iberian Peninsula. *e-Keltoi: Journal of Interdisciplinar Celtic Studies,* 6: 903-1003.

Ayán, X.M. (2013): Todo queda en casa: espacio doméstico, poder y división social en la Edad del Hierro del NW de la Península Ibérica. En S. Gutiérrez y I. Grau (eds.), *Lecturas arqueológicas del uso social del espacio.* Universidad de Alicante, Alicante: 39-56.

Babić, S. (2001): Headgear of the Early Iron Age tribal chieftains: social and symbolic aspects. *Recueil du Musée Nationel - Archéologie, 17(1): 83-93.*

Babić, S. (2005): Status identity and archaeology. En M. Díaz Andreu, S. Lucy, S. Babić y D.N. Edwards (eds.): *The Archaeology of Identity: approaches to gender, age, status, ethnicity and religion.* Routledge, Londres: 67-85.

Bachiller, A. (1987): *La cultura castreña soriana de la cuenca alta del Duero.* Universidad de La Laguna, La Laguna.

Bachiller, A. (2008): Los fosos de los castros sorianos: realidad o ficción. *Vegueta,* 10: 25-48.

Bachofen, J.J. (2008) [1987]: *El matriarcado: una investigación sobre la ginecocracia en el mundo antiguo según su naturaleza religiosa y jurídica.* Akal, Madrid.

Bandura, A.; Barbaranelli, C.; Caprara, G.V. y Pastorelli, C. (1996): Mechanisms of moral disengagement in the exercise of moral agency. *Journal of Personality and Social Psychology,* 71: 364-374.

Baquedano, E. (coord.) (2000): *Soria arqueológica: a José Luis Argente.* Diputación Provincial de Soria, Soria.

Baquedano, E. y Arlegui, M. (2017): *Schulten y el descubrimiento de Numancia.* Museo Arqueológico Regional de Madrid, Madrid.

Baquedano, I. (2001): La necrópolis de La Osera. En M. Almagro, M. Mariné y J. Álvarez Sanchís (eds.), *Celtas y Vettones.* Diputación Provincial de Ávila, Ávila: 305-313.

Baquedano, I. (2016): *La Necrópolis Vettona de la Osera (Chamartín, Ávila, España).* Museo Arqueológico Regional de Madrid, Madrid.

Baquedano, I. y Arlegui, M. (2020): La mitad de la Edad del Hierro. Mujeres y silencios. En A. Torija y I. Baquedano (eds.): *Tejiendo pasado II. Patrimonios invisibles. Mujeres portadoras de memoria.* Consejería de Cultura, Turismo y Deportes de la Comunidad de Madrid. Dirección General de Patrimonio Cultural, Madrid: 61-102.

Baquedano, I. y Martín Escorza, C. (2001): Estructuras y formas de distribución de las sepulturas de la necrópolis de La Osera (Ávila). En R. García Huerta y J. Morales (coords.), *Arqueología Funeraria: las necrópolis de incineración.* Ediciones de la Universidad de Castilla-La Mancha, Cuenca: 285-292.

Baquedano, I. y Martín Escorza, C. (2008): Sacerdotes vettones: el sol y las estrellas. Un mapa estelar en la necrópolis de La Osera. En J. Ávarez Sanchís (ed.), *Arqueología Vettona. La Meseta occidental en la Edad del Hierro.* Museo Arqueológico de Madrid, Madrid: 310-321.

Barber; E.J.W. (1991): *Prehistoric Textiles: the development of cloth in the Neolithic and Bronze Ages with special reference to the Aegean.* Princeton University Press, Princeton.

Barber, B.; Chew, S. y White, W. (2004): *The Cistercian abbey of St. Mary Stratford Langthorne, Essex: archaeological excavations for the London Underground Limited Jubilee Line Extension Project.* Museum of London Archaeology Service. Monograph 18, Londres.

Barker, A. (2008): Chiefdoms. En R. A. Bentley; H. D. G. Maschner y Ch. Chippindale (eds.): *Handbook of Archaeological Theories,* AltaMira Press, Lanham: 515-532.

Barrett, J. (1989): Food, gender, and metal: questions of social reproduction. En M.L. Sørensen y R. Thomas (eds.), *The Bronze Age – Iron Age transition in Europe: aspects of continuity and change in European societies c. 1200 to 500 B.C.* BAR Publishing, International Series 483, Oxford: 304-320.

Barrio Martín, J. (1989): *La segunda Edad del Hierro en Segovia.* Universidad Autónoma de Madrid, Tesis inédita.

Barrio Martín, J. (1990): La necrópolis de La Dehesa de Ayllón (Segovia): análisis de sus fíbulas de doble resorte. En F. Burillo (coord.), *II Simposio sobre los Celtíberos: Necrópolis Celtibéricas.* Institución Fernando El Católico, Excma. Diputación de Zaragoza, Zaragoza: 273-278.

Barrio Martín, J. (1999): La temprana metalurgia del hierro en la Sierra de Ayllón a partir de los elementos férreos de la necrópolis de La Dehesa (Ayllón, Segovia). En F. Burillo (coord.), *IV Simposio sobre los Celtíberos: Economía.* Institución Fernando El Católico, Excma. Diputación de Zaragoza, Zaragoza: 181-194.

Barrio Martín, J. (2006): *La necrópolis celtibérica de La Dehesa de Ayllón: fondos del Museo de Segovia.* Consejería de Cultura y Turismo, Valladolid.

Barroso, R. (2002): Cuestiones sobre las cerámicas grafitadas del Bronce Final y I Edad del Hierro en la Península Ibérica. *Trabajos del Prehistoria,* 59(1): 127-142.

Barroso, S. (1997): Armamento celtibérico de Uxama en el Museo del Ejército. *Militaria,* 10: 357-364.

Barry, W. D. (1996): Roof tiles and urban violence in the Ancient World. *Greek, Roman and Byzantine Studies,* 37(1): 55-74.

Barth, F. (1994): Enduring and emerging issues in the analysis of ethnicity. En H. Vermeulen y C. Grovers (eds.), *The Anthropology of ethnicity. Beyond 'Ethnic groups and boundaries'.* Het Spinhuis, Amsterdam: 11-32.

Baxter, J.E. (2005): *The archaeology of childhood: children, gender, and material culture.* AltaMira Press, U.S.

Bellver, J.A. (1992): Estudio zooarqueológico de las cabañas circulares de 'El Castillejo' de Fuensaúco. En *II Symposium de arqueología soriana,* vol. I. Diputación Provincial de Soria, Soria: 326-332.

Beltrán, F. (1996): Romanización inicia en la Celtiberia: las inscripciones de Caminreal y Botorrita. En S. Rebordea y P. López Barja (eds.), *A cidade e o mondo: romanización e cambio social.* Xinzo de Limia: 125-145.

Beltrán, F. (2001): La hospitalidad celtibérica: una aproximación desde la epigrafía latina. *Paleohispanica,* 1: 35-62.

Beltrán, F. (2004): 'Nos celtis genitos et ex hiberis'. Apuntes sobre las identidades colectivas en Celtiberia. En G. Cruz Andreotti y B. Mora Serrano (coords.), *Identidades étnicas, identidades políticas en el mundo prerromano hispano.* Universidad de Málaga, Málaga: 87-146.

Beltrán, F. (2006): Galos en Hispania. *Acta Archaeologica* 57 (1-3): 183-199.

Beltrán, F. (2010): El "hospitium" celtibérico. En F. Burillo (coord.), *VI Simposio sobre los Celtíberos: Ritos y Mitos.* Centro de Estudios Celtibéricos de Segeda: 273-290.

Beltrán, F.; Jordán, C. y Simón, I. (2009): Revisión y balance del 'corpvs' de téseras celtibéricas. *Paleohispanica,* 9: 625-668.

Bender, B. (1990): The dynamics of nonhierarchical societies. En S. Upham (ed.), *The evolution of political systems. Sociopolitics in small-scale sedentary societies.* Cambridge University Press, Cambridge: 247-263.

Benito, J.P.; Tabernero, C.; Sanz, A. y Guillén, R. (2006): *Pelendones. Castros célticos en la serranía norte de Soria.* Gráficas Ochoa Soria SL, Soria.

Benton, T. (1981): 'Objective' interests and the sociology of power. *Sociology,* 15(2): 161-184.

Bermejo, J. (2011): *Arqueología de los espacios domésticos: la Meseta nordeste entre el final de la Edad del Hierro y el Bajo Imperio.* Tesis Doctoral inédita, Universidad Complutense.

Bermejo, J. (2014a): *Arqueología de los espacios domésticos romanos: condiciones de vida y sociedad en la Meseta nordeste durante el periodo imperial.* Diputación Provincial de Soria, Soria.

Bermejo, J. (2014b): *Arqueología Biopolítica. La sintaxis espacial de la arquitectura doméstica romana en la Meseta oriental.* La Ergástula, Madrid.

Bermejo, J. (2018): Houses and society in Roman Celtiberia. *Mouseion,* 15(2): 173–218.

Bermejo Barrera, J.C. (1983): Etnografía castreña e historiografía clásica. En G. Pereira (ed.), *Estudos de cultura castrexa e de Historia Antiga de Galica.* Universidade de Santiago de Compostela: 129-146.

Berrocal, L. (1994): *El altar prerromano del Castrejón de Capote: ensayo etno-arqueológico de un ritual céltico en el suroeste peninsular.* Universidad Autónoma de Madrid, Madrid.

Berrocal, L. (2004): La defensa de la comunidad. Sobre las funciones emblemáticas de las murallas protohistóricas en la Península Ibérica. *Gladius,* XXIV: 27-98.

Berrocal, L. y Moret, P. (2007): Las fortificaciones protohistóricas de la *Hispania* céltica. Cuestiones a debate. En L. Berrocal y P. Moret (eds.), *Paisajes fortificados de la Edad del Hierro. Las murallas protohistóricas de la Meseta y la vertiente atlántica en su contexto europeo.* Real Academia de la Historia y Casa de Velázquez, Madrid: 15-34.

Bertelson, R.; Lillehammer, A. & Næss, J.R. (eds.) (1987): *Were They All Men? An Examination of Sex Roles in Prehistoric Society.* Arkeologisk museum i Stavanger, Stavanger.

Blanco García, J.F. (1998): La Edad del Hierro en Sepúlveda (Segovia). *Zephyrus,* 51: 137-174.

Blanco García, J.F. (2006): El paisaje poblacional segoviano en época prerromana: ocupación del territorio y estrategias de urbanización. *Oppidum,* 2: 35-84.

Blanco González, A. (2008): Tendencias del uso del suelo en el valle Amblés (Ávila, España). Del Neolítico al Hierro Inicial. *Zephyrus,* 62 (2): 101-123.

Blanco González, A. (2010a): 'Arqueología de la población' entre la Edad del Bronce y el primer Hierro (1800-400 AC): sobre procesos migratorios y colonizaciones en la Submeseta Norte. *Arqueología Espacial,* 28: 361-379.

Blanco González, A. (2010b): ¿Nuevos hogares para emigrantes? Casas y paisajes en el debate sobre el límite entre Cogotas I y el primer Hierro en el valle del Duero. *Zephyrus,* LXVI: 155-179.

Blanco González, A. (2011): From huts to 'the house': the shift in perceiving home between the Bronze Age and the Early Iron Age in central Iberia (Spain). *Oxford Journal of Archaeology,* 30(4): 393-410.

Blanco González, A. (2018): De cabañas a casas. Estrategias sociales en la Prehistoria final de la Meseta (1400-400 aC). En A. Rodríguez, I. Pavón y D. Duque (eds.): Más allá de las casas. *Familias, linajes y comunidades en la protohistoria peninsular.* Universidad de Extremadura, Cáceres: 295-326.

Blanco González, A. y López Sáez, J.A. (2013): Dynamics of Pioneer colonisation in the Early Iron Age in the Duero basin (Central Iberia, Spain): integrating archaeological and palynological records. *Journal of Environmental Research,* 18(2): 102-113.

Blanton, R. E. (1998): Beyond centralization: steps toward a theory of egalitarian behavior in Archaic States. En G. M. Feinman y J. Marcus (eds.), *Archaic States.* School of American Research, Santa Fé, Nuevo México: 135-172.

Blázquez, J. M. (1978): Cabezas cortadas. *Historia 16,* 26: 36-39.

Bolger, D. (2006): Gender and human evolution. En S.M. Nelson (ed.): *Handbook of gender in archaeology.* AltaMira Press, Oxford: 453-501.

Borobio, M.J. (1985): *Campo de Gómara. Carta Arqueológica de Soria.* Publicaciones de la Excma. Diputación de Soria, Soria.

Borobio, M.J.; Morales, F. y Pascual Díez, A.C. (1992): Primeros resultados de las excavaciones realizadas en Medinaceli. Campañas 1986-1989. En *I Symposium de arqueología soriana,* vol. II. Diputación Provincial de Soria, Soria: 767-783.

Bosch Gimpera, P. (1921): Los celtas y la civilización céltica en la Península Ibérica. *Boletín de la Sociedad Española de Excursiones,* 29: 248-301.

Bosch Gimpera, P. (1921-1926): Troballes de las necrópolis d'Osma i Gormaz adquirides pél Museu de Barcelona. *Anuari de l'Institut d'Estudis Catalans,* 7: 171-185.

Bosch Gimpera, P. (1932): *Etnología de la Península Ibérica.* Alpha, Barcelona.

Bourdieu, P. (1977) [1972]: *Outline of a theory of practice.* Cambridge University Press, Cambridge.

Bourdieu, P. (1990) [1984]: *Sociología y cultura.* Ed. Grijalbo, México.

Bourdieu, P. (1990) [1980]: *The Logic of Practice.* Stanford University Press, Stanford.

Bourdieu, P. (2007) [1980]: *El sentido práctico.* Siglo XXI Editores Argentina, Buenos Aires.

Bourdieu, P., Chamboredon, J.C. y Passeron, J.C. (2002) [1973]: *El oficio del sociólogo: presupuestos epistemológicos.* Ed. Siglo XXI, México y Buenos Aires.

Bradley, G. (1997): Iguvines, Umbrians and Romans: Ethnic identity in central Italy. En T. Cornell y K. Lomas (eds.), *Gender and Ethnicity in Ancient Italy.* Accordia Specialist Studies on Italy 6. University of London, Londres: 53-68.

Burillo, F. (coord.) (1987): *I Simposio sobre los Celtíberos.* Institución Fernando El Católico, Excma. Diputación de Zaragoza, Zaragoza.

Burillo, F. (coord.) (1990): *II Simposio sobre los Celtíberos: Necrópolis Celtibéricas.* Institución Fernando El Católico, Excma. Diputación de Zaragoza, Zaragoza.

Burillo, F. (coord.) (1995): *Poblamiento Celtibérico. III Simposio sobre los Celtíberos.* Instituto Fernando el Católico, Zaragoza.

Burillo, F. (coord.) (1999): *IV Simposio sobre los Celtíberos: Economía.* Institución Fernando El Católico, Excma. Diputación de Zaragoza, Zaragoza.

Burillo, F. (coord.) (2007a): *V Simposio sobre los Celtíberos: Gestión y desarrollo.* Centro de Estudios Celtibéricos de Segeda.

Burillo, F. (2007b): *Los Celtíberos: étnias y estados.* Ed. Crítica, 2ª edición, Barcelona.

Burillo, F. (coord.) (2010): *VI Simposio sobre los Celtíberos: Ritos y Mitos.* Centro de Estudios Celtibéricos de Segeda.

Burillo, F. (2011): 'Oppida' y 'ciudades estado' celtibéricos. *Complutum,* 22(2): 277-295.

Burillo, F. y Chordá, M. (eds.) (2014): *VII Simposio sobre los Celtíberos: nuevos hallazgos, nuevas interpretaciones.* Teruel.

Burillo, F.; Burillo, P.; Franganillo, D.; Gallego, E.; Pérez, G.; Pérez, M.; Mostaza, T.; Terán, J.; Zancajo, J. y Folgueiro, T. (2014): El Santuario de la ciudad celtibérica de Segeda I. Propuesta para su declaración como Patrimonio de la Humanidad. En F. Burillo y M. Chordá (eds.), *VII Simposio sobre los Celtíberos: nuevos hallazgos, nuevas interpretaciones.* Teruel: 353-360.

Cabré, J. (1909-1910): *Catálogo Monumental de España. Teruel.* Inédito.

Cabré, J. (1915-1920): Esteles ibèriques ornamentades del Baix Aragó. *Anuari de l'Institut d'Estudis Catalans,* 6: 629-641.

Cabré, J. (1917): *Catálogo Monumental de la provincia de Soria,* tomo III y IV (Inédito, copia del Archivo Histórico Provincial de Soria).

Cabré, J. (1930): *Excavaciones de Las Cogotas. Cardeñosa (Ávila). I. El Castro.* Junta Superior de Excavaciones y Antigüedades 110, Madrid.

Cabré, J. (1937): Broches de cinturón de bronce damasquinados con oro y plata. *Archivo Español de Arte y Arqueología,* XIII, 38: 93-126.

Cabré de Morán, M. E. y Morán Cabré, J. (1975): Dos tumbas datables de la necrópolis de Alpanseque (Soria). *Archivo de Prehistoria Levantina,* XIV: 123-137.

Calavia, M. (1990): El espacio soriano. En A. Cabo y F. Manero (dir.), *Geografía de Castilla y León, Tomo 8, Las comarcas tradicionales.* Ámbito, Valladolid.

Calonge, G. (1995): Interpretación de los resultados de las investigaciones medioambientales arqueológicas y su relación con el pretérito espacio físico vacceo del valle del Duero. En G. Delibes, F. Romero y A. Morales (eds.), *Arqueología y medio ambiente: el primer milenio a.C. en el Duero.* Junta de Castilla y León, Consejería de Cultura y Turismo, Valladolid: 529-539.

Calvo, I. (1913): Termes, ciudad celtíbero arévaca. *Revista de Archivos Bibliotecas y Museos,* XXIX: 374-387.

Calvo, I. (1916): *Excavaciones en Clunia. Memoria de los trabajos realizados en el año 1915.* Memoria de la Junta Superior de Excavaciones y Antigüedades, Madrid.

Calvo Trías, M.; García Roselló, J.; Javaloyas, D. y Albero, D. (2015): Playing with mud? An ethnoarchaeological approach to children's learning in Kusasi ceramic production. En M. Sánchez Romero, E. Alarcón y G. Aranda (eds.), *Children, spaces and identities.* Oxbow Books, Oxford: 88-104.

Camón, J. (1954): *Las artes y los pueblos de la España primitiva.* Madrid.

Campano, A. y Sanz Mínguez, C. (1990): La necrópolis celtibérica de "Fuentelaraña", Osma (Soria). En F. Burillo (coord.), *II Simposio sobre los Celtíberos: Necrópolis Celtibéricas.* Institución Fernando El Católico, Excma. Diputación de Zaragoza, Zaragoza: 65-74.

Cardete, M.C. (2015): La construcción del paisaje como arma de control político: el caso de la tribu azania. En A. Beltrán, I. Sastre y M. Valdés (eds.), *Los espacios de la esclavitud y la dependencia desde la Antigüedad.* Presses universitaires de Franche-Comté: 37-49.

Caro Baroja, J. (1973): *Los pueblos del norte de la Península Ibérica: análisis histórico-cultural.* Ed. Txertoa, San Sebastián.

Caro Baroja, J. (1976): *Los pueblos de España.* Itsmo, Madrid.

Casal, R. (1983): Caixiña celtibérica de barro da colección de Universidade de Santiago. *Brigantium,* 4: 215-220.

Castillo, M.; Bollo, M.R.; Rubio, J.H. y Vicens, J.A. (1942): Algunos datos sobre el castro de Ontalvilla. *Revista de obras públicas,* 90 (I): 559-560.

Cerdeño, M.L. (1981): Sigüenza. Enterramientos tumulares de la Meseta oriental. *Noticiario Arqueológico Hispano,* 11: 189-208.

Cerdeño, M.L. (2009): Sistemas domésticos de almacenamiento y producción en la Celtiberia Molinesa. En M.R. García Huerta y D. Rodríguez González (eds.): *Sistemas de almacenamiento entre los pueblos prerromanos peninsulares.* Universidad de Castilla-La Mancha, Cuenca: 351-366.

Cerdeño, M.L. (2010): Veinte años después: el ritual funerario de los Celtíberos del Alto Tajo-Alto Jalón. En F. Burillo y M. Chordá (eds.), *VII Simposio sobre los Celtíberos: nuevos hallazgos, nuevas interpretaciones.* Teruel: 315-330.

Cerdeño, M.L. y García Huerta, R. (2001): Las necrópolis celtibéricas: nuevas perspectivas de estudio. En R. García Huerta y J. Morales (coords.), *Arqueología Funeraria: las necrópolis de incineración.* Ediciones de la Universidad de Castilla-La Mancha, Cuenca.

Cerdeño, M.L. y Juez, P. (2002): *El castro celtibérico de 'El Ceremeño' (Herrería, Guadalajara).* Seminario de Arqueología y Etnología Turolense y Junta de Comunidades de Castilla-La Mancha, Teruel.

Cerdeño, M.L. y Sagardoy, T. (2007): *La necrópolis celtibérica de Herrería III y IV (Guadalajara).* Fundación Segeda, Centro de Estudios Celtibéricos y Junta de Castilla-La Mancha, Toledo.

Cerdeño, M.L.; Sanmartí, E. y García Huerta, R. (1999): Las relaciones comerciales de los celtíberos. En F. Burillo (coord.), *IV Simposio sobre los Celtíberos: Economía.* Institución Fernando El Católico, Excma. Diputación de Zaragoza, Zaragoza: 263-300.

Cerrillo Cuenca, E.; Liceras Garrido, R.; Naranjo, J.; Prada, A. y Santos, I. (2015): Tiempo y paisaje en la necrópolis megalítica de Guadancil (Cáceres). En L. Rocha, P. Bueno y G. Branco (eds.), *Death as archaeology of transition: thoughts and materials.* BAR Publishing, International Series 2708, Oxford: 71-81.

Cerrillo Cuenca, E.; Naranjo, J.; Santos, I.; Liceras Garrido, R.; Gutiérrez, M.; Prada, A.; Quintero, S.; Ramos, M.J.; Matamoros, P.; López, A., Salas, E. y Martínez, J.A. (2013): Poblamiento prehistórico en el valle del Tajo (área de Alconétar): técnicas de análisis geo-espacial y primeros resultados. En J. Jiménez, M. Bustamante y M. García (coords.), *Actas del VI encuentro de arqueología del suroeste peninsular*. Ayuntamiento de Villafranca de los Barros, Villafranca de los Barros: 733-758.

Chagnon, N.A. (1983): *Yanomamö: the fierce people.* Holt, Rinehart and Winston, Nueva York.

Chapa, T. (2003): La percepción de la infancia en el mundo ibérico. *Trabajos de Prehistoria,* 60(1): 115-138.

Checa, A.; Jimeno, A.; Tresserras, J.J.; Benito, J.P y Sanz, A. (1999): Molienda y economía doméstica. En F. Burillo (coord.), *IV Simposio sobre los Celtíberos: Economía.* Institución Fernando El Católico, Excma. Diputación de Zaragoza, Zaragoza: 63-68.

Childe, G. (1929): *The Danube in Prehistory.* Clarendon Press, Oxford.

Chordá, M. y Pérez Dios, P. (2014): Las supuestas 'diademas femeninas', un ejemplo para revisión. En F. Burillo y M. Chordá (eds.), *VII Simposio sobre los Celtíberos: nuevos hallazgos, nuevas interpretaciones.* Teruel: 405-412.

Chuvieco, E. (2010): *Teledetección Ambiental: la observación de la Tierra desde el espacio.* Ed. Ariel, Barcelona.

Ciprés, P. (1990): Sobre la organización militar de los celtíberos: la 'iuventus'. *Veleia,* 7: 173-187.

Ciprés, P. (1993a): *Guerra y sociedad en la Hispania indoeuropea.* Anejos de Velia, Series minor 3. Servicio Editorial de la Universidad del País Vasco, Vitoria.

Ciprés, P. (1993b): Celtiberia: la creación geográfica de un espacio provincial. *Ktema* 18: 259-291.

Ciprés, P. (2002): Instituciones militares indoeuropeas en la Península Ibérica. En P. Moret y F. Quesada (eds.), *La guerra en el mundo ibérico y celtibérico (ss. VI-II a.C.).* Collection de la Casa de Velázquez, Madrid: 135-152.

Clarke, K. (2001): An island nation: Re-reading Tacitus 'Agricola'. *The Journal of Roman Studies,* 91: 94-112.

Cobb, C. R. (1993): Archaeological approaches to the political economy of nonstratified societies. *Archaeological Method and Theory,* 5: 43-100.

Cohen, A. (1985): *The symbolic construction of community.* Routledge, Londres.

Collis, J. (1994): Reconstructing Iron Age Society. En K. Kristiansen y J. Jensen (eds.), *Europe in the First Millennium B.C.* Sheffield Archaeological Monographs, Sheffield: 31-39.

Collis, J. (1996): Hillforts, enclosures and boundaries. En T. Champion y J. Collis (eds.), *The Iron Age in Britain and Ireland: recent trends.* J.R. Collis Publications, Sheffield: 87-94.

Collis, J. (1997): Celtic Myths. *Antiquity,* 71: 195-201.

Collis, J. (2003): *The Celts. Origins, Myths and Inventions.* Tempus, Stroud.

Collis, J. (2010): Why do we still dig Iron Age ramparts? En S. Fichtl (ed.), *Murus celticus. Architecture et fonctions des remparts de l'âge du Fer*. Bibracte 19, Glux-en-Glenne: 27-35.

Collis, J. (2011): "Reconstructing Iron Age Society" Revised. En T. Moore y X. L. Armada (eds.), *Atlantic Europe in the first millennium BC: crossing the divide.* Oxford University Press, Oxford: 223-241.

Collis, J. y Karl, R. (2018): Politics and Power. En C. Haselgrove, P. S. Wells y K. Rebay-Salisbury (eds.), *The Oxford Handbook of European Iron Age.* Oxford University Press, Oxford.

Coltofean-Arizancu, L.; Gaydarska, B. y Matić, U. (eds.) (2021): *Gender stereotypes in archaeology. A short reflection in image and text.* Sidestone Press, Leiden.

Congès, G. (2004): La statuaire d'Entremont: réflexions sur d'anciennes découvertes. *Documents d'Archéologie Méridionale,* 27: 63-70.

Conkey, M. y Spector, J. (1984): Archaeology and the Study of Gender. *Advances in Archaeological Method and Theory,* 7: 1-38.

Coşkunsu, G. (2015) (ed.): *The Archaeology of childhood: interdisciplinary perspectives on an archaeological enigma.* State University of New York Press, Nueva York.

Courault, Ch. (2015): Le concept d'*oppidum* en *Hispania*: entre synthèse et réflexion. *Munibe: Antropologia-Arkeologia,* 66: 259-270.

Costa García, J.M. (2009): Tras los pasos de la "Cohors I Celtiberorum": evidencias arqueológica. *Boletín del Seminario de Estudios de Arte y Arqueología,* 75: 201-222.

Crawford, S. y Shepherd, G. (2007) (eds.), *Children, childhood and society.* BAR Publishing, International Series 1696, Oxford.

Crenshaw, K. (1989): Demarginalizing the intersection of race and sex: a black feminist critique of antidiscrimination doctrine, feminist theory, and antiracist politics. *University of Chicago Legal Forum,* 14: 538-554.

Crumley, C. (1995): Heterarchy and the analysis of complex societies. *Archaeological Papers of the American Anthropological Association,* 6(1): 1-5.

Cruz Berrocal, M. (2009): Feminismo, teoría y práctica de una arqueología científica. *Trabajos de Prehistoria,* 66: 25-43.

Cunliffe, B. (1991): *Iron Age communities in Britain.* Routledge, Londres y Nueva York.

Cunliffe, B. (1995): *Iron Age Britain.* English Heritage, Londres.

Cunliffe, B. (2013): *Britain begins.* Oxford University Press, Oxford.

Curchin, L. (2004): *The Romanization of Central Spain. Complexity, diversity and change in a provincial hinterland.* Routledge, Londres y Nueva York.

Dahlberg, F. (ed.) (1983): *Woman the Gatherer.* Yale University Press, New Haven y Londres.

Danielisová, A. (2014): Oppida, production and social status. Complexity of the Late La Tène Period in Central Europe. En M. Fernández Götz, H. Wendling y K. Winger (eds.), *Paths to Complexity. Centralisation and Urbanisation in Iron Age Europe.* Oxford Books, Oxford: 76-83.

Dark, P. (2006): Climate deterioration and land-use change in the first millennium BC: perspectives from the British palynological record. *Journal of Archaeological Science,* 33: 1381-1395.

Davidson, J. (1984): *The Prehistory of New Zealand.* Longman Paul, Auckland.

Davis, K. (2008): Intersectionality as buzzword: a sociology of science perspective on what makes a feminist theoy successful. *Feminist Theory,* 9 (1): 67-85.

De Bernardo, P. (2010): La ley del Primer Bronce de Botorrita: uso agropecuario de un encinar sagrado. En F. Burillo (coord.), *VI Simposio sobre los Celtíberos: Ritos y Mitos.* Centro de Estudios Celtibéricos de Segeda: 123-146.

De Bernardo, P.; Sanz Mínguez, C. y Romero, F. (2010): Nueva fusayola con inscripción en signario celtibérico de la necrópolis de Las Ruedas de Pintia (Padilla de Duero-Peñafiel, Valladolid). *Paleohispanica,* 10: 405-426.

De Certeau, M. (2000 [1979]): *La invención de lo cotidiano. I Artes de hacer.* Universidad Iberoamericana, México.

De Figueroa y Torres, A. (1910): *Las ruinas de Tiermes: apuntes arqueológicos descriptivos.* Establecimiento Tipográfico y Editorial, Madrid.

De Hoz, J. (1986): La epigrafía celtibérica. En G. Fatás (ed.), *Epigrafía hispánica de época romano-republicana.* Institución Fernando el Católico, Zaragoza: 43-102.

De Hoz, J. (2001): Algunas reflexiones sobre fronteras étnicas y lingüísticas. En L. Berrocal Rangel y Ph. Gardes (eds.), *Entre celtas e íberos. Las poblaciones protohistóricas de las Galias e Hispania.* Real Academia de la Historia, Casa de Velázquez, Madrid: 77-88.

De Hoz, J. (2005): La lengua y la escritura celtibérica. En A. Jimeno (ed.), *Celtíberos: Tras la estela de Numancia.* Catálogo de la Exposición. Diputación Provincial de Soria, Soria: 417-426.

De la Casa, C. (1984) (coord.): *Actas del I Symposium de Arqueología Soriana.* Diputación Provincial de Soria, Soria.

De la Casa, C. (1991) (coord.): *Soria Arqueológica 1.* Diputación Provincial de Soria, Soria.

De la Casa, C. (1992) (coord.): *Actas del II Symposium de Arqueología Soriana. Homenaje a D. Teógenes Ortego.* Diputación Provincial de Soria, Soria.

De Santiago, J. y Martínez Caballero, S. (2010): La ciudad de Segovia y su territorio. En S. Martínez Caballero, J. de Santiago y A. Zamora (coords.), *Segovia Romana II: Gentes y territorio.* Obra Social Caja Segovia, Segovia: 143-181.

De la Torre, J.I. (1998): Numancia: usos y abusos de la tradición historiográfica. *Complutum,* 9: 193-212.

De la Torre, J.I. y Berzosa, R. (2002): Tumbas inéditas de la necrópolis de Osma (Soria) en el Museo del Ejército. *Gladius,* XXII: 127-146.

De Torres, J. (2013): *La tierra sin límites. Territorio, sociedad e identidades en el valle medio del Tajo (s. IX – I a.C.).* Museo Arqueológico Regional, Alcalá de Henares.

Déchelette, J. (1914): *Manuel d'archéologie préhostorique, celtique et gallo-romaine,* II, 3. Picard, Paris.

Dedet, B. y Schwaller, M. (1990): Practiques cultuelles et funéraires en milieu domestique sur les oppidums languedociens. *Documents d'Archéologie Méridionale,* 13: 137-162.

Delgado, A. y Ferrer, M. (2012): La muerte visita la casa: mujeres, cuidados y memorias familiares en los rituales funerarios fenicio-púnicos. En L. Prados Torreira (ed.), *Arqueología funeraria desde una perspectiva de género.* Universidad Autónoma de Madrid, Madrid: 123-156.

Delgado, A. y Picazo, M. (eds.) (2016): *Los trabajos de las mujeres en el mundo antiguo. Cuidado y mantenimiento de la vida.* Institut Català d'Arqueologia Clàssica, Tarragona.

Delibes, G. y Fernández Manzano, J. (1986): Metalurgia del Bronce Final en la Meseta norte: nuevos datos para su estudio. *Boletín del Seminario de Estudios de Arte y Arqueología,* 52: 5-23.

Delibes, G. y Romero, F. (1978): Un vaso inciso de la Edad del Bronce hallado en Calatañazor. *Celtiberia,* 56: 305-309.

Delibes, G.; Romero, F. y Morales, A. (1995) (eds.): *Arqueología y medio ambiente: el primer milenio a.C. en el Duero.* Junta de Castilla y León, Consejería de Cultura y Turismo, Valladolid.

Derks, T. y Roymans, N. (2009): Introduction. EN T. Derks y N. Roymans (eds.), *Ethnic constructs in Antiquity: the role of power and tradition.* Amsterdam University Press, Amsterdam: 1-10.

Díaz Andreu, M. (1998): Iberian Post-Palaeolithic Art and Gender: Discussing Human Representations in Levantine Art. *Journal of Iberian Archaeology* 0: 33-51.

Díaz Andreu, M. (2005): Gender identity. En M. Díaz Andreu, S. Lucy, S. Babić y D.N. Edwards (eds.): *The Archaeology of Identity: approaches to gender, age, status, ethnicity and religion.* Routledge, Londres: 13-42.

Díaz Andreu, M. (2015): Ethnic identity and ethnicity in archaeology. En J.D. Wright (ed.), *International encyclopedia of the social & behavioural sciences.* Vol. 8. Elsevier, Oxford: 102-105.

Díaz Andreu, M. y Sørensen, M.L.S. (eds.) (1998): *Excavating Women: A History of Women in European Archaeology*. Routledge, Londres.

Díaz Andreu, M. y Tortosa, T. (1998): Gender, symbolism and power in Iberian societies. En P.P. Funari, M. Hall y S. Jones (eds.), *Historical Archaeology: back from the edge.* Routledge, Londres: 99-121.

Díaz Andreu, M.; Lucy, S.; Babić, S. y Edwards, D.N. (2005): *The Archaeology of Identity: approaches to gender, age, status, ethnicity and religion.* Routledge, Londres.

Dietler, M. (1990): Driven by drink: the role of drinking in the political economy and the case of Early Iron Age France. *Journal of Anthropological Archaeology,* 9: 352-406.

Dietler, M. (2001): Theorizing the feast: rituals of consumption, commensal politics, and power in African contexts. En M. Dietler y B. Hayden (eds.), *Feast: archaeological and ethnographic perspectives on food, politics, and power.* The University of Alabama Press, Alabama: 65-114.

Dietler, M. (2005): The archaeology of colonization and the colonization of archaeology: theoretical challenges from an ancient Mediterranean colonial encounter. En G. Stein (ed.), *The archaeology of colonial encounters: comparative perspectives.* SAR Press, Santa Fe: 33-68.

Dietler, M. (2006): Alcohol: anthropological/ archaeological perspectives. *Annual Review of Anthropology,* 35: 229-49.

Dietler, M. y Hayden, B. (2001): Digesting the feast: Good to eat, good to drink, good to think. En M. Dietler y B. Hayden (eds.), *Feast: archaeological and ethnographic perspectives on food, politics, and power.* The University of Alabama Press, Alabama: 1-20.

Dietler, M. y Herbich, I. (1989): Tich matek: the technology of Luo pottery production and the definition of ceramic style. *World Archaeology,* 21: 148-164.

Dietler, M. y Herbich, I. (2001): Feast and labor mobilization: dissecting a fundamental economic practice. En M. Dietler y B. Hayden (eds.), *Feast: archaeological and ethnographic perspectives on food, politics, and power.* The University of Alabama Press, Alabama: 240-264.

Domínguez Monedero, A. (2001): *La polis y la expansión colonial griega. Siglos VIII-VI.* Ed. Síntesis, Madrid.

Ducke, B. y Kroefges, P. (2008): From points to areas: constructing territories form archaeological site patterns using an enhanced Xtent Model. En *CAA 07. Layers of Perception*: 245-251.

Duke, J.A. (1987): *Handbook of legumes of World economic importance.* Plune Press, Nueva York & Londres.

Durán Aguilera, T. (2014): El rito de las cabezas cortadas en Iberia: revisión de un tópico historiográfico. En F. Burillo y M. Chordá (eds.), *VII Simposio sobre los Celtíberos: nuevos hallazgos, nuevas interpretaciones.* Teruel: 295-302.

Earle, T. (1997): *How chiefs come to power.* Stanford University Press, Stanford.

Eiroa, J. J. (1979a): Aspectos urbanísticos del castro hallstáttico de El Royo (Soria). *Revista de Investigación del Colegio Universitario de Soria,* 3(1): 81-90.

Eiroa, J. J. (1979b): Avance de la primera campaña de excavaciones arqueológicas en el castro hallstáttico de El Royo (Soria). *Caesaraugusta,* 47-48: 123-139.

Eiroa, J. J. (1981): Moldes de arcilla para fundir metales procedentes del Castro Hallstáttico de El Royo (Soria). *Zephyrus,* 32-33: 181-193.

Elias, N. (1990): *Compromiso y distanciamiento.* Ed. Península, Barcelona.

Ember, C.R. y Ember, M. (1994): War, socialization, and interpersonal violence: cross-cultural study. *Journal of Conflict Resolution,* 38: 620-646.

Eriksen, T. H. (2001): *Small Places, Large Issues. An Introduction to Social and Cultural Anthropology.* Pluto Press, Londres.

Esparza, A.; Palomo-Díez, S.; Velasco-Vázquez, J.; Delibes, G.; Arroyo-Pardo, E. y Salazar-García, D. (2017): Familiar kinship? Palaeogenetic and isotopic evidence from a triple burial of the Cogotas I archaeological culture (Bronze Age, Iberian peninsula). *Oxford Journal of Archaeology*, 36(3): 223–242.

Fabre, G.; Mayer, M. y Rodà, I. (1985): *Inscriptions romaines de Catalogne*, II, Lérida. París.

Faro, J.A. (2015): La necrópolis de El Castillo (Castejón, Navarra). Vajilla e instrumental metálico de sacrificio y banquete en el valle medio del Ebro (s. VI-III a.C.). *Lvcentvm*, XXXIV: 31-118.

Fatás, G. (1980): *Contrebia Belaisca II: Tabula Contrebiensis*. Zaragoza.

Feinman, G. M. (1995): The emergence of inequality: a focus on strategies and processes. En T.D. Prince y G.M. Feinman (eds.), *Foundations of social inequality*. Plenum Press, Nueva York: 255-280.

Feinman, G. M. y Nicholas, L. M. (2004): *Archaeological perspectives on political economies*. University of Utah Press, Salt Lake City.

Feixa, C. (1996): Antropología de las edades. En J. Prat y A. Martínez (eds.), *Ensayos de Antropología Cultural*. Homenaje a Claudi Esteca Fabregat. Ed. Ariel, Barcelona: 319-335.

Fernández Gómez, F. (1986): *Excavaciones arqueológicas en el Raso de Candeleda*, I-II. Ávila.

Fernández Götz, M. (2008): *La construcción arqueológica de la etnicidad*. Toxosoutos, Noia.

Fernández Götz, M. (2011): Cultos, ferias y asambleas: los santuarios protohistóricos del Rin Medio – Mosela como espacios de agregación. *Paleohispánica*, 11: 127-154.

Fernández Götz, M. (2013a): Revisiting Iron Age Ethnicity. *European Journal of Archaeologists*, 16(1): 116-136.

Fernández Götz, M. (2013b): Una nueva mirada sobre los *oppida* de la Europa templada. *Complutum*, 24 (1): 131-150.

Fernández Götz, M. (2013-2014): Etnicidad y Arqueología: viejas propuestas nuevas perspectivas. *Kalathos*, 26-27: 19-40.

Fernández Götz, M. (2014a): *De la familia a la etnia: Protohistoria de la Galia Oriental*. Real Academia de la Historia, Madrid.

Fernández Götz, M. (2014b): *Identity and Power. The transformation of Iron Age societies in northeast Gaul*. Amsterdam University Press, Amsterdam.

Fernández Götz, M. (2014c): Central places and the construction of collective identities in the Middle Rhine-Moselle Region. En C. N. Popa y S. Stoddart (eds.), *Fingerprinting the Iron Age: approaches to identiti in the European Iron Age, integrating South-Eastern Europe into the debate*. Oxford Books, Oxford: 175-186.

Fernández Götz, M. (2014d): Sanctuaries and ancestor worship at the origin of the oppida. *Mousaios XIX*, Buzău: 111– 132.

Fernández Götz, M. y Krausse, D. (2013): Rethinking Early Iron Age urbanisation in Central Europe: the Heuneburg site and its archaeological environment. *Antiquity*, 87: 473-487.

Fernández-Götz, M. and Liceras Garrido, R. (2019a): Iron Age Societies at work: towns, kinship and territory in historical analogies. En C. Ray and M. Fernández-Götz (eds.), *Historical Ecologies, Heterarchies and Transtemporal Landscapes*. Routledge, Londres: 195-214.

Fernández-Götz, M. and Liceras Garrido, R. (2019b): Las comunidades medievales de villa y tierra: ¿una analogía válida para la Protohistoria final? *Complutum,*30 (1): 179-196.

Fernández Götz, M. y Roymans, N. (2015): The politics of identity: Late Iron Age sanctuaries in the Rhineland. *Journal of the North Atlantic*, 8: 18-32.

Fernández Götz, M. y Ruiz Zapatero, G. (2011): Hacia una arqueología de la etnicidad. *Trabajos de Prehistoria*, 68 (2): 219-236.

Fernández Götz, M.; Wendling, H. y Winger, K. (2014): Introduction: new perspectives on Iron Age Urbanisation. En M. Fernández Götz, H. Wendling y K. Winger (eds.), *Paths to Complexity. Centralisation and Urbanisation in Iron Age Europe*. Oxford Books, Oxford: 2-14.

Fernández Manzano, J. (1986): *Bronce Final en la Meseta norte española: el utillaje metálico*. Junta de Castilla y León, Valladolid.

Fernández Martínez, V. (2015): *Arqueoestadística: métodos cuantitativos en Arqueología*. Alianza Editorial, Madrid.

Fernández Miranda, M. (1972): Los castros de la Cultura de los Campos de Urnas en la provincia de Soria. *Celtiberia*, 43: 29-60.

Fernández Moreno, J.J. (1988): La metalurgia del Bronce Final en el oriente de la Meseta norte desde las aportaciones de T. Ortego. *Celtiberia*, XXXVIII: 33-46.

Fernández Moreno, J.J. (1997): *El poblamiento prehistórico de Numancia. Fondos del Museo Numantino*. Junta de Castilla y León, Salamanca.

Fernández Moreno, J.J. (2013): *El bronce antiguo en el Ato Duero: los poblados del Parpantique de Balluncar y Los Torojones de Morcuera*. Universidad de Valladolid, Valladolid.

Fernández Nieto, F.J. (1999): Interpretaciones en material religiosa, social y técnica sobre los pueblos antiguos de la Península Ibérica. En A. Alonso (coord.), *Homenaje al profesor Montenegro: estudios de Historia Antigua*. Universidad de Valladolid, Valladolid: 275-292.

Fernández Posse, M.D. (1998): *La investigación protohistórica en la Meseta y Galicia*. Ed. Síntesis, Madrid.

Ferguson, B. (1984): Introduction: studying war. En B. Ferguson (ed.), *Warfare, culture, and environment*. Academic Press, Orlando: 1-81.

Fichtl, S. (2004): *Les Peuples Gaulois. IIIe-Ier Siècle av. J.-C.* Erranca, París.

Fleming, A. (2006): Post-processual landscape archaeology: a critique. *Cambridge Archaeological Journal,* 16(3): 267-280.

Flores, R.; Jimeno, A.; Morales, F. y Gómez, L.M. (1999): Marcas y fíbulas anulares de Numancia. En F. Burillo (coord.), *IV Simposio sobre los Celtíberos: Economía.* Institución Fernando El Católico, Excma. Diputación de Zaragoza, Zaragoza: 387-393.

Forde, D. (1950): Double descent among the Yakö. En A. R. Radcliff-Brown y D. Forde (eds.*), African systems of kinship and marriage.* Oxford University Press, Londres.

Forde, D. (1964): *Yakö studies*. Oxford University Press, Londres.

Foucault, M. (1980): *Microfísica del poder.* Ediciones de la Piqueta, Seseña.

Foucault, M. (1998) [1976]: *Historia de la sexualidad I. La voluntad del saber*. Siglo XXI, México.

Foucault, M. (2002) [1975]: *Vigilar y castigar: nacimiento de la prisión.* Siglo XXI, Buenos Aires.

Frankenstein, S. y Rowlands, M.J. (1978): The internal structure and regional context of Early Iron Age in south-western Germany. *Bulletin of the Institute of Archaeology*, University of London, 15: 73-112.

Freeman, P.W.M. (1993): 'Romanization' and Roman material culture. *Journal of Roman Archaeology*, 438-445.

Fried, M.H. (1975): *The Notion of Tribe*. Cummings Publishing, Menlo Park, CA.

Frodsham, P. (2004): *Archaeology in Northumberland National Park.* Council for British Archaeology, York.

Frodsham, P. y O'Brien, C. (2005): *Yeavering: people, power & place*. Tempus, Stroud.

Frodsham, P.; Hedley, I. y Young, R. (2007): Putting the neighbours in their place? Displays of position and possession in northern Cheviot 'hillfort' design. En C. Haselgrove y T. Moore (eds.), *The Later Iron Age in Britain and beyond.* Oxbow Books, Oxford: 250-265.

Fuentes Mascarell, C. (2004): *La necrópolis celtibérica de Viñas del Portuguí (Osma, Soria).* Ed. Toxosoutos, A Coruña.

Galilea, F. y García, A. (2002): Enterramientos infantiles en el poblado protohistórico de la Hoya (Laguardia, Álava). *Estudios de Arqueología Alavesa,* 19: 150-162.

Gallego, J. I. (2002): *El poblamiento prerromano de la provincia de Segovia*. Tesis de Licenciatura inédita, Universidad Complutense.

Gallego, J. I. (2014): Los asentamientos prerromanos de La Sota y El Castrejón (Torreiglesias, Segovia). Bases para una discusión compleja. *Revista Segovia Histórica,* 1.

García Cardiel, J. (2012): La 'monomachia' celtibérica. Vida y muerte al final de la Historia. En G. García, M. Morán, A. Myslowska, L. Per y A. M. Villar (coords.), *Ideología, identidades e interacción en el Mundo Antiguo.* C.E.R.S.A., Madrid: 579-602.

García-Gelabert, M.P. y Blázquez, J.M. (1987-1988): Mercenarios hispanos en las fuentes literarias y en la arqueología. *Habis,* 18-19: 257-270.

García Heras, M. y López Corral, A.C. (1995): Aproximación al poblamiento de la segunda Edad del Hierro en el Valle del Cidacos. En F. Burillo (coord.): *Poblamiento Celtibérico. III Simposio sobre los Celtíberos.* Instituto Fernando el Católico, Zaragoza: 329-336.

García Huerta, M.R. (2013-2014): Las fusayolas de la necrópolis celtibérica de La Yunta (Guadalajara). *Kalathos*, 26-27: 297-322.

García Huerta, M.R. (2014): Análisis de las poblaciones del ámbito céltico peninsular a partir de sus necrópolis de incineración. En F. Burillo y M. Chordá (eds.), *VII Simposio sobre los Celtíberos: nuevos hallazgos, nuevas interpretaciones.* Teruel: 371-378.

García Huerta, M.R. y Antona, V. (1992): *Excavaciones arqueológicas: La Yunta, Guadalajara.* Servicio de Publicaciones de la Junta de Comunidades de Castilla-La Mancha, Villarrobledo.

García Merino, C. (1973): Evolución del poblamiento en Gormaz (Soria) desde la Edad del Hierro a la Edad Media. *Boletín del Seminario de Arte y Arqueología,* 39: 31-79.

García Merino, C. (1984): La ciudad de Uxama: nuevos datos para la romanización en Soria. En *I Symposium de arqueología soriana,* vol. II. Diputación Provincial de Soria, Soria: 377-400.

García Merino, C. (1989): Uxama Argaela: el yacimiento y su historia. En J.L. Argente (coord.), *Diez Años de Arqueología Soriana (1978-1988).* Soria: 87-96.

García Merino, C. (1995): *Uxama I (campañas de 1976 y 1978): Casa de la Cantera, Casa del Sectile, "El Tambor"*. Instituto de Conservación y Restauración de Bienes Culturales, Madrid.

García Merino, C. (2000): Acerca de las necrópolis de Uxama Argaela. En E. Baquedano (coord.), *Soria arqueológica: a José Luis Argente.* Diputación Provincial de Soria, Soria: 131-164.

García Merino, C. (2005): Uxama Argaela. En A. Jimeno (ed.), *Celtíberos: Tras la estela de Numancia.* Catálogo de la Exposición. Diputación Provincial de Soria, Soria: 177-182.

García Merino, C. y Sánchez Simón, M. (1998): *Uxama II: la casa de la Atalaya.* Universidad de Valladolid, Valladolid.

García Riaza, E. (2006): La expansión romana en Celtiberia. En F. Burillo (ed.), *Segeda y su contexto histórico. Entre Catón y Nobilior (195 al 153 a.C.).* Fundación de Estudios Celtibéricos, Mara (Zaragoza): 81-94.

García Riaza, E. (2007): "Tempus poenae". Represalias contra las poblaciones sometidas durante la expansión romana en Hispania. En G. Bravo y R. González (coords.), *Formas y usos de la violencia en el mundo romano,* Signifer Libros, Madrid: 19-30.

García Soto, E. (1982): La necrópolis celtibérica de Ucero (Soria). *Arevacon,* 1: 4-9.

García Soto, E. (1990): Las necrópolis de la Edad del Hierro en el Alto Valle del Duero. En F. Burillo (coord.), *II Simposio sobre los Celtíberos: Necrópolis Celtibéricas.* Institución Fernando El Católico, Excma. Diputación de Zaragoza, Zaragoza: 13-38.

García Soto, E. y de la Rosa, R. (1995): Consideraciones sobre el poblamiento en la ribera soriana del Duero, durante la primera Edad del Hierro. En F. Burillo (coord.): *Poblamiento Celtibérico. III Simposio sobre los Celtíberos.* Instituto Fernando el Católico, Zaragoza: 83-92.

García Soto, E. y Castillo, B. (1990): Una tumba excepcional de la necrópolis celtibérica de Ucero (Soria). En F. Burillo (coord.), *II Simposio sobre los Celtíberos: Necrópolis Celtibéricas.* Institución Fernando El Católico, Excma. Diputación de Zaragoza, Zaragoza: 59-64.

Gausset, Q. (1998): Double unilineal descent and triple kinship terminology: the case of the Kwanja of Cameroon. *The Journal of the Royal Anthropological Institute,* 4(2): 309-323.

Gero, J. y Conkey, M. (eds.) (1991): *Engendering Archaeology: women and Prehistory.* Wiley-Blackwell.

Gerritsen, F. (1999): To build and to abandon. *Archaeological Dialogues*, 6: 78-97.

Gerritsen, F. y Roymans, N. (2006): Central places and the construction of tribal identities. The case of the Late Iron Age Lower Rhine region. En C. Haselgrove (ed.), *Celtes et gaulois, l'archéologie face à l'histoire, 4: les mutations de la fin de l' âge du Fer.* Centre archéologique européen, Glux-en-Glenne, France: 251-266.

Giddens, A. (1995): *La constitución de la sociedad: bases para la teoría de la estructuración.* Amorrortu, Buenos Aires.

Gil Farrés, O. (1951): Dos interesantes piezas prehistóricas del Museo Arqueológico Nacional. *Estudios Segovianos,* 8: 217-222.

Giles, M. (2007): Good fences make good neighbours? Exploring the ladder enclosures of Late Iron Age East Yorkshire. En C. Haselgrove y T. Moore (eds.), *The Later Iron Age in Britain and beyond.* Oxbow Books, Oxford: 235-249.

Giles, M. (2008): Seeing red: the aesthetics of martial objects in the British and Irish Iron Age. En D. Garrow, Ch. Gosden, C. y J.D. Hill (eds.), *Rethinking Celtic art.* Oxbow, Oxford: 59–77.

Giles, M. (2012): *A forged glamour: landscape, identity and material culture in the Iron Age.* Oxbow Books, Oxford.

Gilchrist, R. (2005): Cuidando a los muertos: las mujeres medievales en las pompas fúnebres familiares. *Treballs d'Arqueologia,* 11: 51-72.

G.I.P. (Grup d'Investigació Prehistòrica) (2003): Caballos y hierro. El Campo frisio y la fortaleza de Els Vilars d'Arbeca (Llieda, España). En N. Alonso (coord.), *Chevaux de frise i fortificació en la primera Edat del Ferro europea.* Universitat de Lleida, Lleida: 233-274.

Godelier, M. (2004): *Métamorphoses de la parenté.* Fayard, París.

Gómez Barrera, J.A. (1991): Contribución al estudio de los grabados rupestres de la Península Ibérica: las manifestaciones del Alto Duero. *Espacio, Tiempo y Forma. Serie I, Prehistoria y Arqueología,* IV: 241-268.

Gómez Barrera, J.A. (2014): *Tras los orígenes de la Arqueología Soriana.* Diputación Provincial de Soria, Soria.

Gómez Barrera, J.A. (2016): *Blas Taracena Aguirre (1859-1951).* Ayuntamiento de Soria, Junta de Castilla y León, Diputación Provincial de Soria, Museo Arqueológico Regional, Gobierno de Navarra y CSIC, Soria.

Gómez Gonzalo, M.P. (2017): *Adolf Schulten en Numancia, historia de una controversia.* Diputación de Soria, Soria.

Gómez Pantoja, J. (1995): Pastores y trashumantes de Hispania. En F. Burillo (coord.): *Poblamiento Celtibérico. III Simposio sobre los Celtíberos.* Instituto Fernando el Católico, Zaragoza: 495-505.

González, J. (1974): La Extremadura castellana al mediar el siglo XIII. *Hispania,* 127: 265-424.

González Rodríguez, M.C. y Gorrochategui, J. (2011): Nuevas lecturas de tres inscripciones de Clunia ('Hispania Citerior') con repercusión sobre la expresión de algunas agrupaciones familiares celtibéricas. *Veleia,* 28: 269-280.

González Ruibal, A. (2003): *La experiencia del otro. Una introducción a la etnoarqueología.* Akal, Madrid.

González Ruibal, A. (2006): The past is tomorrow. Towards an archaeology of the vanishing present. *Norwegian Archaeological Review,* 39 (2): 110-125.

González Ruibal, A. (2006-2007): *Galaicos. Poder y comunidad en el noroeste de la Península Ibérica.* Brigantium 18/19, A Coruña.

González Ruibal, A. (2007a): Arqueología Simétrica: un giro teórico sin revolución del paradigma. *Complutum,* 18: 283-285.

González Ruibal, A. (2007b): La vida social de los objetos castreños. En F.J. González García (coord.), *Los pueblos de la Galicia céltica.* Ed. Akal, Madrid: 259-322.

González Ruibal, A. (2009): Economía política y tecnología del espacio: 'sociedades de casa' en el noroeste de la Península Ibérica (s. II a.C. – I d.C.). En M.C. Belarte (ed.), *L'espaci domèstic i l'organizació de la societat a la protohistòria de la Mediterrània occidental (1er millenni aC).* Universitat de Barcelona, Barcelona: 245-252.

González Ruibal, A. (2012): The Politics of Identity: ethnicity and the economy of power in Iron Age Northwest Iberia. En G. Cifani y S. Stoddart (eds.), *Landscape, Ethnicity and Identity in the Archaic Mediterranean Area.* Oxbow Books, Oxford: 245-266.

González Ruibal, A. (2014): *An archaeology of resistance. Materiality and time in an African borderland.* Rowman & Littlefield, Lanham y Plymouth.

González Ruibal, A. y Ruiz-Gálvez, M.L. (2016): House Societies in the Ancient Mediterranean (2000-500 BC). *Journal of World Prehistory*, 29-3, Issue 4: 383-437.

González Ruibal, A.; Hernando, A. y Politis, G. (2011): Ontology of the self and material culture: arrow-making among the Awa hunter-gatherers (Brazil). *Journal of Anthropological Archeology,* 30(1): 1-16.

González Salas, S. (1945): *El castro de Yecla, en Santo Domingo de Silos (Burgos).* Ministerio de Educación Nacional, Madrid.

González Simancas, M. (1914): *Numancia, estudio de sus defensas.* Madrid.

González Simancas, M. (1926): *Las fortificaciones de Numancia. Excavaciones practicadas para su estudio.* Junta Superior de Excavaciones y Antigüedades 74, Madrid.

Goody, J. (1957): Fields of social control among the LoDagaba. *The Journal of the Royal Anthropological Institute of Great Britain and Ireland,* 87(1): 75-104.

Goody, J. (1961): The classification of double descent systems. *Current Anthropology,* 2(1): 3-25.

Goody, J. (1969): *Comparative studies in kinship.* Routledge, Londres y Nueva York.

Gorgues, A. (2008): Le travail des femmes dans le nord-est du domaine ibérique (IIIe-Ier s. av. J.-C.). *Pallas,* 76: 173-202.

Gorgues, A. (2009): La production textile dans le nord-est du monde ibérique (VIe-Ier s. av. J.-C.). *Cahier des thèmes transversaux ArScAn,* vol. IX, Nanterre: 59-68.

Gorgues, A. (2010): *Économie et société dans le nord-est du domaine ibérique (IIIe - Ier s. av. J.-C.).* Anejos de AEspA LII, Madrid.

Gorgues, A. (2013): Les armes et les homme. La mobilité des guerriers et ses enjeux dans le nord-est du domaine ibérique au iiie s. a.C. En A. Colin y F. Verdin (dir.), *L'âge du Fer en Aquitaine et sur ses marges. Mobilité des hommes, diffusion des idées, circulation des biens dans l'espace européen à l'âge du Fer.* Aquitania, suppl.30: 531-553.

Graells, R. (2012): Discos-coraza de la Península Ibérica (s. VI-IV aC). *Jahrbuch des Römisch-Germanisches Zentralmuseums,* 59(1): 85-244.

Graells, R. (2014): *Mistophoroi ex Iberias: Una aproximación al mercenariado hispano a partir de las evidencias arqueológicas (s. VI-IV a.C.).* Osanna Edizioni, Venosa.

Graells, R. y Lorrio, A. (2013): El casco celtibérico de Muriel de la Fuente (Soria) y los hallazgos de cascos en las aguas de la Península Ibérica. *Complutum,* 24(1): 151-173.

Graells, R.; Lorrio, A. y Quesada, F. (2014): Los cascos protohistóricos de Aranda de Moncayo: una necesidad científica y patrimonial. En F. Burillo y M. Chordá (eds.), *VII Simposio sobre los Celtíberos: nuevos hallazgos, nuevas interpretaciones.* Teruel: 213-221.

Grau, I. (2005): Espacios étnicos y políticos en el área oriental de Iberia. *Complutum,* 16(1): 105-123.

Grau, I. (2007): Dinámica social, paisaje y teoría de la práctica. Propuestas sobre la evolución de la sociedad ibérica en el área central del oriente peninsular. *Trabajos de Prehistoria,* 64(2): 119-142.

Grau, I. (2012): Límite, confín, margen, frontera... Conceptos y nociones en la Antigua Iberia. En F. Prados, I. García y G. Bernard (eds.), *Confines. El extremo del mundo durante la Antigüedad.* Publicaciones de la Universidad de Alicante, Alicante: 23-48.

Grau, I. (2013): Unidad doméstica, linaje y comunidad: estructura social y su espacio en el mundo ibérico (ss. VI-I a.C.). En S. Gutiérrez y I. Grau (eds.), *Lecturas arqueológicas del uso social del espacio.* Universidad de Alicante, Alicante: 59-76.

Grau, I. (2014): The Iron Age landscape of Alcoi Valley, eastern Iberia: agricultural intensification and sociopolitical dynamics. *Journal of Field Archaeology,* 39(2): 124-133.

Grau, I. (2015): Sintaxis espacial en 'oppidum' ibérico. Reflexiones sobre los modelos espaciales y sociales. *Arqueología de la Arquitectura,* 12: e032.

Grau, I. (2019): Ciudades y sociedad urbana ibérica en el País Valenciano (siglos VII-I a.C.). Una visión panorámica y algunas reflexiones sobre los modelos sociales. En M.C. Belarte, J. Noguera, R. Plana-Mallart y J. Sanmartí (eds.): U*rbanization in Iberia and Mediterranean Gaul in the first millennium BC.*Institut Català d'Arqueologia Clásica, Tarragona: 229-250.

Graves, M. (1994): Kalinga social and material culture boundaries: a case of spatial convergence. En W.A. Longacre y J.M. Skibo (eds.), *Kalinga ethnoarchaeology: expanding archaeological method and theory*: 13-49.

Green, M. (2005): Ritual bondage, violence, slavery and sacrifice in later European prehistory. En M. Parker Pearson y N. Thorpe (eds.), *Warfare, violence and slavery in Prehistory.* BAR Publishing, International Series 1374, Oxford: 155-163.

Green, M. (2015): *Bog bodies uncovered: solving Europe's ancient mystery*. Thames & Hudson, New York.

Gregory, C.A. (1982): *Gifts and commodities.* Academic Press, Londres.

Gurney, O.R. (1966): *The hittites.* Penguin, Harmondworth.

Gutiérrez Behemerid, M.A. (1993): El monumento funerario de Lucio Valerio Nepote de Numancia. *Boletín del Seminario de Estudios de Arte y Arqueología*, 59: 155-169.

Gutiérrez Puebla, J.; Ruiz-Gálvez, M.L.; y Basildo, R. (2005): Generación de un sistema de información geográfica. *Complutum*, 10(Extra): 133-168.

Haggblade, S. (1992): The shebeen queen and the evolution of Botswana's sorghum beer industry. En J. Crush y C. Amber (eds.) *Liquor and labour in Southern Africa.* Ohio University Press, Athens: 395-412.

Hansen, L.; Krausse, D. y Tarpini, R. (2017): Nuovi scavi e ricerche nella regione circostante l'abitato "principesco" tardohallstattiano della Heuneburg. *Ocnus*, 25: 45-65.

Harbison, P. (1968): Castros with chevaux-de-frise in Spain and Portugal. *Madridei Mitteilungen*, IX: 116-147.

Harding, D. (2012): *Iron Age hillforts in Britain and beyond.* Oxford University Press, Oxford.

Harner, M.J. (1973): *The Jivaro. People of the sacred waterfall.* Robert Hale, Londres.

Hartigan, J.A. (1975): *Clustering Algorithms.* Wiley, Nueva York.

Haviland, W.; Prins, H.; McBride, B. y Walrath, D. (2010): *Cultural Anthropology. The human challenge.* Cengage Learning.

Hayden, B. (1995): Pathways to power: principles to creating social inequality. En T.D. Prince y G.M. Feinman (eds.), *Foundations of social inequality.* Plenum Press, Nueva York: 15-86.

Helms, M. (1988): *Ulysses sail. An ethnographic odyssey of power, knowledge and geographical distance.* Princeton University Press, Princeton.

Henderson, J. (2007): *The Atlantic Iron Age: settlement and identity in the first millennium BC.* Routledge, Londres & Nueva York.

Heras, E. (2000): Aproximación a la evolución del poblamiento en el suroeste de la provincia de Sora durante la Edad del Hierro y la etapa del Alto Imperio. En E. Baquedano (coord.), *Soria arqueológica: a José Luis Argente.* Diputación Provincial de Soria, Soria: 205-238.

Hernández Vera, J.A. (1982): *Las ruinas de Inestrillas: Aguilar del Río Alhama, La Rioja. Estudio Arqueológico.* Instituto de Estudios Riojanos, Logroño.

Hernández Vera, J.A. (2005): Contrebia Leukade. En A. Jimeno (ed.), *Celtíberos: Tras la estela de Numancia.* Catálogo de la Exposición. Diputación Provincial de Soria, Soria: 129-136.

Hernández Vera, J.A. y Nuñez, J. (1988): *Las ruinas de Inestrillas: Contrebia Leukade.* Los celtíberos, Zaragoza.

Hernando, A. (2002): *Arqueología de la Identidad.* Akal, Madrid.

Hernando, A. (2005): ¿Por qué la Historia no ha valorado las actividades de mantenimiento? *Treballs d'Arqueologia,* 11: 115-133.

Hernando, A. (2007a): Sexo, género y poder. Breve reflexión sobre algunos conceptos manejados en Arqueología de Género. *Complutum,* 18: 167-174.

Hernando, A. (2007b): Comentario a la Arqueología Simétrica. *Complutum,* 18: 314-315.

Hernando, A. (2012): *La fantasía de la individualidad. Sobre la construcción sociohistórica del sujeto moderno.* Katz, Madrid.

Hernando, A. (2015a): ¿Por qué la arqueología oculta la importancia de la comunidad? *Trabajos de Prehistoria,* 72(1): 22-40.

Hernando, A. (2015b): Identidad relacional y orden patriarcal. En A. Hernando (ed.), *Mujeres, hombres, poder. Subjetividades en conflicto.* Traficantes de sueños, Madrid: 83-124.

Hernando, A. (2017): Cuerpo, cultura material y género entre los gumuz y datsin (Etiopia). *Complutum,* 28 (2): 445-460.

Hernando, A.; Politis, G.; González Ruibal, A. y Beserra, E. (2011): Gender, power, and mobility among the Awá-Guajá (Maranhão, Brazil). *Journal of Anthropological Research,* 67: 189-211.

Hernando Grande, A. (1992): En torno a los depósitos de la Edad del Bronce. *Espacio, tiempo y forma,* V: 377-387.

Hill, J.D. (1997): 'The end of one kind of body and the beginning of another kind of body?' Toilet instruments and Romanization. En A. Gwilt y C. Haselgrove (eds.), *Reconstructing Iron Age Societies.* Oxford Monograph 71, Oxford: 96-107.

Hill, J.D. (2011): How Did British Middle and Late Pre-Roman Iron Age Societies Work (if they did)? En T. Moore y X. L. Armada (eds.), *Atlantic Europe in the first millennium BC: crossing the divide.* Oxford University Press, Oxford: 242-263.

Hingley, R. (2005): *Globalizing Roman Culture. Unity, diversity and empire.* Routledge, Londres y Nueva York.

Hodder, I. y Orton, C. (1976): *Spatial Analysis in Archaeology.* Cambridge University Press, Cambridge.

Hogg, A.H.A. (1957): Four Spanish hill-forts. *Antiquity,* 31: 25-32.

Hollimon, S.E. (2006): The archaeology of nonbinary genders in native North American societies. En S.M. Nelson (ed.): *Handbook of gender in archaeology.* AltaMira Press, Oxford: 435-450.

Hollimon, S.E. (2011): Sex and gender in bioarchaeological research: theory, method and interpretation. En S.C. Agarwal y B.A. Glencross (eds.), *Social Bioarchaeology.* Wiley-Blackwell, Chichester: 149-182.

Hoskins, J. (1987): The headhunter as hero: local traditions and their interpretation in national history. *American Ethnologist,* 14(4): 605-622.

Hoskins, J. (1996): The heritage of headhunting: History, ideology and violence on Sumba, 1890-1990. En J. Hoskins (ed.), *Headhunting and the social imagination in Southeast Asia.* Stanford University Press, Stanford: 216-248.

Hotelling, H. (1933): Analysis of a complex of statistical variables into principal components. *Journal of Educational Psychology*, 24(6):417-441.

Ibañez González, J. (1999): Evolución de la potencialidad agrotérmica en la Celtiberia durante la Edad del Hierro. En F. Burillo (coord.), *IV Simposio sobre los Celtíberos: Economía.* Institución Fernando El Católico, Excma. Diputación de Zaragoza, Zaragoza: 11-46.

Ingold, T. (1992): Culture and the perception of the environment. En E. Croll y D. Parkin (eds.), *Bush base: forest farm. Culture, environment and development.* Routledge, Londres: 39-56.

Ingold, T. (1993): The temporary of the landscape. *World Archaeology,* 25(2): 152-174.

Izquierdo, I. (2007): Arqueología, iconografía y género: códigos en femenino del imaginario ibérico. *Verdolay,* 11: 121-141.

Jackson, R. (2005): Roman bound captives: symbols of slavery? En N. Crummy (ed.), *Image, craft and the classical world.* Monographies Instrumentum 29, Éditions Monique Mergoil, Montagnac: 143-156.

Jacobs, J. (1990): *The Nagas: society, culture and the colonial encounter.* Thames and Hudson, Londres.

James, S. (1999): *The Atlantic Celts: ancient people or modern invention?* British Museum, Londres.

James, S. (2007): A bloodless past: the pacification of Early Iron Age Britain. En C. Haselgrove y R. Pope (eds.), *The Earlier Iron Age in Britain and the Near Continent.* Oxbow Books, Oxford: 160-173.

Jenkins, R. (2008): *Social Identity.* Routledge, Londres.

Jenness, J. (2006): *Topographic Position Index (tpi_jen.avx) extension for ArcView 3.x, v. 1.2.* Jenness Enterprises: http://www.jennessent.com/arcview/tpi.htm (consultado el 14/01/2022).

Jennings, J. y Chatfiel, M. (2009): Pots, brewers and hosts. Women's power and the limits of Central Andean feasting. En J. Jennings y B. Browser (eds.), *Drink, Power, and Society in the Andes.* University Press of Florida, Gainesville: 200-231.

Jiménez, A. (2008a): *'Imagines Hibridae'. Una aproximación postcolonial al estudio de las necrópolis de la Bética.* Anejos de AEspA XLIII, Madrid.

Jiménez, A. (2008b): A critical approach to the concept of resistance: new 'traditional' rituals and objects in funerary contexts of Roman Baetica. En C. Fenwick, M. Wiggins y D. Wythe (eds.), *TRAC 2007: Proceedings of the Seventeenth Annual Theoretical Roman Archaeology Conference.* Oxbow Books, Oxford: 15-30.

Jiménez, A. (2014): Ejército y moneda en Numancia. El campamento III de Renieblas. En F. Cadiou y M. Navarro (eds.), *La guerre et ses traces. Conflits et sociétés en Hispanie à l'époque de la conquête romaine (IIIe-Ier s. a.C.).* Ausonius Mémoires, Bourdeaux: 369-393.

Jimeno, A. (1981): Algunas consideraciones sobre la Edad del Bronce en la zona del Alto Duero: Dos yacimientos con cerámica excisa. *Revista de Investigación del Colegio Universitario de Soria,* 5 (1-2): 26-30.

Jimeno, A. (1983): Nuevas bases para el estudio de la Edad del Bronce en la zona oriental de la Meseta superior. En *Crónica de XVI Congreso Arqueológico Nacional.* Universidad de Zaragoza, Seminario de Arqueología: Zaragoza: 309-320.

Jimeno, A. (1986): Elementos de relación entre la zona riojana y el Alto Duero en el Eneolítico y la Edad del Bronce. En *Segundo coloquio sobre Historia de La Rioja.* Colegio Universitario de La Rioja, Logroño: 41-54.

Jimeno, A. (2000): El origen del urbanismo en el Alto Duero. En E. Baquedano (coord.), *Soria arqueológica: a José Luis Argente.* Diputación Provincial de Soria, Soria: 239-262.

Jimeno, A. (2002): Numancia: campamentos romanos y cerco de Escipión. *AEspA*, 75: 159-176.

Jimeno, A. (2005): Ciudad y territorio. En A. Jimeno (ed.), *Celtíberos: Tras la estela de Numancia.* Catálogo de la Exposición. Diputación Provincial de Soria, Soria: 119-128.

Jimeno, A. (2006): Conquest and romanization in Celtiberia Ulterior: Numantia as a paradigm. *Journal of Roman Archaeology*, Supp. 62: 172-183.

Jimeno, A. (2009a): Espacio doméstico y sociedad en la Celtiberia ulterior. En M.C. Belarte (ed.), *L'espaci domèstic i l'organizació de la societat a la protohistòria de la Mediterrània occidental (1er millenni aC).* Universitat de Barcelona, Barcelona: 189-211.

Jimeno, A. (2009b): Consumo y producción de vino entre los celtíberos del Alto Duero. En C. Sanz y F. Romero (eds.), *El vino y el banquete en la Europa prerromana.* Universidad de Valladolid, Centro de Estudios 'Federico Wattenberg', Valladolid: 159-171.

Jimeno, A. (2011): Las ciudades celtibéricas de la Meseta oriental. *Complutum,* 22(2): 223-276.

Jimeno, A. (2017) (ed.): *Numancia eterna.* Junta de Castilla y León, Salamanca.

Jimeno, A. y Arlegui, M. (1995): El poblamiento en el Alto Duero. En F. Burillo (coord.): *Poblamiento Celtibérico. III Simposio sobre los Celtíberos.* Instituto Fernando el Católico, Zaragoza: 93-126.

Jimeno, A. y De la Torre, J.I. (2005): *Numancia, símbolo e historia.* Akal, Madrid.

Jimeno, A. y Fernández Moreno, J.J. (1992): El poblamiento desde el Neolítico a la Edad del Bronce. En *II Symposium de arqueología soriana,* vol. I. Diputación Provincial de Soria, Soria: 70-101.

Jimeno, A. y Fernández Moreno, J.J. (1983): El castro de la Barbolla (Soria). Nuevo yacimiento del horizonte Cogotas I. *Celtiberia,* XXXIII: 321-333.

Jimeno, A. y Fernández Moreno, J.J. (1985): Los Quintanares de Escobosa de Calatañazor (Soria). Algunos aspectos sobre la transición de la Edad del Bronce a la del Hierro. *Revista de Investigación del Colegio Universitario de Soria,* 9(3): 49-66.

Jimeno, A. y Fernández Moreno, J.J. (1991): *Los tolmos de Caracena (Soria) (campañas 1981 y 1982). Aportación al Bronce Medio de la Meseta.* Instituto de Conservación y Restauración de Bienes Culturales, Madrid.

Jimeno, A. y Gómez Barrera, J.L. (1983): En torno al 'trisceles' del 'Covacho del Puntal' (Valonsadero, Soria) y la cronología de la pintura esquemática del Alto Duero. *Zephyrus,* XXXVI: 195-202.

Jimeno, A. y Martín, A. M. (1995): Estratigrafía y numismática: Numancia y los campamentos. *Anejos de AEspA*, 14: 179-189.

Jimeno, A. y Tabernero, C. (1996): Origen de Numancia y su evolución urbana. *Complutum Extra,* 6(1): 415-432.

Jimeno, A.; Liceras Garrido, R. y Chaín, A. (2017a): La Numancia Romana. *Anejos de Segovia Histórica*, 2: 39-50.

Jimeno, A.; Chaín, A.; Liceras Garrido, R. and Quintero, S. (2017b): La Numancia que resistió a Escipión. En A. Jimeno (ed.), Numancia eterna. Junta de Castilla y León, Salamanca: 51-67.

Jimeno, A.; Chaín, A.; Liceras Garrido, R. y Quintero, S. (2015): La Numancia que resistió a Escipión Emiliano. En M. Bendala (coord.), *Los Escipiones: Roma conquista Hispania.* Museo Arqueológico Regional, Madrid: 259-273.

Jimeno, A.; Chaín, A.; Quintero, S.; Liceras Garrido, R. y Santos, A. (2012): Interpretación estratigráfica de Numancia y ordenación cronológica de sus cerámicas. *Complutum,* 23(1): 203-218.

Jimeno, A.; De la Torre, J.I.; Berzosa, R. y Martínez Naranjo, J.P. (2004): *La necrópolis celtibérica de Numancia.* Junta de Castilla y León.

Jimeno, A.; Liceras Garrido, R.; Quintero, S. y Chaín, A. (2018): Unraveling Numantia: Celtiberian and Roman settlement (Soria, North-Central Spain). En *Archaeology in the River Duero valley (Spain and Portugal): from Paleolithic to Medieval Age. New Perspectives and advance in the investigation of the past.* Cambridge Publications, Cambridge: 199-221.

Jimeno, A.; Liceras Garrido, R.; Quintero, S.; Chaín, A.; Santos, A. y De la Torre, J.I. (2014): Numancia: tiempo y espacio en la ritualidad celtibérica. En T. Tortosa (ed.), *Diálogo de Identidades. Bajo el prisma de las manifestaciones religiosas en el ámbito mediterráneo (s. III a.C. - s. I d.C.).* Anejos de AEspA LXXII, Mérida: 183-198.

Jimeno, A.; Revilla, M.L.; De la Torre, J.I.; Berzosa, R. y Martínez, J.P. (2002): *Numancia. Guía Arqueológica.* Junta de Castilla y León y Asociación de Amigos del Museo Numantino, Soria.

Jimeno, A.; Revilla, M.; De la Torre, J.I.; Chaín, A. and Liceras Garrido, R. (2017c): *Guía Arqueológica de Numancia.* Asociación de Amigos del Museo Numantino, Soria.

Johnson, M. (2012a): Phenomenological approaches in landscape archaeology. *Annual Review of Anthropology,* 14: 269-284.

Johnson, M. (2012b): Landscape studies: the future of the field. En S.J. Kluiving y E.B. Guttmann-Bond (eds.), *Landscape archaeology between Art and Science: from a multi-to and interdisciplinary approach.* Amsterdam University Press, Amsterdam: 515-525.

Jolliffe, I.T. (2002): *Principal component analysis.* Springer, New York.

Jones, S. (1997): *The Archaeology of Ethnicity. Constructing Identities in the Past and Present.* Routledge, Londres.

Juan Tesserras, J. y Matamala, J.C. (2003): Análisis de adobe, pigmentos, contenidos de *recipientes*, instrumental *textil*, material lítico de molienda y cálculo dental humano. En C. Sanz y J. Velasco (eds.), *Pintia: un oppidum en los confines orientales de la región vaccea.* Universidad de Valladolid, Valladolid: 331-322.

Karl, R. (2008): Random coincidences or: the return of the 'Celtic' to Iron Age. *Proceedings of the Prehistoric Society,* 74: 69-78.

Karl, R. (2015): Labour procurement in Pre-Monetary Europe. En A. Danielisová y M. Fernández Götz (eds.), *Persistent economic ways of living. Production, distribution, and consumption in Late Prehistory and Early History*. Archaeolingua, Budapest: 21-36.

Keeley, L. H. (1996): *War before civilization.* Oxford University Press, Oxford.

Keith, J. (1980): 'The best is yet to be'. Toward and anthropology of age. *Annual Review of Anthropology,* 9: 339-364.

Kennedy, B. (2005): Women and warfare: How human evolution excluded women. *Nebraska Antropologist,* 20, paper 4.

King, S. (2010a): A call to arms: reinvestigating warfare and violence in the Iron Age of Britain. En M. Sterry, A. Tullet y N. Ray (eds.), *In search of the Iron Age: Proceedings of the Iron Age Research Student Seminar.* Leicester Archeology Monograph 18, Leicester: 185-198.

King, S. (2010b): *What makes war? Assessing Iron Age warfare through mortuary behaviour and osteological patterns of violence.* Tesis Doctoral inédita, Universidad de Bradford (UK).

King, A. y Etty, C. (2015): *England and Scotland, 1286-1603.* Palgrave Macmillan, Londres.

Kluiving, S.J. y Guttmann-Bond, E.B. (2012): LAC2010: First International Landscape Archaeology Conference. En S.J. Kluiving y E.B. Guttmann-Bond (eds.), *Landscape archaeology between Art and Science: from a multi-to and interdisciplinary approach.* Amsterdam University Press, Amsterdam: 11-32.

Knapp, B. y Ashmore, W. (1999): Archaeological landscapes: constructed, conceptualized, ideational. En W. Ashmore y B. Knapp (eds.), *Archaeologies of landscape: contemporary perspectives.* Blackwell, Oxford: 1-30.

Kossina, G. (1911): *Die Herkunft der Germanen. Zur Methode der Siedlungsarchäologie.* WürzburgMannus-Bibliothek, 6, Würzburg.

Krausse, D. (2005): Vetternwirtschaft? Fragestellung und Design eines aschäologisch-paläogenetischen Pilot-projekts zur sozialhistorischen Deutung späthallstatt-zeitlicher Elitegräben. En J. Biel y D. Krausse (eds.): *Frükkeltische Fürstensitze. Älteste und Herrschafszentren nördlich der Alpen?.*Archäologische Informationen aus Baden-Württemberg 51, Esslingen: 63-66.

Kurtz, W. (1987): *La necrópolis de Las Cogotas. Vol. 1: Ajuares. Revisión de los materiales de la Segunda Edad del Hierro en la cuenca del Duero (España).* BAR International Series 344, Oxford.

Kurz, S. y Wahl, J. (2005): Zur Fortsetzung der Grabungen in der Heuneburg-Aussensiedlung auf Markung Ertingen-Binzwangen, Kreis Biberach. *Archäologische Ausgrabungen in Baden-Württemberg* 2005*:* 78-82.

Lambrechts, P. (1954): *L'exaltation de la tête dans la pensé et dans l'art des Celtes*. De Temple, Brujas.

Langdon, S. (2005): Views of wealth, a wealth of views: grave goods in Iron Age Attica. En D. Lyons y R. Westbrook (eds.), *Women and property in Ancient Near Eastern and Mediterranean societies*. Center for Hellenic Studies.

Larsson, L. (2010): Memories of features, memories in finds. The remembrance of the past in Iron Age Scandinavia. En K. Lillios y V. Tsamis (eds.), *Material Mnemonics. Everyday memory in Prehistoric Europe.* Oxbow Books, Oxford: 174-187.

Latour, B. (1992): One more turn after the social turn: easing science studies into the non-modern world. En E. McMullin (ed.), *The social dimensions of science.* Notre Dame University Press, Notre Dame: 272-292.

Latour, B. (1994): Pragmatogonies. *American Behavioral Scientist*, 37(6): 791-808.

Laurence, R. (2001): The creation of geography: an interpretation of Britain. En C. Adams y R. Laurence (eds.), *Travel and geography in the Roman Empire.* Routledge, Londres: 67-93.

Lefebvre, H. (1991), *The Production of Space.* Blackwell Publishing, Oxford.

Lemmonier, P. (1986): The study of material culture today: toward an anthropological of technical systems. *Journal of Anthropological Archaeology*, 5: 147-186.

Lemmonier, P. (2012): *Mundane objects: materiality and non-verbal communication.* Left Coast Press, California.

Lévy, E. (1990): La cité grecque: invention moderne ou réalité antique? En Cl. Nicolet (ed.), *Du pouvoir dans l'Antiquité.* Mots et réalités. Génova: 53-67.

Lewuillon, S. (1990): Affinités, parantés et territoires en Gaule indépendante: fragmentes d'anthropologie. *Dialogues d'histoire ancienne*, 16(1): 283-358.

Liceras Garrido, R. (2011): *Paisaje celtibérico en el Alto Duero: aplicación de los SIG al territorio de Numancia.* E-Prints Complutense. http://eprints.ucm.es/14031/

Liceras Garrido, R. (2014): Sobre el territorio de los numantinos. En J. Honrado, M.A. Brezmes, A. Tejeiro y O. Rodríguez (coords.), *II Jornadas de Jóvenes Investigadores del Valle del Duero: del Neolítico a la Antigüedad Tardía.* Glyphos Publicaciones: 177-190.

Liceras Garrido, R. (2021): Género y edad en las necrópolis de la Meseta norte durante la Edad del Hierro (siglos VI-II a.n.e.). *Trabajos de Prehistoria*, 78(1): 121–139.

Liceras Garrido, R. (2022a): A Perspective on Late Iron Age Women in the Iberian Northern Meseta. *European Journal of Archaeology*, 1-20. doi:10.1017/eaa.2022.1

Liceras Garrido, R. (2022b): Familia, poder y memoria: las necrópolis de la Meseta oriental durante la Edad del Hierro. *SPAL: Revista de Prehistoria y Arqueología de la Universidad de Sevilla*, 31(1): 225-252.

Liceras Garrido, R. y Jimeno, A. (2016): Aproximación al modelo de explotación de recursos del territorio de Numancia. En M.C. Mínguez y E. Capdevilla (eds.), *Manual de Tecnologías de la Información Geográfica aplicadas a la arqueología. Museo Arqueológico Regional*, Madrid: 137-257.

Liceras Garrido, R. and Quintero, S. (2017): El territorio de Numancia y los numantinos. En A. Jimeno (ed.), *Numancia eterna*. Junta de Castilla y León, Salamanca: 13-27.

Liceras Garrido, R.; Cerrillo Cuenca, E. y Jimeno, A. (2018): Building landscapes: an analysis of landforms for the Iron Age sites in the Upper Duero River. En V. Mayoral, C. Parcero y P. Fábrega (eds.), *Archaeology and Geomatics. Harvesting 10 years of training in the Iberian Peninsula (2006-2015)*. Sidestone Press, Leiden: 171-188.

Liceras Garrido, R.; Santos, A.; Quintero, S.; Chaín, A.; de la Torre, J.I. y Jimeno, A. (2014a): Nueva iconografía en una vasija de Numancia. En F. Burillo y M. Chordá (eds.), *VII Simposio sobre los Celtíberos: nuevos hallazgos, nuevas interpretaciones*. Teruel: 331-337.

Liceras Garrido, R.; Santos, A.; Quintero, S.; Chaín, A.; de la Torre, J.I.; Catanzariti, G.; Dietz, Ch.; Viana, S. y Jimeno, A. (2014b): Molde singular de fíbula anular, hallado en la ciudad celtibérica de Numancia. En F. Burillo y M. Chordá (eds.), *VII Simposio sobre los Celtíberos: nuevos hallazgos, nuevas interpretaciones*. Teruel: 257-264.

Llanos, A. (2007-2008): El rito de las cabezas cortadas, en el poblado de La Hoya (Laguardia, Álava). *Veleia*, 24-25: 1273-1281.

Lloyd, S.P. (1982): Least squares quantization in PCM. *IEEE Transactions in Information Theory*, 28(2): 129-137.

Loman, P. (2004): No woman no war: Women's participation in Ancient Greek warfare. *Greece & Rome*, 51(1): 34-54.

López Ambite, F. (2002): El castro de La Altipared (Montejo de la Vega de la Serrezuela, Segovia): en la frontera de la Celtiberia. *Boletín del Seminario de Estudios de Arte y Arqueología*, 68: 77-104.

López Ambite, F. (2006-2007): El poblamiento de la etapa protoceltibérica en la zona nordeste de la provincia de Segovia. *Boletín del Seminario de Estudios de Arte y Arqueología*, 72-73: 123-142.

López Ambite, F. (2008): Poblamiento y fronteras durante el periodo celtibérico pleno y tardío en la zona nordeste de la provincia de Segovia: el surgimiento de las ciudades y su destrucción. *Boletín del Seminario de Estudios de Arte y Arqueología*, 74: 75-148.

López Ambite, F. (2009): Continuidad y cambio en los asentamientos rurales romanos del nordeste de la provincia de Segovia. *Lvcentvm*, XXVIII: 111-146.

López Bravo, F. (2002): La urna ibérica de orejetas perforadas. *Complutum*, 13: 97-116.

López Monteagudo, G. (1987): Las "cabezas cortadas" en la Península Ibérica. *Gerión*, 5: 245-252.

López Sáez, J.A. y Blanco-González, A. (2005): La mutación Bronce Final/Primer Hierro en el suroeste de la Cuenca del Duero (provincia de Ávila): ¿cambio ecológico y social? En A. Blanco González, C. Cancelo, y A. Esparza (eds.): *Bronce Final y Edad del Hierro en la Península Ibérica. Ediciones Universidad de Salamanca*. Colección Aquilafuente 86, Salamanca: 229–250.

López Sáez, J.A.; Blanco Gonzalez, A.; López Merino, L.; Ruiz Zapata, M.B.; Dorado Valiño, M.; Pérez Díaz, S.; Valdeolmillos, A. y Burjachs, F. (2009): Landscape and climatic changes during the end of the Late Prehistory in the Amblés Valley (Ávila, central Spain), from 1.200 to 400 cal BC. *Quaternary International*, 200: 90-101.

Lorrio, A. (1990): La Mercadera (Soria): organización social y distribución de la riqueza en una necrópolis celtibérica. En F. Burillo (coord.), *II Simposio sobre los Celtíberos: Necrópolis Celtibéricas*. Institución Fernando El Católico, Excma. Diputación de Zaragoza, Zaragoza: 39-50.

Lorrio, A. (1999): Los Celtíberos: análisis arqueológico de un proceso de etnogénesos. *Revista de Guimarães*, I: 297-319.

Lorrio, A. (2001): Los Celtíberos. En M. Almagro Gorbea, M. Mariné y J. R. Álvarez Sanchís (eds.), *Celtas y Vettones*. Diputación Provincial de Ávila, Ávila: 182-199.

Lorrio, A. (2005): *Los Celtíberos*. Real Academia de la Historia, Madrid.

Lorrio, A. y Sánchez Prado (2009): *La necrópolis celtibérica de Arcóbriga (Monreal de Ariza, Zaragoza)*. Institución Fernando el Católico y Diputación de Zaragoza, Zaragoza.

Lorrio, A.; Gómez, P.; Montero, I. y Rovira, S. (1999): Minería y metalurgia celtibérica. En F. Burillo (coord.), *IV Simposio sobre los Celtíberos: Economía*. Institución Fernando El Católico, Excma. Diputación de Zaragoza, Zaragoza: 161-180.

Lucy, S. (1997): Housewifes, warriors and slaves? Sex and gender in Anglo-Saxon burials. En J. Moore y E. Scott (eds.): *Invisible people and processes. Writing gender and Childhood into European Archaeology.* Leicester University Press, Leicester: 150-168.

Lucy, S. (2005a): The archaeology of age. En M. Díaz Andreu; S. Lucy; S. Babić y D.N. Edwards, (eds.): *The Archaeology of Identity: approaches to gender, age, status, ethnicity and religion.* Routledge, Londres: 43-66.

Lucy, S. (2005b): Ethnic and Cultural Identities. En M. Díaz Andreu; S. Lucy; S. Babić y D.N. Edwards, (eds.): *The Archaeology of Identity: approaches to gender, age, status, ethnicity and religion.* Routledge, Londres: 86-109.

Luik, M. (2002): *Die Funde aus den römischen Lagern um Numantia im Römisch-Germanischen Zentralmuseum.* Mayence.

Lukes, S.S. (1974): *Power: a radical view.* Macmillan Press. Ltd., Londres.

Magny, M. (1992): Holocene lake-level flunctuations in Jura and the northern subalpine ranges, France: regional patterns and climatic implications. *Boreas,* 21 (4): 319-334.

Magny, M. (1995): *Une histoire du climat. Des derniers mammouths au siècle de l'automobile.* Ed. Errance, Paris.

Mahieu, E. (1998): L'anthropologie d'Entremont. *Documents d'Archéologie Méridionale,* 21: 62-65.

Malrain, F.; Matterne, V. y Méniel, P. (2002): *Les paysans gaulois.* Errance, París.

Maluquer, J. (1954): Los poblados de la Edad del Hierro, de Cortes de Navarra. *Zephyrus,* 5: 1-16.

Mangas, J.; Martínez Caballero, S. y Hoces de la Guardia, A.L. (2013): El ara de las "Parcae de Termes" (Tiermes, Soria): nuevo documento y análisis sobre un probable sincretismo. *Gerión,* 31: 331-361.

Marco, F. (1987): La religión de los celtíberos. En F. Burillo (ed.), *I Simposio sobre los Celtíberos.* Institución Fernando El Católico, Excma. Diputación de Zaragoza, Zaragoza: 55-74.

Marco, F. (1993): Iconografía y religión celtibérica. Reflexiones sobre un vaso de Arcóbriga. En J. Padró, M. Prevosti, M. Roca y J. Sanmati (eds.), *Homenatge a Miquel Tarradell.* Curial Edicions Catalans, Barcelona.

Marco, F. (2003): 'Signa Deorum': comparación y contexto histórico en Hispania y Galia. En T. Tortosa y J. Santos (eds.): *Arqueología e iconografía: indagar en las imágenes.* L'Erma di Bretschneider, Roma: 121-136.

Marco, F. (2005): Religión celta y celtibérica. En A. Jimeno (ed.), *Celtíberos: Tras la estela de Numancia.* Catálogo de la Exposición. Diputación Provincial de Soria, Soria: 213-222.

Marco, F. (2007): A lost identity: Celtiberian iconography after the Roman conquest. En R. Haussler y A. King (eds.), *Continuity and innovation in religion in the Roman West.* Vol. I. Journal of Roman Archaeology, Supplementary Series nº 67, Portsmouth, Rhode Island: 103-115.

Marco, F. (2008): Images of transition: the ways of death in Celtic Hispania. *Proceedings of the Prehistoric Society,* 74: 53-68.

Marín, C. (2011): *De nómadas a castreños. El primer milenio antes de la era en el sector centro-occidental de la cordillera Cantábrica.* Tesis Doctoral inédita, Universidad Complutense.

Martin, J. (2003): Contextualizing the debate on weaving groups and development: Mayan weaving and the changing politics of identity in Guatemala. *Totem: The University of Western Ontario Journal of Anthropology,* 11 (1), art. 9.

Martín Valls, R. (1999): La Edad del Hierro. En J.L. Martín (ed.), *Historia de Salamanca I. Prehistoria y Edad Antigua.* Salamanca: 123-217.

Martín Valls, R. y Romero, F. (2008): Las insculturas del castro de Yecla de Yeltes. Nuevas perspectivas para su estudio. En J.R. Álvarez-Sanchís (ed.): *Arqueología Vettona. La Meseta occidental en la Edad del Hierro.* Museo Arqueológico Regional, Alcalá de Henares: 232-251.

Martínez Caballero, S. (2010): La ciudad de Confluentia-Duratón y su territorio. En S. Martínez Caballero, J. de Santiago y A. Zamora (coords.), *Segovia Romana II: Gentes y territorio.* Obra Social Caja Segovia, Segovia: 183-220.

Martínez Caballero, S. (2017): *El proceso de urbanización de la Meseta Norte en la Protohistoria y la Antigüedad: la ciudad celtibérica y romana de Termes (s.VI a.C.–193 p.C.).* BAR Publishing, International Series 2850, Oxford.

Martínez Caballero, S. y Mangas, J. (2005): Tiermes celtibérica. En A. Jimeno (ed.), *Celtíberos: Tras la estela de Numancia.* Catálogo de la Exposición. Diputación Provincial de Soria, Soria: 169-176.

Martínez Caballero, S. y Santos Yanguas, J. (2005): Pervivencias indígenas en la *Termes* romana. Elementos para su evaluación. *Paleohispánica,* 5: 685-706.

Martínez Caballero, S.; López Ambite, F. y Gallego, J.I. (2014): Tiermes y el proceso de urbanización del área arévaca suroccidental (ss. IV-I a. C.). La protohistoria como modelo de frontera. En F. Burillo y M. Chordá (eds.), *VII Simposio sobre los Celtíberos: nuevos hallazgos, nuevas interpretaciones.* Teruel: 93-102.

Martínez Díez, G. (1983): *Las comunidades de villa y tierra de la Extremadura castellana.* Estudio Histórico-Geográfico. Ed. Nacional, Madrid.

Martínez Naranjo, J.P.; Tabernero, C.; Jimeno, A.; Collado, J.M. y Checa, A. (1999): Paisaje, dieta y economía en Numancia. En *XXIV Congreso Nacional de Arqueología*, Vol. IV. Cartagena: 809-817.

Mateos, P.; Pizzo, A. y Mayoral, V. (2014): Integrationg survey data for studying the townscape of 'Contributa Iulia Ugultunia' (Medina de las Torres). *Journal of Roman Archaeology,* 27(1): 109-132.

Matos, M.F. y Gouveia, C.A. (2004): Projecto de valorização e divulgação do povoado fortificado de Cossourado (Paredes de Coura). *Boletín GC: Gestión Cultural 9: Turismo Arqueológico.*

Mattingly, D. (2004): Being Roman: expressing identity in a provincial setting. *Journal of Roman Archaeology,* 17: 5-25.

Mauss, M. (2001 [1925]): *The Gift: The Form and Reason for Exchange in Archaic Societies.* Routledge, Londres.

Mayoral, V.; Cerrillo Cuenca, E. y Celestino, S. (2009): Métodos de prospección arqueológica intensiva en el marco de un proyecto regional: el caso de la comarca de La Serena (Badajoz). *Trabajos de Prehistoria,* 66(1): 7-25.

Mederos, A. (1997): Nueva cronología del Bronce Final en el occidente de Europa. *Complutum,* 8: 73-96.

Meier, T. (2012): 'Landscape', 'environment' and a vision of interdisciplinarity. En S.J. Kluiving y E.B. Guttmann-Bond (eds.), *Landscape archaeology between Art and Science: from a multi-to and interdisciplinary approach.* Amsterdam University Press, Amsterdam: 503-514.

Mélida, J.R. (1916): *Excavaciones de Numancia. Memoria acerca de las prácticas en el año 1915 y presentada por el presidente de la Comisión Ejecutiva de dichas excavaciones.* Memoria de la Junta Superior de Excavaciones y Antigüedades, Madrid.

Mélida, J.R. (1918): *Excavaciones de Numancia. Memoria de los trabajos realizados en 1916 y 1917 presenta el presidente de la Comisión Ejecutiva de dichas excavaciones.* Memoria de la Junta Superior de Excavaciones y Antigüedades 5, Madrid.

Mélida, J.R. (1922): *Excursión a Numancia pasando por Soria.* Ed. Ruiz Hermanos, Madrid.

Mélida, J.R. (1926): *Ocilis (Medinaceli). Memoria de las excavaciones practicadas en 1924-1925.* Memoria de la Junta Superior de Excavaciones y Antigüedades 82, Madrid.

Mélida, J.R. y Taracena, B. (1920): *Excavaciones de Numancia. Memoria acerca de las practicadas en 1919-1920.* Memoria de la Junta Superior de Excavaciones y Antigüedades 31, Madrid.

Mélida, J.R. y Taracena, B. (1921): *Excavaciones de Numancia. Memoria acerca de las practicadas en 1920-1921.* Memoria de la Junta Superior de Excavaciones y Antigüedades 36, Madrid.

Mélida, J.R. y Taracena, B. (1923): *Excavaciones de Numancia. Memoria acerca de las practicadas en 1920-1921.* Memoria de la Junta Superior de Excavaciones y Antigüedades 49, Madrid.

Mélida, J.R.; Aníbal Álvarez, M.; Gómez Santa Cruz, S. y Taracena, B. (1924): *Ruinas de Numancia. Memoria descriptiva de las excavaciones prácticas en 1923.* Memoria de la Junta Superior de Excavaciones y Antigüedades 61, Madrid.

Mendoza, R.G. (2007): The divine gourd tree: Tzompantli skull racks, decapitation rituals, and human trophies in ancient Mesoamerica. En R.J. Chacón y D.H. Dye, (eds.), *The taking and displaying of human body parts as trophies by Amerindians.* Springer, Nueva York: 400-443.

Meskel, L. (2002): The intersection of identity and politics in archaeology. *Annual Review of Anthropology,* 31: 279-301.

Meyers, C. (2003): Material Remains and social relations: women's culture in agrarian households of the Iron Age. En W.G. Dever y S. Gitin (eds.): *Symbiosis, Symbolism, and the Power of the Past.* Eisenbrauns, Indiana: 425-444.

Miller, D. y Tilley, Ch. (1984): Ideology, power and Prehistory: an introduction. En D. Miller y Ch. Tilley (eds.), *Ideology, power and Prehistory.* Cambridge University Press, Cambridge: 1-16.

Monteagudo, L. (1977): *Die Beile auf der Iberischen Halbinsel.* PBF, IX.6, Munich.

Monteverde, J.L. (1958): Los Castros de Lara (Burgos). *Zephyrus,* 9: 191-199.

Montón Subías, S. (2000): Las mujeres y su espacio: una historia de los espacios sin espacio en la Historia. *Arqueología Espacial,* 22: 45-59.

Montón Subías, S. (2005). Las prácticas de alimentación: cocina y arqueología. En M. Sánchez-Romero (ed.): *Arqueología y Género.* Universidad de Granada, Granada: 159-176.

Montón Subías, S. (2018): Sobre sexo, género y sexualidad en arqueología. *Revista ArkeoGazte Aldizkaria,* 8: 27-33.

Montón-Subías, S. y Hernando, A. (2018): Modern Colonialism, Eurocentrism and Historical Archaeology: Some Engendered Thoughts. *European Journal of Archaeology,* 21(3): 455-471.

Montón Subías, S. y Sánchez Romero, M. (eds.) (2008): *Engendering social dynamics: the archaeology of maintenance activities.* BAR Publishing, International Series 1862, Oxford.

Moore, J. y Scott, E. (1997) (eds.): *Invisible people and processes: writing gender and childhood into European archaeology.* Leicester University Press, Leicester.

Moore, T. (2007): The early to Later Iron Age transition in the Severn-Cotswolds: enclosing the household? En C. Haselgrove y R. Pope (eds.), *The earlier Iron Age in Britain and the near continent.* Oxbow Books, Oxford: 259-278.

Moore, T. (2011): Detribalizing the Later prehistoric past: Concepts of tribes in Iron Age and Roman studies. *Journal of Social Archaeology,* 11(3): 334-360.

Moore, T. (2012): Beyond the oppida: polyfocal complexes and Late Iron Age societies in Southern Britain. *Oxford Journal of Archaeology,* 31(4): 391-417.

Moore, T. (2017): Beyond Iron Age 'towns': Examining oppida as examples of low-density urbanism. *Oxford Journal of Archaeology,* 36(3): 287-305.

Moore, T. y Ponroy, C. (2014): What's in a Wall? Considetarions on the role of open settlements in Late La Tène Gaul. En M. Fernández Götz, H. Wendling y K. Winger (eds.), *Paths to Complexity. Centralisation and Urbanisation in Iron Age Europe.* Oxford Books, Oxford: 140-155.

Moragón, L. (2012): El cuerpo y la persona. Una propuesta arqueo-lógica. *Revista Arkeogazte,* 2: 21-32.

Moragón, L. (2013): *Cuerpo y sociedades orales. Una reflexión sobre la concepción del cuerpo y sus implicaciones en el estudio de la Prehistoria.* Tesis Doctoral inédita, Universidad Complutense.

Moral de Eusebio, E. (2016): Qu(e)erying Sex and gender in archaeology: a critique of the third and other sexual categories". *Journal of Archaeological Method and Theory,* 23: 788-809.

Morales, F. (1995): *La Altiplanicie Soriana. Carta Arqueológica de Soria.* Publicaciones de la Excma. Diputación de Soria, Soria.

Morán, C. (1947): De Salamanca a La Vid. *Revista de Guimarães,* 57(3-4): 165-182.

Moreda, J. y Nuño, J. (1990): Avance al estudio de la necrópolis de la Edad del Hierro de "El Pradillo". Pinilla de Trasmonte (Burgo). En F. Burillo (coord.), *II Simposio sobre los Celtíberos: Necrópolis Celtibéricas.* Institución Fernando El Católico, Excma. Diputación de Zaragoza, Zaragoza: 171-181.

Morenas de Tejada, R. (1914): Las ruinas de Uxama. *Por esos mundos,* Septiembre: 341-344.

Morenas de Tejada, R. (1916a): Hallazgos arqueológicos en España. La necrópolis ibérica de Gormaz. *Por esos mundos,* enero: 169-175.

Morenas de Tejada, R. (1916b): Divulgaciones arqueológicas. Las ruinas de Uxama. *Por esos mundos,* octubre: 605-610.

Moreno Navarro, F. (2014): Visibilidad de los castros de la Serranía del Norte de Soria durante la primera Edad del Hierro. En F.J. González de la Fuente, E. Paniagua Vara y P. de Inés Sutil (coords.), *Investigaciones Arqueológicas en el valle del Duero: del Paleolítico a la Antigüedad Tardía.* Glyphos Publicaciones: 189-203.

Morphy, H. (1995): Landscape and the reproduction of the ancestral past. En E. Hirsch y M. O'Hanlon (eds.), *The anthropology of landscape: perspectives on place and space.* Claredon Press, Oxford: 184-209.

Mulk, I.M. (1994): Sacrificial places and their meaning in Saami society. En D.L. Carmichael, J. Hubert, B. Reeves y A. Schanche (eds.), *Sacred sites, sacred places.* Routledge, Londres: 121-131.

Muñoz, M. & Moral, M. del (eds.) (2020): *Cultura material e historia de las mujeres.* Comares, Albolote.

Naismith, W.W. (1892): Excursions. Cruach Ardran, Stobinian, and Ben More. *Scottish Mountaineering Club Journal,* 2(3): 136.

Navarro, M.; Gorrochategui, J. y Vallejo, J.M. (2011): L'onomastique des Celtibères: de la dénomination indigène à la dénomination romaine. En M. Dondin-Payre (ed.), *Les noms de personnes dans l'Empire Romain. Transformations, adaptation, évolution.* Ausonius - Centre Glotz, Bordeaux: 89-175.

Nelson, S.M. (2004): *Gender in Archaeology: analyzing power and prestige.* AltaMira Press, Walnut Creek.

Nelson, S.M. (ed.) (2007): *Women in Antiquity: theoretical approaches to gender and archaeology.* AltaMira Press, Walnut Creek.

Nivette, A. (2011): Violence in non-state societies. *British Journal of Criminology,* 51: 578-598.

Olcoz, S.; Luján, E. y Medrano, M. (2007): Las inscripciones paleohispánicas sobre cerámica de La Rioja: una revisión de conjunto. *Kalakorikos,* 12: 115-134.

Olmos, R. (2005): Iconografía celtibérica. En A. Jimeno (ed.), *Celtíberos: Tras la estela de Numancia.* Catálogo de la Exposición. Diputación Provincial de Soria, Soria: 253-260.

Olmos, R. y Serrano, M. (2000): El vaso del 'Ciclo de la Vida' de Valencia: una reflexión sobre la imagen metamórfica en época iberohelenística. *Archivo Español de Arqueología,* 73 (181-182): 59-85.

Olsen, B. (2003): Material culture after text: remembering things. *Norwegian Archaeological Review,* 39(2): 87-104.

Olsen, B. (2007): Genealogías de la asimetría: por qué nos hemos olvidado de las cosas. *Complutum,* 18: 287-291.

Olsen, B. y Kobylínsky, Z. (1991): Ethnicity in anthropological and archaeological research: a Norwegian-Polish perspective. *Archaeologica Polona,* 29: 5-28.

Olwig, K.R. (1996): Recovering the substantive nature of landscape. En *Annals of the Association of American Geographers,* 86: 630-653.

Orejas, A. (1998): El estudio del Paisaje: visiones desde la Arqueología. *Arqueología Espacial,* 26: 7-19.

Orejas, A.; Ruiz del Árbol, A. y López, O. (2002): Los registros del paisaje en la investigación arqueológica. *Archivo Español de Arqueología,* 75: 287-312.

Orengo, L. (2003): *Forges et forgerons dans les habitats laténiens de la Grande Limagne d'Auvergne.* Monographies instrumentum 26. Montagnac.

Ortego, T. (1952): Celtas en tierras de Soria y Teruel (Tres yacimientos inéditos). En las *Actas del II Congreso Nacional de Arqueología*, Zaragoza.

Ortego, T. (1964): Castilviejo de Yuba (Soria). Nuevo yacimiento con cerámica excisa. En *VIII Congreso Nacional de Arqueología,* Sevilla-Málaga: 272-274.

Ortego, T. (1983): La necrópolis arévaca de La Revilla (Soria). En las *Actas del XVI Congreso Nacional de Arqueología*, Murcia: 573-583.

Oswald, A. (1997): A doorway on the past: practical and mystic concerns in the orientation of roundhouse doorways. En A. Gwilt y C. Haselgrove (eds.), *Reconstructing Iron Age societies*. Oxbow, Oxford: 87-95.

Otto, T.; Thrane, H. y Vandkilde, H. (2006) (eds.): *Warfare and society. Archaeological and social anthropological perspectives.* Aarhus University Press, Aarhus.

Padilla, J.J. y Chapon, L. (2015): Gender and childhood in the II Iron Age: the pottery centre of Las Cogotas (Ávila, Spain). En M. Sánchez Romero, E. Alarcón y G. Aranda (eds.), *Children, spaces and identities.* Oxbow Books, Oxford: 75-87.

Pascual Díez (1991): *Zona Centro. Carta Arqueológica de Soria.* Publicaciones de la Excma. Diputación de Soria, Soria.

Pascual, P. y Pascual, H. (1984): *Carta Arqueológica de La Rioja. El Cidacos.* Colección de Amigos de Calahorra, Calahorra.

Parker-Pearson, M. (1993): The powerful dead: archaeological relationship between the Living and the Dead. *Cambridge Archaeological Journal,* 3, 2: 203-229.

Parker-Pearson, M. (2005): Warfare, violence and slavery in later prehistory: an introduction. En M. Parker Pearson y N. Thorpe (eds.), *Warfare, violence and slavery in Prehistory.* BAR Publishing, International Series 1374, Oxford: 19-33.

Parker-Pearson, M. y Richards, C. (1994): *Architecture and Order: approaches to social space.* Routledge, Londres.

Parker Pearson, M. y Thorpe, N. (2005) (eds.): *Warfare, violence and slavery in Prehistory.* BAR Publishing, International Series 1374, Oxford.

Pearson, K. (1901): On lines and planes of closest fit to systems of points in space. *Philosiphical Magazine and Journal of Science,* Ser. 6, 2(11): 559-572.

Pelegrín Campo, J. (2005): Polibio, Fabio Píctor y el origen del etnónimo "celtíberos". *Gerión,* 23(1): 115-136.

Per Gimeno, L. (2012): La "iuvenus" celtibérica: una categoría social y militar. En G. García, M. Morán, A. Myslowska, L. Per y A. M. Villar (coords.), *Ideología, identidades e interacción en el Mundo Antiguo.* C.E.R.S.A., Madrid: 603-620.

Peralta Labrador, E. (2000): *Los Cántabros antes de Roma.* Real Academia de la Historia, Madrid.

Pereira, G. (1983): Las comunidades galáico-romanas. Habitat y sociedad en transformación. En G. Pereira (ed.), *Estudos de cultura castrexa e de Historia Antiga de Galica.* Universidade de Santiago de Compostela: 199-224.

Pérez Vilatela, L. (2001): Elementos chamánicos y uránicos en el episodio del celtíbero Olíndico. *Ilu, Revista de Ciencias de las Religiones,* 6: 133-167.

Pilcher, J. (1995): *Age and generation in Modern Britain.* Oxford University Press, Oxford.

Politis, G. (1998): Arqueología de la infancia: una perspectiva etnoarqueológica. *Trabajos de Prehistoria,* 55(2): 5-19.

Polo, C. y Villargordo, C. (2005): Recursos Minerales. En A. Jimeno (ed.), *Celtíberos: Tras la estela de Numancia.* Catálogo de la Exposición. Diputación Provincial de Soria, Soria: 313-318.

Pope, R. (2021): Re-approaching Celts: Origins, Society, and Social Change. *Journal of Archaeological Research.* https://doi.org/10.1007/s10814-021-09157-1

Poux, M. (2014): Enlarging *oppida:* multipolar town patterns in Late Iron Age Gaul. En M. Fernández Götz, H. Wendling y K. Winger (eds.), *Paths to Complexity. Centralisation and Urbanisation in Iron Age Europe.* Oxford Books, Oxford: 156-166.

Poux, M.; Garcia, M. y Beck, N. (2015): De Mercure Arverne à Mercure Dumias. Sanctuaires périurbains, géosymboles et lieux de mémoire en basse Auvergne. En M. Joly, K. Gruel y T. Dechezleprêtre (eds.), *Agglomérations et sanctuaires. Réflexions à partir de l'exemple de Grand.* Conseil départemental des Vosges, Épinal: 319-347.

Prados Torreira, L. (2010): Gender and identity in Iberian funerary context. En L.H. Dommasnes, T. Hjørungdal, S. Montón Subías, M. Sánchez y N.L. Wicker (eds.), *Situating gender in European archaeologies.* Archaeolingua Alapítvány, Budapest: 205-224.

Prados Torreira, L. (2011). Género e identidad en los contextos funerarios ibéricos (siglos V-I a.C.). En L. Prados (ed.): *Arqueología y género: mujer y espacio sagrado. Haciendo visible a las mujeres en los lugares de culto de la época ibérica.* Madrid: Universidad Autónoma de Madrid, Madrid: 201-217.

Prados Torreira, L. (2011-2012): El ritual funerario durante la II. E. del Hierro en la Península Ibérica. Algunas reflexiones sobre los grupos marginados por la investigación. *Cuadernos de Prehistoria y Arqueología de la Universidad Autónoma de Madrid,* 37-38: 317-331.

Prados Torreira, L. (2012): Si las muertas hablaran… Una aproximación a los contextos funerarios de la Cultura Ibérica. En L. Prados Torreira, C. López y J. Parra (eds.), *La Arqueología funeraria desde una perspectiva de género.* Universidad Autónoma de Madrid, Madrid: 233-256.

Prados Torreira, L. & Sánchez Moral, M.E. (2020): Textiles and rituality in Iberian Culture. *Sagvntvm,* Extra 20: 129-140.

Prestwich, M. (2008): *Liberties and identities in the Medieval British Isles.* Boydell & Brewer Ltd, Sufflok.

Prout, A. y James, A. (1990): A new paradigm for the sociology of childhood? Provenance, promise and problems. En A. James y A. Prout (eds.), *Constructing and reconstructing childhood: contemporary issues in the sociological study of childhood.* The Falmer Press, Londres: 7-34.

Querol, M.A. & Triviño, C. (2004): *La mujer en "El Origen del Hombre".* Bellaterra, Barcelona.

Quesada, F. (1990): Armamento de supuesta procedencia meseteña en las necrópolis ibéricas de Murcia. En F. Burillo (coord.), *II Simposio sobre los Celtíberos: Necrópolis Celtibéricas.* Institución Fernando El Católico, Excma. Diputación de Zaragoza, Zaragoza: 231-240.

Quesada, F. (1994a): Lanzas hincadas, Aristóteles y las estelas del Bajo Aragón. En C. De la Casa (coord.), *V Congreso Internacional de Estelas Funerarias,* Vol. I. Diputación Provincial de Soria, Soria: 361-369.

Quesada, F. (1994b): Vino, aristócratas, tumbas y guerreros en la cultura ibérica (ss. V-II a.C.). *Verdolay,* 6: 99-124.

Quesada, F. (2003): La guerra en las comunidades ibéricas (c. 273 – c. 195 a.C.): un modelo interpretativo. En A. Morillo, F. Cadiou y D. Hourcade (eds.), *Defensa y territorio en Hispania, de los Escipiones a Augusto. Espacios urbanos y rurales, municipales y provinciales.* Casa de Velázquez, Madrid: 101-156.

Quesada, F. (2007): ¿Héroes? de dos culturas. Importaciones metálicas ibéricas en territorio vettón. En M. Barril y E. Galán (eds.), *Ecos del Mediterráneo. El mundo ibérico y la cultura vettona.* Diputación Provincial de Ávila, Ávila.

Quesada, F. (2010): Las armas de la sepultura 155 de la necrópolis de Baza. En T. Chapa e I. Izquierdo (coords.), *La Dama de Baza. Un viaje femenino al Más Allá.* Ministerio de Cultura, Madrid: 149-169.

Quesada, F. (2012): Mujeres, amazonas, tumbas y armas: una aproximación transcultural. En L. Prados Torreira, C. López y J. Parra (eds.), *La Arqueología funeraria desde una perspectiva de género.* Universidad Autónoma de Madrid, Madrid: 317-364.

Quintero, S. (2014): Despiece de un asta de ciervo para la obtención de mangos, hallada en Numancia (Garray, Soria). En J. Honrado, M.A. Brezmes, A. Tejeiro y O. Rodríguez (coords.), *II Jornadas de Jóvenes Investigadores del Valle del Duero: del Neolítico a la Antigüedad Tardía.* Glyphos Publicaciones: 267-280.

Rabal, N. (1888): Una visita a las ruinas de Termancia. *Boletín de la Real Academia de la Historia,* XII, V: 451-470.

Rabal, N. (1889): *Soria: sus monumentos y artes, su naturaleza e historia.* Valladolid.

Radcliffe-Brown, A. (1964) [1922]: *The Adaman Islanders.* The Free Press, Chicago.

Rafel Fontanals, N. (2007): El textil como indicador de género en el registro funerario ibérico. *Treballs d'Arqueologia,* 13: 113-144.

Ralston, I. (2010): Fragile states in Mid-first Millennium BC temperate Western Europe? The view form Bourges. *Social evolution & history,* 9(2): 70-92.

Ramírez Sánchez, M. (1999): *Epigrafía y organización social en la región celtibérica: los grupos de parentesco.* Tesis Doctoral inédita, Universidad de Las Palmas de Gran Canaria.

Ramírez Sánchez, M. (2004): Estelas funerarias y grupos de parentesco en la región celtibérica. En *VII Congreso Internacional de Estelas Funerarias,* Vol. I. Fundación Marcelino Botín, Santander: 141-155.

Ramírez Sánchez, M. (2005): Clientela, 'hospitium' y 'devotio'. En A. Jimeno (ed.), *Celtíberos: Tras la estela de Numancia.* Catálogo de la Exposición. Diputación Provincial de Soria, Soria: 279-284.

Ramírez Sánchez, M. (2013): La visibilidad de los grupos de parentesco en la epigrafía de la Hispania Indoeuropea: soporte y textos. En J.M. Iglesias y A. Ruiz (eds.), *Paisajes epigráficos de la Hispania romana.* L'Erma di Bretschneider, Roma: 159-179.

Ramírez Goicoechea, E. (2007): *Etnicidad, identidad y migraciones: teorías, conceptos y experiencias.* Ed. Universitaria Ramón Areces, Madrid.

Randsborg, K. (1984): Women in Prehistory: the Danish example. *Acta Archaeologica,* 55: 143-154.

Redfern, R. (2008): A bioarchaeological analysis of violence in Iron Age females: a perspective from Dorset, England (fourth century BC to the first century AD). En O. Davis, N. Sharples y K. Waddington (eds.), *Changing perspectives on the First Millennium BC.* Oxbow, Oxford: 139-161.

Redfern, R. (2009): Does cranial trauma provide evidence for projectile weaponry in late Iron Age Dorset? *Oxford Journal of Archaeology*, 28(4): 399-424.

Redfern, R. (2013): Violence as an aspect of the Durotriges female life course. En S. Ralph (ed.), *The archaeology of violence. Interdisciplinary approaches*. State University of New York Press, Albany: 63-97.

Reher, G. y Fernández Götz, M. (2015): Archaeological narratives in ethnicity studies. *Archeologické rozhledy*, 67 (3): 400-416.

Renes, J. (2011): European landscapes; continuity and change. En Z. Roca, P. Claval y J. Agnew (eds.), *Landscapes, identities and developments*. Ashgate, Londres: 117-136.

Renfrew, C. (1990): *Archaeology and language: the puzzle of indo-european origins*. Cambridge University Press, Cambridge.

Renfrew, C. y Level, E.V. (1979): Exploring dominance: Predicting polities from centres. En C. Renfrew y K.L. Cooke (eds.), *Mathematical approaches to cultural change*. Academic Press, Nueva York: 145-167.

Revilla, M.L. (1985): *Tierra de Almazán. Carta Arqueológica de Soria*. Publicaciones de la Excma. Diputación de Soria, Soria.

Revilla, M.L. y Jimeno, A. (1986-1987): La dualidad de la cultura castreña en la provincia de Soria. *Zephyrus*, 39-40: 87-101.

Richards, A.I. (1939): *Land, labour and diet in Northern Rhodesia: an economic study of Bemba tribe*. Oxford University Press, Londres.

Robbins, M. (1979): Problems-drinking and the integration of alcohol in rural Buganda. En Mac. Marshall (ed.), *Beliefs, behaviors & Alcoholic beverages: a cross-cultural survey*. University of Michigan Press, Ann Arbor: 362-379.

Rocha, L.; Cerrillo Cuenca, E.; Diniz, M.; Arias, P.; Santos, I.; Liceras Garrido, R.; Quintero, S.; Naranjo, J. y López, A. (2013): Resultados preliminares das prospecções arqueológicas do Projeto Sado-Meso: novos dados sobre o povoamento histórico na bacia do rio Sado (Portugal). En *Arqueologia em Portugal: 150 anos*. Associação dos Arqueólogos Portugueses, Lisboa: 165-169.

Rodenburg, J. (2000): Staying behind: conflict and compromise in Toba Batak migration. En J. Koning, N. Marleen, J. Rodenburg y R. Saptari (eds.), *Women and households in Indonesia: cultural notions and social practices*. Routledge-Curzon, Londres y Nueva York: 235-261.

Rodenburg, J. (2003): Toba Batak women as custodians of the house. En S. Sparkes y S. Howell (eds.), *The house in Southeast Asia. A changing social, economic and political domain*. Routledge-Curzon, Londres y Nueva York: 114- 132.

Rodríguez Blanco, J. (1977): Relación campo-ciudad y organización social en la Celtiberia Ulterior (siglo II a.C.). *Memorias de Historia Antigua*, I: 167-178.

Rodríguez García, G. (2012): *La tradición guerrera de la Hispania céltica*. Tesis Doctoral inédita, Universidad de Castilla-La Mancha.

Rodríguez Morales, J. y Fernández Palacios, F. (2011): Una nueva tésera celtibérica, procedente de Ciadueña (Soria). *Paleohispánica*, 11: 265-282.

Romero, F. (1976): *Las cerámicas polícromas de Numancia*. Consejo Superior de Investigaciones Científicas, Centro de Estudios Sorianos, Valladolid.

Romero, F. (1984): Novedades arquitectónicas de la cultura castreña soriana. La casa circular del Castro del Zarranzano. En *I Symposium de arqueología soriana. Diputación Provincial de Soria*, Soria: 187-210.

Romero, F. (1989): Algunas novedades sobre los castros sorianos. En J.L. Argente (coord.), *Diez Años de Arqueología Soriana (1978-1988)*. Soria: 49-58.

Romero, F. (1991): *Los castros de la Edad del Hierro en el Norte de la provincia de Soria*. Universidad de Valladolid, Valladolid.

Romero, F. (1999): Orígenes y evolución del grupo castreño de la Sierra Norte soriana. La aportación de la cronología radiocarbónica. En J. Arenas y M.V. Palacios (coord.), *El origen del mundo celtibérico. Actas de los encuentros sobre el origen del mundo celtibérico*. Ayuntamiento de Molina de Aragón, Guadalajara: 143-164.

Romero, F. (2003): Piedras hincadas en el Oriente meseteño. En N. Alonso (coord.), *Chevaux de frise i fortificació en la primera Edat del Ferro europea*. Universitat de Lleida, Lleida: 179-208.

Romero, F. (2017): Las cerámicas polícromas de Numancia. En A. Jimeno (ed.), Numancia eterna. Junta de Castilla y León, Salamanca: 93-125.

Romero, F. y Lorrio, A. (2011): El origen del poblamiento celtibérico en el Alto Duero. *Complutum*, 22(2): 95-127.

Romero, F. y Misiego J.C. (1992): Los orígenes del hábitat de la Edad del Hierro en la provincia de Soria. Las cabañas de 'El Castillejo' de Fuensaúco. En *II Symposium de arqueología soriana*, vol. I. Diputación Provincial de Soria, Soria: 307-324.

Romero, F. y Misiego J.C. (1995): Desarrollo secuencial de la Edad del Hierro en el Alto Duero. El Castillejo (Fuensaúco, Soria). En F. Burillo (coord.): *Poblamiento Celtibérico. III Simposio sobre los Celtíberos*. Instituto Fernando el Católico, Zaragoza: 127-139.

Romero, F. y Sanz Mínguez, C. (2009): Tiempo y género a partir de la Arqueología. Las necrópolis de Píntia (Padilla de Duero/Peñafiel, Valladolid). En M.I. del Val Valdivieso, C. de la Rosa Cubo, M.J. Dueñas Cepeda y M. Santo Tomás Pérez (coords.), *Protagonistas del pasado. Las mujeres desde la Prehistoria al siglo XX*. Ed. Castilla: 59-103.

Romero, M.V. (2005): Cambios posteriores y romanización. En A. Jimeno (ed.), *Celtíberos: Tras la estela de Numancia.* Catálogo de la Exposición. Diputación Provincial de Soria, Soria: 435-444.

Rosaldo, M. (1977): *Skulls and causality*. Man, 12, 1: 168-170.

Ross, A. (1958): The human head in insular pagan Celtic religion. *Proceedings of the Society of Antiquaries of Scotland,* 91: 10-43.

Rovira, S. (1995): Estudio arqueometalúrgico del depósito de la Ría de Huelva. *Complutum*, Extra 5: 33-58.

Rovira Hortalá, C. (1999): Las armas-trofeo en la cultura ibérica: pautas de identificación e interpretación. *Gladius*, XIX: 13-32.

Roymans, N. (2004): *Ethnic identity and imperial power: The Batavians in the Early Roman Empire*. Amsterdam University Press, Amsterdam.

Roymans, N. (2009): Hercules and the construction of a Batavian identity in the context of the Roman Empire. En T. Derks y N. Roymans (eds.), *Ethnics constructs in Antiquity: the role of power and tradition.* Amsterdam University Press, Amsterdam: 219-238.

Roymans, N. y Verniers, L. (2010): Glass La Tène bracelets in the Lower Rhine region: typology, chronology and social interpretation. *Germania*, 88(1-2): 195-219.

Rubenstein, S.L. (2006): Circulation, accumulation, and the power of Shuar shrunken heads. *Cultural Anthropology*, 22(3): 357-399.

Ruiz, A. y Molinos, M. (2008): Las fuentes del Guadalquivir. Límites y fronteras para el norte de la Bastetania. En A. Adroher y J. Blánquez (eds.), *Actas del I Congreso Internacional de Arqueología Ibérica Bastetana.* Serie Varia 9, Madrid: 51-72.

Ruiz, A. y Molinos, M. (2013): 'Oppida', lineages, and heroes in the society of princess. En M.C. Berrocal, L. García Sanjuán y A. Gilman (coord.), *The prehistory of Iberia: debating early social stratification and the state.* Routledge, Nueva York, Londres: 357-377.

Ruiz-Gálvez, M. (1984): *La Península Ibérica y sus relaciones con el círculo cultural atlántico.* Universidad Complutense, Madrid.

Ruiz-Gálvez, M. (1985-1986): El mundo celtibérico visto bajo la óptica de la 'Arqueología Social'. *Kalathos*, 5-6: 71-106.

Ruiz-Gálvez, M. (1988a): Sobre la pobreza de los celtíberos. En F. Burillo, J.A. Pérez y M.L. de Sus (coords.), *Celtíberos*. Diputación Provincial de Zaragoza, Zaragoza: 187-188.

Ruiz-Gálvez, M. (1988b): Los mercenarios celtíberos. En F. Burillo, J.A. Pérez y M.L. de Sus (coords.), *Celtíberos*. Diputación Provincial de Zaragoza, Zaragoza: 189-191.

Ruiz-Gálvez, M. (1990): Propuesta para el estudio y la interpretación de las necrópolis sin armas. En F. Burillo (coord.*), II Simposio sobre los Celtíberos: Necrópolis Celtibéricas*. Institución Fernando El Católico, Excma. Diputación de Zaragoza, Zaragoza: 343-347.

Ruiz-Gálvez, M. (1992): La novia vendida: orfebrería, herencia y agricultura en la Protohistoria de la Península Ibérica. *SPAL: Revista de Prehistoria y Arqueología de la Universidad de Sevilla*, 1: 219-251.

Ruiz-Gálvez, M. (1994): The bartered bride. Goldwork, inheritance, and agriculture in the late prehistory of the Iberian Península. *Journal of European Archaeology*, 2(1): 50-81.

Ruiz-Gálvez, M. (2005): Comercio e intercambio entre los celtíberos. En A. Jimeno (ed.), *Celtíberos: Tras la estela de Numancia.* Catálogo de la Exposición. Diputación Provincial de Soria, Soria: 375-380.

Ruiz-Gálvez, M. (2007): Loyal wives or just concubines..? *Treballs d'Arqueologia*, 13: 175-197.

Ruiz-Gálvez, M.L. (2018): ¿Sociedad de clase o... "Sociedad de Casa"?: reflexiones sobre la estructura social de los pueblos de la Edad del Hierro en la Península Ibérica. En A. Rodríguez, I. Pavón y D. Duque (eds.): Más allá de las casas. *Familias, linajes y comunidades en la protohistoria peninsular*. Universidad de Extremadura, Cáceres: 13-40.

Ruiz-Gálvez, M. y Galán, E. (2013): A meal fit for a hero. On the origins of roasted meat, spits and the male ideal. En M.E. Aubet y P. Sureda (coords.), *Interacción social y comercio en la antesala del colonialismo.* Ed. Bellaterra, Barcelona: 43-69.

Ruiz Vélez, I. (2003): Poblados y necrópolis burgaleses de la Edad del Hierro: una aproximación a su demografía. *Boletín de la Institución Fernán González,* 226: 137-180.

Ruiz Vélez, I. (2010): *La necrópolis de la primera Edad del Hierro de El Pradillo (Pinilla de Trasmonte, Burgos).* Academia Burgense de Historia y Bellas Artes, Institución Fernán González, Burgos.

Ruiz Vélez, I.; Rodríguez, A. y Castillo, B. (2000): Intrumental profesional en el poblado celtibérico de "El Castro", en Hontoria del Pinar (Burgos). *Boletín de la Institución Fernán González,* 222: 23-52.

Ruiz Zapatero, G. (1977): Fortificaciones del castro hallstáttico de Valdeavellano (Soria). *Celtiberia,* 53: 83-92.

Ruiz Zapatero, G. (1993): El concepto de celtas en la Prehistoria europea y española. En M. Almagro Gorbea y G. Ruiz Zapatero (eds.*), Los Celtas: Hispania y Europa.* Ed. Actas, Madrid: 23-62.

Ruiz Zapatero, G. (2003): Las fortificaciones de la primera Edad del Hierro en la Europa templada. En N. Alonso (coord.), *Chevaux de frise i fortificació en la primera Edat del Ferro europea.* Universitat de Lleida, Lleida: 13-34.

Ruiz Zapatero, G. (2005): *Guía de Ulaca*. Diputación de Ávila, Ávila.

Ruiz Zapatero, G. (2009): Etnicidad protohistórica y arqueología: límites y posibilidades. *Arqueología Espacial,* 27: 13-27.

Ruiz Zapatero, G. (2011): El caleidoscopio urbano en el mundo 'céltico' de la Meseta. *Complutum*, 22 (2): 297-309.

Ruiz Zapatero, G. y Álvarez Sanchís, J. (2002): Etnicidad y arqueología: tras la identidad de los vettones. *SPAL: Revista de Prehistoria y Arqueología de la Universidad de Sevilla*, 11: 253-277.

Ruiz Zapatero, G. y Álvarez Sanchís, J. (2008): Los verracos y los vettones. En J. Álvarez Sanchís (ed.), *Arqueología vetona: la Meseta occidental en la Edad del Hierro*. Zona Arqueológica, 12, Alcalá de Henares: 214-231.

Ruiz Zapatero, G. y Álvarez Sanchís, J. (2013): Vacceos, vettones y carpetanos ante el ataque de Aníbal. En M. Bendala (ed.), *Fragor Hannibalis: Aníbal en Hispania*. Museo Arqueológico Regional, Madrid: 334-355.

Ruiz Zapatero, G. y Álvarez Sanchís, J. (2015): ¿Centros de poder? Sociedad y poblamiento en la Meseta norte española (ca. 800 – 400 a.C.). *Vegueta. Anuario de la Facultad de Geografía e Historia,* 15: 211-233.

Ruiz Zapatero, G. y Chapa, T. (1990): La arqueología de la muerte: perspectivas teórico-metodológicas. En F. Burillo (coord.), *II Simposio sobre los Celtíberos: Necrópolis Celtibéricas*. Institución Fernando El Católico, Excma. Diputación de Zaragoza, Zaragoza: 357-372.

Ruiz Zapatero, G. y Fernández Götz, M. (2009): "Trianguläre" und kriegerische Gesellschaften in der Eisenzeit des "keltischen Hispaniens"? Auf der Suche nach der Vielfalt eisenzeitlicher Sozialstrukturen. En R. Karl y J. Leskovar (eds.), *Interpretierte Eisenzeiten 3. Fallstudien, Methoden, Theorie. Tagungsbericht der 3. Linzer Gespräche zur interpretativen Eisenzeitarchäologie.* Oberösterreichisches Landesmuseum, Linz: 99-112.

Ruiz Zapatero, G. y Lorrio, A. (2000): La "belleza del guerrero": los equipos de aseo personal y el cuerpo en el mundo celtibérico. En E. Baquedano (coord.), *Soria arqueológica: a José Luis Argente*. Diputación Provincial de Soria, Soria: 279-310.

Ruiz Zapatero, G.; Álvarez Sanchís, J. y Rodríguez Hernández, J. (2020): Urbanism in Iron Age Iberia: Two Worlds in Contact. *Journal of Urban Archaeology,* 1(1): 123-150.

Ruiz Zapatero, G.; Märtens, G.; Contreras, M. y Baquedano, E. (2012): *Los últimos carpetanos. El 'oppidum' de El Llano de la Horca (Santorcaz, Madrid).* Museo Arqueológico Regional, Madrid.

Saavedra, E. (1987): *Descripción de la vía romana entre Uxama y Augustóbriga*. Memorias de la Real Academia de la Historia, vol. 9, Madrid.

Sacristán, J.D. (1989): Vacíos Vacceos. *Arqueología espacial,* 13: 77-88.

Sacristán, J.D. (2005): Clunia: el confín de la Celtiberia. En A. Jimeno (ed.), *Celtíberos: Tras la estela de Numancia.* Catálogo de la Exposición. Diputación Provincial de Soria, Soria: 183-190.

Sacristán, J.D. (2007): *La Edad del Hierro en la provincia de Burgos.* Excma. Diputación Provincial de Burgos, Burgos.

Sacristán, J.D. (2011): El urbanismo vacceo. *Complutum,* 22(2): 185-222.

Sagardoy, T. y Chordá, M. (2010): Ritos de comensalidad y delimitación del espacio funerario en la necrópolis de Herrería IV (Guadalajara). En F. Burillo y M. Chordá (eds.), *VII Simposio sobre los Celtíberos: nuevos hallazgos, nuevas interpretaciones.* Teruel: 331-340.

Sahlins, M. (1983) [1974]: *Economía de la Edad de Piedra*. Akal, Madrid.

Saitta, D. (1994): Agency, class, and archaeological interpretation. *Journal of Anthropological Archaeology,* 13(3): 201-227.

Saiz Ríos, P. (1992): Representaciones plásticas de la cabeza humana en la necrópolis de celtibérica (Montejo de Tiermes, Soria). En *II Symposium de arqueología soriana,* vol. I. Diputación Provincial de Soria, Soria: 604-612.

Salač, V. (2014): Oppida and urbanisation processes in Central Europe. En M. Fernández Götz, H. Wendling y K. Winger (eds.), *Paths to Complexity. Centralisation and Urbanisation in Iron Age Europe.* Oxford Books, Oxford: 64-75.

Salinas, M. (1999a): De Polibio a Estrabón: los celtas hispanos en la historiografía clásica. En A. Alonso (coord.), *Homenaje al profesor Montenegro: estudios de historia antigua.* Universidad de Valladolid, Valladolid: 191-204.

Salinas, M. (1999b): En torno a viejas cuestiones: guerra y trashumancia en la Hispania prerromana. En F. Villar y F. Beltrán (eds.), *Pueblos, lenguas y escrituras en la Hispania prerromana.* Universidad de Salamanca, Salamanca: 281-293.

Salinas, M. (2010): Mujer, épica y mito entre los celtíberos. En F. Burillo (coord.), *VI Simposio sobre los Celtíberos: Ritos y Mitos.* Centro de Estudios Celtibéricos de Segeda: 205-212.

Salviat, F. (1976): Statues fémenines à Entremont. *Revue Archéologique de Narbonnaise,* 9: 89-104.

Sanahuja, M.E. (2002): *Cuerpos sexuados, objetos y prehistoria.* Cátedra, Barcelona.

Sánchez Climent, A. (2015). Una reflexión historiográfica sobre la cultura celtibérica y su cerámica: un siglo de investigaciones arqueológicas. *Arqueoweb: Revista sobre Arqueología en Internet*, 16(1).

Sánchez-Romero, M. (2005): *Arqueología de Género*. Universidad de Granada, Granada.

Sánchez Romero, M. (2010) (ed.): *Infancia y cultura material en arqueología*. Complutum 21(2), Madrid.

Sánchez-Romero, M. y Cid-López, R.M. (coords.) (2018): *Motherhood and Infancies in the Mediterranean in Antiquity*. Oxbow, Oxford.

Sánchez Romero, M.; Alarcón, E. y Aranda, G. (2015) (eds.): *Children, spaces and identities*. Oxbow Books, Oxford: 262-281.

Sanders, K. (2009): *Bodies in the bog and the archaeological imagination*. The University of Chicago Press, Chicago y Londres.

Santos Horneros, A. (2014): Bronces militares de Numancia. En J. Honrado, M.A. Brezmes, A. Tejeiro y O. Rodríguez (coords.), *II Jornadas de Jóvenes Investigadores del Valle del Duero: del Neolítico a la Antigüedad Tardía*. Glyphos Publicaciones: 299-313.

Santos Yanguas, N. (2014): La mujer y el mundo religioso castreño. *'Ilu. Revista de Ciencias de las Religiones*, Anejo XXV: 125-141.

Sanz Mínguez, C. (1997): *Los vacceos: cultura y ritos funerarios de un pueblo prerromano del valle medio del Duero. La necrópolis de Las Ruedas, Padilla de Duero (Valladolid)*. Junta de Castilla y León, Salamanca.

Sanz Mínguez, C. (2015): Premature death in the Vaccei aristocracy at Pintia (Padilla de Duero/Peñafiel, Valladolid). Comparative study of the funerary rituals of two Little 'Princesses'. En M. Sánchez Romero, E. Alarcón y G. Aranda (eds.), *Children, spaces and identities*. Oxbow Books, Oxford: 262-281.

Sanz Mínguez, C. y Coria, J.C. (2018): La tumba 144 de la necrópolis de Las Ruedas. En C. Sanz Mínguez y J.F. Blanco (eds.): *Novedades arqueológicas en cuatro ciudades vacceas: Dessobriga, Intercatia, Pintia y Cauca*. Centro de Estudios Vacceos Federico Wattenberg, Valladolid: 129-153.

Sanz Mínguez, C. y Diezhandino, E. (2007): Tumba 122: una posible mujer joven, de alta condición social. En C. Sanz Mínguez y F. Romero (eds.), *En los extremos de la región vaccea*. Caja España, León: 91-94.

Sanz Mínguez, C. y Romero, F. (2007): Pintia, un 'oppidum' en el extremo oriental de la región vaccea. En C. Sanz Mínguez y F. Romero (eds.), *En los extremos de la región vaccea*. Caja España, León: 59-77.

Sanz Mínguez, C. y Romero, F. (2010): Mujeres, rango social y herencia en la necrópolis de vaccea de Las Ruedas, Pintia (Padilla de Duero/Peñafiel, Valladolid). En F. Burillo (coord.), *VI Simposio sobre los Celtíberos: Ritos y Mitos*. Centro de Estudios Celtibéricos de Segeda: 403-419.

Sanz Mínguez, C.; Romero, F. y Gorriz, C. (2010): El vino en Pintia: nuevos datos y lecturas. En F. Burillo y M. Chordá (eds.), *VII Simposio sobre los Celtíberos: nuevos hallazgos, nuevas interpretaciones*. Teruel: 595-612.

Sastre, I.; Currás, B.X. y Alonso, F. (2010): Parentesco, desigualdad y formas de identidad en la Edad del Hierro del noroeste. *Arqueología Espacial*, 28: 169-186.

Schaps, D. M. (1982): The women of Greece in wartime. *Classical Philology*, 77: 193-213.

Schüle, W. (1969): *Die Meseta-Kulturen der Iberischen Halbinsel. Mediterrane und eurasische Elemente in Früheisenzeitlichen Kulturen Südwesteuropas*. Walter de Gruyter, Berlin.

Schulten, A. (1914): *Mis excavaciones en Numancia, 1905-1912*. Barcelona.

Schulten, A. (1914 - 1931): *Nvmantia. Die Ergebnisse der Ausgrabungen 1905-1912*. München, 4 vols.

Schulten, A. (1925): *Las fuentes desde el 500 a.C. hasta César*. Fontes Hispaniae Antiquae IV, Barcelona.

Schulten, A. (1945): *Historia de Numancia*. Ed. Barna S.A., Barcelona.

Schulting, R. (2013): War without Warriors? The nature of interpersonal conflict before the emergence of formalized warrior elites. En S. Ralph (ed.), *The archaeology of violence. Interdisciplinary approaches*. State University of New York Press, Albany: 19-36.

Sentenach, N. (1911a): Excursiones a Tiermes. *Boletín de la Sociedad Española de Excursiones*, XIX: 176-190.

Sentenach, N. (1911b): Las ruinas de Termes. *Revista de Archivos, Bibliotecas y Museos*, XXIV: 285-294, 473-481.

Sentenach, N. (1914): Los Arévacos. *Revista de Archivos, Bibliotecas y Museos*, XXX.

Sevillano, L.A. (2013): Paisaje y materialidad. Lo cotidiano en las sociedades agrarias preindustriales. En A.J. Aldea, C. López, P. Ortega, M. R. de Soto y F. J. Vicente (coords.), *Los lugares de la historia*. Hergar Ediciones Antema, Salamanca: 773-796.

Sevillano, L.A.; Mayoral, V.; Salas, E.; Liceras Garrido, R. y Heras, F.J. (2013): Detectando prácticas agrarias antiguas en el territorio sur de Medellín. La expresión material de las actividades agrícolas protohistóricas del suroeste peninsular. En J. Jiménez, M. Bustamante y M. García (coords.), *Actas del VI encuentro de arqueología del suroeste peninsular*. Ayuntamiento de Villafranca de los Barros, Villafranca de los Barros: 1031-1064.

Shahar, S. (1992): *Childhood in the Middle Ages*. Routledge, Nueva York.

Shahar, S. (1997): *Growing old in the Middle Ages.* Routledge, Londres.

Shanks, M. (2007): Arqueología Simétrica. *Complutum,* 18: 292-295.

Sharples, N. (1991): Warfare in the Iron Age of Wessex. *Scottish Archaeological Review,* 8: 79-89.

Sharples, N. (2007): Building communities and creating identities in the first millennium BC. En C. Haselgrove y R. Pope (eds.), *The earlier Iron Age in Britain and the near continent.* Oxbow Books, Oxford: 174-184.

Sharples, N. (2010): *Social relations in Later Prehistory: Wessex in the first millennium.* Oxford University Press, Oxford.

Shennan, S. (1992): *Arqueología Cuantitativa.* Ed. Crítica, Barcelona.

Silván, L. (1990): El medio físico soriano: unidades estructurales y su influencia geográfica. En J.M. Bachiller y M.C. Sancho, *Introducción al estudio del espacio geográfico soriano. Arevacon,* 16.

Silván, L. (1991): El medio físico de la provincia de Soria: Un intento de síntesis pedagógica. *Geographica*, 28: 213-235.

Simniškytė, A. (2007): Weapons in Iron Age women's graves. *Archaeologia Baltica*, 8: 283-291.

Simniškytė, A. (2013): Identifying gender in the archaeological record from Roman Period barrows with stone circles. *Archaeologia Lituana, 14:* 199-209.

Smith, A. D. (2008): *The cultural foundation of Nations. Hierarchy, Covenant and Republic.* Blackell, Oxford.

Smith, M.E. (2020): Definitions and comparisons in Urban Archaeology. *Journal of Urban Archaeology,* 1(1): 15-30.

Sopeña, G. (1987): *Dioses, ética y ritual. Aproximaciones para una comprensión de la religiosidad entre los pueblos celtibéricos.* Zaragoza.

Sopeña, G. (1995): Ética y ritual. *Aproximación al estudio de la religiosidad de los pueblos célticos.* Institución Fernando 'El Católico', Zaragoza.

Sopeña, G. (2005): Celtiberian ideologies and religion. *The Celt in the Iberian Peninsula. e-Keltoi: Journal of Interdisciplinar Celtic Studies,* 6: 347-410.

Sopeña, G. (2009): Acerca de la amputación de la mano diestra como práctica simbólica. El caso de Hispania en época de las guerras celtíbero-lusitanas. *Saldivie,* 8: 271-283.

Sopeña, G. (2004): El mundo funerario celtibérico como expresión de un *ethos* agonístico. *Historiae,* 1: 56-117.

Sørensen, M.L. (2000): *Gender Archaeology.* Polity, Londres.

Spindler, K. (1999): *Der Magdalenenberg bei Villingen. Ein Fürstengrabhügel des 7. vorchristlichen Jahruhnderts.* Konrad Theiss Verlag, Stuttgart.

Stark, M. T. (1998): Social dimensions and technical choice in Kalinga ceramic tradition. En M.T. Stark (ed.), *The archaeology of social boundaries.* Smithsonian Institution, Washington y Londres: 24-43.

Stephens, G.R. (1986): The Stamped Tiles of Caersws. *The Montgomeryshire Collections,* 74: 32-37.

Sterner, J. (1989): Who is signalling whom? Ceramic style. Ethnicity and taxonomy among the Sirak Bulahay. *Antiquity,* 63: 451-459.

Strathern, M. (1984): Domesticity and the denigration of women. En D. O'Brien y S.W. Tiffany (eds.), *Rethinking women's roles. Perspectives from the Pacific.* University of California Press, Berkeley, Los Angeles y Londres: 13-31.

Subirá, E. y Rovira Hortalá, M.C. (2019): Las "cabezas cortadas" del poblado ibérico del Puig Castellar (Santa Coloma de Gramenet, Barcelona). Datos para una reinterpretación. *Trabajos de Prehistoria,* 76(2): 286-302.

Sutton, D.; Furey, L. y Marshall, Y. (2003): *The Archaeology of Pouerua.* Auckland University Press, Aunckland.

Tabernero, C.; Benito, J.P. y Sanz, A. (2014): La construcción de espacios domésticos en un ámbito urbano. El yacimiento de 'Las Eras' en Ciadueña (Soria). En F. Burillo y M. Chordá (eds.), *VII Simposio sobre los Celtíberos: nuevos hallazgos, nuevas interpretaciones.* Teruel: 65-71.

Tabernero, C.; Heras, E.; Benito, J.P. y Sanz, A. (2005): Segontia Lanka. En A. Jimeno (ed.), *Celtíberos: Tras la estela de Numancia.* Catálogo de la Exposición. Diputación Provincial de Soria, Soria: 197-204.

Tabernero, C.; Sanz, A. y Benito, J.P. (2010): Necrópolis de cremación en el nordeste de Soria. En Burillo, F. (coord.): *VI Simposio sobre los Celtíberos: Ritos y Mitos.* Centro de Estudios Celtibéricos de Segeda: 391-402.

Taracena, B. (1924): *La cerámica ibérica de Numancia.* Samarán y Compañía, Madrid.

Taracena, B. (1926): *Excavaciones en diversos lugares de la provincia de Soria: memoria de los resultados obtenidos en el año 1924.* Junta Superior de Excavaciones y Antigüedades 75, Madrid.

Taracena, B. (1927): *Excavaciones en las provincias de Soria y Logroño: memoria de las excavaciones practicadas en 1925-1926.* Tipografía de la "Revista de Archivos", Madrid.

Taracena, B. (1929a): *Excavaciones en la provincia de Soria y Logroño.* Junta Superior de Excavaciones y Antigüedades 103, Madrid.

Taracena, B. (1929b): *Numancia.* Exposición internacional de Barcelona, Barcelona.

Taracena, B. (1932): *Excavaciones en la provincia de Soria.* Junta Superior de Excavaciones y Antigüedades 119, Madrid.

Taracena, B. (1933): *Tribus celtibéricas: 'Pelendones'.* Sociedad da Martins Sarmento, Guimaraes.

Taracena, B. (1934): Arquitectura hispánica rupestre. *Investigación y progreso* VII-VIII: 226-232.

Taracena, B. (1941): *Carta Arqueológica de España, Soria.* CSIC, Instituto Diego Velázquez, Madrid.

Taracena, B. (1942): Restos romanos en La Rioja. *Archivo Español de Arqueología*, vol. 15, nº 46: 17-47.

Taracena, B. (1943): Cabezas-trofeo en la España céltica. *Archivo Español de Arqueología*, vol. 16, nº 51: 157-171.

Taracena, B. (1946): El palacio romano de Clunia. *Archivo Español de Arqueología*, vol. 19, nº 62: 29-69.

Taracena, B. (1954): Los pueblos celtibéricos. En R. Menéndez Pidal, *Historia de España I, (3), Los pueblos prerromanos*, Madrid: 195-299.

Thode-Arora, H. (2014): Invisible villages in the city: Niuean constructions of place and identity in Auckland. En E. Hermann, W. Kempf y T. van Meijl (eds.), *Belonging in Oceania: movement, place-making and multiple identifications.* Berghahn, Oxford: 94-116.

Thomas, J. (2012) [2001]: Archaeologies of place and landscape. En I. Hodder (ed.), *Archaeological theory today.* Polity, Cambridge: 167-187.

Thurston, T.L. (2010): Bitter arrows and generous gifts: What was a 'king' in the European Iron Age? En T.D. Price y G.M. Feinman (eds.), *Pathways to power. New perspectives on the emergence of social inequality.* Springer, Nueva York: 193-254.

Tilley, Ch. (1994): *A phenomenology of landscape: places, paths, and monuments.* Berg, Oxford.

Tilley, Ch. (2004): *The materiality of stone: exploration in Landscape Phenomenology.* Berg Publishers, Oxford.

Toren, Ch. (1995): Seeing the ancestral sites: transformations in Fijian notions of the land. En E. Hirsch y M. O'Hanlon (eds.), *The anthropology of landscape: perspectives on place and space.* Claredon Press, Oxford: 163-183.

Torres Martínez, J. F. (2014a): Estructura territorial, relaciones vecinales y gobierno de las comunidades en el norte de la Península Ibérica en la Edad del Hierro. *Complutum,* 25(1): 177-201.

Torres Martínez, J. F. (2014b): Las relaciones de solidaridad y reciprocidad en la protohistoria final europea. *SPAL: Revista de prehistoria y arqueología de la Universidad de Sevilla*, 23: 49-63.

Townsend, J.G. (1999): Empowerment matters: understanding power. En J.G. Townsend (ed.), *Women and power; fighting patriarchies and poverty.* Zed, Nueva York: 19-45.

Ulbert, G. (1984): *Cáceres el Viejo. Einspätrepublikanisches Legionslager in Spanisch-Extremadura. Madrider Breitäge band 11*, Mainz am Rhein.

Untermann, J. (1984): Los Celtíberos y sus vecinos occidentales. *Lletres asturianes: Boletín Oficial de l'Academia de la Llingua Asturiana,* 13: 6-26.

Untermann, J. (1995): Lengua y poblamiento prerromano en el territorio celtibérico. En F. Burillo (coord.): *Poblamiento Celtibérico. III Simposio sobre los Celtíberos.* Instituto Fernando el Católico, Zaragoza: 7-24.

Vaquerizo, D. (1990): Armas de hierro de raigambre meseteña, en la necrópolis de Los Collados (Almedinilla, Córdoba). En F. Burillo (coord.), *II Simposio sobre los Celtíberos: Necrópolis Celtibéricas.* Institución Fernando El Católico, Excma. Diputación de Zaragoza, Zaragoza: 225-229.

van der Kroef, J. (1952): Some head-hunting traditions of southern New Guinea. *American Anthropologist,* 54(2,1): 221-235.

van der Sanden, W. (1996): *Through nature to eternity: the bog bodies of northwest Europe.* Batavian Lion International, Amsterdam.

van der Sanden, W. (2012): Bog bodies: underwater burials, sacrifices, and executions. En F. Menetti y A. O'Sullivan (eds.), *The Oxford Handbook of Wetland Archaeology.* Oxford University Press, Oxford: 401-416.

van Dommelen, P. (1998): *On Colonial Grounds: A Comparative Study of Colonialism and Rural Settlement in First Millennium BC West Central Sardinia.* Archaeological Studies Leiden University, Book 2, Leiden.

van Geel, B. y Renssen, H. (1998): Abrupt climate change around 2650 BP in North-West Europe: evidence for climatic teleconnections and a tentative explanation. En A.S. Issar y N. Brown (eds.), *Water, Environment and Society in Times of Climatic Change.* Kluwer Academic Publishers, Dordrecht: 21–41.

van Geel, B., Buurman, J. y Waterbolk, H. T. (1996): Archaeological and palaeoecological indications of an abrupt climate change in The Netherlands, and evidence for climatological teleconnections around 2650 BP. *Journal of Quaternary Science,* 11: 451-460.

van Geel, B.; Bokovenko, N.A.; Burova, N. D.; Chugunov, K. V.; Dergachev, V. A., Dirksen, V. G., Kulkova, M.; Nagler, A.; Parzinger, H.; van der Plicht, J.; Vasiliev, S.S y Zaitseva, G. I. (2004): Climate change and the expansion of the Scythian culture after 850 BC, a hypothesis. *Journal of Archaeological Science*, 31: 1735-1742.

Vayda, A. P. (1960): *Maori Warfare*. Polynesian Society Maori, Wellington.

Vega Maeso, C. y Carmona Ballestero, E. (2013): Nuevos datos sobre la Edad del Hierro en Alto Duero: el castro de El Pico (Cabrejas del Pinar, Soria). *Trabajos de Prehistoria,* 70(2): 372-384.

Velaza, J. (2014): Antroponimia y lenguas prerromanas en las islas Baleares. *Emerita*, 82(1): 51-67.

Verger, S. (2009): Société, politique et religion en Gaule avant la conquête. Éléments pour une étude anthropologique. *Pallas*, 80: 61-82.

Versluys, M.J. (2014): Understanding objects in motion. An archaeological dialogue on Romanization. *Archaeological Dialogues,* 21(1): 1-20.

Villa Valdés, A. (2007): El Chao Samartín (Grandas de Salime, Asturias) y el paisaje fortificado en la Asturias Protohistórica. En L. Berrocal y P. Moret (Eds.), *Paisajes fortificados de la Edad del Hierro. Las murallas protohistóricas de la Meseta y la vertiente atlántica en su contexto europeo*. Real Academia de la Historia y Casa de Velázquez, Madrid: 191-212.

Vita-Finzi, C. y Higgs, E. (1970): Prehistoric economy in the Mount Carmel Area of Palestine; Site Catchment Analysis. *Proceedings of the Prehistoric Society,* XXXVI: 1-37.

Vogel, M. y Cutright, R. (2012): Gender in South American Prehistory. En D. Bolger (ed.), *A Companion to Gender Prehistory*. Wiley, Oxford: 585-607.

VV.AA. (1912): *Excavaciones de Numancia. Memoria presentada al Ministerio de Instrucción Pública y Bellas Artes por la Comisión Ejecutiva.* Madrid.

VV.AA. (1991): *Clunia o. Studia Varia Cluniensis*, Burgos.

Wattenberg, F. (1960): Los problemas de la Cultura Celtibérica. En *Primer Symposium de Prehistoria de la Península Ibérica,* Pamplona: 151-177.

Wattenberg, F. (1963): *Las cerámicas indígenas de Numancia.* Biblioteca Praehistorica Hispana, vol. IV, Madrid.

Wattenberg, F. (1965): Informe sobre los trabajos realizados en las excavaciones de Numancia. *Noticiario Arqueológico Hispánico*, VII: 132-142.

Webmoor, T. (2007): Un giro más tras el "giro social". Un principio de la simetría en arqueología. *Complutum,* 18: 296-304.

Webster, J. (1995): The just war: Graeco-Roman texts as colonial discourse. En S. Cottan, D. Dungworth, S. Scott y J. Taylor (eds.), *TRAC94: proceedings of the fourth annual Roman Theoretical Archaeology Conference*. Oxbow, Oxford: 1-10.

Webster, J. (2001): Creolizing the Roman Provinces. *American Journal of Archaeology,* 105(2): 209-225.

Weiss, A. D. (2001): *Topographic position and landforms analysis*. Poster Presentation, ESRI User Conference, San Diego, CA.

Wells, P. (1981): *The emergence of an Iron Age economy. The Mecklenburg grave groups from Hallstatt and Sticna.* Peabody Museum, Harvard University, Cambridge MA.

Wells, P. (1984): *Farms, villages and cities. Commerce and urban origins in Late Prehistoric Europe.* Cornell University Press, Ithaca.

Wells, P. (1999): *The barbarians speak: how the conquered peoples shaped Roman Europe*. Princeton University Press, Princeton.

Wells, P. (2001): *Beyond Celts, Germans and Scythians: archaeology and identity in Iron Age Europe.* Duckworth, Londres.

Westgate, J. (2007): House and society in Classical and Hellenistic Crete: a case study in regional variation. *American Journal of Archaeology,* 111(3): 423-457.

Wheatley, D. y Gillings, M. (2002): *Spatial Technology and Archaeology: the archaeological applications of GIS.* Taylor & Francis, Londres.

Whisson, M. (1961): *The rise of Asembo and the curse of Kakia.* En East African Institute of Social Research Conference Proceedings. Makarere College, Kampala.

Whitley, J. (1996): Gender and hierarchy in Early Athens: the strange case of the disappearence of the rich female grave. *Metis,* 11: 209-232.

Wiessner, P. (1983): Style and social information in Kalahari San projectile points. *American Antiquity,* 48: 253-276.

Willis, J. (2002): *Potent brews. A social history of alcohol in East Africa 1850-1999.* British Institute in Eastern Africa, Oxford.

Witmore, Ch. (2006): Archaeology and modernity, or archaeology and a modernist amnesia? *Norwegian Archaeological Review,* 39(1): 49-52.

Witmore, Ch. (2007): Arqueología simétrica: un manifiesto breve. *Complutum,* 18: 305-313.

Witmore, Ch. (2020): Symmetrical Archaeology. En C. Smith (ed.), *The Encyclopedia of Global Archaeology.* Springer, Nueva York.

Wobst, H.M. (1977): Stylistic behavior and information exchange. En C. Cleland (ed.), *Papers for the Director: research essays in honor of James B. Griffin.* Michigan Anthropological Papers 61, University of Michigan, Michigan: 317-342.

Wolf, E. R. (1990): Distinguished lecture: Facing power – old insights, new questions. *American anthropologist,* 92(3): 586-596.

Wolf, E. R. (1999): *Envisioning Power: ideologies of dominance and crisis*. University of California Press, Berkeley.

Wolf, E. R. (2004) [1966]: Kinship, friendship, and patron-client relations in complex societies. En M. Banton (ed.), *Social anthropology of complex societies*. Routledge, Londres: 1-22.

Woolf, G. (1993): Rethinking the oppida. *Oxford Journal of Archaeology,* 12(2): 223-234.

Woolf, G. (1998): *Becoming Roman: the origins of provincial civilization in Gaul.* Cambridge University Press, Cambridge.

Woolf, G. (2002): Generations of aristocracy. *Archaeological Dialogues*, 9: 2-15.

Zamora, A. (1977): Torreiglesias, un caso más de poblaciones prerromanas. En *Segovia. Symposium de Arqueología Romana.* Barcelona: 383-396.

Zamora, A. (1993): *El castillo de Ayllón (Segovia). Estudio arqueológico e histórico.* Estudios Segovianos, Segovia.

Zapatero, J.M. (1968): Un adelantado de la exploración arqueológica soriana. Ricardo Morenas de Tejada. *Celtiberia,* 35: 57-86.

Zegwaard, G.A. (1959): Headhunting practices of the Asmat of Netherlands New Guinea. *American Anthropologist,* 61: 1020-1041.

Obras de autores grecolatinos

Apiano (1993): *Historia romana. Sobre Iberia y Aníbal* (Introducción, traducción y notas de J. Gómez Espelosín). Alianza, Madrid.

Aristóteles (1988): *Política* (Introducción, traducción y notas de M. García Valdés). Biblioteca Clásica Gredos 116. Ed. Gredos, Madrid.

Aristóteles (2005): *Política* (Introducción, notas y traducción de los libros VII-VIII de P. López Barja de Quiroga; traducción de los libros I-VI de E. García Fernández). Itsmo, Madrid.

Ateneo (1998): *El banquete de los eruditos. Libros III-V* (Traducción y notas de L. Rodríguez). Biblioteca Clásica Gredos 259, Ed. Gredos, Madrid.

Aulo Gelio (2009): *Noches áticas* (Edición de S. López). Akal, Madrid.

Aurelio Víctor (1790): *De viris illustribus urbis romae* (Traducción A. Muñoz Álvarez). Imprenta Velazquez e Hidalgo, Sevilla.

César, G. J. (2008): *Comentarios a la Guerra de las Galias* (Introducción, traducción y notas de J. J. Caerols). Alianza Editorial, Madrid.

Cicerón (2003): *Los oficios* (Traducción M. de Valbuena). Espasa-Calpe, Madrid.

Diodoro de Sicilia (2001-2014): *Biblioteca Histórica*. Biblioteca Clásica Gredos 294, 328, 353, 371, 398 y 411, Ed. Gredos, Madrid.

Estrabón (1992): *Geografía. Libros III-IV* (Traducción, introducciones y notas de Mª. J. Meana y F. Piñero). Biblioteca Clásica Gredos 169. Ed. Gredos, Madrid.

Estrabón (2001): *Geografía. Libros VIII-X* (Traducción y notas de J.J. Torres). Biblioteca Clásica Gredos 289, Ed. Gredos, Madrid.

Floro (2000): *Epítome de la Historia de Roma* (Introducción, traducción y notas de G. Hinojo). Biblioteca Clásica Gredos 278. Ed. Gredos, Madrid.

Isidoro de Sevilla (2004): *Etimologías* (Traducción y notas de J. Oroz Reta y M.A. Marcos Casquero, Introducción de M.C. Díaz y Díaz). Biblioteca de Autores Cristianos, Madrid.

Lucano (2011): *Farsalia* (Introducción y traducción de A. Holgado Redondo). Biblioteca Clásica Gredos 71, Ed. Gredos, Madrid.

Orosio (1982): *Historias. Libros V-VII* (Traducción y notas de E. Sánchez). Biblioteca Clásica Gredos 54. Ed. Gredos, Madrid.

Plinio (1999): *Historia Natural* (Prólogos de G. Somolinos y M.C. Nogués. Libros primero a vigesimoquinto trasladados y anotados por F. Hernández. Libros vigesimosexto a trigesimoséptimo y apéndice (Libro séptimo, capítulo LV) por J. de Huerta). Visor Libros, México.

Plutarco (2008): *Moralia* (Introducciones, traducciones y notas por C. Morales y J. García). Biblioteca Clásica Gredos 98. Ed. Gredos, Madrid.

Plutarco (2007): *Vidas Paralelas. Vol. VI, Alejandro-César, Agesilao-Pompeyo ; Sertorio-Eumenes* (Introducciones, traducción y notas de J. Bergua, S. Bueno y J.M. Guzmán). Biblioteca Clásica Gredos 363. Ed. Gredos, Madrid.

Plutarco (2011): *Vidas paralelas* (Traducción de A. Pérez). Biblioteca Clásica Gredos 87. Ed. Gredos, Madrid.

Plutarco (2014): *Vidas Paralelas. Vol. I, Teseo-Rómulo, Licurgo-Numa* (Introducción general, traducción y notas por A. Pérez Jiménez). Biblioteca Clásica Gredos 77. Ed. Gredos, Madrid.

Polibio (1968): *Historia Universal durante la República Romana*. Iberia D.L., Barcelona.

Polieno (1991): *Estratagemas* (Introducciones, traducciones y notas de J. Vela y F. Martín). Biblioteca Clásica Gredos 157. Ed. Gredos, Madrid.

Salustio (1997): *Conjuración de Catilina; Guerra de Jugurta; Fragmentos de las 'Historias'* (Introducción, traducción y notas de B. Segura). Biblioteca Clásica Gredos 246. Ed. Gredos, Madrid.

Suetonio (1999): *Vida de los doce Césares*. Vol. 4. (Texto revisado y traducido por M. Bassols de Climent). Consejo Superior de Investigaciones Científicas, Madrid.

Silio Itálico (2005): La Guerra Púnica (Edición de J. Villalba Álvarez). Ed. Akal, Madrid.

Tácito (2004): *De las costumbres, sitios y pueblos de la Germania*. El Cid Editor, Santa Fé.

Tácito (2005): *Anales. Libros III-IV* (Introducción, traducción y notas de J. Tapia). Universidad Autónoma de México, México.

Tito Livio (2006): *Historia de Roma desde su fundación* (Introducción general de A. Sierra; traducción y notas de J.A. Villar). Biblioteca Clásica Gredos 114. Ed. Gredos, Madrid.

Tucídides (1967): *Historia del Peloponeso. Vol. 1. Libros I y II* (Introducción y traducción con notas por Francisco Rodríguez Adrados). Hernando, Madrid.

Valerio Marcial (2004): Epigramas (Introducción de R. Moreno Soldevilla, texto latino preparado por J. Fernández Valverde, traducción de E. Montero Cartelle). Consejo Superior de Investigaciones Científicas, Madrid.

Valerio Máximo (2003): *Hechos y dichos memorables* (Introducción, traducción y notas de S. López, M.L. Harto y J. Villalba). Biblioteca Clásica Gredos 311 y 312. Ed. Gredos, Madrid.

Veleyo (2001): *Historia romana* (Traducción y notas de M.A. Sánchez). Biblioteca Clásica Gredos 284. Ed. Gredos, Madrid.

CPSIA information can be obtained
at www.ICGtesting.com
Printed in the USA
LVHW072159170422
716440LV00019B/1447